高级 运动营养学

ADVANCED
SPORTS NUTRITION

2nd Edition
第2版

〔美〕丹·贝纳多特◎著　杨则宜◎审定
周帆扬　安江红　刘　勇　赵之光◎译

北京科学技术出版社

声明：本书旨在提供与所提出的主题相关的、准确的和权威的信息，而并非为了提供专业的医学建议。与自身健康状况相关的问题请在运动前咨询专业医生或其他专家。

Advanced Sports Nutrition – 2nd Edition
Copyright © 2012, 2006 by Dan Benardot
Illustrations © Human Kinetics
Published by Human Kinetics
1607 N. Market Street, Champaign, Illinois, USA 61820
www.HumanKinetics.com
Translation Copyright © 2019 by Beijing Science and Technology Publishing Co., Ltd.
All rights reserved.

著作权合同登记号　图字：01-2017-1435

图书在版编目（CIP）数据

高级运动营养学：第 2 版 /（美）丹·贝纳多特著；周帆扬等译. —北京：北京科学技术出版社，2019.3（2024.6重印）
书名原文：Advanced Sports Nutrition – 2nd Edition
ISBN 978-7-5714-0040-8

Ⅰ.①高… Ⅱ.①丹… ②周… Ⅲ.①体育卫生－营养学 Ⅳ.① G804.32

中国版本图书馆 CIP 数据核字（2018）第 294874 号

策划编辑：刘　超	电　话：0086-10-66135495（总编室）
责任编辑：刘　超　宋　玥	0086-10-66113227（发行部）
营销编辑：蔡　瑞	网　址：www.bkydw.cn
图文制作：天露霖	印　刷：保定市中画美凯印刷有限公司
责任印制：李　茗	开　本：787mm×1092mm　1/16
出 版 人：曾庆宇	字　数：554千字
社　　址：北京西直门南大街16号	印　张：24.75
邮政编码：100035	版　次：2019年3月第1版
出版发行：北京科学技术出版社	印　次：2024年6月第6次印刷
ISBN 978-7-5714-0040-8	

定　价：119.00元

作者简介

丹·贝纳多特，博士，研究总监，美国运动医学会理事，佐治亚州立大学教授，资深注册营养师。贝纳多特在 1980 年获得美国康奈尔大学人类营养与健康计划博士学位，其主要专业领域是运动营养学，重点研究年轻运动员的能量平衡和营养问题。贝纳多特博士在佐治亚州立大学与同事共同创立了"精英运动员运动表现实验室"（Laboratory for Elite Athlete Performance），并担任实验室的总监。

作为一名国家队的营养师及美国体操运动员健康计划（Athlete Wellness Program for USA Gymnastics）的创始人之一，贝纳多特博士曾经与 1996 年亚特兰大奥运会的金牌获得者——美国女子体操队，以及在 2004 年雅典奥运会马拉松赛中获得奖牌的美国选手进行合作，还曾经在 2008 年北京奥运会期间为美国代表队的马拉松选手提供指导。他曾任美国花样滑冰运动医学会的行政主管，并一直维持着与美国花样滑冰队运动员的合作关系。他的研究得到了包括美国奥林匹克委员会、佳得乐运动科学研究所（The Gatorade Sports Science Institute）、美国癌症协会等多个组织机构的资金支持。

贝纳多特博士出生于希腊的萨洛尼卡，从小在纽约北部的普莱西德湖地区长大，现居住在佐治亚州的亚特兰大。他热爱体育运动，并喜爱大提琴、网球和摄影。他还被美国玛丽伍德大学（Marywood University）授予人文学荣誉博士学位。

献给我的太太
罗宾（Robin）

翻译成员

审　定

杨则宜　国家体育总局运动医学研究所，研究员，
　　　　博士生导师

译　者

安江红　北京市体育科学研究所，所长，研究员

刘　勇　北京市体育科学研究所，副所长，副研究员

周帆扬　北京市体育科学研究所，副研究员

赵之光　北京市体育科学研究所，副研究员

序

世界各地的精英运动员都知道丹·贝纳多特（Dan Benardot）博士，并渴望得到他的指导，因为他们知道，他的真知灼见可能是运动员能否获得金牌的决定性因素。来自各个大洲的很多高等院校都邀请丹前去讲学，他们希望学生们能师从最好的专家。在佐治亚州立大学（Georgia State University），我们只知道他是丹———一位了不起的朋友，一位出色的同事，一位忠实的丈夫，以及世界上最棒的孩子的父亲。

《高级运动营养学》的第 1 版非常成功。它被广泛应用于各种教学场合，以及拥有不同身材、体型和技能的运动员。精英运动员和普通运动员都在使用这本书。它已经成为运动营养师和运动科学专业的学生学习人类运动表现相关营养知识的必读书。对那些需要指导运动员如何在比赛中取得优势的教练员而言，它同样是首选读物。但就像每一本成功的图书一样，它需要进行一些修订和更新。这正是《高级运动营养学（第 2 版）》如此重要的原因。

第 2 版新增了一些章节，其中包括关于运动中胃肠道不适的章节和减少运动引起的炎症的章节；更新了全书的主要参考文献；并在第四篇和第五篇中加入了更多专项运动的示例。贝纳多特博士在佐治亚州立大学精英运动员运动表现实验室的工作不仅专注于能量传递和利用，而且强调营养素摄入的时机以优化能量的利用。鉴于日内能量平衡的重要性，贝纳多特博士增加了更多的膳食实例来帮助运动员保持能量平衡。日内能量平衡是丹近 20 年一直在深入研究的内容，也是如今人人都在讨论的话题。追踪全天（而不是在诸如 24 小时这样的一段时间结束之时）的能量摄入和能量消耗的做法已经变得司空见惯，这种做法不仅可以提升运动表现，而且对于结构性减重计划尤为重要。对运动员而言，在训练或比赛之前、之中以及之后摄入能量的时机较以往更为重要。日内能量平衡并不仅限于参加奥运会及残奥会的精英运动员，无论性别和技术水平，各个年龄段的运动员都应更加重视自身的能量摄入。《高级运动营养学（第 2 版）》阐述了这些（和更多）问题及其与运动表现之间的关系。

苏格拉底曾经说过："坏人活着是为了吃与喝，而好人却是为了活着才吃与喝。"这是他在大约公元前 450 年悟出的道理，同样适用于当下的运动员。感谢贝纳多特博士，在第 2 版中进一步揭示了为运动员补充能量以取得更好的训练效果的奥秘。

沃尔特·汤普森（Walter R. Thompson）
博士，美国运动医学会理事，美国心肺康复协会成员
佐治亚州立大学伯尔丁·刘易斯（Byrdine F. Lewis）学院、教育学院终身教授

前　言

认真的运动员推动人类的能力向着更强、更快的目标前进。那些在艰苦的训练计划中正确匹配能量和营养需求的运动员最终会取得成功，并且他们的成绩能够保持在所从事运动的前列。《高级运动营养学（第2版）》保持了对运动员、教练员和与之合作的运动医学专业人员进行营养综合指导的初衷，但它所包含的信息比第1版更丰富。因此，这本书的最终目的是帮助运动员和相关工作人员认识到，取得特定运动的成功需要哪些条件，以及在此过程中如何降低与日常活动相关的健康和损伤风险。偶发性损伤和疾病在运动员中非常普遍，以至于许多人认为这些问题是体育运动的正常组成部分。但情况并非如此，那些能够避免这些挫折的运动员会以更为稳健的姿态朝着他们的目标前进。做出正确的营养选择会使运动员的职业生涯更快乐、更健康、更持久，也更成功。

新版每一章都更新了参考文献和信息，同时也包含了全新的章节。例如，许多运动员存在慢性或急性胃肠道问题，这些问题会干扰他们的训练和运动表现。新版包含的信息可以帮助他们了解胃肠道不适的可能原因和缓解这些问题的策略。第5章包含了谷蛋白不耐受（乳糜泻）的内容，因为在运动员和非运动员人群中受其困扰的人越来越多。新版还包含减少肌肉酸痛的营养策略的内容。这一领域近来备受科学界的关注，但仍然存在很多错误的信息。

此外，新版对所有的膳食计划做了更新，并使用一种独特的方法，形象地阐明一天内能量消耗和能量摄入之间的相互作用。这些膳食计划的创建可以帮助运动员了解如何满足不同能量消耗频率和强度下的能量和营养需求，并告诉他们不同训练计划所需的膳食模式。

职业运动和奥林匹克运动的规模都在持续发展、壮大，精英运动员的数量也在不断增加。还有一个不断增长的人群，他们虽然不是精英运动员，但非常热衷于经常性的运动。笔者在写这本书时已经考虑到这个人群，无论运动员的运动内容或水平如何，本书均以一种能够使读者容易理解的方式来介绍营养原则的相关信息，从而使这些原则能够被合理运用。为了使读者可以更容易地将本书内容与他们的特定运动联系在一起，第2版中所介绍的体育运动的种类有所增加，并介绍了专项运动的营养问题及处理策略。

耐力项目参与者的人数在迅猛增长，几乎所有年龄的人群都会参与比赛，不经意间就能看到很多60岁以上的选手参加全国各地的半程马拉松赛和马拉松赛，特别是在中等城市和大城市，这些比赛已成为了一道风景。极限耐力项目参与者的人数也在增加，铁人三项运动和持续多日的赛跑项目参与者众多。同时我们高兴地看到，在这些项目中急救帐篷也在不断增多，这就提出了一个严肃的问题：参与者是否充分了解这种长时间耐力型比赛的压力，以及为了降低脱水、低钠血症和热病发生风险而应该遵循的策略。本书同样强调参赛前进行体能训练的重要性，并为这些参赛者介绍了所需的策略及其科学基础。这些策略对于男性、女性和不同年龄的人群可能是不同的，因为每一类人群都有不同的营养需求，所有人都有必要正确地理解并满足这些需求以降低运动风险。这本书特别提供了针对不同性别和年龄人群的重要信息，以帮助参赛者及其服务保障人员知晓该做什么。

许多人开始训练是为了减轻体重和改善身体成分。能否达到这个目的取决于怎样做，以及是否将合理的营养计划作为训练计划的一部分。太多的人用饮食来代替运动，希望借此减轻体重。是的，这样做体重很可能会减轻，但是有充分的证据表明，不该损失的身体成分同样减少了。在这本书中，笔者提供了许多例子来反映这一简单的定律，即身体对能量摄入不足的反应是减少体内需要能量的组织的生物量。通过阅读本书你会明白，为什么严重的能量不足会对健康、体重和运动表现产生不良影响。这本书还包括一些信息，帮助你了解身体成分评估的常用技术，以及如何借助这些技术来获得期望的体型。

在实现最佳运动表现以及保持身体健康的策略方面，人们还存在很多的误解。虚假营销的"营养"品更是如此，其商业宣传掩盖了运动能力得以提高的真相——运动能力的提高更依赖于运动本身。这些产品能起到安慰剂的作用，使运动员主观感觉摄入这些产品后运动表现有所提升，这是可以理解的。但是这些产品通常缺乏研究来支持其宣称的效果，而且运动医学文献中有很多关于使用此类产品的运动员发生意外、造成不良后果的例子。调查显示，市场上广泛销售的强化剂通常含有威胁运动员健康与运动资格的违禁物质。其潜在的问题是，许多年轻运动员试图通过训练和补剂在短期内迅速提高运动能力，但这种方法仅适用于训练有素的专业运动员。因为此方法会导致过度训练性损伤、营养不良和心理应激——这一切都有可能断送有天赋的年轻运动员的前途。考虑到体育竞技的现实及达到事业顶峰的运动员所能获得的巨额奖金，运动员的确很难对帮助他们达到最佳期望目标的合理的营养策略保持完全清醒的认识，并且营养产品的广告商深知运动员的心理。即使已经证明临时的饮食摄入和最佳运动表现之间没有必然的联系，运动员和教练员仍然迷信这样的饮食神话。事实是，大部分花费在特殊产品上的钱只能使有些人变得富有，却不能使运动员的运动表现有任何提升。良好的膳食摄入需要与营养需求相匹配，此外没有捷径可走。从运动生涯的起始阶段，运动员就需要持有正确的观点，即食物（而非补剂或强化剂）是营养科学的基本单元。

运动营养领域的科研成果正在迅速增多。更多训练有素的专业人员正在投身于相关的研究。越来越多的期刊文章专注于营养学与运动表现之间的关系研究。随着基础研究的日益开展，旧的观点被阐明，并产生了新的理念。在一定程度上，每个涉足运动领域的人都必须具备足够开放的思想，能够质疑旧的模式，并接纳新的观念。在美国膳食营养协会（American Dietetic Association）与美国运动医学会（American College of Sports Medicine）关于运动营养学的意见书中，有关影响运动成绩的营养因素的论述比以前要明确得多，这是因为人们掌握了更多、更为详细的信息。许多运动员遇到的与潜在营养不良有关的健康和伤害风险，现已成为运动营养学的一个组成部分，并在意见书中得到强调。简单来说，运动科学已经从"营养方面的错误可能会伤害你"的认知阶段发展到了"营养方面的错误会伤害你"的高度。

如果运动员遵循合理的训练与营养计划，他们更可能取得成功并保持健康。即使是很小的失误也可能会导致运动员受伤，这可能使得有天赋的运动员错过最具吸引力的奥运比赛。训练和参与体育运动能够而且应该成为一件益事。本书的哲学是，参与体育运动应当能够改善终身的健康状况，而并非带来终身的健康问题，良好的营养习惯能够帮助实现这一切。

致　谢

作为一个强大学术团体中的一员,很久以前我就意识到,我所做的一切都不是脱离现实的。喝咖啡时的闲谈、会议中非正式分享的想法,以及学生们在陈述中所提供的信息给予我的灵感,我确信均已将其融入本书中。因此,我要向所有的同事和学生致谢,感谢你们让我的生活如此充实并充满活力。我尤其要感谢三位同事——沃尔特·汤普森(Walter Thompson)博士、锡德·克罗(Sid Crow)博士和乔治·皮尔斯(George Pierce)博士,他们与我分享对学术的热爱,给予倾力支持,源源不断地提出好的想法,他们让所有的工作都变得有趣且有价值。

我很高兴能与政府的多个体育管理机构持续合作,尤为享受与美国花样滑冰队及共同为国家优秀花样滑冰运动员提供保障的杰出的运动医学专业人员一起工作的过程。这项工作的核心人物是优秀运动员的高级主管米奇·莫耶(Mitch Moyer)。米奇总是愿意做任何事情,包括在场外思考改变传统的营养模式,以促使美国花样滑冰运动员更加强壮、健康,取得更好的成绩。很少有人能充分认识到,正是米奇这样的人在推动着运动科学的发展。

对我而言,我的妻子罗宾非常重要,她是一位营养学家和营养科学的践行者。我一直很信赖她的建议和反馈。她的见解是无价之宝,在这本书中无处不在。

目　录

第一篇

运动员的营养来源

1

能量营养素

　　体育运动的一个关键特征是加快了能量（即热量）的消耗速率。因此，与非运动员相比，运动员需要更多的能量营养素（碳水化合物、蛋白质和脂肪）。同时，在确保能量底物的最佳分配，为各种强度和持续时间的运动提供支持的基础上，许多研究将重点放在了满足这些能量需求的最佳策略上。运动强度越高，碳水化合物的供能比例就越大，这一点已经非常明确。为了优化糖原的储备，许多关于"糖原最佳消耗模式"的研究提供了有价值的见解，确保了训练和比赛过程中碳水化合物的可用性，减少了肌肉酸痛，同时提高了肌肉的恢复能力。目前，关于蛋白质在肌肉功能和恢复方面的作用的理解较之前有了较大的提高，而且关于碳水化合物、蛋白质和脂肪如何影响神经和肌肉功能这一点，目前有大量的信息可供参考。

　　目前，高蛋白、高脂肪和低碳水化合物膳食非常流行，这会对运动员的成绩产生严重的、潜在的负面影响。不过，如果从食物不耐受性和食物敏感性方面，而非影响运动表现的潜在可能性的角度分析，我们就能够更好地理解这些饮食方案流行的根本原因了。对运动员和教练员来讲，了解合理的能量摄入和能量底物的分配如何帮助优化神经和肌肉功能尤为重要。本章介绍了运动过程中碳水化合物、蛋白质和脂肪代谢的基本要素，以及这些基本物质是如何在优化运动员的运动表现方面发挥作用的重要科学观点（表 1.1，可参见附录 A 以了解美国医学研究所提供的宏量营养素的膳食参考摄入量）。

　　在物理学中，术语"卡路里"是一个能量计量单位，1 卡路里代表在 1 标准大气压下 1 g 水的温度升高 1℃所需的能量。在营养学中，术语"卡"是指大卡，其所代表的能量是物理学中卡路里所代表能量值的 1000 倍，因此被称为千卡（kcal）。尽管有这样的差别，但在讨论营养问题时，通常提到的"卡"实际上指的就是千卡。在本书中，能量单位统一使用 kcal。

表 1.1　能量底物的基本功能

碳水化合物（4 kcal/g）	• 工作肌肉的能量来源（来自淀粉、糖和糖原） • 胆固醇和脂肪控制（来自膳食纤维） • 辅助消化（来自膳食纤维） • 营养物质和水的吸收（来自糖） • 维持血糖浓度（所有可消化的碳水化合物；对神经功能和延缓疲劳很重要）
蛋白质（4 kcal/g）	• 能量来源（当碳水化合物耗尽时） • 提供必需氨基酸（身体需要但不能自行合成的氨基酸） • 生成新的组织（生长和损伤修复时所必需） • 维持现有组织（帮助控制组织正常损耗所必需） • 合成酶、抗体和激素的基本物质 • 体液平衡（帮助控制细胞内外的水的平衡） • 血液中的物质载体（将维生素、矿物质和脂肪转运至细胞内或细胞外）
脂肪（9 kcal/g）	• 运送脂溶性维生素（维生素 A、维生素 D、维生素 E 和维生素 K） • 提供必需脂肪酸（机体需要但自身无法合成的脂肪酸） • 能量和肌肉燃料（供低强度活动） • 饱食感控制（从进食中获得满足） • 许多激素的成分

碳水化合物

　　在许多运动员的观念中，碳水化合物的作用位列蛋白质之后。之所以出现这种情况，一方面在于运动员对碳水化合物对于运动的重要影响认识不足，另一方面有可能是对碳水化合物本身的常见误解导致的。表 1.2 涵盖了常见的碳水化合物的相关术语，阐明了碳水化合物的复杂性。一些运动员虽然说要避免摄入碳水化合物，但是当他们被问及吃了什么时，他们首先列举的食物居然是水果和蔬菜，要知道水果和蔬菜几乎完全是由碳水化合物组成的。

　　事实上，碳水化合物种类繁多，我们的身体对每种类型的碳水化合物的反应也是不同的。例如，葡萄糖和麸皮都是碳水化合物，但它们却处于能量谱的两个极端。葡萄糖能够以较快的速度进入血液，并快速引起高胰岛素反应，但是麸皮由于难以消化，从来不会成为血液中的能量来源，而是通过减慢其他能量源进入血流的速率来调节胰岛素反应。鉴于碳水化合物的这种自身差异，运动员不应认为所有的碳水化合物类食物都会产生相同的结果，而是应认真考虑运动前、运动中和运动后最适合的碳水化合物种类。葡萄糖是产生肌肉能量的主要原料，而能量则主要以腺苷三磷酸（Adenosine Triphosphate，简称 ATP）的形式存在。如果无法持续向工作肌肉输送葡萄糖，就无法维持高强度的活动（俗称"撞墙"）。因此，了解如何避免葡萄糖耗竭应成为运动员营养实践的重点。与蛋白质或脂肪不同，人体对碳水化合物的储备能力是有限的，因此维持充足的碳水化合物储备是一个有待解决的难题。

表 1.2　常见碳水化合物的相关术语

术语	定义
葡萄糖	葡萄糖是一种简单碳水化合物，分子式为 $C_6H_{12}O_6$，是细胞代谢的主要能量来源，也是中枢神经系统（大脑）的主要能量来源。葡萄糖是较大的碳水化合物分子 [如蔗糖（双糖）及纤维素、淀粉和糖原（多糖）] 的结构单元。植物在光合作用过程中产生葡萄糖
糖原	糖原是一种多糖，是体内葡萄糖的主要储存形式，主要存在于肝和肌肉中。当需要碳水化合物供能时，肌糖原转化为葡萄糖以供肌肉细胞使用，而肝糖原则转化成葡萄糖供全身（包括中枢神经系统）使用
糖酵解	糖酵解是一个代谢过程，通过一系列反应，以有氧（需要氧气）或厌氧（即不需要氧气）的方式分解葡萄糖，生成丙酮酸或者乳酸，并以腺苷三磷酸（ATP）的形式为身体提供能量。糖酵解是短时间剧烈运动的主要供能方式
糖异生	糖异生是通过非碳水化合物物质，例如乳酸、甘油和生糖氨基酸，生成葡萄糖的代谢过程
单糖	单糖代表碳水化合物最基本的单位。单糖是一个单糖分子。人类营养中 3 种主要的单糖是葡萄糖、果糖和半乳糖。其他常见的单糖包括核糖和木糖
双糖	双糖是多种碳水化合物中的一种，通过一个键将 2 个单糖连接在一起。常见的双糖包括蔗糖（食糖），由一分子葡萄糖和一分子果糖组成；乳糖（牛奶糖），由一分子葡萄糖和一分子半乳糖组成；以及由两分子葡萄糖组成的麦芽糖（谷物糖）
多糖	多糖是在聚合物长链中含有许多重复（≥ 10）糖单元的复杂分子，最常见的糖单元是葡萄糖。常见的多糖包括淀粉、糖原和纤维素。一些多糖是可消化的（如淀粉），另一些多糖则是不可消化的（如纤维素）。连接糖单元的键的类型决定了多糖的消化率
碳水化合物聚合物	常用于运动凝胶中。碳水化合物聚合物通常包括单糖和长链碳水化合物聚合物及葡萄糖聚合物（麦芽糖糊精、米糖浆、多糖、寡糖）。运动凝胶的功能是在比运动饮料包装更小的包装中，包含更多能够利用的能量，且不会对胃排空过程产生不利影响
膳食纤维	膳食纤维多存在于粗粮中，由可溶性（可溶于水）和不溶性（不溶于水）的多糖组成，这种多糖是不可被消化的。其来自植物食物中不可消化的部分（即我们不能从中获得能量），有助于消化并促进其规律性。富含膳食纤维的饮食可以降低很多慢性疾病（例如癌症和憩室病）的发病风险
不溶性纤维	不溶性纤维通过吸收相当于自身重量数倍的水来增加膳食体积，以此维持肠道健康，主要存在于蔬菜和谷物的麸皮层中。不溶性纤维主要由纤维素和半纤维素组成，麸皮是不溶性纤维中的一种
可溶性纤维	可溶性纤维易溶解在水中，在肠道中呈柔软、凝胶样的状态。燕麦麸、黄豆、豌豆和大多数水果中都含有可溶性纤维，主要包括果胶、树胶和黏胶。可溶性纤维与较低的血糖水平有关，能够降低高胰岛素血症、肥胖症和癌症的发病风险

血糖（即血液中的葡萄糖）是大脑的主要能量来源。不管肌肉中储备的能量有多少，当血糖浓度降低时，就会发生神经疲劳，而神经疲劳会导致肌肉疲劳。假设仅以肝糖原和血糖作为工作肌肉的能量来源，那么仍然可以继续运动约 18 分钟（肝糖原可维持 16 分钟，血糖可维持 2 分钟），之后将出现神经疲劳（进而出现肌肉疲劳）。值得庆幸的是，身体活动的能量来源并不仅限于肝糖原和血糖，但是强度较高的活动会使血糖和肝糖原的消耗速率加快。

仅这个事实就足以说明，应鼓励运动员采用碳水化合物摄入策略来预防其能量耗竭。

在进行较高运动强度的训练时，保持足量的碳水化合物摄入尤其重要，因为在这种情况下，身体对作为肌肉主要能量来源的碳水化合物的依赖性更高。因此，高强度训练方案可能需要更频繁地摄入碳水化合物以满足身体的需要（图1.1）。尽管多年来的研究已证实保持碳水化合物的供给对维持肌肉耐力和神经功能的重要性，但是很多运动员仍然认为蛋白质是实现运动成功的唯一的、最关键的营养素。虽然蛋白质的重要性不言而喻，但在正确的时间提供适量的碳水化合物，可以优化有限的碳水化合物储备，确保碳水化合物能够更好地输送到大脑，减少碳水化合物储备耗尽的情况发生，并能够保持高水平的运动表现。尽管蛋白质对健康至关重要，并且在维持和增加肌肉量，减轻肌肉酸痛，以及改善肌肉恢复方面起着重要的作用，但如果用蛋白质完全取代碳水化合物，即使摄入大量蛋白质也对提高运动员的运动成绩作用甚微。

图 1.1　训练强度及碳水化合物的供能比例

碳水化合物的种类

并非所有类型的碳水化合物都具有相同的形式，能够产生相同的功能，对健康产生相同的影响。所有碳水化合物的基本单位都是单糖或单分子碳水化合物。常见的单糖都有6个碳原子，虽然它们在氢和氧的构成上变化很小，但这些微小的变化却构成了重要的代谢差异。人类细胞的基本代谢单位是葡萄糖，其他单糖具有使其本身转化为葡萄糖的生物化学途径。结合在一起的单糖数量是碳水化合物分类的主要依据（表1.3）。

3种最常见的膳食单糖（葡萄糖、果糖和半乳糖）具有不同的溶解特性、甜度，以及与其存在的食物环境之间的反应性。除了果糖以高果糖（玉米）甜味剂的形式存在于越来越多的加工食品中外，多数单糖都是由食物中的双糖（即通过2个单糖连接形成的糖）分解来供给的。有一点需要理解：葡萄糖和果糖在高果糖玉米糖浆中的比例与蔗糖（食糖）相似，但是高果糖玉米糖浆中含有较高比例的未与葡萄糖键合的游离果糖。这种差异会使那些对果糖敏感的运动员遇到麻烦，因为他们可能会因果糖消化问题而出现腹泻症状。还有一些迹象表明，游离果糖可能导致较高的尿酸水平而引发痛风性关节疼痛。

表 1.3 碳水化合物的分类

简单碳水化合物	糖	单糖（单分子碳水化合物）	葡萄糖（又称右旋糖） 果糖（又称左旋糖或水果糖） 半乳糖	一些糖或简单碳水化合物容易引起血糖水平快速上升，从而刺激过量胰岛素的产生并导致血糖水平快速下降。葡萄糖和麦芽糖对血糖的影响最大
		双糖（双分子碳水化合物）	蔗糖 乳糖 麦芽糖	
复杂碳水化合物	可部分消化的多糖	低聚糖（3~20分子碳水化合物）	麦芽糖糊精 低聚果糖 棉籽糖 水苏糖 毛蕊花糖	可部分消化的多糖通常存在于豆类中，尽管它们可能产生气体并引起腹胀，但仍被认为是有益健康的碳水化合物
	多糖	可消化的多糖（20以上分子的淀粉类碳水化合物）	直链淀粉 支链淀粉 葡萄糖聚合物	这些复杂碳水化合物应作为碳水化合物能量的主要来源。葡萄糖聚合物由淀粉水解而成，通常用于运动饮料和运动凝胶中
		不可消化的多糖（20以上分子的非淀粉类碳水化合物）	纤维素 半纤维素 果胶 树胶 黏胶 藻类多糖 β-葡聚糖 果聚糖	这些复杂碳水化合物能够提供纤维素，纤维素对促进胃肠道健康和提高抗病能力至关重要
其他		其他碳水化合物	甘露醇 山梨糖醇 木糖醇 糖原 核糖（五碳糖）	甘露醇、山梨糖醇和木糖醇（糖醇）是不会引起蛀牙的营养性甜味剂。由于其保湿性和食物稳定性，通常用于食品加工中。但是其消化速率慢，大量食用会引起肠胃不适。糖原是动物体内碳水化合物的主要储存形式，核糖是遗传密码（脱氧核糖核酸，或称DNA）的组成成分

蔗糖、乳糖和麦芽糖是 3 种主要的双糖，每种双糖都具有不同的单糖组合（表 1.4）。单糖和双糖统称为简单碳水化合物或简单糖类，而多糖通常被称为复杂碳水化合物。难以消化的碳水化合物也属于复杂碳水化合物，但它们通常被称为膳食纤维。糖类（单糖和双糖）具有不同的甜度特性，其中果糖最甜，然后依次是蔗糖、葡萄糖和乳糖（甜度最低）。另一方面，糖类的口感和溶解度也不同（例如，果糖比蔗糖更不易溶解），所有这些都会对食品制造商在食品制作中的用糖产生影响。目前，运动员有大量的运动饮料和凝胶可以选择，每种运动饮料和凝胶都含有不同比例的单糖和双糖，而且运动凝胶还含有不同类型的碳水化合物聚合

物。同时，每种配方都试图在口味、口感、肠道耐受性、胃排空、电解质补充及工作肌肉供能方面达到最佳组合，并最终使运动员取得卓越的成绩。

表 1.4 单糖与双糖的关系

双糖	所含的单糖
蔗糖（甘蔗糖或甜菜糖）	葡萄糖 果糖
乳糖（奶糖）	葡萄糖 半乳糖
麦芽糖（饴糖）	葡萄糖 葡萄糖

碳水化合物的代谢

人体能够储存约 350 g（1400 kcal）肌糖原，另有 90 g（360 kcal）糖原储存在肝中，还有少量（约 5 g，或者约 20 kcal）葡萄糖在血液中循环。肌肉体积越大，潜在的糖原储备量和潜在的需要量也就越大。

此外，更多的糖原储备量与更多的液体储备量相关，其比例一般是储存 1 g 糖原需要额外储存 3 g 的水。在有些运动中，这种与糖原相关的较高的液体储存比例被认为是有利的（例如，想象一名在炎热天气中进行比赛的马拉松运动员，其需要更多的身体水分来维持出汗速率）。但在另外一些运动中，这种与糖原相关的较高的液体储存比例也许是个问题（例如，想象一名体操运动员，其需要具备尽可能高的力量-体重比才能完成一套空翻动作——此时需要糖原快速产生肌肉 ATP 能量，而多余的水分就可能成为负担）。显然，运动员应该以最适合其特定运动的方式来优化糖原储备。

我们的身体系统通过产生胰岛素和胰高血糖素，使血糖水平维持在一个相对较窄的范围内（3.89~6.11 mmol/L）。胰岛素和胰高血糖素是胰腺激素，它们协同作用来控制血糖水平。胰岛素过多会导致低血糖，进而积累过多的脂肪；胰岛素分泌不足或无效，就会导致高血糖和糖尿病。图 1.2 以图解的方式解释了胰腺激素如何使血糖水平维持在正常的范围内。

胰岛素由胰腺 B 细胞分泌，而胰高血糖素由胰腺 A 细胞分泌。胰岛素分泌的刺激源是高血糖（葡萄糖浓度越高，胰岛素反应越强烈），但即使血糖在正常范围内，胰腺也会不断分泌少量胰岛素，这样葡萄糖就可以稳定地流向大脑和肌肉细胞。胰岛素通过影响肌肉和脂肪细胞的细胞膜，使来自血液的葡萄糖进入到细胞内，从而降低血糖水平。这种作用导致血液中的葡萄糖流向细胞内，这也解释了胰岛素降低血糖水平的作用；它还使细胞能够接收所需的能量源。图 1.3 以图解的方式阐释了血糖可能的去向。

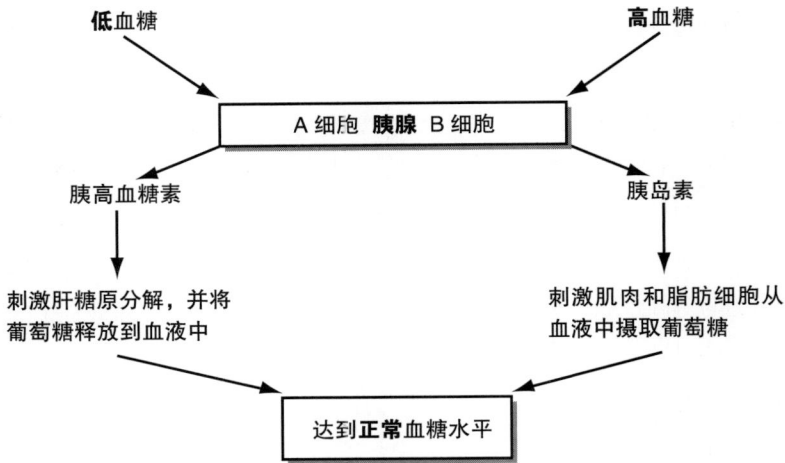

图 1.2　胰腺对维持正常血糖水平的影响

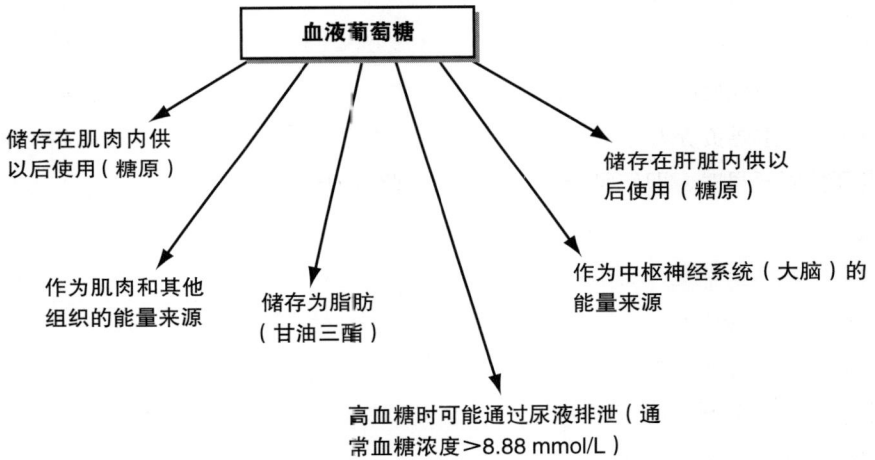

图 1.3　血液葡萄糖可能的去向

当出现低血糖（这种情况可能出现在两餐之间和运动过程中）时，胰腺将分泌胰高血糖素，从而分解肝糖原，并将分解所得的游离葡萄糖释放到血液中。较低的血糖水平将导致产生更多的胰高血糖素。胰高血糖素也可能刺激糖异生（从非葡萄糖物质生成葡萄糖）。例如，在糖异生过程中，丙氨酸会从骨骼蛋白中释放出来，并被肝转化成葡萄糖。在由肝释放的用于维持血糖水平的葡萄糖中，约 60% 的葡萄糖来自肝糖原储备，其余则来自乳酸盐、丙酮酸盐、甘油和氨基酸（包括丙氨酸）所合成的葡萄糖[1]。在运动过程中，肝脏葡萄糖进入血液的速率是运动强度的一个函数，运动强度越高，肝脏葡萄糖的释放速率就更快[2]。在进行长时间的活动时，较低水平的血胰岛素与较高水平的肾上腺素和胰高血糖素的组合，将刺激肝脏葡萄糖的释放。

除了胰岛素和胰高血糖素，还有其他两种激素也影响血糖。肾上腺素是一种应激激素，它能够引发肝糖原极快地分解，从而迅速提高血糖水平。肾上腺分泌的皮质醇也是促进肌肉蛋白分解代谢的应激激素。这种蛋白质分解产生糖异生所需的某些生糖氨基酸[3]，最终导致血糖水平升高。在运动相关压力的作用下，肾上腺素和皮质醇被释放出来，二者的分泌都可以通过维持血糖水平进行调节。控制肾上腺素的产生有助于保留肝糖原，而控制皮质醇的产生则有助于保留肌肉蛋白质。这是运动员在训练过程中消耗碳水化合物的有力论据，同时也是教练员在比赛前和比赛过程中必须保持冷静的有力论据，因为对运动员的施压行为可能会增加他们的心理压力，而心理压力与更高水平的肾上腺素有关，因此将导致肝糖原消耗得更快。

血液中的葡萄糖主要来自膳食碳水化合物，其中淀粉是主要的食物来源。复杂碳水化合物（淀粉）被消化成单糖（葡萄糖、果糖和半乳糖），以备吸收到血液中。有些人乳糖酶合成不足，无法将奶制品中的糖——乳糖分解成它的组分单糖（葡萄糖和半乳糖），导致乳糖进入肠道时无法被充分消化，这种情况被称为乳糖不耐受。乳糖不耐受会导致腹胀、腹痛、腹泻和脱水。肝和肌肉中多余的葡萄糖将作为糖原储存起来，但只能达到糖原储备的饱和限度。肝的糖原最大储备量一般为 87~100 g（348~400 kcal），而对体形较大的人而言，肌肉可以平均储存约 350 g（1400 kcal）或更多的糖原。当糖原储备饱和时，向细胞提供额外的葡萄糖将导致过量的糖原以脂肪的形式储存起来（在肌肉和脂肪细胞内）。肝糖原主要负责稳定血糖水平，而肌糖原主要负责为可以通过有氧及无氧两种方式代谢的工作肌肉提供能量来源。

当肝糖原耗尽时，即使肌糖原储备充足，此时血糖水平也不容易维持。血糖是中枢神经系统的主要能量来源。低血糖导致中枢神经系统活动减弱，同时伴随烦躁不安、注意力下降等症状。对运动员来说，低血糖可能与神经疲劳有关，而神经疲劳会导致肌肉疲劳。由于即使是进行短时间的活动，肝糖原和血糖储备也很容易被耗尽，因此在活动期间摄入碳水化合物就成为维持神经功能并最终维持肌肉功能的关键因素。简而言之，那些放任其血糖水平低于正常水平的运动员，他们的运动表现会下滑，因为他们的中枢神经系统功能已经受损，尽管他们的肌肉仍然充满能量。

糖酵解

腺苷三磷酸（ATP）是细胞的高能化合物。因为组织内储存的可立即使用的 ATP 有限，所以在运动过程中必须即时生成 ATP。但是，在将能量底物转化为机械力方面，人类的效率低下。60%~80% 的 ATP 能量都以热的形式损失了，只有其中 20%~40% 的部分真正参与了肌肉的运动。由于我们不能获得额外的代谢热（即体温不能显著上升），所以以磷酸肌酸的形式储存起来并可立即合成 ATP 的能量也是有限的。如果事实不是这样，我们将以非常快的速率产生大量热量，以至于冷却无法及时进行，结果导致快速过热和死亡。因此，储存有限的、现成可用的 ATP 可以被认为是一种自我保护机制。运动强度越高，就必须以更快的速率重新生成 ATP。在稳态下，也就是低强度活动中，可以通过碳水化合物和脂肪的氧化，以有氧的方式产生充足的 ATP。但是，随着运动强度的增加，运动员需要的 ATP 生产水平不能完全通过有氧方式提供 [4-5]。能量代谢系统总结见表 1.5。

表 1.5　能量代谢系统

系统	特点	持续时长
磷酸肌酸系统 （PCr）	储存的磷酸肌酸以无氧方式生成 ATP	用于最大强度的活动
无氧糖酵解 （乳酸系统）	通过糖原分解，以无氧方式生成 ATP；该系统的副产物是乳酸	用于极高强度的活动，即那些超过运动员的能力范围而使他们无法摄入足够氧气的极高强度的活动；通过该系统持续生成 ATP 的时间不超过 2 分钟
有氧糖酵解	通过糖原分解，以有氧方式生成大量的 ATP	用于高强度的活动，即那些需要大量 ATP，但是运动员尚可摄入足够氧气的高强度活动
氧气系统 （有氧代谢系统）	通过碳水化合物和脂肪的分解，以有氧方式生成 ATP	用于持续时间较长的低强度活动，即那些能够生成大量 ATP，但不会产生抑制有氧代谢系统的副产物的低强度活动

　　糖酵解是一个过程，在这个过程中糖原快速分解为葡萄糖，葡萄糖通过一系列的转化，最终生成大量 ATP。糖酵解可以在有氧（有氧糖酵解）或无氧（无氧糖酵解）条件下发生，使糖原成为高度灵活的能量物质。有氧糖酵解能够产生比无氧糖酵解更多的 ATP，而且与无氧糖酵解不同，有氧糖酵解可以在产生 ATP 的同时不产生乳酸。因此，无氧糖酵解也被称为乳酸系统。在某些活动中，当活动强度超过有氧代谢系统引入足够的氧气来满足能量需求的能力时，无氧糖酵解就成为产生 ATP 的主要途径。但是，极高强度的无氧活动具有自限性，因为乳酸的累积，极高强度的运动只能持续 1.5~2 分钟。这通常是为高强度运动提供恢复体力的缓冲期。举例来讲，艺术体操场地的常规活动时间为 1.5 分钟，之后体操运动员就可以休息并恢复体力，为下一次高强度活动做准备；冰球运动员经常设置替补队员（冰球运动员几乎不会连续滑冰超过 2 分钟），这样运动员就可以完成肌肉恢复。

　　对于在无氧糖酵解过程中产生的乳酸，对它最好的理解是"一种暂时的能量储存形式"，它在静候足够的氧气以备重新进入代谢系统。当运动强度降低，并且运动员体内有足够的氧气来进行有氧代谢时，乳酸将重新转化成丙酮酸，然后通过有氧方式生成 ATP。注意：极度剧烈的活动产生的大量乳酸更容易对脱水运动员而不是水合充足的运动员产生负面影响，这是因为后者体内接受从细胞内排出的乳酸的液体池（血容量）更大，因此能更好地缓冲 pH 的变化（即相对酸度的变化）。俗话说的好，"污染的解决方法是稀释"。

糖异生

　　糖异生是指通过非碳水化合物生成葡萄糖的过程。血糖对中枢神经系统的功能至关重要，同时有助于脂肪代谢，并且能够向工作细胞供应能量。但是，由于其储备能力有限，因此可以通过非碳水化合物制造葡萄糖这样的方式，来维持一个最低的葡萄糖水平。糖异生包含 3 个主要系统。

1. 甘油三酯是人体脂肪的主要储存形式，通过 3 个脂肪酸连接到甘油分子上形成。甘油三酯分解会形成游离甘油（三碳物质），2 分子甘油可以在肝中产生 1 个葡萄糖分子（六碳物质）。甘油是人体营养学中唯一的单脂（脂肪），它最终可以像碳水化合物一样被代谢。

2. 肌肉蛋白分解后形成一系列游离氨基酸，它们是肌肉的结构单元。其中有几种氨基酸是生糖氨基酸（即能够生成葡萄糖的氨基酸），并且可以通过肝脏的作用转化为葡萄糖。仅在 40 分钟的剧烈训练后，游离丙氨酸（生糖氨基酸）就可以增加 60%～96%。如果在低血糖的条件下进行训练的话，这个比例将会更高[6]。这一点有力地证明：如果运动员在体育运动期间任由血糖水平下降，那么将很快出现肌肉分解的情况。

3. 在无氧糖酵解中，由细胞产生并排出乳酸，以此作为维持细胞内 pH 的一种手段。这些乳酸可以重新转化为丙酮酸，通过有氧方式生成 ATP，或者 2 个乳酸分子在肝脏中结合而生成葡萄糖。将乳酸转化为葡萄糖的这个过程称为科里循环（Cori Cycle，指肌肉排出乳酸以及生成的葡萄糖重新返回肌肉的过程）。我们不应该认为乳酸盐（通常作为乳酸的同义词使用）是有害的，因为它有助于维持细胞功能，并且可用作能量。

运动过程中碳水化合物的利用

碳水化合物水平较低将导致运动疲劳。碳水化合物的储备（即糖原储备）量及可用游离葡萄糖的供应量有限（肝脏中约有 350 kcal 当量的糖原，肌肉中约有 1400 kcal 当量的糖原，血液中约有 40 kcal 当量的葡萄糖），因此运动员应该考虑，当糖原储备充足时应该如何开展运动，以便能够在所需的强度水平下持续开展活动，或者考虑建立一个使糖原储备不被耗尽的程序。即使肌糖原储备量足够，肝糖原储备量低也会导致低血糖和神经疲劳，而神经疲劳会导致肌肉疲劳。

运动强度越高，运动员就越依赖碳水化合物作为能量底物。但是，即使是从脂肪中获取大部分能量的低强度训练（主要是有氧运动），仍然需要一定的碳水化合物代谢水平来帮助实现脂肪的完全燃烧并维持血糖水平。因此，所有身体活动模式都在一定程度上依赖碳水化合物。多个因素影响运动过程中碳水化合物对总能量需求的贡献比例。以下因素将增加运动过程中运动员对碳水化合物的依赖性。

- 高强度的活动。
- 持续时间长的活动。
- 在极热或极寒条件下开展运动。
- 在高海拔地区运动。
- 年龄（年轻男孩比成年男性对碳水化合物的依赖性更高）。

以下这些因素可以降低对来自碳水化合物的相对能量的消耗。

- 耐力训练。
- 良好的有氧训练。
- 温度适应。
- 性别。

人们存在一种误解，认为低强度活动 [最高达 65% 最大摄氧量（VO_2max）] 是最有效的减脂手段。实际上，当下许多流行的运动计划都是围绕这个想法组织展开的，认为低强度有氧运动（图 1.4）是"燃烧"大量脂肪最有效的方式。但是，不应该将燃烧的脂肪比例与燃烧的脂肪量相混淆。当你坐着阅读这句话时，你很可能正在通过脂肪获得绝大部分的能量。但是，燃烧掉的脂肪总量非常低。（如果事实不是这样，那么看电视将是一种了不起的减脂手段。）当运动强度增加时，从脂肪中获得能量的比例会降低，而从碳水化合物中获得的能量比例会升高，但总有一定水平的脂肪在燃烧。在高强度活动中，单位时间的总热量需求要比低强度活动时高得多，而且在高强度活动中燃烧的脂肪量也要高得多（尽管只有较低比例的脂肪来满足总的能量需求）。因此，运动员应该在规定的时间内尽可能地剧烈运动，从而增加脂肪消耗并优化身体成分（参见第 12 章）。

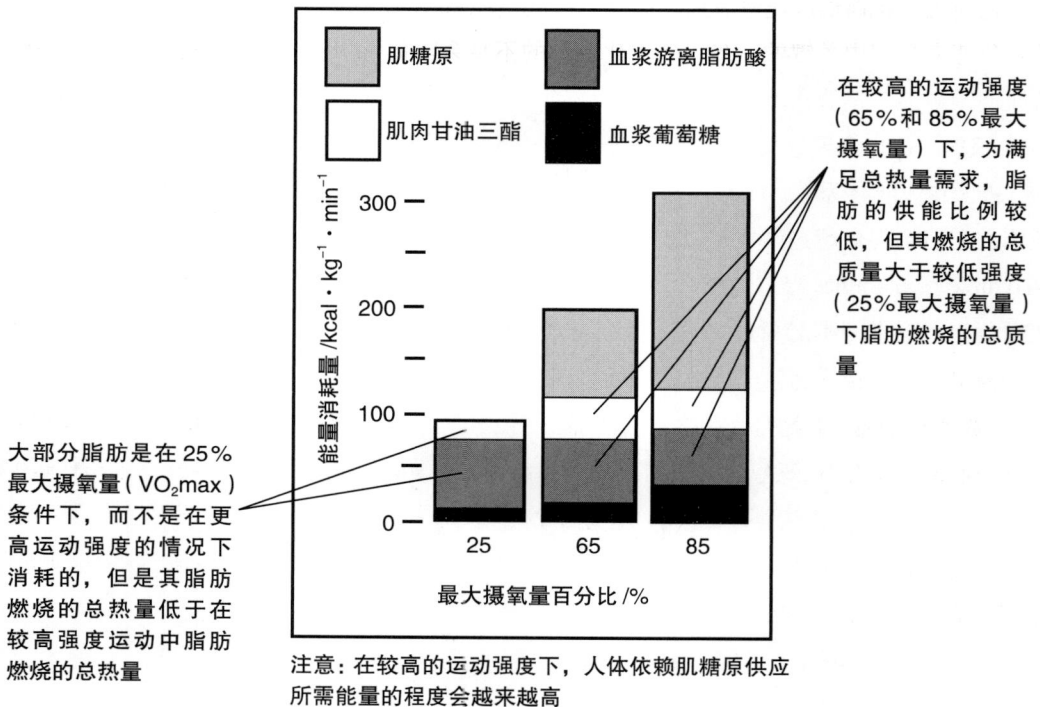

注意：在较高的运动强度下，人体依赖肌糖原供应所需能量的程度会越来越高

图 1.4　不同运动强度下人体对能量物质的需求

改编自 Romijn JA, Coyle EF, Sideossis LS, et al. Regulation of endogenous fat and carbohydrate in relation to exercise intensity and duration. Am J Physio, 1993, 265(3):E380-391。经美国生理学会授权使用

举例如下。

· 乔进行了 60 分钟的低强度（有氧）活动，消耗了 300 kcal 热量，其中 80%（240 kcal）的热量来自脂肪。

· 杰克进行了 60 分钟更高强度的活动，消耗了 500 kcal 热量，其中 60%（300 kcal）的热量来自脂肪。

· 虽然乔的脂肪消耗比例较高，但是与乔相比，杰克却多消耗了 200 kcal 的总热量，并且多消耗了 60 kcal 的脂肪热量。

　　碳水化合物是运动员的关键能量来源，这是因为与其他任何能量来源相比，运动员可以利用碳水化合物，在单位氧气量的基础上更有效地生成能量。1 L 氧气可以通过碳水化合物产生约 5 kcal 的能量，但只能通过脂肪产生 4.7 kcal 的能量。此外，有氧糖酵解可以比脂肪氧化更快、更大量地产生 ATP 来满足肌肉的需要。碳水化合物能量效率的提高有助于解释高强度活动中，当肌糖原将要耗尽时就会发生肌肉疲劳这种现象。此时运动员根本不能向工作肌肉提供足够的 ATP 来维持运动。

中枢神经系统疲劳理论

　　在向工作肌肉供应能量方面，腺苷二磷酸（Adenosine Diphosphate，简称 ADP）向 ATP 的转化速率是其中关键的一步。碳水化合物的不足会降低 ADP 向 ATP 的转化速率，结果导致肌肉不可能在高强度水平下继续运动。此外，如果无法将 ADP 转化为 ATP，那么将导致 ADP 积累，这也会导致疲劳[7]。

　　涉及中枢神经系统的其他因素也会引起肌肉疲劳[8]，它们共同构成了中枢神经系统疲劳理论，它们会促使超过常规量的色氨酸通过血脑屏障，并进一步刺激 5-羟色胺（Serotonin，5-Hydroxytryptamine，简称 5-HT）的合成量增加。5-羟色胺是一种神经递质，能够使人们感到放松，但在产生的神经递质达到一定的量时，人就会感到困倦和嗜睡。对运动员而言，这种情况可能会转化为肌肉疲劳，因为神经疲劳会导致肌肉疲劳。

· 第 1 个因素：血糖是大脑的主要能量来源，而大脑必须持续运转。如果血糖水平降低，大脑会刺激血糖生成，这个过程称为糖异生（即从非葡萄糖物质生成葡萄糖的过程）。随着血糖水平和肌糖原储备量的下降，肌肉的分解产物就成为糖异生的重要物质来源。这种情况将导致支链氨基酸（Branched Chain Amino Acid，简称 BCAA）的分解代谢增强，结果使循环血液中的支链氨基酸减少[9]。支链氨基酸和色氨酸会竞争相同的受体载体，它们需借助受体载体通过血脑屏障。当支链氨基酸水平较高时，通向大脑的色氨酸是受控的。但是，当血液中的支链氨基酸水平降低时（比如需要它们进行分解代谢来供能时），色氨酸可以螯合更多的受体载体，那么将有更多的色氨酸进入大脑。色氨酸将刺激 5-羟色胺的合成。为了防止这种情况发生，必须维持血液和肌肉中的血糖水平，以避免出现糖异生。

· 第 2 个因素：食用色氨酸含量高的食物（如火鸡或牛奶）后，通过血脑屏障的色氨酸的量会增加，从而导致 5-羟色胺的合成量增加，进一步导致过早地出现疲劳[10]。

　　•第 3 个因素：脂肪会与色氨酸在血液中竞争相同的蛋白质载体。高水平的脂肪摄入会优先竞争这种蛋白质载体，结果留下较高比例可以通过血脑屏障的游离色氨酸。这会导致 5-羟色胺的合成量增加，从而可能导致过早出现疲劳[10]。

　　虽然支链氨基酸和碳水化合物的摄入可能会减少 5-羟色胺的合成，进而抑制精神和身体上的疲劳，这听起来似乎是合乎逻辑的，但这方面的研究并未得出定论，这是因为目前还难以区分其对大脑和肌肉的效果[11]。此外，可能还有来自化合物（例如咖啡因）的干扰。研究结果表明，摄入咖啡因后，咖啡因由于暂时性地刺激中枢神经系统的作用，因而可以延缓疲劳[12]。（关于咖啡因及其对运动成绩的影响，请参见第 4 章强化剂的相关内容。）

对碳水化合物的需求

　　美国医学研究所（Institute of Medicine）推荐每日摄入 130 g（520 kcal）碳水化合物，这也是大脑最低的葡萄糖平均消耗量[11]。碳水化合物摄入量的理想范围是总热量摄入的 45%～65%，这个范围也被称为宏量营养素可接受范围（Acceptable Macronutrient Distribution Range，简称 AMDR），食品标签上的每日碳水化合物值（DV）是推荐总热量摄入量的 60%。这些推荐还指出，糖（单糖和双糖）在碳水化合物中的占比不应超过 25%[13-14]。

　　关于膳食纤维（来自难于消化的多糖和部分可消化的多糖）的摄入量，成年男性每日应摄入 38 g，成年女性每日应摄入 25 g[15]。摄入足够的膳食纤维有助于维持正常的血糖水平（通过控制吸收速率），降低心脏病和便秘的风险。膳食纤维的推荐摄入量存在性别差异，因为通常女性摄入食物的总质量和总热量较少。

　　有人认为，我们对碳水化合物唯一真正的需要是合成维生素 C。维生素 C 是一种六碳物质，类似于葡萄糖，大多数动物都能够通过酶的作用将葡萄糖转化为维生素 C。一些历史证据表明：我们的祖先只食用了非常少的碳水化合物并幸存下来。但是，当考虑到运动员的情况，以及大量研究证明碳水化合物是限制运动员运动表现的物质时，有一点变得清晰起来，即人类的生存和人类的运动表现完全是两码事。不论运动处于从无氧运动到有氧运动链条上的哪个区间，运动员都需要碳水化合物[16]。运动员对碳水化合物的需求基于多种因素。运动员必须摄入足够的碳水化合物才能满足以下生理需求。

　　•提供能量，从而满足大部分的热量需求。

　　•优化糖原储备。

　　•在体育活动后使肌肉恢复。

　　•在训练和比赛过程中，提供具有良好耐受能力的能量来源。

　　•在两餐之间快速、简单地提供能量，从而维持血糖水平。

　　•提供能量来源，从而在体育运动期间维持血糖水平。

　　一直以来，确定能量摄入量的传统指南都是按摄入的碳水化合物占总能量摄入量的比例来考虑的。对一般人群的建议是，碳水化合物应提供总能量的 50%~55%，成年男性和成年女性的膳食参考摄入量（Dietary Reference Intake，简称 DRI）为 130 g/d（520 kcal/d）。但是，假设总能量摄入是足够的，通常推荐运动员的碳水化合物摄入量占总能量的 55%~65%。确定碳水化合物需要量的另一个方法，显然也是更好的方法，是根据每千克体重应摄入的碳水化合物的量（g）来计算。耐力训练运动员的碳水化合物推荐摄入量是每天每千克体重 7~8 g（一些建议甚至高达 10 g）[17-18]。

以下是目前对运动员摄入碳水化合物的建议。

• 运动员应摄入足量的碳水化合物，以满足其训练计划对能量的大部分需求，并优化体育运动间期肌糖原储备的恢复情况。

• 运动员应在运动后即刻和运动后最多 4 小时内，按照每小时每千克体重 1.0~1.2 g 的量，频繁地摄入碳水化合物。例如，一名体重为 70 kg（150 lb）的运动员，如果他希望在运动后的 4 小时内，每小时摄入 1.2 g 碳水化合物，那么他在体育运动结束后的 4 小时内，将摄入 1344 kcal 来自碳水化合物的能量，即 $70 \times 1.2\,g \times 4 \times 4\,kcal/g = 1344\,kcal$。

• 对于完成中等时长、低强度训练的运动员，在进行日常恢复时，运动员每天每千克体重应摄入 5~7 g 碳水化合物。例如，一名体重 70 kg 的运动员，如果按照每千克体重摄入 6 g 碳水化合物，那么他将摄入 1680 kcal 来自碳水化合物的能量，即 $70 \times 6\,g \times 4\,kcal/g = 1680\,kcal$。

• 对于完成中等强度到高强度耐力训练的运动员，在进行日常恢复时，运动员应按照每天每千克体重 7~12 g 的量来摄入碳水化合物。例如，一名体重为 70 kg 的运动员，如果他希望每千克体重摄入 10 g 碳水化合物，那么他将摄入 2800 kcal 来自碳水化合物的能量，即 $70 \times 10\,g \times 4\,kcal/g = 2800\,kcal$。

• 对于完成每天持续 4~6 小时（或更长时间）极限强度的训练的运动员，在进行日常恢复时，运动员应按照每天每千克体重 10~12 g 的量摄入碳水化合物。例如，一名体重为 70 kg 的运动员，如果他希望每千克体重摄入 12 g 碳水化合物，那么他将摄入 3360 kcal 来自碳水化合物的热量，即 $70 \times 12\,g \times 4\,kcal/g = 3360\,kcal$。

这些建议应根据运动员的个体情况进行调整，至少应在一定程度上考虑运动员的身体调节状态、运动持续时间及运动强度。请注意：如果运动员的水合状况欠佳，那么糖原的恢复会更为困难。

选择包含碳水化合物及其他各种营养素且有助于运动员恢复体力的食物，这一点很重要[18]。例如，蛋白质就是身体恢复所需要摄入的食物中重要的组成部分，因为它有助于糖原恢复。那些运动间隔休息时间不足 8 小时的运动员，应该在第一次训练后立即补充高碳水化合物、营养丰富的食物，从而对可用的进餐时间进行优化。如果两次运动之间有较长的休息时间，这时运动员的进餐模式就可以更加灵活。对不同类型运动员的碳水化合物摄入情况进行的研究发现，运动员在碳水化合物摄入量方面存在差异。不同运动项目运动员的碳水化合物摄入量（通常都不足）总结见表 1.6。

表 1.6 不同项目类型的运动员的碳水化合物摄入量*

参考文献	运动项目	中等摄入量 /g·kg⁻¹	高摄入量 /g·kg⁻¹
柯斯蒂尔（Costill）等，1988 年	游泳	5.3	8.2
兰姆（Lamb）等，1990 年	游泳	6.5	12.1
柯万（Kirwan）等，1988 年	跑步	3.9	8.0
谢尔曼（Sherman）等，1993 年	跑步	5.0	10.0
西蒙森（Simonsen）等，1991 年	赛艇	5.0	10.0
谢尔曼（Sherman）等，1993 年	骑自行车	5.0	10.0

注：*基于每千克体重应摄入碳水化合物的量。

经授权改编自 Burke LM. Dietary carbohydrates//Maughan RJ. Nutrition in sport. Oxford: Blackwell Science, 2000: 82。

这些数据表明：运动员通常每千克体重摄入 5~10 g 碳水化合物，或每千克体重摄入 20~40 kcal 当量的碳水化合物。假设一名运动员的体重为 70 kg（155 lb），那么他将摄入 1400~2800 kcal 的碳水化合物能量，这个碳水化合物的摄入量远远高于膳食参考摄入量（520 kcal）。假设碳水化合物提供的能量约占总热量的 60%，那么该运动员每天将总计摄入 2300~4700 kcal 的热量。如果顺着这个逻辑推理，一名体重为 136 kg（300 lb）的足球运动员，每天仅通过碳水化合物就可以摄入 2700~5400 kcal 的热量，而这个量的碳水化合物对运动员来说是非常难消化的，因为相对而言碳水化合物的能量密度比较低（每克只有 4 kcal 的热量）。一般情况下，推荐的碳水化合物摄入量是基于运动强度和运动持续时间制订的。因此，运动持续时间更长且强度更高的运动，其能量需求越大。但是，这不应被解释为对参与持续时间较短且强度较低运动的运动员，就可以配制低碳水化合物食谱。大量证据表明：对所有运动员来说，无论是何种类型的训练，如果他们常规地摄入碳水化合物含量较高的食物，那么他们取得的运动成绩将会更好。表 1.7 中列举的实例介绍了运动员应该消耗多少碳水化合物才能优化成绩和体力恢复情况。

表 1.7 运动员对碳水化合物的需要量

活动或时间安排	推荐摄入量	举例
运动后即刻（0~4 小时）恢复	1~1.2 g/(kg·h) 的碳水化合物（间断、频繁地摄入）	一名体重为 70 kg 的运动员在运动后应立即摄入 70 g（280 kcal）碳水化合物，接下来每小时额外摄入 70 g 碳水化合物，持续 4 小时
完成中等时长、低强度训练后的日常恢复	5~7 g/(kg·d) 的碳水化合物	一名体重为 70 kg 的运动员经过一整天的训练后应摄入 350~490 g（1400~1960 kcal）碳水化合物（这个量包括训练后进行即刻恢复所摄入的量）
中等到高强度耐力训练后的日常恢复	7~12 g/(kg·d) 的碳水化合物	一名体重为 70 kg 的运动员经过一整天的训练后应摄入 490~840 g（1960~3360 kcal）碳水化合物（这个量包括训练后进行即刻恢复所摄入的量）
针对每天训练 4 小时以上的极限运动计划后的日常恢复	10~12 g/(kg·d) 或更多的碳水化合物	一名体重为 70 kg 的运动员，一整天应摄入 700~840 g（2800~3360 kcal）碳水化合物（这个量包括训练后进行即刻恢复所摄入的量）

大多数碳水化合物都来自谷物、豆类、水果和蔬菜，肉类中几乎没有碳水化合物，牛奶和奶酪中只含有少量的碳水化合物。一些乳制品（酸奶、冰淇淋）中加入了糖，使它们得以被广泛接受，可以作为碳水化合物的来源。

血糖指数和血糖负荷

血糖指数是一个测量值，它表明所摄入的碳水化合物转化为血糖的速率。当我们将食物与摄入的葡萄糖进行比较时发现，葡萄糖可以快速进入血液，因为葡萄糖不需要消化并且容易吸收。血糖指数越高，摄入该食物时的血糖反应也就越大；血糖指数越低，摄入该食物时的血糖反应也就越小。葡萄糖的血糖指数为100，这个值是与其他食物进行比较的基准。我们在等热量（即所有食物都提供等量的热量）基础上对食物进行比较，这听起来似乎是合乎逻辑的，但也导致了血糖指数相关的一些混乱。举个例子来讲，胡萝卜的血糖指数高（>85），但是通常胡萝卜的摄入量非常低，以至于通过摄入胡萝卜而进入血液的葡萄糖的总热量非常少。

一些食物的血糖指数非常高，高得让人感到吃惊，另外一些食物的血糖指数则非常低，低得同样让人感到吃惊。举个例子，食糖的血糖指数是65，而与食糖相比，玉米片谷物的血糖指数（84）要高得多。但是，在评估这两种食物的碳水化合物成分后，就可以明白其中的原因。玉米片谷物中的谷粒主要由双糖麦芽糖组成，双糖麦芽糖是由2个葡萄糖分子组成的。而食糖的组成成分是蔗糖，蔗糖是由1分子葡萄糖和1分子果糖组成的。果糖必须通过肝脏转化为葡萄糖，这种额外的转化步骤降低了食糖转化为血糖的速率。

考虑到葡萄糖的体积及葡萄糖进入血液的速率会影响胰岛素的生成量，因此人们普遍希望食用血糖指数中等甚至偏低的碳水化合物类食物。（血糖指数≥70的食物被认为是高血糖指数食物，血糖指数为56~69的食物被认为是中等血糖指数食物，而血糖指数≤55的食物被认为是低血糖指数食物。）但是有时，例如运动期间和运动后，高血糖指数的食物对运动员来说可能更好。表1.8为碳水化合物类食物的血糖指数和血糖负荷的实例。

表1.8 常见食物的血糖指数和血糖负荷

食物	典型的食用量	食用50 g（200 kcal）碳水化合物获得的血糖指数	血糖负荷（典型食用方法）
枣（干燥后）	2 oz（60 g）	103	42
玉米片	1 cup	81	21
果冻豆	1 oz（30 g）	78	22
膨化米糕	3块	78	17
烤褐色土豆	1个（中等大小）	76	23

续表

食物	典型的食用量	食用 50 g（200 kcal）碳水化合物获得的血糖指数	血糖负荷（典型食用方法）
甜甜圈	1 个（中等大小）	76	17
苏打饼干	4 块	74	12
白面包	1 大片	73	10
食糖	2 tsp（10 ml）	68	7
烤薄饼	1 个，直径 6 in（15 cm）	67	39
精米	1 cup	64	23
糙米	1 cup	55	18
白面意大利面	1 cup	44	18
全麦意大利面	1 cup	37	14
橙子，生食	1 个（中等大小）	42	5
苹果，生食	1 个（中等大小）	38	6
全麸麦片	1 cup	38	9
芸豆，干燥、煮熟	1 cup	28	7
珍珠大麦，煮熟	1 cup	25	11
花生	1 oz（30 g）	14	1

　　注：虽然人们普遍认为人类健康的许多问题是由食糖引起的，但是与玉米片、白面包、烤土豆和米糕相比，食糖具有较低的血糖指数和血糖负荷。尽管如此，这一点不应该成为鼓励人们没有节制地食用食糖的理由，因为食糖不含维生素或矿物质。

　　经授权改编自 Higden J. An evidence-based approach to dietary phytochemicals. New York: Thieme, 2007: 197。蒂姆医学出版社（Thieme Medical Publishers）版权所有。

　　一般来说，富含纤维的碳水化合物类食物的血糖指数较低，因此对运动员来说它们是很好的选择。然而，膳食纤维可能是产生气体和造成胀气的根源，这又使得它们不适合在比赛前和比赛期间食用。可溶性纤维食物可能不太成问题，但运动员需要通过试验才能确定哪些食物最容易耐受。表 1.9 为富含可溶性纤维和不溶性纤维的食物清单。运动员经常发现，具有低纤维浓度的淀粉类碳水化合物，例如面食，是最容易耐受的，并且面食能够为运动员提供其所需的大量碳水化合物。

　　碳水化合物的摄入量也会影响血糖水平和胰岛素反应。为了说明这一点，我们引入"血糖负荷"的概念。某种食物的血糖负荷是通过以下方式计算的：用该种食物的血糖指数乘以该食物提供的碳水化合物的质量（g），再除以 100。膳食血糖负荷代表所有摄入食物的血糖负荷之和[19]。

表 1.9　富含可溶性纤维和不溶性纤维的食物

可溶性纤维的最佳来源	不溶性纤维的最佳来源
香蕉	大麦
大麦	甜菜
豆类和豆类蔬菜	球芽甘蓝
胡萝卜	卷心菜
柑橘类水果	菜花
燕麦麸	水果和带皮的蔬菜
燕麦	大米（精米除外）
豌豆	芜菁
米糠	麦麸
草莓	小麦类谷物
甘薯	全麦面包

碳水化合物与体育运动

　　因为体育运动大大提高了能量消耗的速率，所以运动员必须做好计划，以最有效的方式提供所需的能量，从而取得成功。有一点至关重要，那就是运动员必须摄入足够的能量来支持总的能量需求，包括维持正常组织代谢、生长发育（儿童和青少年）、组织修复和开展运动本身所需的能量。

　　首先，我们需要明确一个概念，即如何最好地满足总能量的需求，然后才有可能讨论能量底物的理想分配。虽然满足总能量需求似乎是一个合乎逻辑而又简单的行为，但几乎所有调查都发现，所有运动员都没有摄入足够的能量来充分满足他们的需求。这个情况和下面这个例子类似：你计划开法拉利行驶 100 mi（160 km），并将适量的高辛烷值汽油加入油箱中，但是所加的汽油只够行驶 80 mi（128 km）。尽管燃料质量很高，但是法拉利就是无法抵达目的地。同理，能量供应不足的运动员也很难实现最佳竞技表现。一旦确立获得足够能量的策略，运动员和教练员就可以合理地考虑如何将能量分配到能量底物（即碳水化合物、蛋白质和脂肪）的最佳阵列。人们普遍接受的一个观点是，运动员应摄入足够的碳水化合物来满足与运动相关的大部分的能量需求，并在两次运动期间恢复肌糖原的储备[18]。

　　比较理想的情况是，运动员应尽可能地摄入复杂碳水化合物（即非糖碳水化合物），但是可以在运动期间和运动过后立即摄入简单碳水化合物。同时，运动员还应该摄入其他能量底物（蛋白质和脂肪），从而满足总的营养需求，但是仍应将碳水化合物作为主要的能量来源。因为碳水化合物的热量密度较低（每克碳水化合物只能产生 4 kcal 热量，而每克脂肪能够产生 9 kcal 热量），所以很难让运动员获得足够的能量和碳水化合物，除非有一个针对运动项目来补充足够能量和碳水化合物的完善的计划。运动员应牢记一点：如果没有一个健全的、动态关联的营养计划支持训练，训练本身是存在自我限制的。

脂肪

脂肪是一种高能量密度的物质，与碳水化合物和蛋白质相比，每克脂肪能够提供 9 kcal 能量，但是每克碳水化合物和蛋白质均只能提供 4 kcal 的能量。因此，少量脂肪在增加能量供给方面发挥着重要作用。现有文献表明，多摄入脂肪（在总能量摄入中，有 30% 以上的能量来自于脂肪）是有好处的，但是尚没有证据表明，过量摄入膳食脂肪有助于提高运动成绩、改善身体成分或控制体重。成年人脂肪总摄入量的可接受范围是总能量的 20%~35%。目前没有科学资料表明，当全部能量的 25% 或者更多来自脂肪时对运动员来说是有益的。但是，对于那些由于能量消耗巨大而难以维持体重的运动员（比如越野滑雪者），或者必须维持较高体重的运动员（比如橄榄球线卫球员和相扑运动员），较高的脂肪摄入量（达到可接受范围的上限：35%）可能有利于他们满足能量需求。几乎没有几个美国人能够做到摄入的脂肪能量低于全部能量摄入的 35%。所以要摄入更少的脂肪并不是一件容易的事情，而且除非采取其他措施，通过其他底物（三要是更多的复杂碳水化合物）提供足够的能量来替代摄入的脂肪，否则，从本质上讲，运动员可能会置身于一种不利于提高成绩的能量缺乏状态。因此，虽然减少脂肪摄入通常是有用的，因为这样就可以摄入更多的碳水化合物和蛋白质来满足能量需求，但是当脂肪摄入量减少时，应该有意识地提高能量供给，以保证足够的总能量摄入。由于脂肪的能量密度是蛋白质或碳水化合物能量密度的 2 倍多，因此必须摄入脂肪重量 2 倍以上的食物才能弥补脂肪摄入量的减少。

胆固醇、油、黄油和人造奶油都是脂肪或脂质，但是它们的特征略有不同。脂质的一个共同属性是它可溶于有机溶剂，但是不溶于水。（那些曾经试图混合意式沙拉酱的人都清楚这一点。不论多么用力地摇晃瓶子，沙拉酱中的油最终都会上升到顶部。）"脂肪"一词通常是指在室温下呈固态的脂质，而"油"这个词则是指在室温下呈液态的脂质。最常摄入的脂质是甘油三酯，它是由 3 分子脂肪酸和 1 分子甘油构成的（因此命名为甘油三酯）。尽管脂质有多种形式，但是我们可以从食物中获得所有这些脂质，而且人体还可以以其他物质为前体，自行合成很多其他类型的脂质。人体中几乎每一个细胞都能合成胆固醇，这就是人即使摄入低胆固醇食物，血液胆固醇水平仍会较高的缘故。实际上，与胆固醇摄入量相比，脂肪摄入量与血液中胆固醇的含量的关系更为密切，主要原因如下：消耗的脂肪（不论什么类型）越多，就需要产生越多的乳化剂来消化并吸收这些脂质。这种乳化剂（胆汁）就相当于 50% 的胆固醇，这种胆固醇与摄入的脂肪同时被吸收，这样就增加了身体内的胆固醇含量。

除了合成胆固醇，我们的身体还可以合成磷脂、甘油三酯和油。实际上，正是人体这种能够有效合成不同类型脂质的能力，降低了大量摄入膳食脂质的必要性。

脂肪的功能

脂肪提供的热量占摄入总热量的 20%～35%，是确保足够的能量和营养素摄入量所必需的。脂溶性维生素——维生素 A、维生素 D、维生素 E、维生素 K 必须以脂肪为载体转运。亚油酸是一种必需脂肪酸，是身体发挥特定功能所必需的，而且必须通过食物摄入，因为我们的身体无法合成亚油酸。我们还需要一些膳食脂肪，这类脂肪会使我们在就餐时产生饱腹感，从而向我们发出一个重要的生理信号，使我们停止进食。与碳水化合物相比，膳食脂肪的胃排空时间更长，这种情况有助于人们在食用膳食脂肪后产生饱腹感。当然，脂肪也会使食物更美味。

不同类型的脂肪提供不同种类的脂肪酸。亚油酸是一种 ω−6 脂肪酸，这种脂肪酸碳链中的远端双键位于碳链远端的第 6 位碳原子上。ω−3 脂肪酸是指远端双键位于碳链远端的第 3 位碳原子的脂肪酸。当 ω−6 脂肪酸与 ω−3 脂肪酸的比例为 3∶1 时有利于健康。ω−3 脂肪酸具有某些特性，可以减轻肌肉和关节的炎症，从而给运动员带来益处（本章后面的部分将对此进行详细阐述）。

脂质的结构

脂质具有不同的饱和度，饱和度这个术语是指碳链中双键的数量。没有双键的脂肪酸是饱和的，具有一个双键的脂肪酸是单不饱和脂肪酸，具有多个双键的脂肪酸是多不饱和脂肪酸。与双键相比，单键更强大，而且化学反应性也更低。因此双键数量越多，脂肪酸与其所处的化学环境发生反应的机会就越大。正是这种不同的反应能力，使得双键数量成为人类营养学中的一个重要因素。

饱和脂肪酸在动物脂肪、棕榈仁油和椰子油中最为普遍。单不饱和脂肪在橄榄油和菜籽油中含量最高，也存在于动物脂肪中。植物油中的多不饱和脂肪含量最高（橄榄油除外，橄榄油中 75% 以上是单不饱和脂）。为了降低健康风险，最好多摄入多不饱和脂肪酸和单不饱和脂肪酸，而少摄入饱和脂肪酸。因为饱和脂肪与较高的胆固醇水平有关，所以应尽量减少饱和脂肪的摄入量。这一点很容易做到，方法是减少动物脂肪、巧克力糖（饱和热带油的含量通常较高）、油炸食物和高脂肪乳制品的摄入量。改变脂肪的来源，同时维持较高的脂肪摄入量，并不会对健康产生预期的积极影响。大多数人，包括绝大多数的运动员，都应减少脂肪的总摄入量，而且在摄入的脂肪中，应含有较高比例的单不饱和脂肪酸和多不饱和脂肪酸。简而言之，要避免摄入大多数油炸食物、高脂肪乳制品和其他动物脂肪，以及加工肉类，同时多食用新鲜水果、新鲜蔬菜和全麦谷物。

甘油三酯

我们摄入的脂质大多是甘油三酯，其含有 3 个脂肪酸和 1 个甘油分子（图 1.5）。脂肪以甘油三酯的形式储存，当我们摄入过剩的能量时，机体就会合成甘油三酯。甘油三酯储存在脂肪组织（脂肪细胞群）和肌肉细胞内（作为肌内甘油三酯），两者均可在需要时作为能量来源，但肌内甘油三酯可以以更快的速率供能。当脂肪作为能量来源进行供能时，储存的甘油三酯会从储备状态被动员起来，每个分子被分解为脂肪酸和甘油。然后，每个脂肪酸分子将分解（每次释放 2 个碳单位），并被投入到"细胞能量炉"——线粒体中，用于产生 ATP，从而生成能量并为肌肉工作提供能量。该过程被称为 β 氧化代谢途径，因为脂肪的完全氧化除了需要一些碳水化合物外，还需要氧气。碳水化合物可以通过有氧或无氧方式代谢，但是与碳水化合物不同，脂肪酸只能以有氧方式代谢。

甘油是一种独特的脂质，它像碳水化合物一样而不是像脂肪那样燃烧，而且它还是一种有效的保湿剂（能够保持水分）。一些进行长时间耐力训练的运动员已经发现，与单独饮用水相比，将甘油添加到水中有助于他们保留更多的水分（即超级水合）。在极度炎热、潮湿的环境中，水分的流失可能会高于运动员的液体补充能力，因此在超级水合状态下开始比赛可能会带来一些益处。对网球运动员和参加奥运会竞赛距离铁人三项的运动员进行的研究发现，那些在比赛之前饮用甘油水溶液的运动员，当他们在高温下比赛时，他们都在一定程度上体会到了高水合带来的保护性益处[20-21]。但是最近，世界反兴奋剂机构（World Anti-Doping Agency，简称 WADA）将甘油列入禁用名单，所以在禁止使用甘油的赛事中，运动员不得服用甘油。还应注意的是，超级水合状态可能给人带来一定程度的不适感，因此需要适应一段时间。运动员在服用含有甘油的液体后，经常描述其感受为身体内含有额外的水分，使得自己感觉"像个水袋""沉重"或"僵硬"。

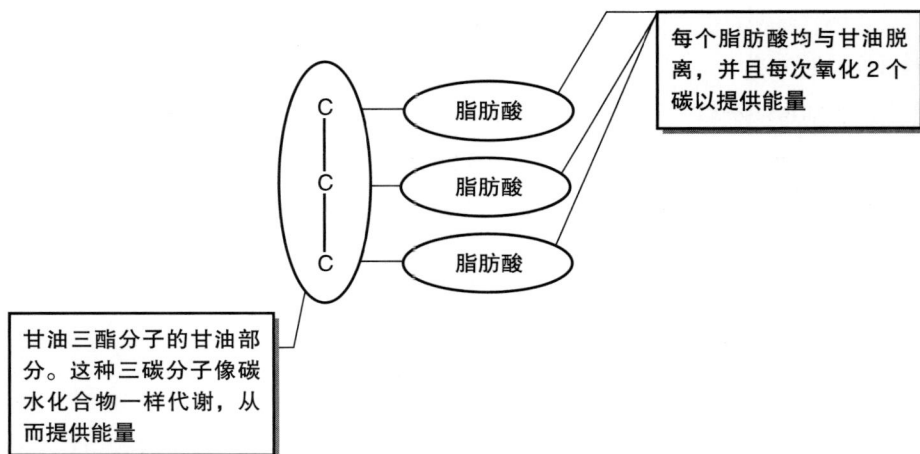

图 1.5　甘油三酯的结构

必需脂肪酸

ω-6 脂肪酸（例如亚油酸）和 ω-3 脂肪酸（例如亚麻酸）是必需脂肪酸。与所有携带"必需"标签的营养素一样，它们是代谢过程所必需的，但我们的身体不能合成它们，因此必须从我们吃食物中摄取。ω-6 脂肪酸是指这些多不饱和脂肪酸的远端双键位于从碳链末端起的第 6 位碳原子上。ω-3 脂肪酸是指这些多不饱和脂肪酸的远端双键位于从碳链末端起的第 3 位碳原子上。ω-6 脂肪酸中的亚油酸是脂质膜的一种基本组分，是维持正常皮肤健康所必需的，ω-3 脂肪酸中的亚麻酸是维持神经功能和生长所必需的。ω-6 脂肪酸摄入量的可接受范围占每日总能量摄入的 5%~10%（11~22 g/d），ω-3 脂肪酸摄入量的可接受范围占每日总能量摄入的 0.6%~1.2%（1.3~2.6 g/d）[13]。这两种脂肪酸都很容易从植物油（如玉米油、红花油、油菜籽油）和深海鱼油中获得。

人们已经开始关注 ω-3 脂肪酸对提高运动成绩的潜在益处。按照布奇（Bucci）提出的理论[22]，ω-3 脂肪酸对提高运动成绩的潜在益处体现在以下方面。

• 因为血液黏度降低，所以向肌肉和其他组织输送氧气和营养素的情况有所改善。

• 因为向细胞输送氧气的能力增强，所以有氧代谢得以改善。

• 在对运动、睡眠和饥饿等正常刺激做出响应时，促生长素（生长激素）释放情况的改善可能会产生合成代谢作用，或缩短运动后恢复所需的时间。

• 减轻由肌肉疲劳和过度用力引起的炎症，从而可能缩短运动后所需的恢复时间。

• 有可能预防组织炎症。

还有证据表明，通过摄入鱼油补充 ω-3 脂肪酸，有助于减轻精英运动员的运动诱发性支气管收缩（EIB）的症状[23]。一般来讲，针对 ω-3 脂肪酸有效性进行的评估研究未发现 ω-3 脂肪酸能够持续改善力量和耐力，也没有证据表明 ω-3 脂肪酸可以减轻肌肉酸痛[24-26]。摄入 ω-3 脂肪酸的主要影响可能是增强有氧代谢过程，这对于提升运动表现及有效燃烧脂肪这种能量底物都是很重要的。现已证实，这些油还可以降低红细胞聚集的能力，从而降低形成有害血栓的可能性[27]。这样就降低了心脏病发作的风险，因为心脏病通常是由心脏的主要动脉中形成的血块导致的。但是，这并不表明脂肪总摄入量的增加是获得这些益处的必需或者必要条件。相反，较高的摄入量通常与运动成绩下降有关。但是，运动员可以考虑改变摄入的脂肪类型。可以定期、有规律地在他们的食谱中添加 4~5 oz（125~150 g）鲑鱼、长鳍金枪鱼、大西洋鲱鱼和其他冷水鱼，以增加可用 ω-3 脂肪酸的比例。即使每周吃一次冷水鱼，也足以显著降低心脏病发作和发生卒中的风险[11]。关于运动员的 ω-3 脂肪酸摄入量，另外一个推荐标准是每日 1~2 g。

比较理想的情况是，ω-6 脂肪酸与 ω-3 脂肪酸的比例为 3:1。在大多数西方饮食中，ω-6 脂肪酸相对于 ω-3 脂肪酸的比例过高，这种情况可能会危及健康。虽然在宏量营养素可接受范围方面并不明显，但是人们普遍接受的一个理解是，改善 ω-3 脂肪酸与 ω-6 脂肪酸的比例（更重视 ω-3 脂肪酸），可能有助于降低疾病风险。

以下各项都是 ω-6 脂肪酸的良好食物来源。

- 葵花油。
- 南瓜油。
- 红花油。
- 大豆油。
- 玉米油。
- 核桃油。
- 芝麻油。
- 小麦胚芽油。
- 大麻油。

ω-3 脂肪酸可以从高脂冷水鱼（富含二十碳五烯酸和二十二碳六烯酸）和某些种子及坚果中获得。以下各项都是 ω-3 脂肪酸的食物来源。

- 二十碳五烯酸（Eicosapentaenoic Acid，简称 EPA），来源于食用鱼。
- 二十二碳六烯酸（Docosahexaenoic Acid，简称 DHA），来源于食用鱼。
- α-亚麻酸（ALA），食物来源如下。
  ○ 种子和果仁。
  ○ 亚麻籽和亚麻籽油。
  ○ 大豆和大豆油。
  ○ 核桃。
  ○ 巴西坚果。

对脂肪的需求

从训练的角度讲，没有理由相信增加脂肪的摄入量可以提高运动成绩，除非增加脂肪摄入量是运动员获得足够能量的唯一可用的方法。对那些每天需要超过 4000 kcal 的热量来满足生长、运动和维持组织的综合需求的运动员来讲，他们可能需要适度增加膳食脂肪（最好是来自于植物和鱼类的膳食脂肪）的摄入量。由于与碳水化合物或蛋白质相比，脂肪是一种更加浓缩的能量形式，所以如果食物中含有更多的脂肪，则可以通过摄入体积相对较小的食物来获取更多的能量。如果运动员试图完全限制脂肪的摄入，那么其可能需要摄入更多的食物（碳水化合物和蛋白质的能量密度不及脂肪能量密度的一半），结果是难以安排足够的餐次或者难以安排足够的就餐时间来摄入所需的能量。这种情况会导致能量摄入不足，并引发一系列的不良后果。

脂质与体育运动

即使是最瘦的健康运动员也有一个能够储备大量脂质的能量池。脂肪组织的平均能量储备量为 50000~100000 kcal，或者在理论上可以完成 500~1000 mi（800~1600 km）步行或跑步所需的足够能量，而期间无须额外补充能量。步行 1 mi（1.6 km）的能量消耗量约为 100 kcal。此外，运动员会在其肌肉组织内储备能够提供 2000~3000 kcal 热量的脂质。当氧气条件合适且氧化酶又可用时，这些以甘油三酯形式储备的脂质可用作燃料。以占总能量的百分比来衡量，当达到 60%～65% 最大摄氧量时，脂肪的氧化效率最高；但是当脂肪的供能比例较高时，最大摄氧量需要维持在更高的水平上[28]。

储存在脂肪组织中的甘油三酯被分解成其组成分子——甘油和脂肪酸，并运送到血浆中。所有组织都能获得甘油来进行能量代谢。游离脂肪酸将被运送至工作肌肉中，并氧化供能。甘油也可以在工作肌肉中燃烧来产生能量，或者被运送到血浆中，成为其他组织的能量来源。甘油是一种独特的单脂，因为它可以被肝脏转化为葡萄糖，从而帮助维持血糖水平。事实上，它是唯一一种像碳水化合物一样进行代谢的脂质。

运动强度越低，通过脂肪的燃烧满足能量需求的比例就越大。随着运动强度的增加，脂肪燃烧供能的比例会下降，但碳水化合物燃烧供能的比例会增加。这个基本的事实解释了，为什么很多人进行低强度的活动来燃烧脂肪和降低体脂水平。但是，不应该将脂肪燃烧供能的比例与不同的运动强度下燃烧的脂肪总量相混淆。随着运动强度的增加，单位时间内消耗的总热量也会随之增加。虽然为了满足更高强度活动的能量总需求，脂肪燃烧供能的比例可能会有所下降，但是因为能量总需求增加得更多，所以燃烧的脂肪总量更大（图 1.4）。从这个代谢事实中，我们可以得出这样一个结论：那些希望减少体脂的运动员，在训练期间的运动强度应该至少达到最大摄氧量的 65%，来增加燃烧的脂肪总量。较低强度的训练会提高脂肪燃烧供能的比例，但是与较高强度的训练相比，燃烧的脂肪总量较少。

运动员的体能训练和脂肪代谢

通过耐力训练计划来提高运动耐力，可以增加细胞内线粒体（和相关氧化酶）的体积和数量，从而使运动员在体育运动期间消耗更多的脂肪。由于运动员储备的脂肪热量比碳水化合物的热量多得多，因此提高运动员利用脂肪的能力会使运动员对碳水化合物的依赖性相应降低，从而增强运动员的耐力。简单地说，如果你可以在更高的运动强度下燃烧更多的脂肪，那么储备的碳水化合物就可以维持更长的时间，从而改善你的耐力情况（图 1.6）。

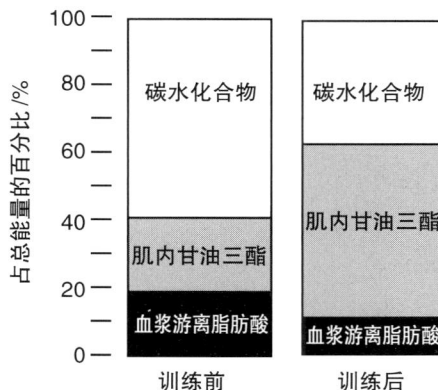

图 1.6 耐力训练后脂肪依赖性的变化

改编自 Martin WH, Dalsky GP, Hurley BF, et al. Effect of endurance training on plasma free fatty acid turnover and oxidation during exercise. Am J Physiol, 1993, 265(5): E708-714。经美国生理学会授权使用

但是，有一点需要指出：在剧烈运动的过程中，脂肪氧化并不能使机体达到不需要碳水化合物（血糖、肝糖原和肌糖原）的程度。而且，尽管通过脂肪代谢来提供能量的能力提高了，但是我们不鼓励运动员按比例增加脂肪的摄入量[29]。假设有足够的能量摄入，那么运动员可以合成并储存他们需要的脂肪。摄入更多的膳食脂肪是动脉粥样硬化性心脏病的一个明显的诱发因素。即使在短期内（3~5 天）增加脂肪的摄入量，同时伴随着碳水化合物摄入量的减少，与高碳水化合物摄入相比，前者也会导致耐力表现下降。

中链甘油三酯（MCT）

有些证据之间相互矛盾，一些证据表明中链甘油三酯（Medium-Chain Triglycerides，简称 MCT，其脂肪酸链具有 6~12 个碳原子）可能具有某些对运动员有益的属性。中链甘油三酯可直接吸收并快速分解成脂肪酸和甘油。它能够简单、快速地氧化供能，并且其代谢效果似乎更类似于碳水化合物而非脂肪。还有一些证据表明，它能够促进脂肪动员，即加快脂肪从储备状态转换到燃烧供能状态的速率，并且还可以提高能量消耗的速率（即更高的能量代谢率）[30-36]。一项研究评估并比较了碳水化合物与碳水化合物加中链甘油三酯对自行车计时赛成绩的相对影响，碳水化合物提高了 100 千米距离的骑行成绩，但是碳水化合物加中链甘油三酯没有进一步提高骑行成绩[37]。然而，另外一项研究显示，摄入中链甘油三酯的时机是影响耐力表现的一个重要因素。在计时赛开始前，摄入 13.5 oz（400 ml）3.44%中链甘油三酯溶液，并在比赛过程中补充 10%的葡萄糖溶液，与计时赛距离范围内运动成绩的提高相关。因此得出结论：降低对糖原的依赖性，提高对脂肪（中链甘油三酯）的依赖性，能够解释观察到的运动成绩的提升。与此形成对比的是，对训练有素的男子赛跑运动员进行的研究表明：在常规摄入中链甘油三酯后，耐力和能量代谢都没有得到改善[38]。有一点非常重要，一些证据表明，补充中链甘油三酯会改变血脂浓度，从而产生不利影响，有心脏病家族史的运动员应认真考虑这一点。

对于那些在维持理想的身体成分方面有困难的运动员，摄入中链甘油三酯可能会有帮助。与食用等效长链甘油三酯（食物中最常见的脂肪形式）相比，那些摄入 5~10 g（45~90 kcal）中链甘油三酯的健康人士将经历更明显的食物热效应（即能量消耗），这种较高水平的热效应可能会促进体重下降[39-40]。

虽然中链甘油三酯在任何食物中都不集中存在，但是很多商店都在销售中链甘油三酯，这是因为中链甘油三酯是饱和的、很稳定，因而保质期很长。对那些难以摄入足够的总能量的运动员来说，摄入 2~3 tbsp（30~45 ml）的中链甘油三酯可能会有助益。与其他脂肪相比，中链甘油三酯的燃烧方式有所不同，因此从理论上讲，使用如此少量的中链甘油三酯是一个非常好的策略，对于那些难以摄取足够能量的运动员，能够确保满足他们的能量需求。

请注意：对大多数运动员来讲，中链甘油三酯的单次最大食用量是 30 g（270 kcal）。超过这个数值，出现胃肠道不适（包括腹泻）的风险将明显增加。摄入中链甘油三酯的另一个原则是，每日剂量不超过每千克体重 1.5 g，并至少分为 3 个剂次食用，以降低腹泻的风险。

虽然中链甘油三酯具有潜在的应用价值，但在对总能量摄入的潜在贡献方面，它存在一些固有的局限性[41]。

蛋白质

许多运动员认为蛋白质是取得运动成功的关键。很难找到拒绝补充蛋白质的运动员（尤其是力量型运动员）。大多数补充蛋白质的运动员确信他们的成功部分归功于额外的蛋白质。事实上，多数运动员摄入的蛋白质多于他们所需，这样做可能会减少对取得运动成功至关重要的其他必需营养素的摄入量。此外，越来越多的证据表明，蛋白质的日间摄入模式可能成为所摄入的蛋白质如何成功地用于合成代谢的一个重要影响因素。然而，很少有运动员认为日间摄入模式是一个重要的问题。简单地说，任何营养素（包括蛋白质）摄入过多，均意味着同等重要的其他营养素的摄入量减少，而且一次性过多摄入某种营养素不能使其利用率达到最佳水平。

耐力型运动员比力量型运动员看起来要瘦，且不如其强壮。实际上，他们对蛋白质的需要量（每千克体重）与力量型运动员几乎相等。一些研究显示，由于耐力型运动员在正常耐力训练中会将少量蛋白质作为供能物质消耗，所以其蛋白质的需要量（每单位体重）甚至比力量型运动员更多[42-44]。与此相对的是，力量型运动员通常摄入的蛋白质比其实际需要量要多得多，而且更糟的是，许多运动员会摄入蛋白质粉或氨基酸补剂来进一步增加其蛋白质的摄入量[39]。鉴于 1 oz（30 g）肉可以提供大约 7000 mg 优质的氨基酸，而一种典型的氨基酸补剂的供应量仅为 500~1000 mg，所以许多运动员所遵循的蛋白质摄入策略是不合理的，而且许多补剂要比等量的食物贵得多[45]。

蛋白质的功能

蛋白质进入机体后被消化成氨基酸，这些氨基酸与体内分解形成的其他氨基酸组成氨基酸池[46]（氨基酸的结构如图 1.7 所示）。组织从池中摄取氨基酸，并合成身体需要的特定蛋白质（肌肉、毛发、指甲、趾甲、激素、酶等）。如果其他供能营养素（碳水化合物与脂肪）不能满足能量需要，这个氨基酸池还可以提供能量（通过一种脱氨基过程）。

蛋白质的主要功能如下。

1. 蛋白质为能量生成反应提供所需的碳源。某些氨基酸可以转化成葡萄糖，再经过代谢提供 ATP。氨基酸也可以作为脂肪储存起来，随后进行代谢并提供 ATP。

2. 在控制血液与机体组织的液体容积和渗透压方面，蛋白质是很重要的化合物，这种功能是维持水平衡的重要调控因素。

3. 蛋白质是两性化合物（既可以作为酸性物质，也可以作为碱性物质），能够在酸性与

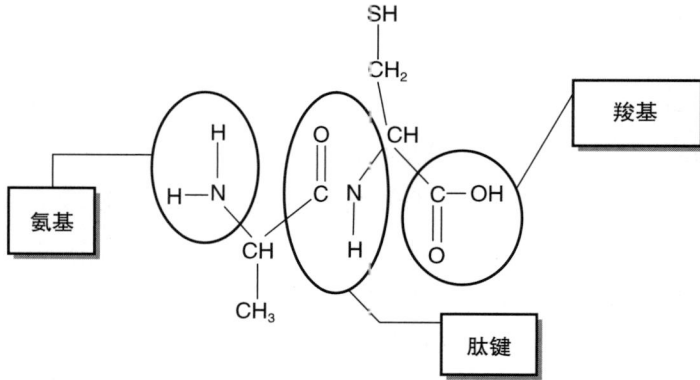

图例：丙氨酸的化学结构（注意：通过葡萄糖-丙氨酸循环，2 个丙氨酸分子经过脱氨基作用后在肝脏中结合生成葡萄糖；生成新的葡萄糖的过程称为糖异生）。

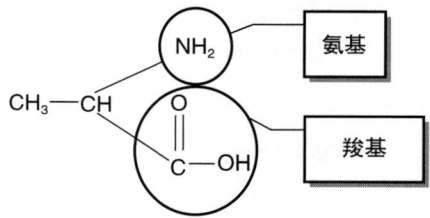

图 1.7　氨基酸的典型结构

碱性环境中起缓冲作用，以维持最优化的血液 pH。

4. 抗体的主要成分是蛋白质，对于维持健康至关重要。

5. 蛋白质能形成酶，酶参与消化和其他合成机体所需的化学终产物的细胞过程。

6. 蛋白质是构成机体组织——包括器官（心脏、肝脏、胰腺等）、肌肉和骨骼等的极其重要的组成成分。

7. 蛋白质是血液中"聪明的"物质搬运工，能将物质准确运送到受体的位置。例如，运铁蛋白是运送铁的蛋白质。

8. 蛋白质能够合成控制机体功能的特定激素（如胰岛素）和神经递质（如 5-羟色胺）。

氨基酸与蛋白质的功能概述见表 1.10。

表 1.10　氨基酸与蛋白质的功能

功能蛋白质（形成血红蛋白、酶和激素，维持正常的血液渗透压，形成抗体，作为能量来源被利用）	酶
	抗体
	转运蛋白
	激素
结构蛋白质（构成细胞结构，帮助组织生长、修复和维持）	肌肉、肌腱、韧带
	皮肤
	骨骼和牙髓
	毛发和指（趾）甲

蛋白质代谢

　　蛋白质由碳原子、氢原子、氧原子、氮原子及硫原子（在某些情况下含硫原子）组成。蛋白质是唯一含氮的营养素，这一点使得它既是必需的物质，又具有潜在毒性。氨基酸结构单元可以组成分子结构更大的蛋白质。其中一些氨基酸可以由另外一些氨基酸合成获得（因此称为非必需氨基酸），而有些氨基酸则必须从我们所摄入的食物中获得（这类氨基酸称为必需氨基酸，即我们必须从膳食中获得）。由于"非必需"这个词暗示虽然它们存在，但机体并不真正需要，所以关于必需氨基酸与非必需氨基酸的说法很容易引起误解。但是，实际情况是，必需氨基酸与非必需氨基酸在人类的新陈代谢过程中同等重要。非必需氨基酸的概况与必需氨基酸见表 1.11。

表 1.11　非必需氨基酸和必需氨基酸

非必需氨基酸(可由机体从其他氨基酸合成)		必需氨基酸（机体不能合成，必须从食物中获得）	
氨基酸	缩写	氨基酸	缩写
丙氨酸	Ala	组氨酸 [a]	His
精氨酸 [CE]	Arg	异亮氨酸 [BC]	Ile
天冬酰胺	Asn	亮氨酸 [BC]	Leu
天冬氨酸	Asp	赖氨酸	Lys
半胱氨酸 [CE]	Cys	甲硫氨酸（蛋氨酸）	Met
谷氨酸	Glu	苯丙氨酸	Phe
谷氨酰胺 [CE]	Gln	苏氨酸	Thr
甘氨酸 [CE]	Gly	色氨酸	Trp
脯氨酸 [CE]	Pro	缬氨酸 [BC]	Val
丝氨酸	Ser		
酪氨酸 [CE]	Tyr		

　　注：引自 National Academy of Sciences. Dietary reference intakes for energy, carbohydrate, fiber, fat, fatty acids,cholesterol, protein, and amino acids (macronutrients). Washington, DC: National Academies Press, 2005: 591, 593。

[a] 组氨酸与其他 8 种必需氨基酸不同，当膳食中不摄入组氨酸时，不会引起蛋白质不足（即负氮平衡）。
[CE] 条件必需氨基酸（在一定的代谢条件下，这些氨基酸可能是必需氨基酸）。
[BC] 支链氨基酸。

　　独立的氨基酸可以组合在一起形成更大的蛋白质分子，而氨基酸的排列顺序及蛋白质的二级与三级结构决定了蛋白质的功能。当摄入膳食蛋白质时，蛋白质被消化成多肽（小的蛋白质分子），并最终分解为独立的氨基酸。氨基酸被吸收进入血液，通过血液输送到不同的组织，并被用来合成机体需要的蛋白质。为了确保组织能够生成所需的蛋白质，各种必需氨基酸必须同时存在。有些人认为，如果想拥有看起来健康的头发和指（趾）甲，就应摄入与头发和指（趾）甲的主要组成成分相同的蛋白质（明胶）。明胶是一种低品质的蛋白质，必需氨基酸的含量很少，因此不会促进和优化任何所需蛋白质的合成。简单地说，进食头发与指（趾）甲不会促进和优化头发和指（趾）甲的合成。为保证所需蛋白质的最佳合成，最好的方法是向细胞同时提供所有的必需氨基酸，使机体可以合成任何需要的蛋白质。

　　肝脏是蛋白质合成的重要场所，不断调节着机体蛋白质的需求，并为满足机体的各种需求而合成氨基酸和蛋白质。蛋白质的合成是通过转氨基作用与脱氨基反应实现的。在转氨基作用中，氨基酸的氮被用来生成另一种氨基酸；在脱氨基反应中，氨基从氨基酸中脱去，并转化成氨（图1.8）。剩余的碳链或重组为脂肪储存，或转化成葡萄糖（如丙氨酸和谷氨酸），或被燃烧以释放能量。在脱氨基反应中产生的氨对身体有一定的毒性，但是肝脏中的酶能够将氨转化成尿素，尿素可通过尿液从身体排出。因此，摄入的额外蛋白质越多，需要从机体中排出的氨（以尿素的形式）就越多，而且脱掉氨基的剩余碳链大部分会以脂肪的形式储存。

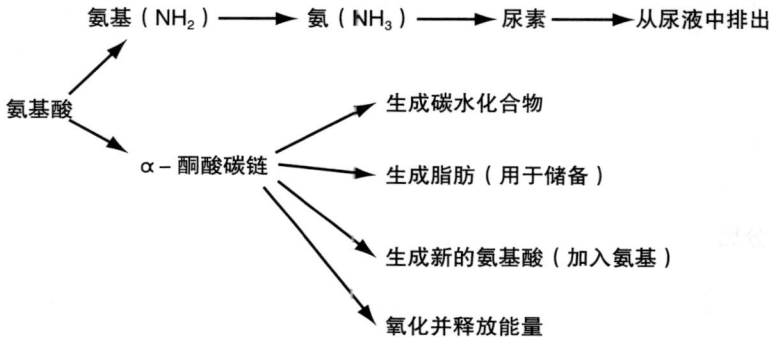

图1.8　脱氨基反应与剩余碳链的重组

　　有几种氨基酸对中枢神经系统有特殊的功能（表1.12）。基于这些已知的效果，为了进行成果推广，已经有单品氨基酸在出售。例如，色氨酸作为促进放松与睡眠的制剂，已经在销售。尽管如此，高剂量的单品氨基酸的危险性极大。因此，除非在药剂师的严格监督之下，否则不得向人们推荐使用。最好的方法是只通过膳食来获取尽可能丰富的必需氨基酸，以使组织合成各自所需要的氨基酸，从而优化机体功能。

表1.12　具有神经递质产物和功能的氨基酸

氨基酸	产物	功能
色氨酸	5-羟色胺	情绪、疼痛、摄食、警觉性
	褪黑激素	
酪氨酸 苯丙氨酸	多巴胺	运动控制、情绪、警觉性、注意力、焦虑
	去甲肾上腺素	
	肾上腺素	

氨基酸	产物	功能
组氨酸	组胺	摄食、警觉性、体温调节
精氨酸	一氧化氮	警觉性、焦虑、记忆
苏氨酸	甘氨酸	运动控制

蛋白质的营养价值

许多优质蛋白质（即生物学价值高的蛋白质）含有所有的必需氨基酸，且其氨基酸模式有助于细胞蛋白质的合成。确定蛋白质营养价值的两种常用的方法如下。①计算储留氮的比例。（储留氮的比例越高，蛋白质的利用率越高，因此蛋白质的营养价值就越高）。②与鸡蛋蛋白（白蛋白）对比，因为鸡蛋蛋白质（白蛋白）是已知的具有近乎完美的必需氨基酸模式的蛋白质。

下列食物清单显示分别使用方法①（储留氮的百分比，从高到低）和方法②（食物蛋白质与鸡蛋蛋白质的相似程度）来评价蛋白质的营养价值[47]。在这两个清单中，蛋白质的营养价值均从高到低排列。

储留氮的百分比
- 乳清蛋白：96%。
- 全大豆：96%。
- 鸡蛋：94%。
- 豆浆：91%。
- 牛乳：90%。
- 奶酪：84%。
- 米饭：83%。
- 鱼肉：76%。
- 牛肉：74.3%。
- 大豆凝乳（豆腐）：64%。
- 全麦面粉：64%。
- 白面粉：41%。

与全蛋相比
- 乳清蛋白浓缩物：104。
- 全蛋：100。
- 牛乳：91。
- 牛肉：80。
- 酪蛋白：77。
- 大豆：74。
- 小麦面筋：64。

对蛋白质的需求

每克蛋白质大约产生 4 kcal 的热量，其能量密度与碳水化合物相同。普通人的蛋白质推荐摄入量为总热量的 12%~15%。因此，一个人如果每天摄入 2000 kcal 的热量，则需要摄入 60~75 g（240~300 kcal）的蛋白质。预测蛋白质需要量的一个更好的指标是基于每天每千克体重对蛋白质的需要量。对于非运动员人群，大多数情况下，每千克体重摄入 0.8 g 的蛋白质即可满足日常需要。根据这一原则，一名 165 lb（75 kg）的非运动员每天的蛋白质需要量为 60 g。如果以每千克体重的蛋白质需要量为单位来计算，由于运动员往往每千克体重所含的去脂体重较多（即体脂率低），组织修复所需的蛋白质较多，而且在体育活动中需要消耗少量的蛋白质以产生能量，因此运动员的蛋白质需要量也较高[48]。这使得运动员对蛋白质的需要量大概是非运动员的 2 倍（大约为每千克体重 1.5 g，范围是每千克体重 1.2~1.7 g）。因此，一名 165 lb（75 kg）的运动员每天蛋白质的需要量可能为 120 g（480 kcal 能量）。虽然每天摄入 120 g 蛋白质看起来很多，但其占每天摄入总能量的比例较低，而且只要遵照 2010 年的美国膳食指南即可较容易地达到这个摄入量[49]。类似的指南都注重一个前提，即可以并且应当主要通过食物的摄入来满足营养素的需求。与蛋白质相比，碳水化合物的平均推荐摄入量是 7.5 g/kg（每千克体重 30 kcal），范围是 5~12 g/kg。因此，这名体重为 165 lb（75 kg）的运动员对碳水化合物来源的能量需求可高达 2250 kcal。一个典型的 2000 kcal 的膳食计划中的蛋白质含量见表 1.13。

与非运动员相比，运动员需要摄入更多的蛋白质，理由如下。

· 在训练过程中，氨基酸（来自蛋白质）供能占 5%~15%。当肌糖原减少时，用于提供能量的蛋白质会增加。通常认为，耐力训练会比力量训练消耗更多的糖原，因此耐力型运动容易引起高比例的蛋白质消耗。

· 运动会造成肌肉损伤，组织修复增加了蛋白质的需要量。

· 耐力训练可能会造成少量蛋白质流失在尿液中（不进行训练时，尿中通常没有或几乎没有蛋白质）。

尽管运动员对蛋白质的需要量有所增加，但多数运动员的蛋白质（仅从食物中）的摄入量比他们的实际需要量多得多。他们经常摄入的食物中的蛋白质含量就显示了这一点。尽管多数运动员在摄入足够的蛋白质方面并无困难，但是对以下几类运动员的蛋白质摄入情况应进行细致的监测，因为对他们来说或许很难摄入足量的蛋白质。

· 有训练和生长发育双重需求的年轻运动员。

· 为达到理想体重或体型而节食的运动员。

· 不吃肉、鱼、蛋类或乳制品的素食运动员。

· 由于宗教或文化原因而限制食物摄入的运动员。

尽管我们可以从蛋白质中获取能量（热量），但是这样做就像是用家传钻石来点缀早餐食物：虽然你认为这样做提高了早餐的质量，但这完全是浪费资源。蛋白质对于构建并维持组织及合成激素和酶非常重要，将其作为供能物质可以而且应该认为是非常浪费的。更糟糕的是，当蛋白质被用作供能物质时，必须从氨基酸链中脱去氮并从机体中排出。这种对含氮废物排泄量的增多会导致更多的水分以尿液的形式流失。这样就会导致两种不良结果：宝贵的蛋白质作为供能底物被浪费了；并且由于含氮废物排泄的过程增加了水分的流失，脱水的风险增加。此外，有证据显示，高蛋白饮食增加了钙元素在尿液中的排泄量，这对由于其他原因（如雌激素水平低、活动少、维生素 D 缺乏、钙含量不足）而已经面临骨骼疾病风险的人来说存在明显的健康风险。另一个潜在的问题是，高蛋白饮食中的脂肪含量也会偏高，这就可能增加运动员罹患心血管疾病的风险。因此，确保满足机体蛋白质需求而且不过量的最佳方法是摄入足量的食物，其中主要为复杂碳水化合物，同时分散地摄入定量的乳制品和肉类（对于素食主义者，则应摄入足量的豆类食物）。蛋白质的植物来源见表 1.14。

表 1.13 2000 kcal 膳食计划中的蛋白质含量

食物	数量	能量/kcal	蛋白质/g
橙汁	8 oz（240 ml）	112	1.7
烘烤的全麦面包	2 厚片	171	9.1
草莓酱	1 tbsp（15 ml）	56	0.1
煮鸡蛋（全蛋）	1 个（大的）	71	6.3
烤牛肉三明治： 　烤的瘦牛肉 　全麦面包 　蛋黄酱	 2 oz（60 g） 2 片（普通厚度） 1 tbsp（15 ml）	 92 138 93	 16.3 7.3 0.1
牛奶，脂肪含量 1%	8 oz（240 ml）	103	8.2
苹果，生食	1 个（中等大小）	95	0.5
拌蔬菜沙拉	3 cup	66	5.2
酸奶油沙拉调料	1 tbsp（15 ml）	73	0.2
碎巧克力饼干	1 oz（3 小块）	120	1.5
运动饮料	16 oz（480 ml）	127	0.0
烤鸡胸肉（无皮）	½ 鸡胸	138	24.7
花椰菜（煮的）	1 棵（中等大小）	63	4.3
烤土豆	1 个（中等大小）	160	4.3
法式面包棒	1 大片	185	7.5
冰淇淋（香草味）	½ cup	137	2.3
总计		2000	99.6

　　注：一位体重为 120 lb 的运动员，每千克体重大约需要 1.5 g 的蛋白质。可以采用将体重值（以磅计）除以 2.2 的方法，将体重的单位由磅换算成千克（120/2.2＝55）。然后将体重（kg）乘以 1.5（55×1.5＝82.5）。那么这位体重为 120 lb 的运动员每日蛋白质的需要量为 82.5 g（330 kcal）。本份 2000 kcal 的膳食计划提供了 99.6 g 蛋白质，比这位运动员的需要量多了大约 17 g。

表 1.14　蛋白质的植物来源

来源	举例
谷物	大麦
	小麦片
	玉米
	燕麦
	意大利面
	大米
豆类	干豆荚
	干豌豆
	小扁豆
	大豆
种子与坚果	巴西坚果
	腰果
	花生
	芝麻
	核桃
蔬菜（与以上所列的其他来源相比，蔬菜的蛋白质含量要少得多）	花椰菜
	胡萝卜
	土豆
	西红柿

蛋白质与体育运动

很大程度上，蛋白质被利用供能是总能量摄入不足的结果。运动员总能量摄入不足会导致机体燃烧蛋白质以提供能量，这样用于发挥其他重要功能的蛋白质就会减少。因此，运动员对蛋白质的需要量（即总热量的 12%~15% 或每千克体重 1.2~1.7 g）是以总能量摄入充足为前提的。

营养学的一个标准原则是碳水化合物具有节约蛋白质的作用。这意味着，如果能够向机体提供充足的碳水化合物，蛋白质则不会被用于提供能量，而是用于发挥更重要的功能。研究发现，蛋白质的最高非能量利用率一般约为每千克体重 1.5 g[45-47]。如果超出这个数值，机体组织就会将多余的蛋白质转化为脂肪储存起来，或用于提供能量。在这两种情况下，都必须从氨基酸中去除氮，而且必须把含氮的废物排出体外。实际上，所有有关运动员总能量摄入的研究都已表明，运动员所摄入的总能量低于其运动、生长和维持组织功能所需的能量。由于蛋白质燃烧会产生许多代谢废物，因此，提供更加清洁的燃料——碳水化合物是满足能量需求的最佳方法。

大多数运动员需要保持机体的氮平衡，即机体摄入的氮等于机体排出的氮。负氮平衡是指机体排出的氮多于摄入的氮，这种情况不可避免地会导致肌肉流失。正氮平衡是指机体摄入的氮多于排出的氮，这种情况表明肌肉含量有一定的增长。关于成年的非运动员为维持氮平衡所需要的蛋白质的量，目前已有很成熟的研究，并且已经确定了蛋白质的摄入标准是每日 0.8 g/kg。而运动员需要的蛋白质摄入量是每日 1.2～1.7 g/kg。有关运动员与非运动员的推荐量都是建立在总热量摄入满足能量需求的基础之上的。

运动员的蛋白质推荐摄入量较高是依据之前所述的 4 个因素，包括更高比例的去脂体重、尿中丢失的蛋白质更多、"燃烧"蛋白质以提供能量及肌肉修复需要蛋白质[50-52]。表 1.15 显示了运动员的蛋白质需要量。

表 1.15 运动员的蛋白质需要量

运动员类型	总能量 /kcal · d⁻¹	蛋白质		
		单位体重的每日需要量 /g · kg⁻¹	每日需要量 /g	占每日总热量的百分比 /%
耐力型 [a, b]	3800	1.2～1.4	84～98	9～10
力量型 [a, c]	3200	1.6～1.7	112～119	14～15

注：经授权引自 Gibala MJ. Dietary protein, amino acid supplements, and recovery from exercise[2011-06-16]. http://www.gssiweb.com/Article_Detail.aspx?articleid = 602。
[a] 静息能量消耗量为每日 40 kcal/kg。
[b] 以 6min/mi 的速度每日跑 10 mi（16 km）的男性长跑运动员。
[c] 阻力训练中每日每千克体重额外消耗 6 kcal 的热量。

美国医学研究所曾宣称，定期训练的健康成年人不需要额外的蛋白质，因为训练促进了蛋白质的存留。但是，美国运动医学会与美国膳食营养协会都建议，运动员的蛋白质推荐摄入量是 1.2～1.7 g/kg。现实生活中，多数运动员所摄入的蛋白质远远超过他们的需要量，甚至超过最大推荐量 1.7 g/kg。一些力量型运动员定期摄入普通人群蛋白质推荐量（0.8 g/kg）的 300%～775%[53-54]。但对于素食运动员及依靠裁判员主观打分的运动员（如体操运动员、跳水运动员、花样滑冰运动员），由于他们需要维持较低的体重，上述情况会有例外。

蛋白质的氧化作用在短时间、高强度的运动中并不明显，但在耐力训练中，蛋白质供能占总能量需求的 3%～5%[55-56]。当糖原水平低、血糖水平低、训练强度高或训练持续时间较长时，蛋白质的供能会高达总能量需求的 5% 以上。

高蛋白食物的胃排空时间较长，因此在训练前或训练过程中不推荐摄入这类食物。另外，向含有葡萄糖和钠的运动饮料中添加蛋白质对强化耐力与力量没有任何作用。事实上，向比赛过程中饮用的运动饮料中添加蛋白质会增加发生胃肠道不适的风险，并可能延缓液体和碳水化合物向需要能量补给的肌肉的供应速率。运动饮料中所添加的蛋白质减少了运动员真正需要的物质：液体、碳水化合物与电解质。因此，对于训练前的膳食和训练过程中补充的液体，大多数能量应来自碳水化合物。

越来越多的证据表明，尽管为提高糖原储备而在训练后摄入充足的碳水化合物会使蛋白质的利用率降低，但在训练后的食物和饮料中添加少量蛋白质，仍有助于肌肉的恢复（图1.9）[53]。

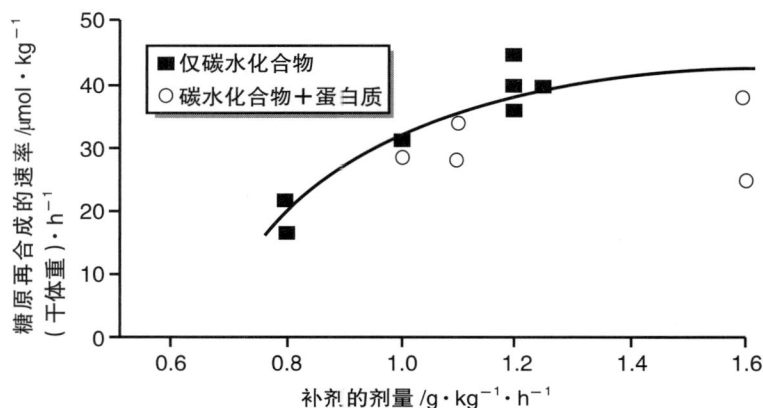

图1.9 训练后补充碳水化合物和蛋白质对糖原再合成的影响

经授权引自 Gibala MJ. Dietary protein, amino acid supplements, and recovery from exercise[2011-06-16]. http://www.gssiweb.com/Article_Detail.aspx?articleid ＝ 602

蛋白质与肌肉增长

在几乎所有运动项目中，力量-体重比都至关重要，所以运动员对改善或维持肌肉量的方法很感兴趣。运动员和教练员普遍认为，实现这一目标的核心营养策略是增加蛋白质的摄入量。然而，假设机体的热量需求已得到满足，当蛋白质的摄入量约为每千克体重1.5 g时，可达到蛋白质合成代谢的最大值。显然，如果蛋白质摄入量与肌肉量相关，那么其他因素，包括与摄入蛋白质的数量和种类相关的运动类型、蛋白质摄入量的日间分布，以及蛋白质与其他营养素在消化过程中的相互作用也一定与之相关。当然，这也存在局限性，即使采用最佳的营养策略，同时结合适当的阻力训练，不同人群对增加肌肉组织的期望也不相同。衰老降低了肌纤维的反应性和对阻力运动的合成代谢信号反应。虽然年轻女性和年轻男性对急性运动的肌肉反应差异不大，但老年妇女的肌肉反应可能比老年男性减弱得更明显[54]。

已有研究对一天中膳食蛋白质的时间分布进行过评估，其结果清楚地表明，当避免蛋白质摄入的高峰和低谷时，机体能更好地维持肌肉并增加肌肉量[55]。研究结果表明，当蛋白质（源于膳食）的摄入滞后，以至于大部分蛋白质是在晚餐时摄入的，90 g蛋白质（按照每千克体重 1.5 g 蛋白质的标准，对于 60 kg 或 132 lb 的人已经足够）不足以维持肌肉量。然而，当总量相同的蛋白质被均匀地重新分配而使每餐（早餐、午餐和晚餐）提供等量（30 g）的蛋白质时，研究人群能够维持肌肉量，甚至在某些情况下，其肌肉量会增加[55]。营养素摄入的时间也影响运动后肌肉的合成代谢反应。在阻力训练之前摄入游离的必需氨基酸和碳水化合物，与在阻力训练之后摄入相比，其氨基酸的吸收量更大。然而，不论是运动前还是运动后摄入乳清蛋白（一种完全蛋白质），均会使氨基酸平衡从负平衡变为正平衡[56]。

普遍存在这样一种误解，即单靠额外的蛋白质摄入即可维持更高的肌肉量，这种理论是许多运动员采取高蛋白摄入的主要理由。事实上，更多的肌肉量需要摄入更多的总热量，而蛋白质需要提供同等比例的额外热量。例如，如果一位体重为 75 kg（165 lb）的男性运动员要增加 3 kg（6.6 lb）的肌肉，每增加 1 kg 肌肉，每天需要额外摄入大约 1.5 g 蛋白质，这说明每天仅需要总计 4.5 g 的额外蛋白质来保证需要增加的肌肉量。不同的是，每增加 1 kg 肌肉额外需要 30 g 的碳水化合物，或者总计需要额外 90 g 的碳水化合物，来保证增加的肌肉所需的热量。下面是增加肌肉量所需的额外总热量。

- 4.5 g蛋白质×4 kcal/g＝18 kcal 来自蛋白质。
- 90 g 碳水化合物×4 kcal/g＝360 kcal 来自碳水化合物。
- 根据上述需要量，每天共计需要 378 kcal 的额外总热量来支持所增加的 3 kg 的肌肉量。

当然，这名运动员还需要进行适当的力量训练来刺激肌肉的增长。否则，额外的热量将以脂肪的形式储存起来，而不是增长肌肉。许多运动员摄入大量的蛋白质是因为他们认为需要额外的热量来维持或增加肌肉量。虽然将蛋白质作为主要能量来源是可能的，但是由于蛋白质氧化伴随含氮废物的产生，因此蛋白质并不是最理想的能量来源。此外，以补剂形式提供的蛋白质是昂贵的热量来源。例如，鸡蛋（一种特别优质的蛋白质来源）中每 8 g 蛋白质大约花费 13 美分，而每 8 g 蛋白质胶囊的价格是 1.2 美元，并且其蛋白质的质量可能还存在问题。

有研究对蛋白质和碳水化合物的共同摄入是否增强肌蛋白的更新进行了评估。其中一项研究发现，接受训练并将碳水化合物的摄入量提高到推荐量的上限（每千克体重 8～10 g）以提高耐力的男性，在同时摄入蛋白质时，其骨骼肌的能量转换没有增加[57]。另一方面，在有氧运动恢复过程中，摄入蛋白质的同时摄入碳水化合物，与仅摄入等量热量的碳水化合物相比，会增加肌肉合成并改善全身净蛋白质的平衡[58]。现已证实，碳水化合物摄入量不足会对骨骼肌蛋白质的利用和合成产生不良影响[59]。

总之，增加肌肉不单单是增加蛋白质和氨基酸的摄入，它包括以下几个方面。

- 增加阻力训练，从而为增加肌肉量提供生理性动力（刺激）。在诱导肌肉快速增长方面，低负荷、长时间的阻力训练优于高负荷、短时间的阻力训练[60]。
- 维持足够的总能量摄入以充分满足能量需求，包括增加的阻力训练对能量的额外需求。我们的目标是使摄入的蛋白质用于合成代谢，而不是为帮助满足能量需求而作为能量来源进行代谢。此外，只有当同时采取策略来减少肌肉分解时，才有可能增加肌肉量。维持一天内良好的能量平衡有助于实现这一目标，使肌肉增长的潜能得到改善。

- 每千克体重约 1.5 g 蛋白质的摄入量。在总能量摄入足够的情况下，该摄入量可以完全满足新的肌肉合成代谢的需求。
- 每天摄入蛋白质的时间分布应避免存在高峰和低谷。理想情况下，蛋白质的摄入应均匀分布在一天内的多个餐次中。
- 在运动前或运动后摄入优质蛋白质（如乳清蛋白）。这种策略似乎可以促进肌蛋白的合成。
- 运动后立即摄入碳水化合物和蛋白质的混合物，这种策略似乎也能促进肌蛋白的合成。运动员应避免在运动后仅摄入蛋白质，因为运动后是补充耗尽的糖原储备的关键时机，为此需要补充碳水化合物。

蛋白质与素食运动员

在一般人群中，素食主义与低体重、低脂肪摄入，以及一些慢性疾病（包括心脏病、糖尿病、高血压和肥胖）更低的发病风险相关[61-62]。当然，素食运动员也可能有良好的运动表现并保持健康，但是需要一些非常周密的计划。一位曾在一所重点大学任职的资深教练员兼前奥运会教练员对素食运动员所面临的问题做过总结，他在一次谈话中表示："我不再给任何一位自称素食主义者的运动员颁发奖学金。他们会更频繁地受伤，而且不能很快从伤病中恢复。我给他们提供 4 年的奖学金，但最终他们代表学校参赛的时间不足一个完整的赛季。我简直负担不起。"这位教练员所言当然是对多年经验的简单总结。不过，通过一些简单的计划，素食运动员很可能会很好地参加比赛，而且其受伤风险不会高于非素食运动员。为了理解必要的膳食计划，首先必须接受素食主义者所面临的非常真实的膳食风险，包括以下方面摄入不足的更高的风险[63-64]。

- 能量。
- 蛋白质。
- 钙。
- 铁。
- 锌。
- 维生素 B_{12}。

在很大程度上，这些方面的摄入不足与避免食用高蛋白的动物性食物有关。因此，乳素食（食用牛奶和其他乳制品）者、蛋素食（食用鸡蛋）者、鱼素食（食用鱼类）者和乳蛋素食（食用乳制品和鸡蛋）者较不食用任何形式的动物性食物的素食主义者所面临的营养风险要低得多。虽然食用动物性食物的素食主义者仍然面临营养风险，但这些风险更容易通过精心制订的膳食计划和谨慎摄入特定的营养素来克服。例如，乳制品中铁含量很低，所以一位乳素食者虽然可以克服能量和蛋白质不足，但仍然存在缺铁性贫血的发生风险。事实上，很难找到比肉类更有效的食物来摄入铁和锌，所以避免肉类的摄入可能会导致这些营养素的缺乏。

素食与以下风险有关：能量不足导致的痛经（或者月经过少或闭经），这与更低的骨密度和更高的骨折风险相关[65]；缺铁性贫血会对有氧代谢过程产生不良影响；维生素 B_{12} 不足导致的恶性贫血会降低机体产生新的红细胞的能力，最终降低氧化能力；维生素 D（胆钙化醇）缺乏；钙和锌的摄入不足。应当认识到，这些风险是真实存在的，素食运动员同样面临这些风险。女性运动员发生痛经的风险很高，而存在这种风险的运动员多为素食运动员[55]，这种情况证实了前文所述。与素食主义有关的能量摄入严重不足，导致素食主义已被认为是青少年发生饮食障碍的危险因素[66]。也有对运动表现的担忧。已有研究发现，素食运动员的肌酸（其英文"creatine"一词来源于希腊语中的"meat"一词，即肉类）水平比非素食运动员要低。而且人们现已了解，虽然人体完全能够合成肌酸，但摄入的肉类过少时，肌酸的合成量不能得到足够的代偿。

素食运动员面临的蛋白质问题可能是总能量摄入不足导致的。即使素食运动员通过摄入豆类、谷物、种子和坚果很容易达到足够的蛋白质摄入量，但能量摄入不足仍会增加蛋白质的分解以满足能量需求[67-68]。蛋白质作为能量底物被利用可能导致实际上摄入的蛋白质不足。简而言之，人体系统的原则是"能量第一"，在其他的肌肉合成或恢复过程发生之前，即使需要分解蛋白质，能量的需求也必须首先得到满足。

肉类和乳制品可通过单独一种食物提供所有的必需氨基酸，但蛋白质的植物来源却不能做到这一点。因此，食用素食（即不含任何动物蛋白的膳食）的运动员应精心进行食物配比来优化必需氨基酸的利用。为确保所有必需氨基酸的良好配比，一般原则是在同一餐次中结合谷物和豆类。谷物和豆类都是缬氨酸、苏氨酸、苯丙氨酸和亮氨酸的良好来源。玉米和其他谷物中的异亮氨酸和赖氨酸含量少，但它们是色氨酸和甲硫氨酸的良好来源。相比之下，豆类是异亮氨酸和赖氨酸的良好来源，但色氨酸和甲硫氨酸的含量少。通过谷物与豆类的结合，一种食物的氨基酸缺陷被其他食物的氨基酸优势所补充，从而可以提供优质蛋白质。餐餐相近的膳食原则很重要，因为体内的氨基酸池是暂时性的。如果上一餐食用低质量蛋白质来源的食物，那么下一餐摄入的优质蛋白质食物将不能有效地形成高质量的氨基酸池来促进蛋白质在细胞内的代谢。

蛋白质与运动后的肌肉恢复

阻力训练后，饮用蛋白质含量约为 0.1 g/kg（体重为 75 kg 的运动员需要 30 kcal 的蛋白质）的饮料似乎可以改善肌肉的蛋白质平衡[69]。耐力型运动员的常规做法是在训练后第一个 3~5 小时，以每小时 1.2 g/kg 的最小速率摄入碳水化合物。这种方法能够保证及时补充肌糖原。在这种碳水化合物混合物中添加一些蛋白质，也许更有助于肌肉恢复，但是很显然，训练后应以补充碳水化合物为主。

最近的研究表明，能够提供优质乳清蛋白的牛奶可能是一种有效的用于运动后恢复的饮料[70]。谢里夫（Shirreffs）等人研究了 11 例年轻男性和女性运动员，发现运动后摄入添加氯化钠（盐）的脱脂牛奶比摄入标准运动饮料或纯水能更有效地恢复运动员的水合状态[71]。运动后摄入巧克力牛奶也可减少运动相关的肌肉损伤，促进运动后的恢复[72]；对于参加团体运动训练而发生急性肌肉损伤的运动员，当其摄入低脂牛奶或低脂巧克力奶昔后，比摄入单纯的碳水化合物饮料恢复得更好[73]；在年轻的摔跤运动员中，阻力训练后摄入脱脂牛奶者比摄入大豆或碳水化合物者可获得更高水平的肌肉量[74]。显然，将一种优质蛋白质（比如乳清蛋白）与碳水化合物和液体相结合，比单独的成分更能促进肌肉的恢复。

本章要点

- 只有能量营养素提供能量。尽管维生素和矿物质可以帮助细胞从能量营养素中获取能量，但它们并不能提供能量。

- 能量营养素的分配比例如下：蛋白质，$1.2 \sim 1.7$ g/kg；碳水化合物，$5.0 \sim 12.0$ g/kg。具体视运动员自身及训练情况而定。脂肪的摄入是在蛋白质和碳水化合物摄入量满足需求之后，用于补足总能量需求的剩余量。

- 能量摄入应与生理需要动态匹配。但许多运动员的能量摄入超负荷，以至于在运动完成后很长一段时间内其摄入的过剩能量仍在为他们提供运动所需的能量。

- 运动员应该牢记，少量的剧烈活动就能降低血糖水平，而血糖是大脑的主要能量来源。低血糖会导致神经疲劳，神经疲劳可导致肌肉疲劳，因此运动员在活动期间应该有一个维持血糖水平稳定的体系（通常是定时、少量饮用运动饮料）。

- 并不是所有的碳水化合物都是相同的，即使它们都符合碳水化合物的一般特点。在比赛之前，最好摄入可消化的、以淀粉为基础的碳水化合物；比赛期间宜摄入食糖；其他碳水化合物类食物，包括全谷物和富含纤维素的蔬菜宜在其余时间摄入。

- 虽然蛋白质的需要量相对较低，但蛋白质的摄入量应该均匀地分散在一天内（每餐约 30 g），以提高蛋白质的利用率。蛋白质摄入量存在较大波动（通常与蛋白质奶昔和补剂相关）的方式，与总量相同但定时、平均分配的供给方式相比，后者对运动员的帮助更大。

- 因为脂肪是高度浓缩的能量营养素，所以很容易摄入过量，这会限制机体对蛋白质和碳水化合物的需要量。

- 素食运动员必须更加谨慎，合理规划膳食，以获取足够的能量、蛋白质、铁、锌、钙和维生素 B_{12}。

维生素与矿物质

维生素与矿物质对于能量底物代谢、组织构建、细胞内与细胞外环境的液体平衡、代谢作用所需的氧气和其他物质的运输，以及运动组织中代谢废物的清除都是必不可少的。此外，维生素与矿物质还有助于降低由训练诱导的氧化应激水平。由于运动员的能量代谢率较高，肌肉和骨骼的应激水平较高，所以与非运动员相比，运动员对多种维生素与矿物质的需要量更高。总体而言，科学界对维生素与矿物质摄入不足相关的健康问题较维生素与矿物质缺乏所导致的功能性问题更为精通。因此，不论是科学家还是大多数的运动员，对于个体所需维生素与矿物质的量，以及保证机体正常水平的最佳供给系统都缺乏充分的理解。他们通常会错误地认为应当通过服用高剂量补剂来摄入大量的维生素与矿物质。另外，现在一些公司在运动饮料中选择性地添加维生素，而没有充分考虑它们对增加液体的渗透压[1]和降低向工作肌肉运输液体的速率的影响。这一做法的最终结果是维生素与矿物质的摄入量过多，并且使液体运输速率下降。

包括约 85% 的田径精英运动员在内，许多运动员将摄入高剂量的营养补剂作为他们日常训练或赛事中的一项常规操作[2]。然而，考虑到维生素和矿物质向运动组织的最佳输送，越来越多的证据表明："超量不如恰好足量"。与维生素和矿物质摄入不足会造成健康与功能性问题一样，越来越多的研究显示，过量摄入维生素和矿物质同样会导致人体系统紊乱。尽管长期高负荷的训练与免疫细胞功能下降有关，但目前仍无确切的证据证实高剂量的所谓的"免疫增强补剂"，包括抗氧化的维生素、谷氨酰胺、锌、紫锥菊和益生菌等，可预防运动引起的免疫损伤[3-4]。科纳铁人三项世界锦标赛（Kona Triathlon World Championship）后的一项关于维生素 E 和免疫功能的研究发现，与安慰剂组相比，赛前服用维生素 E（每天补充 800 U，持续 1~2 个月）并不能降低脂质过氧化和炎症水平，反而会促进运动中脂质过氢化和炎症的发生[5]。

对运动员而言更糟糕的是，许多看起来合法的营养补剂产品中含有被国际奥林匹克委员会（International Olympic Committee，简称 IOC）和世界反兴奋剂机构禁用的物质，但却并未标注。不管这种污染是有意为之还是质量控制不良的结果，这些运动员都会因无意之中摄入这些禁用物质所导致的阳性检测结果而被取消参赛资格。2001 年，在送至国际奥林匹克委员会认证的实验室进行检测的全部营养补剂样本中，有 24% 的样本检测出诺龙（一种禁用的合成代谢类固醇）。被污染的补剂来自多个国家，包括荷兰、美国、英国、奥地利、意大利、西班牙、德国和比利时[6]。总之，上述发现应该让运动员在没有医学指征时慎重考虑使用大剂量营养补剂的必要性。尽管对有特殊需求（尤其是食物摄入受限）的运动员而言，在合理剂量内少量使用营养补剂可能有益，但人们也越来越清晰地认识到，只有当从食物中摄入不现实或无法获得时才应该摄入营养补剂。

本章将介绍运动时维生素与矿物质的需要量、这些营养素的功能，以及为确保满足运动员的需要量，同时免遭营养素过量或不足所导致的细胞应激的最佳补充策略。美国医学研究所已经确定了营养素的摄入标准（表 2.1），这些标准被称为膳食参考摄入量（Dietary Reference Intake，简称 DRI），是根据包括平均需要量（Estimated Average Requirement，简称 EAR）、推荐膳食供应量（Recommended Dietary Allowance，简称 RDA）、适宜摄入量（Adequate Intake，简称 AI）与可耐受最高摄入量（Tolerable Upper Intake Level，简称 UL）在内的数据而制订的。推荐膳食供应量（营养素适宜摄入量的早期标准）的主要目的是降低营养不良的风险，而膳食参考摄入量则通过确保合理、平衡的营养摄入来降低慢性病的发病风险。

表 2.1　膳食参考摄入量的定义

膳食参考摄入量是对营养素摄入的量化估计，用于健康人群制订膳食计划与评估。这些数值包括推荐的摄入量与可耐受的最高摄入量。膳食参考摄入量是由美国医学研究所确定的，该研究所是一个向美国国家科学院（National Academy of Sciences）提供健康政策建议的非营利性组织。膳食参考摄入量是通过对推荐膳食供应量、适宜摄入量、可耐受最高摄入量及估计的平均需要量进行科学评估而制订的	
推荐膳食供应量（RDA）	可以满足特定的年龄段和性别群组中几乎所有（97%~98%）健康人群的营养需求的每日平均膳食摄入量
适宜摄入量（AI）	营养素的每日推荐摄入量，它是基于对一组（或多组）健康人群进行观察或者试验而得出的平均营养素摄入量的近似值或估算值，在无法确定推荐膳食供应量时使用
可耐受最高摄入量（UL）	每日可摄入营养素的最高值，在此范围内的摄入量对普通人群中几乎所有个体不会产生不良影响。如果摄入量超过该值，就会增加产生不良影响的潜在风险
平均需要量（EAR）	满足某个年龄段与性别群组中半数健康人群需要的每日营养素摄入量，用于评估膳食的适宜度，并作为推荐膳食供应量的依据

注意：孕妇的膳食参考摄入量可能高于本章快速指南表格中所列出的值，因此关于孕妇的营养素最佳摄入量，应咨询医生。

维生素

维生素是细胞所需的用来促进特定化学反应的物质。一些维生素（尤其是 B 族维生素）参与能量反应，细胞通过这些能量反应从碳水化合物、蛋白质和脂肪中获得能量。由于运动员比非运动员的能量代谢水平高，所以此类维生素是本书关注的重点。其他维生素与维持矿物质的平衡有关。例如，维生素 D 能促进膳食中钙与磷的吸收。维生素与矿物质的协同作用是理解其营养需求的关键因素。这些营养素的综合作用要求运动员摄入种类尽可能丰富的维生素与矿物质。因此，补充单种维生素或单种矿物质可能会破坏营养平衡及这些营养素之间的关系。摄入维生素的最佳方式见表 2.2。

表 2.2　摄入维生素的最佳方式

从膳食中以最佳方式摄入维生素，应当尝试以下几点：
吃颜色、种类丰富的水果和蔬菜
尽可能地吃新鲜的水果和蔬菜，特别是应季的果蔬
蔬菜不要炒得过熟，因为长时间烹炒会使营养成分减少
对蔬菜进行蒸制或者微波处理，而不是煮，因为维生素会溶入沸水中并被倒入下水道

维生素分为脂溶性与水溶性两种。脂溶性维生素需要在含有脂肪的环境中发挥作用，而水溶性维生素则需要含有水的环境。在某种程度上，我们的身体具有储存所有维生素的能力。也就是说，如果两天前我们用餐时摄入了富含维生素 C 的食物，即使在昨天所摄入的食物中没有维生素 C，今天我们也不会出现维生素 C 缺乏的症状。对需要维生素 C 的细胞来说，尽管没有专门储存大量维生素的部位，但这些细胞往往可以储存多于其需要量的维生素 C。相比之下，机体对脂溶性维生素确实具有更大的储存能力。正是由于这种储存能力上的差异，人们通常认为，由于水溶性维生素不能储存（据说），每日都可能被完全消耗，所以应该每日补充。这也导致了这样一种误解，即水溶性维生素无论怎么过量摄入都没有问题，因为多余的部分会通过尿液排泄。过量摄入脂溶性维生素（特别是维生素 A 和维生素 D）会产生严重的毒性，这是毋庸置疑的。即便是维生素 E，虽然多年来一直被认为潜在毒性相对较低，但也被发现当每日摄入量达到 400 U 甚至更多时会提高全因死亡率 [7]。同样，过量摄入水溶性维生素也会引发问题。其最好的例证是周围神经病变（手指感觉功能丧失），这是一种过量摄入（每日摄入 500~5000 mg，持续 1~3 年，足以产生永久性损伤）维生素 B₆ 导致的神

经问题[8]。此外，人类存在对摄入量的适应问题，即摄入量越大，最终获得相同生物学效应的需要量就会越大，这无疑是一种浪费。

水溶性维生素

下面将逐一讨论水溶性维生素。关于这些维生素的功能、来源及可能引发的问题的概述，见表 2.3~表 2.11[9]。图 2.1 展示的是维生素与能量代谢过程和肌肉功能的多重关系。

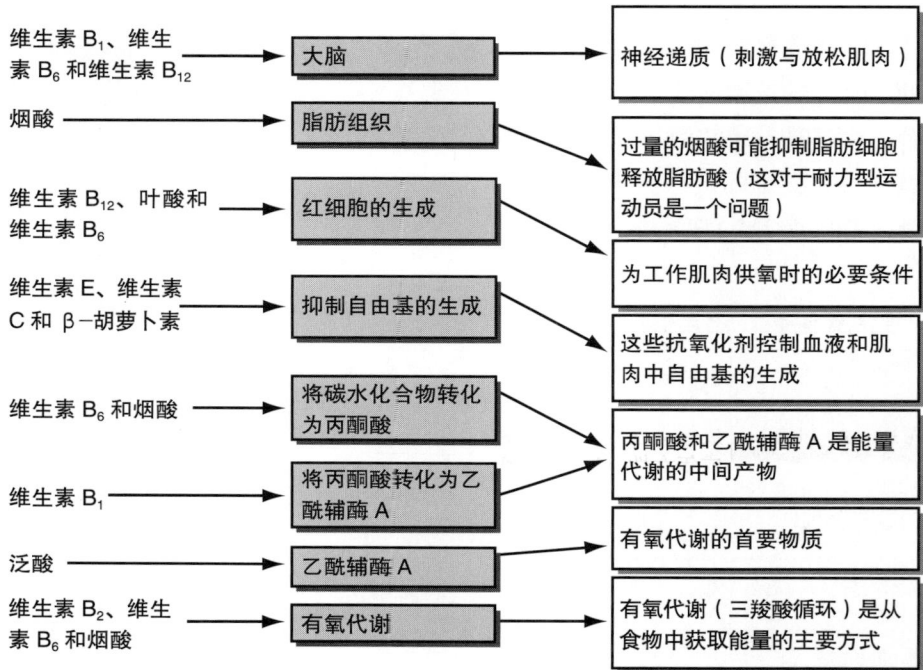

图2.1 维生素与能量代谢和肌肉功能的关系

维生素 B$_1$

维生素 B$_1$（硫胺素）存在于多种食物，包括全谷物、坚果、豆类（豆荚与干豌豆）和猪肉中。它与其他 B 族维生素协同作用，将食物中的能量转化为肌肉所需的能量和热量。在这个代谢过程中，维生素 B$_1$ 通过其活性辅酶硫胺素焦磷酸（Thiamin Pyrophosphate，简称 TPP）去除能量反应中的二氧化碳而发挥作用。辅酶硫胺素焦磷酸是碳水化合物代谢过程中一种特别重要的酶。维生素 B$_1$ 的每日需要量与能量的摄入和需求，以及碳水化合物摄入量的增加、感染状态和体育运动的增加密切相关。

鉴于维生素 B$_1$ 在能量底物的利用方面具有重要作用，因此关于维生素 B$_1$ 缺乏可能对运动员的表现起到负面影响这样的假设是合乎逻辑的。然而，尽管在特定运动员群体（包括体操运动员和摔跤运动员）中发现其体内缺乏维生素 B$_1$，但是其运动表现并没有因此受到不良影响[10-14]。最近一项对探险运动员和滑雪登山运动员的研究证实，经常运动的人群出现维生素 B_1 缺乏的风险很低[15-16]。探险运动员的维生素 B_1 平均摄入量为：男性（3.5±3.2）mg，女性（5.2±6.5）mg。在这项研究中，18 名男性受试者中有 14 人摄入了足量（100%）的维生素 B_1，6 名女性受试者中有 3 人摄入了足量（100%）的维生素 B_1。在滑雪登山运动的受试者中，维生素 B_1 的平均摄入量为推荐水平的 163%。这些数据及对运动员的其他研究表明，只有那些限制热量摄入的运动员才会存在维生素 B_1 摄入不足的问题。

对运动员来说，维生素 B_1 的膳食参考摄入量（男性为 1.2 mg/d，女性为 1.1 mg/d）可能不足。实际需要量可根据每摄入 1000 kcal 热量补充约 0.5 mg 维生素 B_1 来确定。运动员每日摄入的热量往往高于 3000 kcal（通常为 5000~6000 kcal）。但即便运动员每日摄入的热量超过 6000 kcal，维生素 B_1 的每日摄入量也不应超过 3.0 mg。因此，对于热量摄入水平较高的运动员，推荐按照膳食参考摄入量的 2 倍量（2.2~2.4 mg/d）摄入维生素 B_1。运动员通常会进食富含维生素 B_1 的高碳水化合物类食物，所以大多数营养充足的运动员每日维生素 B_1 的摄入量很可能已经超过推荐水平。

表 2.3　维生素 B_1 的快速指南

别称	硫胺素
膳食参考摄入量（DRI）	成年男性：1.2 mg/d 成年女性：1.1 mg/d
运动员的推荐摄入量	1.5~3.0 mg/d，根据所摄入的总热量而定（摄入的热量越多，则应摄入的维生素 B_1 的量越高）
功能	参与碳水化合物的代谢及神经系统功能
含量丰富的食物来源	全谷物、豆类、猪肉、强化谷物
营养缺乏的症状	精神不振、食欲减退、无力、小腿疼痛、心脏疾病
毒性	尚不明确（尚未确定安全上限）

维生素 B_2

维生素 B_2（核黄素）通过其形成的重要辅酶黄素腺嘌呤二核苷酸（Flavin Adenine Dinucleotide，简称 FAD）与黄素单核苷酸（Flavin Mononucleotide，简称 FMN）参与能量的生成和正常的细胞活动。这些辅酶主要参与从摄入的碳水化合物、蛋白质与脂肪中获取能量的过程。含维生素 B_2 的食物包括乳制品（如牛奶、酸奶、松软干酪）、深绿色的蔬菜（如菠菜、菜用甜菜、芥菜、花椰菜、青椒）、全谷物食物和强化谷物的食物。

尚无研究证实，运动员普遍存在维生素 B_2 缺乏的症状。维生素 B_2 的摄入量超过膳食参考摄入量也不会导致明显的中毒症状。多项研究表明，运动员的需要量应当超过膳食参考摄入量，膳食参考摄入量是根据每摄入 1000 kcal 热量大约需要 0.6 mg 维生素 B_2 的标准确定的。一系列针对经常运动的女性及寻求减重的女性的研究发现，其核黄素的需要量是每摄入 1000 kcal 热量需要 0.63~1.40 mg 维生素 B_2[17-19]。

一些证据表明，体育运动会使维生素 B_2 的需要量稍高于 0.5 mg/1000 kcal 的水平，但不会超过 1.6 mg/1000 kcal[20]。尽管运动员的需要量明显更高，但并没有研究证实，超过推荐膳食供应量的摄入量会提高运动员的成绩。由于低剂量补充这种维生素不会引发明显的中毒症状，所以在补充复合维生素 B 时，运动员可以服用含有 1.6~3.0 mg 维生素 B_2 的补剂。这个摄入水平可以作为一种适当的预防措施来帮助运动员避免摄入极高剂量（大于推荐膳食供应量的 100 倍）维生素 B_2 所导致的伴随症状——头痛、恶心和无力[21]。

素食运动员出现维生素 B_2 缺乏的风险可能更高，尤其在他们试图避免摄入富含维生素 B_2 的食物（包括大豆和乳制品）时[22]。提高训练强度时要考虑到素食运动员可能存在较高的风险，当他们的日常膳食中缺少维生素 B_2 的植物性食物来源（全谷物和强化的谷物、大豆制品、杏仁、芦笋、香蕉、红薯和小麦胚芽）时尤其如此[23]。

表 2.4 维生素 B_2 的快速指南

别称	核黄素
膳食参考摄入量（DRI）	成年男性：1.3 mg/d 成年女性：1.1 mg/d
运动员的推荐摄入量	1.1 mg/1000 kcal
功能	参与能量代谢、蛋白质代谢、皮肤健康、视力健康
含量丰富的食物来源	新鲜的牛奶与其他乳制品、鸡蛋、深绿色的蔬菜、全谷物、强化谷物
营养缺乏的症状	舌炎，口角、鼻角和眼角皮肤干裂，对强光敏感，无力，疲乏
毒性	尚不明确（尚未确定安全上限）

烟酸

烟酸，也称为尼克酸和烟酰胺，有时被称为维生素 B_3，通过其活性辅酶参与碳水化合物、蛋白质和脂肪的能量生成过程，糖原的合成，以及细胞的正常新陈代谢。这些酶——烟酰胺腺嘌呤二核苷酸（Nicotinamide Adenine Dinucleotide，简称 NAD）与烟酰胺腺嘌呤二核苷酸磷酸（Nicotinamide Adenine Dinucleotide Phosphate，简称 NADP）是维持正常肌肉功能所必需的。烟酸缺乏症（即糙皮病）多见于遭受饥荒或摄入单一非强化谷物食物的人群中，但是并没有证据表明在运动员中存在烟酸缺乏症。

含有烟酸的食物包括肉类、全谷物或强化谷物、种子、坚果和豆类。机体细胞具有由色氨酸合成烟酸的能力（60 mg 色氨酸可生成 1 mg 烟酸）。色氨酸存在于所有含优质蛋白质的食物（如肉类、鱼、禽类）中。由于很多食物中都含有烟酸，所以对成年人而言，实现膳食参考摄入量，即每天摄入 14～16 mg，或每 1000 kcal 热量摄入 6.6 烟酸当量（Niacin Equivalents，简称 NEs）相对比较容易。1 烟酸当量相当于 1 mg 烟酸或 60 mg 膳食色氨酸。人们既可以直接从食物中摄入烟酸，也可以通过间接摄入色氨酸来获得。烟酸当量这个计量单位可以将两种来源的烟酸都考虑在内。

烟酸缺乏会导致肌肉无力、食欲减退、消化不良和皮疹。过量摄入烟酸可能导致中毒症状，包括胃肠道不适与灼热感（面色发红、发热），还可能引起颈部、面部和手指周围的刺痛感。这些症状一般在大剂量服用烟酸以降低血脂水平的人群中有报道。

多项研究评价了补充烟酸对运动表现的影响，结果发现，由于过量摄入烟酸降低了脂肪的代谢水平，在体育运动中机体对碳水化合物类能量物质（葡萄糖和糖原）的依赖性增加，从而导致耐力下降[24-26]。由于糖原储备有限，所以补充烟酸会使运动员的耐力下降。到目前为止，还没有证据表明对烟酸的需要量会随着体育运动的增多而增加。

表 2.5 烟酸的快速指南

别称	烟酰胺、尼克酸、烟碱、维生素 B_3
膳食参考摄入量（DRI）	成年男性：16 mg/d 成年女性：14 mg/d
运动员的推荐摄入量	14～20 mg/d
功能	参与能量代谢、糖酵解、脂肪合成
含量丰富的食物来源	富含色氨酸（一种可以转化为烟酸的氨基酸）的食物：牛奶、鸡蛋、火鸡肉、鸡肉 富含烟酸的食物：全谷物、瘦肉、鱼、家禽、强化谷物
营养缺乏的症状	食欲减退、皮疹、痴呆、无力、嗜睡 疾病：糙皮病
毒性	可耐受的最高摄入量： 1～8 岁的幼儿和儿童为 10～15 mg/d 儿童与成年人（9 岁以上，80 岁以下）为 20～35 mg/d 症状：手足潮红、灼热和麻刺感，肝炎和胃溃疡（长期大量摄入）

维生素 B_6

维生素 B_6 是具有相同代谢活性的几种化合物（吡哆醇、吡哆醛、吡哆胺、5-磷酸吡哆醇、5-磷酸吡哆醛及 5-磷酸吡哆胺）的总称。维生素 B_6 在肉类（特别是动物肝脏）中的含量最多，其他富含维生素 B_6 的食物有小麦胚芽、鱼、家禽、豆类、香蕉、糙米、全谷物和蔬菜。由于这种维生素的功能与蛋白质和氨基酸的代谢密切相关，所以对它的需要量与蛋白质的摄入量有关（蛋白质的摄入量越高，对维生素 B_6 的需要量就越大）。成年人中摄入量低于推荐水平（来自英国的数据）者的比例为男性 6%、女性 10%[27]。

成年人的需要量是根据每天每摄入 1 g 蛋白质需要 0.016 mg 维生素 B_6 而确定的[9]，蛋白质摄入量充足的人应满足此需要量。如果考虑到高蛋白食物也必然含有较多的维生素 B_6，那么从食物（无论数量多少）中摄入蛋白质的人很容易获得充足的维生素 B_6。但是，由于许多运动员会补充纯化蛋白质（蛋白质粉、氨基酸粉），这种做法可能造成运动员的蛋白质摄入量偏高，而维生素 B_6 的摄入量却不足。

维生素 B_6 通过帮助合成氨基酸和蛋白质（转氨基反应）而在蛋白质合成过程中发挥作用，它还通过参与氨基酸和蛋白质的分解过程（脱氨基反应）来影响蛋白质的分解代谢。因此，它参与对运动表现至关重要的肌肉、血红蛋白及其他蛋白质的合成。维生素 B_6 的主要活性形式 5-磷酸吡哆醛也会作为糖原磷酸化酶的辅酶参与肌肉糖原的分解并释放能量。

维生素 B_6 的长期不足会导致周围神经炎（手部、足部和上下肢丧失神经功能）、共济失调（失去平衡）、烦躁、抑郁与抽搐。已有文献报道，过量摄入维生素 B_6（特别是从补剂中摄入）同样会导致人体的中毒症状。这些症状与维生素 B_6 缺乏症的表现相似，包括共济失调和严重的感觉神经病变（手指感觉缺失）。在为治疗经前期综合征和某些精神障碍而服用补剂（相当于平均每天摄入 119 mg 的维生素 B_6）的女性人群中，其出现的相关中毒症状已有文献报道[28-29]。

研究维生素 B_6 与运动表现的关系具有一定的理论基础。维生素 B_6 参与肌肉中氨基酸的分解（作为肌肉获得所需能量的一种方式），同时也参与肝脏中乳酸转化成葡萄糖的过程[30]。维生素 B_6 还参与肌糖原的分解以获得能量。维生素 B_6 与运动表现有关的其他功能还包括构成 5-羟色胺及通过赖氨酸合成肉碱。有证据表明，一些运动员可能存在维生素 B_6 不足的风险[31-33]。维生素 B_6 不足会对运动表现造成不良影响[34]。

由于很多运动员总是在寻求额外的优势，所以他们对于合法的天然物质的由衷青睐是可以理解的。维生素 B_6 有时会作为一种合法的天然物质进行销售。除了在代谢中的重要性之外，它还与生长激素的合成有关，而生长激素有助于增加肌肉量[35]。由此可以看出，运动和维生素 B_6 对生长激素的合成产生的综合影响比二者中任何一个因素的影响都要明显[36-37]。

运动员在服用维生素 B_6 补剂之前，必须首先考虑以下因素[31]。

• 多数运动员的维生素 B_6 摄入量充足，其体内的维生素 B_6 含量处于正常水平。

• 运动员的维生素 B_6 摄入不足往往是由于能量摄入不足。

• 更高比例的女性运动员及强调低体重体育项目（体操、摔跤、花样滑冰）的运动员更易出现能量和蛋白质摄入不足的情况，从而造成维生素 B_6 的摄入量不足。

• 高剂量的维生素 B_6 已经被证实会产生毒性作用。

• 尽管维生素 B_6 不足会导致运动表现下滑，但并没有充分的证据表明摄入量超过推荐值会对运动表现产生有益的影响[38]。

• 如果膳食平衡且能量摄入充足，那么补充维生素 B_6 对于提升运动表现似乎并不必要[39]。

综合考虑以上因素，应当鼓励运动员摄入充足的能量底物，而不是依赖于补充维生素 B_6 补剂。

表2.6 维生素 B_6 的快速指南

别称	吡哆醇、吡哆醛、吡哆胺
膳食参考摄入量（DRI）	成年男性：$1.3\sim1.7\,mg/d$ 成年女性：$1.3\sim1.5\,mg/d$
运动员的推荐摄入量	$1.5\sim2.0\,mg/d$
功能	参与蛋白质代谢、蛋白质合成、脂肪和碳水化合物的代谢、神经递质的合成以及糖酵解
含量丰富的食物来源	高蛋白食物（肉类）、全谷物、强化谷物、鸡蛋
营养缺乏的症状	恶心、口炎、肌肉无力、抑郁、抽搐、免疫功能下降
毒性	可耐受的最高摄入量： 　$1\sim8$ 岁的幼儿和儿童为 $30\sim40\,mg/d$ 　儿童和成年人（9 岁以上，80 岁以下）为 $60\sim100\,mg/d$ 症状：周围神经炎（四肢感觉缺失），平衡性与协调性丧失

维生素 B_{12}

维生素 B_{12} 是所有维生素中化学属性最复杂的一种。这种维生素因为含有矿物质钴也被称为钴胺素，它是所有细胞完成其功能必不可少的要素，尤其对红细胞的生成、叶酸代谢、DNA 合成和神经的发育起着重要的作用。

维生素 B_{12} 的膳食来源主要是动物性食物（肉类、鸡蛋、乳制品），植物性食物中基本不含这种物质。肠道菌群也会合成少量可吸收的维生素 B_{12}[39]。不吃任何动物性食物的素食运动员（既不吃肉，也不吃鸡蛋和乳制品的运动员）可能存在维生素 B_{12} 缺乏的风险。

维生素 B_{12} 缺乏会导致恶性贫血，这种贫血最常发生于胃功能受损的老年人。正常情况下，胃会产生内因子，这是维生素 B_{12} 吸收所必需的物质。如果没有内因子，即使能够经膳食正常摄入维生素 B_{12}，也会因为吸收障碍而出现维生素 B_{12} 缺乏。维生素 B_{12} 缺乏的症状包括疲乏、肌肉协调性差（可能会导致瘫痪）和痴呆。

多年以来，运动员一直都在滥用维生素 B_{12}。许多运动员在赛前注射大量的维生素 B_{12}（注射量通常为 1 g），这种现象非常普遍并且仍会持续[40-41]。尽管这种方法应用得很广泛，但并没有证据证明过量摄入维生素 B_{12} 对提高运动成绩有任何作用[42-44]。

当然，运动员摄入食物会帮助他们避免多种营养不良（包括维生素 B_{12} 缺乏症）。维生素 B_{12} 缺乏症导致贫血时，由于携氧能力降低，运动员的耐力下降，从而对运动成绩造成明显的影响。肌肉的协调性也可能受到潜在的损害。一个人如果进食平衡的混合性膳食，除非存在先天性维生素 B_{12} 吸收障碍（特别是由于内因子缺乏），否则就没有必要服用补剂。而纯素食运动员则应充分关注维生素 B_{12} 的状况。纯素食运动员可以按照 $2.4\,\mu g/d$ 的膳食参考摄入量来补充维生素 B_{12}，也可以摄入强化维生素 B_{12} 的食物（如某些豆奶产品）。

表 2.7 维生素 B_{12} 的快速指南

别称	钴胺素
膳食参考摄入量（DRI）	成年男性：2.4 µg/d 成年女性：2.4 µg/d
运动员的推荐摄入量	2.4~2.5 µg/d
功能	参与蛋白质代谢、蛋白质合成、脂肪与碳水化合物的代谢、神经递质的合成以及糖酵解
含量丰富的食物来源	动物性食物（肉类、鱼、家禽、鸡蛋、牛奶、奶酪）和强化谷物
营养缺乏的症状	恶性贫血（尽管严格的素食主义者有此危险，但更可能是由维生素吸收不良引起，而非膳食摄入不足所致） 症状：无力，易疲劳，神经功能紊乱
毒性	尽管每日供给量（DV）为 6 µg/d，但尚未确定可耐受的最高摄入量

天然叶酸和合成叶酸

天然叶酸广泛存在于食物中，叶酸含量丰富的食物包括动物肝脏、酵母、多叶蔬菜、水果和豆类。目前，美国的谷物产品（面包、麦片粥、意大利面）中也强化添加了人工合成的叶酸。每 100 g 强化食品可提供大约 140 µg 叶酸。由于天然叶酸对高温和强酸溶液（如醋、柠檬汁）及紫外线敏感，因此来源于新鲜食物的天然叶酸很容易被家庭常用的食物烹调方法和长时间的储存所破坏，因此新鲜的和未加工的食物中天然叶酸的生物利用度更高。强化食品中人工合成的叶酸的生物利用度似乎更加稳定，因此，与天然食物中的叶酸相比，合成叶酸可能是一个更持久的来源。

叶酸在氨基酸代谢和核酸（RNA 和 DNA）合成过程中发挥作用，而叶酸不足会导致正在合成的细胞发生突变。更新快的组织（包括红细胞、白细胞及胃肠道组织和子宫）对叶酸缺乏尤为敏感。怀孕前 6~12 个月和怀孕期间足量地摄入叶酸，会降低胎儿患神经管畸形（最常见的是脊柱裂）的风险[46-47]。叶酸是根据膳食叶酸当量（Dietary Folate Equivalents，简称 DFEs）来进行计算的，1 DFE 相当于：

- 1 µg 的食物叶酸；
- 强化食品或者食品补剂中 0.6 µg 的合成叶酸；
- 空腹情况下服用的 0.5 µg 叶酸补剂。

由于叶酸与维生素 B_{12} 在生成健康的红细胞的过程中共同发挥作用，所以叶酸缺乏会导致巨幼细胞贫血。其他缺乏症状包括胃肠道不适（腹泻、吸收不良、疼痛），以及舌肿胀、发红。过量摄入叶酸可能会掩盖维生素 B_{12} 的缺乏，还可能增加患癌风险[48-50]。尚无关于人体过量摄入叶酸导致中毒的报道，也没有研究报道叶酸与运动表现之间的相关性。尽管如此，由于运动员要参加各种高强度的体育运动，所以其组织更新速率高于普通人，而且有证据表明，运动员的红细胞更新速率快于非运动员，所以有充分的理由证明，运动员摄入足量叶酸是必要的[51-52]。谨慎的做法是通过日常膳食，包括全谷物（强化添加合成叶酸）及新鲜的水果和蔬菜来获取。如果无法通过这种途径实现，依照膳食参考摄入量（400 μg/d）进行日常补充也是维持叶酸正常状态的有效途径。

表2.8 天然叶酸和合成叶酸的快速指南

别称	无
膳食参考摄入量（DRI）	成年男性：400 μg/d 成年女性：400 μg/d
运动员的推荐摄入量	400 μg/d
功能	参与甲硫氨酸（一种必需氨基酸）代谢、DNA 合成、红细胞生成及胎儿的正常发育
含量丰富的食物来源	绿色多叶蔬菜、豆类、全谷物麦片、橙子、香蕉
营养缺乏的症状	巨幼细胞贫血、神经管畸形（怀孕期间摄入量过低导致） 症状：无力，易疲劳，神经功能紊乱
毒性	可耐受的最高摄入量： 　1~8 岁的幼儿和儿童为 300~400 μg/d 　儿童和成年人（9 岁以上，80 岁以下）为 600~1000 μg/d 症状：尚未确定

生物素

生物素与镁和腺苷三磷酸（ATP）共同作用于二氧化碳的代谢、葡萄糖的生成（糖异生）、糖代谢，以及糖原、脂肪酸与氨基酸的合成[9]。富含生物素的食物包括蛋黄、豆面、动物肝脏、沙丁鱼、胡桃、山核桃、花生和酵母。在日常膳食中，水果和肉类的生物素含量较低。肠道菌群同样能够合成生物素。由于能够在肠道内合成，所以这种维生素的缺乏症很少见。但是大量摄入生鸡蛋清可能会导致生物素缺乏，因为生鸡蛋清中含有抗生物素蛋白。这种蛋白质会与生物素结合（20 个生鸡蛋的蛋清足以干扰生物素的新陈代谢）。生物素缺乏症的症状有食欲减退、呕吐、抑郁、肌肉疼痛和皮炎。没有证据表明运动员存在生物素缺乏症的发生风险，也尚无关于生物素与运动表现之间相关性的资料。因此，建议运动员的生物素摄入量不要超过所推荐的膳食参考摄入量。

表2.9 生物素的快速指南

别称	无
膳食参考摄入量（DRI）	成年男性：30 μg/d 成年女性：30 μg/d
运动员的推荐摄入量	30 μg/d
功能	参与葡萄糖和脂肪酸的合成、糖异生以及基因表达
含量丰富的食物来源	蛋黄、豆类、深绿色的多叶蔬菜，肠道细菌也可产生

续表

营养缺乏的症状	很少见；如有，则是由大量摄入蛋清引起的 症状：食欲减退、呕吐、抑郁、肌肉疼痛、皮炎
毒性	尚未确定可耐受的最高摄入量

泛酸

　　泛酸是辅酶 A（Coenzyme A，简称 CoA）的结构组分，辅酶 A 是一种在能量代谢过程中发挥核心作用的重要化合物。通过辅酶 A，泛酸参与碳水化合物、蛋白质与脂肪的代谢。泛酸广泛存在于日常膳食中，所以运动员不太可能出现泛酸缺乏症，特别是能量摄入充足的运动员。动物实验显示，如果确实发生了少见的泛酸缺乏症，症状包括易疲劳、无力和失眠。泛酸在肉类、全麦食物、豆类及豌豆中含量最高。该种维生素的补充剂量通常是 10 mg/d（是膳食参考摄入量 5 mg/d 的 2 倍），这个剂量不会产生毒性。但是，仍有少量的数据表明泛酸存在潜在毒性。因此，当运动员高剂量补充该种维生素时必须十分谨慎。

　　补充泛酸与运动表现之间可能存在一定的关联，但是若要针对运动员提出关于补充泛酸的合理建议，目前还需要更多的资料。在多项应用泛酸补剂来确定泛酸需要量的研究中，其典型剂量是 10 mg/d。在这种摄入水平下，每日会有 5~7 mg 泛酸经尿液排出[6]。因此，10 mg/d 的补充剂量是过多的。

表 2.10　泛酸的快速指南

别称	泛酸酯
膳食参考摄入量（DRI）	成年男性：5 mg/d 成年女性：5 mg/d
运动员的推荐摄入量	4~5 mg/d
功能	辅酶 A 的结构组分，参与能量代谢、糖异生、乙酰胆碱的合成
含量丰富的食物来源	除加工食品及精加工食品以外的所有食物
营养缺乏的症状	人类的症状未知
毒性	每日供给量为 10 mg，但尚未确定可耐受的最高摄入量 症状：未知

维生素 C

　　维生素 C 作为抗氧化剂，还参与形成胶原（一种结缔组织蛋白）的反应。维生素 C 还具有明确的潜在影响运动表现的功能，包括以下几个方面[53]。

　　• 参与肉碱的合成，肉碱是携带脂肪酸进入线粒体进行能量代谢的转运分子。

　　• 参与肾上腺素和去甲肾上腺素的合成，二者是可以迅速降解糖原从而为工作肌肉提供葡萄糖的神经递质。

- 参与肠道内非血红素铁（主要来自水果和蔬菜）的转运和吸收（通常情况下，非血红素铁的吸收较差；但鉴于铁缺乏是运动员的主要问题，所以任何促进食物中铁吸收的方法都是可取的）。
- 参与皮质醇的合成，皮质醇是一种强大的分解代谢类激素。
- 参与维生素 E 向其活性抗氧化状态的再合成。

新鲜的水果和蔬菜是维生素 C 的最佳来源。肉类和乳制品中维生素 C 的含量较低，谷物（强化谷物除外）中不含维生素 C。维生素 C 在烹调（加热）和暴露于空气（氧气）的情况下很容易遭到破坏。它还非常易溶于水，因此在水中烹调的食物，其维生素 C 很容易流失。维生素 C 缺乏症（曾被称为坏血病）现在几乎消失了。经常性、高剂量地摄入维生素 C 补剂而造成的毒性也很少见，但是存在导致肾结石的倾向，并可能降低组织对维生素的敏感性。100~200 mg/d 的剂量可以满足身体对维生素 C 的需要[54]，但是实际上许多人每天摄入的剂量为 1000~2000 mg，远远高于膳食参考摄入量所推荐的每天 75~90 mg。

许多研究针对维生素 C 摄入量与运动表现之间的关系进行了评估，但结果并不一致。其中多数研究存在的问题是，受试者之间缺乏规范化的标准，而且一般缺少对照组。尽管如此，有研究报道，试验对象分为对照组和补充维生素 C 组，补充维生素 C 组的补充剂量≤500 mg/d（请记住，成年女性的膳食参考摄入量为 75 mg/d，成年男性为 90 mg/d），结果发现维生素 C 对运动表现并没有明显的益处[55]。一项研究发现，在测试前不久（4 小时）摄入 500 mg 的维生素 C，可使力量得到显著提高，最大摄氧量显著减少，而对肌肉耐力却没有任何影响[56]。如果向受试者提供 7 天相同剂量的维生素 C，结果显示，力量水平有一定的提高，但耐力水平却有所降低。当向这些受试者连续 7 天提供 2000 mg/d 的维生素 C 时，运动员的最大摄氧量有所降低，但在耐力方面没有明显的变化。

稍高水平的维生素 C 可能会对从事对抗性体育项目的运动员（更容易发生肌肉酸痛或者损伤，从而需要形成更多的胶原蛋白）有益。动物实验表明，维生素 C 能够促进康复进程，而维生素 C 不足会阻碍康复[57]。研究还指出，当服用适当剂量的维生素 C 或其他抗氧化剂时，肌肉酸痛会迅速得到缓解[58]。

研究并确定有利于提升运动表现的维生素 C 的补充剂量是很困难的，但是运动员在服用补剂之前，应当牢记该维生素的安全上限（2000 mg/d）。由于一些研究显示补充高剂量的维生素 C 可能引发耐力问题，所以摄入量应当始终低于导致成绩不佳的临界值。

众所周知，维生素 C 能够促进铁的吸收。1993 年，有 3 例铁过载导致死亡的报道，并且死者每天都服用大剂量的维生素 C[59]。另外，许多运动员每天仅从食物中就已经摄入超过 250 mg 的维生素 C。基于这种情况，建议大量进食新鲜水果和蔬菜，因为它们是碳水化合物及许多其他营养素（包括维生素 C）的良好来源。如果做不到这一点，每天按照膳食参考摄入量的推荐剂量（75~90 mg/d）服用补剂也是一种值得推荐的方法。除非存在长期能量摄入不足的情况，运动员的维生素 C 摄入量一般都能达到膳食参考摄入量，并且要比非运动员人群的维生素 C 摄入量更多[60]。即使某人进食的水果和蔬菜很少（但能定期食用），其维生素 C 的摄入量很可能也能达到膳食参考摄入量的标准，但是少量的补剂也许可以起到恰当的安全保障作用。

表 2.11　维生素 C 的快速指南

别称	抗坏血酸、抗坏血酸盐、脱氢抗坏血酸、L–抗坏血酸盐
膳食参考摄入量（DRI）	成年男性：90 mg/d 成年女性：75 mg/d
运动员的推荐摄入量	200 mg/d
功能	合成胶原蛋白，促进铁的吸收，生成肾上腺素
含量丰富的食物来源	新鲜水果（特别是柑橘类和樱桃）与蔬菜
营养缺乏的症状	很少；如有，则是坏血病引起的 症状：牙龈出血，肌肉和肌腱萎缩，猝死
毒性	可耐受的最高摄入量： 　1~8 岁的幼儿和儿童为 400~650 mg/d 　儿童与成年人（9 岁以上，80 岁以下）为 1.2~2.0 g/d 长期维持 1 g/d 或更高的摄入量会增加形成肾结石的风险

脂溶性维生素

脂溶性维生素由脂肪溶剂转运，这就为运动员不应进食超低量脂肪膳食（即低于总能量的 20%）提供了重要的依据。身体中含有 4 种脂溶性维生素（维生素 A、维生素 D、维生素 E、维生素 K），它们都能被有效地储存并在需要时被利用。关于这些维生素的功能、来源及其可能出现的问题，见表 2.12 ～表 2.15[61-62]。身体对脂溶性维生素的储存能力有限，所以长期高剂量摄入会因其毒性而导致各种疾病。为了强调这一点，必须指出，人类营养素中最具潜在毒性的两种物质是维生素 A 和维生素 D。当摄入日常的饮食时，要达到产生毒性的剂量是很困难的。但是，如果定期补充这些维生素，就很容易达到产生毒性的水平。由此说来，我们对这些维生素的储存能力减少了摄入补剂的需求。

维生素 A

维生素 A 的活性形式是视黄醇，我们可以从动物性食物——动物肝脏、蛋黄、强化乳制品（比如含维生素 A 和维生素 D 的牛奶）、人造黄油及鱼油中获取这种物质。关于维生素 A 的膳食参考摄入量，女性为每天 700 视黄醇活性当量（Retinol Activity Equivalent，简称 RAE），男性为每天 900 RAE。1 RAE 相当于：

- 1 μg 视黄醇；
- 12 μg β–胡萝卜素；
- 24 μg α–胡萝卜素；

• 24 μg β–隐藻黄素。

维生素 A 与正常的视觉功能密切相关，还帮助维持骨骼、皮肤和红细胞的健康，并维持免疫系统的正常功能。没有证据表明，过量摄入维生素 A 能够提高运动成绩。既然过量（无论对于女性还是男性，引起不良反应的阈值上限均为 3000 RAE，即无论一个人对维生素 A 的耐受性有多高，3000 RAE 的摄入量都足以引发毒性反应）摄入该种维生素时会产生明显的毒性反应，所以运动员必须谨慎。维生素 A 的毒性有多种表现形式，包括皮肤干燥、头痛、易激惹、呕吐、骨痛和视力问题。怀孕期间过量摄入维生素 A 将增加新生儿畸形的风险。

类胡萝卜素（主要是 β–胡萝卜素）被称为维生素 A 的前体，因为它们可以被细胞转化为维生素 A。血清维生素 A 水平反映的是机体对维生素 A 的储备情况，而 β–胡萝卜素水平则会随着类胡萝卜素的摄入量而变化，更易出现波动[23]。进食含有 β–胡萝卜素的食物是一种间接获取维生素 A 的方式。β–胡萝卜素存在于所有红色、橙色、黄色及深色的水果和蔬菜（胡萝卜、甘薯、菠菜、杏、哈密瓜、西红柿，等等）中。β–胡萝卜素是一种强力的抗氧化剂，可保护细胞免受可能导致癌症的氧化损伤；且当我们需要时，它可以转化成维生素 A。与生成的维生素 A（视黄醇）不同，β–胡萝卜素过量时机体不会出现同样明显的毒性反应。但是，持续大量地摄入胡萝卜、甘薯及其他富含 β–胡萝卜素的食物，由于 β–胡萝卜素堆积在皮下脂肪内，会导致人的肤色发黄。

对运动员的调查显示，不同类型的运动员，其维生素 A 和 β–胡萝卜素缺乏的发生风险不同。轻量级的摔跤运动员、体操运动员和芭蕾舞演员的平均摄入量低于推荐摄入量的70%，而其他男性和女性运动员的摄入量通常都能达到推荐的摄入量[63-66]。这种差异可能是由于这些项目要求运动员限制食物的摄入，从而导致此类维生素的摄入量较低。

作为一种抗氧化剂，β–胡萝卜素能够有效地缓解运动后的肌肉酸痛，并有助于训练后的恢复。但是，这仅限于理论推断，并没有研究证明摄入 β–胡萝卜素与缓解肌肉酸痛和促进身体恢复之间有直接的联系。一项研究显示，β–胡萝卜素减少了运动诱发的哮喘。另一项研究发现，β–胡萝卜素可减少人类 DNA 的损伤[67-68]。鉴于这些有限的证据及相对较低的潜在毒性，美国奥林匹克委员会已经将 β–胡萝卜素认定为一种抗氧化剂[69]。

表 2.12　维生素 A 的快速指南

别称	视黄醇（前体：β–胡萝卜素）
膳食参考摄入量（DRI）	成年男性：900 μg/d 成年女子：700 μg/d
运动员的推荐摄入量	700～900 μg/d
功能	维持上皮（表皮）细胞的健康、视力健康和免疫系统的健康
含量丰富的食物来源	视黄醇：动物肝脏、黄油、奶酪、蛋黄、鱼肝油 β–胡萝卜素：深绿色及颜色鲜艳的水果和蔬菜

营养缺乏的症状	皮肤干燥、头痛、易激惹、呕吐、骨痛、夜盲症、易感染、失明
毒性（潜在毒性高）	可耐受的最高摄入量： 1~8 岁的幼儿和儿童为 600 ~ 900 µg/d 儿童和成年人（9 岁以上，80 岁以下）为 1.7~3.0 mg/d 症状：肝损伤，骨骼畸形，死亡

维生素 D

　　机体对维生素 D 的需求最近得到了大量的科学检验，多项研究得出结论认为维生素 D 在人类健康方面的作用比以前认为的更重要。我们可以通过进食及晒太阳来获取非活性形式的维生素 D（图 2.2）。皮肤暴露在紫外线（太阳光）下能够将胆固醇衍生物（7-脱氢胆固醇）转换成维生素 D 的非活性形式——胆钙化醇（D_3）。为了使其发挥作用，维生素 D 的这种非活性形式必须由肾脏激活。因此，肾脏疾病可能成为维生素 D 相关功能失调的一个原因。维生素 D 的膳食来源包括鸡蛋、强化牛奶、动物肝脏、黄油和人造黄油。曾被广泛用作补剂的鳕鱼肝油是维生素 D 的可观来源。蘑菇和某些植物性食物也能以麦角钙化醇（D_2）的形式提供维生素 D。强化维生素 D 的食物有限，这些食物包括谷物面粉、牛奶和奶制品，以及富含钙的果汁。

　　青少年及 70 岁以下成年人的维生素 D 膳食参考摄入量是 15 µg/d（600 U/d），70 岁及 70 岁以上老年人的膳食参考摄入量为 20 µg/d（800 U/d）。目前，青少年和 70 岁以下成年人

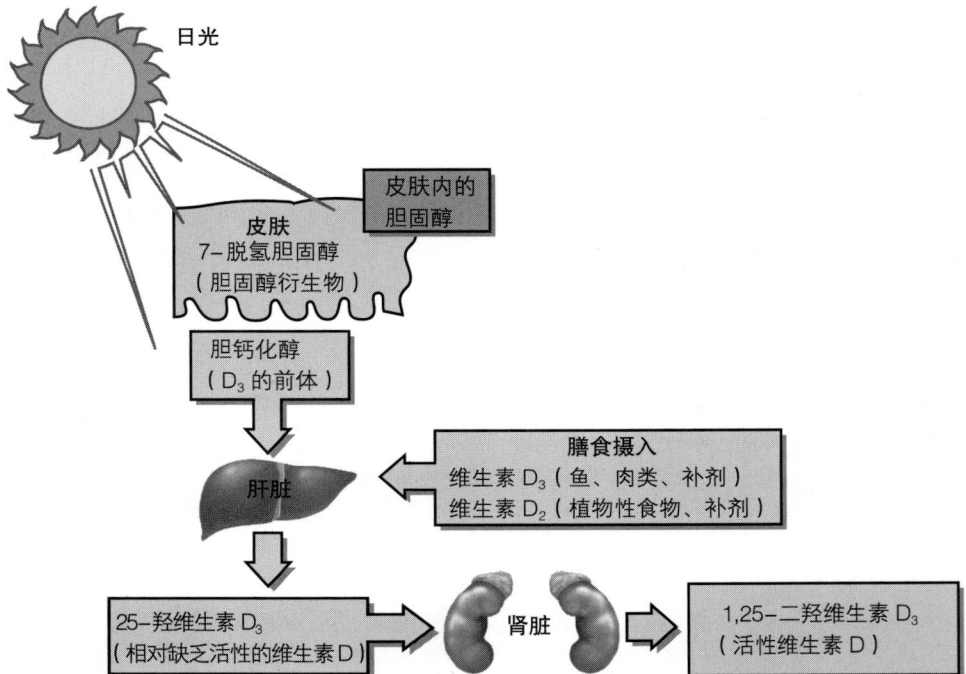

图 2.2　维生素 D 的来源

的维生素 D 的摄入量上限已经增加到了 100 μg/d（4000 U/d）。

含有足量的钙和磷但维生素 D 含量不足的膳食同样会导致钙和磷的缺乏。儿童期的佝偻病和成年人的骨软化症都属于钙缺乏疾病，可能是由于维生素 D 水平过低，或缺乏将维生素 D 转化为活性（功能性）形式的能力。过量摄入维生素 D 可能导致呕吐、腹泻、体重减轻、肾损害、高钙血症和死亡。

目前有大量科学研究表明，维生素 D 是通过增加钙和磷的吸收来促进骨骼和牙齿的生长与矿化的。但是维生素 D 还具有其他作用，能够影响健康和运动表现。维生素 D 对以下方面具有促进作用 [70-74]。

• 骨骼健康（通过调节钙、磷的吸收）。

• 肌肉收缩（通过激活刺激肌肉的酶）。

• 肠道吸收（通过促进肠道内钙的吸收）。

• 肌肉蛋白质的合成代谢（通过增加肌肉质量并减少肌肉分解；增加的肌肉主要是 II 型快肌纤维）。

• 改善免疫功能（通过在损伤和炎症组织中积聚体液和免疫细胞，并释放抗菌肽，降低癌症、肠道疾病、心血管疾病和肌肉酸痛的发生风险）。

• 提高抗炎作用（通过增加抗炎性细胞因子和白细胞介素-4 的生成，减少炎症因子白细胞介素-6、γ-干扰素和白细胞介素-2 的生成）。

对运动员照射紫外线（UV）灯刺激生成维生素 D 的方法已有很长的历史 [71]。在 20 世纪 20 年代中期，德国游泳运动员使用太阳灯取得了很好的效果，以至于一些人认为紫外线是一种非法的兴奋剂形式。20 世纪 30—40 年代，前苏联和德国运动员使用紫外线进行光疗，运动成绩显著提高。20 世纪 40 年代中期，美国进行了一项加入紫外线照射的健身计划，与没有照射紫外线的训练相比，前者取得了明显更好的健身效果。近年来的普遍共识是紫外线照射对速度、力量、耐力、反应时间和消除疼痛都有积极的影响。一些人甚至考虑，墨西哥城奥运会创造的多项世界纪录是否与该城市较高的海拔导致的更强的紫外线辐射有关。

维生素 D 也有可能提高抗损伤能力。某些项目的运动员，由于所有的训练都是在室内进行的，所以接受日晒的机会可能特别少。暴露于紫外线的时间少可能减少维生素 D 的合成，甚至会对身体生长和骨密度产生不良影响。众所周知，较低的骨密度会增加运动员发生应力性骨折的风险。应力性骨折可能导致运动员运动生涯的终止 [75-77]。对美国国家体操队的一项调查显示，日晒是影响骨密度的最重要的因素。骨密度较高的运动员获得的日晒量也较多 [78]。同时，对骨密度而言，晒太阳比从食物中摄入维生素 D 或钙更重要。

表 2.13　维生素 D 的快速指南

别称	胆钙化醇、骨化三醇、钙化醇
膳食参考摄入量（DRI）	成年男性：15 μg/d（600 U/d） 成年女性：15 μg/d（600 U/d）

续表

运动员的推荐摄入量	15 μg/d（600 U/d）
功能	促进钙和磷的吸收，维护皮肤健康
含量丰富的食物来源	暴露于紫外线，脂肪含量高的鱼（鲶鱼、鲑鱼、鲭鱼、沙丁鱼、金枪鱼）和鱼肝油；鸡蛋、鱼罐头、强化牛奶和人造黄油中含量较少
营养缺乏的症状	佝偻病（儿童），骨软化症（成年人），应力性骨折和骨质疏松症的风险增加
毒性（潜在毒性高）	可耐受的最高摄入量：所有青少年及成年人均为 100 μg/d（4000 U/d） 症状：恶心、腹泻、肌肉功能丧失、器官损伤、骨骼损伤

维生素 E

维生素 E 是几种具有相似活性的生育酚的通称，其计量单位是基于生育酚的活性当量与 β-生育酚的活性当量的比较而确定的。β-生育酚的活性水平比 α-生育酚低，若要达到同样的效果，就需要更大的摄入量。成年人的维生素 E 膳食参考摄入量是 15 mg/d，通过进食绿色多叶蔬菜、植物油、种子、坚果、动物肝脏和玉米，即可较容易地满足机体的需要。经常食用的植物油中维生素 E 的含量与其不饱和的程度密切相关。有趣的是，摄入的多不饱和脂肪越多，摄入的维生素 E 就越多，这种高水平的维生素 E 是保护摄入的多不饱和脂肪免于被氧化所必需的。如果成年人不能进食足量的蔬菜、坚果或植物油，就会存在维生素 E 摄入不足的风险。脂肪吸收系统（如胆汁的生成、胰脂肪酶的生成或膳食脂蛋白的代谢）的任何问题都有可能对维生素 E 的状态产生负面影响。

维生素 E 是一种很强的抗氧化剂，可保护细胞膜免受过氧化物的破坏。脂肪（特别是多不饱和脂肪）氧化（酸败）会生成过氧化物。由于这些过氧化物在细胞内到处游动，所以被称为自由基，它们可以改变或破坏细胞结构。由于维生素 E 是一种抗氧化剂，它能够帮助捕获氧，从而限制脂肪氧化并保护细胞。

人类很少发生维生素 E 缺乏，而一旦发生，它会造成中枢神经系统受损和红细胞溶血。一些证据表明，维生素 E 缺乏可以导致人体内肌肉的分解[79]，但是没有证据表明补充剂量能改善运动表现，也没有证据表明运动员存在维生素 E 缺乏的风险。事实上，有证据表明，每天补充 800 U维生素 E 并持续 2 个月会促进耐力型运动中脂质过氧化和炎症的发生[5]。一项关于高剂量补充维生素 E 的元分析显示，长期高剂量（400 U/d 以上）摄入补剂可增加全因死亡率，因此应该避免这种情况[80]。

在维生素 E 与运动表现的关系方面已经有相关的研究，但没有研究发现补充维生素 E会提高力量或耐力水平[81-84]。在评估维生素 E 补剂是否会降低运动造成的过氧化物损伤方面，多项研究所得出的结果不同。一些研究表明，维生素 E 能够显著减少过氧化物损伤[85-86]。但另外一些研究则认为，维生素 E 并无益处[87]。显然，目前尚无足够的证据支持在正常膳食之外额外摄入维生素 E 补剂可获得运动表现相关的确切益处。

表2.14　维生素 E 的快速指南

别称	生育酚、α－生育酚、γ－生育酚
膳食参考摄入量（DRI）	成年男性：15 mg/d 成年女性：15 mg/d
运动员的推荐摄入量	15 mg/d
功能	抗氧化，从而保护细胞膜
含量丰富的食物来源	多不饱和与单不饱和的植物油、谷物油，以及人造黄油（玉米、大豆、红花、橄榄）；强化谷物和鸡蛋中含量较少
营养缺乏的症状	很少；如有，则会增加癌症和心脏疾病的发病风险
毒性	可耐受的最高摄入量： 1～8 岁的幼儿和儿童为 200～300 mg/d 儿童和成年人（9 岁以上，80 岁以下）为 600～1000 mg/d

维生素 K

维生素 K 存在于绿色多叶蔬菜中，在谷物、水果和肉类中也有少量存在。肠道细菌也能合成维生素 K，因此绝对的膳食需要量尚不明确。这种维生素能够帮助合成凝血酶原（血液凝固的必需物质）。最近的研究表明，维生素 K 也可能在骨代谢和维持维生素 D 活性方面发挥重要作用。一些研究表明，虽然饮食摄入不足引起的维生素 K 缺乏症在人群中很少见，但其可导致骨密度低，骨折风险增加[88]。已经发现，维生素 K 缺乏导致的低骨密度水平可以通过补充维生素 K 来改善[89]。此外，摄入至少 110 µg 维生素 K 的女性，其髋部骨折的发生风险明显低于摄入量更低的女性[90]。弗雷明汉心脏研究（The Framingham Heart Study）也发现，高水平的维生素 K 摄入量与髋部骨折风险降低之间存在相关性[91]。

定期服用抗生素会破坏肠道内的细菌，从而可能增加维生素 K 缺乏的发生风险。维生素 K 缺乏会导致更易出现流血和出血症状。成年女性的维生素 K 膳食参考摄入量是 90 µg/d，成年男性是 120 µg/d，可耐受上限尚未确定。维生素 K 相对无毒性，但大量摄入合成形式的维生素 K 会导致黄疸。一般补充剂量也会干扰抗凝血药的疗效。服用华法林（一种抗凝血药）的人必须清楚地认识到，维生素 K 或者含维生素 K 的食物可能会降低华法林的疗效。

维生素 K 存在于许多食物（包括植物油和深绿色多叶蔬菜）中，而且肠道中的细菌也能产生维生素 K，因此人体似乎很难出现维生素 K 缺乏。然而，一项研究发现，相当一部分美国人，尤其是儿童和青年人，没有摄入充足的维生素 K[92]。维生素 K 与运动表现之间的相关性尚无研究。而且，关于二者可能存在的关系，人们很难设想出一个理论框架。但显而易见，对运动员，尤其是对抗性项目的运动员来说，足量的维生素 K 是避免淤青和出血所必需的。但目前尚无证据证明运动员是患维生素 K 缺乏症的高风险人群。

表 2.15　维生素 K 的快速指南

别称	叶绿醌、甲基萘醌、凝血维生素
膳食参考摄入量（DRI）	成年男性：120 μg/d 成年女性：90 μg/d
运动员的推荐摄入量	700～900 μg/d
功能	促使血液凝固；强化骨钙蛋白（osteocalcin）的功能，使骨骼更加坚固
含量丰富的食物来源	叶绿醌：多种植物油与深绿色多叶蔬菜（比如卷心菜、菠菜） 甲基萘醌：由胃肠道内的细菌合成
营养缺乏的症状	很少；如有，则会导致出血
毒性	尚未确定可耐受的最高摄入量

矿物质

与其他营养素不同，矿物质的独特之处在于它们是无机的。尽管如此，矿物质却与其他有机营养素（维生素和能量底物）共同发挥作用。这种无机物与有机物协同作用的一个典型的例子是矿物质钙与维生素 D 之间所建立的良好关系。这两种营养素中的任何一种单独而言基本上都是无用的，但当它们协同作用时，可以共同维持骨密度。矿物质有多种功能，包括以下几方面。

• 强化骨骼的力量和结构，保持骨骼强壮，防止骨折。

• 维持血液与组织的相对酸碱度。对运动员来说，高强度的体育运动会降低 pH 水平（即增加相对酸度），因此拥有健康的酸碱平衡调控系统对于耐力表现是至关重要的。

• 在电脉冲过程中起桥梁作用，而电脉冲刺激肌肉产生运动。因为所有运动员运动能力的发挥都依赖于高效、有效的肌肉运动与协调性，所以这个功能极其重要。

• 调节细胞新陈代谢。体育运动会提高能量代谢率，因此有效地控制细胞水平的能量代谢，对于运动员运动能力的发挥是很必要的。

所有这些功能对运动员都很重要。骨密度低的运动员发生应力性骨折的风险会增加；酸碱平衡差会导致耐力水平低下；神经与肌肉功能不良也会导致协调性差；细胞代谢的改变会限制细胞获取与储存能量的能力。

在促进最佳运动表现方面，已经明确的矿物质的作用包括参与糖酵解（从储存的葡萄糖中获取能量）、脂肪水解（从脂肪中获取能量）、蛋白质水解（从蛋白质中获取能量）及磷酸肌酸系统（从磷酸肌酸中获取能量）[93]。无机矿物营养素是构成机体硬组织与软组织所必需的。矿物质还参与酶系统的作用、肌肉收缩、神经反射、血液凝固。这些必须通过膳食来获得的矿物质类营养素分为两类：常量元素（常量矿物质）和微量元素（微量矿物质）。

常量矿物质

　　身体中总的矿物质含量大约占身体重量的 4%。与微量矿物质相比，常量矿物质的含量较多（也因此而命名），并包括钙、磷、镁、钠、氯化物与钾。钙约占身体总质量的 1.75%，磷约占 1.10%，镁约占 0.04%。常量矿物质的功能、来源及可能存在的问题，见表 2.16 ～表 2.22。

钙

　　对骨骼和牙齿的结构、血液凝固、神经传导功能来说，钙是一种重要的矿物质，成年女性和成年男性的每日膳食参考摄入量是 1000 mg。钙缺乏与骨骼畸形（如佝偻病）、骨脆性增加（如骨质疏松性骨折和应力性骨折）及血压异常有关。关于服用高剂量钙导致毒性问题的文献报道很少，但是频繁、高剂量地服用钙补剂也许会改变胃的酸碱度（使其更偏于碱性），从而干扰蛋白质的消化。由于小肠内二价矿物质（钙、锌、铁与镁）相互之间存在竞争性吸收，当它们同时出现在消化道中时，大量的钙就可能干扰其他矿物质的吸收。因此，进食含铁食物的同时服用大量的钙补剂，可能引起铁吸收不良，并最终导致缺铁性贫血。

　　钙的食物来源包括乳制品（牛奶、奶酪、酸奶）、深绿色蔬菜（芥蓝、菠菜、甜菜、芥菜、花椰菜、青椒）、干制豆类和豌豆（小扁豆、菜豆、黄豆及裂成两半的豌豆）。深绿色蔬菜中的钙和其他矿物质（特别是铁、镁、锌）很容易与草酸结合，导致矿物质难以被吸收。因此，虽然深绿色蔬菜是钙及其他几种矿物质的良好的潜在来源，但是如果不对其进行适当的处理，这些食物中的矿物质也不易被吸收和利用。草酸盐极易溶于水，因此，将蔬菜在沸水中浸几秒钟（热烫），就能去除大量的草酸盐，而大部分的矿物质仍可保存下来。接下来，就可以按需要对蔬菜进行烹调了。这个技巧极大地提高了蔬菜中钙的供给量，并且已经被没有食用乳制品习惯的人群（特别是亚洲人）使用几千年了。这样做还有一个好处，被热烫过的蔬菜吃起来口感更好。草酸吃起来有些涩口，因此，去除草酸盐的另外一个好处是使蔬菜的味道更好。

　　很多研究已经对摄入钙剂与体育运动及骨密度之间的关系进行了评估。运动员服用钙补剂通常是为了减少骨折的风险（即通过提高骨密度），而不是提高运动成绩。众所周知，体育运动能够增加骨密度，而缺乏运动则会使骨密度降低。但是，骨骼的发育与钙化是一个复杂的过程，涉及多个因素，包括所处的生长阶段（儿童和青少年的骨骼生长速率更快）、激素（特别是女性的雌激素）状态、能量是否充足、维生素 D 的可用性及钙的摄入量。

　　自 20 世纪 90 年代早期以来，通过双能 X 线吸收法（Dual Energy X-ray Absorptiometry，简称 DEXA）精确检测骨密度的设备的广泛应用，极大地提高了骨密度检测与确定骨折风险的能力。使用双能 X 线吸收法检测的研究发现，钙摄入量等于或稍高于推荐膳食供应量（高达 1500 mg）的儿童和青少年，其骨密度较高。成年人摄入充足的钙可能不会增加骨密度，但会为牢固的骨骼打下基础。因此，确保钙的摄入量维持在膳食参考摄入量水平，保证足够的体育运动（对多数运动员来说这并不是问题）并摄入充足的维生素 D 是明智之举。一项

植物化学物质

"Phyto"是希腊语中的"植物"一词。植物化学物质（也被称为植物营养素）是从植物中提取的化合物，其对健康的重要性日益凸显。尽管尚未证实植物化学物质对人类运动表现具有直接的影响，但其可能对运动能力非常重要。研究表明，许多植物化学物有重要的营养作用。美国加州大学洛杉矶分校人类营养中心（UCLA Center for Human Nutrition）的大卫·赫伯（David Heber）博士与其助手苏珊·鲍尔曼（Susan Bowerman）研制了一个七彩系统，来概括主要的植物化学物质及其生理学效应。

·红色（番茄红素、八氢番茄红素、六氢番茄红素、维生素 E）：含有这些植物化学物质的水果和蔬菜包括西红柿和西瓜。这些物质在消除能破坏细胞结构的自由基方面可能是 β-胡萝卜素的 2 倍。

·绿色（芥子油苷、叶酸、异硫氰酸盐、吲哚-3-甲醇）：含有这些植物化学物质的水果和蔬菜包括西蓝花、球芽甘蓝、白菜、花椰菜、卷心菜。这些物质与抗癌作用有关。

·绿色/黄色（叶黄素、玉米黄质）：含有这些物质的水果和蔬菜包括菠菜、牛油果、绿叶甘蓝、四季豆、青椒、猕猴桃和芥菜。这些物质与抗氧化和抗癌作用有关。

·橙色（α-胡萝卜素和 β-胡萝卜素、β-隐藻黄素）：含有这些物质的水果和蔬菜包括胡萝卜、南瓜、奶油南瓜、杧果、杏和哈密瓜。它们与抗癌作用有关。

·橙色/黄色（维生素 C、黄酮类化合物）：含有这些物质的水果和蔬菜包括橙子、橘子、黄色葡萄柚、桃子、油桃、柠檬、酸橙、木瓜和菠萝。它们是潜在的抗氧化剂，具有抗癌作用。

·红色/紫色（花色素苷、鞣花酸、黄酮类化合物）：含有这些物质的水果和蔬菜包括葡萄、樱桃、草莓、蓝莓、黑莓、覆盆子、蔓越莓、李子、西梅和葡萄干。它们的作用是维生素 C 单独效应的 20～50 倍，可以减少血液凝集，还可能具有一定的抗癌和抗衰老特性。

·白色/绿色（烯丙基硫化物）：这些成分存在于大蒜、洋葱和细香葱中，具有抗癌和抗心脏疾病的作用。

尽管这些物质在人类营养中的特定作用还有待进一步了解，但上述这些可能正是蔬菜摄入量高的人群患癌风险较低的原因。几乎没有理由不多吃蔬菜，因为它们是营养素、碳水化合物和植物化学物质的良好来源，将来我们可能会发现它们在促进肌肉恢复、减少肌肉酸痛和改善健康方面也起着重要的作用。蔬菜吃起来！

对体操精英运动员的调查显示，与摄入钙相比，日晒对骨密度的影响更大。这涉及钙与维生素 D 之间的内在联系，以及多种营养素协同作用对于保障最佳健康状态的重要性[94]。

许多女性运动员所关心的另外一个问题是非正常闭经（月经停止），这与年轻运动员骨骼发育不良或者年长运动员体内骨矿物质丢失有密切的关系。导致不正常闭经的原因很复杂，具体包括能量摄入不足、饮食不规律、体脂含量低、铁缺乏、心理压力、皮质醇水平高及训练过度。简单地说，训练更刻苦的优秀女运动员发生非正常闭经的风险更高。很多做法，如保持良好的铁状态与摄入充足的能量，都有利于降低非正常闭经的风险。对于非正常闭经的运动员，单凭摄入充足的钙来维持或促进骨骼健康是不够的，这是因为非正常闭经会引起血液循环中的雌激素水平降低，从而抑制骨骼的正常发育或维持。

表 2.16　钙的快速指南

符号	Ca
膳食参考摄入量（DRI）	成年男性：1000 mg/d 成年女性：1000 mg/d
运动员的推荐摄入量	1300～1500 mg/d
功能	维持骨骼结构和强度、参与酸碱平衡、神经功能、肌肉收缩及酶的活化
含量丰富的食物来源	乳制品、深绿色多叶蔬菜、钙强化的橙汁及其他钙强化食品、豆奶、豆类
营养缺乏的症状	骨质疏松症、佝偻病、肌肉功能不良
毒性	可耐受的最高摄入量：所有年龄组人群均为 2500 mg/d 症状：便秘，其他二价矿物质（铁、镁、锌）吸收不良，肾结石，心律失常

磷

多数食物中都含有磷，特别是富含蛋白质的食物（肉、家禽、鱼、乳制品）与谷物。磷与钙（钙与磷的比例为 2:1）共同维持骨骼和牙齿的健康。磷还在能量代谢中发挥着重要作用，可以影响碳水化合物、脂肪与蛋白质的代谢。肌肉运动产生的能量大部分来自于含磷的化合物——腺苷三磷酸（ATP）与磷酸肌酸（Phosphocreatine，简称 PCr）。与钙一样，磷的吸收也依赖于维生素 D。成年人的推荐膳食供应量是 700 mg/d。

由于磷普遍存在于食物中，所以磷缺乏症很少见。如果发生磷缺乏症，则很可能见于长期服用含氢氧化铝的抗酸剂的人群[95]。这种抗酸剂可以与磷结合，使其不能被吸收[96]。成年人对磷的摄入量上限是 4000 mg/d，高于该摄入量就会影响钙的吸收。

磷补剂被用来增强体力已经有很长一段时间了。在第一次世界大战中，德国为了提高士兵的力量与耐力，通常向士兵提供高磷食品与补剂[97]。如此庞大人群摄入磷的经验表明，大剂量的磷摄入能够相对地提高耐力。然而，没有直接证据表明，大剂量的磷摄入确实能够提高力量与耐力。最近关于补充磷的效果研究所得的结果是不一致的。长跑、赛艇与游泳运动员在运动前 1 小时服用 2 g 磷酸二氢钠，其成绩都有所提高；而没有服用补剂的运动员只有一半表现为成绩提高[98]。另外一项研究发现，在跑步机测试中，短期的磷补充能够提高最大摄氧量[99]。但是，在一项评估磷补剂对提高肌肉力量的研究中发现，摄入磷对于肌肉力量的提高并没有明显的作用[100]。这些不一致的研究结果使人们很难得出运动前补充磷能够提高成绩的结论。很明显，在回答这个问题之前，需要进行更多计划周密的研究。

表 2.17　磷的快速指南

符号	P
膳食参考摄入量（DRI）	成年男性：700 mg/d 成年女性：700 mg/d
运动员的推荐摄入量	1250～1500 mg/d
功能	维持骨骼结构与强度，维持酸碱平衡，参与 ATP 合成，保证 B 族维生素功能
含量丰富的食物来源	所有高蛋白食物、全谷物食品、碳酸饮料
营养缺乏的症状	很少见；如果发生，则会导致骨密度低和肌肉无力
毒性	可耐受的最高摄入量： 　1～8 岁的幼儿和儿童及 70 岁以上的老年人为 3000 mg/d 　儿童和成年人（9～70 岁）为 4000 mg/d 出现毒性的可能性很小，如果发生，则会导致骨密度降低和胃肠道不适

镁

镁存在于多数食物中，是人体代谢和维持神经细胞与肌肉细胞电位差所必需的。当发生普遍营养不良时，特别是酗酒者，镁缺乏会导致焦虑和抽搐。镁参与 300 多种由食物中的营养素合成新产物的反应，镁还是肌肉中碳水化合物、蛋白质与脂肪产生能量的关键性成分[101]。成年女性镁的膳食参考摄入量为 310～320 mg/d，男性为 400～420 mg/d。镁的安全上限与膳食参考摄入量相同，但仅代表补剂来源的摄入量，不包括来自食物和水中的摄入量。镁的补剂有多种，不同补剂中镁的含量不同（图 2.3）。

在高温、高湿环境中训练的运动员，很可能由于出汗而丢失大量的镁。由于镁对肌肉功能起着重要作用，这种情况导致的镁缺乏会使运动员无法充分发挥其运动能力。一项为运动员补充镁剂的研究显示，运动员的运动表现有所提升[102]。有限的证据表明，服用膳食参考摄入量推荐剂量的镁补剂，可以使血镁水平处于正常范围低端的运动员的耐力和力量素质得到有效提高[103-104]。一项评估镁补剂（365 mg/d）对训练有素的马拉松运动员的影响的研究发现，补剂对于运动成绩没有影响，没有改善肌肉的抗疲劳能力，也没有促进赛后肌肉的恢复[105]。除已知的通过降低总能量摄入以维持或减轻体重的运动员（摔跤运动员、体操运动员、花样滑冰运动员）以外，似乎所有男性运动员的镁摄入量都等于或超过了膳食参考摄入量，而多数女性运动员的镁摄入量至少也达到了膳食参考摄入量的 60%[106-107]。有限的资料

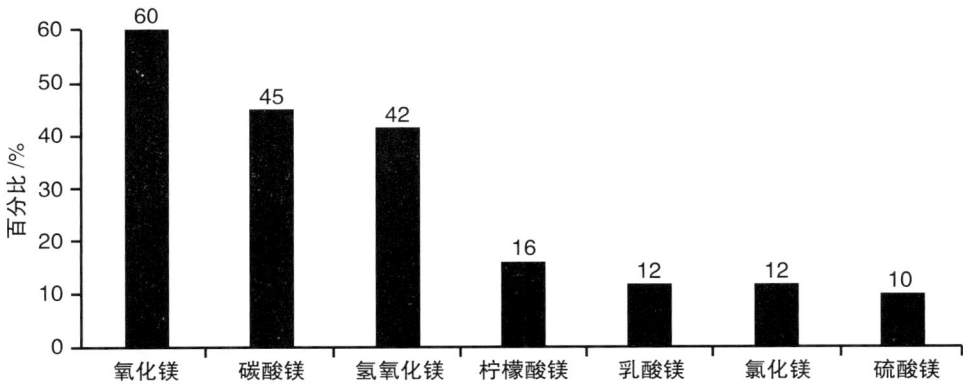

图 2.3　口服补剂中镁的含量

引　自 NIH Office of Dietary Supplements. Dietary supplement fact sheet: magnesium[2011-08-18]. http://ods.od.nih.gov/factsheets/magnesium/

表明，镁的轻度缺乏会加剧高强度运动的不良影响[108]。一个好的策略是确保这些运动员食用富含镁的食物（表 2.18），如果食物补充策略不可行，则考虑应用小剂量的镁补剂。

表 2.18　镁的快速指南

符号	Mg
膳食参考摄入量（DRI）	成年男性：420 mg/d 成年女性：320 mg/d
运动员的推荐摄入量	如果从食物中摄入，为 400~450 mg/d；如果从补剂中摄入，为 350 mg/d
功能	参与蛋白质合成、葡萄糖代谢和肌肉收缩，是骨骼的结构组分
含量丰富的食物来源	牛奶与牛奶制品、肉类、坚果、全谷物、深绿色多叶蔬菜、水果
营养缺乏的症状	很少见；如果发生，则会导致肌肉无力、肌肉痉挛和心律失常
毒性	可耐受的最高摄入量：如果以补剂形式服用，为 350 mg/d 症状：恶心、呕吐、腹泻

钠

　　钠是一种基本的矿物质，通常被称为食盐（实际上是钠与氯的化合物）。它关系到体内水分与酸碱的平衡，是主要的细胞外（细胞外侧，包括血液与组织液）离子。大多数的天然食物都含有少量的钠，加工食品、罐头、烹制食品和快餐食品的钠含量很高。虽然大多数人都能够排泄过量的钠，但是一些人由于缺少这种功能，所以对钠很敏感。在这类人中，过量的钠潴留会导致水肿（细胞外液的过量积聚），并可以引起高血压。对钠敏感的人可以通过选择天然食物及避免高盐（即过咸的）食物来限制钠的摄入。食品标签提供了关于钠含量的信息（表 2.20）。2004 年美国医学研究所提供的钠的推荐摄入量为 1.5 g/d，可耐受的最高摄入量是 2.3 g/d[109]。

　　钠是运动饮料中的一种关键成分，这是由于钠可以唤起饮水的欲望，而且可以帮助维持血容量。血容量的维持是影响运动表现的关键因素，与向细胞输送营养素、清除细胞中的代谢副产物的能力及维持出汗速率有关。关于钠的其他信息请参见第 3 章。

　　由于汗液的丢失，运动员所需要的钠可能比一般人的推荐量多 1.5 g。在高温、高湿的环境中，大量的钠经汗液丢失，运动员对钠的每日需要量可能会超过 10 g，比每日 2.3 g 的最高摄入量高出许多。因此，美国医学研究所关于钠的推荐摄入量对多数运动员来说并不适用。当在高温、高湿的条件下进行训练或比赛时，运动员应当经常摄入含盐的食物和饮料。运动员对盐的高需求已经得到美国医学研究所的认可，即针对普通人群的推荐量并不适用于经常出汗的人[110]。

表 2.19　钠的快速指南

符号	Na
适宜摄入量（AI）	成年男性：1.5 g/d 成年女性：1.5 g/d
运动员的推荐摄入量	＞1.5 g/d；大量出汗导致的钠丢失可能使需要量增加至 10 g/d 甚至更高
功能	水平衡、神经功能、酸碱平衡、肌肉收缩
含量丰富的食物来源	加工与罐头食品、泡菜、薯片、椒盐卷饼、酱油、奶酪
营养缺乏的症状	低钠血症，伴随肌肉痉挛、恶心、呕吐、食欲减退、惊厥和昏迷（极具潜在的危险性）
毒性	可耐受的最高摄入量：2.3 g/d（大约为 5.8 g 食盐），运动员的需要量可能明显高于最高摄入量 主要症状：高血压，心血管疾病和卒中风险增加

表 2.20　钠的食品标签：了解术语

术语	定义
无钠型	每标准份食物中的钠含量低于 5 mg
含钠量极低	• 每标准份食物中的钠含量低于 35 mg • 如果一份食物的质量≤30 g，则每 50 g 食物中的钠含量≤35 mg • 如果一份食物为 2 tbsp 或更少，则每 50 g 食物中的钠含量≤35 mg
低钠型	• 每标准份食物中的钠含量低于 140 mg • 如果一份食物的质量≤30 g，则每 50 g 食物中的钠含量≤140 mg • 如果一份食物为 2 tbsp 或更少，则每 50 g 食物中的钠含量≤140 mg
限钠或少钠	与其他食物相比，钠的含量至少低 25%

氯化物

氯化物是一种细胞外矿物质，对于维持体液平衡和细胞的正常功能是非常必要的。它还是胃液的重要成分。实际上，我们所进食的所有氯化物都与食盐（氯化钠）有关，所以钠与氯化物的摄入相对平衡。由于氯化物的丢失与钠的丢失紧密相关，因此二者中一种物质的缺乏与另一种物质的不足有关。大量出汗、频繁腹泻或呕吐尤其容易引发氯化物缺乏。氯化物和钠经汗液丢失的程度大于其他矿物质（包括钾和镁）。多数人都会摄入过多的盐（含 60%的氯化物），因此，其氯化物的摄入量通常是 6000 mg（6 g）或者更多，远远高于正常的需要量。成年男性和成年女性的氯化物膳食参考摄入量约为 2.3 g/d，其安全摄入上限为 3.6 g/d。摄入过量的氯化物和钠都可能导致高血压。

表 2.21　氯化物的快速指南

符号	Cl
膳食参考摄入量（DRI）	成年男性：2.3 g/d 成年女性：2.3 g/d
运动员的推荐摄入量	大量的汗液丢失造成钠的需要量增加，每日需要 2.3 g 或更多的氯化物
功能	与水平衡、神经功能相关，参与壁细胞（胃）产生盐酸
含量丰富的食物来源	食盐（大约 60% 的氯化物，40% 的钠）
营养缺乏的症状	与频繁的呕吐、腹泻和大量出汗有关；虽然少见，但会导致惊厥
毒性	可耐受的最高摄入量：3500 mg/d，相当于 5800 mg 食盐 氯的摄入量与钠的摄入量密切相关，过量摄入均会导致高血压

钾

钾是细胞内（细胞内电解质）的主要矿物质，其胞内浓度比胞外高出 30 倍。它参与水的平衡、神经冲动的传导和肌肉的收缩。钾的膳食性缺乏很少见，通常发生在慢性腹泻、呕吐或者滥用泻药时。高血压人群服用的药物会引起钠的丢失，在这个过程中也会丢失钾。因此，应该鼓励这类人群通过摄入钾补剂或富含钾的食物（水果、蔬菜和肉类）来进行补充。通常钾的摄入量为 1000～11000 mg/d（1～11 g/d），进食大量新鲜水果和蔬菜的人，其钾的摄入量较高。

有资料表明，每日摄入约 4.7 g（4700 mg/d）的钾有助于控制血压[110-111]。足量摄入钾有助于抵消钠摄入过量所造成的影响，从而帮助控制血压；同时还可以降低低骨密度和肾结石的风险[110]。对于成年男性和成年女性，钾的膳食参考摄入量均为 4.7 g/d。虽然没有确定的安全上限，但是当摄入量约为 18 g/d 时，就会出现钾毒性，并且可能导致心脏停搏[110-111]。患慢性肾病或糖尿病的人因高钾血症而死亡的风险极高，多数情况是由于摄入了大量的盐替代品或钾补剂。由于过量摄入钾会增加发生心搏骤停的风险，所以通常不推荐服用钾补剂。钾对于心脏与骨骼肌的功能至关重要，这个观点已经被广泛接受。由于仅能从汗液中丢失少量的钾，因此对营养良好的运动员而言，出汗不会对其运动表现造成特别的影响[112]。

表 2.22 钾的快速指南

符号	K
膳食参考摄入量（DRI）	成年男性：4.7 g/d 成年女性：4.7 g/d
运动员的推荐摄入量	4.7 g/d，大量出汗时摄入量应更多
功能	参与水平衡以及将葡萄糖输送到细胞内的过程
含量丰富的食物来源	柑橘类水果、土豆、绿色蔬菜、牛奶、肉类、鱼、香蕉
营养缺乏的症状	低钾血症，伴随食欲减退、心律失常和肌肉痉挛
毒性	尚未确定钾的可耐受最高摄入量

高钾血症可能导致心律失常和心脏功能改变（可以致死）；尽管没有确定最高摄入量，但每日摄入 18 g 钾即可导致心脏停搏。由于这个原因，通常不建议服用钾补剂。

微量矿物质

微量矿物质（微量元素）在身体组织中的量极少，但对人类的营养具有极其重要的作用。每种微量矿物质的每日需要摄入量均低于 100 mg，并且这些矿物质在身体内的总含量不足 5 g。这些微量矿物质包括铁、锌、碘、硒、铜、锰和铬。微量矿物质的功能、来源和可能存在的问题见表 2.23～表 2.31。

铁

铁是合成运输氧气的化合物，即血红蛋白（在血液中）与肌红蛋白（在肌肉中）所必需的物质。铁也存在于许多其他参与正常组织功能活动的化合物中。铁的吸收量存在一定的限度，因为一旦吸收过量，机体没有有效的机制来排泄多余的铁。在很大程度上，铁的吸收量受到其储备（以铁蛋白和血铁黄素蛋白的形式）量的影响。铁储备量越低，其吸收率越高；但是，总吸收率很少超过摄入的食物中铁含量的15%。这种可变的吸收机制旨在维持相对恒定的铁水平，同时避免铁摄入过量。尽管铁的吸收率可以不断变化，但对铁摄入不足的人而言，他们仍有铁缺乏的风险，甚至最终出现缺铁性贫血。

缺铁性贫血的特点是氧运输能力差，这会直接导致运动员的耐力下降。铁缺乏还与免疫功能差、注意力集中时间短、易激惹及学习能力差有关。在美国，处在快速生长期的儿童、月经年龄的妇女、素食主义者及怀孕的女性患缺铁性贫血的风险有增加的趋势。在生长期和怀孕期，由于血容量的快速扩大，而铁是红细胞的基本组成成分，所以机体对铁的需要量会增加。由于月经周期伴随血液（和铁）的定期丢失，所以育龄期女性对铁的需要量更高。基于这个原因，这些女性的铁膳食参考摄入量（18 mg）比同龄男性（8 mg）要高。一些人由于失去了限制铁吸收的功能，因而存在铁中毒的风险。如果幼儿摄入了针对成年人的铁补剂，那么其发生铁中毒的风险就会非常高。虽然儿童的铁膳食参考摄入量（7~10 mg/d）与成年男性相似，但是许多针对成年人的铁补剂中铁的含量大于膳食参考摄入量的 300%。铁过载有潜在的致命性。

　　铁存在于多种食物，包括肉类、鸡蛋、蔬菜和铁强化谷物中。牛奶与其他乳制品中铁的含量很少。铁最易被吸收的形式是血红素铁，它来自肉类和其他动物性食物。非血红素铁不易被吸收，存在于水果、蔬菜和谷物中。但是，通过进食富含维生素 C 的食物可以促进非血红素铁的吸收。另一方面，非血红素铁的吸收会受到植酸（一种与谷粒麸皮相关的物质）、抗酸剂和磷酸钙的抑制。一般来说，红肉被认为是铁含量最丰富且最易被吸收的食物来源。由于这个原因，很多人认为素食主义者患缺铁性贫血的风险会增加。尽管如此，通过合理的计划，如摄入蔬菜、铁强化谷物制品和富含铁的水果，以及良好的烹调技巧，素食主义者也可以获得充足的铁。表 2.24 列出了蔬菜膳食中改善铁吸收的几种方法。

表 2.23　铁的快速指南

符号	Fe（Fe^{2+} 表示亚铁离子，Fe^{3+} 表示三价铁离子）
膳食参考摄入量（DRI）	成年男性：8 mg/d 成年女性：18 mg/d
运动员的推荐摄入量	15~18 mg/d
功能	运输氧气（以血红蛋白和肌红蛋白的形式），部分氧化酶的组成成分和有氧代谢的物质基础
含量丰富的食物来源	肉类、鱼、家禽与贝类，在豆类、深绿色多叶蔬菜和水果干中含量较少，铸铁炊具可增加所烹调食物中的铁含量
营养缺乏的症状	疲乏，抗感染能力差，能量代谢水平低（伴随体温过低）
毒性	组织铁含量达到毒性水平（血色素沉积症）和肝损伤

表 2.24　使素食主义者的膳食铁摄入量最大化的方法

食物种类	正常吸收	提高吸收率的方法
蔬菜（所有种类）	所含的铁以非血红素的形式存在，吸收率比肉类中的铁要低	食用前向蔬菜中加入柠檬汁或橙汁以增加维生素 C

续表

食物种类	正常吸收	提高吸收率的方法
深绿色蔬菜	含铁，同时也含有草酸，而草酸会减少铁的吸收量	为了去除草酸，可以将蔬菜放入盛有沸水的锅中，处理 5 ~ 10 秒钟。这样能够去除大量的草酸，并保留铁
高纤维谷物（麸皮含量高）	含有大量的植酸，它可以与铁结合并减少铁的吸收	为使吸收量最大化，可在膳食中以全谷物食物来代替加麸皮的谷物食物

铁的营养状态与运动表现　运动员有充分的理由关注铁的营养状态，因为铁的运氧能力与氧化酶的功能是人体耐力的关键性因素。铁缺乏是普通人群中最常见的营养缺乏症之一，而且在运动员中铁缺乏与缺铁性贫血的发生率几乎相同[113]。运动员发生铁缺乏的常见原因见表 2.25。

表 2.25　运动员发生铁缺乏的原因

铁的膳食摄入量低	运动员可能摄入了含铁量不足的食物
进食铁吸收率低的食物	蔬菜中的铁浓度和铁吸收率都比肉类低
铁丢失增加（血尿）	由于血管内压力较大，红细胞的分解速率加快，导致溶血现象。由于红细胞破裂，少量的铁（以血红蛋白和肌红蛋白的形式）会随尿液丢失
汗液中的铁丢失	汗液中丢失的铁较少，但对膳食铁摄入量低的运动员而言，可能会导致铁缺乏
失血导致的铁丢失	通过胃肠道或非正常月经而流失的血液，增加了铁缺乏的风险
稀释性假性贫血（通常也称为运动性贫血）	运动训练使血容量增加，这可能导致暂时性的红细胞被稀释

膳食摄入　运动员（特别是耐力型运动员）的膳食会特别注重碳水化合物的摄入量，因而减少了肉类的摄入量。这种膳食方式通常与按照最优化的分配方式提供能量底物的理念有关，但同时似乎忽略了铁的摄入。尽管作为降低缺铁性贫血发生率的一项公共健康措施，当前已推出了强化铁的谷物食品，但肉类的含铁量明显高于其他食物。由于素食运动员无法摄入含铁量最高的食物，所以他们铁缺乏的风险最高。

铁的吸收量低　铁的吸收率相对较低（很少超过膳食铁总摄入量的 10%），即使对需要量最大的人来说亦是如此。摄入肉类会增加铁的吸收量，而进食非肉类食物时铁的吸收会减少。此外，蔬菜和谷物中的某些成分（蔬菜中的草酸，谷物中的植酸）可以与铁和其他二价矿物质结合，以至于铁无法被吸收。铁与其他二价矿物质（最显著的是钙、镁、锌）存在竞争性吸收，因此过量摄入这些矿物质中的一种或多种，可能会降低铁的吸收率。特别是如果平时服用钙补剂，很可能会降低铁的吸收率。

红细胞破坏增加　大量的研究已经证实，运动员的溶血率比非运动员高[114]。当外力使红细胞受到冲击而发生破裂或早期破裂时，会发生溶血现象。运动员体内红细胞的平均寿命大约是 80 天，而非运动员体内红细胞的平均寿命约为 120 天。长跑运动员及其他从事震动性体育项目的运动员，由于其足部频繁地冲击地面，发生溶血现象的风险可能更高，但也有文献报道游泳运动员和舞蹈演员也会发生溶血现象。足部冲击地面对发生溶血现象的影响显而易见——"足部冲击性溶血症（Foot-Strike Hemolysis）"通常用来描述这种情况。特别需要指出的是，运动员运动时的地面越硬，发生溶血的可能性就越大[114-115]。

汗液中的铁丢失　汗液中铁的浓度很低（约为 0.2 mg/L），但长时间耐力型运动会导致大量的汗液流失（出汗速率可能超过 2 L/h），以至于丢失大量的铁[116]。虽然这些从事极长时间耐力训练的运动员在训练期间会由于大量出汗而增加铁大量丢失的风险，但是对于其他项目的运动员，其由于出汗而丢失的铁量却是微不足道的[117]。

失血导致的铁丢失　典型的失血是经期失血或者胃肠道失血。当然，运动员献血也会丢失大量的铁。胃肠道失血似乎很普遍，从事剧烈耐力项目的运动员中存在该现象的比例高达 85%[118]。运动员经常服用的用来控制肌肉疼痛的非甾体抗炎药，比如阿司匹林和布洛芬，可以导致一定程度的胃肠道刺激和失血[118]。

稀释性假性贫血（运动性贫血）　许多运动员都曾经历过运动性贫血，特别是在高强度训练初期。高强度训练初期伴随着血容量的增加，血液组成成分被稀释。与失血不同的是，由于血液组成成分没有减少，氧的运输能力仍保持在原有水平（因而称为假性贫血）。数周以后，血液组成成分（包括红细胞）增加，浓度恢复至正常水平。力竭性运动尤其能够导致血浆容量的减少；训练后的一段时间，经过再水合作用，血浆容量得以恢复和提升[119]。更高强度的训练（特别是耐力型运动）后，血浆容量将随之增加到最高水平，并可在训练后最多持续 5 天[119]。真性缺铁性贫血与红细胞体积减小 [即小于红细胞平均体积（Mean Cell Volume，简称 MCV）] 和储备铁（即铁蛋白）减少有关，但是运动性贫血与这些生物指标都没有关系。

铁缺乏与缺铁性贫血　由于携氧能力对运动耐力起着关键作用，所以运动员应尽量避免铁缺乏。除了在运送氧方面的重要作用之外，铁对大量的能量转运酶也具有重要作用，铁还参与维持正常的神经与行为功能及免疫功能[120]。

大约 20% 的育龄期女性存在铁缺乏，而绝经妇女和男性中的铁缺乏发生率则低得多，只有 1%~5%[121]。人群中缺铁性贫血（即血红蛋白浓度低、红细胞容积低于正常、红细胞平均体积偏小、铁蛋白浓度低）的患病率相对较低（1%~3%）。运动员中铁缺乏的患病率较高，但缺铁性贫血的患病率较低。而且，运动员对明显贫血症（红细胞的数量减少、体积减小）和缺铁性贫血（血清铁浓度低，铁储备量低，但红细胞正常）的反应不同[122]。对各种运动人群进行实际评估的情况表明，患缺铁性贫血风险最高的人群是优秀的女性长跑运动员[123-124]。

虽然铁缺乏的运动员都经历过表现不佳的情况，但是服用铁剂对铁营养状态正常的运动员似乎并无益处[97]。而且，服用铁剂通常会导致恶心、便秘和胃部刺激。但是，对血液学检查结果提示贫血或贮存铁处于临界水平的运动员来说，补充铁剂是有益的。通常，铁补充疗法是口服硫酸亚铁，但对于会出现胃肠道不适的运动员，其对葡萄糖酸亚铁表现出了更好的耐受性。由于有潜在的严重副作用，通常不建议进行肌内注射铁剂[121]。

摄入铁剂的频率一直是存在争议的话题。一些学者建议补充铁剂的最佳方式是每 3 天或每 4 天服用 25～50 mg，而不是每天都服用，这样可以减少发生潜在不良反应的概率[125]，也可以防止出现胃肠道不适，而且能够获得与每天服用铁剂相同的益处。当然，如果不存在铁缺乏或缺铁性贫血，应避免服用铁剂。除了血色素沉积症（铁过载症）的风险日益加大（此病可能对 1% 具有北欧血统的人产生影响），铁剂还可能掩盖乳糜泻和结肠癌的症状[126]。职业公路自行车运动员可能存在贮存铁过量的问题，因为他们习惯性地服用过量的铁剂[127]。

锌

锌参与合成大量的酶，其中有许多酶参与能量代谢及伤口的愈合。锌的膳食摄入量不足会导致许多健康问题，包括生长缓慢、伤口愈合缓慢及免疫功能障碍[128]。锌在移除细胞内二氧化碳的过程中发挥着重要作用，并且是一种抗氧化酶——过氧化物歧化酶的组分。过量摄入锌可能导致贫血、呕吐及免疫功能障碍。肉类、动物肝脏、鸡蛋和海鲜都是富含锌的食物。成年人锌的推荐膳食供应量是 8～11 mg/d。

已发现在耐力型运动员（不论性别）中存在锌水平处于正常范围低端或者更低的现象。血清锌水平较低的运动员，其运动量较低，可能是由于血清锌水平低的运动员不能像血清锌水平较高的运动员那样进行高强度的训练[129-131]。因此，对少数锌水平低的运动员来说，他们存在训练缺陷。关于锌补剂对运动表现的影响并没有得到广泛的研究，并且在研究中补剂的使用剂量极高（约为 135 mg/d）。而且，在试验前并没有对受试者的既有锌水平进行评估。尽管如此，这个摄入水平确实能够提高肌肉的力量与耐力[132]。最近一项针对精英运动员的研究发现，正常的锌状态与高强度训练中运动员对抗氧化机制的反应能力之间呈明显的正相关[133]。膳食摄入不足以及通过汗液丢失获得理想体重的运动员，其发生锌缺乏相关问题的概率可能最大。据报道，膳食摄入不足及汗液的大量丢失会对运动员（通常是体操运动员和摔跤运动员）的生长产生不良影响，并可造成锌缺乏[134]。

虽然从未针对长期摄入高剂量的锌进行过检测，但长期摄入高剂量的锌很可能会产生不良反应，因此运动员必须注意。摄入高剂量的锌补剂很可能会造成其他营养素中毒和吸收障碍[135-137]。一项评估摄入含有锌和镁（天冬氨酸镁锌）的补剂的研究表明，补剂并没有提高阻力训练运动员的训练适应能力[138]。

表 2.26　锌的快速指南

符号	Zn
膳食参考摄入量（DRI）	成年男性：11 mg/d 成年女性：8 mg/d
运动员的推荐摄入量	11～15 mg/d

功能	构成参与能量代谢、蛋白质合成、免疫功能、感觉功能及性成熟的酶
含量丰富的食物来源	肉类、鱼、家禽、贝类、鸡蛋、全谷物食物、蔬菜、坚果
营养缺乏的症状	伤口愈合与免疫功能障碍，食欲减退，发育停滞（儿童），皮肤干燥
毒性	可耐受的最高摄入量：40 mg/d 症状：免疫系统受损，伤口愈合缓慢，味觉减退，嗅觉减退，低密度脂蛋白胆固醇与高密度脂蛋白胆固醇的比值增高，恶心

碘

碘是合成重要的甲状腺激素——甲状腺素所必需的矿物质。甲状腺素参与调节代谢速率、生长和发育。碘缺乏会导致甲状腺肿（位于颈前的甲状腺出现肿胀）。甲状腺肿在美国一度很普遍，但是碘盐的使用消除了这种情况。过量摄入碘会抑制甲状腺的功能活性，因此不提倡服用碘补剂。

表 2.27 碘的快速指南

符号	I
膳食参考摄入量（DRI）	成年男性：150 µg/d 成年女性：150 µg/d
运动员的推荐摄入量	120~150 µg/d
功能	合成甲状腺素（该激素参与代谢控制）
含量丰富的食物来源	碘盐和海鲜（一些蔬菜也可能富含碘，取决于生长的土壤）
营养缺乏的症状	甲状腺肿（甲状腺肿胀，甲状腺素分泌不足），并伴随肥胖
毒性	甲状腺素合成不足

硒

硒是人类营养素中一种重要的抗氧化矿物质。由于运动（尤其是耐力型运动）会使肌纤维产生具有潜在破坏性的氧化性副产物（过氧化物和自由基），所以硒在降低肌肉氧化应激方面有一定的作用[139]。硒缺乏会导致肌肉无力，并延长力竭性运动后的恢复时间[97]。但是，很少有证据证实增加硒补剂的摄入量能够提升运动表现[140]。对于成年男性和成年女性，硒的膳食参考摄入量均为 55 µg/d。硒的营养补剂包括亚硒酸钠与高硒酵母，它们都是硒的有效来源，但是过量摄入会引起中毒，因此服用合适剂量的硒非常重要。成年人的安全上限设定为 400 µg/d，中毒的迹象是头发和指（趾）甲变脆。

表 2.28 硒的快速指南

符号	Se
膳食参考摄入量（DRI）	成年男性：55 μg/d 成年女性：55 μg/d
运动员的推荐摄入量	50~55 μg/d
功能	抗氧化剂（谷胱甘肽过氧化物酶的组成成分）
含量丰富的食物来源	肉类、鱼、海鲜、全谷物食物、坚果（一些蔬菜也可能富含硒，取决于生长的土壤）
营养缺乏的症状	不常见；如果发生，则会导致心脏损伤
毒性	可耐受的最高摄入量：成年人为 400 μg/d（儿童应更少些） 很少出现毒性；如果发生，则会出现恶心、胃肠道不适和脱发症状

铜

　　铜是比较重要的微量元素之一，存在于多种酶中，在血液、脑和肝脏中也有含铜的蛋白质。在过氧化物歧化酶防止细胞发生氧化损伤的过程中，铜的作用非常重要。铜缺乏与无法利用铁来合成血红蛋白和肌红蛋白有关。成年人铜的膳食参考摄入量是 900 μg/d，成年人的安全摄入上限被设定为 10000 μg/d。过量摄入铜会导致胃肠道不适或肝损伤。富含铜的食物有贝类、大豆制品、豆类蔬菜、坚果、种子、动物肝脏和土豆。过量摄入钙、磷、铁、锌和维生素 C 可降低铜的吸收率，这可以作为保持营养均衡的又一个重要例子。关于铜与运动表现之间的关系少有研究。关于运动员与非运动员血铜浓度的研究并没有揭示二者存在任何明显的差别，但运动员的血清铜浓度比非运动员稍高（3%~4%）[93]。一项针对某赛季期间游泳运动员体内铜状态的测定研究发现，赛季前与赛季后运动员的铜状态并无差异。在这项研究中，绝大多数游泳运动员都从食物中摄入了足量（超过 1 mg/d）的铜[141]。

表 2.29 铜的快速指南

符号	Cu
膳食参考摄入量（DRI）	成年男性：900 μg/d 成年女性：900 μg/d
运动员的推荐摄入量	900 μg/d
功能	运铁蛋白和血浆铜蓝蛋白的组成成分，参与氧化反应
含量丰富的食物来源	肉类、鱼、家禽、贝类、鸡蛋、坚果、全谷物食物、香蕉
营养缺乏的症状	很少；如果发生，则会出现贫血（无法向红细胞运送铁）
毒性	可耐受的最高摄入量：10 mg/d 很少中毒；如果发生，则会出现恶心和呕吐反应

锰

锰是一种参与骨骼形成、免疫功能、抗氧化反应及碳水化合物代谢的微量元素[122]。虽然锰缺乏很少见，但如果发生，则会伴随骨骼问题（骨骼矿物质含量低，骨折风险增大），并且不利于伤口愈合。节食（膳食摄入不足）或吸收不良的人发生锰缺乏的风险可能最大。锰与钙、铁、锌存在竞争性吸收关系，过量摄入其中任何一种矿物质都会降低锰的吸收率，并导致营养缺乏的症状。与铁非常类似，摄入维生素 C 和肉类也会促进锰的吸收。锰的食物来源包括咖啡、茶、巧克力、全谷物、坚果、种子、大豆、干制豆类（白芸豆、小扁豆、干裂成两半的豌豆）、动物肝脏和水果。与其他几种矿物质一样，摄入草酸（存在于深绿色多叶蔬菜中）含量高的食物可能会抑制锰的吸收（关于减少食物中草酸含量的方法，可参见前文关于钙的内容）。成年男性锰的膳食参考摄入量是 2.3 mg/d，女性是 1.8 mg/d。对于成年男性和成年女性，其安全摄入上限都是 11 mg/d，过量摄入会导致神经症状。与铜相似，过量摄入钙、磷、铁、锌、纤维和草酸都会降低锰的吸收率。

表 2.30　锰的快速指南

符号	Mn
膳食参考摄入量（DRI）	成年男性：2.3 mg/d 成年女性：1.8 mg/d
运动员的推荐摄入量	2.0~2.5 mg/d
功能	参与能量代谢、脂肪合成以及骨骼的构成
含量丰富的食物来源	全谷物食物、豆类、绿色多叶蔬菜、香蕉
营养缺乏的症状	儿童生长发育缓慢
毒性	可耐受的最高摄入量：11 mg/d 症状：神经问题，意识错乱，易疲劳

铬

由于铬可以帮助细胞利用葡萄糖，所以铬是一种广为人知的葡萄糖耐受因子（Glucose Tolerance Factor，简称 GTF）。铬缺乏表现为血糖维持能力低下（低血糖症或者高血糖症，低血糖症是血糖过低，高血糖症是血糖过高）、胰岛素分泌过量（血液中胰岛素增多）、过度疲劳及偏爱甜食。铬还与易激惹（一种常见的血糖控制能力低下的表现）、体重增加、成年型糖尿病及心血管疾病有关[122]。一些证据表明，频繁的高强度训练（常见于职业运动员）会增加铬缺乏的风险。大量进食单糖（糖果）也会导致人们发生铬缺乏。铬的膳食来源包括肉类、全谷物面包和麦片。铬的营养补剂（通常以吡啶甲酸铬的形式）通常用于减轻体重和减少体脂，对这种补剂的研究所得出的结果却不尽相同。对吡啶甲酸铬补剂的早期研究表明，这种补剂能够有效地增加健身爱好者和足球运动员的肌肉量，并降低体脂率[142]。但是，随后的对照研究却没有得出同样的结论[143-144]。其他铬补剂包括烟酸铬、氯化铬和高铬酵母。

　　成年女性铬的膳食参考摄入量是 25 μg/d，对成年男性而言则是 35 μg/d。虽然过量摄入铬能够导致慢性肾衰竭，但是其安全摄入上限尚未确定。由于铬不易吸收，几乎没有证据表明过量摄入铬会导致中毒。但是，目前尚无研究针对铬中毒进行直接的测试，所以运动员必须谨慎服用补剂。一项研究表明，吡啶甲酸铬可能具有改变 DNA，从而产生突变癌细胞的作用[145]。总的来说，对这种微量元素的研究表明，为了维持铬的最佳营养作用，运动员（如果不是素食主义者的话）应当进食低糖食物，膳食中应当含有全谷物和肉类食物。

表 2.31　铬的快速指南

符号	Cr
膳食参考摄入量（DRI）	成年男性：35 μg/d 成年女性：25 μg/d
运动员的推荐摄入量	30～35 μg/d
功能	葡萄糖耐受（葡萄糖－胰岛素控制）
含量丰富的食物来源	啤酒酵母、蘑菇、全谷物食物、坚果、豆类、奶酪
营养缺乏的症状	葡萄糖不耐受
毒性	不太可能

本章要点

维生素

- 与摄入量过少时一样，长期过多摄入任何一种维生素都可能导致不良结果。
- 那些能够满足总能量需求的运动员，其维生素的需求往往也能够得到满足。
- 运动员不应为摄入脂肪而感到羞愧，因为脂肪提供 20%～25% 的总热量，以此满足脂溶性维生素和必需脂肪酸的需求。
- B 族维生素与能量代谢有关。燃烧的能量越多，B 族维生素的需要量就越大。但营养丰富且能强化营养的强化谷物食品均含有 B 族维生素，所以即使是消耗大量能量的运动员也不太可能出现维生素 B 的缺乏。
- 那些认为自己膳食状况不佳且可能需要补充维生素的运动员，应咨询注册营养师，以帮助其确定需求和使用剂量。

矿物质

· 必须规律性摄入矿物质以保持良好的健康状态。矿物质缺乏需要很长时间才能得以纠正（比如缺铁需要 6 个月以上才能恢复），因此运动员如果发生矿物质缺乏，可能会长时间表现不佳。

· 多项研究表明，运动员最容易出现铁和钙的缺乏。

· 通常而言，补充矿物质最好可以在一天内分多次摄入，而不是一次性大量摄入。

· 一杯牛奶可提供约 300 mg 的钙。钙的每日需要量为 1000~1500 mg，运动员必须摄入 3.5~5 杯牛奶或从其他食物中获取等量的钙才能满足日常需要。

· 食用肉类是获取铁和锌的最简单的方法，因此素食主义者如果未做好计划以食用恰当方法烹制的深绿色蔬菜和强化谷物来满足需要量，出现缺乏的风险就会增加。

· 钠对于维持血容量和出汗速率尤为重要。运动员出汗越多，需要通过运动饮料获取的钠就越多，钠的正常含量为每杯 50~200 mg。

3

液体与电解质

　　与维持高水平运动表现相关的唯一关键性因素可能是如何维持运动中的体液平衡。尽管如此，在训练和比赛中，大多数运动员仍会出现脱水（导致血容量下降），从而导致运动能力下降。研究表明，即便能补充液体，运动员也可能存在一定程度的脱水，从而不可避免地对成绩产生负面影响。运动中产生的大量热量必须通过汗液的蒸发散发出去，因此运动员除了寻求维持水合状态的策略以外，没有其他能够维持运动能力更为合理的备选方案。如果不能维持水合状态，运动员将提早出现疲劳，还可能发生威胁生命的中暑。

　　本章将讨论获得和维持最佳身体水合状态的相关方法，并对各种"理想"的运动饮料中碳水化合物和电解质最佳浓度的相关研究进行回顾和分析。

　　水是血液的主要成分，血液将氧气、营养素、激素等输送至细胞，并带走细胞新陈代谢的副产物；水还具有保护功能，使脊髓和大脑免遭突发性损伤；水还是人体温度调节机制的关键成分。水和电解质成分参与渗透压的调控，可调节细胞内外的液体含量（关于人体内水的含量和分布情况见表3.1）。

　　身体含水量充足是指运动员水合状态良好或水合正常；如果含水量低于人体正常水平，称为低水合；如果情况严重，则称为脱水；如果含水量高于正常人体水平，称为超水合。人体存在对身体内的水分进行调控的系统，通过渗透压感受器和容量感受器刺激分泌的一系列激素进行调节，增加或减少人体内的水分。其中，渗透压感受器监测血液渗透压的变化，容量感受器监测细胞外液的水容量。

　　排出液体和新陈代谢的副产物是肾的主要功能之一，激素和酶调节肾对水分和电解质的排出或保留。钠浓度是影响细胞外液渗透压的主要因素，它维持在一个较小的范围内。由于汗液是低渗性的，长时间运动会引起血浆渗透压升高（水分的丢失多于钠的丢失）。在运动中和运动后的短时间内，尿液生成量的轻微减少是人体保持水分的方式之一[1-2]。

表 3.1　水在哪里

平均而言，人体内的水占总体重的 57%
人体内全部水分的 65% 为细胞内液
人体内全部水分的 35% 为细胞外液
充分水合的肌肉的含水量约为 75%
骨骼的含水量约为 32%
脂肪组织基本上无水分，含水量仅为 10%
血液中约 93% 为水分
一般男性体内的含水量约为 60%
一般女性体内的含水量约为 50%
肥胖个体体内的含水量约为 40%
运动员体内的含水量约为 70%

注：肌肉含量越高，体脂含量越少，人体内水分占总体重的比例越大。

如果血液单位液体量中钠、蛋白质或葡萄糖的浓度较高（即高渗），为了使电解质的浓度恢复正常，细胞会释放水分进入血液中。下丘脑通过其渗透压感受器探测到血液为高渗时，将促使脑垂体释放抗利尿激素（Antidiuretic Hormone，简称 ADH）。抗利尿激素通过产生高浓度的尿液促使肾脏重吸收更多的水分[3]。所以，可以通过尿液的颜色对身体的水合状态进行简单的判断：尿液颜色较深时，身体要比尿液颜色较浅时更为缺水。渗透压感受器也可以诱发产生口渴感，然而在身体中的水分丢失 1.5~2.0 L（1 L≈1 qt，表 3.2）以前，人们很少会感到口渴。在运动过程中，运动员几乎不可能摄入足够的液体来维持身体水分的平衡，在感觉口渴而想要补充液体前，运动员已经在逐渐恶化的缺水状态中运动很长时间了。

表 3.2　常用的换算

* 将华氏温度换算为摄氏温度，减去 32，再除以 1.8
* 将摄氏温度换算为华氏温度，乘以 1.8，再加上 32
* 将夸脱换算为升，乘以 0.946
* 将升换算为夸脱，乘以 1.057

当身体中的水分过多时，血液中电解质、蛋白质和葡萄糖的浓度会低于正常值。此时抗

利尿激素的分泌会停止，尿液会被稀释。液体则趋向于从血液中进入到细胞内，以调节其低渗状态。

钠是主要的细胞外电解质，血容量受到钠浓度的影响。较高的钠浓度与血容量的最终增加相关，这是由于机体试图维持单位液体中钠的正常浓度。与之相反，较低的钠浓度通常与血容量的最终减少相关。为了根据钠摄入量的自然变化进行调节，在低钠条件下，机体会分泌醛固酮激素以保留更多的钠；当钠浓度较高时，醛固酮的分泌停止，促使多余的钠排出。

正常情况下，容量控制、渗透压感受器、抗利尿激素和醛固酮的调节可共同维持相对稳定的血容量，在液体和钠的摄入量发生变化时也是如此。运动导致抗利尿激素和醛固酮的分泌量增加，二者均可维持人体水分和钠的平衡。该系统十分有效，即便对于运动员，由于液体缺乏导致生理问题的情况也极为罕见。但在进行高强度或长时间的运动（或者二者兼有）时，特别是在炎热潮湿的环境中，由于丢失的液体量（通过汗液）可能超过运动员可摄入和吸收的液体量，运动员会处于潜在的脱水风险中。这可能导致血容量逐渐减少，出汗速率降低，以及其他影响运动表现和健康的问题出现。因此，维持运动员的体液平衡尤为重要。维持体液平衡的具体益处见表 3.3。

表 3.3 维持体液平衡的益处

运动中维持体液平衡，可以通过以下机制来维持运动表现：
* 使心率加快放缓
* 使体核温度上升放缓
* 提高每搏输出量
* 提高心排血量
* 改善皮肤的血流
* 降低较高的血浆钠浓度、渗透压和肾上腺素浓度
* 减少净肌糖原的使用

维持体液丢失和摄入的平衡

体育运动会产生热量，运动员必须散热以便继续进行活动。热量不能消散最终将引起中暑，甚至可能导致死亡。

出汗是散热的主要机制之一；当汗液从皮肤表面蒸发时，可以带走热量降低体温。汗液产生不足将导致身体过热。运动员储水能力有限，且出汗量大，体育运动过程中必须摄入液体以维持出汗速率。

高温环境下，运动员在剧烈运动时每小时会丢失 2.5 L 汗液。汗液中含有电解质（主要

3 液体与电解质 ◀ 81

为氯化钠，同时包含钾、钙和镁），其中钠的浓度为 20~80 mmol/L，钠浓度取决于日常饮食中的摄入量、出汗速率、热适应能力（适应较好时钠丢失较少），以及运动中的饮水量和饮水次数[4]。汗液、血浆和细胞内液中的电解质浓度见表 3.4。

表 3.4 汗液、血浆和细胞内液的电解质浓度　　　　　　　　　　　　　　　单位：mmol/L

电解质	汗液	血浆	细胞内液
钠	20~80	130~155	10
钾	4~8	3.2~5.5	150
钙	0~1	2.1~2.9	0
镁	<0.2	0.7~1.5	15
氯化物	20~60	96~110	8
碳酸氢盐	0~35	23~28	10
磷酸盐	0.1~0.2	0.7~1.6	65
硫酸盐	0.1~2.0	0.3~0.9	10

注：经授权引自 Maughan RJ. Fluid and electrolyte loss and replacement in exercise//Harries M, Williams C, Stanish WD, et al. Oxford textbook of sports medicine. Oxford: Oxford University Press, 1994: 82-93。

　　汗液中电解质的浓度与血浆和细胞内液的电解质浓度不同，伴随着剧烈的体育运动，可能会出现电解质不平衡的情况。每丢失 1 L 含有 50 mmol/L 钠的汗液等于丢失近 3 g 的氯化钠。运动员每小时丢失 2.5 L 汗液，这样 2 小时会丢失约 15 g 氯化钠，超过了氯化钠每日的正常摄入量[5]。

　　体温调节是指产生或接收的热量（吸热）与消散的热量（散热）之间的平衡。当身体的体温调节系统正常工作时，吸热和散热处于良好的平衡状态，体温得以维持。

　　内部和外部因素均可对体温产生影响。来自太阳的辐射热在本质上与能量底物（碳水化合物、蛋白质或脂肪）代谢产生的热对体温的影响是一样的。无论如何，运动员都必须寻求一种方法，使附加在身体上的等量热量消散，以维持体温的恒定。

　　人体有两个主要的散热系统。①将更多的血液输送到皮肤，通过辐射的方式进行散热。②提高出汗速率。

　　人在静息状态下，两个系统的散热量占身体总散热量的 85%。通过传导（热量从温度较高的身体自然传递到较冷的空气环境中）和对流（热量从组织传递到血液并扩散至皮肤）消散的热量占身体总散热量的 15%。但在运动时，几乎所有散热都是通过蒸发（汗液）完成的（图 3.1）。

　　上述的两个主要散热系统均依赖于充足的血容量。血容量较低会导致输送到皮肤的血液减少，进而导致产生的汗液减少。运动中的肌肉需要更大的血流量以获得更多的营养素，并带走能量底物供能时产生的代谢副产物。与此同时，还要使流经肌肉的血液流向皮肤以提高出汗速率。血容量的降低会使这两个系统之一甚至两者全部出现功能障碍，从而影响运动员的运动表现。事实上，很多人已认识到，血容量是衡量运动员能否保持较高水平运动表现的主要指标。

仅 20%~40% 的能量代谢是有效的，这表明只有 20%~40% 的食物能量可转变为肌肉活动所需的机械能量，其余 60%~80% 的食物能量则被燃烧并以热的形式散失掉了。而且随着能量代谢速率的加快，例如在体育运动时，加至散热系统中的热量会急剧增多，散热系统的功率必须"上调"才能及时把热量散出去。

剧烈运动时产生的热量是静息状态下的 20 倍。如果缺少高效的散热机制，体温会迅速上升。人类生存的体温上限约为 110℉ （43.3℃），或比正常体温高 11.4℉ （6.3℃）。体温有可能每 5 分钟即上升约 1℉ （0.6℃）。因此可以预见，一个体内水分不足的运动员在开始运动后不到 1 小时就可能面临中暑和死亡的威胁。

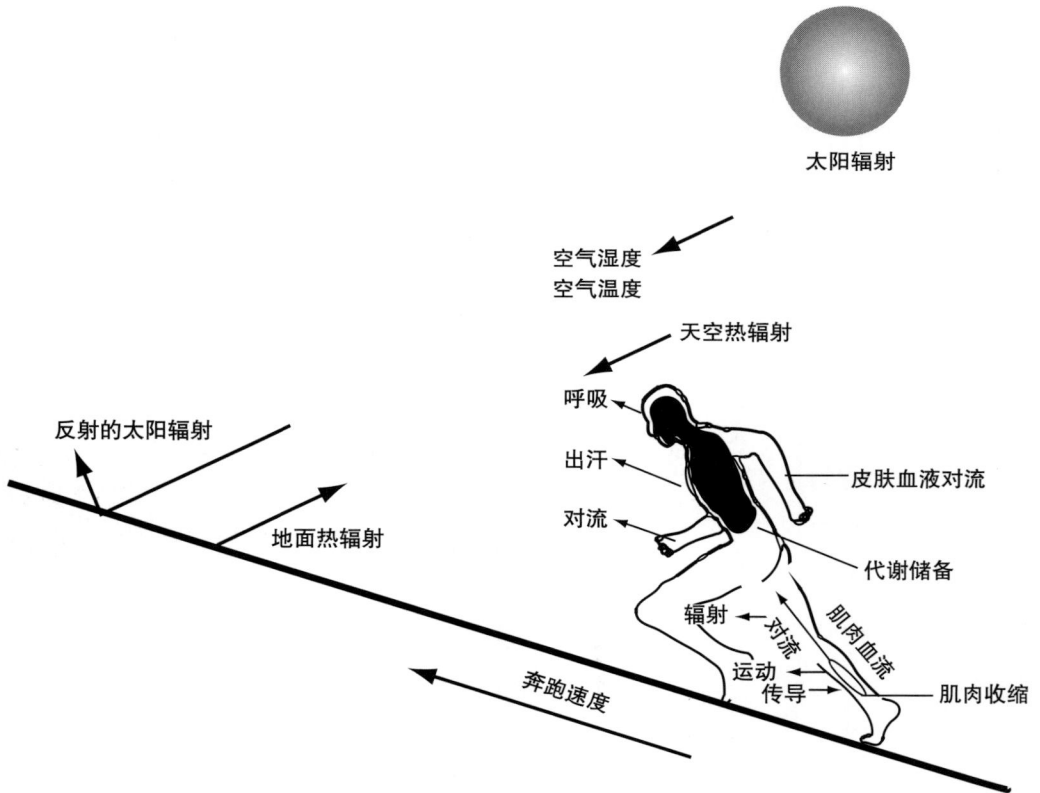

图3.1　运动时运动员体内的产热和散热系统

经授权引自 Maughan RJ, Nadel ER. Temperature regulation and fluid and electrolyte balance//Maughan RJ.Nutrition in sport. Oxford: Blackwell Science, 2000: 205

　　运动员进行 30 分钟的轻量运动可消耗 300 kcal 的能量，其中肌肉活动可以消耗约 75 kcal 的能量，其余 225 kcal 的能量则以热量的形式散失了（假设机械转换效率为 25%）。机体通过散发多余的热量以维持正常的体温，皮肤表面蒸发 1 L 水可散失约 620 kcal 的热量。如果运动员在 30 分钟内的运动强度提高到之前的 2 倍，那么为了维持体温则需要在 30 分钟内散发掉 450 kcal 的热量。若按照 1 ml 的汗液可散发 0.5 kcal 的热量计算，在 30 分钟内运动员会丢失 900 ml（约 1 L）汗液。这样进行 1 小时的高强度运动，身体将丢失约 1.8 L 水。在晴朗炎热的天气中，肌肉活动产生的热量再加上太阳辐射的热量，运动员要排出更多的汗液。而在湿热天气下进行剧烈运动时，身体对液体的需要量更高（图 3.2），因为在潮湿的环境中汗液不易经皮肤蒸发，必须产生更多的汗液才能维持热量的散发，此时人体通过汗液丢失的液体量可达到 1~2 L/h。

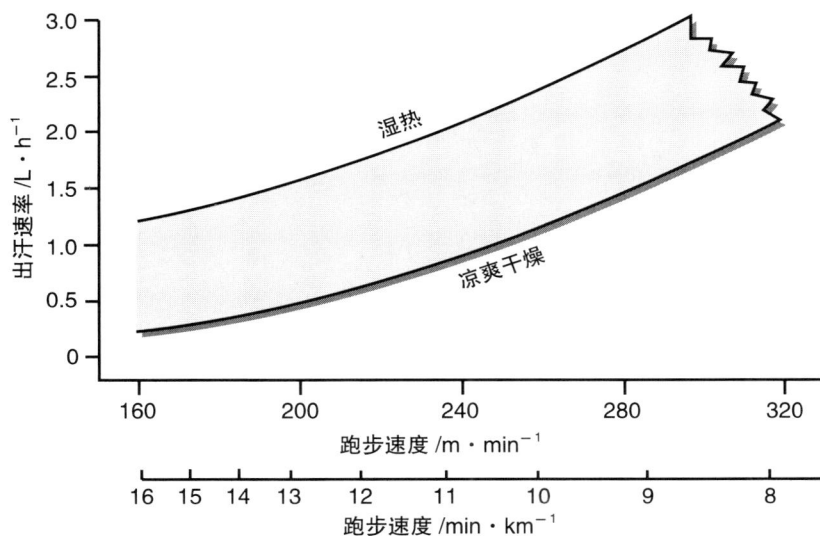

图 3.2　不同天气条件下和不同运动强度下的出汗速率

经授权引自 Sawka MN, Pandolf KB. Effects of body water loss on physiological function and exercise performance// Gisolfi CJ, Lamb DR. Perspectives in exercise science and sports medicine, volume 3: Fluid homeostasis during exercise. Carmel, IN: Benchmark Press, 1990: 4

　　经过良好训练的运动员在湿热的环境下运动时，每小时的液体丢失量可超过 3 L。为保护运动员使其避免处于增加的热应激风险中，人们制定了热指数（表 3.5）。该指数同时考虑了环境温度和相对湿度，以确定运动风险。

表 3.5　热指数

相对湿度	环境温度 / ℉（℃）										
	70 (21)	75 (24)	80 (27)	85 (29)	90 (32)	95 (35)	100 (38)	105 (41)	110 (43)	115 (46)	120 (49)
	体表温度 / ℉（℃）										
0%	64 (18)	69 (20)	73 (23)	78 (26)	83 (28)	87 (30)	91 (33)	95 (35)	99 (37)	103 (39)	107 (42)
10%	65 (18)	70 (21)	75 (24)	80 (27)	85 (29)	90 (32)	95 (35)	100 (38)	105 (41)	111 (44)	116 (47)
20%	66 (19)	72 (22)	77 (25)	82 (28)	87 (30)	93 (34)	99 (37)	105 (41)	112 (44)	120 (49)	130 (54)
30%	67 (19)	73 (23)	78 (26)	84 (29)	90 (32)	96 (36)	104 (40)	113 (45)	123 (51)	135 (57)	148 (64)
40%	68 (20)	74 (23)	79 (26)	86 (30)	93 (34)	101 (38)	110 (43)	123 (51)	137 (58)	151 (66)	
50%	69 (20)	75 (24)	81 (27)	88 (31)	96 (36)	107 (42)	120 (49)	135 (57)	150 (66)		
60%	70 (21)	76 (24)	82 (28)	90 (32)	100 (38)	114 (46)	132 (56)	149 (65)			
70%	70 (21)	77 (25)	85 (29)	93 (34)	106 (41)	124 (51)	144 (62)				
80%	71 (22)	78 (26)	86 (30)	97 (36)	113 (45)	136 (58)					
90%	71 (22)	79 (26)	88 (31)	102 (39)	122 (50)						
100%	72 (22)	80 (27)	91 (33)	108 (42)							

体表温度	体育运动或长期暴露的热应激风险
90～104 ℉（32～40℃）	可能发生热痉挛或热衰竭
105～129 ℉（41～53℃）	很有可能发生热痉挛或热衰竭 可能发生中暑
130 ℉及以上（54℃及以上）	极大可能发生中暑

注：此表为评估热应激的潜在严重程度提供了基本准则。个体对热的反应是存在差异的。在比表中所示温度更低的情况下，某些个体也可能会发生中暑。曝晒在充足的阳光下，相应数值可增加 15 ℉（8℃）。

影响体液丢失的因素

由于汗液的渗透压低于血浆（即汗液是低渗的），大量排汗会提高血浆渗透压。目前尚不清楚血浆渗透压的增加是否会影响运动个体的体温或冷却能力，但是当渗透压和血容量的变化足够明显时确实能刺激肾重吸收钠，并通过产生浓缩的尿液以减少排尿量。

多种因素影响运动员的出汗速率。周围环境温度较高可导致出汗量的增加。湿度较高也会增加出汗量，但由于潮湿环境中汗液难以蒸发（即皮肤蒸发速率慢），与处于湿度较低的环境中相比，此时的冷却能力较差。穿着让汗液紧贴皮肤（不透气）的衣服也会存在同样的问题。这类衣服会导致冷却效率降低，迫使出汗速率加快（衣服被汗液浸透并不表明运动员能够有效地控制体温，这只能表明他在丢失水分）。为运动员设计的一些新型面料确实可吸走皮肤上的汗液以提高蒸发效率。体表面积大的运动员出汗能力可能更强，蒸发散热量也更大。不过这类运动员也会通过炎热天气下的辐射和对流从环境中获得更多的热量[6]。运动员的训练状态对出汗量也有影响，状态好的运动员出汗量可能更多，散热能力更强。不过，出汗速率较高时，运动员需要在运动过程中摄入更多水分，以免热应激风险升高。

运动员的体液平衡状态也是影响因素之一。水合状态越好，越容易出汗。随着运动员逐渐脱水，出汗速率降低，体温会升高。运动中的补液量很少会超过每小时 2 杯（480 ml），或者只能达到汗液丢失量的 30%~40%，这将不可避免地导致运动员脱水。马拉松运动员在 50~54 °F（10~12 ℃）的温度下比赛时，体重会下降 1%~5%[7]；而在温暖的天气下比赛时体重会下降约 8%，或体内水分丢失 12%~15%[8]。

影响液体摄入的因素

口渴感和味道是影响液体摄入的两个主要因素。口渴感是一种与身体需要额外液体相关的，口腔和喉部干燥的感觉。味道是人类对食物入口后所产生的反应（或好或坏）。人们更倾向于摄入他们喜欢或感觉味道不错的食物。尽管可轻易获得大量的液体，但是大多数运动员依然不能补充足够的液体。运动员的液体摄入量不足很可能是因为没有口渴的感觉。

觉得口渴可能是出于习惯、惯例及对于升温（热饮）或降温（冷饮）的需要[9]。人在血浆渗透压增加 2%~3% 时就会产生口渴的感觉；而对液体容量减少的敏感度较低，血容量降低近 10% 时才会觉得口渴[10-11]。口渴通常被认为是运动员的延迟感受，当身体水分丢失 1.5~2.0 L 时才会感觉到口渴，对运动员而言，将感觉口渴视为液体需求的信号是非常糟糕的[12]。在运动过程中，感觉口渴才开始摄入液体不可能让运动员恢复到充分水合的状态。口渴机制的明显延迟性是运动员需要训练自己按预先计划补充液体（而不论是否感到口渴）的一个主要原因。

至于饮料是否吸引人及是否会被饮用，其颜色、味道、气味、温度和质地都起着重要的作用。运动员往往偏爱口感微甜的凉爽饮料。在训练过程中，含糖量高（含糖量约 12%）

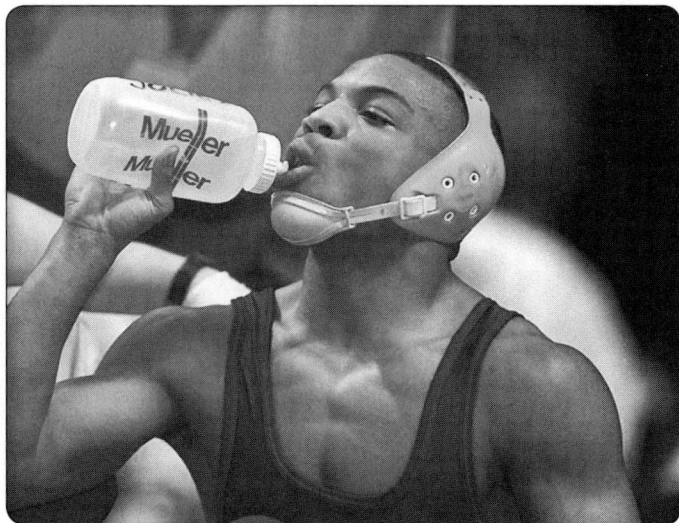

在运动过程中，感到口渴才喝水会引起脱水和运动表现下滑

的饮料不如含糖量为 6% 或 7% 的饮料受欢迎[10,13]，然而在不训练时情况可能是相反的。这表明一种十分有趣的现象：在训练过程中，食物和饮料的口感会与平时不一样。因此，让运动员选择他们在运动时最喜欢的饮料是明智之举。

胃排空和液体输送至工作肌肉

液体在胃中排空的速率受多个方面因素的影响。胃排空是指单位时间内食物或饮料从胃排出的量。属于慢速胃排空的食物和饮料需要较长的时间才能完全从胃排出。这意味着这些物质将更慢地进入小肠，而且某些食物和饮料在胃内停留的时间会更长。

• **液体中碳水化合物的浓度**：运动员摄入的运动饮料和其他饮料通常都含有碳水化合物。当液体中的碳水化合物的浓度高于 7% 时，胃排空时间缩短；如果碳水化合物的浓度低于 7%，胃排空的时间则不会受到显著影响。这显示胃排空的特点与水类似[14]。基于此，建议运动饮料中碳水化合物的浓度低于 8%[15]。尽管如此，一些超级耐力型运动员仍在"训练"他们的消化系统耐受较高浓度的碳水化合物，因为他们极其需要额外的碳水化合物。

• **液体中碳水化合物的类型**：碳水化合物的结构不同，它们具有不同的分子大小和分子组合。例如，葡萄糖（在包装上标注为"右旋糖"或"葡萄糖"）是单糖（单分子碳水化合物），蔗糖是双糖（两个单糖分子结合在一起），淀粉是多糖（多个单糖分子结合在一起）。糖链的长度越短，胃排空的时间就越长。因此，在热量相同的情况下，葡萄糖（单糖）比蔗糖（双糖）的胃排空时间要长，而蔗糖又比单粒淀粉（多糖）的排空时间要长[16]。

• **摄入的液体总量**：一次性摄入的液体总量是胃排空时间的主要影响因素。摄入大量液体时，胃排空速率会加快；当胃内的液体量减少时，胃排空时间延长。为了在比赛或训练前达到水合状态，运动员应摄入 14~22 oz（420~660 ml）的液体，然后不时地补充液体以保持胃内的液体量，从而维持较快的胃排空速率[16-17]。

· **液体的温度**：饮料的温度对胃排空时间只有轻度影响。当人们处于静息状态时，与特别热或特别冷的液体相比，与体温一致的液体的胃排空速率更快[18]。然而在运动过程中，与接近室温或体温的液体相比，冷饮能更快地从胃内排出[19]。即使冷饮不影响胃的排空，运动员也可能会更多地补充冷饮，这也是一个重要的考虑因素。

· **液体中的碳酸**：运动员普遍认为摄入碳酸饮料会引起胃部不适和胃排空延迟（因此首选的运动饮料可能是 "difizzed cola"，一种不含可引起胃部不适的碳酸成分的可乐），但很少有科学证据表明此类情况会发生。那些评估液体碳酸化对胃排空时间的影响的研究，通常都是以少数受试者为基础进行的。通常，在其他条件（碳水化合物的浓度、液体量、温度等）均等的前提下，碳酸化对胃排空几乎没有影响[20-21]。不过碳酸确实会让运动员产生更强的饱腹感，从而降低喝水的欲望。无论怎样也不应降低运动员喝水的欲望，否则将会对其水合状态产生负面影响。

· **运动员的相对水合状态**：高强度活动时的渐进性脱水和较高的体温都会导致胃排空速率减慢[16]，这为运动员在运动中维持水合状态提供了很好的理论依据。脱水会使运动员在运动过程中几乎不可能恢复到理想的水合状态，如果试图通过大量补充液体来获得理想的水合状态，很可能导致不适，而不是更快的再水合状态。

· **精神压力的程度**：体育比赛引起的精神压力和焦虑是影响胃排空的主要因素。较大的精神压力和较明显的焦虑状态会减慢胃排空速率，严重影响比赛中的再水合能力[12,22]。向运动心理学专家学习缓解压力的心理训练技巧，对于降低运动相关的压力和焦虑所产生的生理学效应至关重要。

· **体育运动的类型**：与低强度运动相比，高强度运动时胃排空速率较慢，但二者之间的差异较小。此外，运动类型（跑步、游泳、骑车）对胃排空速率的影响不大[12]。

运动员的体能、适应和年龄

人体具有绝佳的适应机制（表 3.6），能够适应较高或较低的血糖浓度和较快或较慢的液体吸收速率。显然，运动员可以通过训练来提高其达到最佳水合状态的能力。因此，运动员应首先遵循维持水合状态所需的液体推荐摄入量，再进行最适合自身情况的调整。

表 3.6 适应期间的机体调节

血浆容量增加，从而增加血液总量
心脏每次搏动可泵出更多的血液

续表

流向肌肉和皮肤的血液增加
运动过程中，作为能量来源的肌糖原的消耗量减少
汗腺肥大，出汗量增加 30%
汗液中的盐分减少约 60%，这有助于维持血浆容量
体核温度较低时即开始出汗
体核温度的上升不会像未适应时那样过高、过快
同等运动状态下，心理压力降低

　　例如，年轻的花样滑冰运动员在相对低温、无阳光直射（室内滑冰场）的环境下进行训练，这时运动员可能需要每隔 15 分钟左右喝一两口运动饮料以满足水合需要。相比之下，处于湿热环境下的长跑运动员应该在可耐受范围内尽可能多地饮用运动饮料，且补充频率越高越好。由于长跑运动员出汗量较多，汗液中钠的流失量较多，与花样滑冰运动员相比，他们需要补充钠浓度较高的运动饮料。耐力型运动饮料的钠浓度通常为每杯（240 ml）中含有 150~200 mg 钠，这对耐力型长跑运动员来说较为合适。而常规运动饮料中的钠浓度通常为每杯（240 ml）中含有 50~100 mg 钠，这对花样滑冰运动员来说较为合适。据此方式调整碳水化合物和钠的浓度及液体摄入量，是职业运动员希望提升运动表现时必须考虑的内容之一。

　　体能水平对耐热能力具有显著的影响：体能不佳时，男性和女性的中暑风险都会增加。然而，耐热能力的提高部分得益于出汗速率的加快。儿童的汗腺较少，且单位腺体产生的汗液量也较少，因此与体能良好的成年人相比，儿童运动员的耐热能力相对较差[23]。体脂水平较高、体能不佳的运动员的耐热能力相对较差。简单地讲，因为脂肪会阻碍热量的散失。

　　总之，体脂含量较低、体能状态良好的成年运动员要想提升状态，必须制订相应的策略以提高液体摄入量，因为体能状态越好，出汗速率越快。儿童和体脂含量较高的成年人耐热能力相对较低，对他们而言，维持充分的水合状态更为重要。

肠吸收

　　当液体离开胃并进入小肠时，溶液中所含的水和碳水化合物必须通过肠黏膜而被血液吸收。影响水和碳水化合物的吸收速率的主要因素是进入小肠的溶液中碳水化合物的浓度[24]。碳水化合物和电解质的浓度略低于血浆浓度时，吸收速率较浓度明显高于或低于血浆浓度时更快[25]。浓度为 6%~7% 的碳水化合物溶液似乎可以为快速吸收提供最佳平衡。运动过程中摄入高浓度的碳水化合物溶液可能导致液体从肌肉细胞内暂时性地进入肠道，以稀释之前摄入的液体。这可能会暂时性地引起血浆和组织一定程度的脱水，从而对肌肉功能和出汗速率产生负面影响。

与液体相关的问题

热平衡（图 3.3）可由以下方程式描述[26]：

$$S = M \pm R \pm K \pm C - E \pm WK$$

热平衡（S）包括代谢产热（M），以及通过辐射（R）、传导（K）、对流（C）和蒸发（E）形式进行的热交换修正，并由完成的运动量（WK）进行进一步的修正。

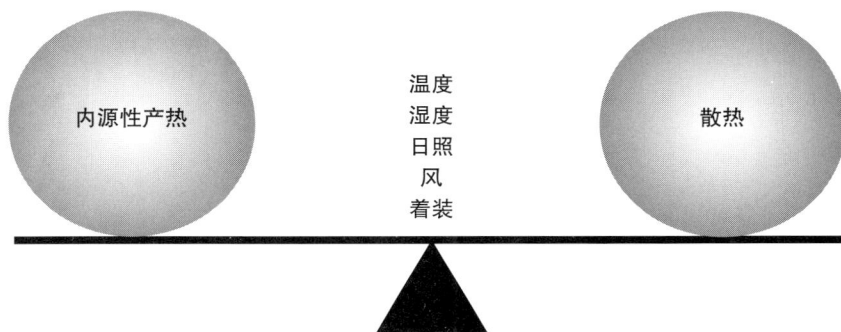

内源性产热　　　温度 湿度 日照 风 着装　　　散热

图 3.3　热平衡

经授权引自 Sandor RP. Heat illness: on-site diagnosis and cooling. Phys Sportsmed, 1997, 25(6): 35-40

脱水

当液体损耗量大于摄入量时身体会发生脱水。根据定义，脱水意味着体内水分含量低于最佳含量。体内水分含量下降 2% 即可导致运动状态下降。引起脱水的常见危险因素包括以下几个方面。

- 呕吐。
- 腹泻。
- 补液量不足。
- 诱发出汗速率加快的情况（如桑拿浴）。
- 泻药。
- 利尿药（和具有利尿作用的物质）。
- 节食。
- 发热性疾病。

理论上最好的方法就是避免脱水。而避免脱水的唯一方法是在水分不断流失的同时，不断补充等量的水分。对运动员来说，识别脱水的征象尤为重要。口渴是明显的征象之一，但运动员还应学会监测排尿量和尿液的颜色。排尿量减少和颜色变深都是脱水的征象，并且可能先于口渴感出现。

一些运动员为了通过脱水来获得更好的体型或取得具有竞争优势的体重等级，即使可以轻易摄入液体，也不会补充液体（称为自发性脱水）。而其他运动员可能是由于高强度运动，尤其是在湿热环境下，难以获得足够的液体而发生脱水（称为非自发性脱水）。不论是何种原因导致的脱水，可以肯定的一点是：脱水会对运动员的运动状态产生负面影响，并导致神经功能下降[27-28]。

热痉挛

热痉挛，即腿部和腹部的疼痛性痉挛现象，通常是由严重脱水引起液体和电解质平衡失调导致的。大量出汗的人，以及汗液中钠和其他电解质（包括钾、钙和镁）的丢失量高于正常量的人容易发生此类现象（表 3.7）。对这些人而言，在运动期间适量饮用含钠饮料尤为有效。大量补充淡水后也可能出现热痉挛[29]。初次出现不随意的肌肉抽搐或轻微的肌痉挛征象时，运动员应补充 16 oz（480 ml）溶有 1 tsp 食盐的运动饮料[30]。在接下来的训练时间内，应持续稳定地摄入补充钠的运动饮料。为了满足经常发生肌肉痉挛的运动员的需求，很多公司都研制出了含有适量钠、钾、钙、镁的产品，可将其加入到一定量的运动饮料中。

表 3.7　易发生热痉挛的运动员的特征

既往发生过热痉挛
钠的摄入量不足（食用限制盐分的饮食）
活动初期大量出汗
运动中补水习惯不好
汗液中含盐量高（表现为汗液刺激眼睛，或尝起来很咸）
身体和衣服上可见（白垩色的）盐斑
不适应湿热环境
有囊性纤维化家族史

热衰竭

热衰竭的症状包括无力、皮肤湿冷、疲乏、眩晕、恶心和脉搏微弱。当人体出现严重缺水时，还可能出现出汗停止和皮肤干燥。这些症状与脑部供血不足有关，患者通常会躺在地上且意识不清。快速降温通常能很好地缓解热衰竭的症状。因此，对热衰竭患者应尽可能采取所有可用的手段进行降温。给患者穿着潮湿、冰冷的衣服或将患者放入冷水浴中均有效。在意识完全恢复之后，运动员可以啜饮凉爽的液体，但不宜强迫，以免引起恶心。发生热衰竭的运动员当天不宜继续进行体育运动，在当天剩余时间内应保持凉爽，并补充含钠液体，如运动饮料。注意：在任何情况下，停止出汗的运动员都不应继续运动，因为这样很可能会导致体核温度快速上升，这是非常危险的。

中暑（日射病）

中暑是一种极其危险的情况，典型症状表现为体温过高（通常高于 105 ℉，或 40.5℃），皮肤热而干燥，脉率加快。运动员还可能出现意识的时有时无。首先应拨打急救电话（医院拥有良好的设备来处理此类危及生命的情况），然后尽可能给运动员降温（通风、冷水、海绵擦洗、松开衣扣、冷水浴）。在运动员恢复意识前不要给予液体。中暑可由若干因素引起，如表 3.8 所示。

表 3.8　中暑的危险因素

内源性热负荷增加
过度疲劳
药物（如拟交感神经药、咖啡因）

外源性热负荷增加
温度
日照

散热减少
脱水
缺乏适应
烧伤愈合后
皮疹
药物（如吩噻嗪类药物、抗组胺药、酒精）
潮湿
不透气或过多的衣物

有报道易导致中暑的药物
苯丙胺类：肾上腺素、麻黄碱、可卡因、去甲肾上腺素
抗胆碱药
利尿药：呋塞米、氢氯噻嗪、布美他尼
吩噻嗪类：奋乃静、盐酸氯丙嗪、盐酸异丙嗪
丁酰苯类：氟哌啶醇
环类抗抑郁药：盐酸阿米替林、盐酸丙米嗪、盐酸去甲替林、盐酸普罗替林
单胺氧化酶抑制剂：苯乙肼、硫酸反苯环丙胺
酒精
麦角酸二乙酰胺（LSD）
锂剂

其他
合并症（如上呼吸道感染、胃肠炎）
之前发生过中暑

注：经授权引自 Sandor RP. Heat illness: on-site diagnosis and cooling. Phys and Sportsmed, 1997, 25(6): 35-40。

低钠血症

长期的训练可能导致运动员的血钠浓度偏低（低钠血症），这是一种潜在的致命因素。饮用过量的水会稀释血液中的钠，导致低钠血症。由此引起的水肿可能导致大脑迅速出现肿胀，情况十分危险。钠摄入量不足也可能引发该症状，因此当体液和钠的丢失量较高且未能补充足够的钠时，将会出现低钠血症。低钠血症对应的英文是"hyponatremia"，其字面意思是血液（"-emia"）中钠（Na）的含量低（"hypo-"），这有可能是大量出汗（汗液中含有钠和水）及补充的液体中钠含量不足引起的。钠被稀释导致血容量降低，这是出现低钠血症症状的原因。

不同运动员的汗液中钠的含量差异很大，但通常为 2.25～3.40 g/L（体能状态良好的运动员，其汗液中钠的含量较低，出现低钠血症的风险较低）。考虑到在比赛中每小时的出汗量可能超过 1 L，运动员在长时间的耐力比赛中，钠的丢失量可能会超过 40 g。如果运动员选择的补液中不含钠或钠含量很低，运动员将可能出现低钠血症。人们还发现，常规服用非甾体抗炎药（如阿司匹林、布洛芬）和任何可诱发利尿作用的物质，都可能会加剧长时间运动过程中发生低钠血症的风险，从而改变肾功能[31]。低钠血症可能由许多药物引起，运动员应该与医生就所使用的药物进行检查。鉴于低钠血症相关的风险较高，应采取一切合理的措施来避免这种情况。

低钠血症在生理上有着重要的影响，可以导致游离水从血液转移到细胞间隙。很多组织对细胞水肿具有很好的耐受性，但大脑不具有这种耐受性。因此，低钠血症的严重症状主要与脑水肿相关。低钠血症的症状包括恶心、痉挛、口齿不清、定向障碍和一般知觉混乱。如果任其发展，运动员可能会出现昏迷，甚至死亡。简而言之，低钠血症是一种潜在的致命性因素，但在持续时间较长的运动过程中，运动员只要摄入钠浓度足够高的含钠饮料而不是白开水（每杯水中最好含 100～200 mg 钠，这样当出汗量增加时，血钠的浓度也会高一些），就可以在很大程度上避免出现此种情况。当运动员出现低钠血症的任何初始症状（例如肌肉痉挛）时，补充咸的食物和含钠的运动饮料能很好地缓解这些症状。然而，口齿不清、定向障碍和神志混乱是需要立即就医的严重症状，最好由有资质的专业医务人员来诊治[32]。如果没有符合资质的人员，则可以使用盐片来帮助患者从低钠血症中恢复过来。1 片盐片通常可提供 1 g 的钠。为帮助患者恢复，让患者每 15～20 分钟喝 1 杯水，每杯水中放 1～2 片盐片，具体使用量取决于低钠血症症状的严重程度。液体的总摄入量应该可以让运动员恢复到运动前的体重，但不应超过之前的体重[33]。在其他情况下通常不太可能使用盐片。

低钠血症有以下几种形式[32]。

• **低容量性低钠血症**：身体水分总量减少，但体内钠总量的下降幅度更大，导致细胞外液减少。这是长时间活动中最为常见的低钠血症。发生原因是体内通过汗液流失的钠和水分被水或其他低渗液体所取代。

• **等容量性低钠血症**：当体内钠总量保持在正常水平时，身体水分总量增加。细胞外液轻度至中度增多，但未出现水肿。等容量性低钠血症表明钠的储备量正常，但身体游离水的总量过剩。这种情况出现在运动员摄入过量液体时，也是运动员应避免大量饮用液体以免使体重上升的原因之一。

• **高容量性低钠血症**：体内钠总量增加，但身体水分总量增加的幅度更大，细胞外液增多并发生细胞水肿。肾衰竭时最有可能发生此类情况，从而导致高血压。

• **再分配性低钠血症**：水从细胞内转移到细胞外，引起钠的稀释。身体水分总量和体内钠总量无变化，高血糖症时会出现这种情况。

·假性低钠血症：血容量被过量的蛋白质或脂质稀释，身体水分总量和体内钠总量无变化。高甘油三酯血症和多发性骨髓瘤患者会出现这种情况。

那些习惯于限制食物和液体中钠摄入量的运动员也可能出现低钠血症。除非因为疾病而存在禁忌且运动员处于医生的密切监测之下，一般来说，在膳食和饮料中加入盐是避免血液中电解质浓度过低并降低低钠血症发生风险的可取策略。

低钠血症的体征和症状如下。

- 头痛。
- 手指和踝部水肿。
- 意识模糊。
- 肺水肿。
- 恶心。
- 癫痫发作。
- 痉挛。
- 昏迷。
- 胃胀。

在 2003 年波士顿马拉松比赛之前，美国田径协会公布了用于降低长跑运动员低钠血症发生风险的补液指南（新版）[34]。旧版的指南中鼓励长跑运动员在感到口渴"之前"饮用的液体越多越好，而新版指南则建议运动员在比赛过程中的补液量和汗液丢失量相等。新版指南建议运动员的补液量应等于汗液中水分的丢失量，无须补充更多。摄入过多液体（尤其是白开水）可导致血钠浓度降低，引起低钠血症。导致运动员发生低钠血症的风险增高的因素包括以下方面。

- 服用非甾体抗炎药。
- 低钠饮食。
- 训练过程中饮用白开水或其他不含钠的饮料。
- 不适应温暖的气候或缺乏训练。
- 慢跑，持续 4 小时以上的耐力型运动。
- 在运动过程中体重增加（很可能是由于摄入过量的液体）。

当运动员大量出汗且汗液中钠浓度相对较高，同时饮用大量白开水（不含钠的水）时，低钠血症的发生风险会非常高[35]。运动饮料中通常含有约 20 mmol/L 的氯化钠（食盐），但一些研究人员推荐使用钠含量更高的运动饮料。他们曾对在高温下进行长时间训练的运动员其运动过程中血浆的改变进行评估，建议饮料中应含有 20~50 mmol/L 的钠[36-37]。不过大多数出汗速率和汗液中钠浓度正常的运动员，只要饮用一般的运动饮料并避免在耐力型运动中饮用白开水，就不会出现此症状[38]。

如果在训练中进食，那么像椒盐卷饼这样的咸味食物是个不错的选择。运动饮料也是钠、水和碳水化合物的良好来源。

在长时间的训练中，脱水较低钠血症更为常见。因此，在开始训练前保持良好的水合状态，并在训练中饮用适宜的饮料尤为重要[39]。

水合策略

　　在身体水分含量较低的情况下，运动员不可能获得最佳的运动表现和耐力水平，因此运动员必须制订个性化的方案，在训练时维持最佳的水分含量。假设一瓶水代表身体所处的最佳水合状态。不训练时，它就像瓶子底部有个小孔，水位会以极慢且能使你轻松维持最佳水合状态的速率下降。由于水位下降缓慢，偶尔饮用一杯水或其他液体足以维持水合状态。你在运动时的情形相当于在瓶子底部开了一个铅笔粗细的孔，水分流失的速率更快。在很短的时间内水分丢失的量就足以影响运动表现和耐力。在这种情况下，等感到口渴再饮水就不合适了。如果不训练时的饮水频率是每 2 小时一次，那么训练中的饮水频率应该是 10~15 分钟一次。训练时身体内的水分丢失很快，很难（但并非不可能）补充身体所丢失的水，增加身体内的水分就更加不可能了。饮水间隔时间过长可能导致体内水分减少，难以补充充足的水分。如果感到口渴才饮水，体内的水分含量可能维持在当前的水平，但这个水平是很低的。

　　如果不补充液体，血容量将快速下降，出汗速率也会随之下降，体温将以每 5~7 分钟 1.8 ℉（1 ℃）的速度快速上升，这将会非常危险。脱水对有氧耐力型运动能力的影响见表 3.9。由于在高强度体育运动中很难摄入足量的液体，运动员应制订补液计划。如果每小时丢失 1 L 水，运动员应每小时饮用 4 杯水。如果每小时丢失 2 L 水，每小时就要饮用至少 8 杯水以补充丢失量。然而，运动员在运动过程中很少能补充足够的水分。当然，精确计算出运动中的失水量非常难，但是一个简单的方法可以帮助运动员估算失水量。1 L 水的质量大约为 2 lb（约 0.9 kg，1 lb≈0.45 kg），1 pt 水大约为 1 lb。了解这样的换算关系，运动员可通过以下方法估算运动过程中应摄入的液体量。

　　1. 记录开始运动时的时间。

　　2. 以磅为单位记录体重（最好是净体重）。

　　3. 正常训练并监测训练过程中所摄入的液体量。

　　4. 训练结束后立即脱掉汗湿的衣服，并用毛巾将身体擦干。不出汗后以磅为单位记录体重（最好也是净体重）。

　　5. 记录当前的时间。

　　6. 用最初的体重减去最终的体重，从而计算出液体丢失量。

　　7. 根据开始的时间和最终的时间来计算训练时间。

　　8. 训练期间所摄入的额外液体量应当为每减轻 1 lb（0.45 kg）体重补充 1 pt（约 470 ml）的液体，补液频率为每 10~20 分钟一次。

表 3.9　脱水对有氧耐力型运动能力的影响

脱水导致体重下降 2%，可引起成绩下降
对心血管功能和体温调节造成负面影响

在一般环境下进行运动，体重下降 3% 时，最大有氧运动能力会降低 4%～8%
明显的脱水和胃肠道不适
肌细胞内液体和电解质平衡紊乱
体温过高对精神状态的负面影响可导致中枢性疲劳

举例：如果约翰经过 2 小时的橄榄球训练后体重减轻了 4 lb，那么他应该在训练期间摄入 4 pt（8 杯）的液体。他已经摄入了 2 杯液体，所以在 2 小时的训练期间，液体总摄入量应该为 10 杯。2 小时相当于 12 个 10 分钟，所以约翰有 12 次机会来补充这 10 杯液体。因此，约翰应该每 10 分钟摄入约 6.5 oz（约 190 ml），即超过 3/4 杯（10÷12≈0.8）的液体，或者每 20 分钟摄入约 13 oz（约 380 ml，超过 1.5 杯）的液体。

运动前的液体摄入

在训练或比赛开始前，运动员的身体处于最佳水合状态至关重要。所有研究均表明，即便是轻微的脱水（脱水量仅为体重的 2%）也可导致耐力和运动表现的显著性变化，且脱水程度越重，负面效应越明显 [40-41]。此外，运动员恢复到良好的水合状态可能需要 24 小时或更长时间。因此，直到训练或比赛前才让运动员处于良好的水合状态，或者未采取任何措施以确保运动员处于最佳水合状态，将导致运动员的训练表现或比赛表现不佳。

在一些体育项目中，运动员需要保持特定的体型或试图达到特定的体重。艺术体操的标准体型需要具备修长、优雅的曲线，本质上说就是没有第二性征。通常艺术体操运动员在赛前会限制水分的摄入量，他们认为这样有助于获得理想的体型。摔跤运动员会采取行之有效的液体限制方案，以达到特定的重量级。在比赛前，他们有大约 24 小时来提高水合状态。除了固有的健康危害（有充分的证据表明，此策略与死亡相关），处于脱水状态的摔跤运动员也不太可能在 24 小时内恢复到良好的水合状态，因而其运动表现会受到影响。

另一方面，一些运动员试图在训练前补充过量的水分。这是长跑运动员的典型策略，他们在比赛中的失水量可能超过他们能够补充的液体量。在比赛快要结束时仍保持良好水合状态的长跑运动员，比水合状态差的运动员具有更为明显的优势。当运动员持续保持超水合状态时，其血容量（血浆容量）较高，运动过程中的体核温度和心率较低，他们可能表现出更好的耐力水平和运动能力 [42-43]。大量摄入液体会导致尿频，不过可以通过补充含钠的液体进行调节 [41]。此外，运动中的超水合状态会导致较高的出汗速率和较低的心率 [44]。

过去，耐力型运动员使用甘油（也称为丙三醇，图 3.4）来帮助达到超水合状态，因为甘油能够充当保湿剂（即甘油可以吸水）。有限的证据表明，在运动前饮用的液体中按照每千克体重 1 g 的量加入甘油，可以提升运动员在高热和潮湿环境中的耐力型运动表现。能力

> 甘油三酯是膳食中最常见的脂质形式，也是人体内脂肪最常见的储存形式，而甘油构成了其含有 3 个碳原子的骨架。在消化过程中，甘油三酯中的脂肪酸从甘油骨架上脱离。脂肪酸的代谢过程与脂肪类似，而甘油的代谢过程则与碳水化合物类似

碳原子 —— 脂肪酸

碳原子 —— 脂肪酸

碳原子 —— 脂肪酸

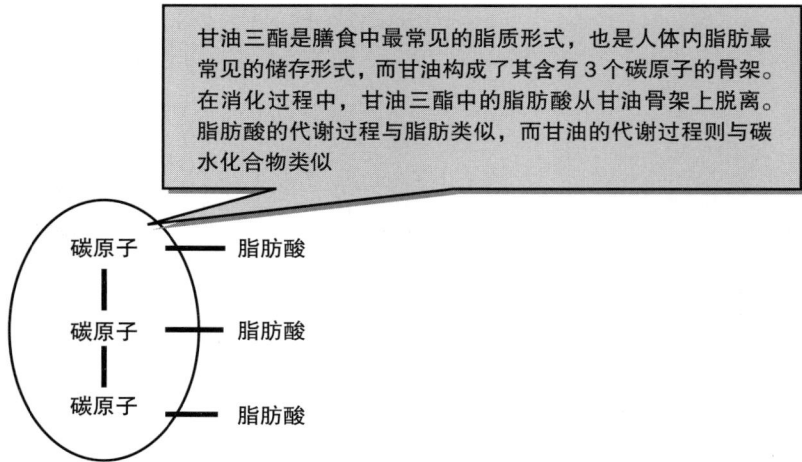

图 3.4　甘油是一种简单的三碳脂质，像碳水化合物一样进行代谢

提高的原因在于甘油可以使摄入的液体更多地留存在体内[41,45-47]。然而，世界反兴奋剂机构最近将甘油纳入了违禁物质清单，因此运动员不能再将它用作保湿剂。

通常运动员应当在训练前遵循以下补液指南。

1. 不应以口渴感作为需要补充液体的信号。口渴感应该被认为是一种"紧急情况"的感觉，当身体内水分丢失量为 1.5~2.0 L 时才会出现。由于在训练中口渴感很可能延迟出现，所以感到口渴才喝水会导致水分过量流失，身体水分总量减少。

2. 运动员应适应在尚未感到口渴时补充液体。实际上如果运动员随身携带液体，不论身处何处或是要去何处，都可以较为便捷地补充液体。如果不用寻找即可随时获得液体，运动员就比较容易做到随时补充，尤其是在运动员不觉得口渴时。

3. 运动员应在训练前饮用足量的液体，使尿液清澈（这是运动员保持良好的水合状态的信号）。尿液颜色深是运动员尿量少、尿液浓度高的表现，这是由于身体需要尽可能多地保留液体，也是低水合状态的明确信号。

4. 在训练前的 1~1.5 小时，运动员应在相对较短的时间内摄入大量液体（高达 0.5 L），以确保身体水分含量充足，并促使胃排空。此后至训练或比赛开始之前，运动员应啜饮液体（大约每 10 分钟喝半杯水）以维持水合状态。运动员应以能够耐受的最大量频繁地补充液体，以补充流失的水分。

5. 在缺乏密切监测的情况下，运动员不应试图达到超水合状态。患有心血管疾病的人绝对不应尝试进行超水合。运动员也不应该选择在比赛前首次尝试此方法。事实上，达到超水合状态的安全途径就是频繁地补充液体。

6. 运动员应避免进食具有利尿作用的食物和饮料。例如，咖啡、茶叶、巧克力和汽水中含有常见的咖啡因和相关物质，如果大量摄入，可能会增加尿液中水分的排泄率。因此，这些物质可能会抵消运动前优化水合状态的努力。

运动中的液体摄入

运动员在运动中补充液体可获得明显的益处，包括保持良好的运动状态，降低运动引起的心率和体温的上升，还能促进或保持血液向皮肤的流动。心血管功能和热稳定能力的维持程度与避免脱水的程度直接相关。显然，在运动中不能补充足量的液体是导致中暑的重要因素之一[48]。对运动员而言，在运动中补充液体是避免中暑和保持运动状态的最佳方法（图 3.5和图 3.6）[49-51]。

在大部分评估水合状态与运动成绩之间相关性的研究中，应用的是普通白开水或者含有不同浓度碳水化合物和电解质的运动饮料（表 3.10）。这些研究一致认为，运动中补充液体具有重要意义（表 3.11）。然而，与白开水相比，在液体中加入碳水化合物和电解质更有益于运动员。近期的研究表明，在补充的液体中加入碳水化合物可提高运动员在运动过程中保持或提高输出功率的能力，延缓力竭的出现[52-55]。

摄入的碳水化合物可避免运动员出现肌糖原耗竭，并在肌糖原水平下降时为肌肉提供能量。碳水化合物还有助于维持大脑的功能，这对于维持耐力型运动表现尤为重要。即便在肌糖原和水分充足的情况下，神经疲劳也可引起肌肉疲劳。

不同的运动项目对碳水化合物的利用率不同，但无论何种运动，持续饮用含有碳水化合物的饮料均有助于运动员保持运动能力。例如，在艰苦的骑行中，摄入含碳水化合物的饮料可降低肌糖原的消耗率[56]；在长跑的过程中补充含碳水化合物的饮料会降低肌糖原的消耗率[57]；在间歇性运动中，摄入含碳水化合物的饮料能降低肌糖原的消耗率[58-59]。在上述各类情况中，碳水化合物的耗竭通常均被视为运动能力下降的原因。而在持续时间相对较短，碳水化合物不会被耗竭的高强度运动中，也有充分的证据表明，饮用含有碳水化合物的饮料对于改善运动员的运动表现至关重要[60-62]。

这些数据都表明，在运动过程中运动员应习惯于摄入含碳水化合物的液体，且碳水化合物的浓度和类型是重要的考虑因素。尽管葡萄糖、蔗糖、麦芽糖糊精和淀粉对运动表现的影响没有太大的差异[63-65]，但以果糖为主要碳水化合物的饮料易引起肠道不适[66-67]。麦芽糖糊精的甜度低于蔗糖和果糖，加入溶液中既可增加碳水化合物这种能量物质，又不至于让饮料甜得让人难以接受[40]。除此以外，无论是固态还是液态，无论是何种类型的碳水化合物，碳水化合物都有助于提高运动成绩[68]。不过，鉴于液态的碳水化合物可以帮助运动员同时解决两个问题（能量和水分），建议优先选择液态的碳水化合物。

运动过程中碳水化合物的摄入量是一个应当重点考虑的因素。碳水化合物摄入过多、过快会引起胃肠道不适，短时间内会将肌肉和皮肤中所必需的液体汲走，以稀释肠道中浓度过高的溶液。相反，如果摄入的液体中仅含有少量碳水化合物，则不会明显提升运动表现。运动员应尝试在运动中保持每分钟摄入约 1 g 碳水化合物的速率。每小时饮用 0.6~1.2 L 浓度为 6%~8% 的碳水化合物溶液可达到该摄入水平[69-71]。有些运动饮料的碳水化合物浓度恰好在此范围内，而一些运动饮料的碳水化合物浓度则不在此范围内（表 3.10）。在运动中

以 70% 最大摄氧量的强度持续运动 2 小时，摄入液体[*]和未摄入液体的运动员的心率

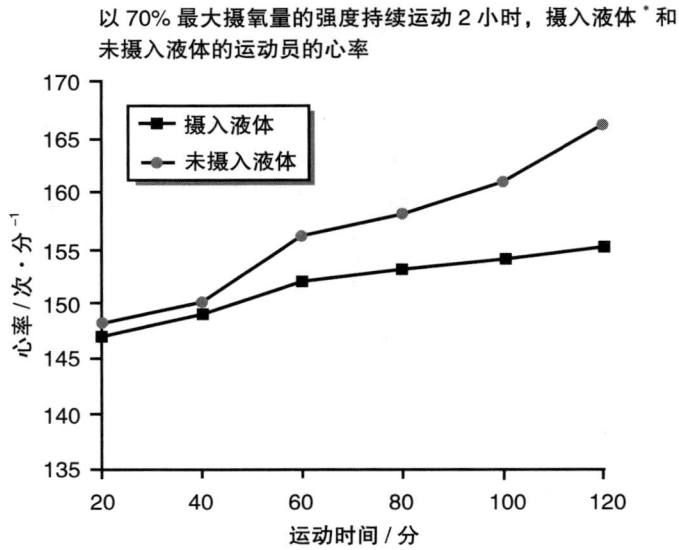

图 3.5　运动过程中摄入液体和未摄入液体的运动员的心率对比

经威利－布莱克威尔（Wiley-Blackwell）出版公司授权引自 Hargreaves M. Physiological benefits of fluid and energy replacement during exercise. Australian Journal of Nutrition & Dietetics, 1996, 53(4 Suppl): S3-S7。版权归威利－布莱克威尔出版公司所有

[*] 液体摄入速率以避免体重下降为准

以 70% 最大摄氧量的强度持续运动 2 小时，摄入液体[*]和未摄入液体的运动员的直肠温度

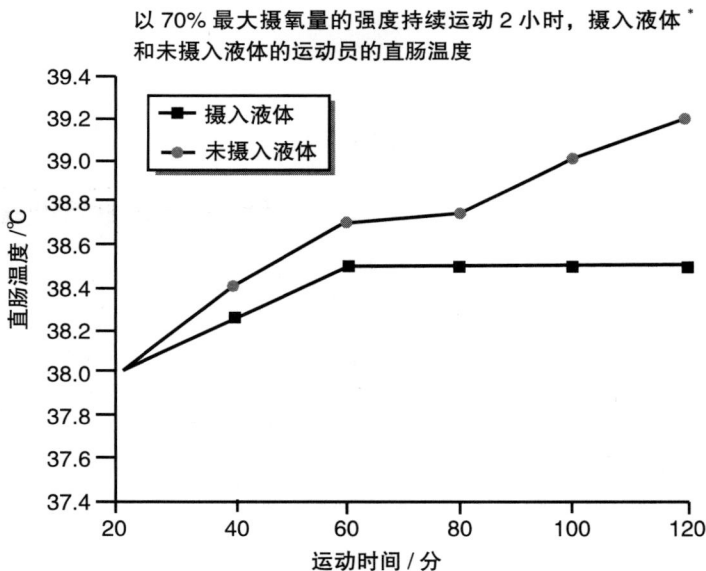

图 3.6　运动过程中摄入液体和未摄入液体的运动员体核温度的对比

经威利－布莱克威尔（Wiley-Blackwell）出版公司授权引自 Hargreaves M. Physiological benefits of fluid and energy replacement during exercise. Australian Journal of Nutrition & Dietetics, 1996, 53(4 Suppl): S3-S7。版权归威利－布莱克威尔出版公司所有

[*] 液体摄入速率以避免体重下降为准

饮用碳水化合物浓度超过 8% 的饮料可能会引起胃排空延迟，不一定能实现更快、更好地代谢碳水化合物的目的 [72]。碳水化合物浓度为 6%~8% 的饮料还有另外一个切实的优势，即肠道对这种饮料的吸收速率较单纯的水更快。这意味着摄入这类饮料能更有效地保持身体水分含量，并提高碳水化合物输送到血液和肌肉的效率。医生一般会为腹泻的婴儿开具口服的倍得力（Pedialyte）补液盐（含葡萄糖），因为人体对含糖液体的吸收速率较单纯的水更快，可以帮助婴儿更快地恢复水合状态。

推荐的运动过程中的补液方案见表 3.12。

表 3.10　常见饮料中碳水化合物和电解质的含量

饮料品牌	碳水化合物成分	碳水化合物含量		钠含量 /mg	钾含量 /mg
		质量百分浓度 /%	质量 /g		
速乐（Accelerade）	蔗糖、葡萄糖、麦芽糖糊精	7	17	127	40
全运动（All Sport）	高果糖玉米糖浆	9	21	55	55
碳力宝（Carboflex）	麦芽糖糊精	24	55	—	—
可口可乐	高果糖玉米糖浆、蔗糖	11	26	9.2	微量
细胞力（Cytomax）	高果糖玉米糖浆、蔗糖	8	19	10	150
无糖苏打水	—	—	—	微量	微量
佳得乐能量饮料(Gatorade Energy Drink)	麦芽糖糊精、葡萄糖、果糖	23	53	133	70
佳得乐优品（Gatorade Prime）	蔗糖、葡萄糖	10.5	25	110	110
佳得乐解渴冲剂(Gatorade Thirst Quencher)	蔗糖、葡萄糖、果糖	6	14	110	25
美瑞克斯（Met-Rx）	果糖、葡萄糖	8	19	10	150
橙汁	果糖、蔗糖	11	26	2.7	510
动乐（Powerade）	高果糖玉米糖浆、麦芽糖糊精	8	19	55	30
能量棒耐力（PowerBar Endurance）	麦芽糖糊精、右旋糖、果糖	7	17	160	10
能量棒功能恢复（PowerBar Performance Recovery）	麦芽糖糊精、右旋糖、果糖	8.5	20	250	10
终结者（Ultima）	麦芽糖糊精	1.7	4	8	16
超级燃料（Ultra Fuel）	麦芽糖糊精、葡萄糖、果糖	21	50	—	—
水	—	—	—	微量	微量

表 3.11　水和碳水化合物对运动表现的益处（基于运动时间）

结果：
- 摄入碳水化合物组的运动表现显著优于未摄入碳水化合物组（$P > 0.05$，速度提高约 6%）
- 大量补液组的运动表现显著优于少量补液组（$P < 0.05$，速度提高约 6%）
- 摄入碳水化合物并大量补液组较未摄入碳水化合物并少量补液组速度提高约 12%

注：数据来源于 Below PR, Mora-Rodriguez R, Gonzalez-Alonso, et al. Fluid and carbohydrate ingestion independently improve performance during 1h of intense exercise. Medicine & Science in Sports & Exercise, 1995, 27(2): 200-210。

表 3.12　不同运动项目比赛过程中的补液时机

运动项目和持续时间	补液的时机	对液体和碳水化合物的需求
持续时间短于 30 分钟的项目 • 短跑 • 跳高 • 投掷 • 体操	在比赛间歇摄入液体，但不要在项目进行的 15 分钟内补充液体	在比赛进行时不需要补充，但需要在比赛间歇进行补充
持续时间不超过 60 分钟的中级项目 • 10 公里跑 • 赛艇 • 有氧运动课 • 网球课 • 场地自行车赛	在比赛间歇补充液体。赛跑运动员应至少每 5 km（3.1 mi）摄入一些液体（如果天气湿热，摄入频率应更高）。进行此类运动的运动员应随身携带一个饮料瓶	比赛前、比赛中及比赛后都需要补充液体；比赛前和比赛后需要补充碳水化合物。碳水化合物有助于比赛中液体的吸收，所以饮料中应含有碳水化合物
耐力项目 • 马拉松 • 80 公里自行车赛 • 奥运会铁人三项标准赛 • 网球比赛（5 盘）	马拉松长跑运动员应至少每 5 km（3.1 mi）摄入一些液体（如果天气湿热，摄入频率应更高）。铁人三项选手在自行车比赛中应每 10 km（6.2 mi）补充一些液体，长跑时应每 2～4 km（1.2～2.5 mi）补充一些液体。网球运动员在交换场地及第 3 盘之后应尽可能多次地补充液体	在这些比赛中建议补充水、电解质（钠）和碳水化合物。补充量根据环境条件、初始的糖原储备量及运动强度（如比赛难度）而定
超级耐力项目 • 超级铁人三项 • 横渡英吉利海峡 • 公路自行车赛 • 自行车赛，如环法自行车赛	一有机会就应补充液体，并且制订每 10 分钟一次的补液计划。如果赛事组织方不提供液体（自行车赛中可能会出现），运动员应制订补液计划，并随身携带液体	在这些比赛中建议补充水、电解质（钠）和碳水化合物。补充量根据环境条件、初始的糖原储备量及运动强度而定
持续时间约 90 分钟的团体项目 • 曲棍球 • 篮球 • 橄榄球 • 排球 • 棒球 • 足球	在比赛休息间歇补充液体，频率不应低于每 15 分钟一次。最理想的补充频率为每 10 分钟一次。休息时间较长（中场休息、两局之间及两节之间休息）时，可借机补充液体	在这些比赛中建议补充水、电解质（钠）和碳水化合物。补充量根据环境条件、初始的糖原储备量及运动强度而定

注: 经威利－布莱克威尔（Wiley-Blackwell）出版公司授权改编自 O'Connor H. Practical aspects of fluid replacement. Australian Journal of Nutrition & Dietetics, 1996, 53(4 Suppl): S27-S34。版权归威利－布莱克威尔出版公司所有。

运动后的液体摄入

持续进行 1 小时或 1 小时以上的高强度运动后，运动员很可能会出现一定程度的低水合状态。对那些经常进行训练的运动员（例如大多数的精英运动员）而言，训练后摄入液体是他们的训练方案中一个重要的组成部分，有助于运动员在随后一天的训练前处于良好的水合状态。需要重点考虑的是，脱水后的再水合需要时间。在下一次运动开始前用于再水合的时间越少，运动员达到最佳水合状态的可能性就越低。

运动员在运动过程中补充的液体量很少能够超过汗液丢失量的 70%，而且大多数的运动员补充的液体量远远低于该水平[73-74]。因此，在下一次运动开始前，大部分运动员需要采取一些策略以达到充分的水合状态。运动员对液体的需求显而易见，但即便为运动员准备了便于饮用的液体，其水合状态也往往较低[75]。这种自发性脱水的现象提示运动员有必要制订适宜的液体摄入计划来增加维持水合状态的可能性。为达到这个目的，其中一个有效的方法是运动结束后即刻为运动员提供清凉可口的液体[76]。含有碳水化合物和钠的市售运动饮料在恢复水平衡方面比白开水更有效[77]。然而，要想最大限度地补充液体，钠的补充量要高于大多数运动饮料中的钠含量[78]。很多食物中都添加了盐（钠），对钠的额外需求可以通过正常的膳食摄入来满足[79]。运动员在运动后补充液体时通常应遵循以下原则。

1．在运动后即刻，运动员应摄入大量的液体（在身体可承受的范围内尽可能多地摄入，可多达 5 L）。摄入大量的液体可使胃胀大，使水的胃排空速率和小肠吸收速率提高。

2．在摄入大量液体后，运动员应每隔 15 分钟摄入约 0.25 L 的液体，从而在 3 小时内达到 3 L 左右的液体摄入量。运动员的体形越大，在运动过程中的出汗量就越大，需要摄入的液体量也越多。

3．补充的液体中应同时含有碳水化合物和钠，二者均有助于运动员恢复到良好的水合状态。此外，饮料中含有的碳水化合物有助于恢复肌糖原（能量）的储备，从而为下一次的运动做好准备。

4．通常每升运动饮料中含有 10~25 mmol 的电解质（主要是钠）。然而，使液体潴留的最佳钠浓度约为 50 mmol/L[41]。由于在液体中加入较多的钠会导致液体的味道不佳，从而降低运动员的摄入量，所以应鼓励运动员在训练结束即刻摄入一些咸味的零食（如椒盐卷饼或者咸味饼干）。

5．运动所引起的体重下降是决定下一次训练前应补充的液体总量的关键。作为一般指导原则，体重下降 1 lb（约 0.45 kg）需摄入 1 pt（约 470 ml）的液体。由于所摄入的水并不能全部存留在体内，所以需要摄入更多的液体以补充与体重下降相对应的等量液体。在不同的环境条件下，运动员应在训练前和训练后称体重，来指导他们在运动后的补液量。这需要进行细致的记录，因为湿热天气下的汗液丢失量比不那么湿热的天气中的汗液丢失量要多。如果运动前后的体重提示存在体重下降的情况，通常情况下都是源于液体的丢失。运动后，根据运动员在训练过程中减轻的体重，体重每下降 1 lb（0.45 kg）应补充 1.5 pt（约 700 ml）

的液体。这个数值的基本原理在于运动员必须补充运动过程中丢失的液体 [1 lb（0.45 kg）对应液体量 1 pt（470 ml）]，还必须满足持续的需求 [因此增加 0.5 pt（235 ml）]。训练前后的体重还可以帮助运动员了解在随后的训练日中，他们在训练中应该摄入多少液体。例如，

运动凝胶

运动凝胶是碳水化合物聚合物（多个单糖通过分子键连接形成的大分子）。胃排空速率受到所摄入液体的渗透压摩尔浓度的影响（高渗透压摩尔浓度的液体会降低胃排空速率）。食用凝胶为低渗透压摩尔浓度下摄入更多的碳水化合物提供了可能 [80]。那些参加超级耐力型运动（例如马拉松、超级马拉松、铁人三项赛、超级铁人三项赛、环法自行车赛）的运动员，他们的能量需求远高于碳水化合物浓度为 6%~7% 的常规运动饮料提供的能量，只有运动凝胶才能满足他们的能量需求。单块运动凝胶可提供约 100 kcal 的热量，但不同产品中碳水化合物聚合物的组合方式不同，举例如下。

• 麦芽糖糊精和果糖的组合，常见的产品包括谷能量胶（Gu Energy Gel）、谷耐力能量胶（Gu Roctane）、能量棒能量胶（PowerBar Energy Gel）、碳水炸弹能量胶（Carb-Boom! Energy Gel）、速达能量胶（Accel Gel）。

• 糙米糖浆，例如克里夫闪彩能量胶（Clif Shot）。

• 麦芽糖糊精、葡萄糖和果汁的组合，例如加速锤能量胶（Hammer Gel）。

这些产品中的钠浓度不同，240 ml 的能量棒能量胶中的钠含量高达 200 mg，而 240 ml 克里夫闪彩能量胶中的钠含量仅为 40 mg。有些产品甚至含有氨基酸和维生素，然而这些成分的加入主要是为了满足消费者的欲望，而不会对运动表现带来任何提升。第 4 章"强化剂"中将介绍，咖啡因对耐力型运动的表现具有积极、独立的影响，一些运动凝胶也含有咖啡因。克里夫闪彩双倍特浓咖啡（Clif Shot Double Espresso）和碳水炸弹双倍特浓咖啡（Carb-Boom! Double Espresso）中的咖啡因含量最高（后者中含有 100 mg 咖啡因），而其他制造商和其他口味的产品中含量较低。

有证据表明，在提供相同热量的情况下，与单一碳水化合物成分的运动饮料相比，复合（即含有多种单糖的）碳水化合物溶液可导致更高水平的碳水化合物氧化效率 [81]。然而以凝胶（一种碳水化合物的聚合物）的方式摄入碳水化合物是否具有相同的氧化效果，目前尚未有定论。近期一项针对训练有素的自行车运动员的研究表明，无论输送载体是凝胶还是液体饮料，碳水化合物的输送和氧化效率均相同 [82]。有证据表明，在 32℃（90℉）的天气条件下骑行的过程中，摄入碳水化合物凝胶会使血液中白细胞和中性粒细胞计数（衡量免疫系统反应的指标）下降 [83]。然而，运动员不应错过任何向机体输送液体和碳水化合物的机会，因此运动凝胶不应作为运动饮料的适宜替代品。运动员在摄入运动凝胶后应尽快摄入一定稀释量的水来帮助维持水合状态。

一名运动员训练前的体重为 130 lb（59 kg），训练后体重为 127 lb（57.6 kg），他应该在下一次训练中增加 3 pt 的补液量。如果运动员在之前的训练中摄入了 2 pt 的液体，那么在类似的训练中，总补液量应为 5 pt。尽管在竞技运动员中很少出现液体摄入过量的情况，但当摄入的液体量足以导致体重增加时，每个人都应谨慎对待，因为这可能会诱发运动员出现低钠血症。一般情况下，运动员会发现补液量很难完全弥补汗液丢失量。然而，只要运动员在运动过程中体重下降不超过 2%，就可保持最佳运动表现。

6．任何运动员都要避免摄入有利尿作用的物质。

本章要点

• 运动员应该在运动前 1~1.5 小时补充约 16 oz（约 470 ml）的液体。随后，运动员应该根据他们在运动过程中计划补充的运动饮料来制订补液计划（大约每 10~15 分钟补充半杯水）。这将有助于确保运动开始时血糖和血容量处于良好的水平。

• 最后一餐和运动开始前，避免进食胃排空时间较长的食物（即富含脂肪、蛋白质和纤维的食物），以及不习惯的食物和饮料。

• 口渴感是身体不能耐受更多体液丢失的一个重要的紧急信号，但运动员不应以是否感到口渴作为何时饮水的首要指标。当口渴的感觉第一次出现时，运动员通常已经丢失 1.5~2 L 的液体。

• 在感到口渴之前，运动员应以固定的和适当的时间间隔饮用含有碳水化合物和钠的液体。在运动过程中应注意不要过量饮用液体，特别是不含钠的液体，因为这可能增加低钠血症的发生风险。在运动过程中，运动员应该摄入碳水化合物浓度约为 6% 的液体，且每杯（240 ml）液体中含有 100~200 mg 的钠。

• 运动后运动员应摄入充足的液体以恢复良好的水合状态，以尿液清澈为准。运动结束后应尽快开始补液。作为指导，运动前后的体重差值可作为运动过程中未补充液体总量的指标。1 lb（0.45 kg）体重对应于 16 oz（470 ml）液体。一个好的训练计划应尝试在训练方案中进行足量的补液，以避免体重（即身体水分总量）出现明显的下降。

4

强化剂

　　强化剂（Ergogenic Aid）是指能够增强体力或精神（尤其能消除疲劳症状）的物质。营养强化剂是指能提高运动成绩的物质，既可以是营养素，也可以是营养素的代谢产物、食物（植物）提取物或食物中普遍存在的物质（如咖啡因或肌酸）。这些物质在强化剂中的含量比自然食物中更高。非营养强化剂包括运动员一直使用的合成类固醇及其类似物。但几乎所有的体育组织（国际奥林匹克委员会、美国奥林匹克委员会、全美大学体育协会等）都禁用此类强化剂。因此，此类强化剂不是本章讨论的重点。本章将重点讨论合法的营养强化剂，目前关于它们的科学研究也越来越多。

　　各公司出售的强化剂通常针对不同的运动人群，其中一部分用于力量型和爆发力项目，而另一部分则重点关注如何提升有氧耐力型运动的表现。本章讨论关于各种强化剂的作用机制、功效和安全性（但对其长期应用的安全性研究，即使有也非常少）。此外，服用强化剂可增强一些潜在的能力，因此本章还将阐述强化剂的最佳使用策略。在阅读本章之前，考虑到下述现实情况十分重要：大多数宣称具有功能强化特性的物质根本无此功效，若运动员规律摄入满足需要量的能量和营养素，则那些有效的物质也将失去它们的功能强化特性。最重要的是，与从药水和药片中获得的潜在益处相比，从平衡膳食中获得的功能提升不仅合法，而且花费更少，也更安全。

　　简而言之，强化剂宣称可提高运动成绩，而营养强化剂则通过进入完善的营养代谢途径来发挥作用。例如，补充额外的碳水化合物能够提高运动能力，那么就可以将碳水化合物视为一种营养强化剂。另外，摄入一水肌酸可以提高短跑成绩，且肌酸是食物的正常组分，所服用的肌酸会进入已知的代谢途径，故可将肌酸视为营养强化剂 [1-3]。非营养强化剂是指既非营养素，也非其他具有营养特性的产品（由于生产商未明确指明其成分，其来源通常未知）。最常见的非营养强化剂是合成代谢类固醇。

多数情况下，强化剂所宣称的功能增强的效果都是言过其实的。鉴于许多强化剂都被视为食物、营养素或基于营养素的产品，政府机构较少控制管理此类宣传。已出版的科技著作是唯一真实可信的信息来源，大部分均可通过美国国立卫生研究院营养补剂办公室（Office of Dietary Supplements of the National Institutes of Health）的网站（http://ods.od.nih.gov）来查询。即使发现产品有功能增强的作用，通常也只是安慰剂效应：若某一款产品被消费者认为是有效的，即便毫无确切的生物学依据，也会表现出"效果"。

其他情况下，运动能力之所以有所提高，是源于这些产品提供了运动员经常食用的食物中所缺乏的化学成分或营养素。例如，健美运动员常常摄入蛋白粉或氨基酸粉以帮助增加肌肉量。然而，研究证实，相比这些人摄入的蛋白质的量，身体对蛋白质的利用率是非常低的。身体利用蛋白质满足肌肉生长与维护组织所需的量，目前认为是每千克体重 1.5~2.0 g 蛋白质，且每餐不宜超过 30 g[4-5]。然而，许多服用蛋白质补剂的运动员其蛋白质的摄入量往往超过每天每千克体重 3.0 g，且蛋白质的单次摄入量高于 50 g。过量摄入的蛋白质将作为能量进行燃烧或以脂肪的形式储存起来，并非用于构建更多的肌肉。众所周知，健美运动员摄入的能量往往不足。虽然并非完全不可能，但能量不足会使他们很难获得更多的肌肉量[6]。因此，摄入的多余蛋白质表现出的功能增强作用似乎源于蛋白质提供的额外能量（有助于支持现有组织），而非基于蛋白质潜在的组织构建效应。然而，通过摄入蛋白质来满足能量需求并不是一个好的策略，因为这个过程必然需要排泄氮，这将使不良的水合状态更加严重。

很多强化剂，无论是已知的营养素还是所谓的营养素，都可轻易获得。以维生素 B15 为例，其并非公认的维生素，而且尚无官方定义，因缺少活性成分的标准，不同制造商的产品中含量也有所不同。许多作为强化剂销售的草药，其所含的化学成分或活性成分尚不明确。商场和更衣室里有太多关于这类产品的虚假宣传信息，消费者应十分小心。至于所谓的强化剂，其合法性也令人怀疑。研究表明，这些产品中相当一部分（多达 25%）含有禁用的

许多运动员服用宣称可提高力量或耐力的产品，但这些产品很少具有其宣传的功效

强化剂简史

"公元前 776 年，第 1 届奥运会在希腊举办。从记录古代运动员特定的训练和膳食计划的文献中我们了解到，他们中的一些人通过食用致幻蘑菇和芝麻种子来提高成绩。虽然现代奥运会始于 1896 年，但是直到 1922 年，才开始对奥运会运动员的饮食和训练进行科学及医学研究。……1889 年，法国生理学家查理·爱德华·布朗-塞加尔（Charles Edward Brown-Séquard）宣称通过自我注射睾丸提取物逆转了其自身的衰老过程。1935 年，人类首次合成睾酮（一种主要的男性激素）；20 世纪 40 年代，运动员开始服用合成代谢类固醇，以增加他们的肌肉量。整个 20 世纪 50 年代和 60 年代，运动员都在广泛使用苯丙胺类物质和合成代谢类固醇。考虑到这一趋势，国际奥林匹克委员会（IOC）于 20 世纪 60 年代早期下令禁止奥运会运动员使用苯丙胺类物质和合成代谢类固醇。正式的药物检测始于 1968 年奥运会。1988 年，由于检测结果显示其应用过口服合成代谢类固醇，加拿大的奥运会短跑运动员本·约翰逊（Ben Johnson）的金牌被取消，这是首次由于使用违禁药物而取消奥运会田径运动金牌获得者的资格。"

[经授权引自：Silver MD. Use of ergogenic aids by athletes. J Am Acad Orthop Surg, 2001, 9(1): 61-63]

物质，但标签上并未列出，这可能会给运动员带来违禁物质血检或尿检不合格的风险[7]。通常，运动员应该避免关注"灵丹妙药"对成绩提高的作用，而应采取更实际的方法，通过平衡膳食来为生长发育、运动和维持组织提供充足的能量和营养素。

强化剂的分类

　　强化剂可分为若干类别，包括物理强化剂、药理强化剂、生理强化剂、营养强化剂和心理强化剂（表 4.1）。本章讨论药理强化剂和营养强化剂。尽管关于摄入具有功能强化特性物质所导致的相关问题已有很多报道，但很多运动员仍在继续承受着这些不必要的风险。服用合成代谢类固醇的副作用较多，有些可能不可逆转，这些副作用包括高血压、导致跟腱断裂的发育异常、肝脏肿瘤、精神障碍（类固醇性躁狂症）、多毛症，女性阴蒂肥大和声音低沉，男性胸部发育、睾丸萎缩与性无能，以及可导致青少年身材较矮小的骨骺过早闭合[8]。此外，服用大多数的营养强化剂是为了补充膳食摄入的不足；而这些饮食缺陷均可通过简单地改变饮食和水分摄入得以矫正，且成本更低、更安全、更有效。比如，源自蛋白质和氨基酸补剂的氨基酸，其价格比摄入一小片鸡肉或猪肉贵 10 倍，而且后者十分安全。

表 4.1　强化剂的类别和示例（包含允许使用的和禁止使用的）

类别	示例
物理强化剂	提高力量的力量训练器材、轻量型跑鞋、提高肺部气流的鼻贴和用于提高力量的跑步阻力伞
药理强化剂	雄性类固醇激素（及其前体）、高剂量营养补剂（维生素和矿物质）、具有药理效应的准营养物质（除营养效能外，正常摄入量还会引起其他药理效应）
生理强化剂	血液回输、桑拿浴、按摩和其他形式的物理疗法
营养强化剂	碳水化合物负荷、运动饮料、咖啡因和所摄入食物中普遍存在的其他物质
心理强化剂	催眠、放松技巧、想象技巧、激励技巧

当然，还应考虑获取并服用特定物质的合法性。尽管合成代谢类固醇到处都可以买到，但却是法律规定的处方药，只能由医生为有临床症状的患者开具。安全问题也不容忽视，含有咖啡因和麻黄碱的产品曾引发数起死亡病例，在美国及其他市场均禁止销售麻黄及其相关物质[9]。关于强化剂的类别、潜在益处、副作用及其合法性的概述，见"强化剂的选择"部分。

关于各种产品所具备的功能强化益处的广告几乎无处不在，因此教练员和运动员很难分清哪些有效、哪些无效，哪些安全、哪些不安全。在购买补剂或强化剂之前应考虑以下几个方面[10]。

• 鉴于部分补剂可能对胎儿或婴幼儿有害，孕妇或哺乳期妇女应谨慎服用补剂。

• 同时服用某些药物和补剂可能产生很危险的相互作用，因此服药的人在服用补剂时应十分小心。

• 包括 ω-3 脂肪酸在内的一些补剂可能会抑制凝血功能。运动员在准备接受手术时，应关注所服用的补剂，并告知医生自己正在服用的补剂。

• 对作用尚未明确且听起来作用好得离谱的补剂应持谨慎的态度。宣传具有治疗作用或提供退款保证的补剂通常不太可能见效。

• 选择有美国国家卫生基金会（NSF International）、美国药典（U.S. Pharmacopeia）或消费者实验室（Consumer Lab）标识的品牌。这些标识证明补剂的确含有标签上所标注的成分，而且不含污染物、潜在有害成分或未在标签中列出的禁用物质。

• 许多在美国境外生产的补剂不受管制，可能含有潜在的有毒物质。

营养补剂的主要问题在于其成分难以确定。莫恩（Maughan）在 2001 年的研究显示，由于一些营养补剂可能含有诺龙（19-去甲睾酮，一种合成代谢类固醇）或其他违禁药物，运动员服用后可能导致其无法通过药检[11]。莫恩指出，在大量未能通过兴奋剂检测的案例中，很多运动员表示，他们认为所服用的草药补剂安全、合法，却并不知其中含有违禁成分。显然，运动员应扪心自问，服用补剂的风险是否胜过其潜在的获益。或许他们自认为并未违反体育组织委员会（如国际奥林匹克委员会或美国奥林匹克委员会）的规定，但这些组织对违禁物质的严格管控已上升至零容忍的程度。即便运动员不知道服用了违禁物质，一旦在运动员体内检测出违禁物质，就视为检测结果不合格。

碳水化合物作为强化剂

碳水化合物是运动中典型的有限能量底物（即碳水化合物先于脂肪和蛋白质被耗尽），因此运动员在运动开始前应储备充足的碳水化合物，这对于其在整个赛程中的表现都十分重要。保证充足的碳水化合物储备在任何运动项目中都能起到提高耐力和力量的作用。在高强度运动中，碳水化合物是肌肉工作的主要供能物质。而在低强度、长时间的运动中，脂肪则是主要的供能物质，但脂肪的完全氧化必须有碳水化合物的参与[12]。此外，机体储备脂肪的能力远远高于储备碳水化合物的能力，即便是最瘦的运动员也是如此。在任何一项运动中，碳水化合物摄入不足都将导致运动员的体能急剧下降[13-14]。因此，碳水化合物负荷法的目标就是让机体达到最高水平的碳水化合物储备量。关于碳水化合物负荷法的更多信息请参见第6章。

碳水化合物负荷法并非适用于所有的体育运动和活动。必须牢记，机体每储存 1 g 糖原，就必须同时储存约 3 g 的水。糖原和水摄入较多可能导致一定程度的肌肉僵硬。在诸如体操和赛车等体育项目中，灵活性十分重要，因此碳水化合物负荷法可能会给这类运动员带来一些麻烦。也有人认为碳水化合物负荷法对男性的益处多于女性。一项研究比较了男性和女性在摄入较高水平的碳水化合物后的结果，发现男性的糖原储备和体能均有所提高，然而女性却因脂质氧化速率高于男性，以及蛋白质和碳水化合物的氧化速率低于男性，所以无法达到与男性相同的提高水平[15]。

不同的碳水化合物其功效也有所不同。葡萄糖聚合物产品（包括市售的体育专用运动凝胶和多糖）和麦芽糖糊精（存在于许多运动饮料中）经消化后易分解为葡萄糖，葡萄糖似乎比其他碳水化合物更易被吸收并转化为糖原。可参见第3章以了解更多关于运动凝胶的信息，运动凝胶主要在比赛过程中与液体合用来作为水合方案的一部分。不过，面条、面包、大米和其他谷物中所含的淀粉亦能有效地增加糖原储备[12,16]。

不同形式的碳水化合物的消化速率不同，转换成葡萄糖并进入血液的速率也不同。一项评估血糖上升速率的研究中，研究对象被分为 3 组，在进食一餐高碳水化合物食物后 2.5 小时，第一组补充一支高血糖指数的棒棒糖，第二组补充一支低血糖指数的棒棒糖，第三组不补充任何食物，然后 3 组研究对象同时完成 90 分钟的自行车骑行。研究结果显示，第二组研究对象的血糖和胰岛素水平均高于其他两组；第三组的游离脂肪酸（FFAs）水平最高，而在骑行期间，第二组的游离脂肪酸水平高于第一组。根据该研究结果，建议运动员摄入低血糖指数的食物，从而在运动中延长食物供能的时间（并因此提高耐力）[17]。

运动前摄入葡萄糖聚合物溶液的运动员在进行 1 小时需要最大力量的运动期间，其力量的下降幅度比摄入无热量安慰剂的运动员要小。而如果运动员在运动期间将等量的葡萄糖聚合物以每隔 15 分钟一次的方式分次摄入，则没有明显的效果。这提示在运动前摄入葡萄糖聚合物可提升运动表现，而在运动期间摄入则没有强化效果[18]。

提高力竭式运动后肌糖原的恢复速度，对体力的恢复及运动能力的提高十分重要，尤其是在运动员必须连续数天进行比赛时。在 2~3 小时的高强度（60%~80% 最大摄氧量）运动中，运动员可能发生糖原耗竭，而在极限强度运动中，运动员会更快地出现糖原耗竭。除导致体能降低外，肌糖原水平过低还可能增加运动员的受伤风险。在足球和曲棍球等项目中，高强度的训练和比赛更容易造成糖原耗竭，比赛或训练期间补充碳水化合物是避免糖原耗竭的合理策略。在此类运动项目及其他类似的项目中，许多运动员在比赛期间只摄入水，从而失去了一个重要的提高运动能力的机会[19]。

训练结束后，运动员应摄入适量的碳水化合物类食物（推荐摄入量为 1 g/kg）以减少蛋白质的分解，帮助合成蛋白质。训练后未及时补充碳水化合物会导致不必要的肌肉分解，降低阻力训练的效果[20]。

一水肌酸

肌酸是一种由精氨酸、甘氨酸和甲硫氨酸构成的化合物，可与磷酸分子结合生成磷酸肌酸（Phosphocreatine，简称 PCr）。磷酸肌酸作为一种能量储备物质，用于维持高强度运动（例如 ATP 迅速消耗的短跑项目）期间腺苷三磷酸（ATP）的水平（图 4.1）。ATP 是细胞的高能燃料。人们普遍认为，肌肉中肌酸水平较高的运动员更容易维持体内高能化合物 ATP 的水平，他们在高强度运动中的耐疲劳能力更强[12,21]。一水肌酸（Creatine Monohydrate，简称 CrM）是肌酸的补剂形式，连续 5~7 天每日摄入 20 g 一水肌酸可使肌肉的磷酸肌酸含量增加 50%。该摄入量可使每千克干肌肉中肌酸的储备量接近 160 mmol 的理论上限值[22]。

除了可以利用 3 种氨基酸在细胞内合成肌酸，我们还可以从肉类中获得肌酸 [注：英语中 "creatine"（肌酸）一词的希腊词根为 "creas"，意思是肉类]。然而，正常的烹饪方法很容易降低食物中的肌酸水平，或使这种多肽变性。因此，熟肉中的肌酸含量相对较低。为了避免单纯从饮食摄入而导致肌酸摄入量的不规律，许多运动员定期服用一水肌酸补剂来补充肌酸。资料表明，一水肌酸对高强度运动表现可产生微小但显著性的改善[3,23-25]。在阻力训练初期，一水肌酸也可以促进力量的提高，但效果可能要在随后的比赛中才能体现出来[26]。部分证据提示一水肌酸可以使耐力增强，不过这很可能体现在耐力比赛中的无氧运动部分，例如 10 公里跑或马拉松比赛的最后冲刺阶段[27-28]。同样，一水肌酸之所以有效有时可能是由于运动员中较

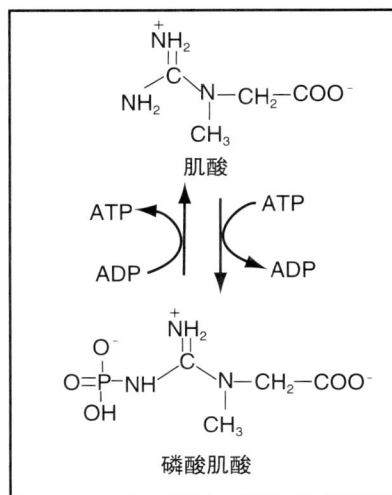

图 4.1 磷酸肌酸生成 ATP

为常见的总能量（热量）摄入不足[29]。一项有关重复跳高的研究显示，在持续进行最大高度跳跃时，补充 250 kcal 的碳水化合物比补充一水肌酸更有效。此外，使用碳水化合物维持体能不会造成体重增加，而补充一水肌酸却会明显增加体重[30-31]。正如前文所述，能量摄入不足是运动员面临的主要问题之一。能量摄入充足的运动员可能无法从这些补剂中获益，但是这一推论尚无充分的证据证实。

通常一水肌酸的每日摄入量为 10~28 g，分 4 次服用。例如，如果每日摄入 10 g，则应每日 4 次，每次 2.5 g。运动员的体重越轻，每日的补充剂量越小。有证据表明，连续 5 天摄入肌酸补剂后，肌肉组织中的肌酸达到饱和状态[32]。因此，连续补充肌酸不应超过 5 天，并应在连续补充之后停用 5 天。每个月之内只要有 5 天补充肌酸可能就足以使肌肉组织中的肌酸达到饱和状态[3, 33]。肌肉中的肌酸储备可引起水潴留，从而增加体重[3]。

有研究人员对补充一水肌酸和热调节问题进行了评估，但研究结果不明确。此外，以往研究中的运动时间较短。在炎热潮湿的环境下，当运动时间超过 60 分钟时，人体出现过热的风险最高。但那些评估摄入一水肌酸是否会影响耐热能力的研究，并未让运动员达到如此极限。在理想的情况下，未来对一水肌酸的评估应该在补充后检测肌肉中肌酸储备的增加量，以及在湿热环境下对人体施加更长时间的压力，以确定肌酸对热应激的影响。

目前，尚未有研究针对儿童、青少年或成年人长期补充一水肌酸的安全性进行检测，也无可靠的证据表明补充肌酸会对健康成年人造成危害，也没有关于儿童长期补充一水肌酸的安全性的研究结果。运动员必须自己确认补充肌酸是否适合自身的情况。谨慎的做法是，在补充肌酸之前，运动员应先确保自身的能量（热量）摄入是充足的。否则，只须简单地增加能量摄入就可能足以改善运动员在重复性的高强度运动中的表现。

甘油

甘油（也称为丙三醇）是一种三碳单脂，其代谢方式与碳水化合物相似。甘油的三碳结构与游离脂肪酸结合形成甘油三酯。甘油是一种有效的保湿剂，具有大量吸水的能力。由于这种吸水的特性及可以简单且完全地代谢供能，过去有很多耐力型运动员将甘油用于超水合作用（增加身体内水分的储备量，使之超过正常水平）。现在，世界反兴奋剂机构（WADA）已将甘油列入禁用物质清单。

体内水分的增加可导致一定程度的肌肉僵硬，使一些运动员感觉不适。的确，在赛前补充含甘油的液体后，运动员经常抱怨感觉僵硬、动作迟缓，至少在比赛刚开始时会有这种感觉。但是，这些运动员之中有很多人表示，比赛结束后身体脱水较少所带来的益处远远超过比赛开始时灵活性下降所带来的不利影响。当其他运动员出现脱水和过热症状时，这些运动员表示在比赛的关键时段他们感觉更清醒。

警告：尽管许多耐力型运动员采用甘油盐水（即含有甘油的水）来提高其水合状态，但是这类液体的安全性尚未得到充分的证实。甘油是正常的饮食成分，且易于代谢，所以少量甘油不会造成任何不适。服用的剂量过高则可能导致头痛、视物模糊等症状[34]。而且，水分潴留在心血管系统内所带来的额外的压力程度尚不明确。

鉴于脱水导致的不利影响，以及利尿药能降低尿液中类固醇和其他违禁物质的生物标志物的浓度，国际奥林匹克委员会已禁止运动员服用利尿药。甘油曾被归类为利尿药，但由于人们普遍认为 1.0~1.5 g/kg 的甘油剂量不可能产生利尿效果，美国奥林匹克委员会于 1997 年将甘油从该禁令中移除。

人们并未就甘油盐水的最佳摄入方式达成广泛的共识。体重为 155 lb（70 kg）的运动员在运动前 2.5 小时摄入约 2 L 液体时，甘油的推荐摄入量如下[35]。

- 按照 5 ml/kg 的量摄入 20% 的甘油盐水。
- 30 分钟后：按照 5 ml/kg 的量饮水。
- 再过 15 分钟：按照 5 ml/kg 的量饮水。
- 再过 15 分钟：按照 1 ml/kg 的量摄入 20% 的甘油盐水，按照 5 ml/kg 的量饮水。
- 再过 30 分钟：按照 5 ml/kg 的量饮水。
- 1 小时后开始训练。

尽管有确凿的证据表明，比赛期间摄入浓度为 6%~8% 的碳水化合物溶液对于提升运动表现的效果更好，但对于持续时间超过 2 小时的赛事，比赛前和比赛期间每小时摄入 400~800 ml 5% 的甘油盐水的效果也很好。但请记住，近期世界反兴奋剂机构已将甘油列为禁用物质，所以运动员不应再使用。

碳酸氢盐（苏打中的碳酸氢钠或重碳酸盐）

理论上碳酸氢钠可以中和无氧代谢产生的乳酸的酸性。假设事实确实如此，那么这将使运动员长时间地保持力量或体能[36]。很多运动以无氧代谢为主，那么部分运动员似乎可以通过摄入碳酸氢盐而受益。然而，研究结果十分复杂，体内水分充足的运动员似乎无法通过补充碳酸氢盐而获得理论所预期的益处。

实际上，碳酸氢钠中的钠可能比重碳酸盐（酸缓冲物）更有用。钠是一种能够帮助增加或保持血容量的电解质，它可创造一个更大的缓冲空间（即更多的液体），使肌肉能够排出高强度运动所产生的多余的酸性物质。如果把无氧活动产生的酸比作糖块，把血容量比作一杯水，那么就可以清楚地了解钠的作用。就像往半杯水里放入一块糖，糖的浓度肯定会高于往一整杯水里放入一块糖的浓度。摄入碳酸氢钠会产生潜在的副作用（包括严重的胃肠道不适和恶心），因此运动员在应用这类潜在的强化剂前必须慎重考虑。

1993 年的一项研究中，10 名大学赛艇队选手在 2000 米计时赛开始前 1 小时，以每千克去脂体重 300 ml 的比例摄入碳酸氢钠（$NaHCO_3$）。与服用安慰剂的人相比，他们在比赛中的力量、总运动量和速度均有显著提高[37]。但在另一项研究中，6 名受过训练的男性以每千克去脂体重 300 ml 的比例摄入碳酸氢钠（$NaHCO_3$）。在力竭式的阻力训练前后及训练过程中进行测试,结果表明他们的体能并无明显的改善[38]。在一项研究中,男性和女性中距离赛跑运动员每 3 天进行 1 次 1600 米跑,共 4 次,其中 3 次 1600 米跑前 2 小时分别补充不同的补剂:以 300 mg/kg 的比例补充碳酸氢钠($NaHCO_3$),以 500 mg/kg 的比例补充柠檬酸钠,或 1 片安慰剂(碳酸钙),此外有 1 次 1600 米跑作为对照。结果显示,碳酸氢钠和柠檬酸钠对跑步速度没有影响,大多数运动员反而抱怨感到不适。由此可见,让大多数运动员产生不适感的物质是重碳酸盐[39]。

蛋白质和氨基酸

氨基酸是蛋白质的结构单位。不同数量的氨基酸以不同的排列方式组合在一起,产生不同性质的蛋白质。例如,头发中的蛋白质有其特定的氨基酸序列,而肌肉中的蛋白质其氨基酸序列又是另外一种形式。当蛋白质分解时,就会释放一系列构成该种蛋白质的氨基酸。

很多运动员会服用蛋白质补剂或氨基酸补剂,他们认为这样可促进肌肉强化。然而,运动员的膳食评估证实,这些补剂之所以有效是因为这些补剂使运动员的热量需求得到满足,而不仅仅是促进肌肉量的增加。鉴于大多数情况皆是如此,大多数运动员会发现,与服用蛋白质或氨基酸补剂相比,进食更多的食物来获取所需的热量更为简单、便宜和安全。就代谢而言,研究表明人体每千克体重仅需 1.5 g 蛋白质[40-41]。蛋白质的需要量与个体的去脂体重直接相关,并且其中只有很小一部分蛋白质用于供能。综合来看,运动员对蛋白质的总需要量一般为每千克体重 1.2~1.7 g。摄入高于此需要量的蛋白质,多余的蛋白质将作为能量来源被代谢或转化为脂肪储存在体内。不应将蛋白质作为能量来源,因为其会产生有毒的含氮废物(如氨、尿素)。这种强制性的尿液排泄会增加水分的流失,增加发生脱水的概率。

咖啡因

咖啡因是一种存在于咖啡、茶、可乐、巧克力及其他一些食物、饮料和药物(表 4.2)中的甲基黄嘌呤。经证实,对于那些不习惯服用含咖啡因的产品的人,咖啡因能帮助其改善耐力表现[42]。咖啡因是一种中枢神经系统兴奋剂和肌肉松弛剂。近期国际奥林匹克委员会已将其从违禁物质名单上删除。很多研究表明,咖啡因的摄入能明显增加血浆中游离脂肪酸的浓度[43]。在低强度的耐力型运动中,游离脂肪酸的增加可提高细胞利用脂肪来供能的能力。由于人体会对摄入的咖啡因产生适应性,频繁、定期地服用咖啡因会降低其剂量效能。简言之,服用得越多,就需要服用更大的剂量才能达到同等的强化效果。最近一篇关于咖啡因对耐力型运动表现的效果的综述发现,咖啡因强化效果的平均提升率约为 3.2%±4.3%,而有些研究中提升率高达 17.3%[44]。强化效果的差异可能是由于受试者对咖啡因的耐受性或适应性不同。为了获得最大限度的运动表现的提升,建议运动员在比赛前至少 7 天不摄入咖啡因。过量摄入咖啡因会引起易激惹、失眠、腹泻和焦虑。此外,大量摄入咖啡因可能产生利尿作用，从而加重脱水状况。

表 4.2　常见食物、饮料和药物中咖啡因的含量

食物、饮料或药物	食用份量	咖啡因的含量 /mg
煮咖啡	250 ml	100~150
滴滤咖啡	250 ml	125~175
速溶咖啡	250 ml	50~70
意式特浓咖啡	250 ml	50~110
绿茶	250 ml	25~40
红茶	250 ml	40~60
可乐类饮料	360 ml	35~54
能量饮料	250 ml	80~150
黑巧克力	50 mg	20~40
牛奶巧克力	50 mg	8~16
咖啡因片（No-Doz）	一剂量片剂	200
安乃近（Anacin）	一剂量片剂	64
伊克赛德林（Excedrin）	一剂量片剂	130
百服宁（Bufferin）	一剂量片剂	0

注：240ml ≈ 8oz，360ml ≈ 12oz。
引自 USDA National Nutrient Database for Standard Reference, Version 21。

　　许多评估咖啡因的研究中，受试者在运动前约 1 小时补充咖啡因，剂量为 3~6 mg/kg。近期越来越多的研究在耐力型运动的最后阶段按 1~2 mg/kg 的剂量补充咖啡因[45]。简单地说，这相当于在马拉松比赛的最后一两个补给站给一名体重为 110 lb（50 kg）的运动员提供与一杯煮咖啡相等量的咖啡因。咖啡因的摄入剂量达到 3~9 mg/kg 或总量约为 250 mg，可提升耐力型运动表现，同时还可能提升短时间、高强度运动的运动表现[46]。尽管我们最初的推测是咖啡因可能通过刺激交感神经系统并促进脂肪酸的利用来节约有限的糖原储备，但咖啡因为何会有这种功能强化的效果，原因尚未明确[47-48]。这被称为兰德尔效应（Randle Effect），但尚未有研究证据证实[49]。作为一种中枢神经兴奋剂，咖啡因可刺激大脑，降低疲劳程度，从而使人体能持续保持高水平的表现。

　　尽管咖啡因在提升耐力型运动表现中的强化效果获得越来越多的研究证据支持，但关于咖啡因提升高强度运动表现的数据十分有限。一些研究未发现咖啡因可以影响短距离自行车赛的运动成绩，但有一项研究发现，咖啡因有助于提升间歇性骑行（2 分钟冲刺后休息 4~5 分钟）的运动表现[50-51]。与通常的观点不同，按正常剂量摄入时咖啡因没有利尿效果[52]。咖啡因之所以被误认为有利尿作用，很可能是由于它通常随液体摄入，而液体本身（即便不含咖啡因）就有利尿作用。

现在国际奥林匹克委员会不再禁止使用咖啡因，运动员们开始且更为频繁地使用咖啡因，尤其是在耐力比赛的最后阶段，当肌肉疲劳和神经疲劳均已显现出来时，咖啡因可以唤醒运动员。除定期使用咖啡因所产生的依赖性问题（中断使用会产生烦躁、头痛和情绪不稳定）以外，咖啡因是一种相对安全的物质[53]。

肉碱（通常为左旋肉碱）

左旋肉碱是 β-羟丁酸的通用名称，早在 1900 年代早期人们就在肌肉中发现了 β-羟丁酸这种季铵类物质。它主要参与将细胞内长链脂肪酸运输至细胞内线粒体的过程，使长链脂肪酸在线粒体中代谢。肉碱通过改善动脉壁内脂肪酸的氧化作用来增加血流量，并可去除氨的毒性，而氨是早期疲劳时蛋白质分解所产生的副产物之一[54]。身体可通过赖氨酸和甲硫氨酸合成肉碱，且所有的肉类和乳制品中均含有大量的肉碱，所以通常不会出现肉碱缺乏的情况。该物质缺乏的高发人群是不吃乳制品的素食主义者。只要摄入足量的肉制品或乳制品，几乎没有必要服用较为昂贵的补剂。尽管未有试验证实，但在高强度运动中纯素食主义者可能会因补充左旋肉碱而受益。

通常认为肉碱可以避免肌糖原的分解，减少乳酸的产生，但研究显示，肉碱并未在低强度的耐力型运动中发挥有益的作用[55]。然而一些研究已表明，无论是运动前即刻还是在运动前几天补充肉碱，均对剧烈运动有好处。通用剂量为每日 1~2 g，但左旋肉碱补剂的安全性尚未经过充分的检验。摄入的肉碱类型也十分重要。有报道称，DL-肉碱补剂（一类较便宜的肉碱产品）可能会导致肌无力[56]。因此，如果一名运动员坚持要服用此类补剂，那么只能使用左旋肉碱。

ω-3 脂肪酸

ω-3 脂肪酸通常作为非处方补剂来使用，但也可通过有规律地食用鲑鱼、鲱鱼和沙丁鱼之类的冷水鱼来轻松获得。这类脂肪酸有助于减轻肌肉酸痛，此外还有以下益处[43]。

•改善向肌肉和其他组织输送氧和营养素的能力。ω-3 脂肪酸可降低红细胞的黏稠度，从而使红细胞更容易向组织流动（注意：过量摄入 ω-3 脂肪酸会抑制正常的凝血功能，如果出现伤口，会引起失血过多）。

•通过提高氧的转运能力，从而改善有氧代谢。

•在正常刺激因素（运动、睡眠和饥饿）的作用下释放更多的促生长素（生长激素），从而具有促进合成代谢的作用，并可增强肌肉的恢复能力。

•减轻肌肉疲劳和用力过度引起的组织炎症，从而促进身体更快地恢复。

尽管有上述潜在的益处，但尚未有科学文献证实耐力的增强得益于摄入 ω-3 脂肪酸补剂[57-58]。然而，训练有素和未受过训练的运动员对 ω-3 脂肪酸的反应可能存在差异[58]。一项针对训练有素的足球运动员的研究发现，服用 ω–3 脂肪酸对运动员的表现没有任何益处。然而，一项针对未经过训练的男性受试者的研究发现，服用 ω–3 脂肪酸补剂的受试者对延迟性肌肉酸痛的疼痛感知程度较低[59]。

中链脂肪酸

椰子油和棕榈仁油中含有的中链脂肪酸（MCTs）是人体所需的营养物质中最常见的饱和脂肪酸。中链脂肪酸的碳链上有 6~12 个碳原子，远远短于所摄入的大多数甘油三酯中脂肪酸碳链的长度。这种差异及其水溶性促使这类特殊的脂肪能以不同的方式被吸收和代谢。当被肝脏快速吸收后，它们能快速氧化来为细胞供能[60]。此外，中链脂肪酸类油脂不需要左旋肉碱即可进入细胞线粒体内进行代谢（而其他脂肪需要左旋肉碱）[61]。中链脂肪酸类油脂的潜在益处包括以下几个方面[62-64]。

- 快速供能。
- 有助于动员体内储存的脂肪来提供能量。
- 加快代谢速率。
- 增加瘦组织（肌肉）的相对含量。

由于长期以来中链脂肪酸一直被使用且十分安全，中链脂肪酸类油脂在药店及保健食品商店普遍有售。多年以来，它们都被用作肠内营养（管饲）的能量来源。尽管摄入中链脂肪酸可增加血清游离脂肪酸的浓度，但针对中链脂肪酸对运动能力的影响所进行的评估研究却未发现其对体能有任何益处[62-64]。

人参

几个世纪以来，亚洲人一直将人参用于减轻疲劳。少数研究表明，人参的成分可以减少糖原消耗，并提高脂肪酸的氧化率[65]。给运动后的动物注射人参提取物，证明其可以缓解疲劳[65]。然而，一项观察连续 2 个月服用不同剂量人参粉末对人体影响的研究，结果并未表现出人参具有明显的强化作用。仅有少量的证据显示，服用人参提取物补剂可通过增加肌肉的供氧而改善耐力表现。有研究显示，连续 7 天，每天摄入 8 mg/kg 或 16 mg/kg 的人参不能提高极限强度和次极限强度的自行车运动成绩[66]。

槲皮素

槲皮素是一种食源性类黄酮多酚，可能具有功能强化的功效。尤其是有少量的证据显示，槲皮素可以防止活性氧（Reactive Oxygen Species，简称 ROS）的过度聚积，从而对中枢神经系统产生积极的影响，同时还可以增加骨骼肌细胞中的线粒体含量（线粒体是细胞中能量代谢的工厂）。槲皮素是一种天然物质，存在于橄榄、橄榄油、苹果、洋葱、茶和红酒中。服用后 1~3 小时，组织中槲皮素的浓度达到峰值，并可在随后的 6~12 小时维持在较高的水平 [67]。槲皮素的血浆浓度似乎不受性别、年龄或健康水平的影响，有证据表明，补充槲皮素可提高所有年龄组受试者血浆内的槲皮素浓度 [68]。其较高的血浆浓度可能有助于将血液及其成分持续输送至工作肌肉和汗腺处，从而有助于增强运动员对抗脱水的能力。食源性摄入和补剂摄入对血浆槲皮素的影响均提示，可能需要常规摄入含槲皮素的食物和（或）补剂才能维持槲皮素的血浆浓度。刺山柑（Capers）是已知的槲皮素含量最高的食物（每摄入100 g 可获得 180 mg 槲皮素），但此含量远低于达到理想抗氧化效果所需的水平 [69-72]。因此，为取得积极的效果，似乎有必要定期摄入富含槲皮素的食物。

剧烈运动增加了一些代谢活动出现的可能性，包括以下几个方面。

• 乳酸堆积增加，导致运动疲劳和延迟性肌肉酸痛（Delayed-Onset Muscle Soreness，简称 DOMS）。

• 血糖水平和肌糖原含量显著降低，产生运动疲劳并需要降低运动强度。

• 通过测量各种组织细胞中产生的活性氧（ROS）可知，氧化应激加强，进而改变了细胞的结构和功能。

• 自由基生成量增加（与氧化应激有关），并可能因改变细胞结构和功能增加患癌风险。

白藜芦醇

在主流文献中，白藜芦醇（resveratrol）被描述为一种"可以使未经训练的人表现得像训练有素的运动员"的物质 [73]。一项以小鼠为对象进行的研究发现，普通的实验室小鼠在达到力竭前能在跑步机上跑 1 km，而给予白藜芦醇的小鼠能跑 2 倍的距离且心率较低，与经过有氧训练的运动员的表现类似 [74]。在其他小鼠和大鼠实验中，白藜芦醇表现出抗癌和抗炎的特性 [75-76]。它也被发现可降低血糖水平，并具有其他一些积极的心血管效应。尽管对啮齿类动物有效，但这些结果尚未在人类的研究中得到证实。

白藜芦醇存在于红葡萄皮中，因此也是红葡萄酒的一种成分。在将葡萄汁转化为葡萄酒的过程中，白藜芦醇的含量增加了近 1 倍 [77]。它可以自日本紫菀中提取或合成，用于制成营养补剂 [78-79]。白藜芦醇还存在于包括可可粉和花生在内的一些食物中。

运动员对白藜芦醇的抗炎活性尤为感兴趣。有证据表明，白藜芦醇的抗炎效果优于阿司匹林和布洛芬 [80]。一项动物研究发现，注射白藜芦醇可有效减轻组织炎症，减少与关节炎相关的软骨破坏 [81]。

白藜芦醇可能具有明显的促进健康的特性，但关于白藜芦醇对人类作用的评估较少，目前尚无法做出推荐性建议。运动员应该关注这一类后续必将进行的人体试验，以确定这种食物中的天然成分是否具有确切的功能强化的功效。

槲皮素是一种抗氧化剂,可能会缓冲活性氧的过度聚积及自由基的生成。通过这个过程,槲皮素可以增强细胞正常的新陈代谢来维持剧烈运动。一些研究通过与未补充组相比较,表明槲皮素可以提高力量、最大力量、速度和耐力[68-70]。尽管这些研究结果支持补充槲皮素具有潜在的益处,但关于槲皮素有效性的科学研究结果并不一致。近期的一些研究也发现,补充槲皮素无益于运动表现的提升,甚至可能对运动表现产生不利影响[82-83]。其中一项研究发现,补充槲皮素组与未补充槲皮素组的比赛完成时间无显著性差异,而且氧化应激指标和抗氧化活性也无显著性差异。在完成耐力比赛的 39 名选手中,大多数(21 名)完赛选手来自未补充槲皮素组。

总之,以上这些研究表明,在未来槲皮素可能会被证实对运动员有一些益处,但其摄入方式(食物还是补剂)、最佳摄入量和最适宜的摄入时间尚未确定。鉴于补剂的潜在负面影响,建议运动员经常食用富含多酚类抗氧化剂的食物(通常是新鲜的水果和蔬菜,以及橄榄或橄榄油),而放弃摄入高剂量的槲皮素补剂。

强化剂的选择

很多产品都在无休止地宣传其提升体能的功效。然而大多数产品都没有证据证明,营养良好的运动员因为服用了这些产品而达到广告所宣称的效果。(相反,往往是产品的生产商和经销商因此而大获收益。)运动员在试用强化剂前,应当仔细评估自身的膳食摄入量是否充足。这些产品较为昂贵,并且只有很少的一部分产品接受过充分的安全性检测,其成分往往不可知,至于有效成分的准确剂量更不确切。此外,补剂产品中杂有违禁物质的情况也确实存在。最常用的强化剂及其效果见表 4.3。

表 4.3 作为运动员使用的强化剂的常用物质概述

补剂 / 策略	宣传效果	研究结果	副作用	合法性
酒精	缓解焦虑	无效	极度不利	射击比赛中禁用
氨基酸:精氨酸、鸟氨酸、赖氨酸	刺激生长激素合成,促进肌肉生长	无效	未知	合法
苯丙胺类	缓解疲劳,抑制食欲	部分有效,部分无效;部分有利	极度危险	非法
合成代谢类固醇	增加瘦体重,提高运动动机和力量	效果明显	极度危险	非法
雄烯二醇	增加瘦体重,提高运动动机和力量	研究数量有限	未知	国际奥林匹克委员会禁用

补剂/策略	宣传效果	研究结果	副作用	合法性
雄烯二酮	增加瘦体重，提高运动机和力量	无效	极度不利	国际奥林匹克委员会、全美大学体育协会禁用
抗氧化剂	提高肌肉恢复能力并减少肌肉损伤	部分有效，部分无效；无明显益处	轻微	合法
天冬氨酸	促进游离脂肪酸的利用，从而减少肌糖原的消耗	部分有效，部分无效	轻微	合法
阿司匹林	缓解肌肉疲劳和肌肉损伤导致的疼痛	无效	轻微，大剂量使用可能导致消化道出血	合法
蜂花粉	增强力量和耐力	无效	可能出现过敏反应	合法
β-受体阻断剂	缓解焦虑，改善精细运动控制，降低有氧代谢能力	混合效应	极度不利	国际奥林匹克委员会禁用
血液回输	增强有氧代谢能力	效果明显	极度危险（增加血液黏稠度）	非法
硼	增加内源性类固醇的合成	无效	轻微	合法
支链氨基酸（BCAAs）	减轻中枢神经系统的疲劳	部分有效，部分无效	轻微	合法
咖啡因	增强肌肉收缩能力，改善有氧耐力，促进脂肪代谢	效果明显	轻微	合法
钙	增强肌肉收缩能力，改善糖原代谢	无效	轻微	合法
碳水化合物	提升运动表现，缓解疲劳	效果明显	轻微	合法
肉碱	增强脂肪代谢	无效	无	合法
胆碱	提高耐力	部分有效，部分无效	无	合法
铬	增加瘦体重	无效，除非先前存在铬缺乏	$400\ \mu g/d$ 为安全剂量，超过此剂量则存在危险	合法
白杨素	增加内源性类固醇的生成	无效	无	合法
可卡因	刺激中枢神经系统，延缓疲劳	部分有效，部分无效	极度不利，危险	非法

续表

补剂／策略	宣传效果	研究结果	副作用	合法性
辅酶 Q-10（泛醌）	延缓疲劳，抗氧化	无效	无	合法
辅酶 Q-12	改善有氧代谢能力，加速肌肉修复	无效	无	合法
肌酸	提高重复性高强度运动的耐力	有效，但无安全性方面的数据	短期无副作用，长期的副作用尚不明确	合法
脱氢表雄酮（DHEA）	促进内源性类固醇的生成	对健康的运动员无效	潜在危险	国际奥林匹克委员会和其他组织禁用
利尿药	减重，从而降低阻力	效果有限	潜在危险	国际奥林匹克委员会禁用
麻黄碱和相关物质	刺激中枢神经系统，延缓疲劳，促进体重减轻	无效	潜在危险	国际奥林匹克委员会和其他组织禁用，在美国和其他许多国家销售均属非法
麻黄碱加咖啡因	增加能量，刺激体重减轻	有一些效果	潜在危险，较高剂量可致死	被国际奥林匹克委员会和其他组织禁用，在美国和其他许多国家销售均属非法
红细胞生成素（EPO）	增强有氧代谢能力	效果明显	极度不利，危险	非法
液体	提高耐力	效果明显	部分人有发生低钠血症的风险	合法
叶酸	增强有氧代谢能力	无效	无	合法
γ-羟丁酸（GHB）	刺激生长激素的释放和肌肉生长	无明显效果	极度不利（与剂量相关），存在滥用风险	非法
人参	提高耐力，促进肌肉恢复	无明显效果	轻微，有关于滥用综合征的报道	合法
氨基葡萄糖	非甾体抗炎药的替代物，促进肌肉恢复	效果有限	无	合法
谷氨酰胺	提高免疫力和生长激素水平	能提高免疫力	无	合法
甘油	改善水合作用和耐力	有一些效果	轻微	合法
β-羟基-β-甲基丁酸（HMB）	减缓肌肉分解，提高恢复能力	研究有限，有少量增强力量的效果	无	合法

补剂/策略	宣传效果	研究结果	副作用	合法性
人类生长激素	对肌肉生长具有合成代谢作用，促进脂肪代谢	效果有限	极度不利，危险	非法
肌苷	促进能量生成，提高有氧代谢能力	无效	轻微	合法
铁	提高有氧代谢能力	无效，除非先前存在铁缺乏	轻微，高剂量具有毒性	合法
亮氨酸	减缓肌肉分解，节约肌糖原储备	研究数量有限；无效	无	合法
麻黄	刺激中枢神经系统，延缓疲劳，促进体重减轻	无效	潜在危险	国际奥林匹克委员会和其他组织禁用
镁	促进肌肉生长	无效，除非先前存在镁缺乏	高剂量时轻微	合法
烟酸	促进能量代谢，提高耐力	无效，除非先前存在缺乏	高剂量时轻微；长期极高剂量摄入与肝炎发生有关	合法
氧气	增强有氧代谢能力，改善恢复能力	无效	轻微	合法
磷酸盐	增加 ATP 的生成，促进能量代谢，提高肌肉耐力	部分有效，部分无效	高剂量时轻微	合法
植物固醇类	刺激内源性类固醇和生长激素的释放	无效	少量的数据；可能发生过敏反应	合法
蛋白质	优化肌肉生长和修复	随着运动量的增加，蛋白质的需要量轻度增加	无	合法
丙酮酸	增加瘦体重	无效	无	合法
D-核糖	增加细胞内的 ATP 和肌肉力量	无针对人类的研究	未知	合法
硒	提高抗氧化功能	研究数量有限；无效	高剂量时轻微	合法
碳酸氢钠	缓冲乳酸的生成，延缓疲劳	部分有效	轻微，高剂量时危险	合法
色氨酸	减轻疼痛感，提高耐力	部分有效，部分无效；对受训运动员无效	轻微，潜在危险	合法

补剂 / 策略	宣传效果	研究结果	副作用	合法性
硫酸钒	增加糖原的合成，提高肌肉的恢复能力	无效	轻微	合法
维生素 B_1（硫胺素）	提高能量生成，增强有氧代谢能力，提高注意力	无效，除非先前存在缺乏症	无	合法
维生素 B_2（核黄素）	增强有氧耐力	无效，除非先前存在缺乏症	无	合法
维生素 B_6（吡哆醇）	促进肌肉生长，缓解焦虑	无效，除非先前存在缺乏症	无	合法
维生素 B_{12}（氰钴维生素）	促进肌肉生长	无效，除非先前存在缺乏症	无	合法
维生素 B_{15}（二甲基甘氨酸）	促进肌肉中能量的生成	无效，可能会导致情况恶化	尚未证实，但对此方面的关注度日益提高	合法
维生素 C	作用相当于抗氧化剂，增强有氧代谢能力，促进能量的生成	无效，除非先前存在缺乏症	高剂量时轻微	合法
维生素 E	作用相当于抗氧化剂，增强有氧代谢能力	某些积极效果	轻微	合法
育亨宾	促进内源性类固醇的生成	无效	轻微	合法
锌	促进肌肉生长，增强有氧代谢能力	无效，除非先前存在缺乏症	轻微	合法

注：经授权引自 Ahrendt DM. Ergogenic aids: counseling the athlete. American Family Physician, 2001, 63(5): 913-922。

运动员应当谨慎选择使用强化剂。应向专业的医务人员（例如医生、营养学家或药剂师）进行咨询，以获得尽可能多的产品相关信息，并确定是否可以进行简单的膳食调整而不使用补剂。首次服用任何补剂时，都要仔细观察是否会发生胃肠道疾病或恶心症状，并在服用该补剂之后记录身体的感觉。大多数强化剂都是作用很强的化学制品，如果摄入量相当于我们正常饮食中即可获得的微小剂量，那么这些化学制品很容易被身体接受。如果为了达到强化效果而大剂量地摄入，那么它们对身体产生的影响将完全不同且无法预测。

显然，在本章涉及的所有强化剂中，碳水化合物是最易于改善耐力和体能表现的一种补剂。在尝试其他任何补充方案之前，运动员应首先摄入适量碳水化合物并补充大量的水。对运动员而言，或许这才是确保既摄入充足的总能量，又能恰当地摄入最易消耗的能量底物所能够做到的唯一重要的事。

运动员使用的一些强化策略——例如血液回输、使用红细胞生成素（EPO）、服用合成类固醇或人类生长激素等——被体育组织委员会和国际奥林匹克委员会广泛禁止使用。鉴于合成类固醇和其他违禁或非法强化剂的广泛使用，世界反兴奋剂机构于 1999 年成立，以免让使用这些物质的运动员获得不公平的竞争优势。自从世界反兴奋剂机构成立以来，大多数国家和国际体育管理机构，包括美国奥林匹克委员会和全美大学体育协会，均签署了世界反兴奋剂机构的条款，其目的在于以下两点[84]。

- 保护运动员参加无兴奋剂体育运动的基本权利，从而促进全世界运动员的健康、公平与平等。

- 在国际和国家层面上，确保反兴奋剂计划在兴奋剂的检测、对相关人员的威慑力与预防使用方面和谐、协调、有效地开展。

获取最为详尽和最新的被广泛限制和禁用的强化剂的清单，以及以提升运动表现为目的的违禁方法，请访问以下网站：www.wada-ama.org/en。

读者应该清楚，本书完全支持世界反兴奋剂机构的宗旨，本章探讨了强化剂如何促进运动表现的提升，但并不提倡使用这些物质。事实上，坚持营养和能量摄入与需求相匹配的健康运动员，很少需要其他强化剂的支持来提升其运动表现。

本章要点

- 即使一名著名的运动员声称他赢得金牌是因为使用了一种强化剂，那些宣称具有令人难以置信的效果的强化剂，以及缺乏或没有科学支持的强化剂也不太可能有效。这位运动员之所以出名，很可能是因为他做的其他每件事都是对的：一个好的训练计划，一名好的教练员，以及一个良好的营养计划。

- 市售的大部分强化剂产品未经过安全性检测。运动员可能会因假定的短期效果而损害长期的健康和运动表现。

- 最近的研究表明，以运动员为目标人群的强化剂中约有 25% 含有禁用物质且未在标签上列出。无论是有意还是无意，只要摄入了这些物质，运动员都将面临受到制裁的风险。运动员应该与他们的国家体育管理机构（例如，美国田径协会、美国花样滑冰协会）核实，获取安全、有效和不含禁用物质的补剂和强化剂产品的清单。

- 服用强化剂的运动员应选择标签上有"USP"（美国药典）标志的产品。此标志说明该产品通过了测评，可确保其成分和纯度。

- 许多强化剂之所以有效是由于弥补了膳食的不足，这种情形最常发生在能量摄入不足的情况下。在适当的时间摄入适宜数量的食物来获取充足的能量是实现最佳运动表现更为节约、安全、有效的策略。

- 没有任何强化剂可以替代适宜的液体摄入、良好的营养计划、适当的训练方案和充分的休息。

第二篇

获得
最佳运动表现的
营养因素

5

胃肠道功能与
能量传递

　　与非运动员相比，运动员显然需要更多的能量底物、液体、维生素和矿物质，所有这些重要的物质必须通过胃肠道（Gastrointestinal，简称GI）进行消化和吸收，以供器官和肌肉利用。因此，熟悉通过胃肠道进行营养素和液体供给的相关知识对运动员来说非常重要。比如，了解胃排空的规律，可以让运动员采取最佳策略，在摄入最大数量的能量物质、液体和电解质的同时，不会出现恶心和呕吐。了解营养素和液体的消化、吸收知识，可以帮助运动员寻求最佳方法，从而在维持血容量的同时，将所需要的营养素和液体提供给工作肌肉，二者都是取得良好运动表现的关键因素。基于胃肠道功能的最佳食物摄入策略可提升运动表现，同时将不规律进餐和结构不合理的膳食所造成的潜在不利影响控制在最低水平。例如，对于需要补充铁、钙，或者两者都需要补充的运动员，了解这些矿物质在胃肠道的吸收情况，可以帮助运动员制订出最佳策略，并将其纳入膳食计划。

　　这一章所讲述的内容是为运动员补充所需营养素和液体时需要考虑的问题。对运动员来说，目的是提供最急需的营养素，同时降低胃肠道不适的风险，尤其是在训练和比赛期间。这些信息有助于读者理解在运动和非运动情况下的胃肠道功能特点，从而让读者在各种情况下获得最佳的饮食策略。

胃肠道

　　食物是营养素的载体，胃肠道的工作就是将食物分解（即消化）为维生素、矿物质、能量底物等营养成分，并将这些营养素带入到血液和淋巴中，通过吸收和转运，供细胞利用。对营养素进行消化和吸收并将所吸收的营养素运送到身体组织，这个过程在食物进入口中的那一刻就开始了，然后在胃肠道内继续进行。在这方面，人类拥有惊人的效能。在通过胃肠道的过程中，食物被机械性地分解，又在化学物质的强大作用下释放出营养素，然后在酸性物质的作用下发生根本性变化，最后被压缩以便将残留物质排出体外。

口腔和食管

　　口腔和食管的健康对运动员来说非常重要，因为无论哪一部分出了问题，都必然会限制食物的摄入，从而影响营养素的摄入，最终导致营养不良。考虑到运动员所摄入的食物和运动饮料中简单碳水化合物的含量相对较高，这些食物有很高的致龋（即造成龋齿）性，建议运动员经常去看牙医，以确保牙齿和牙龈健康。另外，许多体育运动项目（比如举重）需要很强的腹部力量，这使运动员容易出现食管裂孔疝，该病容易引发食管炎。急性食管炎发作时患者会感到剧烈疼痛，出现吞咽困难，这必然会导致食物摄入受到限制。

　　从把食物放入口中起，消化进程的一系列活动就开始了。咀嚼将食物分成小块，使其可以更充分地与消化酶混合，然后唾液淀粉酶开始对碳水化合物进行消化（主要是将煮熟的淀粉转变为糊精和麦芽糖）。唾液和淀粉酶的分泌源于对食物的渴望，以及来自食物对视觉、嗅觉和味觉的刺激。放入口中的所有食物都会覆以唾液，唾液中含有糖蛋白黏液。这种黏液具有很好的润滑性，可以帮助食物通过食管滑入胃中，而不会引起不适感。口腔内的酸碱度接近中性（pH为6.0~7.0，表5.1），且食管内的酸碱度仍为中性。

表5.1　胃肠道内的 pH 范围

位置	pH
口腔	6.0~7.0（中性）
食管	6.9~7.1（中性）
胃	2.0~2.5（强酸性）
小肠	6.9~7.1（中性）
大肠	6.9~7.1（中性）

注：蓄电池酸液的 pH 为 1。

　　食物和饮料在口腔内的感觉和味道与运动员是否接受它们有很大关系。这些食物和饮料的特性通常是指它们的感官特性，其味道和口感会在运动期间运动员的口中发生变化，对运动员而言考虑到这一点很重要。因此，将坐在沙发上看电视时品尝到的一种运动饮料的味道，等同于在运动期间品尝到的味道是不合适的。简而言之，食物和饮料的味道与感觉在运动时与非运动时是不同的。如果你是一名自行车运动员，想要为下次比赛尝试一种碳水化合物凝胶，你应该在骑行一段时间之后品尝，否则你可能会在下次比赛时大吃一惊。总之，如果要尝试一种食物（无论是运动饮料还是零食），都要在进行运动的过程中来品尝。

胃

食物通过食管到达胃，在胃内进行其他的消化过程。当食物进入胃后，其所处环境的 pH 从 6.0~7.0 快速地变为 2.0~2.5。胃内这种类似于蓄电池酸液的强酸性环境使得一系列促进蛋白质消化的活动开始进行，同时继续进行在口腔内就已经开始的混合过程。胃内的特定细胞还产生内因子，它对于维生素 B_{12} 的吸收很重要。维生素 B_{12} 是新生红细胞生成所必需的物质，长期的维生素 B_{12} 吸收不良最终会导致恶性贫血。

胃的急性刺激（即胃炎）的风险因素包括过多地服用非甾体抗炎药（Nonsteroidal Anti-Inflammatory Drug，简称 NSAID）、过多饮用酒精饮料及年龄的增长。运动员发生胃炎的最常见的原因是经常服用非甾体抗炎药，这类药物可能会刺激胃黏膜。非甾体抗炎药中有处方用药（如萘普生）和非处方用药（如阿司匹林或布洛芬）。这些常用的镇痛药会减少胃中一种被称为前列腺素的保护性物质。当偶尔服用或短期服用，特别是与抗酸药或食物一起服用时，非甾体抗炎药通常不会引起很多的胃部问题。但是，经常服用可能会导致胃炎，并最终导致胃溃疡。运动员发生胃炎的其他可能的相关因素如下。

- 压力。
- 过度训练。
- 滥用酒精。
- 幽门螺杆菌感染。这种常见的细菌是大部分胃溃疡的病因。
- 服用可卡因。

胃排空是指食物和饮料离开胃的过程。高脂、高蛋白食物和饮料在胃内需要较长的时间来进行消化，并且也需要更多的时间进行处理。因此，比赛和训练前的膳食应该考虑到胃排空时间。为了使运动期间胃内不再有固体食物，高蛋白、高脂饮食应该在运动前至少 2.5 小时摄入完毕；而低纤维、含淀粉类碳水化合物的饮食应该在运动前至少 1.5 小时摄入完毕。食物的份量也会影响消化和吸收时间，运动前较小份量的食物更容易被运动员所接受。运动过程中，如果胃里有食物，运动员可能会出现恶心和呕吐。此外，饱胀感可能影响足量液体的摄入，从而导致脱水和热应激。自行车运动员因为较少进行上下跳跃式运动，或许能较好地耐受运动过程中胃内存在固体食物的状况。但是通常来说，所有运动员最好都不要在即将进行运动时进食。

下列已知的因素会影响胃排空 [1-2]。

- 摄入食物的体积。胃内容物的总体积越大，胃排空的速率越快，但是需要排空的量也会更多。
- 能量密度。能量密度越高，胃排空越慢。
- 碳水化合物的种类。葡萄糖的胃排空速率比其他单糖和双糖要慢。
- 渗透压（每单位体积液体中的溶质浓度）。饮料的含糖量越高，渗透压会越高，其胃排空速率就会越慢。

- pH。偏离中性的溶液会使胃排空减慢。
- 运动强度。运动强度越大，胃排空越慢。
- 压力。严重的心理压力会使胃排空减慢。

胃排空及其相关问题的更多信息请参见第 3 章。

小肠

小肠有 3 个不同的腔室：十二指肠（距离胃最近）、空肠（中间）和回肠（距离大肠最近）。摄入的食物经过胃的消化而形成液态食糜，然后进入小肠进行另外的消化过程，并被血液和淋巴所吸收。幽门瓣将胃和小肠分开。邻近幽门瓣的一小部分小肠是二价矿物质（包括铁、钙、镁和锌，它们对运动员而言都很重要）的主要吸收部位。（说明：此处的"二价矿物质"是指具有相似化学结构，且在相同的部位被吸收的矿物质。）

因为吸收部位的面积很小，所以这些二价矿物质被竞争性地吸收。因此，某一种二价矿物质的过多摄入可能会使整个吸收部位被占用，使该部位很难同时吸收其他二价矿物质。营养均衡的原则（即摄入过多不如刚刚合适）很重要。例如，女性运动员常会适当关注其体内铁的状态，但是频繁、高剂量地摄入铁可能会减少钙、镁和锌的吸收，从而引发其他一系列的营养问题。简而言之，二价矿物质的摄入策略对于优化营养健康是极其重要的，因为这些矿物质与肌肉功能、骨骼健康和运动表现密切相关。

在邻近十二指肠吸收矿物质的部位，胆管和胰管开口于小肠（胰管与胆管汇合形成一个单一的导管——胆总管）。胰腺受到促胰液素的刺激而分泌胰液，通过胰管将胰液释放到十二指肠。由于胰液的分泌量大（每天 20~27 oz，或者约 0.75 L），并且呈强碱性（pH 接近 8.0），因此它可以中和经过胃消化的食物的酸性。胰腺还产生以下几种消化酶。

- 胰淀粉酶，将淀粉消化成糊精和麦芽糖。
- 胰蛋白酶，将较大分子的蛋白质消化成较小分子的蛋白质或多肽。
- 胰脂肪酶，将脂肪消化成甘油单酯、游离脂肪酸和甘油。

当然，胰腺也产生高效的激素（β 细胞产生胰岛素，α 细胞产生胰高血糖素）以控制血糖水平。后面的章节将会对胰岛素和胰高血糖素进行充分的讨论。

肝脏会产生胆汁，胆汁在被机体利用前被储存在胆囊内。小肠分泌的缩胆囊素向上流入胆管，刺激胆囊将储存的胆汁释放进入小肠。胆汁是一种能够促进脂肪消化的强有力的乳化剂（乳化剂是一种独特的化学物质，其一端为水溶性，另一端为脂溶性）。脂溶性末端附着在脂滴上，水溶性末端包围着脂滴，这就使脂肪混合在水性环境中（并一直保持混合状态）。肝脏每天产生 17~37 oz（500~1100 ml）的胆汁，这有助于理解我们能够快速消化和吸收脂肪的原因。有趣的是，胆汁的成分中 50% 是胆固醇。脂肪摄入量越多，刺激产生的胆汁就越多，胆汁被其自身乳化的脂肪所吸收。这种越来越高的胆汁生成-吸收循环过程，导致即使在膳食胆固醇的摄入量为零的情况下，循环胆固醇的量也会增加。因此，与胆固醇摄入量相比，膳食中脂肪的摄入量才是造成高胆固醇水平的罪魁祸首。

小肠黏膜细胞（主要在十二指肠内）可分泌将双糖分解为组分单糖的酶。具体而言，这些双糖的分解要进行以下几个步骤。

- 蔗糖酶将蔗糖分解为葡萄糖和果糖。
- 麦芽糖酶将麦芽糖分解为 2 个葡萄糖分子。
- 乳糖酶将乳糖分解为葡萄糖和半乳糖。

这些看似不重要的消化酶是运动员需要考虑的重要因素，尤其是它们与运动饮料的成分有关。例如，由纯葡萄糖（细胞最基本的能量来源）提供全部能量的运动饮料会引发胃排空延迟，而且一旦被吸收，就会使血糖（葡萄糖）水平出现快速而短暂的升高。另一方面，可提供同等热量但含有蔗糖与葡萄糖的运动饮料则具有固有的优势，因为这类饮料可以在更长的时间尺度上维持血糖水平的稳定。饮料中低浓度的葡萄糖不会明显延缓胃排空速率，且葡萄糖会快速进入血液，但不会引起血糖水平急剧地升高。蔗糖会被消化为其组分葡萄糖和果糖，这是一个比较耗时的过程。在这个分解过程中产生的葡萄糖将和饮料中原有的葡萄糖一样继续被吸收，而果糖则会在肝脏内转化为葡萄糖（需要更长的时间），然后再进入血液。最终结果是血糖峰值水平较低，但葡萄糖会持续不断地进入血液，从而使运动员感觉精力充沛的时间更长。

营养素主要在十二指肠和空肠内被吸收，但是一些吸收过程也会在回肠和大肠内进行，不同营养素的吸收部位如下。

- 矿物质主要在十二指肠近端被吸收。
- 单糖和水溶性维生素主要在空肠内被吸收。
- 脂溶性维生素、氨基酸、脂肪、维生素 B_{12} 和胆汁盐主要在回肠内被吸收。维生素 B_{12} 在回肠的吸收需要胃壁细胞产生的内因子。如果存在内因子生成障碍，无论摄入多少维生素 B_{12}，都会出现维生素 B_{12} 缺乏性疾病（恶性贫血）。

小肠的内表面由微绒毛组成，微绒毛显著增加了小肠的吸收面积，从而使小肠能够高效吸收所摄入的能量底物，包括 98% 的可消化的碳水化合物、95% 的脂肪及 92% 的蛋白质。

大肠

大肠由 6 个部分组成，包括盲肠、升（右侧）结肠、横结肠、降（左侧）结肠、乙状结肠和直肠。小肠在盲肠处与大肠相连，而盲肠实际上是升结肠的起始部分。一个与盲肠相连的突出物称为阑尾，它没有具体的功能，但容易发生感染，也就是阑尾炎。大肠的主要功能是从粪便中重吸收水分，并排出剩余的相对干的废物。每天经饮食摄入和肠道分泌而到达大肠的液体大约有 5 gal（19 L）。如果不能充分吸收这些液体，机体就会出现脱水。下列因素共同维持着胃肠道的健康。

- 足够的膳食纤维，包括黏性（可溶性）和非黏性（不溶性）纤维。

- 最适宜的菌群。
- 足够的液体。
- 有规律的活动，体育运动。
- 含有适量叶酸的均衡膳食。
- 减少单糖的摄入。
- 避免细菌感染。
- 避免使用抗生素（抗生素可破坏肠道微生物的平衡）。（说明：当需要抗生素来消除感染症状时，应按照规定服用。但之后使肠道菌群恢复到正常状态很重要，可以通过服用益生菌或活菌酸奶来实现。）

　　大肠是细菌聚集的部位，其中很多细菌对于人体营养都是必不可少的。有些细菌可产生维生素 K（一种重要的凝血物质）。菌群对于大肠的正常功能也很重要，因为这些菌群可以产生帮助肠道蠕动的气体，并且可以协助消化某些特定的物质。摄入的某些食物可能会产生一种健康的菌群以压倒试图侵占肠道的"有害细菌"。例如，活菌酸奶经常含有保加利亚乳杆菌和嗜热链球菌，在发酵过程中这两类细菌将巴氏灭菌牛奶转化成酸奶。此外，一些酸奶还含有嗜酸乳杆菌和双歧杆菌。由于饮食和使用的抗生素不同，肠道细菌的数量也有所不同，并可占到粪便重量的一半以上。感染"有害"细菌时机体会产生一种刺激物，导致黏膜分泌的黏液量增加，大肠无法从粪便中重吸收水分，从而出现腹泻。当然，使用抗生素会干扰肠道内的正常菌群，常引起肠道功能异常，直到"有益"的细菌恢复为止。

　　大肠的常见问题包括便秘、腹泻、憩室病或憩室炎及结肠癌。当纤维摄入过少时，便秘、憩室病和结肠癌的发生风险增高；同时有证据显示，维生素 D 缺乏与罹患结肠癌有关[3]。为降低疾病风险和保持健康的肠道功能，膳食纤维的推荐摄入量为 20～35 g/d。目前，美国人的膳食纤维摄入量约为此推荐摄入量的 1/2。为了达到膳食纤维的推荐摄入量，运动员每天需要摄入至少 5 份新鲜水果和蔬菜、3 份全谷物，还要偶尔吃点豆类食物。由于纤维摄入过多会产生气体并导致腹胀，如果运动员未在恰当的时间摄入纤维，进而影响训练或比赛的话，他们就可能发挥欠佳。关于进食时机的选择，后文将会进行全面的探讨。

影响进食的因素

　　许多因素会影响进食，进而影响总的营养素摄入量。这些因素包括食欲亢进或减退，可能是暂时性抑郁或服用某些药物所致；微量营养素缺乏或过量而产生毒性，可能通过影响味觉敏感性而改变食欲；节食，即为了获得理想的体重或体型而故意减少食物的摄入；以及过度训练，这被认为是许多运动员的一个主要问题。

　　食欲减退　不论原因如何，食欲减退（厌食）都会影响进食量。如果持续时间较长，这可能导致营养不良。食欲同时受营养因素和非营养因素的影响。例如，家人去世通常会导致食欲下降，而锌缺乏也与食欲减退相关。高蛋白、高脂和低碳水化合物的饮食习惯等造成的碳水化合物摄入不足，可能引发一定程度的酮症，其症状为恶心和食欲减退。服用某些药物也会导致味觉改变或食欲减退，这两种情况都会导致能量和营养素摄入减少。

即使是一些看起来微不足道的轻微牙痛也可使食物的摄入量减少，至少会降低摄入食物的多样性，从而使机体无法达到最佳的营养素和能量摄入状态。龋齿、口唇疱疹、牙龈敏感、舌肿胀都可能使进食受限，从而使某些组织所能获得的营养素和能量受限。定期看牙医会解决上文所述的大多数问题。B 族维生素缺乏，特别是核黄素（维生素 B_2）、吡哆醇（维生素 B_6）缺乏，也可能导致口部和舌的问题，进而抑制食物的摄入。

食欲减退持续数日而不能缓解可能提示存在更严重的问题，包括癌症、肺结核、甲状腺功能减退症、心脏疾病、肺部疾病和肝病，所以不能长期无视。食欲减退和味觉改变的可能原因见表 5.2。

表 5.2　食欲减退和味觉改变的可能原因

食欲减退	味觉改变
神经性厌食症	苯丙胺类
癌症（结肠癌、卵巢癌、胃癌、白血病和胰腺癌）	氨苄西林
慢性肾衰竭	苯佐卡因
慢性肝病	氯贝丁酯
肝硬化	灰黄霉素
充血性心力衰竭	利多卡因
糖尿病	
情绪低落，神经质，孤独，无聊，紧张，焦虑，失落，抑郁	
人类免疫缺陷病毒感染（艾滋病）	
甲状腺功能减退症	
感染（任何发热性疾病，包括流行性感冒）	
药品和毒品	
• 苯丙胺类	
• 氢氧化铝凝胶	
• 抗生素	
• 柳氮磺吡啶	
• 化疗药	
• 可卡因	
• 可待因（或含可待因和对乙酰氨基酚的复方制剂）	
• 秋水仙碱	
• 镇咳药和感冒药	
• 洋地黄	
• 哌替啶（杜冷丁）	
• 海洛因	
• 吗啡	
• 拟交感神经药，包括麻黄碱	
• 他莫昔芬	
怀孕（孕早期）	

注：引自① New York Times: Health Section, 2010-10-30。② Mahan LK, Escott-Stump S. Krause's food, nutrition, and diet therapy. 10th ed. Philadelphia: W.B. Saunders, 2000: 401。

微量营养素缺乏或毒性　微量营养素对食欲也有影响，会导致难以解决的问题。缺乏任何一种维生素，如硫胺素，均可能导致食欲减退。由于这种缺乏症会导致食欲减退，所以很难通过增加食物摄入量来逆转这种情况。通常某一种营养素的缺乏会导致食欲减退、食物摄入减少，进而会导致多种营养素的缺乏。过量摄入营养素引起的毒性也可能降低食欲。例如，过量摄入维生素 A 会出现恶心的症状，这会直接影响食欲。摄入过量或缺乏可引起食欲减退的维生素和矿物质见表 5.3。

表 5.3　可影响食欲的维生素和矿物质

维生素	摄入不足	摄入过量
维生素 B₁（硫胺素）	食欲减退，精神抑郁	
维生素 B₂（核黄素）	舌溃疡，口腔溃疡	
维生素 B₃（烟酸）	食欲减退，虚弱无力	恶心，肝损害
维生素 B₆（吡哆醇、吡哆醛、吡哆胺）	舌溃疡	
泛酸	食欲减退，恶心（极少出现缺乏）	
胆碱		恶心，胃肠道不适
维生素 C（抗坏血酸）	牙龈出血	
铜		恶心（极少出现毒性症状）
锌	食欲减退，味觉改变，味觉减退	

节食　节食意味着限制食物的摄入。有些食谱通过减少摄入所有种类的食物来达到这一目的；而另外一些食谱则鼓励摄入某些能量底物（通常是蛋白质和脂肪），同时限制其他底物（通常是碳水化合物）的摄入。不论膳食计划如何，大多数的节食方法都需要大幅减少热量的摄入，这最终会导致瘦组织的减少、体能的下降以及运动表现的下滑。热量摄入的急剧减少会导致瘦体重减少，代谢率降低。这会迫使人们吃得越来越少，以适应代谢率的不断下降。从某种意义上讲，这种低热量膳食已变为低营养膳食，长此以往运动员会面临营养摄入不足相关的潜在危险。

过度训练　过度训练会导致一系列的问题，包括失眠、患病频率增加和食欲减退。任何影响食物摄入的因素都可能对营养状况和能量摄入产生严重的影响，进而影响运动表现，并使运动员的患病风险增加。过度训练的运动员可能表现出以下症状：夜间失眠、持续疲劳、反复生病、食欲减退、体重下降和情绪大幅波动。

影响营养素消化和吸收的因素

许多因素会导致消化不良或吸收不良，任何一种情况都会影响细胞所需营养素的供给。应当注意的是，上消化道（即口腔或食管）的问题很可能引发一系列的胃肠道问题。例如，与食管炎（由于反复呕吐、经常饮酒或胃反流刺激食管所致）有关的疼痛可能会抑制正常的饮食模式，以致改变正常的排便习惯，从而导致便秘、结肠炎，以及脱水。其他抑制消化和吸收的因素包括食物敏感和过敏、克罗恩病（Crohn's disease）引起的肠炎，以及药物的相互作用。目前人们普遍认为乳糜泻是最常见的食物不耐受性胃肠道疾病。

食物敏感和过敏反应　食物敏感是对食物中特定化学成分的毒性反应的结果，可能是由免疫系统参与的过敏反应所致，或与食物不耐受（最典型的是某种酶的缺乏）有关。食物过敏的常见症状包括呕吐、腹泻、荨麻疹和其他皮疹、流涕和便血。能使人体发生过敏反应的食物超过 100 种，但最常见的牛奶、小麦、贝类、鸡蛋、草莓和花生。致敏物质通常是机体系统不能适当处理的蛋白质。例如，酪蛋白是牛奶过敏中的致敏物质，谷蛋白是小麦过敏中常见的致敏物质。

乳糜泻　乳糜泻是谷蛋白（见于小麦、大麦、黑麦和燕麦）引起的一种肠道不耐受性疾病。该病会引发疱疹样皮炎，在谷蛋白诱发胃肠道损伤的病例中，70%~80% 的病例伴有此并发症[4]。这种皮炎会出现伴有极度瘙痒的砂纸样的小肿块和水疱，而且只有当致敏物质（在这种情况下，致敏物质是谷蛋白）从饮食中被去除后，症状才会消失。

乳糜泻有很强的遗传相关性，因此乳糜泻患者的亲属也可能患有该病[4-5]。乳糜泻如果未及早治疗，可导致肠道损伤，引发吸收不良，并可导致腹泻、脂肪泻（脂肪吸收不良）、缺铁性贫血及其他维生素缺乏症，最终造成体重下降[5]。吸收不良引起的体重下降和极度的不适感会进一步降低食欲，从而导致全面的饮食紊乱。该病的潜伏期可达数年之久，患者在发病前除存在牛奶过敏或铁缺乏等轻微症状外，并无其他异常反应。美国国立卫生研究院的数据（2008 年）显示，消化系统症状可能会出现在所有年龄段的人群中，但是与成年人相比，婴儿和儿童中的消化系统问题更为常见（表 5.4）。

表 5.4　婴幼儿、儿童和成年人乳糜泻的症状

婴幼儿和儿童	成年人（也有可能出现左栏中的症状）
腹胀、腹痛	缺铁性贫血（无明显原因）
慢性腹泻	疲乏
呕吐	骨骼或关节疼痛
便秘	关节炎
灰白色、恶臭或油腻的粪便	骨质流失或骨质疏松症
体重下降	抑郁或焦虑
	手足麻木

续表

婴幼儿和儿童	成年人（也有可能出现左栏中的症状）
	癫痫发作
	月经紊乱
	口腔溃疡
	疱疹样皮炎（瘙痒的皮疹）
常见的共同症状	
间歇性腹泻	
腹痛	
腹胀	

注：引自 ① NIH National Digestive Diseases Information Clearinghouse. Digestive Diseases[2011-08-18]. http://digestive.niddk.nih.gov/ddiseases/pubs/celiac/。② Mayo Clinic. Celiac disease[2011-08-18]. http://www.mayoclinic.com/health/celiac-disease/DS00319/。

　　我们对胃肠道疾病了解得越多，问题好像就越严重。过去认为每 10 万人中就有 1 人患乳糜泻，但是目前的研究表明，实际上每 133 人中就有 1 人患有该病[4]。目前尚不清楚医学界是否已充分意识到这种胃肠道功能障碍的患病率如此之高，而该病可能正是导致运动员出现不明症状的原因之一。赛跑运动员埃米·约德·贝格利（Amy Yoder Begley）就是一个极好的例子，在 2 年多的时间里，她每次跑步不超过 30 分钟就必须去卫生间[6]。医生对她进行检查后错误地诊断为卵巢囊肿、肠易激综合征、甲状腺问题，甚至抑郁症。最终她被发现患有乳糜泻，在接受针对性的有效治疗后，她得以恢复训练并获得奥运会参赛资格，代表美国参加了北京奥运会 1 万米长跑比赛。还有许多这样的例子，这些运动员都是在经历了漫长的胃肠道问题和不恰当的治疗后，最终才被诊断患有乳糜泻[7-8]。

　　如果运动员存在吸收不良、频繁腹泻、铁缺乏，或与乳糜泻相关的胃肠功能紊乱的任何其他症状，都应该考虑到他们可能对谷蛋白不耐受。那些采用阿特金斯饮食（高蛋白、低碳水化合物、限制面包摄入量的饮食）后感觉情况有所改善的人，其中至少有一部分人很可能是因为饮食中消除了谷蛋白，而不是阿特金斯疗法带来的任何其他所谓的益处。希望得到确诊的疑似乳糜泻患者可以进行小肠组织活检等临床检查，以确认病情。

　　对那些已确诊为乳糜泻的人来说，解决方法是完全避免谷蛋白。这意味着要避免吃百吉饼、面包，含有小麦、大麦、黑麦、麦芽或麦芽制品的早餐麦片，以及饼干、面食、大多数的运动能量棒和比萨饼。很多食物中存在人们认为不可能含有的谷蛋白，这使得食物的选择变得更加复杂。炸薯条对于乳糜泻患者应该是一种安全的食物，但是往往会裹一层薄薄的小麦粉以使它们更脆；到亚洲餐厅进食以米饭为主的食物，听起来像是回避谷蛋白的完美解决方案，直到你发现大米被酱油包裹，而酱油的原料是小麦；巴黎的法国大厨在做酱料时可能会用玉米淀粉作为增稠剂，但美国的厨师很可能会用小麦粉代替；那些试图用能量棒来弥补能量摄入不足的运动员，由于能量棒中含有大量的小麦成分，这会给患有乳糜泻的人带来麻烦。标注为不含谷蛋白成分的食品，其谷蛋白含量不得超过百万分之二十（大致相当于一个大盘子里的两块小面包屑）。如果无谷蛋白食品是通过加工小麦、大麦和黑麦的设备加工而成的，那么谷蛋白含量就很难达到这个标准。因此，标签上注明不含小麦的食品不一定完全不含谷蛋白。根据美国国立卫生研究院提供的数据（2008 年），在维生素、药品和唇膏中甚至也发现了含谷蛋白的小麦产品。

患有乳糜泻的人因为需要将含谷蛋白的食物从饮食中去除，起初会对饮食的限制感到沮丧，但由于限制谷蛋白改善了肠道功能，他们往往能够舒适地食用以前可能会导致胃肠道疾病的其他食物。几乎所有的乳糜泻患者都会在限制进食含谷蛋白的食物后感觉到很大的改善，因此他们会继续自觉地食用不含谷蛋白的食物[4]。此外，市场上许多不含谷蛋白的面包通常是由大米或玉米制作而成的，它们是小麦面包和黑麦面包的极好替代食物。对于想得到更多信息的读者，可以从网上了解各种关于不含谷蛋白的食品和食谱的信息。常见的含谷蛋白的食物和不含谷蛋白的食物见表 5.5。

表 5.5　含谷蛋白和不含谷蛋白的食物举例

含谷蛋白的食物	不含谷蛋白的食物
小麦（全麦、全麦面粉和普通面粉；麦麸；斯佩尔特小麦）	苋菜
大麦	竹芋
黑麦（黑麦粉）	荞麦
碾碎的干小麦	玉米
产自达勒姆的短角肉牛（Durham）	白土豆和白土豆粉
玉米淀粉	甘薯
粗面粉	大米、米糠、米粉
东方小麦（Kamut）	木薯
逾越节薄饼	大豆、大豆麸、大豆粉及大豆制品
粗粒小麦粉（Semolina）	玉米粗粉（白玉米制成）
黑小麦	意式玉米粥（Polenta）
上述这些谷物制作的所有食物，包括大麦饮料、麦芽饮料和啤酒，以及面食、面条、糕点、馅饼、薄饼和蛋糕（除非特别注明不含谷蛋白）	藜麦
	蛋类、牛奶、奶油、黄油、奶酪、凝乳软干酪
	所有的水果和蔬菜
含有小麦（谷蛋白）的酱油、调味品和汤	新鲜的畜肉、鱼肉、家禽肉（没有涂面包屑或腌制）
含有小麦的燕麦谷物	豆类（某些品牌的烘豆和涂有含谷蛋白的酱油的豆类除外）
涂面包屑后烹制的食物，如炸鸡	茶、咖啡
仿真肉类或仿真海鲜、午餐肉	可可
	大多数酒精饮料
	果酱，橘子酱
	糖、蜂蜜
	盐、胡椒粉、醋、草药和香料

注：小麦产品经常用作食品加工的填充剂或增稠剂，而大多消费者可能并未意识到这种情况。养成查看食品配料表的习惯，可避免误食含有小麦、大麦及黑麦（或其他衍生物）的食品，是实现无谷蛋白饮食的保障。

乳糖不耐受　由于种族不同，乳糖不耐受的发病率为 5%～50% 或更高。大多数幼儿体内会产生乳糖酶，这种酶将乳糖（所有哺乳动物的乳汁中都含有这种物质）消化分解为葡萄糖和半乳糖[9]。然而，有些人在 3 岁以后，乳糖酶的生成可能会减少，正是这种酶的减少限制了一个人对乳糖的耐受能力。北欧成年人中乳糖不耐受的患病率最低（占人口的 5%～17%），而南美洲、南非和亚洲人中乳糖不耐受的患病率要高得多（超过 50%）[10]。

当小肠中乳糖酶分泌不足，不能将乳糖完全消化时，乳糖将以完整的双糖形式进入大肠，从而导致某些人在摄入含乳糖的食物后不久，出现腹痛、腹胀、胀气和腹泻。胀气和腹胀很可能是由于肠道菌群对乳糖的处理增多。这些症状很容易与其他胃肠道问题相混淆，所以乳糖不耐受者可能不会把问题归因于食用乳类食物。一般通过乳糖氢呼气试验来对乳糖不耐受进行确诊。确诊存在乳糖不耐受者应大量减少或避免摄入含乳糖的食物，以消除乳糖不耐受的症状。每个人都有个体化的乳糖耐受阈值，高于阈值时上述症状就会出现。所有的乳制品中都含有乳糖，但液态奶、炼乳和脱脂奶粉中的乳糖含量最高。

克罗恩病　克罗恩病是回肠的局部炎症，但可能影响全部小肠或大肠的功能。该病会导致腹痛和频繁的腹泻，而肠梗阻更是克罗恩病患者面临的另一个严重的问题[11]。该病是炎性肠病的一种表现形式，可导致肠壁增厚，使病变段肠道的内部传输直径缩小，从而引发肠梗阻。内部传输直径减小是出现肠梗阻的原因。克罗恩病对男性和女性具有相同的影响。尽管具有一定的家族遗传性，但仅有约 20% 的患者有家族史。该病的病因尚未明确，但是理论上认为其本质是由免疫系统抵抗细菌或病毒引发的炎症。可以明确的是，克罗恩病与压力无关，这一点与其他肠道疾病有所不同。克罗恩病会使运动员对营养素的吸收能力下降，而并发的腹泻会影响体液和电解质的平衡。

回肠（克罗恩病主要累及的肠段）是维生素 B_{12} 的吸收部位。维生素 B_{12} 吸收不良会导致巨幼细胞性、低色素性贫血，从而影响携氧能力。被诊断患有克罗恩病的运动员通常应用抗炎药物（通常含有美沙拉嗪，柳氮磺吡啶是最常用的药物）治疗，同时施以纠正营养不良及缓解疼痛与腹泻的治疗[12]。反复腹泻的患者通常需要补充液体和电解质。有些药物还可以降低免疫反应，从而减少炎症的发生。胃肠道炎症可能需要患者禁食固体食物，从而减轻炎症并降低肠梗阻的发生率。治疗期间通常采用流质的全营养餐。

能广泛导致克罗恩病患者胃肠道炎症加重的食物尚不明确，但是医生经常要求患者限制一些食物的摄入量，这类食物包括大部分人不能良好耐受的食物，或已知的刺激性食物（如牛奶、酒精、辛辣食物）[13]。在缺乏维生素 B_{12} 的情况下，口服补剂或富含维生素 B_{12} 的食物（动物性食物）并不能解决这种缺乏状态，因为无论摄入多少，维生素 B_{12} 的吸收都会被阻断，不会进入血液。通常需要定期注射维生素 B_{12}，绕过胃肠道，以纠正维生素 B_{12} 缺乏。

药物　某些药物会影响营养素的消化和吸收。抗生素会导致参与某些营养素（如维生素 B_{12}）生成过程和协助消化吸收过程的肠道菌群出现失调。例如，常用的抗生素新霉素会导致脂肪、蛋白质、钠、钾和钙的吸收不良[14]。正常情况下，二价矿物质（钙、铁、镁和锌）之间会发生竞争性吸收。如大量摄入含钙的抗酸药，钙将占据大部分的吸收部位，从而干扰其他矿物质的吸收[15]。如前所述，非甾体抗炎药是运动员常用的口服药，用于消肿、化瘀和缓解运动损伤所导致的疼痛。该类药物具有刺激胃肠道的副作用，可导致失血和缺铁性贫血[16]。这只是少数的几个例子，用于说明药物是如何改变营养素的摄入和利用的。实际上，所有药物（包括非处方药）都可能对消化、吸收或代谢过程产生不良影响，进而使运动表现下滑，所以运动员应对此保持高度警惕。当身体出现不适时，运动员应咨询相应的专业医疗保健人员，切勿自行诊断和自行用药。

影响能量代谢的因素

营养素被摄入、消化和吸收后，还须被运送到相应的组织以参与代谢活动。许多因素可妨碍营养素的正常代谢，包括不同营养素之间的交互作用、药物与营养素的交互作用及过量摄入酒精等。其中，经常性的酒精摄入可能是运动员面临的最大问题。

酒精 酒精在胃和小肠中被吸收。尽管每克酒精能够提供 7 kcal 的热量，但必须将其视为抗营养素，因为过量摄入酒精会抑制维生素的正常代谢，从而抑制主要能量底物（碳水化合物、蛋白质和脂肪）的正常代谢。首先需要明确，酒精并不是一种必需的营养素，而是一种毒性物质——虽然人体对其有一定的解毒能力，但在解毒过程中机体还是会产生其他毒性物质。

经常大量饮酒会增加以下疾病的发病风险：肝癌、口腔癌、咽喉癌和食管癌（如果同时吸烟，后三种癌症的发病风险更高），以及肝硬化（肝脏部分纤维化和功能丧失）。另外，酒精对于整个胃肠道都是一种刺激物，因此会造成营养素的吸收不良。更糟的是，酒精会增加尿中钙和镁的排泄量。镁是磷酸转移酶的辅助因子，所以是能量代谢的必需成分。经常饮酒会降低镁的再吸收（增加尿中的丢失量），还会增加汗液中镁的排泄量，从而导致肌肉痉挛、无力和心律失常的发生率增高。经常饮酒引起的镁缺乏是运动员无法承受的问题[17]。

酒精可导致肝功能受损，妨碍营养素的代谢和储备。此外，酒精摄入将增加机体对营养素的需求，以修复酒精所造成的损害并补偿其造成的吸收不良。长期酗酒会削弱心脏的功能，使大脑和神经功能紊乱，提高血脂（特别是甘油三酯）水平，导致脂肪肝、肝硬化（使肝功能异常）、胰腺炎（严重影响血糖的调控和消化过程）。酒精摄入除了可增加运动损伤的风险外，还有充分的证据表明，每日饮酒超过 1 杯可对反应时、身体协调能力及能量代谢造成负面影响，从而影响运动员的表现[18]。

乙醇脱氢酶是肝脏产生的一种酶，其功能是使维生素 A 的活性形式（即视黄醇，一种醇类物质）脱氢。然而，在摄入酒精（乙醇）后，有限的乙醇脱氢酶被分流用于处理乙醇，从而导致更多的维生素 A 以具有潜在毒性的醇的形式存在。结果是酒精和维生素 A 之间发生不良的相互作用，可能导致肝毒性，增加患癌风险[19]。

在运动员中，与酒精相关的健康风险是真实存在的。尽管精英运动员的酒精摄入量仅为同年龄非运动员人群的 1/2，但是仍有很多运动员（特别是团体项目运动员）的酒精摄入量远远超过维持良好的健康状态、良好的营养状态及最佳运动表现所要求的最高摄入量[20]。

普通青少年运动员群体比同龄的非运动员更有可能存在饮酒问题[21]。男性运动员比女性运动员更有可能养成日常饮酒的习惯[22]。酒精对运动表现的主要影响见表 5.6。

表 5.6　酒精对运动表现的影响

作用	影响
增加低血糖的风险	由于酒精可抑制肝脏糖异生，因此在长时间的运动中运动员更易发生低血糖
增加热量的丢失	低血糖导致体温调节功能受损，这一点在寒冷的环境下表现得尤为严重
降低中长跑的体能	随着酒精摄入量的增加，在中长距离的赛事中，运动员会出现明显的体能缺陷
降低纵跳高度和短跑能力	纵跳高度将下降 6%，80 米短跑能力将降低 10%
对注意力产生不良影响	影响中枢神经系统
对视觉产生不良影响	影响中枢神经系统
对反应时产生不良影响	影响中枢神经系统
对协调能力产生不良影响	影响中枢神经系统
增加脱水风险	酒精可产生利尿作用
运动后糖原恢复能力差	酒精破坏了肝脏的碳水化合物状态，并可能减少肌糖原的储备量
运动后机体的恢复能力差	酒精可破坏受伤组织的修复能力

注：改编自 Burke LM, Maughan RJ. Alcohol in sport//Maughan RJ. Nutrition in sport. Oxford: Blackwell Science, 2000: 405-414。

营养素　营养素的摄入和利用对能量代谢有明显的影响。即使只有一种营养素缺乏，也会破坏能量利用的正常代谢途径，从而影响运动表现。药物或酒精摄入所导致的营养素摄入不足、消化不良、吸收不良以及代谢异常等会有一些潜在的危害，但幸运的是，大多数人能够在需要时为机体组织提供必要的营养素。然而，摄入不足、重度酗酒或未及时治疗的疾病所导致的慢性炎症或损伤，将最终对运动表现产生负面影响，运动员及教练员应时刻牢记这一点。

体育运动能够增加能量需求及与能量利用相关的代谢需求。任何因素一旦妨碍机体为细胞提供充足的能量，或者改变细胞进行适当的能量代谢的能力，都将对运动表现产生不良影响。某些因素，包括摄入充足的食物、谨慎地服用药物和补剂，以及避免经常饮酒，是运动员可以掌控的；其他因素，包括可能影响食物摄入或吸收的疾病等则不在运动员所能控制的范围内。本书着重阐述如何为竞技体育的成功提供最佳的能量保证。越来越多的医疗方案可以用于应对运动员无法直接控制的情况（如腹腔疾病、克罗恩病及其他胃肠道功能紊乱），因此运动员应随时进行医疗咨询，以降低这些情况对健康和运动表现的影响。简而言之，如果能量物质无法被输送到靶细胞，即使再努力运动也无法达到预期目标。

运动员的胃肠道问题

胃肠道问题是如此的普遍，以至于许多运动员都认为这就是运动生涯的一部分。许多运动员习以为常地认为胃肠道的不适症状（疼痛、腹泻、胀气、呕吐、腹胀）是训练和竞赛固有的正常现象。他们长期受这些问题的困扰，甚至想象不到如果没有这些问题会怎样。当然，运动员出现可导致这些症状的胃肠道不适是正常和自然的，但如果听之任之，这些胃肠道问题可能会发展成为疾病，进而严重影响运动员的健康。

运动员中存在很多胃肠道问题。水合状态频繁的波动会使消化和吸收出现问题。对于这个问题，运动员应该时刻注意保持比赛中液体的摄入与需求相匹配。运动员还应关注由比赛和过度训练引起的压力问题，胃肠道功能障碍（例如恶心、胃炎或结肠炎）是一种由长期压力和缺乏休息引起的常见疾病。一旦产生了与压力相关的胃肠道问题，营养吸收效率就会降低。这会造成很多其他的营养缺乏症，而只有在运动员恢复到压力更小、更放松的状态后，这些营养缺乏症才会痊愈。

跑步者腹泻在耐力型长跑运动员中已经获得了充分的认识，这个问题同样会对其他项目的运动员造成影响[23-25]。其中有很大比例（20%）的马拉松运动员在完成马拉松比赛后会出现便血症状[26]。运动员出现腹泻的原因可能包括以下几个方面[27]。

- 电解质紊乱引起的结肠激惹。
- 受胰腺激素的刺激，肠道的传输速率发生改变。
- 旅行导致的细菌接触增多。
- 过量摄入维生素或矿物质制剂。

运动员可以通过以下途径来缓解胃肠道不适：摄入更好的饮料，根据训练和比赛来改善食物和液体的摄入种类和时间，摄入有针对性的、安全的补剂。

运动饮料

运动饮料是导致胃肠道不适的常见原因，通常由以下 3 种情况引起。①运动员未能充分适应运动饮料。②运动饮料的渗透压过高（即电解质、糖或蛋白质的浓度过高）。③运动员对饮料中的某些特殊碳水化合物成分不耐受或过敏。

饮料适应不良　人类对营养素的摄入方式具有很强的适应性，但是运动员往往不能完全模拟比赛的形式进行训练，这就使得通过模拟来适应比赛时的营养摄入方式变得不太现实。我们有充分的理由相信，饮料适应策略（在品质和数量两方面）对于帮助运动员确定他们能够适应的运动饮料非常重要。例如，赛跑运动员平常训练时不补充饮料，但比赛场地为他们准备了饮料，他们每跑 3 mi（5 km）就想去饮用一次。由于之前没有练习过在单位时间内应该摄入多少饮料，所以这些运动员不适应既定的饮料补充策略，也不知道自己的耐受限度。这种情况下，运动员会不可避免地出现摄入饮料过多或者不足的情况，从而可能导致脱水、低钠血症或腹泻。

饮料的渗透压　饮料中电解质和能量底物（通常只有碳水化合物，有些饮料也含有蛋白质）的浓度会影响饮料的渗透压。饮料的渗透压越高，胃排空的时间越长，导致胃肠道出现问题的可能性越大。绝大多数运动饮料公司都很清楚这个问题，因此生产出来的饮料也适合绝大多数的运动员饮用。在饮用这些饮料后，由于大量的液体通过出汗的形式被排出，胃排空的延迟并不足以引起胃内积聚过多的液体。

当饮料中的钠浓度增高时，必须降低碳水化合物的浓度，从而将渗透压维持在可接受的范围内。一般来说，每 240 ml 中含有 50～150 mg 钠且碳水化合物的浓度为 6%～7% 的饮料容易被大多数运动员所接受，大多数运动饮料中碳水化合物的浓度和钠的浓度也都处于这个范围内。也有明显的例外，一些饮料的钠含量极低（每 240 ml 低于 20 mg），而耐力项目所用的饮料的钠浓度较高（每 240 ml 中可高达 200 mg），以帮助运动员在进行马拉松赛或更长距离的比赛时维持血容量。有的运动员会饮用含蛋白质的运动饮料，但蛋白质会延长胃排空的时间，当运动员在炎热和潮湿的环境中训练时，大量摄入含蛋白质的饮料可能会增加出现胃肠道问题的可能性。由于不同运动员在单位时间内对特定渗透压的液体的代谢能力存在巨大的个体差异，因此不能认为所有运动员对饮料的耐受程度都处在相同的范围内。为了解某种饮料是否会导致胃肠道问题，唯一可靠的方式是在高度接近比赛的环境条件中进行训练，同时在训练过程中按照预定计划摄入这种饮料（并观察是否会发生胃肠道问题）。

对于将饮料含在口中而不吞咽的做法，应注意：一项研究发现，将含薄荷醇的饮料含在口中而不吞咽能够减少热应激[28]；但是，运动员不应该将这种情况解读为口含碳水化合物和电解质饮料也是有效的，并以此作为避免某些胃肠道不适的策略。没有证据表明，将含碳水化合物和电解质的运动饮料含在口中是一种保持水合状态并避免热应激的有效手段。

对碳水化合物的来源敏感　一般来讲，运动员对提供多种来源的碳水化合物（例如蔗糖和葡萄糖）的运动饮料，要比那些只提供一种来源的碳水化合物饮料更容易耐受。想象一个容纳 100 人的房间，所有人都必须通过仅有的一道门快速离开；还是同样的房间，如果这100 人可以通过三道门快速离开，速度就会是原来的 3 倍。每种单糖具有不同的受体（即出口）以穿过肠壁、进入血液。因此，通过不同的碳水化合物来源提供相同的能量，有助于增强吸收，并减少碳水化合物在肠道停留的时间，从而降低引起腹泻的可能性。

另一个问题是有些人体内针对某些糖的受体或酶很少，如果摄入这些糖就会出现腹泻和腹胀。乳糖不耐受是一个众所周知的问题，总人口中存在乳糖不耐受的人约占 10%。许多运动员在饮用只含果糖的饮料后也会出现腹泻和腹胀。在此应该区分两个重要的概念。人们经常把高果糖玉米糖浆（High-Fructose Corn Syrup，简称 HFCS）与纯果糖联系起来，前者是许多运动饮料中的常见成分。由于葡萄糖和果糖的浓度几近相同，很难区分运动饮料中的高果糖玉米糖浆与蔗糖。含有高浓度游离果糖（不是高果糖玉米糖浆）的饮料与较高的胃肠道不适发生率有关，因为大多数赛跑运动员没有足够的受体来妥善处理这种高浓度的游离果糖，进而出现了意料之中的结果——腹泻和腹胀。

进食和补充液体的种类及时间安排

在讨论提高训练效果和降低胃肠道不适发生风险的最佳液体和食物补充策略时，人们往往关注于摄入食物和液体的种类和数量，而很少充分关注摄入的最佳时机。在降低胃肠道不适的发生风险和达到最佳运动表现方面，二者同样重要。

运动前 在训练和比赛前即刻，摄入营养均衡的膳食不仅不必要，还可能会产生相反的作用。在训练前，运动员应该维持其血糖浓度，保持最佳的水合状态，并保持空腹状态。为了达到上述状态，应注重在运动前的最后一餐摄入低纤维、含淀粉的碳水化合物类食物及液体，随后按照正确的方法摄入运动饮料，以维持血糖水平和血容量，直到开始训练或比赛。训练前的一餐如果吃得过早可能会造成血糖水平过低；如果进食时间太靠近训练或比赛，则不能保持运动中的空腹状态。

运动过程中 在体育运动中最常见的错误是直到感到口渴时才摄入液体。在感到口渴时饮用液体并不能对训练过程中的工作肌肉产生适当的水合作用（参见第 3 章）。另外，口渴时的自然反应是一次性饮用大量的液体。口渴的感觉说明运动员已经出现脱水，因此胃排空速率将减慢，这会使运动员感到恶心。一般来说，应该注意在训练过程中避免出现口渴的现象，这样才能使摄入的液体很快地从胃排空，然后很快被运送至缺水的肌肉部位。另外，在训练过程中不能摄入固体食物或高浓度的碳水化合物饮料（比如碳水化合物浓度超过 8% 的饮料），除非运动员确定这些食物或饮料不会引起胃肠道不适。

运动后 脱水程度越严重，需要补充的液体就越多。但是，脱水会引起胃排空延迟，所以已经发生脱水的运动员不应一次性摄入大量的液体，而应持续、少量地摄入液体，直到感觉脱水状况得到缓解。对于那些连续几天进行训练或比赛的运动员，训练或比赛刚结束时是补充糖原储备、减少运动相关的肌肉酸痛及恢复良好的水合状态的最佳时机。当糖原储备量最低时，糖原合成酶的活性最高。糖原合成酶可以将葡萄糖转化为糖原，所以在训练结束后即刻，在身体状况容许的情况下，摄入富含碳水化合物的食物是一种很有必要的做法。但这会受到运动员脱水程度的影响，脱水程度越严重，可以摄入的食物就越少（因为脱水会造成胃排空延迟）。因此，在理想的情况下，训练结束后应大量补充可以使运动员恢复水合状态的液体。运动后补充巧克力牛奶或类似的饮料可满足下列多种需求：液体和钠用于补液，碳水化合物用于补充糖原，蛋白质用于减少运动后的肌肉酸痛。

运动员保持胃肠道健康的建议

如果胃肠道症状影响你的发挥，那么不妨从最简单的日常生活调整开始，然后进一步做出更为复杂的调整，调整那些可能是无意义的，甚至会造成伤害的干预因素。

评估过度训练、压力、休息不足是否与胃肠道症状有关。你的训练对你有帮助吗，还是让你感觉越来越累？你是否经常伤病在身？你的睡眠时间充足吗，还是睡眠时间充足但仍然感觉疲惫？这些过度训练的信号都能传导到你的自主神经系统，从而影响正常的胃肠道功能。

• **培养良好的排便习惯**。不要让训练或比赛打乱你的排便习惯。早点起床、吃早餐以保证开始运动前完成排便。丰盛的早餐不仅能够提供体能所需的充足的能量，还能刺激肠道功能，从而在离家前完成排便。尝试在早餐中增加一杯热饮。

• **连续保持最佳的水合状态**。脱水、过度水合或者摄入不合适的饮料都会引起胃肠道不适。当流失的液体达到体重的 2% 时，运动员可能出现明显的胃肠道问题。只要花一些时间来预估并及时补充活动时通过汗液流失的水分，就可最大限度地减少运动时痉挛和腹泻的发生。但是，即使在非训练期间也要时刻关注水合状态。要把维持水合状态的计划与训练和膳食计划放在同等重要的位置。

在训练及比赛期间，要经常摄入碳水化合物浓度为 6%~7% 的运动饮料。要制订详细的运动饮料摄入计划，提高肠道及工作肌肉对液体的吸收速率。肠道中不要残留未吸收的液体，否则会引起稀便或腹泻。避免摄入纯果糖的运动饮料。高浓度的碳水化合物饮料（比如果汁或苏打水）会影响工作肌肉对液体的吸收，导致更多的液体残留在肠道中，从而引起腹泻。与在炎热环境中进行较长时间运动的运动员相比，运动时间较短或在温度可控的环境中运动的运动员对饮料的需要量相对较低。但是，任何运动都会加快血糖水平的下降，引起神经疲劳和肌肉疲劳。尽管运动饮料对所有类型的运动员都应该是有益的，但是每名运动员都应该制订和遵循个体化的摄入方案，确保最佳的摄入方式，避免摄入不足或过量。

• **尝试运动前进餐**。运动前最后进入胃中的食物可能会引起运动员的上消化道不适症状，例如恶心、痉挛、食管反流、胸痛和呕吐。胃排空和肠道蠕动功能随着运动而增强，这成为导致胃肠道症状的一个机械性因素。但是，运动前进餐的时机、进食量，以及营养素的浓度、黏稠度和温度都会影响胃排空。低强度的运动能促进胃中液体的排空，而剧烈运动会延缓固体食物的胃排空速率。每天摄入的脂肪和纤维也会使胃排空延迟。有必要尝试制订一份富含碳水化合物、低脂、低纤维的运动前食谱，并通过实践来验证其有效性。

•**运动后摄入高纤维食物。**膳食纤维对于消化系统的健康非常重要，但也是引起胃肠道不适的因素之一。总的来说，含有不溶性纤维的食物，比如小麦、玉米糠、亚麻籽、坚果、水果及蔬菜皮，都很有可能引起腹泻。应在运动后摄入富含纤维的食物。如果出现轻度及中度腹泻和稀便，增加可溶性纤维的每日摄入量有助于减轻症状。可溶性纤维会吸收大量的水分，使大便固化，降低大便通过肠道的速度。豆类、燕麦、大麦、水果和蔬菜都含有可溶性纤维。应该谨慎补充纤维，最好遵循专业的指导。需要注意的是，此前许多不被认为是高纤维食物的商业化食品，比如酸奶，现在也加入了纤维。对于这一点，恐怕是有人欢喜有人忧。过量摄入可溶性纤维可能会产生另外一种不良的胃肠道症状——胀气和腹胀。

•**停止摄入任何营养补剂和植物补剂。**如果胃肠道症状消失，首先应考虑是否有必要再将补剂加入到膳食计划中。必要时可减少每次摄入补剂的量，采用少量多次的摄入方法。

•**尝试摄入不含乳糖的乳制品。**乳糖酶能够分解乳糖，后者是一种在乳制品中天然存在的糖。人类自身产生的乳糖酶有限，且随着年龄的增长、疾病及心理压力等原因而减少。一天中摄入的牛奶制品中的乳糖含量可能超过自身乳糖酶的乳糖分解能力，从而引起腹泻。此外，跑步前45分钟摄入大量的拿铁咖啡也可能引起腹泻。不含乳糖的牛奶和酸奶都很容易获得，可作为乳制品的替代品。如果发现自己摄入不含乳糖的食物能减轻症状，可以请医生进行一次乳糖氢呼气试验，来确定对你而言乳糖是否为刺激性物质。

•**不要一次尝试多种补救措施。**尝试改变饮食时，并不是改变幅度越大越好。任何较大的饮食改变都会对肠道产生不良影响。每次改变一项，并使自身的消化系统适应几天，甚至几周，然后再做更多的调整。例如，不要同时添加高纤维麦片粥、富含纤维的酸奶、纤维补剂来增加膳食纤维的摄入量。此外，益生菌在市场上被用作治疗便秘的药物，能增加排便量，也是许多市售食品的常用添加剂。当你的症状得到控制后再添加新的食物，这样可以对新添加的食物的耐受性进行独立的评估。

•**应咨询你的医生是否需要进行乳糜泻的相关检查。**制订一份不含小麦、黑麦、大麦类食物的食谱并不容易，特别是这种食谱摒弃了最受欢迎的富含碳水化合物的食物，比如意大利面和面包。此外，采用未经过充分检测的食谱不利于对运动员是否存在乳糜泻做出正确的诊断。

药物、草药和补剂

人们对胃肠道不适的一种常见反应是增加维生素、矿物质和其他"治疗"性物质的摄入量，以期能缓解问题。然而，维生素、矿物质、抗生素和非甾体抗炎药的过量摄入可能会加重（而不是减轻）运动员正在试图解决的胃肠道不适问题[29]。许多常见的维生素和矿物质补剂会对胃肠道造成严重的不良影响。较少引起胃肠道症状的补剂通常是高剂量的维生素C、镁和铁。常见的维生素和矿物质的大剂量非处方制剂都富含微量营养素，其中未被吸收的剩余营养素将不可避免地残留在胃肠道内，从而可能产生具有刺激性的、可导致腹泻的液体。众所周知，非甾体抗炎药与胃肠道出血有关，这可能是导致跑步者出血性腹泻的原因。

本章要点

• 运动员需要摄入的食物和液体越多，进食的次数就应该越多。如果只是简单地增加每餐的食物量（而不增加就餐次数），运动员很容易出现问题。

• 进食的时机很重要。体育运动前 1.5 小时内不应进食固体食物（如果食物中蛋白质或脂肪的含量较高，需要间隔更长的时间）。在运动前最后一餐到运动开始之间这段时间内，运动员应通过饮用运动饮料来维持血糖水平和避免饥饿。在运动过程中，含有钠和碳水化合物的运动饮料有助于维持血容量和血糖水平。运动员在运动前和运动期间应避免摄入纤维含量高的食物。运动后，运动员应摄入食物和液体以恢复肌糖原储备和水合状态。

• 某些因素会使胃排空延迟，从而导致胃肠道不适。这些因素包括碳水化合物浓度超过8% 的饮料、高游离果糖的饮料、高强度的运动和较大的心理压力等。

• 胃肠道不适是运动员的常见问题，会导致疼痛、腹泻、胀气、呕吐和腹胀等症状。这些问题虽然常见，但不应被忽视。运动员应咨询医生以确定引起胃肠道不适的原因。存在胃肠道不适的运动员应考虑所饮用的饮料、对碳水化合物的来源敏感性、乳糜泻、食物过敏和对食物敏感等可能的诱因。

6

营养素和液体的摄入时机

　　传统观点认为，能量和营养素的供给是以 24 小时为单位的。尽管一般的指南对一部分人来说可能有用，但是对于想要获得最优化的能量与液体供给以提高成绩的运动员并不是特别有用。简单地讲，能量和液体的摄入与消耗应当保持动态的平衡。任何违背这一原则的供给系统将会降低能量和液体帮助运动员保持最佳训练状态的有效性。机体不是以 24 小时、48 小时或 72 小时为单位运转的。我们有内分泌系统和中枢神经系统，会一直对生物指标（血糖、胰岛素等）进行微调来优化系统功能。在对营养素和液体的摄入进行评估时，如果忽视这些动态微调，重要的日内调整会被忽视，从而造成运动表现和身体成分明显不匹配。研究表明，保持能量摄入和消耗的动态平衡，可以帮助运动员保持瘦体重、降低体脂水平、提升健康的感觉，并改善运动表现。

　　运动对营养需求主要有两个方面的影响：一方面是使能量消耗增多；另一方面是随着能量代谢水平的提高，产热量增加，经汗液丢失的水分增多。运动员必须增加能量底物和液体的摄入量，以满足额外的营养需求。然而，营养调查结果表明：运动员既没有摄入足量的食物，也没有饮用足量的液体 [1-3]。而且，能量供给的时间也不合理，这将对身体成分和运动表现带来消极的影响 [4-6]。

　　我们已经非常了解运动员营养不良所带来的后果，即他们过度依赖运动补剂来弥补能量和液体摄入不足。通过改善饮食的摄入，运动员可能获得比其他任何方式都要好的效果。在改善运动表现方面，与依赖运动补剂相比，关注食物和饮料是花费更少、更值得信赖且更为安全的策略，而且运动补剂可能含有不确定的成分，品质也难以保证。

对一天内的能量平衡、进食频率及其内在的生理学和营养学原则所进行的研究表明，减少一天内能量过剩和能量不足的波动十分重要。本章对这些研究要点进行了系统的总结。另外，针对在早晨和午后训练、午后和晚间训练或每天进行一次日常训练的运动员，关于如何在一天内维持最佳的能量和液体平衡，本章提供了相应的实用策略。

为提高成绩而摄入能量

关于能量摄入的讨论大多集中在能量底物（碳水化合物、蛋白质和脂肪）的最佳分配方面。尽管普遍推荐高蛋白、低碳水化合物的膳食，但毫无疑问，富含复杂碳水化合物、适量蛋白质及相对低脂的膳食更有利于提高比赛成绩。而在能量摄入不足的情况下，进行这种讨论是毫无意义的。简而言之，这就如同在燃油不足以使你抵达目的地的情况下，讨论是否使用高标号燃油一样没有意义。体重及去脂体重的稳定性是衡量能量摄入与需求是否匹配的最佳指标。因为在能量摄入不足的情况下，身体会尝试代偿能量的不足，从而引起体重或者去脂体重下降（也有可能同时引起上述两种情况）。对大多数运动员来说，即便是减轻体重，相对较低的去脂体重和相对较高的脂肪含量也并不是他们期望的结果，甚至还会成为表现下滑的相关因素。掌握体重变化的方式（是脂肪还是肌肉的增减）对于了解食谱的合理性非常重要。仅靠称量体重难以得到有用的信息。

为了降低相对高的体脂含量，运动员通常会采取一种非常不明智的做法，即降低能量摄入来进一步减少多余的脂肪。这种持续降低能量摄入的后果是体重减轻，但是去脂体重的丢失量大于脂肪的减少量，以至于脂肪在体重中所占的比例进一步升高 [7-8]。如果热量摄入不足，机体会减少代谢旺盛的组织（即肌肉）的生物量，以降低代谢率和对热量的需要量。

以降低能量摄入的方式来适应体脂相对含量的持续增加可能是饮食紊乱的征象。而运动员经常发生饮食紊乱，这会影响运动员的主观表现 [9]。为了强调这一点，应该注意的是，神经性厌食症患者在死亡时体重下降得很明显，去脂体重也明显减轻（心脏的质量一般是正常时的 50%），但是

能量摄入与能量消耗应保持动态平衡以提高成绩

其体脂率却相对较高。因此，能量摄入严重缺乏会导致去脂体重的减少量大于脂肪的减少量[10]。认为大量减少热量摄入（即摄食减少）就能够改善体型和身体成分的观点是没有依据的。短期的体重下降可能暂时与成绩的提高相关。但是从长期效果来看，低热量饮食会降低所需营养素的摄入量（这种问题表现为经常生病和骨密度降低的风险增加）；同时，短期的体重下降还会导致肌肉量减少（以适应热量摄入不足）；还会造成体重反弹，反弹后增加的身体成分中，脂肪比肌肉组织更多。更糟糕的是，在瘦体重较轻的情况下，摄入正常饮食而不增加体重也变得更加困难。

　　一个关于个体能量平衡的观点也许能说明运动员应该如何进食以使身体成分达到最佳状态，从而提高运动成绩。针对 4 组国家级女性运动员（竞技体操运动员、艺术体操运动员、中距离赛跑运动员和长跑运动员）的研究发现，无论能量偏差表现为过剩还是不足，那些与最佳能量平衡偏差最大的运动员都具有最高的体脂水平（图 6.1）[5]。事实上，艺术体操运

营养素摄入时机与免疫系统

　　免疫系统时刻在保护人体免受环境中感染源（包括细菌和病毒）的侵害，以及吸入的空气及饮用水中有毒物质的侵害。有证据显示，高强度训练和高能耗的竞技运动会造成运动员免疫抑制，并极大地增加上呼吸道感染性疾病的患病风险[11-12]。越来越多的证据表明，延迟进食、某种营养素摄入过量或不足、碳水化合物摄入不足、蛋白质摄入不合理都可能损害运动员的免疫系统[13]。高强度的训练加上不良的营养习惯一定会使运动表现下滑，并且会增加患病甚至患癌的风险[14]。更复杂的情况是，很多运动员有意使饮食中蛋白质或碳水化合物的比例失衡，他们通常只注重摄入某些维生素和矿物质，而不注重其他营养素的摄入。运动员经常服用营养素补剂，但是只有确实存在某种营养素的缺乏问题，并针对这种潜在风险服用补剂时，它们才是有用的。

　　免疫系统只能以葡萄糖和谷氨酰胺作为燃料。血糖水平的快速降低会削弱巨噬细胞和淋巴细胞的功能，从而造成免疫功能下降[15]。因此，无论是从提高成绩方面，还是从提高免疫力方面来看，在体育运动过程中的恰当时机摄入碳水化合物饮料及食物以避免低血糖的发生都是有益的[16]。长期能量供应不足在运动员中经常发生，这会降低免疫细胞活性[17]。避免短期及长期能量摄入不足的有效方案是按时进食，保持供需的动态平衡，进食频率为每天至少 6 次。运动过后，即使是轻微的进食延迟也会给免疫系统带来消极的影响。例如，剧烈运动后应立即摄入碳水化合物和蛋白质溶液，而不要在 1 小时后再摄入，前者可预防免疫系统的功能退化[18]。在禁食状态下进行运动的影响更为严重，会削弱免疫系统和抗氧化系统，使运动员更易患病[19]。总之，这些数据有力地说明，按时摄入碳水化合物和蛋白质以保持充足的能量，从而避免发生低血糖及微量营养素的不足，对于维持免疫系统功能至关重要[20]。

动员的能量缺乏最为严重（接近 800 kcal/d），她们的体脂率在这 4 组中也最高；而中距离赛跑运动员具有最佳的每日能量平衡状态和最低的体脂率。

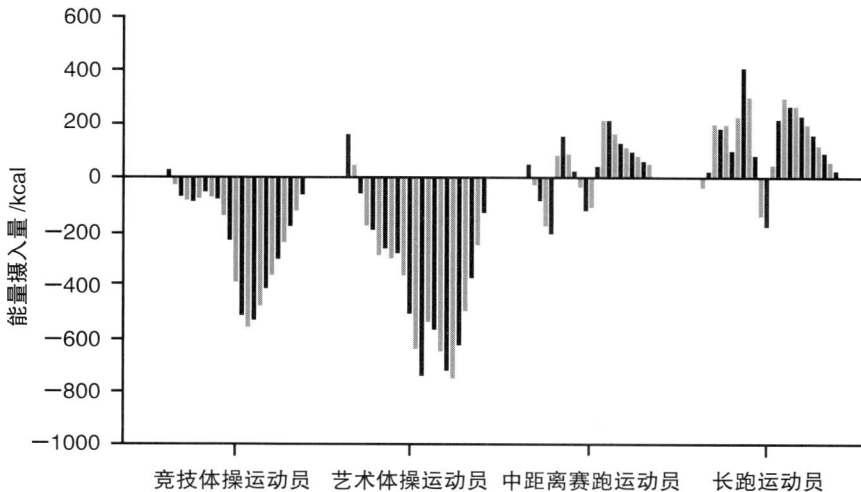

图 6.1　身体成分和一天内的能量平衡

经授权引自 Deutz RC, Benardot D, Martin D, et al. Relationship between energy deficits and body composition in elite female gymnasts and runners. Medicine & Science in Sports & Exercise, 2000: 32(3): 659-668

　　上述研究充分表明，多数运动员的膳食习惯不能满足竞技目标的需要，因为其典型的膳食习惯的特征是用餐频次低和只强调一天结束时晚餐的大量摄入，从而导致运动员在白天一直处于能量缺乏的状态。尽管上述能量不足能够在一天结束时得到弥补，使运动员达到能量平衡状态，但该饮食模式的典型特征是使体重稳定，而体脂含量却高于理想水平。当你注意到血糖水平是如何变化（餐后升高，然后趋于稳定，之后下降，整个过程历时 3 小时）时，你便能清楚地理解导致体脂率较高的原因。由于延迟进食，血糖水平下降，从肌肉组织动员的丙氨酸就会通过肝脏转化为葡萄糖。尽管这个过程可以维持血糖水平的稳定，但却是通过消耗肌肉组织而实现的。此外，低血糖和大量进食都伴随高胰岛素血症，而这会促进脂肪的生成。延迟进食后再过量进食是运动员的一种典型的饮食习惯，这种饮食习惯是一种降低肌肉含量、增加脂肪含量的理想方式，当然这并不是运动员所期望的。少量多餐能降低能量不足或能量过剩的程度，并有助于稳定血糖水平。

　　许多关注体重问题的运动员都已学会通过摄入减重产品（比较受欢迎的是健怡可乐）来应对低血糖的感觉。尽管这些减重产品对于满足身体对能量的真实需求，进而维持适宜的血糖水平毫无意义，但是它们确实能够提供一种能够掩饰饥饿感的中枢神经系统刺激物（通常是咖啡因）。然而，该策略导致血糖维持在较低的水平，因此会不可避免地造成肌肉减少、脂肪增多。研究表明，唯一恰当的减重策略是一种轻微的能量不足，而这种轻微的能量不足与一日内能量平衡状态相比，只存在微小的偏差。

分析能量平衡状态的益处

最近的研究表明，缩短分析能量平衡与营养摄入的周期有利于更好地实时掌握生理需求，进而使运动员获益[21-22]。受营养传递的频率和规律性的影响，食物的热效应或高或低[23]。实际上，身体对能量摄入的反应并不仅仅发生于一天结束时，而是动态的、实时的并且不断变化的过程。

较高的进食频率会影响食物的热效应（进食导致的能量消耗额外增加的现象；较高的能量燃烧速率有助于降低体脂含量）。若频繁且规律地进食，食物的热效应更高[23]。对同样 1000 kcal 的热量，人类和其他动物通过一餐摄入比通过四餐摄入时的能量输送效率更高，这一点从不同进食频率及进食量的杂种犬实验中得到了证实[24]。通过观察进食后呼吸商和摄氧量（VO_2）的峰值发现，当增加进食频率后，进食后的能耗是之前的 2 倍，这表明少量多餐的能耗更多，从而更有助于形成肌肉型体格。许多有关进食频率的研究得出了相同的结论：进食频率越高，体脂含量越低，身体内的肌肉含量越高[25-27]。此外，少量多餐是提高能量摄入简单易行的方法，同时能减少大量进食引起的胃肠道不适[25]。

一项评估进食频率对拳击运动员的身体成分和体重影响的研究发现，在摄入同等热量的条件下（两组运动员在 2 周内摄入等量的热量），每日进餐 2 次的运动员的去脂体重出现明显下降，而每日进餐 6 次的运动员却没有出现去脂体重的明显下降[6]。另一项对摔跤运动员周期性体重变化进行的研究发现，长期摄入极低热量膳食的运动员具有更低的代谢率，而这意味着去脂体重的下降[28]。

这些研究表明，一日之内明显的能量摄入不足无疑会引起肌肉的分解代谢，而这可以通过少量多餐的进食方式来避免。这与近期一项对 60 名男性和女性大学生运动员所做的研究得出的结果一致。该研究评估在每顿主餐之间和晚餐后增加 250 kcal 的零食（例如，在早餐和午餐之间、午餐和晚餐之间及晚餐后提供每日 750 kcal 的零食）或无热量的空白安慰剂所产生的影响。该方案实施 2 周后，进食含热量的零食组的受试者，其体脂含量明显下降，去脂体重明显升高，无氧爆发力与无氧耐力明显改善，而体重和热量的总摄入量并无变化[29]。有趣的是，由于能量摄入没有变化，因此体重保持不变（能量热力学的一条重要原则）。在对其他餐次没有要求的情况下提供零食，运动员会自发减少其他餐次的进食量，所减少的部分从零食中得到补充。如果没有通过上述方式来减少每餐进食量，热量的总摄入量就会增加，并导致体重上升。

在此研究开始 2 周后，停止提供零食。运动员仍采用以前的饮食模式，4 周后对运动员再次进行检测。结果发现他们的体脂含量和肌肉量又恢复到试验前的基础值。研究结果清楚地表明，除非一项新的习惯成为被公认的标准，否则运动员的饮食模式仍会依照其通常的饮食习惯（即每天 2~3 餐，一天结束后大吃一顿）。实际上，多项研究已经发现，环境（即运动员共同进餐的对象、可以获得的食物等）在饮食习惯的塑造方面起着主导作用[30]。让运动员自己改变进食模式从而采用更高频率的进餐方式是非常困难的。

动物实验研究同样发现，增加进餐频率的好处是能避免一天内大幅的能量不足和能量过剩的波动。一项以犬为研究对象进行的研究发现，少量、频繁地进食而非低频率、一次性大量进食来摄入一定量的热量，能显著降低胰岛素对食物的反应，甚至那些饲喂高碳水化合物食物的犬也会出现相同的反应。除了这个明显的益处，进食次数的增多还能引起更高的生热作用（更快的能量代谢速率）和更有效的脂肪利用[31]。这对于运动员意味着什么呢？对食物的高胰岛素反应将转化为更高的脂肪生成量，因此胰岛素反应的降低意味着脂肪的生成减少。代谢速率越快，在单位时间内燃烧的热量就越多，运动员就不容易因摄入能量过多而发胖。这些因素加上更有效的脂肪利用，就可以使进食更多的食物、摄入更多的营养素及维持肌肉量和较低的体脂率成为可能。不能做到多次进食则会引起运动员在白天出现轻微的饥饿状态，而这对提高代谢率起着相反的作用。由此导致的低代谢率，与较高的体脂含量和难以在正常进食的情况下不增加体脂含量相关[32-34]。

多次进食足以减少一天内能量不足和过剩的波动产生的影响，其益处不只体现在身体成分、体重和运动表现方面。还有证据表明，有频繁进食习惯的人血脂水平更低，而高脂血症是心血管疾病的诱发因素[26]。一项评价斋月期间限制进食的影响的研究发现，胰岛素和瘦素（脂肪细胞产生的一种激素）水平都相应增加，二者都与更多的脂肪生成相关[35]。

动态（实时）评估能量摄入与消耗还有其他好处。最近，一名营养学硕士的研究表明，传统的24小时评估模式完全排除了与女性运动员闭经相关的最重要的因素：一天内能量缺乏的时间与一天内能量过剩的时间之比。即使对于能量平衡的个体，一天内较长时间的能量缺乏与闭经之间也存在更强的相关性[36]。

运动员该怎么做呢？那就是绝对不能感到饥饿。典型的一日三餐式的饮食习惯，每隔5~6小时补充一次能量，难以实现这个目标；运动员在训练后大量摄入能量的饮食习惯会使之更难以实现。众所周知，血糖水平会在3小时内上升或下降（正常人在进食1小时后血糖水平升高至峰值，进食3小时后血糖水平恢复至空腹水平），因此分食进餐计划是可行的。如果一名运动员的体重很稳定，其最佳进食方式是早餐时只吃整顿早餐的一部分，10：00左右吃完剩余的早餐，午餐和晚餐也照此执行。总热量摄入保持不变，但是运动员却能够避免日间急剧的能量缺乏和能量过剩的波动。这种饮食方式除了能改善营养素的摄入并改善身体成分外，还有望提升运动员的精神敏锐度和运动表现。第16~18章列举了不同的膳食计划，以说明在不同的热量摄入情况下，如何避免一天内能量过剩或能量缺乏的急剧波动。

关于液体摄入

研究显示，即使是在体内有可用液体的情况下，运动员也会发生一定程度的自发性脱水，而这会降低血容量，并对运动表现产生负面影响[3]。考虑到运动员需要在运动期间通过汗液蒸发而散失大量的热量，运动员必须寻求维持水合状态的策略。无法维持水合状态将导致运动能力下降，还可能引起热病。

　　体温调节的目的在于使产生或接收的热量（热量进入）与散发的热量（热量排出）之间维持相对平衡。当体温调节系统正常工作时，进入身体的热量和排出的热量处于最佳的平衡状态，因而体温可以维持正常[37]。静息状态下，热量的散失主要是通过以下 2 个机制来完成。①使更多的血液流向皮肤，以便通过辐射进行散热。②提高出汗速率。在静息状态下，这两个机制所造成的热量散失约占总散热量的 85%，但是运动期间几乎所有的热量散失都是通过汗液的蒸发来完成的。

　　工作肌肉需要更多的血流量来输送营养素并清除代谢副产物，同时还需要将血液从肌肉向皮肤输送以提高出汗速率。在低血容量的情况下，这两个系统中的一个或两个出现功能障碍，将导致运动员竞技能力的下降。运动员在高强度运动时产生的热量可能比休息时多 20 倍。如果缺乏有效的途径排出过多的热量，体温会快速上升。人类能够存活的体温上限约为 110°F（43.3℃），至多可以比正常体温高 11.4°F（6.3℃）。体温有可能以每 5 分钟 1°F 的速度上升，由此可推断，体内水分不足的运动员在运动开始 57 分钟后就可能面临中暑的危险[38]。

　　运动员进行 30 分钟的高强度运动将产生 450 kcal 的多余热量，这些热量需要被排出以维持正常的体温。1 ml 的汗液能带走约 0.5 kcal 的热量，所以运动员将损耗大约 900 ml（接近 1 L）的汗液以排出这些热量。在 1 小时的高强度运动中将损耗大约 1.8 L 的水。在晴朗炎热的天气里，当太阳的热量使肌肉活动产生的热量增多时，运动员需要排出更多的汗液以排出更多的热量。在潮湿的环境中，汗液不易从皮肤蒸发，因此在湿热的天气中，运动员将产生更多的汗液。训练有素的运动员在湿热环境中每小时可能损耗 3 L 以上的体液[39]。

　　若要保持最佳的耐力水平，取得最佳的运动成绩，不可以使体内的水分含量过低。因此，运动员应采取一定的策略，使体内的水分含量在运动过程中维持最佳水平。然而，运动员常将口渴作为需要喝水的标志。当体内水分损耗 1~2 L 后，运动员才会感到口渴，所以口渴不是需要喝水的恰当指示[40]。相反，运动员应该针对如何不会感到口渴而制订相应的策略。理论上，该策略应该帮助运动员确定在标准的运动时间内体液的消耗量，并根据这些信息制订一份固定的液体饮用计划 [通常每 10~15 分钟摄入 3~8 oz（90~240 ml）碳水化合物浓度为 6%~7% 的含钠溶液]。具体推荐摄入量请参见第 3 章。

关于能量摄入

　　运动员最常问的问题是在比赛前吃什么。尽管这很重要，但与运动员的日常膳食相比，这就无足轻重了。运动员在站到起跑线前的几个小时食用一些薄饼作为比赛前的准备是不合适的。改善并获得良好的营养状态需要持续且长久的努力。一名存在铁缺乏的运动员不可能通过在赛事前一天食用一些红肉（如牛肉、羊肉）而奇迹般地改善这一状况，而是需要持续 6 个月的时间来摄入适当的饮食，以便使体内的铁含量达到正常水平。因此，为比赛做准备的第一步，也是最重要的步骤是持续摄入足够的能量和营养素，以满足身体的能量和营养需求。如果做不到，无论你在比赛之前采取何种方式，都将不可避免地导致竞赛结果欠佳。

　　除了摄入足够的能量和营养素，在身体可以从食物中获益最多的时间段来进食同样重要。掌握进餐的时机对于保证肌肉在训练过程中有足够的能量和营养素以维持生长并变得更强壮也是非常重要的。运动员如果进食不足，在运动过程中将不得不消耗肌肉以获得所需的能量。简而言之，吃够且按时吃很重要。这不容易做到，因为运动员有非常繁忙的训练安排，需要进行有策略的思考和很好的规划，才能确保在机体需要时能够进食。尽管一份详细的膳食计划似乎并不如一份完善的训练计划重要，但实际上两者应被视为具有同等的重要性，也应当同时予以考虑，以确保膳食计划为训练计划提供适当的支持。

　　如果所有的膳食均可以为训练计划提供支持，那么运动员在赛前几天的安排应该有什么不同呢？赛前 7 天的安排应该达到以下 3 个主要目标。

　　1. 运动员应该逐渐转换到休息状态。这对许多运动员和教练员来说可能是一个问题，因为不管是否有教练员的鼓励，运动员在赛前一周常常会增加训练。过度训练是一个大问题，可能会增加运动员患病或受伤的风险，不利于运动员在即将来临的比赛中发挥出最佳水平。

　　2. 运动员应该逐步增加肌糖原（能量）的储备。赛前逐渐降低训练强度并缩短训练的持续时间主要是为了保证运动员能够以充足的肌糖原储备开始比赛。肌糖原的储备量相对较小，并且运动员的肌肉活动十分依赖于肌糖原（不论运动员从事何种类型的运动，它都是肌肉活动的能量底物）。因此，摄入大量的碳水化合物并减少运动量是很重要的，以便在开始比赛时有充足的糖原储备。

　　3. 运动员应该具备良好的水合状态。当剧烈运动时，运动员很难维持最佳的水合状态。恢复体内所损耗的水分需要时间，所以运动员应该通过降低训练强度、减少训练的持续时间及摄入大量的液体以使其有机会达到最佳的水合状态。保持良好水合状态的另一个好处是可以增加糖原储备。在赛前 7 天逐渐减少训练，使运动员更容易在体内水分充足和最佳能量储备的状态下开始比赛。

　　当然，许多运动项目不允许运动员在 7 天的时间内逐渐减少运动。在整个赛季中，篮球和曲棍球运动员每周会进行若干场比赛，并且篮球运动员几乎每天都要打球。尽管他们的训练安排不允许在 7 天内减少运动，但是应该记住，如果能减少运动、增加糖原储备并维持最佳的水合状态的话，就应该尽可能地遵守这些原则。对那些日常训练安排难以将运动量逐渐减少的运动员来说，高碳水化合物饮食和维持最佳的水合状态就成为提高运动成绩更为重要的因素。采用这类训练安排的运动员应该制订与训练计划、比赛计划同样完备的膳食计划。

　　随着比赛的临近，运动员通常会通过强化训练来为重大比赛做准备。这是一个极大的错误。从事技能性项目（如花样滑冰和体操）的教练员可能会要求他们的运动员在竞赛前一天多次排练他们的技术动作和套路，只是为了保证他们在比赛中能做出这些。但这传达给运动员的信息（即"我认为你没有准备好，所以我们将继续练习，直到你能够做好为止"）将产生相反的效果。最能够为运动员树立自信的方式莫过于在得到充分休息的情况下参加比赛，而且教练员应对运动员能够发挥出好的表现给予肯定。无论对于职业运动员还是少年棒球联赛中的乐乐棒球运动员，这都是适用的。

运动前摄入碳水化合物

在运动前约 90 分钟完成高碳水化合物膳食的摄入已被证实能够提高运动员的耐力水平。在这一餐之后，运动员应该摄入碳水化合物，直到训练或比赛开始，以避免发生低血糖。具体可遵循以下 2 个策略。

1. 可啜饮摄入含碳水化合物的运动饮料，每 10~15 分钟摄入 2~4 oz（60~120 ml）。

2. 每 15 分钟进食一次低纤维、含淀粉的零食（如苏打饼干），同时喝足量的水将其冲下。

运动员应该避免进食可刺激发生反应性低血糖的膳食方式，反应性低血糖可能发生于大量摄入高血糖指数的食物后。但是也应该避免由于摄入不含碳水化合物的膳食或延迟进食而出现的低血糖。吃零食和啜饮的进食方式容易被接受，并有助于维持血糖水平。

运动过程中连续摄入碳水化合物

避免低血糖和肌糖原储备的损耗对于维持运动表现很重要。在运动期间摄入（即使是在运动过程中较晚的时候摄入）含碳水化合物的饮料（如运动饮料）和食物，可以延缓疲劳的发生，提升运动表现。这个策略通过以下机制来延缓疲劳。

1. 维持血糖浓度，减少肝糖原的消耗。

2. 维持支链氨基酸（BCAA）水平，避免由色氨酸和支链氨基酸比例失调而引起的中枢性疲劳。

3. 抑制对肌肉组织具有分解作用的皮质醇的产生。

4. 通过从血液向运动中的肌肉细胞持续输送葡萄糖，减少肌糖原的消耗。

在运动过程中，浓度为 6%~7% 的碳水化合物溶液最容易被吸收，每 10~20 分钟应摄入 120~240 ml（摄入量取决于出汗速率，参见第 3 章）。有许多不同的碳水化合物饮料可供运动员使用，每种饮料具有不同的碳水化合物浓度和成分。在选择时应考虑饮料的渗透压及是否会引起胃肠道不适。浓度同为 6% 的葡萄糖、果糖或蔗糖溶液中，果糖溶液更容易引起胃肠道不适。因此，运动员在关键时刻饮用饮料前，应该考虑其自身对只含果糖这一种碳水化合物的饮料的耐受性（大多数运动饮料包含多种类型的碳水化合物）。

鉴于乳糖不耐受比较常见，运动饮料极少以牛奶为基础或将乳糖作为主要的碳水化合物形式。乳糖不耐受是由乳糖酶生成不足引起的，会导致腹泻、胀气和腹痛。考虑到一些运动员存在乳糖不耐受的可能性，运动员在运动前和运动期间需要特别谨慎，以避免食用含乳糖的产品[41]。

葡萄糖聚合物具有能够在低渗透压的溶液中提供更多碳水化合物的优势。溶液中颗粒的数量（而非颗粒的大小）决定了渗透压。因此，当使用聚合物（葡萄糖链）取代单个葡萄糖分子时，这种具有较低渗透压的溶液能提供更多的碳水化合物。

在提供相等热量的情况下，与含有单糖的饮料相比，含葡萄糖聚合物的饮料可以加速胃排空并促进吸收。长期从事高强度运动的运动员，在运动期间可能需要大量的碳水化合物来提供能量，而葡萄糖聚合物可以为这些运动员提供一个良好的解决方案。

运动后补充碳水化合物

运动后，糖原和体液通常会发生一定程度的耗竭。为促进肌肉恢复，机体对蛋白质的需要量也会增加。关于蛋白质和液体的问题将在本书的其他章节进行讨论，在此仅介绍碳水化合物和糖原的相关问题。

运动后的主要目标之一是补充糖原，从而为运动员的下一次训练做准备。当糖原被耗竭时，血液中的糖原合成酶水平会上升。随着糖原合成酶的水平明显升高，补充的葡萄糖或蔗糖（而非果糖）被用来合成糖原以恢复肌糖原的储备[42]。运动结束时糖原的消耗达到最大限度，糖原合成酶的水平也达到峰值。因此，训练一结束，运动员就应该立即摄入碳水化合物。理想的做法是运动后 2 小时内摄入高血糖指数的碳水化合物，运动后 2~4 小时摄入中等血糖指数的碳水化合物，当天的剩余时间内摄入中等至高血糖指数的碳水化合物。运动员应该制订出计划，在运动后即刻通过摄入碳水化合物（50~100 g）来补充 200~400 kcal 的热量，之后继续摄入更加充足的碳水化合物，从而达到表 1.7 中的相应需要量。

碳水化合物负荷法

无论是高强度的耐力型运动项目，还是低强度的间歇性运动项目（如许多团体项目），或是短时间的高强度运动项目，训练前摄入碳水化合物都可以增加碳水化合物储备，从而降低过早出现疲劳的发生率[43-48]。

碳水化合物负荷法是许多运动员在耐力比赛之前常采取的一种策略，用于增加肌糖原储备。一般的方法是在比赛开始前一周，每天逐渐增加碳水化合物和液体的摄入量，同时逐渐减少训练[49]。这一合理且安全的策略能够使糖原储备最大化（糖原储备需要更多的液体，水与糖原的比例为 3：1）。图 6.2 比较了两种常用的使糖原储备最大化的方法。

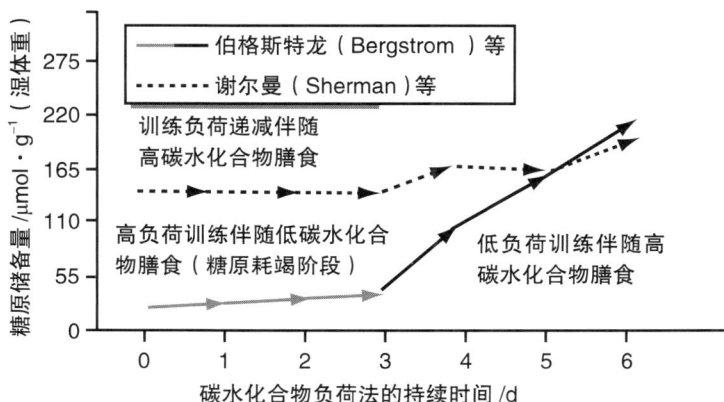

图 6.2　伯格斯特龙（Bergstrom）等（1967 年）和谢尔曼（Sherman）等（1983 年）的碳水化合物负荷法比较

需要注意，在伯格斯特龙等采用的方法中，糖原耗竭阶段具有潜在危险，因此不建议采用

有一种碳水化合物负荷法的旧式策略，需要在摄入低碳水化合物膳食的同时，通过剧烈的运动消耗碳水化合物[50]。然后再遵循上一段所阐述的方法。这种旧式的碳水化合物负荷法非常危险（糖原储备的耗竭可导致突发、致命性的血压降低），而且并没有证据证实该方法能够更好地优化糖原储备。

七天递减法

表 6.1～表 6.6 提供了一个范例，用于说明如何运用使碳水化合物储备量最大化的原则，这个例子阐明了运动员在典型的每天 2 次的训练安排下应该吃什么以及如何吃。可以发现，食物被分为 6 份较小的份额，而并非 2～3 份较大的份额。还可以发现，膳食摄入的热量水平的重点并不是每天训练结束后的晚餐。虽然晚餐很重要，但训练都是在晚餐前进行的，因此充足的能量必须在运动员最需要的时候提供。早餐应在早晨训练前提供，因为当运动员醒来后，血糖含量处于最低水平，肝脏储备的能量底物几乎耗竭，想要维持血糖水平实际上是不可能的。在早晨训练前吃一些食物能够确保肌肉会从训练中获益，并使运动员感觉更好。没有人会在低血糖的情况下感觉良好。

如表 6.1～表 6.6 中所示，进食与训练应间隔足够长的时间，这样运动员才不会因为食物留在胃里而在训练时感到不适。此外，膳食计划应总是包含训练结束后立即摄入一些碳水化合物，这有助于确保训练期间消耗的糖原得到有效补充。训练后过长时间再进食可能降低肌糖原恢复的效率。表 6.1～表 6.6 在进食和饮水的量与时机方面提出了一个独特的观点，即每日摄入的食物和液体需保证维持合理且良好的能量平衡（即 ±400 kcal）。目标是避免一次性摄入过多的能量而引起高胰岛素血症反应及不可避免的高脂肪储备量。同样重要的是应避免能量摄入不足，以免导致合成类激素皮质醇水平增高，进而不可避免地造成肌肉组织流失。简而言之，摄入的量和时机都必须与能量消耗相匹配，这样才能提高运动能力。

比赛前第 7 天

比赛前的一周是进行全面、总体和补漏练习的时期。运动员应完整、反复地练习所有技能，并集中练习最薄弱的环节。如果一名篮球运动员在比赛中存在罚球问题，那么在进行了其他所有的强化训练后，他应当花大量的时间练习在罚球线上投篮。他应体会到疲劳的感觉，就像在比赛中那样。换句话说，比赛前第 7 天不应对训练产生畏惧。给自己的身体一次足够良好的训练，这样你便会知道你已经为比赛做好了准备。比赛前第 7 天的负荷递减时间表范例见表 6.1。

在此训练期间，运动员应遵循本书在前面讨论过的所有方案。在训练期间大量摄入含碳水化合物的液体非常重要（见第 3 章）。在训练后摄入大量的碳水化合物也同样重要。在训练结束后立即摄入至少 100 g（400 kcal）的碳水化合物是合适的，然后在接下来的几个小时中摄入至少 200 g（800 kcal）的碳水化合物。这是对训练中消耗的肌糖原进行补充的第一步。

比赛前第 6 天

比赛前第 6 天代表逐渐减少运动量的第 1 天，也是保持高碳水化合物摄入和足量的液体摄入的时期。因为活动量减少，能量的总摄入量也减少，以便与需求相匹配。运动员可以通过减少训练时间或降低训练强度来减少运动量。例如，举重运动员可以少做几次或以较小的重量完成相同的重复次数。不论采用何种方法，赛前第 6 天的训练计划不应像赛前第 7 天那样把能量消耗殆尽（表 6.2）。

比赛前第 5 天

在降低训练强度和减少训练时间的第 2 天，运动员仍应保持相同的高碳水化合物和液体摄入，并根据需要量相应减少能量的总摄入量。比赛前第 5 天的特征是运动员的训练量明显少于平常（表 6.3）。

比赛前第 4 天

比赛前第 4 天是制订最终比赛策略的一个绝佳时机。这一天应重点针对运动员的关键技术环节进行技术强化训练，并要防止训练到力竭状态。与前一天一样，应保持较高的碳水化合物和液体的摄入量以满足机体的需要。

这一天也是适量增加蛋白质摄入的良好时机，蛋白质的摄入量可提高至 1.7 g/kg，以满足所有组织修复的需要，并为肌酸的生成提供支持。对一名体重为 190 lb（86 kg）的运动员来说，每千克体重需要 1.7 g 的蛋白质，所以他总共需要摄入 146.2 g 的蛋白质，恰好达到最大摄入量的上限。即使蛋白质的需要量处于推荐范围（1.2~1.7 g/kg）的下限，运动员也需要额外摄入一些蛋白质，以避免蛋白质摄入不足而使运动表现受限。

比赛前第 3 天

与比赛前第 4 天相似，比赛前第 3 天应继续注重强化低强度至中等强度的训练，配合高碳水化合物和低脂膳食的摄入，并继续保持较高水平的蛋白质摄入量（高达 1.7 g/kg）。运动员还应减少当天的其他活动，将更多的时间用于身体和心理放松。运动员应绝对避免因任何活动而变得过度兴奋或精疲力竭。比赛前第 4 天和比赛前第 3 天可采用表 6.4 中的训练及膳食计划。

比赛前第 2 天

比赛前第 2 天是进行更多休息的绝佳时机，而实现这一目标的最好方式就是取消晨练计划，下午的训练时间减少至 1.5 小时或更短，其间进行中等或低强度的训练。训练的重点应放在复习技术和加强心理策略的调整上，这样才能有效地参加比赛。当然，碳水化合物及液体的摄入应保持在较高的水平（表 6.5）。

比赛前 1 天

比赛前 1 天应尽量多休息（身体上和精神上）和放松。运动员及教练员应停止安排像往常一样多次的完整训练、全速跑或完全达到比赛强度的训练。绕着赛场散步、熟悉比赛场馆或观看对手的比赛录像都是可以的，但前提是不会让运动员感到紧张或无法放松。运动心理学家曾经指出，也许观看自己成功比赛的录像会比观看对手的录像效果更好。在比赛前一天，运动员应该已经简单了解了对手的情况，以及应采取何种比赛策略。

这一天几乎是运动员确保自身糖原储备达到峰值的最后机会，并且运动员应保持稳定的液体摄入量，从而保证以最佳的水合状态去参加次日的比赛（表 6.6）。运动员所摄入的碳水化合物类食物应含有大量的淀粉和相对较少的纤维，通心粉、面包、米饭和水果（不吃果核及果皮）是不错的选择。蔬菜和豆类含有丰富的纤维，但容易产气（会使人感到不适及腹胀）。十字花科的蔬菜（卷心菜、球芽甘蓝、大头菜）则是众所周知的产气食物。

表 6.1　比赛前第 7 天的训练及膳食计划示例

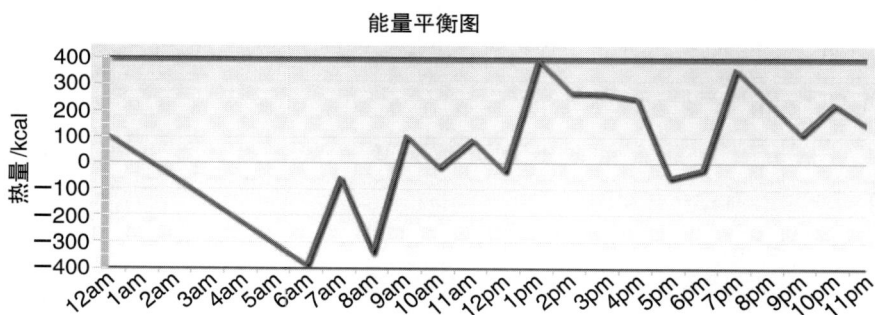

能量平衡图

合成代谢（热量＞0 kcal）的时间为 13 小时；分解代谢（热量＜0 kcal）的时间为 11 小时；合成代谢的时间与分解代谢的时间之比约为 1.18

能量底物的分配
总热量：3184 kcal　碳水化合物：68%　蛋白质：18%　脂肪：14%

时间	活动	食物	摄入量	热量 /kcal
7：00—8：00	常规的日常活动：起床，吃早餐	橙汁	16 oz（480 ml）	223
		运动饮料	12 oz（360 ml）	95
		杂粮吐司面包	2 片	138
8：00—9：00	剧烈跑步	运动饮料	16 oz（480 ml）	125
9：00—10：00	轻度伸展及其他恢复活动	切碎的煮鸡蛋	⅔ cup	139
		杂粮吐司面包	3 片	207
		橙子	1 个大的	86
		全麦类谷物	¾ cup	100
		脂肪含量为 1% 的牛奶	8 oz（240 ml）	102

续表

时间	活动	食物	摄入量	热量 /kcal
10：00—11：00	放松活动	水	按需	0
11：00—12：00	常规室内或场地运动；重要的是中午应摄入高碳水化合物的零食	低脂水果酸奶	½ cup	121
		香蕉	1 根（中等大小）	109
12：00—14：00	常规室内或场地运动。吃午餐	去皮的烤鸡胸肉	4 oz（120 g）	196
		番茄，樱桃	1 cup	27
		烤土豆	1 个大的	277
		酸奶油	2 tbsp（30 ml）	46
		水	16 oz（480 ml）	0
14：00—17：00	室内或案头的休闲活动	杏仁味燕麦棒	1 个	119
		新鲜的红葡萄	1 cup	104
17：00—18：00	中等强度的跑步	运动饮料	8 oz（240 ml）	63
18：00—19：00	轻度的恢复活动	巧克力牛奶	8 oz（240 ml）	195
19：00—20：00	休闲活动，吃晚餐	炒意大利面	1 cup	220
		意式番茄罗勒酱	½ cup	111
		瘦牛排	3 oz（90 g）	138
		浓缩果汁	2 cup	36
		水	16 oz（480 ml）	0
20：00—22：00	休闲活动	水	按需	0
22：00—23：00	夜宵，确保正常的肝糖原储备量	爆米花	4 cup	124
		苹果汁	8 oz（240 ml）	114
23：00	睡觉			

营养汇总

总热量 /kcal	3184	铁 /mg	34	维生素 C/mg	383	维生素 B$_{12}$/μg	7.96
碳水化合物 /g	551	钙 /mg	1428	维生素 B$_1$/mg	3.08	叶酸 /DFE	933
蛋白质 /g	147	锌 /mg	19	维生素 B$_2$/mg	4.99	维生素 A/RAE	1041
脂肪 /g	52	镁 /mg	658	烟酸 /mg	51.5	维生素 D/U	221
钠 /mg	3017	钾 /mg	7165	维生素 B$_6$/mg	5.5	维生素 E/mg	8

注：本例中的食物摄入量用于满足一名体重为 190 lb（86 kg），一天内完成 2 次训练的运动员。不同体重的运动员应调整摄入量。本例显示的是在完整运动日内的膳食摄入情况，其中能量摄入量和能量消耗量均有所减少，以减少糖原的利用，同时仍实现了能量平衡。体重高于或低于此标准的运动员在保持相同的进食频率的同时，应适当增加或减少膳食摄入量。

资料来源：能量平衡图的版权归营养时机公司（NutriTimiing）所有，并由其授权使用。能量平衡和营养素的摄入值均通过 NutriTimiing® 系统获得。

表 6.2　比赛前第 6 天的训练及膳食计划示例

能量平衡图

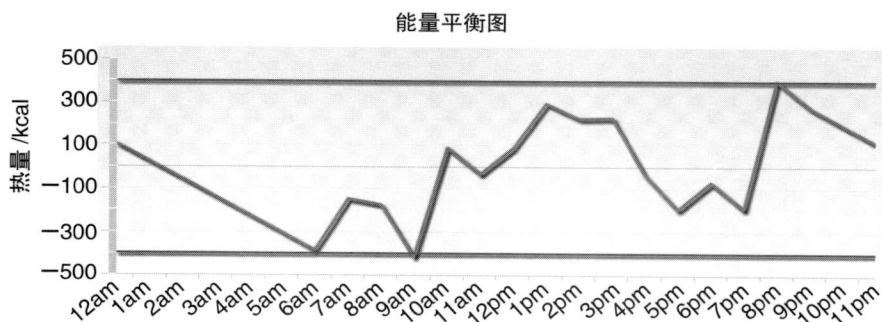

合成代谢（热量＞0 kcal）的时间为 11 小时；分解代谢（热量＜0 kcal）的时间为 13 小时；合成代谢的时间与分解代谢的时间之比约为 0.85

能量底物的分配

总热量：3189 kcal　碳水化合物：70%　蛋白质：14%　脂肪：16%

时间	活动	食物	摄入量	热量 /kcal
7：00—8：00	小份早餐，保证晨练时血糖水平正常	杂粮吐司面包	2 厚片	161
		蔓越莓汁	8 oz（240 ml）	116
		运动饮料	8 oz（240 ml）	63
8：00—9：00	啜饮运动饮料，为跑步做准备；进行拉伸运动，准备晨跑	运动饮料	16 oz（480 ml）	125
9：00—10：00	60 分钟中等强度的跑步训练；其间摄入运动饮料，每 10～15 分钟一次	运动饮料	16 oz（480 ml）	125
10：00—11：00	跑步后进行拉伸运动；然后进食丰盛的早餐；重点摄入碳水化合物，以补充肌糖原和肝糖原；足量地摄入液体	荷包蛋	2 个较大的鸡蛋	142
		英式杂粮松饼	1 个	155
		果酱	1 tbsp（15 ml）	56
		蓝莓	1 cup	84
		麦麸麦片	1 cup	120
		脂含量 1% 的牛奶	8 oz（240 ml）	102
		水	16 oz（480 ml）	0
11：00—12：00	常规的日常活动	水	按需	0
12：00—13：00	常规的日常活动，吃零食	低脂水果酸奶	1 cup	243
13：00—14：00	午餐	炒意大利面	1 cup	220
		意式番茄罗勒酱	½ cup	111
		水	8～16 oz（240～480 ml）	0

续表

时间	活动	食物	摄入量	热量/kcal
14：00—15：00	轻度的伸展活动	运动饮料	8 oz（240 ml）	63
15：00—16：00	30 分钟的轻度热身运动	运动饮料	24 oz（720 ml）	187
16：00—17：00	以舒适的节奏进行中等强度的技能训练	运动饮料	8 oz（240 ml）	63
17：00—18：00	继续以舒适的节奏进行 30 分钟的技能训练	运动饮料	8 oz（240 ml）	63
18：00—19：00	恢复和伸展运动	香蕉	1 个（中等大小）	109
		半脱脂的意大利白干酪	1 oz（30 g）	71
		黑麦饼干	3 块	110
		水	24 oz（720 ml）	0
19：00—20：00	放松	水	按需	0
20：00—21：00	晚餐	烤丁骨牛排	4 oz（120 g）	324
		烤土豆	1 个（中等大小）	145
		蒸西蓝花	1 棵大的	98
		大米布丁	4 oz（120 g）	133
		水	按需	0
21：00—22：00	放松	水	按需	0
22：00	睡觉			

营养汇总

总热量/kcal	3189	铁/mg	30	维生素 C/mg	347	维生素 B_{12}/μg	8.16
碳水化合物/g	578	钙/mg	1424	维生素 B_1/mg	2.40	叶酸/DFE	987
蛋白质/g	113	锌/mg	19	维生素 B_2/mg	3.48	维生素 A/RAE	925
脂肪/g	58	镁/mg	513	烟酸/mg	35.45	维生素 D/U	211
钠/mg	4263	钾/mg	5405	维生素 B_6/mg	4.35	维生素 E/mg	11

注：本例中的食物摄入量用于满足一名体重为 190 lb（86 kg），一天内完成 2 次训练的运动员。不同体重的运动员应调整摄入量。本例显示的是在完整运动日内的膳食摄入情况，其中能量摄入量和能量消耗量均有所减少，以减少糖原的利用，同时仍实现了能量平衡。体重高于或低于此标准的运动员在保持相同的进食频率的同时，应适当增加或减少膳食摄入量。

资料来源：能量平衡图的版权归营养时机公司（NutriTimiing）所有，并由其授权使用。能量平衡和营养素的摄入值均通过 NutriTimiing® 系统获得。

表 6.3 比赛前第 5 天的训练及膳食计划示例

能量平衡图

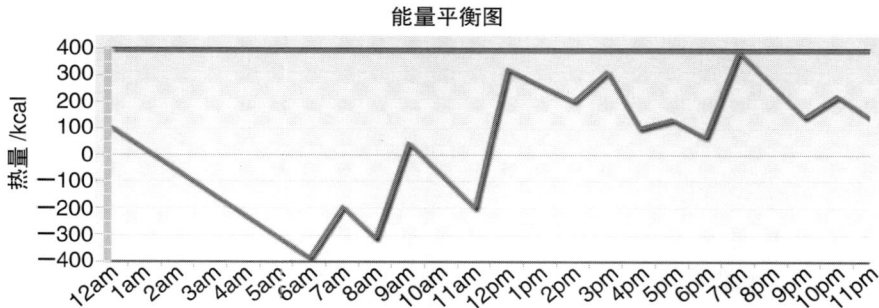

合成代谢（热量＞0 kcal）的时间为 15 小时；分解代谢（热量＜0 kcal）的时间为 9 小时；合成代谢的时间与分解代谢的时间之比约为 1.67

	能量底物的分配			
总热量：2949 kcal	碳水化合物：73%	蛋白质：15%	脂肪：12%	

时间	活动	食物	摄入量	热量 /kcal
7：00—8：00	起床后立即摄入碳水化合物和液体	意大利面包	2 大片	163
		葡萄汁	8 oz（240 ml）	152
8：00—9：00	继续摄入碳水化合物和液体，保证肝糖原的正常水合；8：30 开始中等强度的训练	运动饮料	16 oz（480 ml）	125
9：00—10：00	运动后立即吃早餐，早餐时间应为 9：40—10：00；重点摄入碳水化合物、优质蛋白质和液体	荷包蛋	1 个大的	71
		杂粮吐司面包	2 片	138
		橙汁	1 cup	81
		燕麦粥	1/3 cup	102
		脂肪含量为 1% 的牛奶	6 oz（180 ml）	76
		蔓越莓汁	8 oz（240 ml）	116
10：00—12：00	洗澡，换衣服	水	按需	0
12：00—13：00	午餐	意大利面包	2 大片	163
		意大利面	1.5 cup	330
		意式番茄罗勒酱	1/2 cup	111
		帕玛森干酪	2 tbsp（30 ml）	42
		水	按需	0
13：00—16：00	放松；啜饮运动饮料，吃零食，从而维持正常的血糖水平和肝糖原储备，为下午的训练做好准备	运动饮料	16 oz（480 ml）	125
		苹果汁	8 oz（240 ml）	114
		燕麦棒	1 个	119

续表

时间	活动	食物	摄入量	热量/kcal
16：00—17：00	45 分钟低强度、非力竭式的技能训练	运动饮料	8 oz（240 ml）	63
17：00—18：00	补充液体和碳水化合物	肉桂加葡萄干的百吉饼	1 个小的	156
		水	按需	0
18：00—19：00	吃零食	新鲜的猕猴桃	1 个	56
19：00—20：00	晚餐，重点摄入优质蛋白质、碳水化合物和液体	去皮的烤鸡胸肉	3 oz（90 g）	147
		糙米	1 cup	216
		炒西蓝花	1 cup	80
		水	8 ~ 16 oz（240 ~ 480 ml）	0
20：00—21：00	放松，按需喝水	水	按需	0
22：00—23：00	夜宵；摄入碳水化合物，以保证睡眠期间肝糖原一直处于正常水平	爆米花	3 cup	93
		橙汁	8 oz（240 ml）	110
23：00	睡觉			

营养汇总

总热量/kcal	2949	铁/mg	22	维生素 C/mg	567	维生素 B_{12}/μg	1.86
碳水化合物/g	542	钙/mg	1113	维生素 B_1/mg	3.06	叶酸/DFE	962
蛋白质/g	109	锌/mg	12	维生素 B_2/mg	2.40	维生素 A/RAE	851
脂肪/g	40	镁/mg	558	烟酸/mg	42.24	维生素 D/U	111
钠/mg	3091	钾/mg	4507	维生素 B_6/mg	2.91	维生素 E/mg	16

注：本例中的食物摄入量用于满足一名体重为 190 lb（86 kg），一天内完成 2 次训练的运动员。不同体重的运动员应调整摄入量。本例显示的是在完整运动日内的膳食摄入情况，其中能量摄入量和能量消耗量均有所减少，以减少糖原的利用，同时仍实现了能量平衡。体重高于或低于此标准的运动员在保持相同的进食频率的同时，应适当增加或减少膳食摄入量。

资料来源：能量平衡图的版权归营养时机公司（NutriTimiing）所有，并由其授权使用。能量平衡和营养素的摄入值均通过 NutriTimiing® 系统获得。

表 6.4 比赛前第 4 天和第 3 天的训练及膳食计划示例

能量平衡图

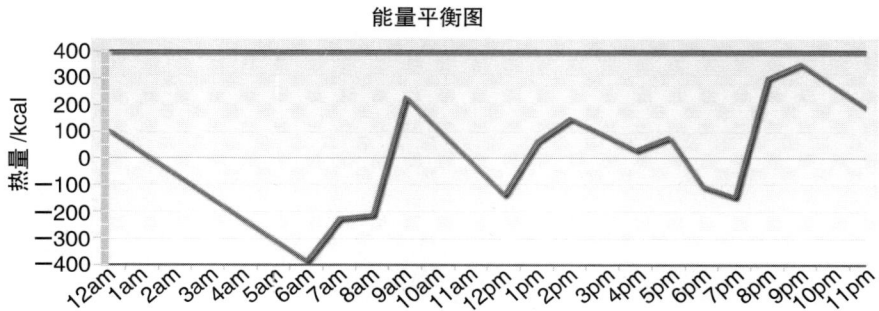

合成代谢（热量＞0 kcal）的时间为 13 小时；分解代谢（热量＜0 kcal）的时间为 11 小时；合成代谢的时间与分解代谢的时间之比约为 1.18

能量底物的分配
总热量：2922 kcal 碳水化合物：69% 蛋白质：16% 脂肪：15%

时间	活动	食物	摄入量	热量 /kcal
7：00—8：00	30 分钟的拉伸及热身运动	鸡蛋百吉饼，烤制的	1 个小的	192
		葡萄汁	8 oz（240 ml）	152
8：00—9：00	8：00 进食麦片；8：30—9：00 进行低强度的训练；训练期间摄入运动饮料	碎麦片	½ cup	92
		运动饮料	16 oz（480 ml）	125
9：00—10：00	继续训练至 9：30；训练后立即吃早餐，重点摄入优质蛋白质、碳水化合物和充足的液体	西柚汁	4 oz（120 ml）	51
		炒鸡蛋	½ cup	184
		杂粮吐司面包	2 片	138
		草莓	2 cup	97
		燕麦粥	¾ cup	100
		脂含量 1% 的牛奶	6 oz（180 ml）	76
		水	按需	0
10：00—13：00	洗澡，换衣服；休闲活动（阅读、散步、案头工作）	水	按需	0
13：00—14：00	午餐	番茄，樱桃	1 cup	27
		直立莴苣	1 cup	8
		切碎的烤鸡	3 oz（90 g）	147
		低热量的凯撒汁	2 tbsp（30 ml）	33
		炒鸡蛋面	½ cup	110
		水	8～16 oz（240～480 ml）	0

续表

时间	活动	食物	摄入量	热量 /kcal
14：00—15：00	放松，吃零食	红葡萄	2 cup	208
15：00—17：00	训练的准备工作；午后训练	运动饮料	16 oz（480 ml）	125
17：00—18：00	早点进食高碳水化合物的零食和运动饮料，从而为训练做准备	香蕉	1 根（中等大小）	109
		运动饮料	8 oz（240 ml）	63
18：00—19：00	45 分钟低强度的技能训练	运动饮料	8 oz（240 ml）	63
19：00—20：00	洗澡，换衣服	无盐饼干	5 块	81
20：00—21：00	晚餐	烤瘦牛排	4 oz（120 g）	225
		烤土豆	1 个（中等大小）	145
		煮熟的甜豌豆	1 cup	44
		巧克力布丁	4 oz（120 g）	153
		水	按需	0
21：00—22：00	富含足量的碳水化合物和足量液体的夜宵	樱桃	½ cup	43
		草莓	1 cup	49
		蓝莓	1 cup	84
22：00	睡觉			

营养汇总

总热量 /kcal	2922	铁 /mg	40	维生素 C/mg	565	维生素 B_{12}/μg	11.54	
碳水化合物 /g	518	钙 /mg	1735	维生素 B_1/mg	3.80	叶酸 /DFE	1376	
蛋白质 /g	117	锌 /mg	30	维生素 B_2/mg	4.38	维生素 A/RAE	795	
脂肪 /g	51	镁 /mg	485	烟酸 /mg	56.93	维生素 D/U	171	
钠 /mg	2993	钾 /mg	5584	维生素 B_6/mg	6.08	维生素 E/mg	21	

注：本例中的食物摄入量用于满足一名体重为 190 lb（86 kg），一天内完成 2 次训练的运动员。不同体重的运动员应调整摄入量。本例显示的是在完整运动日内的膳食摄入情况，其中能量摄入量和能量消耗量均有所减少，以减少糖原的利用，同时仍实现了能量平衡。体重高于或低于此标准的运动员在保持相同的进食频率的同时，应适当增加或减少食物摄入量。

资料来源：能量平衡图的版权归营养时机公司（NutriTimiing）所有，并由其授权使用。能量平衡和营养素的摄入值均通过 NutriTimiing® 系统获得。

表 6.5 比赛前第 2 天的训练及膳食计划示例

能量平衡图

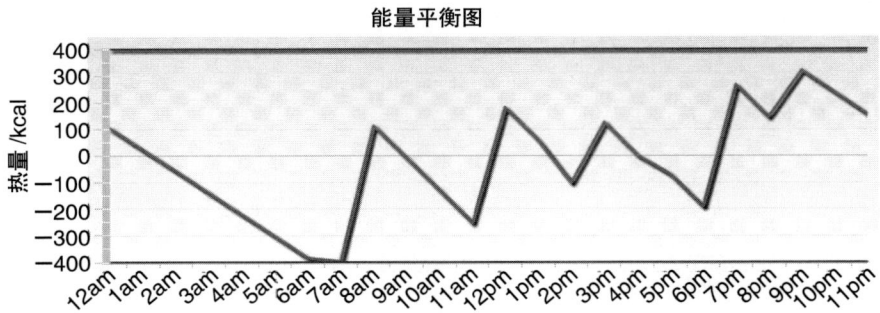

合成代谢（热量＞0 kcal）的时间为 12 小时；分解代谢（热量＜0 kcal）的时间为 12 小时；合成代谢的时间与分解代谢的时间之比为 1.00

能量底物的分配

总热量：2632 kcal　碳水化合物：65%　蛋白质：19%　脂肪：17%

时间	活动	食物	摄入量	热量 /kcal
6：00—7：00	无晨练，仅休息和放松			
7：00—8：00	吃零食；洗澡，换衣服；注意维持血糖水平处于正常范围	橙汁	8 oz（240 ml）	110
8：00—9：00	早餐	荷包蛋	2 个大的	142
		杂粮吐司面包	2 片	138
		果酱	1 tbsp（15 ml）	56
		全麦谷物	¾ cup	100
		脂肪含量为 1% 的牛奶	6 oz（180 ml）	76
		哈密瓜	1 cup（切成小方块或小球）	60
		运动饮料	8 oz（240 ml）	63
9：00—12：00	放松	水	按需	0
12：00—14：00	午餐	烤火鸡肉	3 oz（90 g）	134
		黑面包	2 片	165
		低脂蛋黄酱	1 tbsp（15 ml）	49
		红葡萄	1 cup	104
		椒盐卷饼	1 oz（30 g）	106
		水	按需	0

时间	活动	食物	摄入量	热量 /kcal
14：00—16：00	无疲惫感的技能训练；在进行低强度训练的同时，饮用运动饮料（运动时间不超过 30 分钟）	运动饮料	8 oz（240 ml）	63
16：00—17：00	运动后补充碳水化合物	香蕉	1 根（中等大小）	109
		低脂水果酸奶	1 cup	243
		水	按需	0
17：00—20：00	吃零食，放松	草莓	1 cup	49
		水	按需	0
20：00—21：00	晚餐	烤三文鱼	4 oz（120 g）	262
		白米饭	1 cup	205
		煮熟的绿豌豆	¾ cup	101
21：00—22：00	吃零食	新鲜的菠萝	2 cup	164
		大米布丁	4 oz（120 g）	133
		水	按需	0
22：00	睡觉			

营养汇总

总热量 /kcal	2632	铁 /mg	35	维生素 C/mg	532	维生素 B_{12}/μg	12.90
碳水化合物 /g	435	钙 /mg	2005	维生素 B_1/mg	3.73	叶酸 /DFE	1464
蛋白质 /g	124	锌 /mg	27	维生素 B_2/mg	4.23	维生素 A/RAE	1003
脂肪 /g	50	镁 /mg	553	烟酸 /mg	54.76	维生素 D/U	168
钠 /mg	3176	钾 /mg	4908	维生素 B_6/mg	5.53	维生素 E/mg	17

注：本例中的食物摄入量用于满足一名体重为 190 lb（86 kg），一天内完成 2 次训练的运动员。不同体重的运动员应调整摄入量。本例显示的是在完整运动日内的膳食摄入情况，其中能量摄入量和能量消耗量均有所减少，以减少糖原的利用，同时仍实现了能量平衡。体重高于或低于此标准的运动员在保持相同的进食频率的同时，应适当增加或减少膳食摄入量。

资料来源：能量平衡图的版权归营养时机公司（NutriTimiing）所有，并由其授权使用。能量平衡和营养素的摄入值均通过 NutriTimiing® 系统获得。

表6.6　比赛前一天的训练及膳食计划示例

能量平衡图

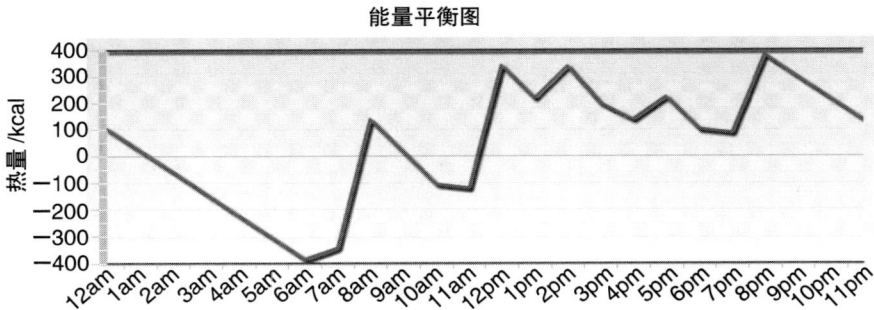

合成代谢（热量＞0 kcal）的时间为14小时；分解代谢（热量＜0 kcal）的时间为10小时；合成代谢的时间与分解代谢的时间之比为1.40

能量底物的分配

总热量：2563 kcal　碳水化合物：67%　蛋白质：19%　脂肪：14%

时间	活动	食物	摄入量	热量 /kcal
7：00—8：00	今天无训练；起床后立即摄入橙汁以维持血糖水平处于正常范围；洗澡，换衣服	橙汁	12 oz（360 ml）	164
8：00—9：00	早餐	燕麦片	1 cup	159
		杂粮吐司面包	2 片	138
		果酱	1 tbsp（15 ml）	56
		蓝莓	1 cup	84
		核桃	½ oz（15 g）	93
		脂肪含量为1%的牛奶	6 oz（180 ml）	76
9：00—11：00	放松	水	按需	0
11：00—12：00	吃零食	香蕉	1 根（中等大小）	109
12：00—13：00	午餐	烤瘦牛肉	3 oz（90 g）	157
		法式面包	2 片	185
		瑞士硬干酪	1 oz（30 g）	51
		小胡萝卜	1 cup	84
		椒盐卷饼	1 oz（30 g）	106
		水	按需	0
13：00—14：00	放松	水	按需	0
14：00—15：00	吃零食	低脂水果酸奶	1 cup	243
15：00—17：00	在附近轻松散步，每10~15分钟吸饮一次运动饮料	运动饮料	8 oz（240 ml）	63

续表

时间	活动	食物	摄入量	热量 /kcal
17：00—18：00	放松，水合作用，进食碳水化合物类零食	红葡萄	2 cup	208
		水	按需	0
18：00—19：00	放松	水	按需	0
19：00—20：00	吃零食	香蕉	1 根（中等大小）	109
20：00—21：00	晚餐	烤土豆（去皮）	1 个（中等大小）	145
		烤鸡胸肉	4 oz（120 g）	196
		西葫芦	1 cup	51
		酸奶油	1 tbsp（15 ml）	23
		水	按需	0
21：00—22：00	放松活动	水	按需	0
22：00	睡觉			

营养汇总

总热量 /kcal	2563	铁 /mg	31	维生素 C/mg	305	维生素 B$_{12}$/μg	4.11
碳水化合物 /g	441	钙 /mg	1382	维生素 B$_1$/mg	2.61	叶酸 /DFE	743
蛋白质 /g	127	锌 /mg	17	维生素 B$_2$/mg	2.84	维生素 A/RAE	2369
脂肪 /g	41	镁 /mg	541	烟酸 /mg	42.54	维生素 D/U	94
钠 /mg	1946	钾 /mg	6414	维生素 B$_6$/mg	5.24	维生素 E/mg	4

注：本例中的食物摄入量用于满足一名体重为 190 lb（86 kg），一天内完成 2 次训练的运动员。不同体重的运动员应调整摄入量。本例显示的是在完整运动日内的膳食摄入情况，其中能量摄入量和能量消耗量均有所减少，以减少糖原的利用，同时仍实现了能量平衡。体重高于或低于此标准的运动员在保持相同的进食频率的同时，应适当增加或减少食物摄入量。

资料来源：能量平衡图的版权归营养时机公司（NutriTiming）所有，并由其授权使用。能量平衡和营养素的摄入值均通过 NutriTimiing® 系统获得。

比赛当天

比赛当天，运动员应避免做任何未经适应的活动或食用任何未经适应的食物，这一点非常重要。运动员应准备一张必备品清单，并指明所需物品的位置。比赛当天可不是绕着屋子大喊"我的跑鞋哪去了"的时候。要把准备工作做得完备、细致，并制订好备选计划以防任何事情（例如交通）出现差错。

在比赛当天适当地进食和饮水相当重要，所以你要确保自己可以立即得到合适的食物和饮料（不要随便食用）。你有责任了解自身的需求，并使之得到满足。想象一下，如果你在全年的练习中都饮用运动饮料 X，而在比赛当天早晨起床时发现，你的配偶没有在商店内找到运动饮料 X，却买了运动饮料 Y 来代替，这将会是怎样的结果。在比赛当天，运动员应避免将自己陷于任何会产生压力的情况中。

清晨比赛 如果在清晨进行比赛，你应该比平常提前 2~3 小时上床睡觉。如果你很难在清早起床，在比赛前几天，你就应该开始练习。运动员应给自己留出足够的时间来进食一些碳水化合物，并饮用一些液体，然后再去比赛。在比赛开始前至少 1.5 小时完成进食（假设主要摄入的是含淀粉的碳水化合物类食物）。运动员的消化功能各不相同，所以了解进食和比赛之间的最佳时间间隔非常重要。一些运动员对于在比赛前 2 小时完成进食感觉最佳，而另一些运动员则对于在比赛前 3 小时完成进食感觉最佳。如果全队共同用餐，运动员应该略微进行必要的调整，找到最适合自己的进食时间。在进食之后直到比赛开始之前的这段时间内，运动员应一直以啜饮的方式来摄入运动饮料，而不应处于仓促的状态，否则既定的膳食计划会不可避免地受到影响，导致运动员在整场比赛中经历耐力较差或者胃肠道不适的痛苦。

上午晚些时候或下午早些时候比赛　人们常常在上午晚些时候和下午早些时候感到疲倦与饥饿，因为他们在早餐中进食的食物在此时已经停止供能。因此，让运动员每隔 2.5~3.5 小时进食一些食物就显得尤为重要。对于一项在上午 11：00 进行的比赛，运动员应在早上 6：30 起床并进食早餐，然后在上午 9：00 再次进食。上午 9：00 进食后，运动员应开始不断地啜饮液体直至比赛开始。对于一项在下午早些时候（13：00）进行的比赛，运动员应在上午 10：30 进食赛前最后一餐，然后开始液体啜饮方案。在饥饿状态下参加比赛是导致失败的一个必然因素。

下午两三点或晚上早些时候比赛　对运动员而言，在下午两三点或晚上早些时候进行比赛十分困难，尤其是在室外进行且天气炎热时。运动员一般都不会选择在下午两三点进行比赛。运动员最好照例在上午用餐和饮水（即进食早餐，10：00 左右吃零食，然后吃午餐）；然后在比赛开始前 1.5~2.0 小时进食一些含淀粉的碳水化合物（比如一根香蕉、一片烤面包或几块饼干），并饮用一些液体；此后开始不断地啜饮液体直至比赛开始。比赛的兴奋可以让运动员忘记饥饿。因此，制订可反复练习的进餐、吃零食和饮用饮料的计划并坚持执行，是个不错的主意。

深夜比赛　深夜进行比赛同样是比较困难的，此时身体昏昏欲睡，但是比赛却要求你保持清醒。因此，睡个懒觉，并且每隔 2.5~3.0 小时进食一些食物，这些方法有助于运动员维持一定的能量水平，直到开始比赛。随时检查你的水合状态（尿液应该基本澄清）。记住，在深夜的比赛中取得成功是令人愉快的，它有助于获得一晚良好且平静的睡眠。

七天计划总结

为比赛进行准备的主要含义就是调整你的身体，使其能够充分地储备碳水化合物（糖原）和液体。肌肉和精神应得到充分的休息，并且运动员应该从教练员那里获得信心。不能过分片面地强调比赛前的充分休息。如果要求运动员频繁参赛，充分的休息是至关重要的。任何妨碍夜间睡眠及良好休息的事情都将导致运动员发挥失常。

良好的赛前准备主要包括以下几点。

1. 充分的休息。

2. 比赛前 6~7 天开始减少身体活动。

3. 进食足够的碳水化合物以增加糖原储备。

4. 饮用足够的液体，使液体储备最大化。

5. 频繁进餐，大约每 3 小时一次，以便维持血糖和肌糖原水平，并让自己感觉良好。

6. 活动前摄入足够的能量，确保体内有足够的能量来支持活动，此外还应当避免由肌肉提供能量底物进行供能。

7. 提前模拟比赛当天的进食和饮水计划，以便让自己了解哪些食物和饮料能够让你感觉良好。

8. 比赛当天不要做任何你以前没有尝试过的事情。

9. 在比赛日来临之前较长的一段时间内，准备好所需的一切东西（运动饮料、零食等）。

饥饿和口渴都是一种紧急的状态，预示着即将发生运动表现下滑的问题。因此，需要根据运动员的训练计划及生活方式，制订一个进餐和饮水时间计划表来避免出现这些情况。也许除此之外再也没有其他因素能对健康及运动表现造成如此巨大的影响。简而言之，运动员要想发挥出自身最佳的体能状态和技术水平，就绝不能感到饥饿和口渴。

本章要点

• 进食频率低有可能造成血糖水平降低，导致体内生成更多的葡萄糖以维持心理功能。当血糖水平降低时，肌肉分解产生的丙氨酸是生成葡萄糖的主要物质。

• 一餐摄入过多的能量会导致胰岛素生成过多和脂肪储备过多。对于两名具有同等能量需求的运动员，与进餐频次高的运动员相比，进餐频次低的运动员的单餐进食量更大。

• 低频次进食方式与肌肉减少及脂肪增多有关。体内脂肪越多，产生的胰岛素就越多，这会导致体内储存更多的脂肪。

• 抑制进食会产生饥饿感，机体会因此产生应激激素（皮质醇），这很有可能导致肌肉及骨骼组织的损失。

• 液体摄入不足，特别是运动期间摄入不足，会造成脱水，从而导致运动员容易疲劳及运动表现不佳。

• 运动会产生热量，这些热量必须通过汗液从体内排出。如果由于水合状态不充分而无法排出多余的热量，机体将会出现热应激。

• 运动前、运动期间及运动后，少量多餐的进食方式能动态地维持能量消耗与能量摄入的平衡，同时摄入充足的液体，这种进食和饮水方式有助于运动员维持能量和体液平衡。

氧的转运及利用

　　有效的氧转运系统能够保证机体充分地吸入氧气，通过血液将氧气转运至运动细胞，细胞通过线粒体中的氧化酶将氧气充分地利用，有效地排出副产物（二氧化碳），并可通过摄入充足的抗氧化剂来消除过氧化的副作用。一名运动员如果缺乏如此有效的氧转运系统，是很难取得成功的。在这个过程中，每一项功能都有重要的营养成分参与其中。例如，铁在氧气的运输和二氧化碳的排出过程中起着关键性的作用；维生素 B_{12} 和叶酸作用于红细胞的生成；β-胡萝卜素、维生素 C、维生素 E 及硒等抗氧化营养素可保护细胞免受氧化作用的损害。相对于静息状态，剧烈的体力活动本身可使能量利用率提高 20～100 倍，而营养素与氧气的关系则是确保能量利用率持续提高的关键因素[1]。本章将对氧气利用过程中营养素之间的关系，以及氧气、营养素与运动能力之间的主要关系进行阐述。

氧摄取

　　空气通过鼻腔和口腔被人体吸入，然后进入肺的左、右支气管。肺内的气体交换发生于人体每个支气管中的 1.5 亿个肺泡中。普通成年男性每次呼吸可吸入约 4 L（4 qt）的气体，其中的氧气进入肺泡，通过毛细血管进入血液，并与红细胞中的血红蛋白相结合。同时，血液中的二氧化碳进入肺泡内，然后随呼气被排出。空气中的氧含量约为 21%，而呼出气体的氧含量约为 15%，这表明肺只吸收了空气中少量的氧气。空气中的含水量约为 0.5%，而呼出气体的含水量约为 6%，这明显说明快速呼吸是运动员水分丢失的主要途径。

　　细胞呼吸作用的速率会随着运动强度的增加而加快，高强度的运动可使工作肌肉对氧气的需要量增加 25 倍。增加的需氧量将通过提升呼吸频率和加大呼吸深度来代偿。然而，呼吸频率的加快主要是由于二氧化碳含量的提高，而非需氧量的增加。二氧化碳含量升高将促使延髓刺激控制肋间肌和膈肌的运动神经，从而增加该肌群的活动量。肺炎、哮喘、肺气肿、支气管炎、慢性阻塞性肺疾病及肺癌等影响肺部功能的疾病都将影响人体摄取足量的氧气和排出二氧化碳的能力。

运动诱发性哮喘

运动诱发性哮喘（EIA）会损害运动员的吸氧能力。高达 55% 的越野滑雪运动员罹患该疾病，而篮球运动员的患病率则较低（12%）[2-3]。由此可见，在寒冷天气或环境中运动的运动员患病率似乎较高。未患有慢性哮喘的人也有可能发病，表现为在运动开始后 5~20 分钟出现咳嗽、喘息、胸闷、呼吸急促及早期疲劳等症状[4]。在停止运动后即刻症状最明显，且这些症状通常在 1 小时内缓解。哮喘相关的慢性肺部炎症的发生机制尚不明确，但是似乎与遗传因素（即家族史）有关，某些人在出生时即具有发病倾向。哮喘的发生需要诱发因素，运动诱发性哮喘的主要诱发因素是进入肺内的大量的干冷空气。此外，在空气干冷的环境中运动时张口呼吸也可能会诱发此病。因此，需要进行快速呼吸的持续性运动（比如耐力型运动），尤其是处于寒冷的天气下，最可能诱发此病。泳池中的氯也可能诱发此病[5]。

氧气转运和细胞利用

作为一个主要功能，氧气转运和细胞利用涉及多种元素、维生素和蛋白质。这些物质相互协作，从外部环境中获取氧气，通过血液将氧气转运至细胞内进行代谢活动，并排出代谢活动产生的副产物（包括二氧化碳）。

铁 铁是氧气转运过程中的一个关键元素，也是血红蛋白、肌红蛋白及能量代谢中电子传递所需多种酶的组成部分。机体具有针对铁元素的优先利用系统，而血红蛋白则居于该系统的首位。当体内铁的储备量下降而导致血红蛋白减少时，肌红蛋白和含铁酶中的铁将被释放，以维持红细胞内血红蛋白的水平。因此，即使血红蛋白浓度和血细胞比容（评价铁状态的两个最常见的指标）处于正常范围，运动员的体能也有可能下降。所以，将铁蛋白（铁储备）列入血液学检查中的一项，对于准确了解体内的铁状态是十分必要的（表 7.1）。

典型的缺铁性贫血是小细胞、低色素性贫血。其特征为红细胞数量过少，以及血红蛋白水平过低导致的红细胞体积过小。

运铁蛋白 运铁蛋白是血液中的蛋白质，其功能为负载铁元素并通过血液将铁转运至骨髓、脾和肝，从而将铁以铁蛋白的形式进行储存或用于生成新的红细胞。运铁蛋白的半衰期相对较短，因此可作为检测近期蛋白质营养状态的生物标志物。血清运铁蛋白含量过低可能是由于肝的运铁蛋白合成量不足，因此可作为蛋白质或热量营养不良的指标；还可能是由于经肾丢失的蛋白质过多（蛋白尿）。同时，全身性感染或癌症也可降低血清运铁蛋白浓度。血清运铁蛋白浓度增高是缺铁的标志。如果运动员的血清运铁蛋白浓度过低，即使体内有足够的铁，也将影响血红蛋白的生成，并将最终导致贫血。

表7.1　与铁状态相关的术语

铁蛋白	铁蛋白为贮铁蛋白，存在于肝、脾和骨髓中，仅有少量存在于血液中。血液中的铁蛋白含量与肝、脾和骨髓中的铁蛋白含量成一定比例，因此血清铁蛋白可作为检测机体内铁储备量的指标。如果铁蛋白浓度降低，即使在正常范围内，患者也有可能缺铁。运动员应进行铁蛋白和全血检测，以评估是否存在铁缺乏或缺铁性贫血 铁蛋白浓度的正常范围： • 成年男性：$20\sim300\,\text{ng/ml}$ • 成年女性：$20\sim120\,\text{ng/ml}$
血细胞比容	血细胞比容是指全血中红细胞的比例，通常指每单位体积血液中的红细胞体积 血细胞比容的正常范围： • 成年男性：$42\%\sim52\%$ • 成年女性：$36\%\sim48\%$
血色素沉积症	血色素沉积症是体内铁过载引起的铁异常沉积性疾病。铁的浓度持续过高将造成肝损伤
血红蛋白	血红蛋白是红细胞内含铁的携氧蛋白
含铁血黄素沉着症	含铁血黄素沉着症是体内铁含量过高引发的疾病，通常由输血引起。常见于珠蛋白生成障碍性贫血（又称地中海贫血）患者
血清铁	血清铁代表血清中铁的总含量 血清铁的正常范围： • 成年男性：$75\sim175\,\mu\text{g/dl}$ • 成年女性：$65\sim165\,\mu\text{g/dl}$
总铁结合力（TIBC）	总铁结合力为血液中运铁蛋白与铁分子的结合达到饱和状态时所能携带的总铁量。由于运铁蛋白由肝生成，因此总铁结合力可用于监测肝功能和蛋白营养状态
运铁蛋白	运铁蛋白检测是直接测量血液中运铁蛋白（又称铁传递蛋白）的浓度。运铁蛋白饱和度可通过血清铁含量除以总铁结合力来计算 运铁蛋白的正常范围： • 成年男性：$200\sim400\,\text{mg/dl}$ • 成年女性：$200\sim400\,\text{mg/dl}$ 运铁蛋白饱和度的正常范围为$30\%\sim40\%$

血浆铜蓝蛋白　血浆铜蓝蛋白是一种含铜的蛋白质，其功能为在红细胞的生成过程中将铁由运铁蛋白转移至血红蛋白，或将铁由原有的红细胞转移至新生红细胞中。缺铜将导致血浆铜蓝蛋白浓度过低，并可导致贫血，其症状与缺铁性（小细胞、低色素性）贫血类似，因此可能导致误诊。血浆铜蓝蛋白缺乏可能引发胰腺、肝及大脑中的铁沉积，进而导致神经功能障碍。

维生素B_{12}　维生素B_{12}含有钴，故又称钴铵素，其两个主要功能为生成红细胞和保护

营养缺乏会限制氧气向细胞内的转运，从而影响运动员的表现

神经系统的健康。红细胞生成期间缺乏维生素 B_{12} 将导致细胞膜功能欠佳。该类细胞被称为巨幼红细胞，较易破裂，且存活期约为正常红细胞的一半（60 天，正常为 120 天）。由于这些红细胞的存活期过短，因此机体需要以更快的速度持续生成新的红细胞，以维持正常的携氧能力。然而，机体并不能一直保持这一状态，最终会出现贫血。维生素 B_{12} 缺乏引起的贫血又称恶性贫血，该病发展缓慢且病程较长。恶性贫血为巨幼细胞性、低色素性贫血，即红细胞增大、变形且颜色偏浅（血红蛋白分散到更大的细胞区域，使颜色被稀释）。除造成携氧能力下降外，恶性贫血还会引发神经学症状和神经退变。尽管只需少量的维生素 B_{12}（一个鸡蛋所含的维生素 B_{12} 足以满足机体一个多月的需要量）即可避免贫血，但由于维生素 B_{12} 几乎只能从肉类食物中摄取，因此素食运动员仍被认为具有罹患该病的风险。

叶酸 叶酸、维生素 B_{12} 和维生素 C 都与蛋白质代谢密切相关。维生素 B_{12} 和叶酸是生成红细胞的必需物质。同时，叶酸还参与神经组织的发育，体内叶酸水平良好的女性基本上能避免发生新生儿神经管缺陷的风险。与维生素 B_{12} 缺乏引发的贫血（巨幼红细胞性、低色素性贫血）相似，叶酸缺乏引发的贫血也将严重降低携氧能力。然而，虽然维生素 B_{12} 主要源于动物性食物，但叶酸则大部分来自新鲜水果、蔬菜及豆类食物。

氧和营养素与运动表现的关系

毫无疑问，体育运动能够改变血液中的铁状态；同样，血液中的铁状态也能反过来影响机体的运动表现。一项对 747 名运动员和 104 名未接受过运动训练的人员进行的研究显示，与进行力量训练或混合型训练的运动员相比，耐力型运动员的血红蛋白浓度和血细胞比容较低，这表明该差异可能是由稀释性假性贫血导致的，也可能是由较严重的足部冲击引起的红细胞破裂导致的[6]。

运动时间较长及运动量较大的运动员，其体内的铁储备量（铁蛋白含量）也相对较少。

这些发现表明，运动员的铁状态比非运动员更易受到损害，而运动时间较长的运动员具有更高的铁状态受损风险。因此，尽管训练时间（及距离）很长的耐力型运动员主要依靠有氧代谢来维持耐力，其铁状态不良的风险在各类运动员中却是最高的。

在那些按体重划分级别或追求美感的运动项目中，运动员限制饮食摄入的情况普遍存在。因此，维生素和矿物质摄入不足几乎成为他们中大多数人长期面临的问题。这些运动员的氧气利用能力大多不能达到最佳水平，这必然会妨碍其获得最佳的运动表现。未发生贫血时，铁缺乏会降低肌肉运动的潜能；而一旦发生缺铁性贫血，红细胞的携氧能力将严重下降，可造成更严重的后果。

相对于非运动员人群，缺铁性贫血在运动员（尤其是女性运动员）中更为普遍[7]。其影响包括导致运动员体能降低，免疫功能受损。年轻的女性运动员应考虑摄入更多富含铁的食物（尤其是红肉），或在医生的指导下服用铁补剂。

造成运动员缺铁的原因很多，包括摄入量不足、溶血和女性月经失血[8]。然而，运动员的缺铁问题通常并非由失血引起，其主要原因是运动期间血容量增加，而红细胞等血液成分并未随之增加。通常运动员在现有训练的基础上提高训练强度或处于训练季的初始阶段会发生这种情况。由于血容量增加的速度比红细胞增加的速度快，机体会出现类似于贫血的症状。由于这种情况是暂时的（红细胞的浓度最终会恢复正常），所以这种情况被称为稀释性假性贫血或运动性贫血（图 7.1）。跑步时足底反复触地会引起红细胞破裂，称为足底撞击性溶血。由于足底撞击地面，足底毛细血管中的红细胞被破坏。发生足底撞击性溶血时，因为机体生成红细胞的速度不够快，所以红细胞破裂的速率越快，运动员越难维持正常的红细胞浓度，从而导致贫血。

其他营养素的摄入不足也会影响氧的利用。镁缺乏会提高次极限强度运动对氧的需要量，从而降低运动员的耐力表现[9]。叶酸和维生素 B_{12} 缺乏会导致巨幼细胞贫血，从而引发

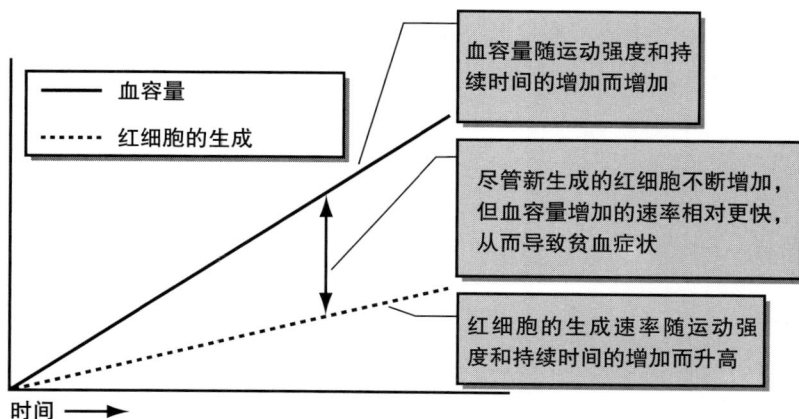

注意：在运动时间或运动强度持续增加3~5天后，血容量和红细胞浓度之间的差异变得明显。经过一段时间后，血容量不再增加，而红细胞持续生成，最终可以达到血容量与红细胞数量之间的平衡，贫血症状也随之消失

图 7.1　稀释性假性贫血（又称运动性贫血）

红细胞形态异常和存活期缩短。该病将使运动员难以持续生成红细胞，且足部受到的撞击也会造成红细胞破裂。其结果是能够携氧并排出二氧化碳的细胞减少，导致运动员的运动能力下降。以往的研究数据显示，血尿在运动员中更为普遍，其多重原因如下[10]。

- 足底撞击性溶血：足底撞击地面或其他冲撞性运动使毛细血管突然被挤压，导致红细胞破裂。
- 肾缺血：流向肾的血液较少，与脱水引起的血容量降低所导致的结果类似。
- 缺氧性肾损害：肾的供氧量不足引起的损伤，可能是由缺铁性贫血或肾缺血导致。
- 溶血因子的释放：多种因素（包括细菌、寄生虫、镰状细胞病，以及运动员的血液酸化）均可引起细胞的破裂增多。
- 膀胱或肾的外伤：可能由冲撞性运动（比如橄榄球、拳击及其他体育活动）中的撞击引起。
- 摄入非甾体抗炎药：可能引起肾功能发生短暂、轻微的变化，导致血液进入尿液。
- 脱水：脱水会导致流向肾的血流量减少，缺氧性肾损害和肾缺血都与此有关（如前文所述）。
- 循环速率加快：心率加快和每搏量增多可引起血流速率加快，从而加重红细胞的破坏。
- 出现肌红蛋白尿（又称横纹肌溶解）：运动导致肌肉分解，释放出含铁肌红蛋白，含铁肌红蛋白经肾而随尿液流失。严重的肌肉溶解可引起肌红蛋白的过量释放，与肾梗阻和肾功能不全有关。
- 红细胞的过氧化：红细胞的脂质膜被氧化，导致红细胞破裂并经肾流失。

红细胞经尿液而缓慢流失是由频繁、高强度、长时间的训练引起的，可导致贫血，进而降低运动能力。因此，运动员应注意摄入充足的营养素（尤其是铁）以补充身体的丢失量。值得庆幸的是，红细胞的生成过程在运动压力下表现出极强的适应性，只要有足够的营养素（尤其是铁、叶酸和维生素 B_{12}），机体就能生成足量的红细胞[11]。一些运动员尝试通过摄入红细胞生成素（EPO）来促进红细胞的生成，但是这种血液兴奋剂属于违禁药物，并且有可能增加血液黏稠度，因而具有形成血栓并导致死亡的隐患[12]。

氧化应激

氧化应激是指由抗氧化剂不足导致活性氧（ROS）生成增多的生理过程[13]。活性氧又称过氧化物、自由基，细胞内自由基的活动会造成细胞损伤，产生"溶渣"（死细胞）。机体通过具有抗氧化作用的维生素和矿物质抑制活性氧的生成（表7.2）。矿物质的功能在于通过控制酶的活性，抑制活性氧的生成；维生素则能够直接接受活性氧，将其从细胞环境中清除，从而限制活性氧的潜在危害。维生素 E 主要存在于植物油中，这是一种具有抗氧化作用的脂溶性维生素。早期的研究结果显示，维生素 E 可减少活性氧。尽管如此，近期的研究注意到，单纯补充维生素 E 可能导致抗氧化剂池失去平衡，进而降低人体对活性氧的总抵抗力。为解决这一问题，建议采取的策略是，定期从食物中摄取多种抗氧化剂，而不是补充单一的抗氧化维生素补剂。这样便可维持抗氧化剂之间脆弱的平衡状态，使其免受破坏，同时抗氧化剂的水平也可得到提升，从而提高人体对活性氧的抵抗力。

表 7.2　具有抗氧化作用的营养素

营养素	每日推荐摄入量（19~30 岁）		功能
	男性	女性	
维生素 C	90 mg/d	75 mg/d	维生素 C 能够清除白细胞、肺和胃黏膜中的活性氧，并能抑制细胞中的脂质过氧化
维生素 E	15 mg/d	15 mg/d	维生素 E 的主要作用是防止脂质过氧化
硒	55 μg/d	55 μg/d	硒通过硒蛋白而发挥作用，可形成多种抗氧化酶。膳食参考摄入量（DRI）是根据合成硒蛋白——谷胱甘肽过氧化物酶的需要量而制订的
β-胡萝卜素	900 μg/d	700 μg/d	12 μg 的 β-胡萝卜素能生成 1 μg 视黄醇（维生素 A）。实际上，人体所需的是维生素 A，而非 β-胡萝卜素。但是，β-胡萝卜素并非仅仅用于生成维生素 A。除了能够作为新鲜水果、蔬菜摄入量的重要生物标志物外，它还具有重要的抗氧化特性

营养失衡还会造成免疫功能失调。维生素 E 摄入过量会对免疫系统产生负面影响，但是维生素 E、铁、硒、锌、钙和镁等营养素的缺乏同样会导致免疫问题[14]。所有信息都显示出保持营养平衡的重要性，因此切忌为达到期望的生化效果而过度摄入某一种或某两种营养素。

氧化代谢是一个持续的过程，即使是在以无氧代谢为主的情况下也能够不断进行。刚完成 10 秒高强度冲刺（无氧运动）的运动员与刚完成 90 秒地面动作的体操运动员有部分共同之处，即需要吸入大量的空气（氧气）以补充下一组高强度训练所需。铁是将氧气转运到运动组织，并将二氧化碳从运动组织中排出的一种主要元素，所以对运动员来说铁是一种关键的营养素。然而，铁又是最易缺乏的营养素，而且由于运动员易出现溶血和血尿，他们比普通人群更易发生铁缺乏。其他营养素也很重要，维生素 B_{12} 和叶酸可确保生成正常的红细胞，β-胡萝卜素、硒、维生素 C 和维生素 E 等抗氧化营养素可保证所有进入机体内的氧不会对机体造成损伤。

氧对于运动表现起着十分重要的作用，无论身高、运动项目和年龄如何，所有运动员都应当通过定期检测血红蛋白、血细胞比容和铁蛋白水平来检查其体内的铁状态。只有掌握这些信息后，运动员才能知道他们是否应改变膳食，是否应额外摄入铁或其他补剂，以确保氧不会成为影响运动表现的负面因素。

本章要点

·铁对于氧的转运至关重要,而铁缺乏在营养素缺乏中最为普遍。育龄期女性和素食主义者是铁缺乏的高危人群。

·常规体育运动可加快红细胞的破裂及红细胞经尿液的丢失,进而增加缺铁性贫血的发病风险。因此,运动员应定期检查是否贫血。那些检查结果显示存在铁缺乏的运动员应该向医生咨询,寻求最佳的治疗方案,并进行医学监测,包括血红蛋白、血细胞比容、铁蛋白的检测。重要的是应该明确铁缺乏的原因(比如摄入不足、吸收不良、丢失量增加等)。

·维生素 B_{12} 和叶酸对于红细胞的生成很重要,维生素 B_{12} 和叶酸缺乏会导致贫血及供氧量不足。

·研究结果表明,与非运动员相比,运动员会承受更高水平的氧化应激。所以摄入足量的具有抗氧化作用的维生素和矿物质很重要,但要注意避免抗氧化营养素摄入过量,因为后者会抑制正常的抗氧化过程。

8

抗炎与肌肉保健策略

　　几乎所有运动员都经历过与活动度受限和肌肉力量下降相伴而来的肌肉酸痛，以及由此对运动表现产生的消极影响[1-2]。运动员感觉到的肌肉疼痛为钝痛，表现为受累肌肉出现僵硬和疼痛感，但是主要在该肌肉发挥功能时才能感受到。肌肉疼痛在运动后24~48小时达到高峰，所以通常被称为延迟性肌肉酸痛（Delayed-Onset Muscle Soreness，简称DOMS）。一般情况下，延迟性肌肉酸痛持续2~4天，通常被认为是一种轻微的肌肉拉伤，可能与受累肌肉的细微结构破坏有关[3-5]。相关的疼痛被认为与肌肉的离心性运动（肌肉在伸展状态下进行收缩）最为相关[6]。（想象一下，跑了很长的下坡路后你的大腿部肌肉会变得多么酸痛。）这种拉伸肌肉的动作更容易导致肌肉损伤和相关的肌肉炎症与疼痛。不熟悉的动作更容易造成延迟性肌肉酸痛，所以运动员经常做熟悉的离心性动作可以适应并降低发生延迟性肌肉酸痛的可能性和严重程度。运动导致的肌肉损伤会使肌肉产生更多的活性氧（ROS），并且会使高能化合物腺苷三磷酸（ATP）的利用效率降低，后者可能是延迟性肌肉酸痛相关的肌肉无力的原因[7-8]。

饮食与延迟性肌肉酸痛

　　只有有限的证据显示某些营养素或营养补剂会对延迟性肌肉酸痛产生影响。已经被评估过的营养素和补剂包括左旋肉碱、抗氧化剂（维生素C和维生素E，二者独立使用和联合使用）、黄酮类化合物、支链氨基酸、蛋白质、ω-3脂肪酸和维生素D。鱼肝

油中富含 ω-3 脂肪酸——二十碳五烯酸（EPA）和二十二碳六烯酸（DHA），已被发现可缓解类风湿关节炎的关节炎症，而且已有一些研究针对这些油类可减缓剧烈运动造成的炎症反应的学说进行了研究[9-10]。

总之，文献综述发现了以下两点。①相关研究过少。②与延迟性肌肉酸痛的相关性研究显示证据强度弱（表 8.1）。

表 8.1　营养素与延迟性肌肉酸痛相关性研究综述

变量	证据强度 *	营养素
细胞骨架被破坏	无	
磁共振（MRI）评估的组织破坏	弱	左旋肉碱（2 g/d）
肌肉力量	弱	维生素 C（500 mg/d）+ 维生素 E（1200 U/d）
白细胞介素-6（IL-6）C-反应蛋白（CRP）	弱	生育酚、二十二碳六烯酸（DHA）、黄酮类化合物的混合物（联合使用）
延迟性肌肉酸痛（DOMS）	弱	维生素 C（1~3 g/d）
	弱	维生素 E（400 U/d，与维生素 C 联合使用）
	弱	支链氨基酸（BCAAs，5 g/d），仅针对女性
	弱	左旋肉碱（2 g/d）
肌酸激酶（CK）乳酸脱氢酶（LDH）	弱	维生素 E（400~1200 U/d）
	弱	维生素 C（1~3 g/d）
	弱	β-羟基-β-甲基丁酸（HMB，1.5~3 g/d）
	弱	左旋肉碱（2 g/d）
腰围	无	
关节活动度（ROM）	无	
3-甲基组氨酸（3-MH）	弱	β-羟基-β-甲基丁酸（HMB，1.5~3 g/d）

注：*证据强度与显示存在获益的研究数量和结果有关。如果针对特定变量，显示存在获益的研究数量为 1~2 个，则证据强度为弱；如果针对特定变量，显示存在获益的研究数量为 3~5 个，则证据强度为中等；如果针对特定变量，显示存在获益的研究数量多于 5 个，则证据强度为强。

经授权引自 Bloomer RJ. The role of nutritional supplements in the prevention and treatment of resistance exercise-induced skeletal muscle injury. Sports Medicine, 2007, 37(6): 519-532。

另外，一些（不是很多）研究尽管已经评估了膳食摄入及营养补剂，但是没有评估营养素的摄入方法（如一次服用还是一天分多次服用，运动前还是运动后）对延迟性肌肉酸痛的影响。

ω-3 脂肪酸

ω-3 脂肪酸可能会减少延迟性肌肉酸痛，因为它们既是抗氧化剂，也是抗炎因子。其他补剂（如维生素 E 和维生素 C）是很强的抗氧化剂，但没有特别的抗炎作用。ω-3 脂肪酸可能会与花生四烯酸竞争而产生类花生酸，类花生酸可刺激产生大量的抗炎因子，从而减轻炎症。ω-3 脂肪酸的作用是它们构成细胞膜的一部分并改变炎症因子（包括 2-系列前列腺素、血栓素和前列环素）的释放。因此，这种抗炎作用可能有助于减轻延迟性肌肉酸痛。

一项研究评估了 27 名男性受试者（平均年龄为 33.4 岁），在其补充 ω-3 脂肪酸并进行离心性运动后，对其疼痛程度进行了评估[11]。受试者在运动前 30 天和运动后 2 天连续摄入含有 324 mg 二十碳五烯酸（EPA）和 216 mg 二十二碳六烯酸（DHA）的鱼油胶囊，每天 1 次。除 ω-3 胶囊外，受试者也摄入含有 100 U D-α-生育酚醋酸酯（即维生素 E）的补剂，但是没有描述维生素 E 的服用频率。服用 ω-3 脂肪酸组在离心性运动后 48 小时（而非 24 小时）有更好的（即较低的）疼痛评分。大腿围被用作炎症的标志物（较大的大腿围与炎症相关的肿胀有关），在离心性运动后 24 小时和 48 小时，服用 ω-3 脂肪酸组的受试者的大腿围明显更小。添加维生素 E（一种有效的抗氧化剂）可能通过减少活性氧的生成而有助于减轻延迟性肌肉酸痛，但维生素 E 的效果不确定。

另一项研究则纳入了 10 名未经训练的男性（平均年龄为 22.7 岁）和 6 名未经训练的女性（平均年龄为 24.5 岁）来评估 ω-3 脂肪酸对延迟性肌肉酸痛的影响[1]。受试者被分为 3 组。①补充鱼油组（鱼油富含 ω-3 脂肪酸）。②大豆异黄酮组，补充大豆分离物和不含 ω-3 脂肪酸的脂肪混合物。③安慰剂组，补充面粉和不含 ω-3 脂肪酸的脂肪混合物。所有组在运动干预前 30 天及一周的运动干预期内持续进行补充。受试者还摄入 100 U 维生素 E 来帮助

摄入富含 ω-3 脂肪酸的食物可减少延迟性肌肉酸痛，且食物调理是最好的办法

降低脂肪氧化水平。经过 30 天的补充后,受试者进行离心性运动以诱发肌肉酸痛,并在离心性运动后的第 2、4、7 天评估肌肉酸痛程度。补充鱼油组的血清 EPA 和 DHA 水平显著升高,但各组之间的延迟性肌肉酸痛水平并无显著性差异。

一项关于鱼油和大豆异黄酮对延迟性肌肉酸痛的影响的研究显示:无论摄入鱼油还是大豆异黄酮,所有组的疼痛程度和臂围都有显著增加[10]。这项研究纳入了 22 名受试者,将其随机分为 3 组:补充鱼油组、补充大豆异黄酮组及安慰剂组。所有组均在离心性运动前的 30 天内持续接受试验干预并每天补充 100 U 维生素 E(减少脂质过氧化的可能性)。作者得出的结论是:干预物质对于减轻延迟性肌肉酸痛没有效果。

结论:这些研究提示,对下列变量进行正确的组合,延迟性肌肉酸痛可能会轻度减轻。

• 特定类型的活动(离心性运动)。
• 特定的营养素组合(ω–3 脂肪酸和维生素 E)。
• 性别(不同性别间的肌肉损伤相似,但女性的炎症反应不如男性明显[12])。
• 提供一段时间的补剂(需要在离心性运动之前足够长的时间内补充)。

考虑到这些结果,建议运动员经常食用富含 ω–3 脂肪酸和维生素 E 的食物,但补充这些物质不太可能减轻运动相关的疼痛。这些食物包括新鲜蔬菜、食用鱼类和亚麻。

维生素 D

过去在研究中用于为受试者补充 ω–3 脂肪酸的 EPA 和 DHA 主要来自于富含脂肪的冷水鱼。这些相似的鱼类也是维生素 D 的良好来源,所以维生素 D 或维生素 D 与 EPA、DHA 的混合物在缓解疼痛方面可能至少起到了一部分作用,但这些效果可能被 ω–3 脂肪酸掩盖了。维生素 D 也可能是与延迟性肌肉酸痛独立相关的营养因素。在一项对合并慢性肌肉疼痛和维生素 D 缺乏的澳大利亚本地居民的研究中[13],纳入了 8 对年龄和性别相匹配的受试者,每对受试者中一人存在肌肉疼痛,另一人没有肌肉疼痛。通过血液学检查评估是否存在维生素 D 缺乏,结果显示血清维生素 D 水平低的全部受试者都存在肌肉疼痛,而那些血清维生素 D 水平正常的受试者均没有肌肉疼痛。

肌肉力量下降也可能与维生素 D 缺乏有关。另一项研究评估了 976 例老年人,其中部分受试者被诊断存在维生素 D 缺乏,部分存在维生素 D 不足,部分受试者的维生素 D 状态正常[14]。用握力计进行 2 次评估,结果发现,维生素 D 的状态与握力评分显著相关(得分越高者,其维生素 D 的状态越好)。由于肌肉力量下降和肌肉酸痛加重是延迟性肌肉酸痛的特点,可以推断维生素 D 的状态可以改善或加重延迟性肌肉酸痛。结论:长期进行室内运动的运动员(例如体操运动员、花样滑冰运动员、篮球运动员),日光照射的减少抑制了维生素 D 的生成,应考虑针对这类运动员进行血清维生素 D 水平的检测,从而评估维生素 D 的状态。对于那些血清维生素 D 水平低的运动员,通过补充维生素 D 来减轻延迟性肌肉酸痛,似乎是个明智的策略。

维生素 E

至少 2 项关于补充 ω-3 脂肪酸与延迟性肌肉酸痛的研究所用的产品中含有生育酚（维生素 E）[10-11]。这些研究认为，维生素 E 对延迟性肌肉酸痛的影响是不确定或不重要的。然而，由于维生素 E 是一种有效的抗氧化剂，它可能会抑制运动导致的肌肉损伤中活性氧介导的细胞损伤。一项评估维生素 E 的抗氧化功能的研究也评估了维生素 E 的抗炎作用。男性大学生被分为维生素 E 补剂组和安慰剂组，维生素 E 补剂组在运动前 14 天至运动后 7 天连续服用 800 U D-α-生育酚醋酸酯（每天 1 次）[15]。在离心性运动后的第 2、4、7 天，维生素 E 补剂组的肌肉酸痛评分比安慰剂组明显偏低。在离心性运动后的第 4 天和第 7 天，维生素 E 补剂组的氧化损伤程度也明显低于安慰剂组。尽管有这些发现，但没有证据表明补充维生素 E 可以减少炎症反应。结论：运动员应该谨慎服用维生素 E 补剂，因为它可能会削弱人体正常的保护性抗氧化机制（参见第 2 章中关于维生素 E 的信息）。然而，如果运动员不能摄入充足的含有维生素 E 的食物（主要是植物油和新鲜蔬菜），偶尔服用少量补剂也可减轻延迟性肌肉酸痛的程度。

维生素 C

维生素 C 对延迟性肌肉酸痛的影响尚不明确。一项关于维生素 C 补剂的研究纳入了 18 名未经训练的男性（平均年龄为 23 岁），他们被分为补充维生素 C 组（每天 3 g 维生素 C）和安慰剂组[16]。在离心性运动干预前 14 天至干预后 4 天内，两组受试者分别服用维生素 C 或安慰剂。在离心性运动后的 24 小时，维生素 C 组的疼痛评分比安慰剂组低。为确保摄入的维生素 C 的总量是已知的，这项研究使用了一种饮食回溯法，以确保不会在不知情的情况下通过某些饮食而摄入维生素 C 或维生素 E（能共同发挥作用的抗氧化剂）。另一项研究评估了 24 名未经训练的男性和女性受试者，受试者被分为安慰剂组和补剂组，补剂组在离心性运动干预前 3 天至干预后 5 天，每天摄入 3 g 维生素 C[17]。补剂组与安慰剂组的肌肉酸痛程度没有显著性差异。结论：从这些研究中可以看出，服用补剂的持续时间是影响其有效性的一个重要因素。然而，须知 3 g 维生素 C 是一个巨大的剂量，比膳食参考摄入量高三四十倍。在运动员试图通过这种方式来减轻延迟性肌肉酸痛之前，应该对经常服用如此大剂量的维生素 C 的潜在危害有一个明确的认识（例如，更高的肾结石风险，降低细胞对维生素 C 的敏感度等）。

支链氨基酸

支链氨基酸（BCAAs）是必需氨基酸（即必须通过日常饮食来摄入，因为我们自身不能合成），可以在骨骼肌中被氧化。运动可以促进这种氧化过程，因此应在饮食中合理地补充支链氨基酸来弥补其相应的损失量。如果运动前和运动后不能补充足够的支链氨基酸，运动性肌肉损伤就可能发生，肌肉蛋白的合成也可能被抑制[18]。一项关于补充支链氨基酸对延迟性肌肉酸痛的影响的研究纳入了 30 名未经训练的男性和女性，其年龄为 21～24 岁。在离心性运动前的 15 分钟，受试者摄入一杯含有 5 g 支链氨基酸、1 g 绿茶以及 1.2 g 代糖的溶液[19]（绿茶和代糖用来掩盖支链氨基酸的味道）。在摄入支链氨基酸后的 24 小时、48 小时和 72 小时，女性受试者的肌肉酸痛评分明显降低。然而，男性受试者并没有感受到益处，也许是因为提供的支链氨基酸的量是固定的，而不是按体重设置的。结论：看来确定一个适合所有人的支链氨基酸的剂量并不适用，剂量可能需要与体重相关。研究结果显示，即使是少量（5 g，相当于 20 kcal）的支链氨基酸，对于女性也足以产生效果，10 g 可能是足以满足男性所需的剂量。这可以很容易地从高品质的补剂（如乳清分离蛋白）中获得，可以在运动前和运动后将补剂添加到碳水化合物饮料中。

蛋白质的摄入

运动（特别是不熟悉的离心性运动）经常导致肌肉损伤。肌肉损伤与肌肉蛋白的分解及肌糖原储备的消耗有关。这些结果表明，运动员对膳食蛋白质的需要量比普通人群更高，特别是在一个包括大量力量训练的新的训练计划开始时[20]。然而，由于蛋白质的最高利用率似乎为 1.5 g/kg 左右（约为非运动员参考摄入量的 2 倍），所以只需要对膳食做出细微的调整即可达到该摄入量。事实上，大多数人（运动员和非运动员）的蛋白质摄入量已经等于或者超过了运动员的推荐摄入量。一项针对女性大学生运动员的研究评估了乳清蛋白和酪蛋白的效果，结果发现在阻力训练前和训练后补充蛋白质能够提升运动表现，并促使身体成分出现良性的改变[21]。巧克力牛奶是一种有助于促进运动后快速恢复的饮料，其原因可能在于它是碳水化合物和优质蛋白的混合物，能使细胞更快地恢复到正常状态[22-23]。结论：即使是少量有针对性的优质蛋白质，也能产生减轻肌肉酸痛和改善运动表现的效果。一般来说，关于蛋白质的研究表明，为维持氨基酸池，少量多次地摄入蛋白质（每餐约 30 g）比一次性大剂量地摄入补剂要好得多。

液体的摄入

多年来，人们一直认为脱水与肌肉酸痛有关。一项评估脱水对延迟性肌肉酸痛的影响的研究共纳入 10 名未经训练的男性受试者（平均年龄为 21 岁），受试者在体育运动前被分为充分水合组和脱水组。两组受试者中均有人出现了延迟性肌肉酸痛，但脱水组的肌肉酸痛程度明显高于（44%）充分水合组。结论：维持充分的水合状态的理由有很多，其中一个就是可以减轻肌肉酸痛。要知道，解决"污染"的方法是稀释。一个更大的液体池可以使运动过程中产生的代谢副产物被稀释，从而对工作肌肉产生更小的影响。

研究表明，不同运动队和不同性别的运动员在酒精摄入量和摄入频率方面存在差异，但不论运动的种类和运动员的性别如何，大量饮酒都是很常见的，尤其是在社交活动中[24-25]。虽然酒精是一种潜在的能量来源（每克酒精可提供 7 kcal 的热量），但它也是一种抗营养素，会通过抑制维生素 B 转换为活性辅酶影响碳水化合物、蛋白质和脂肪的能量代谢。研究发现，摄入酒精可能对心血管系统、能量代谢、肌肉损伤和恢复、体温调节机制及神经肌肉功能产生影响，所有这些都可能影响运动表现，影响的程度取决于酒精的摄入频率和摄入量[26-27]。在相对较高的剂量下，酒精会影响中枢神经系统，导致运动技能和认知功能下降，以及行为改变，所有这些都会对运动表现产生不良影响。更糟糕的是，这些影响可能会持续很长时间，在酒精中毒后数小时或数天均可检测到这些影响。

酒精似乎最有可能通过改变糖原的代谢和储备，以及改变水合状态和体温调节机制来影响运动表现。肝糖原和肌糖原的再合成会被酒精显著地抑制；与未饮酒的运动员相比，饮酒的运动员需要 2 倍的时间去恢复糖原储备[28]。酒精是一种强有力的利尿剂，能严重损害水合状态。酒精含量为 4% 的饮料也会通过促进更多的尿液流失而显著延迟恢复过程[29]。脱水和糖原储备不足都与炎症和肌肉功能不良有关。因此，所有希望获得最佳表现的运动员都应该认真考虑饮酒对运动表现的不良影响。

本章要点

目前关于营养素对肌肉酸痛的影响可以概括为以下 5 点[30]。

• 有限的证据表明，单独使用维生素 C 或将其与维生素 E 联合使用会对减轻肌肉酸痛产生一定的效果。还有少量的证据表明，对于未经训练的人员，联合使用黄酮类化合物、生育酚及 DHA，或单独使用 β-羟基-β-甲基丁酸（HMB），也会有一定的效果。

• 营养补剂对消除肌肉损伤没有用处，但它们可能有助于减轻肌肉损伤的某些症状和体征，包括疼痛。

• 如果使用营养补剂，似乎必须在运动前数天或数周内持续服用，才能使其有效地发挥作用。然而，最佳的预处理期尚不确定，且每种营养素的预处理期也可能不同。

• 为减轻肌肉损伤和疼痛所需的营养素的最佳剂量尚不确定，因为不同剂量下的效果尚未经过评估。此外，很少有研究评估膳食摄入的影响，以确定食物来源的营养素是否会影响研究中营养素的总摄入量的准确性，这使得确定营养素的最佳供给量变得更加复杂。

• 有针对性地摄入营养素可能会减少肌肉损伤和相关的酸痛，这种效果在非阻力训练者中似乎最为明显。进行阻力训练的人已经适应了与延迟性肌肉酸痛有关的运动，因此他们对延迟性肌肉酸痛已经具备了更高的耐受性。

第三篇

影响营养需求的因素

9

旅行

　　无论是旅游还是外出参赛，敬业的运动员都应尽量保持有规律的训练和饮食习惯。无论身在何处，运动员都应遵循一定的原则，以便快速适应新环境，缓解饮食不适应所导致的营养压力，并调整昼夜节律以适应时差。尽管相关的研究报道十分有限，但运动员仍可以采纳一些经实践证实有效的方法，避免因时差、食物不耐受、饮食不洁所致的腹泻等因素导致的体能问题。本章将重点阐述如何有效降低旅行对竞技状态造成的负面影响。

　　职业运动员经常要离家外出参赛，因此常常要面对陌生的食物。无论旅途远近，提前制订好计划对于确保运动员达到最佳的比赛状态都是十分必要的。遗憾的是，很少有运动员和教练员会采取必要的措施来尽量减少远途旅行对心理和生理的负面影响。其原因可能是很多运动员和教练员认为主场优势包括很多不可改变的因素，与对场地的熟悉程度和官方的偏袒相比，旅行的影响是微不足道的 [1]。而其他人也认为，不受旅行的影响是主场优势之一，尤其是当团体或个人项目的运动员在缺乏充分的适应时间、横跨多个时区参赛时，主场的优势会显得尤为突出 [2]。

　　在主场比赛时，制订一份膳食计划以确保在恰当的时机摄入合适的食物和液体十分关键，而在外出参赛时这也同样重要。运动员跨时区参赛时所犯的最大的错误或许就是他们认为主办方会为他们准备好所需的饮食。如果一名运动员不能做好个人的训练和膳食计划，别人更不能为他做到，因此运动员不应该抱有这样的假设。当然，如果运动员缺乏营养常识时，正确的膳食选择便无从谈起，在陌生的环境中面对陌生的饮食时更是如此。没有任何一种食物能单独保证运动员达到最佳的运动表现，运动员必须对最佳饮食所具备的基本要素有所了解。

　　食物与适应能力是两个重要因素。在适应新环境的时差时，运动员需要一定的时间来调整昼夜节律。因此当前往外地参赛时，运动员需要留出充足的时间来适应。运动员原有的正常生理节律的失调会导致身体不适、食欲缺乏、疲乏及睡眠紊乱，从而影响比赛状态[3]。这些不良反应的严重程度主要取决于横跨的时区数量、飞行方向、运动员的年龄，以及出发前运动员为避免正常生活节奏被打乱所采取的措施[1,4]。即便是仅仅跨越两个时区的短距离飞行也会对团体项目运动员的状态产生负面影响[5]。因此，建议运动员尽早地抵达比赛地点，在比赛开始前将昼夜节律调整至正常状态[6]。由于运动员的适应能力各不相同，在制订适应性计划时要尽可能考虑个体差异性[7]。多项研究分别对美国女子足球队到中国台湾旅行、北美学生到西欧旅行、欧洲学生到北美旅行的时差反应进行了评估，各项研究的结果表明：研究对象的心理状态、无氧爆发力、无氧代谢能力和动力性力量在跨时区旅行后均受到负面影响，且消除上述影响需要 3~4 天[8]。

一些运动员认为按摩或脊柱推拿疗法是快速适应的关键措施之一，然而能够证实此方法有效的研究证据寥寥无几。在一项针对芬兰少年精英运动员的研究中评估了旅行后进行脊柱推拿疗法是否可降低时差反应，研究人员通过观察受试者的睡眠模式并对心理状态进行评分（通过心理状态曲线图）后发现，脊柱推拿疗法对于消除时差反应没有效果[9]。

当比赛地点的温度和湿度高于一般的训练环境时，环境适应能力对于运动员尤为重要。人体需要 7~14 天来适应高温环境。未能充分适应炎热的环境将显著影响比赛状态[1]。提前制订计划以保证获得适宜的饮食和充足的适应时间，是运动员取得比赛成功的关键。

旅行还会增加罹患疾病的风险。运动员在旅途中可能接触的陌生病原体（即机体从未产生过对其有针对性的免疫反应的病原体）、睡眠不足、精神压力加大、持续的疲劳都可能会增加感染的概率。提前制订旅行前后及旅途中的休息和饮食计划是使运动员维持健康状态、降低患病风险，从而避免运动表现受到影响的重要措施[10]。保持个人卫生和勤洗手可降低感染风险。经常到异地参赛的运动员应该养成这些习惯，将其作为保持健康的常规措施[11]。

旅途中的一般饮食准则

大多数准则都要求提前制订计划。与运动员在出发前收拾行李一样，运动员也应考虑何时、何地采用何种方法来获得适当的饮食以满足机体的需求。运动员在旅途中最糟糕的情况可能莫过于在感到饥饿或口渴时不能及时得到食物或饮料。为了避免此类情况的发生，请在旅途中遵循以下饮食方面的注意事项[12]。

• 准备一些零食。新鲜水果、果汁、饼干、低脂米饭、意面沙拉和低脂能量棒都是营养丰富又便携的食品（表 9.1）。

• 注意食物的脂肪含量。奶油浓汤、起酥面包、蛋黄酱沙拉、三明治中的酱汁等都含有一些不必要的脂肪。但是，这些食品都可以用其他食品来代替。用肉汁清汤替代奶油浓汤，可以提供同样的营养素，且前者的脂肪含量更低。用柠檬汁替代蛋黄酱来调制的沙拉酱，其脂肪含量更低，这样运动员就可食用更多的沙拉酱。

表9.1 推荐运动员在旅行途中携带的零食

食物	能量底物的分配比例（近似值）*		
	碳水化合物 /%	蛋白质 /%	脂肪 /%
百吉饼	76	14	10
面包条	76	13	11
无糖早餐麦片（例如麦圈）	70	15	15
乳酪 **	7	37	56
小甜饼（例如燕麦甜饼）	65	4	31
饼干（例如咸饼干或全麦饼干）	66	8	26
蔬菜碎（例如胡萝卜碎和芹菜碎）	94	4	2
干果（例如杏干）	93	6	11
能量棒、早餐棒、燕麦棒	91	4	5
新鲜水果（例如苹果、橙子和葡萄）	75	10	15
果汁（例如苹果汁、葡萄汁和橙汁）	99	0	1
椒盐脆饼干	78	10	12
运动饮料	100	0	0
什锦杂果（包括坚果、干果及巧克力果仁豆）	43	11	46
水果酸奶 **	75	17	8

注：* 能量底物的分配比例根据食品的品牌和类型而有所不同。
** 可能需要冷藏。

• 选择以烧烤、烘焙、炖煮的方式烹饪的食物，避免油炸或油煎类的食物。食物的烹制方法必须依照自身的需求，而非依照菜单。如果有可能，可选择低脂乳制品和低脂沙拉酱。按照菜单逐道点菜以获得自己确实需要的食物。职业运动员不宜进食过饱。例如烤鱼可能正是你想要的食物，但一份正餐中可能还包括肉汁土豆泥、芝士焗花椰菜和冰激凌苹果派。职业运动员最好选择素烤土豆、柠檬汁拌花椰菜配烤鱼，并将新鲜水果作为餐后甜点。

• 如果是乘飞机旅行，告知旅行社你希望食用素食。这样你会有更大的可能吃到高碳水化合物、低脂的食物。不过，至少应在航班起飞前 24 小时告知航空公司你的特殊饮食需求。

• 乘飞机旅行时，随身携带一些可在飞机上饮用的饮料。乘机是人体出现脱水的常见原因之一，加之从飞机起飞至得到你的第一杯饮料的间隔时间较长，因此乘客常会出现咽喉疼痛以及其他上呼吸道疾病。作为预防措施，乘机时应多喝水以保持口腔和咽喉湿润，建议选择瓶装水或运动饮料。

• 带上飞机的食物最好是复杂碳水化合物含量较高、蛋白质来源单一且脂肪含量较低的食物（不宜选择油炸食物），例如烤鸡肉条沙拉（用油醋汁或柠檬汁，而不是沙拉酱调味）、烤土豆拌蔬菜（搭配少量易融化的奶酪或低脂奶酪），或者含有玉米饼、豆类、大米、烤鸡肉条和番茄酱的玉米饼沙拉（避免食用油炸的玉米饼碗）。

- 如果你在经历时区更替，应当尽快适应当地时间。建议按照当地时间而非原居住地的时间进餐。由于旅行和时区的改变会让你感到疲惫和不适，要使你的膳食模式适应当地的生活节奏会存在一定的困难。为了确保为参赛做好了充分的准备，请尽早抵达比赛地点。

使时差反应最小化

时差会导致短暂的昼夜节律紊乱，直到人体完全适应了当地时区。最常见的症状包括注意力不集中、易激惹、抑郁、疲乏、无法入睡、定向障碍、食欲缺乏和胃肠道问题。长途旅行后留出充足的调整时间十分重要。从德国向西飞往美国需要 3 天的时间才能使精神与运动功能的节律再次同步，而反方向的飞行（向东飞行）则需要 8 天[13]。即便是经验丰富的旅行者也会受到时差的困扰。当他们抵达目的地后，他们不会进行跑、跳、击打、踢、掷或游泳等运动。时差反应可能会使人产生类似生病的感觉，会降低食欲，扰乱睡眠规律。时差反应通常有 2 种表现形式。①连续的短途旅行导致正常饮食发生多种微小的变化[14]。②跨越多个时区的长途旅行导致饮食和睡眠行为发生显著改变。当运动员感觉饥饿时应立即进食，食用随身携带的零食可在正餐之间补充能量。以下建议可帮助缓解时差反应[3]。

1. 针对连续多次、较小的时区变化（称为相移）

- 抵达一个地点后按照当地的时间进餐。这有助于快速适应当地的生活节奏并适应下一个新的时区。

- 补充足够的水分。机舱内十分干燥，脱水会引起一系列的身体不适，包括头痛和轻度便秘。

- 飞行前适当地多吃一些。旅行的压力可能会导致机体对蛋白质的需要量稍有增加，在飞行后建议选择高蛋白的早餐和低蛋白、高碳水化合物的晚餐。

- 飞行结束前避免摄入咖啡因。含有大量咖啡因的饮料可以产生利尿作用，会使已处于脱水环境中的机体丢失更多的水分。建议摄入能帮助机体保持良好水合状态的液体（水、运动饮料、果汁）。

- 飞行中和飞行后避免摄入酒精。酒精不仅对代谢有负面影响，还会产生利尿作用。无论何时，职业运动员都不应该饮用酒精饮料。

- 在飞行后参加社交活动或进行训练将有助于更快地适应当地的生活节奏，减轻旅行所带来的压力。

2. 跨越多个时区的长途旅行

- 每跨越一个时区，至少提前一天到达目的地。跨越相差 6 小时以上的时区时，至少需要 4 天（最好是 7 天）才能恢复到正常的昼夜节律并感觉良好。受到经费和行程安排的限制，运动员可能无法那么早地到达比赛地，因此抵达后应尽快适应当地的生活节奏，但保证充足的休息也很重要。

•抵达目的地后进行训练和参加社交活动有助于快速熟悉新环境，减轻旅行带来的压力，以及更好地适应当地的生活节奏。

•抵达目的地后保持规律的作息时间和进餐时间。如果能快速适应当地的作息和就餐时间，那么身体也能很快恢复到良好的状态。规律且有计划的饮食和作息是外出参赛时保持良好状态的关键所在。

•旅行前后及旅行中继续采用少量多餐的进食方式。在异地时运动员可能不了解在何处能购买到高碳水化合物食品，这会给制订进食计划带来一定的困难。然而按照计划规律地进食（大约每隔 3 小时进食一次）和饮水，对于适应新环境是一条非常重要的策略。出发时随身携带一些零食，抵达目的地后再去购买。但任何时候都应避免摄入酒精。

•如有饮食限制，例如不能食用含有谷蛋白的食物，请使用旅行目的地国家的语言制作一张卡片。如果是前面举例的情况，那么卡片上可以这么写："我不能吃任何含有小麦、小麦面粉的食物及其他含有谷蛋白的食物，包括……"。外出就餐时将这张卡片递给服务生，就可以解决饮食限制方面的问题了。

•比平常摄入更多的蛋白质。旅行带来的压力可能会少量增加机体对蛋白质的需要量，因此每天应少量增加蛋白质的摄入量。例如，进食高蛋白的早餐（在一般正常饮食的基础上增加一个煮鸡蛋）即可满足你的蛋白质需要量。不过，依然要保证你的饮食是以碳水化合物为主的。

以下方法可以帮助运动员应对时差，更快地适应新的环境。

•**压力袜**：相当数量（大约 10%）的航空乘客会形成深静脉血栓（凝血块的一种形式，是血液循环不良的征象）。穿着压力袜的航空乘客形成深静脉血栓的可能性较小[15]。如果选择穿着压力袜，应确保其压力是逐渐增加的——踝部的压力最大，小腿处的压力较低。适度压力的作用在于，当血液流动时血管受到压缩，从而提高血流速度（即在流量相同的情况下，血液通过狭窄的管道时，其流速会加快），产生以下 2 个方面的效果。①可以维持血液不断地循环而不会引起水肿（由于液体聚集在血管外的组织周围形成的）。②降低了血栓形成的可能性。注意：压力袜不可过紧，也不能与护腿袜相混淆，护腿袜在各个部位所施加的压力水平相同。

•**褪黑激素**：一篇关于 10 项试验研究的文献综述提示，当飞行跨越多个时区时，在适当的时间服用适量的褪黑激素能显著降低时差反应[16]。其中的 9 项研究确认，当飞行跨越 4 个以上时区时，在接近目的地的就寝时间（目的地的 22：00—24：00）服用褪黑激素后，时差反应减小。当褪黑激素的每日使用量为 0.5~5 mg 时，所获得的效果类似，只是剂量较大时入睡更快。每日使用量超过 5 mg 时，其效果与摄入剂量为 0.5~5 mg 时不存在显著性差异。跨越的时区越多，效果越明显，不过向西飞行（睡眠时间延迟）时的效果不如向东飞行（睡眠时间提前）时。文献报道提示，癫痫患者和正在服用华法林的人群禁忌使用褪黑激素。

•**咖啡因**：一项评估缓释咖啡因的研究确认咖啡因可以有效对抗向东飞越 7 个时区后的日间嗜睡[17]。在这项随机、双盲的安慰剂对照研究中，在飞行后的 5 天内，受试者每天服用 300 mg 缓释咖啡因，结果显示缓释咖啡因对缓解时差反应具有积极的作用。

•**进餐时间和膳食结构**：尽管这方面的研究数量有限，但有些食物看起来确实会影响昼夜节律的调整[18]。相对而言，高碳水化合物和低蛋白膳食可能会使大脑暴露于更多的色氨酸，并通过将色氨酸转化为 5-羟色胺来促进睡眠。因此，同时摄入褪黑激素后效果可能会更为明显。相比之下，高蛋白和低碳水化合物膳食可使大脑暴露于更多的酪氨酸中，并通过将酪氨酸转化为肾上腺素而提高警觉性。如果运动员到达目的地后仍然昏昏欲睡且感觉疲劳，这种情况可能与此有关。注意：不论是何种项目的运动员，都应注意碳水化合物的摄入量不能过低，否则会影响糖原储备和血糖水平，这将对运动表现产生深远的负面影响。

旅行目的地

在美国、加拿大及西欧各国旅行时，大多数地区都会有很多极为相似的食物。例如，几乎每家杂货店都能找到早餐麦片，无论走到哪里都能买到新鲜的面包。然而很多食物的制作方式并不一样。如果习惯在早餐时喝上一杯咖啡，那么你可能会惊奇（甚至震惊）地发现，由于不同文化的影响，各地加工咖啡豆的工艺也各具特色。

上述信息表明，运动员应尽其所能保持规律的饮食和睡眠习惯，因为一旦正常的生活方式和安排突然发生改变，其结果将无法预料。配有当地适用的插头的电热杯是一种非常实用的小电器，且方便随身携带。有了它，运动员便能随时喝到自己喜欢的汤水，并可随意调制自己中意的咖啡。对需要到异地参赛的运动员来说，这实在是一项再好不过的发明了。

一些国家在饮用水或食品方面存在大量不安全的隐患。如果你对饮用水或食品的安全性有任何疑虑，请致电周围最近的领事馆或旅行社进行咨询，这些机构的工作人员可为你提供所需要的信息。此外，你还可以挑选一本详尽的旅游指南，好的旅游指南会对当地的食物和水源情况进行详细的说明。

境外旅行时，即便目的地能够提供安全、熟悉的食物和饮用水，运动员也应随身携带以下物品（可根据停留的时间来调整物品的数量）。

•适用于当地的电源插头和转换器。
•1 个电热杯。
•1 台滤水器专用泵。
•1 盒苏打饼干。
•可冲泡 20 L（20 qt）饮料的固体运动饮料。
•2 L（2 qt）瓶装水。

- 1 盒中等大小包装的葡萄干（或其他个人喜爱的水果干）。
- 5 包独立包装的低脂燕麦棒。
- 2 包脱脂奶粉。
- 1 小盒自己喜欢的麦片。

水的供应　无论到何地旅行，无论是这样还是那样的理由，运动员都需要饮用水。即便能保证饮用水绝对安全，水质的不同还是会引起胃肠道不适。例如，饮用水中溴化物或氟化物的含量或成分不一样，也可能导致严重的肠道疼痛。在条件允许的情况下，饮用瓶装水或瓶装运动饮料是一个很好的解决办法。当瓶装饮料的供应不能保证时，就必须另寻解决办法。旅行时携带大量瓶装水是不现实的，但运动员可携带固体运动饮料和滤水器。最好的滤水器具备杀灭微小寄生虫和细菌的功能，可在当地的户外用品商店购置。滤水器对于即将出行的运动员十分实用，其占用的空间小，工作效率高，从而可以使运动员有精力去处理其他更为重要的事情。

进食地点　在旅行时运动员可能无法按照自己希望的时间和地点进餐，这是不可避免的，因此在进入餐厅前要制订好计划。如果事先没有想好要选择的食物，当看到种类繁多的食物和菜单时，运动员很容易受到影响。机场里随处都是快餐店，店内出售的多为高脂、高糖食物，在这些地方很难挑选到合适的餐食。运动员通常应选择非煎炸类食物，在没有其他选择的情况下，也应尽量选择低脂、高碳水化合物的食物。例如，选择 2 个普通汉堡而不是 1 个双层牛肉饼汉堡，这样可以获得双份的面包（即碳水化合物）。

在餐厅中尽量选择通心粉、烤土豆、面包、蔬菜和沙拉。有时可能需要更换套餐中的某种食物（例如，用烤土豆替代炸薯条），不要害怕提出要求。机场或港口的餐厅可能并不愿意满足你的特殊要求，因为他们知道你可能不会再度光临。但对运动员而言，坚持要求得到适合自身需要的食物是非常重要的。即使是在点烤土豆时，运动员也应要求将所有的配菜置于土豆旁边而不是土豆上面。运动员在浏览菜单时应关注的关键词见表 9.2。

表 9.2　仔细浏览菜单来选择餐食

类别	应避免的食物	推荐食物
一般餐食	煎炸、酥脆或裹面包屑的食物，龙虾，含奶油、黄油或者裹面包屑或肉汁类的食物	番茄酱，蒸、煮、烤的食物，番茄汁，原汁制作的、清蒸的或炭烧类食物
墨西哥式	香炸扇贝、香炸墨西哥薄饼、墨西哥豆泥、炸玉米片、酸奶油、鳄梨酱	低脂墨西哥豆泥，墨西哥鸡肉或瘦牛肉卷，烤制的软玉米饼，萨尔萨辣酱，米饭，烤墨西哥薄饼
意大利式	奶油沙司、高脂调料、浓郁的甜点	配有意式番茄酱的意大利面，奶酪比萨饼或蔬菜比萨饼，低脂意大利冰激凌，低脂冻酸奶

类别	应避免的食物	推荐食物
中式	油炸蛋卷、油炸馄饨、糖醋里脊、天妇罗*	爆炒类和蒸煮类食物，鸡肉和蔬菜类盖饭，清淡的肉汤
汉堡店	自助沙拉中的高脂沙拉酱、蛋黄酱，炸薯条，奶昔	自助沙拉中的低脂沙拉酱，烤土豆，烧烤类食物
咖啡厅	烹制时已加入黄油的食物，过量的咖啡	烤薄饼、吐司面包、百吉饼、华夫饼、水果、果汁、全麦麦片、其他面包、松饼

注：经授权改编自 Burke ER, Berning JR. Training nutrition: the diet and nutrition guide for peak performance. Carmel, IN: I.L. Cooper, 1996: 134。

* 天妇罗是一种日式料理，因制作方法类似，所以将其列在这里。

提前制订计划是到异地参赛取得成功的关键。最好不要轻易地认为当地会有你所需要的饮食。到异地参赛时，运动员应随身携带那些能够让你保持愉快并富含营养的关键食物和饮料。运动员在比赛结束前不应尝试新的食物，赛后可根据主办方的推荐来尝试。仅凭个人经验行事十分危险。运动员可通过书店、图书馆或网络，尽可能地了解旅行目的地的相关信息，旅行社或附近的领事馆也可提供这些信息。运动员应留出充足的时间来适应当地的环境。每跨越 1 个时区，需要 1 天左右的时间来适应。因此，如果从纽约到巴黎参赛，运动员至少需要在赛前 6 天抵达。如果做不到，运动员应尽可能通过充足的休息、朋友聚会放松等方式来减轻压力，并尽快适应当地的生活节奏。

本章要点

• 运动员应该提前抵达新的目的地，以便有足够的时间进行调整。按照当地的时间进餐和睡觉可有助于更快地调整。适度运动也会有所帮助。

• 在长距离旅行途中穿着有轻微压力的压力袜有助于维持血液循环和避免水肿，从而使运动员在抵达目的地时感觉更好，且能更快地适应新的环境。

• 旅行中最好能携带一些熟悉的食物，尤其是去不熟悉的国家和具有不同文化的国家参加比赛时。在找到合适的当地食物之前，这些基本的食物可以维持一段时间。

• 如果你在饮食方面有任何禁忌，使用所前往国家的语言制作一张卡片。这张卡片上应使用当地语言清晰地注明你不能食用的食物。外出就餐时将这张卡片递给服务生，就可以解决饮食限制方面的问题了。（谷歌翻译可以帮助你自己做好这件事，它可以翻译 55 种以上的语言。）

• 旅行中应摄入足量的液体。不时地啜饮液体有助于避免咽喉干燥，咽喉干燥会增加呼吸道疾病的患病风险。

• 避免饮酒，酒精是一种利尿剂，会让你的身体脱水，且可能会引起胃肠道不适。

• 在新的环境下，摄入咖啡因有助于更快地调整。但过量摄入含有咖啡因的饮料可能会产生利尿效果，进而导致脱水。

高海拔

　　无论是登山者，还是乘坐直升机抵达的科考人员，在高海拔地区从事体力工作都极具挑战性。高海拔地区通常极度寒冷，空气中氧气稀薄，且地势险峻，当进行体力活动时，人体会处于持续紧张的状态。从低海拔地区快速进入到高海拔地区的情况常见于长期居住在平原地区的运动员为了提高携氧能力而到高原地区训练，这种情况可能会引起头痛和恶心，而这两种症状均可以对进食和饮水产生负面影响。高海拔地区的氧气含量偏低，使人易出现疲劳；进食和饮水困难通常会造成部分组织损耗，从而降低机体的御寒能力。与高温、高湿环境中一样，在极度寒冷的环境中保持机体的体液平衡极为困难，尿量增加和自发性脱水会增加脱水的风险。仅防止饮用水冻结就是一项挑战。相对于低海拔地区而言，在高海拔地区烹饪所需的时间更长，因而需要携带更多的燃料。在高海拔地区进行体力活动所面临的挑战十分巨大。但不论是在 3 天内攀登海拔 14400 ft（4400 m）的雷尼尔山，还是持续一周穿越海拔 19300 ft（5900 m）的乞力马扎罗山，良好的营养措施均可帮助人们在这种环境下达成目标。本章将阐述在极度寒冷的高海拔地区工作时，人体所经受的生理压力和营养压力，并提出有效应对这种环境的措施。

　　高住低练（Live High，Train Low；简称 LHTL）训练模式已经伴随我们 20 多年，超越了早期存在诸多难点和限制因素的高住高练训练模式。事实上，在高海拔地区训练会引起速度下降，输出功率下降，以及氧气流量降低，这些均对训练毫无益处。相反，高住低练的训练模式可以提高运动员的运动能力[1]。高住低练训练模式的目的在于建立组织的适应性以提高携氧能力，通过改善脂肪代谢并降低碳水化合物的代谢水平，进而提高耐力。为了从高住低练模式中获得最大收益，运动员至少要在海拔 6600～8200 ft（2000～2500 m）的环境中居住 4 周[2]。

避免高海拔疾病（High-Altitude Illness，简称 HAI）综合征的最佳方法是留出充足的习服时间。通常建议的习服方案是每天攀升的高度不超过 2000 ft（600 m），每攀升 2000~4000 ft（600~1200 m）休息 1 天[3]。

高原训练

人体一系列的生理调节机制可以帮助运动员适应低氧（即缺氧）环境。具体包括以下几个方面[4]。

• 通气量增加，称为缺氧通气反应（与在海平面高度完成同样的运动相比，呼吸次数从每分钟 14 次增加为每分钟 20 余次）。

• 儿茶酚胺介导的心率加快。

• 儿茶酚胺介导的心输出量增加。

• 随着海拔的逐渐升高，肺、血液和组织的适应会在数天内发生（海拔的快速升高，由于适应时间不充分，因此与较高的高山病发病风险相关）。

必须针对高海拔和寒冷环境下特有的水合问题进行规划

高海拔地区氧气稀薄，在运动员的训练和功能状态达到平原地区的水平之前，运动员要经历一个适应过程，尤其是有氧训练（以耐力训练为主）。为了适应高海拔、低氧环境引起的高海拔疾病对训练产生的不良影响，即便是进行无氧训练，适应也必不可少。由于随着海拔的升高，氧气浓度逐渐降低，因此逐级增加海拔能获得更为有效的适应效果，且不会导致疾病。

运动员在高海拔地区训练时，会出现呼吸频率和心率加快，这是对每次呼吸吸入肺内的氧气含量降低所产生的适应性反应。尽管运动员的心输出量、呼吸频率、氧气从血液扩散到细胞这些方面都可以适应低氧环境的改变，但增加红细胞的数量是提高携氧能力，进而提升运动表现最有效的方式[5]。虽然通过血液回输或注射红细胞生成素这些非法手段可以达到该目的，但确保摄入充足的热量、铁、叶酸和维生素 B_{12} 才是最适宜、合法且营养的方式。健康的膳食可满足其中大部分的需求，但仍需注意每天要摄入约 18 mg 的铁。这一要求看似简单，却不易达到，因为运动员在高海拔地区经常抱怨缺乏食欲。对高海拔的界定见表 10.1。

表 10.1　高海拔的界定

高海拔	5000~8200 ft（1500~2500 m）
超高海拔	8200~18000 ft（2500~5500 m）
极限海拔	≥18000 ft（≥5500 m）

寒冷环境会通过热对流和热传导引起热量散失，但人体有相应的系统帮助维持体核温度，并提高产热量[6]。这一温度调节机制使人体在低温环境中得以生存。暴露在寒冷的环境中时，身体通过末梢血管收缩以减少热量的散失。然而，流向皮肤及肢体末端的血流量减少易引发冻伤，尤其是手指和足趾。当人体在低温环境中暴露约 10 分钟后，为了避免这一危险情况发生，机体会启动"冷诱导血管舒张（Cold-Induced Vasodilation，简称 CIVD）"这一应激过程。末梢血管收缩和舒张的脉冲性调节使体核温度得以维持，但要以皮肤和末梢组织的温度波动为代价[6]。

人体主要依靠肌肉的工作来产热。工作肌肉所消耗的能量中有 30%~40% 用于肌肉运动，而其余 60%~70% 则以热量的形式散失了。简而言之，作为温血动物，我们的产热效率要高于运动效率。我们还可通过寒战来产热，这是一种当体温下降 3~4℃ 时所激发的本能的中枢神经系统诱发机制[7-8]。寒战所产生的肌肉收缩可使总能量消耗量增加 2.5 倍，其中大部分来源于碳水化合物氧化反应的增加[9]。由于血浆儿茶酚胺水平升高，冷应激还会提高肌糖原的消耗量[10]。

因此，对于在易出现冷应激和寒战的环境下训练的运动员，摄入足量的碳水化合物十分重要[11]。肌肉量出现不同程度减少的老年人在寒冷环境下的应对能力会更差，其主要原因在于肌肉量的减少会降低从运动或寒战中获得热量的能力[12]。因此，老年人如果不能进行有规律的锻炼以维持肌肉量，则不能主动降低体温过低的风险。

暴露在低温环境中易发生明显的脱水。处于低温环境中的士兵通常会因脱水而体重下降 8%[13]。导致脱水的原因包括难以获得足够的饮用水、水分丢失过多（尤其是穿着厚重的衣物或携带较重的装备时）、经呼吸丢失水分，以及寒冷引起的多尿（Cold-Induced Diuresis，简称 CID）。

如果运动员不能恰当地逐步适应更高的海拔，高海拔地区的低氧环境会给他们带来严重的健康风险。这些健康风险统称为高原病或高海拔疾病（表 10.2），包括以下 3 种综合征。

• **急性高山病（Acute Mountain Sickness，简称 AMS）**：高海拔疾病综合征中最常见的，也是症状最轻的疾病；其症状包括恶心、呕吐、食欲减退、头晕、无力和入睡困难。

• **高原脑水肿（High-Altitude Cerebral Edema，简称 HACE）**：症状包括精神状态的改变和协调性障碍。

• **高原肺水肿（High-Altitude Pulmonary Edema，简称 HAPE）**：症状包括呼吸困难、咳嗽、乏力、胸闷或胸塞。

表 10.2 高原病（高海拔疾病）的体征和症状

疾病类别	诊断（路易斯湖共识标准）*	治疗措施	预防措施
急性高山病	存在头痛和下列症状之一： • 胃肠道问题（厌食、恶心或呕吐） • 疲乏或无力 • 眩晕或头晕 • 入睡困难	针对轻度症状： • 停止攀升，休息，适应环境 • 降低海拔>1600 ft（500 m） • 口服乙酰唑胺，每日 2 次，每次 125~250 mg 针对中度至重度症状： • 降低海拔>1600 ft（500 m） • 低流量吸氧，1~2 L/min • 便携式高压氧舱 • 口服或肌内注射地塞米松，每 6 小时一次，每次 4 mg • 综合使用上述方法，直至症状消失	• 缓慢攀升（最快为 600 m/d，即 2000 ft/d） • 在低海拔地区睡眠 • 避免用力过度 • 避免直接抵达海拔高于 9000 ft（2750 m）的地区 • 从出发前 1 天至抵达高原后 2 天连续口服乙酰唑胺，每日 2 次，每次 125~250 mg • 应用地塞米松：每 6 小时一次，每次 2 mg；或每 12 小时一次，每次 4 mg
高原脑水肿	急性高山病患者出现精神状态改变或共济失调；或者未患有急性高山病者同时出现精神状态改变和共济失调	• 立即降低海拔>3300 ft（1000 m） • 吸氧（2~4 L/min），维持血氧饱和度>90% • 地塞米松（口服、肌内注射或静脉注射）：初始剂量为 8 mg；然后每 6 小时一次，每次 4 mg • 便携式高压氧舱（如果海拔未能立即下降）	• 缓慢攀升（最快为 600 m/d，即 2000 ft/d） • 在低海拔地区睡眠 • 避免用力过度 • 避免直接抵达海拔高于 9000 ft（2750 m）的地区 • 从出发前 1 天至抵达高原后 2 天连续口服乙酰唑胺，每日 2 次，每次 125~250 mg • 应用地塞米松：每 6 小时一次，每次 2 mg；或每 12 小时一次，每次 4 mg
高原肺水肿	至少有以下 2 种症状和 2 种体征： 症状： • 静息时呼吸困难 • 咳嗽 • 无力或运动表现下滑 • 胸闷或胸塞 体征： • 至少 1 个肺叶有啰音或哮鸣音 • 中枢性发绀 • 呼吸急促 • 心动过速	• 吸氧（4~6 L/min，直到情况有所改善，然后以 2~4 L/min 维持），维持血氧饱和度>90% • 降低海拔 1600~3300 ft（500~1000 m），或更多 • 如果下降延迟，使用便携式高压氧舱（2~4 psi**） • 建议应用硝苯地平（每 12 小时持续释放 20~30 mg） • 建议应用沙美特罗，每日 2 次，每次 125 µg • 建议使用呼气正压通气面罩	• 缓慢上升（最快为 600 m/d，即 2000 ft/d） • 在低海拔地区睡眠 • 避免用力过度 对于高原肺水肿易感人群： • 建议使用硝苯地平（每 12 小时持续释放 20~30 mg） • 从出发前 1 天开始至抵达最高海拔后 2 天，建议应用沙美特罗，每日 2 次，每次 125 µg • 建议使用他达拉非（每日 2 次，每次 10 mg）或西地那非（每 8 小时一次，每次 50 mg）

注：经授权引自 Derby R, deWeber K. The athlete and high altitude. Current Sports Medicine Reports, 2010, 9(2): 79-85。
* 针对急性高原环境暴露的情况。
** 1 psi ≈ 6.895 kPa。

很多经验丰富的滑雪运动员和登山运动员都知道，在高海拔地区可能会出现恶心、意识错乱、易疲劳等症状。适应这样的低氧环境需要一段时间，主要机制是提高向运动相关组织输送氧气的能力。高海拔环境会提高机体的氧化应激水平，因此机体的营养需求会发生改变，运动员需要摄入更多的抗氧化剂[14]。大部分人进入高海拔地区 10 天后的适应程度可达 80% 左右，45 天后可达 95% 左右[15]。到达海拔更高的地区时，人体会出现一些正常的变化，包括呼吸频率加快、呼吸短促加重、排尿更频繁和睡眠规律的改变。高海拔地区的低气压使人体在每次呼吸时吸入空气的氧气含量降低，因而不得不采用呼吸频率加快的模式，以获得与正常呼吸时等量的氧气。然而，呼吸频率再快，在高海拔地区也不可能获得与平原地区等量的氧气。因此在高海拔地区进行体力工作始终较为困难，人体更易出现疲劳。由于未能适应高海拔环境，机体可能出现的异常症状通常称为高原反应，包括以下症状[16]。

• 头痛。

• 呕吐。

• 厌食（食欲缺乏）。

• 不适。

• 恶心。

以下因素可以增加高原反应的发生风险。

• 海拔攀升过快。

• 高脂、高蛋白、低碳水化合物膳食。

• 长期滞留在高海拔地区。

• 高活动水平。

• 海拔过高。

急性高山病通常发生在海拔超过 6600 ft（2000 m）的地区，其症状如下[17-18]。

• 恶心。

• 运动和静息时呼吸困难。

• 睡眠不佳。

• 共济失调。

• 头痛。

• 精神状态改变。

• 疲乏无力。

• 液体潴留（抗利尿激素水平升高）。

• 咳嗽。

一项针对美国科罗拉多州探险越野赛运动员的评估发现，4.5% 的运动员在比赛开始时即出现高原病；14.1% 的运动员在比赛期间出现高原病，并需要进行医学治疗（其中 13.3% 为急性高山病，8% 为高原肺水肿）；14.3% 的运动员因高原相关性疾病而退出比赛[19]。该越野赛出发地点的海拔为 9500 ft（2900 m），途经地的最高海拔超过 13500 ft（4100 m）。在高海拔地区发生疾病时，处理方法是将患者送至海拔较低的地区，如果条件允许，应给予吸氧治疗。对于症状出现恶化的患者，必须迅速将其送至海拔较低的地区，不得延误，否则可能发生高原脑水肿或高原肺水肿，这两种情况均可危及患者生命[20]。大脑或肺部毛细血管渗漏是发生水肿的原因。高原脑水肿病程发展迅速，可在数小时内致死，其症状如下[21]。

- 共济失调步态（行走时的步态如同醉酒）。
- 精神错乱。
- 不同程度的精神紊乱。
- 意识障碍，可发展至深度昏迷。

高原肺水肿的诱因尚不明确，但高原肺水肿极少发生在海拔低于 8000 ft (2400 m) 的地区。如未能及时救治（通常是将患者立即送至海拔较低的地区），高原肺水肿亦会导致死亡。高原肺水肿的症状是由机体内氧气和二氧化碳交换能力下降所致，具体包括以下几个方面[22]。

- 极度疲乏。
- 呼吸时可闻及喘鸣音。
- 静息时呼吸困难。
- 胸闷、阻塞。
- 咳嗽，可能有粉红色痰。
- 嘴唇或指甲发青或呈灰白色。

为了预防高海拔疾病的发生，运动员必须了解，高海拔地区的训练计划不能照搬低海拔地区的训练计划。训练适应性的方法：如果在比赛或训练中的任何时间点过早出现过度通气反应，均应放慢速度；肢体运动应与新的呼吸模式同步；冲刺后安排充足的休息时间；降低总的训练量[23]。

与非肥胖者相比，肥胖者更易发生急性高山病[24]。定期前往高海拔地区的人可表现出更好的环境适应性，急性高山病的症状也会减轻[25]。其他一些方法（包括摄入镁补剂、银杏提取物补剂）被用于减少急性高山病的发生，但其有效性均未得到验证[26-27]。

急性高山病的合并症状是严重的食欲减退，伴有进食和饮水减少。对在高海拔地区工作的人而言，最难解决的两大问题是维持体重和体液平衡，其原因是寒冷环境下热量需求高，液体摄入困难，以及高海拔导致的食欲缺乏。

即便是那些定期前往高海拔地区的有组织的登山探险者，也无法保证摄入充足的能量，因而也会出现体重减轻。一项对喜马拉雅山的登山者进行的评估发现，登山后登山者的体重都会出现明显的下降，登山者在高海拔地区的能量摄入明显少于在低海拔地区的能量摄入[27]。研究表明，在高海拔地区的食物摄入量通常会降低 10%～50%，具体取决于海拔升高的速度。即便不是在极寒冷的环境中（例如在低压氧舱中），这种情况依然存在[28]。只有在有意识地摄入更多的食物时（通常是被迫进食时），人们在高海拔地区的食物摄入量才能达到生理需要量[29]。

在极度寒冷的环境中，出汗速率几乎等同于高温、高湿环境下的出汗速率。据估计，穿着保暖冬衣进行中等强度至高强度运动时的出汗速率接近 2 L/h[13]。因此，保持良好的水合状态的关键是备有充足的饮用水，以便进行频繁、适量的补液。然而在寒冷和高海拔环境中，准备充足的液体并能随时饮用是难以实现的。在温度常常低于冰点的环境中，除非有合适的方法，否则液体很容易冻结。此外，能够满足需要量的液体非常沉重，难以运输。在所处环境条件下获得足够液体的一种方法是融化和净化冰雪，但这种方式需要消耗大量的燃料。为满足一个人的液体需要量，需要耗时 6 小时以上并消耗 0.5 gal（2 L）的汽油才能融化足量的冰雪[13]。

能量和营养需求的满足

攀登珠穆朗玛峰的能量消耗量比在平原上高 2.5~3 倍[30]。显然，在寒冷或高海拔环境中运动之后普遍出现体重下降的原因是能量摄入减少[31]。因此，在这种环境中，运动员应有意识地增加进食频率。最好选择碳水化合物，因为相对于脂肪和蛋白质，碳水化合物代谢的耗氧量更低，并且有利于糖原的储备，减少蛋白质的消耗。此外，碳水化合物摄入不足最终会引发低血糖，导致精神紊乱和定向障碍。有研究表明，登山者更倾向于选择碳水化合物类食物，而不是脂肪类食物[32]。然而，也有研究得出了不同的结论。有研究指出，在高海拔地区，运动员选择食物时并不会把以往的高脂食物改为高碳水化合物食物[33]。此报道还指出，在高海拔环境中，运动员的味觉变得迟钝，从而导致能量摄入不足、体重（包括肌肉质量）下降，而体重下降对力量、耐力和产热能力均有负面影响。因此，此时应以摄入充足的食物，从而提供足够的热量为目标，而不是将关注点集中在能量底物的分配上。

运动员应获得足够的食物以供他们大量地进食，同时这些食物应使他们在进食后感觉良好。海拔每升高 5000 ft（1500 m），做饭的时间就会随之增加 1 倍，从而使食物的获取变得更为困难。因此在大多数情况下，包装好的高碳水化合物零食或食物是最佳的代餐品，仅在饮用水充足、时间宽裕时运动员才会烹调餐食。好的快餐食品包括低脂、全谷物的能量棒或燕麦棒，现在还有很多不同种类的高蛋白棒可供选择。

建议在进入寒冷或高海拔地区之前，运动员摄入适量的维生素和矿物质。由于这种环境中人体的携氧能力有限，事先确保机体内铁状态良好具有重要意义。在高原登山过程中补充铁剂的效果不显著，因为缺铁状态的改善需要数月的时间。在炎热和寒冷的环境中，机体的氧化应激水平较高，可考虑补充富含抗氧化剂的食物或定期补充复合维生素和矿物质[34]。一项关于在高原环境中人体氧化应激的研究发现，与补充单一抗氧化剂的受试者相比，补充复合抗氧化剂的受试者呼出气体中戊烷（氧化应激的标志物之一）的含量更低。因此，建议补充多种抗氧化剂，如维生素 C、β-胡萝卜素、硒、维生素 E（存在于广谱补剂中）等，而不是单独某一种抗氧化剂[35]。

液体需求的满足

在寒冷和高海拔地区摄入足量液体的难度非比寻常，必须克服诸多困难，以确保良好的水合状态。其中包括提供充足的饮用水、避免饮用水冻结及克服自发性脱水。高原上的运动员可能会主动饮用含有酒精（他们可能认为酒精有助于使他们感觉更温暖，但事实并非如此）和咖啡因（已被证实可以改善耐力）的饮料。然而，酒精和咖啡因的组合对健康不利。

提供足量可饮用的液体 液体相对较重，且在绝大多数情况下不易运输。在寒冷而危险的高海拔地区，饮用液体的来源将成为一个棘手的问题。使用驼峰（CamelBak）水袋或类似的水袋包所损耗的能量要比使用其他储水容器少。此外，啜饮有时还可以缓解恶心。基本策略是保证每人每天至少 2 L 的液体摄入量，最好为 4 L。由于在寒冷的高原地区进行艰苦的体力活动时，机体每小时可丢失 2 L 的水分，因此液体的最低摄入量为 2 L。使用直升机、汽车或驮畜将大批量的食物、水和其他生活必需品运送至海拔尽可能高的营地，是建立探险营地的一个基本策略。从探险营地出发向海拔更高的地区攀登时，登山者必须携带离开营地期间所需的足量的水和食物。鉴于在高海拔地区融化冰雪需要花费大量的时间，且燃料、容器和炉灶也会增加额外的重量，所以以融化冰雪的方式作为饮用水的来源并不是一个最合适的选择。此外，所获得的冰雪可能不卫生，不适于饮用。据报道，在高原地区已发现蓝氏贾第鞭毛虫，这是一种可导致腹泻的肠道寄生虫 [36]。当然，在紧急情况下，任何可获得的水资源均可使用，但如果未使用净化设备则存在感染的风险。

避免饮用的液体冻结 为了避免饮用的液体冻结，登山者可以将所携带的液体贴近身体，甚至在睡觉时也将水袋放入睡袋中。处理冻结后的液体极为困难。有一种独特的防止液体冻结的方法，即在液体中添加甘油（参见第 4 章），这有助于保持体内的水分含量，增加液体所含的能量，还可以降低液体的冰点 [13]。甘油降低冰点的特性鲜为人知，但对处于寒冷环境下的运动员而言，这一点极为重要。由于在寒冷、高海拔地区工作时，机体常会出现

应禁止生产和销售含酒精的能量饮料

华盛顿（美联社）——一位纽约参议员表示，联邦监管机构将于本周开始禁止生产和销售含咖啡因的酒精饮料。民主党参议员查尔斯·舒默（Charles Schumer）曾就此事向奥巴马政府施压。他在星期二的发言中提到，美国食品药品监督管理局认为酒精饮料中的咖啡因是一种不安全的食品添加剂，应禁止使用。联邦贸易委员会将向制造含咖啡因的酒精饮料的厂商发出正式信函，警告他们销售这类产品是非法的。已有大学生在饮用这类饮料后住进了医院，这类饮料已在 4 个州内被禁止生产和销售，其中就包含十分流行的四洛克（Four Loko）。

（来源：The Associated Press，12：15pm EST，2010-11-11）

低热量状态，因此增加热量也是甘油的另一个重要功能。然而，作为血浆膨胀剂，甘油的使用具有一定的风险，所以仅应在专业人员的指导下使用。此外，甘油最近被世界反兴奋剂机构列入违禁物质清单，因此任何使用甘油的参赛运动员都将受到处罚。

克服自发性脱水　如果仅凭主观感觉来摄入液体，运动员在运动时的补液量通常都低于维持最佳水合状态的需要量。这种情况称为自发性脱水。相对于炎热的环境，处于寒冷环境中的运动员在运动时出现此情况可能导致更为严重的问题。导致这种情况的根本机制尚不明确，但从生理和实践两方面分析，以下 2 种假说被认为是最可能的原因[13]。①较低的皮肤温度或体核温度降低可能会改变口渴的感觉。②为了避免在夜间离开温暖的帐篷而到寒冷、恶劣的环境中排尿，运动员往往会在一天中接近夜晚的时候刻意限制饮水量。为避免自发性脱水，唯一可行的解决方案是要求运动员为自己制订一个固定的饮水时间计划表，无论是否感到口渴，运动员都要定时、定量地按照计划来饮水[37]。少量多次、规律性地进行间歇性补液还可以避免一次性补充大量液体而刺激排尿。

本章要点

• 高原病包括急性高山病（AMS）、高原脑水肿（HACE）和高原肺水肿（HAPE）。症状轻者可出现恶心和头晕，严重者可出现共济失调和胸闷。

• 适应高海拔环境需要一定的时间，因此运动员在完全适应前不应尝试最大强度的训练。

• 健康状况欠佳者更易患急性高山病；如果没有足够的时间来适应高海拔环境，健康状况良好的运动员也会出现问题。

• 如果处于铁缺乏的状态，运动员将不能很好地适应高海拔、低氧的环境，单纯补充铁剂也不会有立竿见影的积极效果。运动员由铁缺乏状态恢复到正常状态需要数个月的时间。

• 在高海拔环境中，补充液体非常重要，而在高海拔地区发生脱水时的症状看起来不像在湿热环境中训练时那么明显。

• 高海拔环境往往也是非常寒冷的环境，这会增加能量（特别是碳水化合物）的总消耗量。因此，摄入充足的能量和碳水化合物非常重要。摄取足够的热量、铁、维生素 B_{12} 和叶酸将有助于运动员更好地适应高海拔环境，但应在高原训练之前就摄入这些营养素。

• 在高海拔环境中摄入酒精，尤其是同时摄入咖啡因，会带来问题并危害健康。应避免摄入同时含有咖啡因和酒精的饮料。

11

性别与年龄

　　本章将阐述一些针对特定性别和年龄的营养建议，这些建议将有助于运动员表现出最佳状态。要想使女性运动员维持健康状况和最佳体能，需要考虑其特有的应激原系统。应重点关注女性运动员三联征（饮食紊乱、月经不调、骨密度低），并采取相应措施以预防其发生和发展。青少年运动员和年长运动员分别处于生长发育和老化进程的两端，其营养需求和患病风险各不相同。青少年的汗腺数量及每个汗腺的出汗量均低于成年人，因而青少年更易发生自发性脱水 [1]。这些因素大大增加了青少年运动时过热的风险。

　　此外，大量的体力活动让生长发育所对应的营养需求变得更加复杂。除非有详尽的计划，否则儿童和青少年由于训练和生长发育而产生的综合需求几乎不可能得到充分的满足。也不能想当然地认为，单纯的体育运动仅仅是为了预防以后发生肥胖。事实上，未能及时获取充足的能量可能是以后发生肥胖的预兆 [2]。这个道理很简单，能量需求未能得到充分满足会导致合乎逻辑的适应，即脂肪含量更容易增加。机体对能量摄入不足的反应是减少需要能量的组织（即瘦组织）的生物量以适应能量不足，从而增加了之后发生肥胖的风险。对青少年运动员而言，营养素和能量摄入不足的潜在影响包括热病、生长发育异常、月经紊乱、饮食紊乱、受伤风险增加 [3]。

　　年长运动员的注意事项则与之不同，尤其是因为他们的热应激风险增加，身体成分发生年龄相关性变化，且剧烈运动后的恢复速度减慢。然而，有些营养原则适用于所有人群，与年龄和性别无关。如果不能在适宜的时间获得充足的能量，机体内的代谢性组织就会减少，体脂含量会增加，运动员的运动表现将出现下滑，且运动员无法从高强度的运动中快速恢复。

女性运动员

快速查阅膳食参考摄入量就会发现，女性和男性的营养需求显然相差甚远。需求的差异主要是基于身材的差异（男性较女性高大）和身体成分的差异（男性的新陈代谢值更高），但还有一些差异是基于两性间明显的生理差异，比如铁（女性对铁的需要量为男性的 2 倍），因为正常月经的失血会导致经血液丢失铁。

对所有运动员而言，能量的摄入取决于总体重、代谢性组织的质量和运动持续的时间及强度。针对女性运动员的研究发现，女性运动员普遍存在能量摄入不足的问题，因而很多研究结论认为，不论女性运动员从事何种运动项目，其出现饮食紊乱的风险均会增加 [4]。此外，大量的文献资料报道了剧烈运动对女性生殖系统的影响，常见的影响是导致闭经或月经稀发。这些报道提示，提高能量摄入量以满足更高的能量需求，可能有助于改善月经不调和与之相关的骨量下降 [5]。女性运动员月经不调导致的骨量下降具有临床意义，因为骨量减少会增加训练阶段发生应力性骨折的风险，也会增加日后患骨质疏松症的风险。闭经与循环系统中较低的雌激素水平有关，而雌激素是破骨细胞的抑制剂。因此，闭经和月经稀发的运动员发生低骨密度的风险较高。一项研究纳入了 46 名女性运动员（其中 31 人存在多发性应力性骨折，15 人无应力性骨折），出现应力性骨折的运动员中近半数存在月经不调，其中每周进行长跑训练者的患病率较高 [6]。虽然摄入充足的能量和钙并不能纠正应力性骨折相关的生物力学因素（通常与足纵弓较高和双腿不等长有关），但若通过此方式促进女性恢复正常月经，则有助于明显降低应力性骨折的发生风险 [7]。应力性骨折的风险因素详见表 11.1。

表 11.1　应力性骨折的风险因素

风险因素	是否存在与营养方面的相关性
遗传	可能（与食物过敏或食物不耐受有关）
女性	否
白种人	否
体重较轻	可能（如果与遗传因素不相关的活）
缺乏负重训练	否
内在和外在的力学因素	否
闭经	是
月经稀发	是
钙摄入不足	是
热量摄入不足	是
饮食紊乱	是

注：改编自 Nattiv A, Armsey Jr TD. Stress injury to bone in the female athlete. Clinics in Sports Medicine, 1997, 16(2): 197-224。

能量底物的分配比例是女性运动员的关注点之一。研究表明，在耐力训练中，与男性运动员相比，女性运动员体内动用的脂肪较多，糖原和蛋白质的消耗量较少[8]。由于糖原储备量是有限的，在长距离、较低强度的运动项目中，糖原消耗速率低使女性运动员较男性运动员具备更为明显的优势[9]。这也引出了一个问题：鉴于能量底物的利用模式不同，耐力项目中女性运动员对能量底物的摄入比例是否也应不同于男性运动员？尚无确切的证据表明男性与女性运动员在能量底物的摄入方面应有所不同，在长距离和超长距离的赛事中，碳水化合物的储备量（糖原储备）仍是运动能力的制约因素。对于耐力型运动员，无论是男性还是女性，一旦糖原耗竭，运动能力就会下降（甚至丧失）。一系列关于不同项目女性运动员的碳水化合物摄入模式的研究得到了一个较大的摄入范围（表 11.2）。对一些女性运动员进行评估后发现，女性运动员对碳水化合物的每日摄入量很少能达到针对一般训练期的每日推荐摄入量（5~7 g/kg），或针对耐力型运动员的 7~10 g/kg[10]。

表 11.2　女性运动员的碳水化合物摄入模式

研究	每日摄入量 /g·kg⁻¹·d⁻¹	运动项目
加贝尔（Gabel）等，1995 年	18.0	超长距离自行车运动（每天 14~16 小时）
彼得斯（Peters）和格切（Goetzsche），1997 年	4.0	超长距离耐力项目
斯蒂恩（Steen）等，1995 年	4.9	大学生重量级赛艇
瓦尔贝格－兰金（Walberg-Rankin），1995 年	3.2~5.4	无氧运动（体操、健美运动）
瓦尔贝格－兰金（Walberg-Rankin），1995 年	4.4~6.2	有氧运动（跑步、骑自行车、铁人三项运动）

$$每日摄入量 /g \cdot kg^{-1} \cdot d^{-1}$$

对于普通成年人（非运动员），其蛋白质每日推荐摄入量为 0.8 g/kg。运动员的推荐摄入量大约是该推荐摄入量的 2 倍，根据其耐力训练的强度，蛋白质的每日推荐摄入量为 1.2~1.7 g/kg[11]。如果能量的总摄入量足够，该推荐摄入量可能会超出实际需求。应注意目前尚无只针对女性运动员的蛋白质需要量的数据，因此上述数值均来源于针对男性和女性运动员或男性运动员的研究。在获得针对女性运动员的蛋白质需要量的数据之前，女性运动员可依照上述推荐量来确定蛋白质的摄入量。

希望减重的女性运动员往往会限制脂肪的摄入。研究表明，发生闭经的运动员的脂肪摄入量较月经正常者低 6%[12]。为了保证能量摄入充足，饮食中不应完全回避脂肪。运动员的能量需要量很高，且女性运动员具备良好的脂肪分解代谢系统，可将脂肪转化为能量，因此女性运动员的脂肪摄入量应占总能量摄入的 20%~25%。

对女性运动员而言，维生素 B_6 摄入量的绝对值及其与蛋白质摄入量的比例均低于机体所需[13-14]。除维生素 B_6 以外，只要不限制食物中能量的摄入，女性运动员通常都可以从食物中获得足量的维生素，以保持健康和正常的运动状态。

毫无疑问，女性运动员膳食中钙和铁的摄入尤为重要。摄入足量的钙对于提高和维持较高的骨密度，从而降低骨折风险十分必要；而铁在将氧气转运到运动细胞的过程中发挥着重要的作用。对关注乳制品摄入量的运动员来说，钙强化的橙汁是绝佳的选择，钙强化的橙汁与等量的液态奶的钙含量相近。对所有运动员而言，保证充足的钙摄入都很容易实现，但应当知道摄入钙并不能保证骨骼健康。骨骼的发育需要钙、维生素 D、雌激素和物理性应力的共同作用。

有研究发现，女性赛跑运动员的铁储备量（铁蛋白含量）偏低；而另外一些研究发现，存在贫血的女性运动员在补充一个疗程的铁剂后，有氧运动能力有所提高[15-16]。但在不缺铁时没有必要摄入铁补剂或其他维生素补剂。铁缺乏会引起诸多风险，女性运动员应该定期（至少每年 1 次）通过铁蛋白等检查来评估铁状态。

对女性运动员的普遍性建议

1. 女性运动员应充分意识到月经不调带来的不良后果，以及能量不足在此过程中的影响[17]。简而言之，女性运动员应摄入充足的能量，这至少可降低营养不足导致月经不调的风险。

2. 对参加任何项目的所有运动员来说，参赛前进行体检是一项标准流程。女性运动员的筛查应包括对女性运动员三联征的现状及相关后遗症的评估[18]。

3. 评估钙和铁的摄入情况及体内状态，通过改变膳食摄入或在医生的指导下服用补剂（最好通过前一种方式）来应对缺乏。有效评估体内钙状态的方法是定期检测骨密度（如果无骨量减少或骨质疏松症，每 3 年检查一次；如果患有骨病，则应提高检查频率）。此外，膳食分析可确定摄入的食物是否能提供足量的钙。每年评估一次铁状态，尤其是铁储备（铁蛋白）。一旦存在铁缺乏，应立即在专业人员指导下补充铁剂，并通过血液学检查进行随访。

女性运动员较男性运动员更容易发生饮食紊乱、骨密度较低或铁摄入不足的情况，她们还容易发生痛经。膳食营养均衡可提供足够的能量，从而很好地解决上述大部分的问题。为此，女性运动员应了解，在为了减重而摄入过低的热量时，对肌肉组织的消耗量要远远超过脂肪组织。运动员为了保持体型而长期控制饮食所引起的身体成分的改变，将使运动员面临更高的营养不良及相关疾病的发生风险。

青少年运动员

对于处于生长发育期且定期参加剧烈运动的青少年，其生长发育期的能量和营养需要量极高，如不采取特殊的措施，难以想象他们的营养需求将如何得到满足[19]。能量供应不足可能会使青少年无法显现出遗传的生长潜力，而营养不良则可能导致器官系统发育不良。例如，在生长发育的突增期，钙摄入不足会导致骨密度不能达到最佳水平，从而影响其终生的健康。应对能量和营养素摄入不足的青少年运动员的饮食予以重视，这是确保其达到健康状态的关键因素。尤其是那些年龄较小的精英运动员，例如女子体操运动员，在其生长发育、训练水平和竞技状态达到最高峰时，他们往往难以获得足够的营养素。对于这些运动员，应经常进行监测以确保其维持在健康的状态，且生长发育速度正常。

女孩的生长突增期从 10~11 岁开始，在 12 岁达到顶峰，通常在 15~16 岁停止生长。男孩的生长高峰期较女孩晚 2 年，从 12~13 岁开始，14 岁达到顶峰，通常在 19 岁停止生长。在 5~10 岁时，男孩和女孩的身高大约增长 11.8 in（30 cm）。而在生长发育突增期，男孩的身高每年可增长 3.9 in（10 cm），女孩的身高每年可增长 3.5 in（9 cm）。据估计，青少年时期所获得的骨量占总骨量的 25%[20]。儿童发育期的典型年龄阶段见表 11.3。

虽然体育运动对骨骼的刺激对于骨骼发育很重要，但在这段时间内摄入适量的钙、蛋白质和能量也是至关重要的。儿童和青少年的身高和体重值汇总见表 11.4。

对于青少年女性运动员，尤其是那些在较小的年龄就成为精英运动员的女孩，获得足够的营养摄入以确保最佳的骨密度是至关重要的

表 11.3　儿童发育期的典型年龄阶段

阶段	定义	开始的年龄/岁
肾上腺功能初现	青春期前肾上腺活动增多的一段时间	7
性腺功能初现	青春期最早出现性腺变化的时间。女孩的卵巢生长，雌二醇的分泌增多；男孩的睾丸生长，睾酮的分泌增多	8
乳房开始发育	在青春期初始，女孩的乳房开始发育的时间	11
阴毛初现	阴毛出现的时间	12
月经初潮（女性）	第一次月经的时间	12.5
首次遗精（男性）	精子开始发育的时间	13.4

表 11.4 儿童和青少年的正常身高和体重

年龄/岁	女性身高		男性身高		女性体重		男性体重	
	身高/in	身高/cm	身高/in	身高/cm	体重/lb	体重/kg	体重/lb	体重/kg
1	27.0~31.0	68.6~78.7	28.0~32.0	71.1~81.3	15~20	6.8~9.1	17~21	7.7~9.5
2	31.5~36.0	80.0~91.4	32.0~37.0	81.3~94.0	22~32	10.0~14.5	24~34	10.9~15.4
3	34.5~40.0	87.6~101.6	35.5~40.5	90.2~128.3	26~38	11.8~17.2	26~38	11.8~17.2
4	37.0~42.5	94.0~108.0	37.5~43.0	95.3~109.2	28~44	12.7~20.0	30~44	13.6~20.0
6	42.0~49.0	106.7~124.5	42.0~49.0	106.7~124.5	36~60	16.3~27.2	36~60	16.3~27.2
8	47.0~54.0	119.4~137.2	47.0~54.0	119.4~137.2	44~80	20.0~36.3	46~78	20.9~35.4
10	50.0~59.0	127.0~149.9	50.5~59.0	128.3~149.9	54~106	24.5~48.1	54~102	24.5~46.3
12	55.0~64.0	139.7~162.6	54.0~63.5	137.2~161.3	68~136	30.8~61.7	66~130	29.9~59.0
14	59.0~67.5	149.9~171.5	59.0~69.5	149.9~176.5	84~160	38.1~72.6	84~160	38.1~72.6
16	60.0~68.0	152.4~172.7	63.0~73.0	160.0~185.4	94~172	42.6~78.0	104~186	47.2~84.4
18	60.0~68.5	152.4~174.0	65.0~74.0	165.1~188.0	100~178	45.4~80.7	116~202	52.6~91.6

注：引自 Centers for Disease Control and Prevention, National Center for Health Statistics. 2000 CDC growth charts: United States[2011-10-13].http://www.cdc.gov/growthcharts。

　　女孩在青春期开始出现月经。在美国，有不到 10% 的女孩的初潮年龄小于 11 岁，90% 的女孩的初潮年龄小于或等于 13.75 岁，月经初潮的中位年龄为 12.43 岁[20]。女性运动员的初潮年龄通常会晚 1~2 年[21]。对于有月经周期的女孩，大约每 4 周一次的月经失血，应成为一个重要的考虑因素。周期性失血所造成的铁丢失使青春期女孩更容易出现铁缺乏或缺铁性贫血，如果任其发展，则会严重影响其耐力水平。虽然所有青春期女孩都应认识到摄入足量铁的重要性，但女性运动员尤其需要努力保证摄入足量的铁。14~18 岁女孩铁的膳食推荐摄入量为 15 mg/d，而 9~13 岁的女孩为 8 mg/d。不难发现，14~18 岁女孩铁的推荐摄入量较 9~13 岁女孩高出近 1 倍。即便对于食用红肉的运动员，要保证每天摄入 15 mg 的铁也非易事。而对素食运动员而言，不补充铁剂就能保证每日 15 mg 的铁摄入量几乎是不可能的[22]。如果不能从食物中获得足量的铁（食物中的铁含量详见表 11.5），由于铁摄入不足会导致铁缺乏、运动能力下降、免疫功能受损，这将迫使运动员去寻找其他易耐受的方式来获得足量的铁[23]。

　　摄入充足的能量对于保障正常的生长发育和进行体育运动极其重要。与成年运动员相比，能量底物的分配对青少年运动员的影响较小。通常建议成年运动员能量底物的分配为碳水化合物占 60%，蛋白质占 15%，脂肪占 25%，但青少年的能量消耗模式使其膳食脂肪的供能比例更高。研究发现，在进行耐力型运动和高强度运动时，儿童较成年人消耗的脂肪更多，而消耗的碳水化合物则相对较少[24-25]。由于脂肪的能量密度更高，青少年运动员只须摄入少量的高脂食物即可轻松满足其较高的能量需求。

表 11.5 部分食物中的铁含量

食物	铁含量 /mg
苹果（中等大小，生的）	0.2
牛排（3 oz，90 g）	2.7
白面包（2 片）	1.4
花椰菜（1 cup）	1.1
传统墨西哥卷饼	2.7
鸡胸肉（3 oz，90 g）	1.8
鸡柳三明治	2.7
可乐（12 oz，360 ml）	0.4
炸薯条（1 个中等大小的土豆）	1.8
新鲜的葡萄（1 cup）	0.5
烤乳酪三明治	1.6
汉堡包（¼ lb，120 g）	4.5
热狗面包	2.3
牛奶（8 oz，240 ml）	—
橙汁（8 oz，240 ml）	0.4
花生酱（1 tbsp，15 ml）	0.4
芝士比萨饼（1 块大的）	0.9
米饭（1 cup）	1.9
墨西哥小玉米饼配牛肉	1.5

　　青春期女性，包括青春期女性运动员，常常通过控制饮食来控制生长发育引起的体型改变和体重变化。节食会增加饮食紊乱的发生风险，这对跳水和体操等注重外表和体型的运动项目的青春期女性运动员而言尤其需要注意；还可能改变主要激素（表 11.6）的产生。

　　早熟的超重儿童可能会发生肾上腺功能早现，表现为阴毛发育，出现可引发成年人体臭的汗液成分改变，皮肤和头发变得油腻，以及出现痤疮等。对于大多数男孩，这些变化与青春期的开始密切相关。

　　肾上腺分泌的雄激素会让女孩出现各种青春期的早期标志（狐臭、皮肤油腻、痤疮）。女性性早熟的早期可能出现多毛症（身体毛发增多）或排卵停止所引起的月经不调，后者称为多囊卵巢综合征。多囊卵巢综合征也与超重有关。

表 11.6　儿童时期的主要激素

亲吻素（Kisspeptin）*和神经激肽 B（neurokinin B）	青春期开始时用于启动分泌促性腺激素释放激素（GnRH）的下丘脑神经激素
促性腺激素释放激素（GnRH）	可刺激垂体前叶的促性腺激素细胞的下丘脑激素
黄体生成素（LH）	由脑垂体前叶的促性腺激素细胞分泌，主要靶细胞是睾丸间质细胞和卵巢卵泡膜细胞。随着青春期的开始，黄体生成素的水平增加 25 倍，卵泡刺激素的水平增加 2.5 倍
卵泡刺激素（FSH）	由垂体前叶的促性腺激素细胞分泌，主要靶细胞是卵巢的卵泡和睾丸的支持细胞，以及睾丸的生精组织
胰岛素样生长因子-1（IGF-1）	在青春期，其分泌水平随着生长激素水平的升高而升高，可能是青春期生长突增期的主要介导因素
睾酮	主要由睾丸、卵巢的卵泡膜细胞、肾上腺皮质产生的类固醇激素，是主要的雄激素
雌二醇	由睾酮衍生的类固醇激素，是主要的雌激素，作用于雌激素受体。主要由卵巢颗粒细胞产生，也可由来源于睾丸和肾上腺的睾酮转化而成
肾上腺雄激素（AAs）	无论男女，肾上腺雄激素均是由肾上腺皮质产生的类固醇。主要的肾上腺雄激素包括脱氢表雄酮、雄烯二酮（睾酮的前体）和硫酸脱氢表雄酮（大量存在于血液中）。该类激素有助于青春期早期女孩体内雄激素的生成
瘦素	脂肪组织产生的蛋白质类激素，主要靶器官是下丘脑。瘦素水平为大脑提供关于脂肪含量的粗略估算结果，从而起到调节食欲和能量代谢的作用

注：*Kp 神经元产生的一种多肽类激素。

　　与团体项目的运动员相比，追求体型的运动员更容易出现能量、蛋白质及钙、铁等微量元素摄入不足的情况。钙摄入不足并非小问题，可导致年轻运动员发生应力性骨折，并进一步导致骨质疏松。而铁缺乏则可导致耐力下降。研究已证实，尽管处于青春发育期的男性和女性运动员的能量和营养素的摄入量高于普通人群，但只要低于推荐量，就会增加其患病和受伤的风险，并降低其潜在的运动能力[3]。

　　学校通常会要求运动员在到校前吃早餐，中午吃适量的午餐，训练后吃晚餐，这会造成能量摄入的不均衡。为了保证及时获得充足的能量，避免能量缺乏导致的瘦体重下降和脂肪组织的增加，儿童运动员应采用多餐制以增加能量和营养素的总摄入量。

　　在快速生长期，运动员发生肌肉骨骼系统损伤的风险很高。这并非意味着体育运动对儿童有害。恰恰相反，适当的运动量和运动强度可刺激肌肉和骨骼的生长发育。然而，在未获得充足的休息和营养摄入的情况下进行过度训练可导致过度使用性损伤，包括肌腱炎、胫骨粗隆骨软骨病（Osgood-Schlatter disease）和应力性骨折[21]。营养摄入的时机对于骨骼等多个系统至关重要。由于未能获得充足的能量或营养素来满足生长和体育运动的需求，青少年运动员的一生都将受到影响。即便是室内训练所致的阳光照射不足，也会导致维生素 D 水平降低和骨骼发育受损[26]。此外，高强度训练期间女性运动员常出现继发性闭经。为了避免特定肌群或骨骼区域的过度使用，建议青少年运动员参加多种运动项目的训练，青春期后再专攻某一特定项目。相对于早期专项化的运动员，遵循此方法的运动员的运动表现更好，发生运动性损伤的风险更低，运动寿命更长[27]。

学校的膳食模式缺乏逻辑性

美国的孩子在上小学期间，学校通常会在上午和下午的中间时段安排以牛奶和饼干为主的加餐，在两次加餐之间安排午餐。这一方案很合理，也十分必要。然而，当孩子们升入初中之后，他们正值生长发育的突增期，需要大量的营养和能量，此时加餐却被取消了。这样做毫无意义。初中教师常常抱怨这个年龄段的孩子很难教育，而稳定的血糖水平会对改善行为和营养状况产生积极的影响，但学校却没有采取任何措施来确保稳定的血糖水平。在小学、初中和高中保留加餐制度有利于满足能量的需求，另一方面也有利于控制不当行为。如果不想被低血糖所导致的问题困扰，学校应采取相应的措施来避免学生出现低血糖。

青少年运动员的水合状态问题一直被人们所关注。与成年人相比，青少年运动员的出汗速率较低，单位体重的产热量更高，体核温度上升得更快，因而易发生自发性脱水，难以快速适应炎热的环境[28]。这些因素使年轻运动员发生热损伤的风险明显增高。因此，教练员和家长应充分了解脱水和热损伤发生时的精神与身体症状，并注意周围环境的温度和湿度，采取相应措施以降低风险。鉴于青少年运动员容易出现自发性脱水（也就是说，即便在可获得充足的饮料的情况下，他们也不会摄入足量的液体以维持水合状态），这就要求成年人应鼓励青少年运动员进行补液，并观察其补液方式[29]。为年轻运动员提供他们比较喜欢的饮料是一个有效的方法，所选择的饮料应该口味偏甜并含有少量的盐，这样能有效维持血容量和出汗速率。

对青少年运动员的普遍性建议

1. 能量摄入水平应充分满足正常生长发育的需求和进行体育运动的额外能量需求。建议追踪青少年运动员的年龄别身高、年龄别体重和身高别体重（儿科医生常用的指标）。生长曲线平缓是能量摄入不足的标志之一。

2. 评估青少年由于进行体育运动而产生的能量需求。相对于成年人，当完成同样的运动时，儿童单位体重所需的能量更多，牢记这一点很重要。8~10 岁的儿童较成年人的能量消耗量高 20%~25%，11~14 岁的青少年较成年人高 10%~15%[29]。

3. 尽管能量底物的分配十分重要，但家长和教练员更应充分了解的是，能量总摄入量不足较膳食中碳水化合物或脂肪的摄入量更为重要。将摄入总能量中脂肪的比例从 25% 小幅提高至 30%，会使青少年运动员的能量需求更容易得到满足。在能量总摄入量充足的情况下，虽然摄入蛋白质很重要，但蛋白质摄入量不需要高于能量总摄入量的 15% 或 1.5 g/kg。

4. 青少年运动员往往存在补液量不足的问题，这会导致脱水并增加热病的发生风险。为此，即便是在液体供应充足的情况下，成年人也应鼓励参加剧烈运动的青少年定时补液，即根据周围环境的温度和湿度，制订固定的补液时间表，其中包括在运动期间每隔 10～20 分钟进行补液。

5. 青少年女性运动员有可能出现原发性和继发性闭经，过度运动、能量摄入不足及其他因素均有可能引发上述问题。如果一名不满 14 岁的女性出现月经初潮年龄推迟，应请儿科医生对其进行检查，以了解是否存在潜在疾病。此外，要认真评估营养素和能量的摄入量是否充足。

6. 青少年运动员不应节食，因为延迟进食和能量摄入过少对于获得理想体重和身体成分具有反作用，并会对生长发育产生负面影响。建议提高进食频率，有条件者可每隔 3 小时进食一次。

7. 青少年女性运动员较难摄入足量的铁，研究表明其钙的摄入量也接近临界值。因此，青少年运动员的家长应咨询家庭医生，以确定是否有必要补充铁剂或钙剂。

为了同时满足生长发育和体育运动的营养需求，青少年运动员需要增加额外的营养。应保证青少年运动员每天有至少 6 次的进餐机会，以满足其营养需求；还应通过有计划地补液来降低脱水的风险。此外，在每年一次的参训前体格检查中，儿科医生应确认青少年运动员的生长发育模式是否符合正常标准。青春期女性运动员应进行原发性或继发性闭经的评估，如果存在问题，应尽快采取相应的措施予以解决。

年长运动员

能够保持良好体能的年长运动员的实例相当多，因此很难界定运动员的退役时间。世界老师傅运动员协会（The World Master Athletics Association）列举了多名年逾 60 却依然活跃在赛场上的运动员，几乎涵盖了所有运动项目，包括障碍赛、撑竿跳、马拉松和 10000 米跑。100 岁年龄组中男子室外 100 米跑的世界纪录保持者是日本的宫崎秀吉（Hidekichi Miyazaki），成绩为 29.83 s；英国的罗恩·泰勒（Ron Taylor）保持着 60 岁年龄组的纪录，其成绩为令人震惊的 11.70 s。老年女性运动员的成绩也非常好。1994 年，俄罗斯 42 岁女将叶卡捷琳娜·波德科帕耶娃（Yekaterina Podkopayeva）以 3 min 59 s 78 的成绩夺得世界女子室内 1500 米比赛的冠军。在女子 80 岁年龄组中，俄罗斯的妮娜·诺门科（Nina Naumenko）以 58 min 24 s 70 的成绩保持着室外 10000 米跑的世界纪录。显然，年龄渐长并不意味着必须停止运动。然而，随着年龄的增长，身体必然会发生一些不可否认的改变，应予以重视，从而确保以健康的方式运动。其中，应特别注意一些与年龄相关的变化：身体成分的改变及其对静息状态下能量消耗的影响，高强度或长时间训练后恢复能力的下降，骨量的逐渐减少，影响营养素吸收的胃肠道功能的细微变化，热耐受能力逐渐下降的可能性[30-31]。

　　由于热衰竭和中暑会导致死亡，应对年长运动员的热应激风险升高的问题予以重视。在湿热的天气中，发生严重疾病或死亡者通常为老年人。虽然不应将处于同一年龄段的老年人群与年长运动员人群相混淆，但不论健康水平如何，散热能力均会随着年龄的增长而下降[32]（表 11.7）。

表 11.7　会影响耐热能力的年龄相关因素（不考虑生理年龄）

1. 较低的有氧代谢能力及相关变化
2. 久坐不动的生活方式
3. 瘦体重偏低，脂肪含量偏高
4. 由于液体摄入量偏低或肾的排泄量偏高，或两者兼有而发生的慢性脱水
5. 慢性病（包括高血压、糖尿病和心脏病）的高发性
6. 药物（包括利尿药、肾上腺素受体阻断药、血管扩张药和抗胆碱药）的使用频率偏高

注：经授权改编自 Kenney WL. The older athlete: exercise in hot environments[2011-06-27]. http://www.gssiweb.com/Article_Detail.aspx?articleid=17。

　　影响汗液产生和降温能力的重要因素之一是提高皮肤血流量的能力。身体健康的年长运动员的皮肤血流量低于年轻运动员[33-34]。此外，年龄所致的血流量降低与水合状态无关。这也说明，即便汗腺的动员水平与年轻运动员相似，年长运动员的单位汗腺所产生的汗液量也较少[35]。受遗传因素的影响，汗液的产生量存在很大的个体差异。相关研究表明，为了促进排汗能力的提高，年长运动员应注意在运动过程中遵循规律的补液计划。年长运动员及其运动搭档应了解热衰竭和中暑的症状。他们还应了解，绝大部分的热衰竭发生在热适应之前。因此在抵达新环境的最初几天，运动强度应较平时有所降低，运动持续时间应缩短，直至运动员适应环境。

　　骨密度会随着年龄的增长而逐渐下降；女性在绝经后失去了雌激素对骨的保护作用，骨密度的下降速度加快。这也是强调青春发育期要达到高骨密度水平的重要性的主要原因之一，这样即便年老后骨密度逐渐降低，也能保证较高的骨密度以免达到骨折阈值。通过摄入充足的钙，经常晒太阳来获得维生素 D，以及定期进行负重训练等途径，骨密度的变化速率可发生改变。此外，女性可在医生的指导下进行雌激素替代疗法（Estrogen Replacement Therapy，简称 ERT）。对有骨质疏松家族史或已被诊断为低骨密度的女性而言，雌激素替代疗法有一定的疗效。用于镇痛或骨关节炎的可的松类药物可促进骨的分解代谢，经常使用该类药物会导致低骨密度的风险升高。经常参加体育运动可刺激骨骼系统，这是年长运动员维持骨密度的主要保护性因素。

　　毫无疑问，年长运动员会逐渐出现胃肠道功能障碍及营养需求的改变。尽管缺乏相关的研究报道的证实，但事实的确如此。年龄对胃肠道的影响包括动力下降，食物中钙、维生素 B_6 和维生素 B_{12} 的吸收率降低，需要更多的液体和纤维素以抵抗胃肠动力的下降。铁和锌的吸收也可能存在问题[36]。20 岁以后，能量消耗水平会逐年下降，男性每年大约下降 10 kcal，女性大约下降 7 kcal。不过，能有效保持瘦组织（肌肉）的人往往可以维持其能量代谢水平。因此，目前尚不清楚能量代谢水平的下降是否会对年长运动员产生影响及有何影响。

运动员应对免疫功能的改变予以重视，但长期有规律的训练可以减缓年龄增长对免疫系统的改变[37]。年长运动员为了改善免疫系统功能补充维生素和矿物质的现象十分普遍。很少有证据表明这一方法切实有效，但如果所补充的正是那些未能很好吸收的营养素，则有可能获得一定的效果。年长运动员应咨询他们的医生，以确定所需营养素的最佳补充方案，而非自行决定。以维生素 B_{12} 为例，在某些情况下，只有定期注射维生素 B_{12} 才能降低恶性贫血的发病风险，口服维生素 B_{12} 补剂则不起作用。良好的蛋白质水平是维持免疫系统功能稳定的重要因素，但认为蛋白质的摄入量应超过运动员正常需要量 [1.2～1.7 g/（kg·d）] 的观点则缺乏证据支持。恰恰相反，年龄的增长往往伴随着肾功能的衰退，应通过减少蛋白质的摄入量来降低含氮废物的总量。最佳方法是摄入优质蛋白以减少含氮废物的产生。

对年长运动员的普遍性建议

1. 年长运动员应采取相应措施来降低脱水的风险。鉴于年长运动员进行同等运动时的出汗量低于年轻运动员，应制订明确的补液计划并了解热应激的征象。

2. 由于存在胃肠道功能障碍，某些年长运动员应以补剂的形式获取额外的维生素和矿物质。年长运动员应经常咨询医生，以确定对特殊补剂的生理需求，并按处方合理地补充相应的补剂。需要重点关注的维生素和矿物质包括钙、铁、锌、维生素 B_6、维生素 B_{12}。

3. 由于肠道动力的下降，年长运动员需要适量增加膳食纤维的摄入量，但同时还必须增加液体的摄入量。进食全谷物食物，以及多吃新鲜水果和蔬菜均为摄入额外纤维素的良好途径，这些食物还可提供所需的碳水化合物类能量。

4. 经常生病可能是免疫功能下降的标志之一。没有可以对抗免疫功能下降的完美途径，但适量的运动、合理的膳食和充足的休息均非常有效。进食不够频繁的年长运动员应向医生咨询。

5. 年长运动员适应新环境所需的时间更长，旅行后的数日内降低运动强度和频率可合理、有效地避免过热和疾病的发生。

年长运动员的代谢速率有所减慢，因此如果不适当降低能量摄入量，则很难保持理想的身体成分和体重。同时，其营养需求要求选择营养密度高的餐食（即较高的营养素-能量转换率）。避免过度训练对于减少损伤和维持免疫功能十分必要。随着年龄的增长，伤病的恢复时间会延长。此外，随着年龄的增长，排尿频率的增加可能会抑制液体的摄入，为了避免出现脱水并保持胃肠道的动力，补充足量的液体尤为重要。

本章要点

· 月经失调在女性运动员中普遍存在，与之相关的问题会影响短期和长期的健康。无论运动员的体脂水平如何，能量摄入不足均与女性运动员的闭经密切相关。

· 育龄期女性发生缺铁性贫血的风险较高，这将危及健康和运动功能。女性运动员应该每年进行一次评估，检查体内铁的功能状态和储备状态（血红蛋白、血细胞比容、铁蛋白）。

· 月经不规律的女性应进行骨密度检测（通常采用双能 X 线吸收法测定骨密度）来确定骨质减少、骨质疏松和骨折的风险。如果出现低骨密度，应与医生讨论提高骨密度的策略。

· 为了满足生长发育和体育运动的综合需求，青少年运动员的能量需要量非常高。为了确保他们能够得到所需的能量和营养素，制订计划非常必要。除了对运动成绩的影响外，营养不良还会使儿童在当前和未来面临较高的疾病风险。

· 儿童时期，机体的散热系统尚未发育完善，因此应仔细监测儿童的热应激状态，尤其是在湿热的环境中。

· 较低的能量代谢水平和胃肠道功能的改变是老年人的正常变化，参与运动的老年人必须予以考虑。

· 鉴于老年人需要更长的时间来适应不熟悉的环境条件，当他们最初抵达不同海拔、温度或湿度的另外一个时区时，年长运动员不应进行过于剧烈的运动，也不应过于频繁地进行运动。

身体成分与体重

　　力量-体重比是克服运动阻力（空气阻力）的关键因素之一，而在许多技术型运动项目（例如花样滑冰、跳水、体操）中，运动员的体形与成功密切相关。为了提高力量-体重比或改善身体形态，运动员通常采取增加活动量或减少能量摄入，或二者兼用的策略来减轻体重。虽然这样或许能暂时减轻体重，但这一策略导致的身体成分的不良改变会对力量-体重比产生负面影响。在理想的情况下，运动员为改善外形、克服专项运动阻力所采取的策略，也能增强训练和比赛中力量持续输出的能力。然而，体育运动中的一些传统很难改变，而这些传统往往会给运动员带来不必要的困难。

　　运动员终归要自己了解基本的科学知识，知道如何在不损失肌肉和力量的情况下获得理想的体重，且在此过程中不会提高体脂率。运动员及其教练员应对运动员在赛季之前、期间和之后常用的循环减重模式所导致的显而易见的风险有所认识。这些风险包括：激素环境的改变，这与骨骼问题的风险升高（如应力性骨折风险升高）有关；代谢率的改变（适应性产热作用），这使得运动员若不能持续减少食物摄入量，则难以保持理想的体重和身体成分，但这种情况会导致营养缺乏和疾病。不恰当的体重下降几乎不可避免地会导致肌肉量减少和体脂水平升高，从而使运动员难以达到最佳状态。

　　本章旨在帮助运动员及其教练员了解减重和身体成分的相关知识，以便于他们选择适当的方式来获得适合其运动项目的最佳力量-体重比。此外，本章将对近年来身体成分的评估方法进行总结，从而帮助运动员更好地理解这些评估方法获得的数据的真正含义。最后，本章将讨论饮食紊乱，以及运动员通常采用的循环减重法是如何导致饮食紊乱问题的。

形体类项目的运动员以不健康的方式减重的风险较高

减重与身体成分

　　身体由不同成分（包括水、肌肉、脂肪、骨骼、神经组织、肌腱等）构成，不同成分的密度不等。例如，肌肉的密度比脂肪高，所以 1 lb 肌肉比 1 lb 脂肪的体积小。事实上，当运动员经常被要求减轻体重时，他们应该保持肌肉量并减少脂肪。所以体重是一个错误的度量标准。假设一名运动员被要求减重 4 lb（约 2 kg），经过努力后，对运动员的评估显示，其体脂减少 4 lb，肌肉增加 4 lb。虽然体重没有变化，但是力量-体重比更好，运动员看上去也更瘦，因而其运动表现也可能会有所提升。然而，如果只是测量体重，这名运动员则会被视为未完成减重任务的失败者。

　　从功能角度看，组织可分为两类：一类是无水（组织内几乎无水分）、以脂肪为主的组织（对应的是体脂重量），另一类是富含水（组织内含有大量水分）、脂肪含量极少的组织（对应的是去脂体重）。去脂体重的主要成分是水和蛋白质，还包括少量矿物质和储存的碳水化合物（糖原）。去脂体重主要由骨骼肌、心脏、骨骼和其他器官构成。虽然身体总重量中将近 60% 是水分，但去脂体重中水分的含量为 70%。相比之下，脂肪组织中的水分含量则低于 10%[1]。去脂体重通常也被称为瘦体重，由于去脂体重中包含大量水分，很多人认为这一描述并不准确。与非运动员相比，运动员通常拥有较高的瘦体重和较低的体脂重量。目前包括骨质评估仪器在内的一些精密设备和广泛应用的技术可用于评估身体成分。然而，通常惯用的身体成分设备只能估算体脂重量和其他指标（即去脂体重）。

　　体脂重量包括必需脂肪和储备脂肪。必需脂肪是人体赖以生存的结构（大脑、神经、骨髓及心脏组织）必不可少的组成成分。成年女性总体重中 12%～15% 为必需脂肪，其中大部分与生殖功能有关，还包括乳腺组织中额外的脂肪。鉴于男性无此类生殖功能的需求，其必需脂肪水平相对较低。储备脂肪是指存在于皮下（皮下脂肪）和器官周围（腹内脂肪）的脂肪组织，可为机体储备能量。肌肉细胞（特别是 I 型慢肌耐力肌纤维）也含有脂肪，作为有氧代谢的预备能量储备。通常情况下，健康成年男性和成年女性的脂肪储备量占总体重的 11%～15%。体脂含量为必需脂肪和储备脂肪的总和，通常较瘦的健康男性的体脂率约为 15%（必需脂肪占 3%，储备脂肪占 12%），较瘦的健康女性的体脂率为 26%（必需脂肪占 15%，储备脂肪占 11%）[2]。

每一种预测身体成分的技术所采用的分析方法各不相同，评估值也略有不同。所以，每种技术都有针对其分析方法的正常标准。出于这个原因，使用不同评估技术所获得的不同身体成分数值不能作为运动员身体成分变化的指标。例如，同一个人几乎同时采用双能 X 线吸收法（DEXA）和生物电阻抗分析法（Bioelectrical Impedance Analysis，简称 BIA）进行测试，在获得的身体成分数据中，前者的体脂数值要略高于后者的体脂数值。如果以双能 X 线吸收法测得的值作为基础值，4 周后使用 BIA 再次进行评估，体脂数值看上去有所改变，这会让人产生误解，原因在于体脂数值的变化可能主要归因于所采用的评估技术，而不是体脂水平出现了任何实质性的变化。

体脂含量过低的女性可能会面临生殖系统疾病的发病风险，一般表现为月经周期不规律（与月经周期相关的常用术语见表 12.1）。月经过少和闭经会导致骨折风险升高和雌激素水平偏低，而雌激素水平偏低会增加骨质疏松症（一种与低骨密度相关的骨病）的发病风险。有证据表明，对大部分女性而言，将体脂率控制在 17%～22% 对于维持正常的月经周期十分必要[3]。也有证据表明，生理和心理压力是生殖系统功能紊乱的诱因[4]。

表 12.1　与月经周期相关的常用术语

术语	定义
闭经	连续 6 个月或连续 3 个月经周期没有月经
原发性闭经	18 岁及以上的妇女从未有过月经（月经延迟）
继发性闭经	既往有过月经的妇女，目前有一段时间（数月甚至数年）没有月经
痛经	月经期疼痛且月经不规律
月经正常	月经频率正常，出血量、时间无异常，无疼痛
月经过少	月经频率过低，一年内的月经周期少于 8 个或月经间隔时间超过 35 天
背景知识	在一个周期内，当下丘脑（大脑内的一个器官）检测到血中雌激素和孕酮的含量降低，下丘脑就会分泌促性腺激素释放激素（GnRH）。此激素会刺激脑垂体分泌卵泡刺激素（FSH），刺激卵巢产生雌激素，形成子宫内膜组织，并促使一个卵泡内的卵子发育成熟直至排卵；同时，脑垂体分泌的黄体生成素（LH）可促进卵子的释放（排卵）。排卵后，残留的空卵泡产生的孕酮会促使子宫内膜组织成熟，为受精卵着床（妊娠）做好准备。如果无受精卵着床，激素水平会下降，此时所形成的内膜组织无法与子宫壁结合而发生脱落。子宫内膜的脱落被称为月经

　　然而，如果细究关于体脂和压力引起月经失调的假说，这些假说可能并不准确。有确凿的证据表明，能量（热量）的可用性可能才是女性生殖功能的主要调节因子，而并非体脂或压力。每日能量摄入水平低于 30 kcal/kg（去脂体重）的女性，出现月经失调的风险显著升高 [5-6]。此外，有数据充分表明，每日能量摄入量为 45 kcal/kg（去脂体重）的女性，无论体脂水平或压力如何，均不会出现月经失调。鉴于很多月经正常的女性运动员都很瘦（即体脂水平较低），能量有效性假说更为合理。

　　体脂率或总体重极低的女性不是存在能量消耗量远远超过其能量总摄入量的问题，就是存在饮食紊乱的问题。女性运动员中普遍存在的女性运动员三联征包括饮食紊乱、闭经和低骨密度（骨量减少或骨质疏松症）。图 12.1 所示为女性运动员三联征。

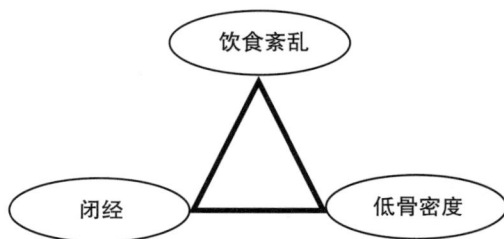

图 12.1　女性运动员三联征

体重

　　体重测量本身并不能区分体脂重量和去脂体重，因此不能测定身体成分。像"我的体重增加了，我一定是发胖了"这样的说法很常见，但不一定正确。运动员有可能在提高去脂体重（即肌肉量）的同时而不增加体脂重量，从而使体重增加而体脂重量不变。运动员也可能在体重不变的情况下改变体脂重量或去脂体重。此类变化是否理想取决于增加的是哪种身体成分。

　　无论何种运动项目，所有运动员均希望达到较高的力量-体重比，该指标和去脂体重与体脂质量的比值有关。可通过以下途径实现这一目标：保持去脂体重，降低体脂重量（总体重降低）；增加去脂体重而保持体脂重量（总体重增加）；增加去脂体重而降低体脂重量（总体重降低）；去脂体重的增加远远高于体脂重量的增加（总体重增加）。显然，仅仅监测体重的变化不足以了解身体成分变化的真实情况。尽管体重是评价运动员能量平衡的指标之一，但其无法评估身体成分的变化是否符合预期。因此，身体成分评估应成为运动员评估中的一个标准项目，而非仅仅依赖于体重。

确定理想体重的方法

　　有几种常用的方法可以预测理想体重。理想情况下，这些公式所得的预测值可作为运动员的初始目标，但由于运动员单位身高对应的瘦体重通常较高，他们的体重值很可能会超出这些理想值。

体重指数

在根据体重对人群进行分类方面，体重指数（Body Mass Index，简称 BMI）是一个非常有用的指标。由于运动员较非运动员的单位身高所对应的肌肉量更高，其身高-体重比必然更高，因此体重指数对运动员个体而言并无实际意义。体重指数借助以下公式来评价身高与体重的关系。

$$BMI＝体重（kg）÷身高的平方（m^2）$$

或

$$BMI＝体重（lb）÷身高的平方（in^2）×703$$

表 12.2 列出了 BMI 值及其相应的分类。

表 12.2　BMI 分类

分类	BMI 值
体重过轻	<18.5
正常	$18.5\sim24.9$
超重	$25.0\sim29.9$
肥胖	$\geqslant30$

体重和身体成分的问题

毫无疑问，总体重对于运动员十分重要，事关运动员能否轻松展现其运动技能。一项研究对儿童和青少年的身体成分与基本运动技能的相关性进行了评估，结果表明，不适宜的体重增加会导致运动技能水平降低[2]。然而，对自身体重的监测可能会让运动员对其身体成分的优劣情况产生错误的认知。在很多运动项目中，运动员通过增加训练的时间和强度来提高运动能力，然后以体重的改变作为训练效果的评价标准，这其实是不恰当的。假设一名足球运动员在休赛期刻苦地训练而使肌肉量增加，进而导致其体重增加，该运动员刚到集训营时的体重远远高于教练员之前见到这名运动员时的体重，难道此时教练员应该要求其减重吗？体操运动员往往会在青春发育期达到其竞技状态的巅峰，在这个阶段，快速的生长发育是正常生理现象。尽管如此，体操运动员和其他一些项目的运动员需要每周甚至更频繁地称量体重，以确保其体重保持稳定。事实上，他们进行的所有训练都将增加肌肉量，从而引起体重的增加，而生长发育也会引起体重的增加。以上这些都是错误使用体重指标作为评价训练效果的实例。因此，追踪身体成分指标更有意义，并能基于身体所发生的变化的本质提供更有价值的信息。关于运动员的体重管理策略见表 12.3。

表 12.3　运动员的体重管理策略

设定和追踪目标	• 设定可实现的体重和身体成分目标。向运动员提出以下问题： 　◦ 你可以接受的最高体重是多少 　◦ 如果未长时间节食，你的最低体重是多少 　◦ 你是如何确定自身的目标体重的 　◦ 你在最佳运动状态时的体重和身体成分如何 • 少关注秤，多关注健康的习惯，例如压力管理和选择适宜的食物 • 通过测量运动表现和能量水平的变化，预防伤病，观察正常的月经功能和总体健康状况来监测进展 • 帮助运动员改变生活方式，使他们为了自己维持健康的体重，而不是为了他们的运动事业、教练员、朋友、父母或者证明某一个观点
食物摄入的建议	• 低水平的能量摄入不能维持运动训练。但在正常的能量摄入量的基础上降低 10%~20% 的能量摄入量可实现体重下降，且运动员不会感到被限制饮食或过于饥饿。诸如选择低脂食物来替代全脂食物、减少能量密集型零食的摄入、保持一定的警觉，以及在不饿时进行运动而不是进食等，都是有益的策略 • 如有必要，运动员可以降低脂肪的摄入量，但需要知道低脂饮食并不能保证体重下降，除非处于能量负平衡（能量摄入量减少且能量消耗量增加）状态。鉴于某些脂肪对于健康很重要，脂肪摄入量不可低于总能量摄入的15% • 强调增加全谷物、谷物和豆类的摄入量 • 每天摄入 5 份或更多的水果和蔬菜，以获得相应的营养素和纤维 • 节食的运动员不应减少蛋白质的摄入量，并且需要维持足量的钙摄入。因此，建议食用低脂乳制品、瘦肉、鱼和家禽 • 一天之内，包括运动前、运动中和运动后，要摄入各种各样的液体，尤其是水。绝对不能将脱水作为获得目标体重的手段
其他体重管理策略	• 建议运动员不要错过正餐（尤其是早餐）或让自己过度饥饿。应该在可能感到饥饿时有所准备，如携带营养丰富的零食以备不时之需 • 运动员不应被剥夺摄入自己喜爱的食物的权利，也不应设定不现实的饮食规则或指导方针。相反，饮食目标应该是灵活和可以实现的。运动员应该记住，食物可以作为健康生活方式的一部分。不鼓励将食物分为"好的食物"与"坏的食物" • 帮助运动员识别其饮食的不足，并制订相应的应对策略 • 提醒运动员，他们正在改变的是维持健康体重和最佳营养状态的终身饮食，而非短期饮食

　　生活中能量热力学定律无处不在。机体摄入的能量超过所消耗的能量，则体重增加；机体摄入的能量少于消耗的能量，则体重下降；机体摄入的能量与所消耗的能量相等，则体重保持不变。然而，体重的变化并不像能量热力学定律所表述的如此直接。

　　通常人们认为，低热量膳食对于减重和减脂很有效，但会让人感到不悦。减少 25% 的能量摄入可使体重下降 25%，这看似符合逻辑。然而，由于降低的那部分体重不再消耗能量，事实上体重下降后人体的能量消耗量要低于预期值[7-9]。这意味着需要减少的能量摄入量可能大于估算值，否则即便减少了能量摄入，体重还可能恢复至起始值。简而言之，这意味着进食越少，为了保持体重而只能吃得更少。代谢率的降低是导致该现象的原因。能量摄入不足时，为了保证生存，机体将分解肌肉以降低对能量的需求。这是一个完全合理的适应过程。理论上，能量摄入增加 25% 将使体重增加 25%。但事实上，体重的增加值并不能与能量摄入的增加值持平，只是会比较接近。当人们通过主动增加进食量来增加体重时，体重的增加与食物摄入量的增加成正比[10-15]。这些研究结果表明，当能量不足时，人体存在一种平衡机制来帮助维持体重的稳定，这种"物种存活"机制有利于饥荒时期人类的存活。此外，在能量过剩期间，人体会以脂肪的形式更加高效地储备能量。这是物种存活机制的另一种表现，使得我们在可以获得充足的能量时储存能量，以备不时之需。

　　能量过剩或能量缺乏均会激活体内的平衡机制，若想获得理想的体重和身体成分，要尽可能避免改变能量平衡。运动是获得理想身体成分（即增加瘦体重，减少脂肪重量，同时体重轻度下降）的重要途径。如果日常能量过剩和能量缺乏状况不显著，人们会更容易获得理想的身体成分。图 12.2 和图 12.3 显示了膳食模式会如何影响身体成分。

　　以最佳能量平衡为基线（0 kcal），通过曲线的上下浮动变化来表示能量过剩和能量缺乏。在图 12.3 中，曲线位于基线以上时，运动员的能量摄入量高于能量消耗量；当曲线位于基线以下时，运动员的能量消耗量高于能量摄入量。在"膳食模式 1"中，运动员采取少量多餐的方式，能量过剩或能量缺乏的范围保持在 400 kcal 以内。在"膳食模式 2"中，运动员的进食次数较少，但每次进食时的能量摄入量很高（超过能量过剩的上限）。在"膳食模式 3"中，运动员摄入的能量不能满足其需求，这将导致能量不足而使肌肉组织分解来供能。在一天结束时，一顿丰盛的晚餐可使运动员达到能量平衡状态，但其中绝大部分的能量将以脂肪的形式储存起来。无论何时，能量平衡对于运动员的运动表现和身体成分均至关重要。

　　体重是热量摄入是否充足的最佳指标，而身体成分则可验证热量的摄入量及间隔时间是否恰当。图 12.2 和图 12.3 显示了为活动提供能量的最佳方式，还可参见第 16～18 章的膳食计划示例。

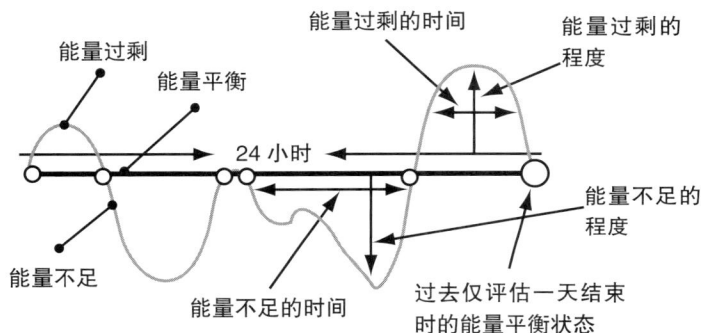

图 12.2　一天中能量平衡的急剧变化将影响身体成分

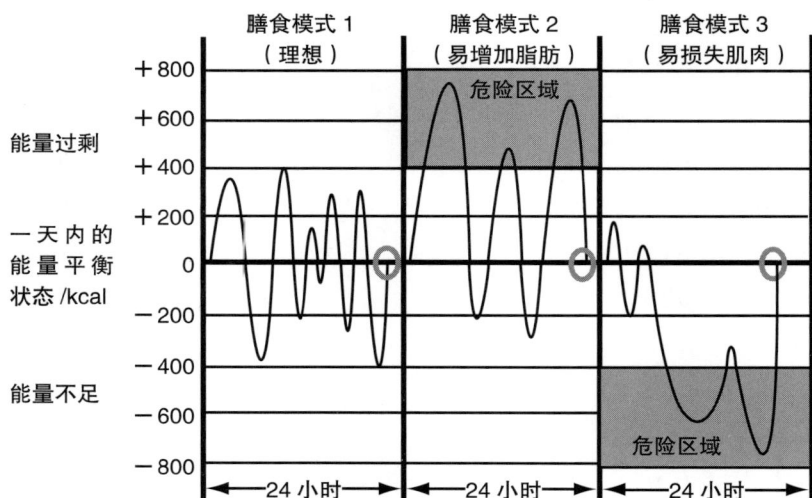

图 12.3 个体的膳食模式是影响身体成分的重要因素

一日三餐的标准膳食模式迫使运动员在每餐进食时均要摄入大量的能量,才能满足其能量需求,六餐制模式使运动员更容易达到能量平衡状态。少量多餐、保持能量水平的平稳波动是获得理想体重的重要策略。本书第 6 章已对定时进餐的重要性做了阐述。

身体成分

评估身体成分的目的在于确定运动员体内去脂体重和体脂重量的相对比例。去脂体重与体脂重量比值较高通常意味着较高的力量-体重比,而这往往是运动员取得成功的关键所在。然而,并没有某一种理想的身体成分适用于所有体育项目的所有运动员。每项运动都有其对应的去脂体重和体脂重量的波动范围;而对于同一运动项目中的不同运动员,去脂体重和体脂重量的理想值也存在个体差异。运动员如果试图获得不适合其自身情况的身体成分,则会给自身的健康带来风险,也无法为其运动表现带来预期的益处。事实上,当运动员试图获得与其自身情况及遗传素质不相符的体重或身体成分时,他们总是难以达到最佳状态。因此,评估身体成分的关键作用在于为每一名运动员确定去脂体重和体脂重量的合理范围。定期监测去脂体重和体脂重量十分重要,可确保去脂体重处于稳定或增长的状态,以及体脂重量处于维持或下降的状态。与体脂率一样,对于去脂体重的变化(包括总的瘦体重的变化和身体各部分瘦体重的比例变化),应给予同等的重视。

在"身体成分包括体脂和去脂成分"这一模式中,体脂重量和去脂体重的总和等于总体重。身体成分的评估通常可测定体脂率或脂肪占总体重的比例。假设一名运动员的体重为150 lb(68 kg),体脂率为20%,则该运动员的体脂重量为30 lb(13.6 kg,150×0.20=30),去脂体重为120 lb(54.4 kg,150×0.80=120)。如果这名运动员保持体重不变,体脂率降至

15%，则其体脂重量变为 22.5 lb（10.2 kg，150×0.15＝22.5），去脂体重变为 127.5 lb（57.8 kg，150×0.85＝127.5）。其中，去脂体重增加了 7.5 lb（3.4 kg），体脂重量下降，说明运动员的体型变瘦了（质量相等的情况下，肌肉的密度高于脂肪，所以肌肉的体积更小），这也就意味着运动员在体重不变的情况下，能更快速、高效（阻力减小）地进行运动。反之，如果这名体重为 150 lb（68 kg）的运动员在体重保持不变的情况下，体脂重量增加而瘦体重减少，其运动速度和效率的潜能均会下降。如果缺乏身体成分的相关知识，体重对于评估运动员的运动能力并无实际意义。

身体成分与运动表现

运动员的运动表现在很大程度上取决于运动员的力量维持（包括有氧和无氧）能力和克服与一切身体活动有关的阻力或摩擦力的能力。这些因素均与运动员的身体成分有关。在那些要求运动员具备较瘦体型的运动项目（如游泳、跳水、体操、花样滑冰）中，获得完美的身体成分已成为训练中的一个焦点问题。为获得最佳的身体成分，除了要考虑形体美和运动表现两个因素外，还要考虑到安全因素。

在完成高难度的技术动作时，体重过大的运动员较拥有理想身体成分的运动员更容易受伤。然而，运动员为了获得最佳身体成分所采取的方法往往适得其反。节食和过度训练会导致严重的能量摄入不足，尽管总体重可能会下降，但身体成分也会随之改变，通常会出现肌肉量下降，而体脂重量相对增加的情况。体脂率的升高和肌肉量的下降会不可避免地导致运动表现下滑，从而促使运动员选择更低的能量摄入模式。呈螺旋式下降的能量摄入模式可能是运动员发生饮食紊乱的先兆，会进一步引发严重的健康问题。尽管获得理想的身体成分有利于提升运动员的运动表现，但运动员通常所采用的方式却可能使其运动表现下滑，并使运动员面临更高的运动损伤风险和健康相关风险，且更易发生饮食紊乱。

运动员要明白，实现减脂目标的最佳方法就是进行体育运动。与大众普遍认同的理念不同，在减脂运动方案中常用的低强度有氧训练对于运动员实现减脂这一目标并不是特别有效。一项旨在确定不同运动类型对脂肪消耗作用的研究发现，高强度的运动较低强度的运动能更有效地减少腹部的脂肪总量和腹部皮下脂肪[16]。例如，与较低强度的运动相比，高强度的冬季运动与更低的体脂率和更高的瘦体重相关[17]。不过，在高强度运动中，运动员必须避免出现低血糖，因为低血糖是皮质醇生成量增多的预测指标，而皮质醇生成量的增多与去脂体重下降、骨量丢失和体脂率较高相关[18]。在进行高强度运动期间，要想维持血糖水平，需要在运动过程中有意识地定期补充碳水化合物（通常是含碳水化合物的运动饮料）。

在运动员看来，克服运动相关的阻力或摩擦力与保持足够的能量以确保整场比赛或整节训练课的输出功率存在内在的冲突（图 12.4）。运动员将减重（变瘦）视为对抗阻力的一项有效手段（想象一下自行车运动员或速度滑冰运动员为减小阻力而呈现的姿态），通常他们通过减少能量摄入来减轻体重。然而，要想维持输出功率，至少需要饮食能够维持能量的平衡。似乎很多运动员都认为减小阻力要比维持输出功率更重要，这就导致了能量摄入不足。

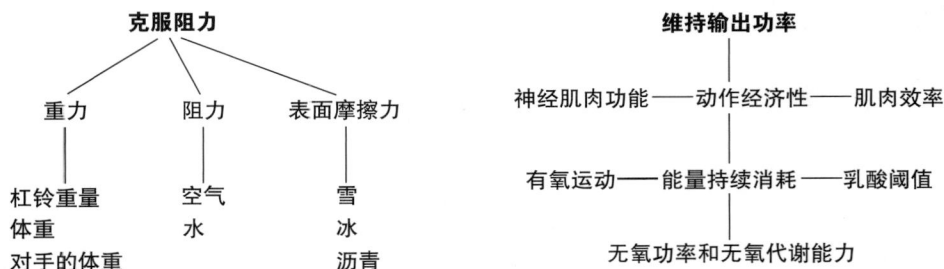

图12.4 为了成功完成训练和比赛，运动员必须获得足够的能量来维持克服阻力所需的力量

经授权引自 Lamb DR. Basic principles for improving sport performance[2011-06-27].http://www.gssiweb.com/Article_Detail.aspx?articleid = 28

　　许多人对食物的观点并不健康，他们认为无论摄入食物的数量或种类如何，食物都会导致"体内产生脂肪"。而健康的观点（从运动员的角度讲，应该是更为恰当的观点）则认为，食物为肌肉提供能量和营养素。

　　虽然不同运动项目所要求的体脂率的一般范围比较接近，但对运动员而言，根据运动项目的特点来确定其范围更为适宜。在相对合理的范围内，相对低的体脂率有助于提升运动表现，也有利于提高力量-体重比（即在体重不变的情况下，表现为产生力量的瘦体重更高，而储存能量的体脂重量更低）。这将有利于降低运动员在空气中运动、在水中游泳或在冰面上滑行时所遇到的阻力（或摩擦力）。运动员的体形越小，身体阻力越小。

　　对某些项目的运动员而言，减小阻力十分重要（运动速度越快，减小阻力通常就越重要），其运动技能往往是以减小阻力为基础。例如，速滑运动员在冲出起跑线后，整场比赛中都会弯下身体以减小风阻力。自行车运动员通过穿戴特殊流线型头盔和外衣，并将身体伏在自行车上以减小阻力，并会制订为超越前方运动员而冲刺的最佳时机的相关策略。速度过快会导致运动员提早出现能量的耗竭，这是因为受到空气阻力的影响，在骑行速度相等的情况下，领骑运动员比其他运动员消耗的能量更多（12%～17%，甚至更高）。两名体重均为110 lb（50 kg）、身高为5 ft（152 cm）的体操运动员，体脂率为15%的运动员在完成空中翻腾时的空气阻力小于体脂率为20%的运动员。花样滑冰运动员要完成更多的空中旋转跳跃动作才能更具有竞争力。对于体形更大的运动员，旋转次数越多，完成动作的难度会越大。

　　摩擦力对于某些项目并不存在明显的影响。例如，在橄榄球比赛中，线卫球员就无须考虑空气阻力的问题。然而，对于线卫球员，力量-体重比较高的运动员的跑动速度更快且力量更大，更容易胜过那些移动速度较慢的运动员。在同一体重级别的举重比赛中，去脂体重较高而体脂重量较低的运动员具备更明显的优势。由于脂肪的密度相对较低，同等重量的脂肪所占的体积大于肌肉组织，所以身体成分对于那些受空气阻力影响较大的运动项目尤为重要。

身体成分的测定

很难通过测定体重或外在观察来准确评估一个人的身体成分。有些人看似很瘦，但去脂体重较轻，体脂率相对较高；而一些看上去体形较大的人，实际上比较瘦。即便用先进的设备和复杂的公式也难以准确评估体脂率，且难以保证测量结果的可重复性。目前还没有能够直接评估身体成分的方法（如果采用直接测量的方法，受试者无法存活），因此目前所有评估身体成分的方法都只是试图尽可能准确地估测体脂重量或去脂体重。由于每一种技术都有其独特的测量原理，不应将不同技术所得的测量结果进行交叉比较。例如，不应将通过皮褶厚度测量法所得的体脂率与通过生物电阻抗分析法所获得的数据进行比较。不同测量方法所得结果的差异可能会困扰运动员。评估身体成分的常用方法包括以下几种。

- 静水力学称重法（水下称重法）。
- 使用预测公式的皮褶厚度测量法。
- 生物电阻抗分析法（BIA）。
- 双能 X 线吸收法（DEXA）。
- 空气置换体积描记法。

静水力学称重法（水下称重法）

静水力学称重法是测定身体成分的经典方法。该方法是基于阿基米德原理[19]，即同等质量的物体，密度低的物体具有更大的表面积，且在放入水下时，其排开的水要多于密度高的物体。从身体成分的角度解释，这一定律通过以下方式来体现。

1. 受试者在标准秤上称量体重，从而得到"地上体重"。

2. 使用专用设备，测定受试者的肺活量（受试者对着一根管子吹气）。

3. 受试者坐在与称量台相连的座椅上。

4. 将座椅和称量台置于水面上，座椅缓慢降入水中。

5. 当受试者的下颏刚好降到水面以下时，要求受试者完全呼气，并低头使整个头部完全浸入水中。

6. 当受试者完全浸入水中时，与受试者的座椅相连的称重台快速获得"水下体重"值。

体脂（不考虑其含量）会使受试者具备一定的浮力，从而导致受试者的水下体重低于地上体重。水下体重和地上体重的差值取决于受试者的体脂重量。肥胖受试者的体脂重量高，其水下体重要比地上体重低得多。因为肺内的空气可使浮力发生变化，在称量水下体重前需要测定肺活量。为了尽量减少肺内空气对测量值的影响，受试者要在完全浸入水中前完全呼气，但肺内仍会有一些残留气体，即残气量。

尽管静水力学称重法会因人体的水合状态和残气量而存在一些潜在的误差，但如果测量人员能够严格按照程序进行重复、精确的测量，该方法对于测定一段时间内身体成分的变化十分有用。由于在大样本量的测试中，技术性误差被均分，因此该方法也适用于测定某一人群的身体成分。然而，受试人群中的个体应了解，其自身的身体成分数据并非绝对准确。为了更精确地进行静水力学称重，研究身体成分的先进实验室投入了大量的资金来购置相关设备，同时还投入了大量的人力成本以保证测量人员具备较高的专业素质。

皮褶厚度测量法

　　人们应用价格为 0～500 美元不等的皮褶厚度计来测量脂肪层的厚度。据估算，脂肪层（又称皮下脂肪）约占人体体脂总量的 50%。因此，若能准确测定皮下脂肪含量，就可以预测全身的体脂含量。通过皮褶厚度测量值推算身体成分的常用预测公式是以静水力学称重法所测得的身体成分数据为基础建立的。其原理如下：采用静水力学称重法测得一组受试者的体脂率；然后测量受试者的皮褶厚度，并应用统计学方法对其进行推算，以获得由静水力学称重法所得的体脂率。如果将皮褶厚度测量值套入新的公式可预测出静水力学称重法所得的测量值，该公式就可以作为预测体脂率的皮褶厚度预测公式。

　　目前很多不同的公式是针对一般人群的，还有一些针对运动员的专用公式。一般而言，对特定人群进行评价时使用相应的专用公式可以获得更为准确的测定结果。此外，获得推算公式时使用的皮褶厚度的测量点越多，其结果通常越准确。例如，一个公式中可能包括身高、体重、年龄、肱三头肌皮褶厚度、腹部皮褶厚度等变量，另一个公式中可能包括身高、体重、年龄，以及肱三头肌、肩胛下、腋中线、髂腰肌、腹部、大腿中部的皮褶厚度。

　　在此我们需要讨论一下用于预测体脂率的皮褶厚度公式中的数据。很多用于运动员的推算公式实际上是仅针对一般人群（即非运动员）设计的。由于运动员往往比一般人更瘦，使用皮褶厚度公式推算所得到的体脂率往往会低得令人难以置信。当很多运动员来到实验室并说他们的体脂率为 2% 或 3% 时，我会马上意识到这些数值来自于公式推算的结果，且没有进行针对运动员的正常化处理。理由很简单，他们的体脂率不可能如此之低。当对这些运动员使用一种更为现实的评估方法（更好、更适合特定人群的公式或更为精确的技术），从而得到一个新的评估结果（通常为 8%～18%）时，运动员通常会感到比较失望。使用皮褶厚度公式推算得出的数值不一定非常准确，认识到这一点十分重要。然而，当再次采用相同的技术和相同的公式获得第二个数据时，先前得到的数据可作为评估纵向变化的基线。对采用不同方法和公式所获得的数据进行比较则毫无意义。

生物电阻抗分析法（BIA）

　　如果你在泳池里听到附近有雷声，知道应该采取何种措施来避免被雷击，则说明你已了解生物电阻抗分析法（BIA）的相关原理。水是良好的导体，体内大部分的水分分布在瘦组织中。脂肪中几乎没有水分，是电的不良导体，会阻碍电流。

　　生物电阻抗分析法的设备有两种基本模式。一种是受试者仰卧，右手腕和右脚踝处缚上电极，电流通过右手腕流至右脚踝。另一种是受试者赤足站立在平台上，电流从右脚流入，上升至右腿，流向左腿，再从左脚流出。无论使用哪一种生物电阻抗设备，其原理都是一样的。如果已知进入人体的能量（电流）水平，并可测量出流出人体的能量水平，由此可计算出被阻碍的能量水平。由于肌肉是电的良好导体（肌肉中含水和电解质），而脂肪是电的绝缘体，被阻碍的电流越多，说明脂肪含量越高。如果一位受试者的输入电流为 100 单位，流出电流为 80 单位，则该受试者体内的水分和肌肉含量要高于流出电流为 60 单位的受试者。

当然，在估测体脂含量时需要考虑诸多调节因素。例如，对于身高较高的人，由于电流在其体内通过的距离更长，因此电流受到的阻抗当然更大。体重-身高比也非常重要，可帮助预测电流在体内通过的距离和所经过的组织成分。由于身体成分通常会随着年龄而发生变化（随着年龄的增长，人体内肌肉组织逐渐减少，而体脂含量逐渐增加），所以年龄也是身体成分的重要预测因素之一。在青少年发育突增期的起始阶段，男性和女性的身体成分开始出现差异：与男性相比，女性的体脂率更高，因此性别也是重要的预测因素。综上所述，使用生物电阻抗分析法预测体脂率的公式中应包括年龄、身高、体重和性别这些变量。

尽管生物电阻抗分析法具备非常好的理论基础，使该方法可以很好地预测身体成分，但为了获得更为准确、具有可重复性的测试结果，必须遵循一些重要的规程。由于该方法是基于瘦组织的电导率，受试者的水合状态会对测试结果产生影响。如果应用生物电阻抗分析法进行测试时受试者的水合状态不佳，电流在肌肉组织内的传导不良，则所测得的体脂含量可能比实际水平偏高。因此，受试者在测试时处于良好的水合状态非常重要。通常，在进行生物电阻抗分析法测试前 24 小时内饮酒、训练、大量饮用咖啡、长时间处于湿热环境中均可能引起严重的脱水，从而影响测试结果的准确性。运动员往往会连续数日进行训练，该方法所获得的体脂率可能会高于实际值。因此，如果使用该技术来测定体脂率，应在运动员休息一天后，并确保运动员处于良好的水合状态时进行测定。观察尿液是否澄清是了解水合状态的一种简捷方法，尿液越澄清，水合状态越好。

一些新型生物电阻抗设备可以测定身体各节段（上肢、下肢、腹部）的成分，有助于分析肌肉的对称性。拜斯倍斯（Biospace）公司的 In Body 720 是一种采用八种模式的生物电阻抗技术来测定各节段身体成分的设备，且使用多频率测试，不依靠经验值进行评估。

这些新的生物电阻抗设备对水合状态较不敏感。在一项研究中，分别使用具有八种模式的生物电阻抗设备和双能 X 线吸收法测定儿童的体脂含量，两种方法所得结果无显著性差异[20]。然而，对于体脂率较高的人群，使用生物电阻抗分析法评估身体成分时所产生的误差水平可能要高于双能 X 线吸收法[21]。

双能 X 线吸收法（DEXA）

双能 X 线吸收法是最准确、最昂贵的身体成分测定方法，因而通常被视为目前身体成分测定的黄金标准。通过对运动员进行全身扫描可以获得非常有价值的数据，包括骨密度、体脂率、瘦体重，以及上肢、躯干、下肢的脂肪和肌肉组织分布情况。双能 X 线吸收法的结果甚至可以显示出左右两侧瘦体重和体脂重量的差别。对希望改善体型的对称性或由于运动项目的特点而需要两侧躯体能够均衡发力的运动员而言，这些信息尤为重要。

双能 X 线吸收法的工作原理是将两束 X 线穿过受试者，通过测量 X 线穿过时组织对 X 线的吸收总量来测定身体成分。其中一束是高强度的射线，另一束是低强度的射线，每束射线的相对吸收率可反映被扫描组织的密度。组织的密度越高，X 线强度下降的幅度越明显。读者不要害怕此处所讨论的穿过身体的 X 线，事实上，双能 X 线吸收法测定中的辐射量非常低。进行大约 800 次的全身双能 X 线吸收法扫描的总辐射量相当于拍摄一次标准 X 线胸片的辐射量。实际上，正是由于双能 X 线吸收法的辐射水平很低，它才能通过美国食品药品监督管理局的批准，作为预测身体成分的扫描方法。通常来讲，X 线设备由于释放的辐射量较高而只能作为诊断仪器，但双能 X 线吸收法测定仪则不存在这样的问题。

双能 X 线吸收法最初用于测定骨密度，其测定过程十分简单。受试者在双能 X 线吸收法测定台上仰卧约 20 分钟，铅笔形 X 线束对其进行扫描，受试者上方的机械臂对穿过受试者身体的 X 线束进行解析。由于金属的密度非常高，要求受试者在检查前摘下所有饰品并穿着不含金属的衣物。扫描所获得的数值结果将转换为骨、肌肉和脂肪组织的密度值。由于该密度值是通过直接评估组织密度而得到的，因此这是除外科手术以外，直接评估组织密度最为准确的方法。在拥有双能 X 线吸收法测定仪的实验室进行全身扫描的费用通常为每次 100～250 美元。

空气置换体积描记法

Bod Pod 是一种利用空气置换体积描记法来测定身体成分的仪器，通过空气置换来评估身体密度，再根据身体密度来预测体脂率。

Bod Pod 的测定原理与静水力学称重法（水下称重法）相同，只不过是用空气而不是水，通过测定被测者的质量和体积来确定其身体密度，再利用这些数据计算出身体内脂肪和肌肉的含量。这项技术被视为一种有效、可靠的身体成分测定方法，但所得的体脂含量数值可能会偏低 2%～3%[22]。

Bod Pod 系统被用于评估运动员的身体成分，并且对操作技术的训练要求很低。早期一项关于大学生橄榄球运动员的研究表明，这种方法所测得的体脂率比双能 X 线吸收法或静水力学称重法所得的结果低[23]。使用 4C 模型或 Bod Pod 来评估成年女性的体脂率同样存在测定值偏低的问题[24]。一项针对美国大学运动队摔跤运动员的研究比较了 Bod Pod、生物电阻抗分析法及皮褶厚度测量法，发现上述方法均存在相关性，建议使用 Bod Pod 和皮褶厚度测量法来评估摔跤运动员的身体成分[25]。一项研究采用 Bod Pod 和双能 X 线吸收法对年轻女性进行测定，结果表明这两种技术均可有效预测该群体的体脂率[26]。

身体成分的变化

身体成分是动态变化的。我们可通过控制饮食和运动方式来影响身体成分的变化。瘦组织（包括骨组织）的一般原则是"不用则失"。人体具有良好的适应性，可快速适应所处的环境和活动。例如，在太空中，宇航员的骨质会迅速软化，这是由于外太空的失重环境削弱了对坚硬骨质的要求。我们在那样的环境中也能表现良好，看起来就像水母一样，骨骼则通过释放大量的钙实现快速适应。此时环境的影响如此强大，以至于宇航员必须花费大量的时间进行骨骼施压训练。也正是由于我们的身体具有很强的适应性，即便是在失重的环境中，这类有意识的骨骼施压也可以帮助维持骨骼的强壮。当人们因伤病而卧床休息时也会发生类似的情况。当人在卧床休息时，骨骼和肌肉组织几乎不被动用，因此会快速流失。切记，机体的组织成分是在不断变化的，会根据当前环境的需要而进行调整。即使是看似坚硬如石、不具有适应性的骨骼，实际上也非常活跃，总是在不断地发生着变化。矿物质不断沉积与流失的过程促使骨骼不断进行重塑。

身体成分的影响因素包括以下几个方面。

• **遗传因素**。这决定了每个人的身体成分基础。无论运动员多么努力，他都无法改变这个基础。每个人具有不同的遗传身体类型，在脂肪积累较多还是较少的问题上，每种身体类型都有不同的倾向。内胚型者（其躯干较大，手指和下肢较短）具有高体脂率的倾向，外胚型者（其下肢和手指较长，躯干较短）的身形修长，体脂率较低。与生俱来的体质无法改变，我们所要做的是在遗传基础上尽可能地优化自身的身体成分。

• **年龄**。30 岁以后，身体的肌肉含量会逐渐下降，脂肪含量会逐渐增加。尽管身体成分随着年龄的增长而发生变化是正常现象，但并非必然。事实表明，良好的饮食和规律的运动可维持身体肌肉含量。30 岁之后，能量代谢速率每 10 年约下降 2%，因此人们会越来越难以保持理想的体重和身体成分。要想保持现有的体重和身体成分，在 30 岁之后，必须使能量消耗量每 10 年增加 2%，或使能量摄入量减少 2%，与机体能量代谢速率的下降相匹配。2% 的差异尽管看似微小，却会对身体成分产生重大的影响。例如，平均每人每日的能量摄入量为 2500 kcal，如果需要在此基础上使能量摄入量减少 2%，却并没有做出调整，每天将有 50 kcal 的能量过剩。将该数值乘以 365，则每年会有 18250 kcal 的过剩能量。每 3500 kcal 的过剩能量可使体重增加 1 lb（0.45 kg），每天 50 kcal 的能量过剩，一年后体重将至少增加 5 lb（2.3 kg）。5 年后，体重将增加 25 lb（11.4 kg）。10 年后，体重将增加 50 lb（22.7 kg）。

• **性别**。在其他因素均等的前提下，女性的体脂率高于男性。这是不可改变的，也不会导致不良影响。身体成分的性别差异导致男性和女性的身体成分预期值不同。但也有很多女性由于运动量更大且饮食更合理，其体脂率低于部分男性。因此，尽管性别差异对身体成分存在影响，但正确的方式有助于优化身体成分（抵消性别的影响），满足运动项目的需要。

• **绝经**。现有的研究表明，绝经与体脂含量的显著性变化有关。女性的能量平衡状态对雌激素水平、体脂含量和绝经均有明显的影响。一项针对健康女性的研究发现，雌二醇（雌激素的主要形式，由卵巢产生，参与子宫发育）水平与体脂含量密切相关。体脂含量过低或过高的女性，其体内的雌二醇水平均较低，且能量平衡状态对其体内的雌二醇水平和体脂含量具有显著的影响[27]。研究还发现，更年期女性的体脂含量和体重均显著增加。随着时间的推移，所有女性的腹部皮下脂肪似乎都会逐渐增加，但只有绝经后女性的内脏脂肪含量会显著增加[28]。

· **运动类型**。不同的运动项目对身体的刺激不同，身体的应激反应也有所不同。有氧运动是降低体脂率的常规运动。但也有研究证实任何形式的运动（包括无氧运动）都能降低体脂率。高强度运动（如短跑和举重）可以增加瘦体重，降低体脂率，对体重的总体影响不明显。但由于与肌肉相比，相同重量的脂肪所占体积更大，因此上述身体成分的改变可使人看上去更为纤瘦。当能量消耗量相等时，无氧运动和有氧运动所降低的体脂重量相等，但有氧运动消耗同等能量所需要的时间更长，且不具有提高去脂体重的有利效应。

· **运动量**。显然，运动量越大，越有利于身体成分的正向转变。但人们必须摄入足够的能量来支持运动。延长运动时间而不增加能量的总摄入量会引起肌肉组织的分解以满足机体对能量的需求。毫无疑问，这种原因引起的身体成分的改变绝不是运动员所期望的。此外，过度训练尽管不一定会引起瘦体重的下降，但会增加肌肉酸痛，降低肌肉的爆发力和耐力。因此，为了维持肌肉量和运动员的运动状态，在提高运动量的同时，运动员应摄入充足的能量并保证充分的休息。

· **营养**。进食过多或过少均可对身体成分产生负面影响。无论是在一天内进食过多，还是某一次进食过多，都可能增加脂肪储备；而进食过少则会降低瘦组织（肌肉）和体脂的含量。此外，某些营养素对于代谢过程至关重要。这些营养素（如 B 族维生素、锌、铁等）的摄入不足将使机体正常的能量消耗能力下降，从而限制机体通过运动来消耗脂肪的能力。

身体成分评估的相关问题

身体成分已成为运动员评估内容的重要组成部分。肌肉和体脂的含量可预测运动员的运动状态；骨质评估对于了解运动员是否存在发育问题，或目前及将来是否面临骨折风险十分重要。定期的身体成分评估可帮助运动员了解是否达到了预期的训练效果。不过，在评估身体成分时需注意一些重要事宜。

虽然调整饮食和进行运动可以改变身体成分，但在此过程中，要同时考虑饮食和运动这两个方面。其中任何一个方面的显著改变都可能对身体成分带来不可预知的影响。如果增加训练安排，必须提高能量摄入量以满足增加的能量消耗量。运动量增加时，如果能量摄入量保持不变或减少，机体会处于能量严重缺乏的状态；为了满足机体的能量需求，这种情况可能会引起代谢率降低、脂肪储备增加、肌肉分解。进食过多也可能增加脂肪的储备。最好的方法是全天保持稳定的能量摄入，所以运动员应注意摄入足够的能量以维持训练，而不是在一天结束时一次性补充所缺乏的能量。

运动员常将自身的身体成分数据与其他运动员进行比较，但是这样的比较毫无意义，还可能促使运动员为了改变身体成分而采用一些对其运动表现和健康产生负面影响的方式。参与测定身体成分的健康专业人士应对相关信息保密。此外，他们应该向每一名运动员解释，身高、年龄、性别的差异均可能影响身体成分的结果，但并不一定会影响运动表现。为了保护运动员的隐私并帮助其了解相关信息的测试背景，应采取以下策略。

- 每次仅评估一名运动员，从而限制数据共享的可能性。
- 当告知运动员的身体成分信息时，使用例如"在理想范围内"这样的表达方式，而不是原始数据，比如"你的体脂率为18%"。
- 告知运动员测定结果较之前的变化，而非提供当前的数值。
- 提高对肌肉组织的关注度，降低对体脂的关注度。
- 针对客观测定的运动表现的变化，将身体成分数据分析作为解释方法之一。

很多运动员希望体脂水平越低越好。运动员往往会试图达到不现实的体脂水平（极低，与运动项目的要求及自身体脂因素无关），这会增加患病的概率，增加受伤风险，延长运动员伤后重返训练所需的时间，降低运动能力，增加发生饮食紊乱的风险。身体成分的数据应作为运动项目连续追踪体系中的数据之一。如果一名运动员始终处于该连续追踪体系之中，人们会发现，除了身体成分，其他因素（例如训练、技能学习情况）更适合作为运动状态良好与否的主要预测指标。

在那些要求控制体重的运动项目中，追求过低的体脂水平或体重是一个存在争议的问题。摔跤运动员为了提高竞争力，会冒险采取一些危险的、甚至可能致死的方法，以降低体脂率和体重。更多关于摔跤项目的信息请参见第13章。

经常进行评估（定期称量体重或测量皮褶厚度）的运动员对于评估结果十分担心，因为他们担心因此受到惩罚（十分常见但并不适宜）。身体成分的实质性变化十分缓慢，因此没有必要每个月或每2周，甚至每周进行测定。对身体成分变化的测定和评估，每年进行2~4次较为合适。当运动员处于受伤或患病（例如吸收不良、发热、腹泻或厌食症等）的特殊状态时，医生应建议增加评估频率以控制瘦体重的改变。那些过于频繁地（如每周或每个月）监测体重或身体成分数值的教练员，应将注意力转移到对运动表现的客观评估上。

运动员病理状态下的体重控制：饮食紊乱

目前尚不明确与非运动员相比，运动员出现饮食紊乱的风险是否更高。一项针对运动员和非运动员的研究发现，饮食紊乱的发生风险与是否为运动员无关[3]。对城市中不同种族的青少年女性运动员与非运动员的相关研究亦得出了类似的结果，运动员出现饮食紊乱的风险并非更高[29]。该研究还发现，城市青少年女性中，西班牙裔者和白人发生饮食紊乱的风险高于非洲裔者。然而，在注重体型和对体重有要求的运动项目中，运动员出现饮食紊乱的风险明显更高，且女性运动员的风险高于男性运动员[30]。

食物摄入量的减少会导致能量缺乏，这种情况可见于饮食紊乱，会对多个器官系统产生

深远影响。研究发现，能量负平衡会降低瘦素水平，增加食欲刺激激素的产生，扰乱正常的
食欲控制；使皮质醇水平升高，加快瘦组织的分解代谢；使血糖浓度下降，从而影响中枢神
经系统的功能；导致与肌肉合成代谢相关的胰岛素样生长因子-1的浓度下降（胰岛素样生
长因子-1的浓度越低，瘦体重越低）；导致与胰岛素样生长因子-1成负相关的胰岛素样生长
因子结合蛋白-1（IGFBP-1）的浓度升高（胰岛素样生长因子结合蛋白-1的浓度越高，瘦组
织的分解就越多）；空腹胰岛素水平（与低血糖相关）降低；三碘甲腺原氨酸（总 T_3）浓度
下降，这是当能量摄入不足时，机体试图降低能量代谢水平的一种适应[31-35]。当血糖和胰岛
素水平偏低时，进食很可能会引起高胰岛素血症反应，导致摄入的食物更多地转化为身体内
的脂肪。简而言之，能量负平衡对机体毫无益处。关于能量摄入不足对激素的影响的总结见
表 12.4。

表 12.4 能量不足对激素的影响

细胞、组织或器官	激素或化合物	预期的变化
脂肪细胞和下丘脑	瘦素	降低
肾上腺	皮质醇	升高
胃肠道	食欲刺激激素	升高
肝	血糖 胰岛素样生长因子-1 胰岛素样生长因子结合蛋白-1	降低 降低 升高
胰腺	胰岛素	降低（空腹） 升高（餐后）
甲状腺	三碘甲腺原氨酸（总 T_3）	降低

注：数据来源于本章参考文献 31~35。

　　男子和女子体操运动员在青春期的发育存在明显的差异，这些差异与能量摄入是否充足
有关。女子体操运动员往往会出现月经初潮时间推迟、生长发育迟缓，而男子体操运动员的
发育模式则较为正常[36]。但关于女性运动员出现月经来潮推迟的情况也有例外。一项对英
国女子花样游泳（一项十分重视体型的主观评分项目）运动员的研究发现，该项目的运动员
几乎未出现与饮食紊乱相关的月经失调。参加研究的 23 名国家队运动员中无一人出现闭经，
其中仅有 3 人存在月经过少的情况[37]。

　　传统观点认为，饮食紊乱是遗传、社会和心理因素共同作用的结果（图 12.5）。然而，
对运动员而言，引起饮食紊乱的另外一个重要的因素是运动员希望获得更好的竞技状态。获
得理想水平的体重和身体成分对于达到高水平的运动状态至关重要，很多运动员会为此而严
格限制能量的摄入。运动员（尤其是女性运动员）经常会限制能量的摄入。一项对男性和女
性大学生运动员的研究发现，23% 的男性运动员和 62% 的女性运动员因为减轻体重存在能

量摄入不足的情况[38]。然而，由于限制摄入量会导致代谢性组织（肌肉）的减少，运动员难以在正常饮食时保持体重不增长，这会进一步迫使他们不得不逐渐减少能量的摄入，最终导致饮食紊乱。运动员中最为常见的饮食紊乱包括神经性厌食症、贪食症及运动性厌食症。在女性运动员中，除饮食紊乱外，她们通常还会伴有骨密度偏低和闭经，这被称为女性运动员三联征。运动员和教练员应该对以下的饮食紊乱先兆保持敏感[39]。

- 过分关注食物。
- 过分关注体重。
- 频繁地关注是否长胖。
- 频繁地批评队友的饮食方式。
- 用餐过程中或餐后去洗手间。
- 感到寒冷。
- 服用缓泻药。
- 常独自进食。
- 在常规训练之外进行额外的训练。

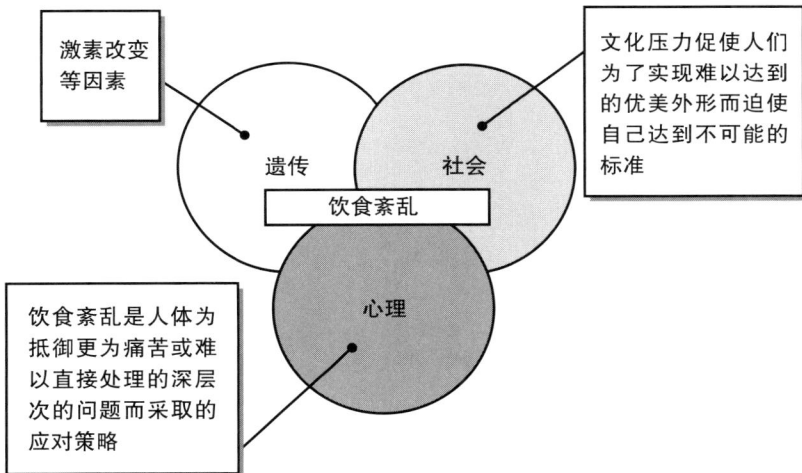

图 12.5 传统观点所认为的导致饮食紊乱的各种原因

神经性厌食症和运动性厌食症

神经性厌食症和运动性厌食症的典型表现是由于害怕长胖而限制进食，从而导致体重下降，这会严重危害运动员的健康。运动性厌食症患者可能会有不正常的运动模式，包括在受伤时依然想参加运动，以及在正常训练计划外进行强迫性的运动。运动性厌食症的相关标准见表 12.5。

表 12.5 运动性厌食症的标准

体重减轻 > 5% 的预期体重	过度害怕变胖
青春期延迟（16 岁时仍未有月经初潮，即原发性闭经）	限制热量摄入（膳食热量低于 1200 kcal）
月经失调（闭经或月经过少）	使用清除方法（催吐、缓泻药、利尿药）
胃肠道不适	暴食
非疾病导致的功能紊乱	强迫性运动
被体型问题所困扰	

注：经授权改编自 Sundgot-Borgen J. Risk factors for the development of eating disorders in female elite athletes. Medicine & Science in Sports & Exercise, 1994, 26(4): 414-419。

发生厌食症时，热量摄入的受限会导致青少年骨密度较低、青少年在青春发育期不能达到理想的骨密度峰值，还会使应力性骨折的发生风险升高[40]。厌食症所引起的相关症状十分严重，有报道称神经性厌食症患者的病死率高达 18%，其中多数是由于体液和电解质的平衡紊乱或自杀[41-42]（能量缺乏与饮食紊乱之间可能的关系见图 12.6）。

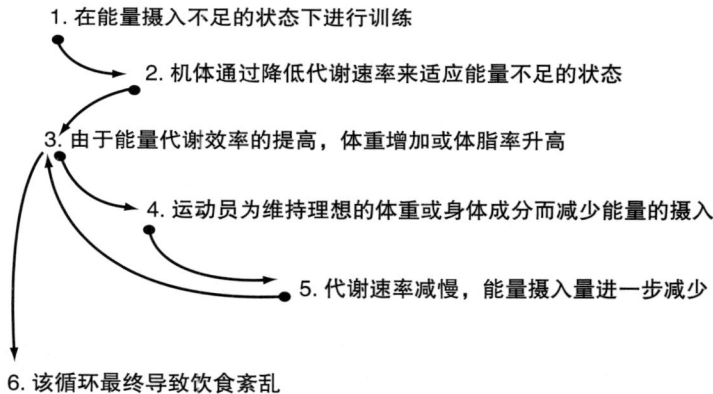

1. 在能量摄入不足的状态下进行训练
2. 机体通过降低代谢速率来适应能量不足的状态
3. 由于能量代谢效率的提高，体重增加或体脂率升高
4. 运动员为维持理想的体重或身体成分而减少能量的摄入
5. 代谢速率减慢，能量摄入量进一步减少
6. 该循环最终导致饮食紊乱

图 12.6 能量缺乏与饮食紊乱之间可能的关系

经授权引自 Benardot D, Thompson WR. Energy from food for physical activity: enough and on time. ACSM's Health and Fitness Journal, 1999, 3(4): 14-18

激素替代疗法（即雌激素替代疗法）是一种治疗闭经后遗症的策略，在进行这种治疗的同时，应降低运动强度并缩短运动持续时间，或者增加热量的摄入，或者两种方法同时进行，促使确诊患有该症状的运动员恢复到能量平衡的状态。为了成功达到这一目标，运动员必须明白，合理的膳食可在促进肌肉组织增长的同时减少脂肪组织的生成，从而更好地优化运动表现和体型[43]。对运动员而言，充分理解希望变得"纤瘦"和需要变得"瘦而健康"之间的区别十分重要。神经性厌食症患者的身体成分和激素的变化见表 12.6。

表 12.6　身体成分、神经性厌食症与激素的关系

变量	升高	降低
身体成分		
体重指数（BMI）		XX
体脂重量		XX
骨密度		X
骨形成		XX
骨吸收	XX	
骨髓脂肪	X	
激素		
雌二醇		XX
睾酮		X
胰岛素样生长因子 −1（IGF-1）		XX
生长激素	X	
胰岛素		X
皮质醇	X	
食欲调节因子		
瘦素		XX
脂联素	X	
食欲刺激激素	X	
酪酪肽（PYY）	X	

注：经爱思唯尔公司（Elsevier）授权引自 Rosen CJ, Klibanski A. Bone, fat and body composition: evolving concepts in the pathogenesis of osteoporosis. The American Journal of Medicine, 2009, 122(5): 409-414。
X—较小的变化；XX—较大的变化。

神经性贪食症

神经性贪食症的症状特点为强迫性暴食，在患病期间患者会进食大量的食物，随后采取呕吐或者使用缓泻药的方法来清除所摄入的食物。神经性贪食症的暴食-清除循环通常被称为"暴食-清除综合征"。这些运动员的体重通常正常或接近正常，因此他们比那些患有神经性厌食症的运动员更难被识别。其症状包括牙齿和牙龈被腐蚀（呕吐导致的经常性胃酸接触）、水肿、电解质紊乱、脱水、抑郁、频繁去卫生间[25]。

饮食紊乱与运动表现

尽管很多运动员最初通过减轻体重而提升了运动表现，但是如果体重的下降是通过大幅减少膳食的摄入而实现的，那么运动表现的提升通常只能维持很短的时间。食物摄入的大幅减少会使能量耗竭，且提示可能发生饮食紊乱。血浆容量的下降、体温调节功能受损和糖原储备量减少均与饮食紊乱相关，这些均会降低无氧和有氧耐力水平[44-45]。

此外，食物摄入量过低还可能使运动员易出现多种微量营养素的缺乏，导致运动能力下降和受伤风险升高。有证据表明，月经异常往往伴随着饮食紊乱。对于停经的女性运动员，其骨骼中的钙含量较低，发生应力性骨折的风险升高。月经的异常与能量负平衡状态、基础代谢率降低有关，其中基础代谢率的降低是由代谢速率的下降和瘦组织的减少导致的[46]。

身体成分可帮助运动员和教练员了解训练和营养因素带来的改变。从事身体成分测定的专业人士在进行追踪监测时，应使用同一仪器、同一预测公式来获得有效的对比数据。应注意将身体成分的数据作为运动员整体训练计划的一部分加以建设性地利用。最好能定期（每半年或每季度）监测运动员的身体成分，由此判断其瘦体重和脂肪重量的变化。很多运动员对体脂重量十分敏感，因此对于如何在运动员的训练计划中建设性地使用身体成分数据这一问题应予以重视。对可能存在饮食紊乱问题的运动员应及时诊断并治疗。帮助年轻运动员了解获得理想体型、体重、力量和耐力所需的恰当的营养策略，有利于降低饮食紊乱的发生风险。

本章要点

• 热力学定律一直在发挥作用。能量摄入量高于能量消耗量会使体重增加（过剩的能量储存在体内），能量摄入量低于能量消耗量会使体重降低（某些组织分解以补足差额）。

• 旨在降低体重的膳食计划最终所提供的能量少于运动员所消耗的能量。严格地限制饮食会导致瘦组织而不是脂肪的减少，从而提高体脂率。

• 进食频率低的人往往存在每餐进食量较高、胰岛素水平较高、脂肪储存量高、皮质醇分泌量高的问题，这会导致肌肉和骨质的丢失。

• 频繁地进食有助于控制食欲、降低胰岛素反应、减少脂肪储存、增加肌肉量。

• 较高的肌肉量和较低的体脂含量可使运动员摄入更多的食物，从而获得更多的营养素，同时避免脂肪储存量的增加。

• 鉴于不同方法评估身体成分所获得的结果会有差异（这种差异是评估方法的不同所导致的，并不是身体成分的真正差异），不同的评估方法不应互换使用。

• 肌肉量和脂肪含量的变化趋势比一次性的身体成分测定结果更为重要。运动员应与自身的数据进行比较，而不是与他人比较，并应努力让自己的身体成分向理想的方向转变。

第四篇

特殊能量系统的营养策略

13

高强度爆发力-力量型运动员的无氧代谢

爆发力运动（如举重、体操、棒球、橄榄球、链球、短跑、铅球等）的运动员必须通过提高肌肉的力量、速度和爆发力来取得成功。爆发力是肌肉在最短时间内产生最大能量的能力，在很大程度上爆发力依赖于IIa型和IIb型肌纤维的分配和训练状态。因为与I型肌纤维相比，这些类型的肌肉可以通过同时动员更多肌纤维来迅速产生能量，从而具有爆发力；而I型肌纤维与耐力型运动更为相关。因为爆发力型运动员遵循的是增肌训练方案，为了支持或增加肌肉，他们有独特的营养需求。这些项目的运动员必须摄入足量的能量，从而保证各种营养素（包括蛋白质）可支持合成更多的肌肉，并保证肌肉不会因为能量不足而发生分解。另外，必须精心设计进食策略，使摄入的能量能够在肌肉的能量需要量最大时为肌肉提供支持。某些爆发力运动要求运动员控制体重，而另外一些项目则重视增重。总之，无论体重是下降还是增加，都应始终重视肌肉量的维持或增加。

某些运动员将进食素食作为一种减轻体重的策略。从减少高脂肪肉类的摄入量及增加水果和蔬菜的摄入量的角度来讲，进食素食可能会对健康有利。此外，那些转而开始吃素食的运动员也可能由于一些不健康的减重方式而面临更高的健康风险[1]。其中一部分原因在于运动员所获得的营养信息的来源有问题。有充分的证据表明，注册营养师是最有能力给运动员提供营养建议的人士，但与运动训练师和体能教练员相比，注册营养师往往在训练团队中处于次要地位。既要满足对营养素和能量的较高需求，又要保持较低的体脂水平，对于此类复杂的问题，运动训练师及体能教练员无法为运动员提供合理的营养建议[2]。

　　暂且不考虑这个问题，另外有充分的证据表明：与不参加体育运动的青少年相比，那些参加体重相关型运动或爆发力运动的青少年吃得更好，且营养素的摄入情况也更好[3]。简而言之，虽然参加运动可能会给青少年带来某些营养风险，但是不参加运动所导致的营养风险会更高。职业运动员可能面临不同的风险，具体风险取决于他们所从事的运动项目。最近的一项研究对 69 名职业橄榄球运动员和棒球运动员进行了评估，目的是确定他们的心血管和代谢方面的危险因素。与橄榄球运动员相比，棒球运动员发生肥胖、高血糖和代谢综合征的风险较低[4]。所有这些都与营养因素的潜在影响相关，因此运动员和相关人员应认真考虑一下运动员的饮食方式是否会缩短其寿命。很显然，合理的膳食既可以提升运动表现，又可以降低发病率和死亡风险。本章将介绍爆发力型与力量型运动员为满足特定的需求可以采取的全谱营养手段，不论是为了成为一名更具竞争力的橄榄球线卫球员而增加体重，还是为了参加摔跤比赛而控制体重，所有相应的营养手段都包括在内了。

与普遍的观点相反，高强度爆发力运动高度依赖于糖原（碳水化合物）

爆发力型运动员的营养策略

　　不同的运动方式对肌肉系统提出了不同的代谢需求，因此不同项目的运动员有着不同的营养需求。对于在较短的距离内需要高水平爆发力和速度的运动项目，其中无氧运动所占的比例较高。从事此类运动的运动员对远距离、长时间内快速运动的能力不感兴趣，他们希望的是在短距离内第一个到达终点。在棒球运动员进行盗垒的 4~5 秒内，实际上肌肉并不需要有氧供能。当棒球运动员奋力跑向下一垒时，肌肉几乎完全通过磷酸肌酸和糖原的无氧代谢来供能。健美运动员需通过训练来提高爆发力，但这些运动员在比赛时，肌肉持续收缩的时间几乎从不超过 1.5 分钟，而 1.5 分钟正是无氧运动所能持续的时间上限。

运动员通过膳食来获得最佳运动表现也存在一个逐渐演变的过程。在公元 200 年左右，第欧根尼·拉尔修（Diogenes Laertius）描述了当时希腊运动员的训练食谱，其中包括无花果干、湿乳酪和小麦制品[5]。1936 年的柏林奥运会期间，美国的参赛选手每天摄入的食物包括牛排、大量的黄油、3 个鸡蛋、奶油蛋羹、1.5 L 牛奶，还会尽可能多地食用小面包、新鲜的蔬菜和沙拉。在此后的历届奥运会上，运动员都会根据当时的营养学知识选择性地食用某些食物，同时刻意避免食用另外一些食物。自 20 世纪 60 年代以来，人们开始对运动员的营养需求及相关机制进行有针对性的研究，这些研究帮助我们更好地理解了肌肉如何产生爆发力和速度的问题。运动营养学的相关知识还帮助我们理解了各种运动类型对应的不同的营养需求。如果忽略了营养对运动的影响，则运动员非常有可能在训练中出现各种问题，以及出现无法发挥出其正常实力的情况。

目前，我们已对无氧运动的营养需求有了充分的认识，明确了磷酸肌酸和糖原是肌肉进行无氧运动所必需的能源物质，也知道了提高热量摄入量可以增加和维持运动员进行无氧运动时所需的肌肉量。尽管人们已经非常了解这些事实的内在机制，但进行无氧运动的运动员仍坚持将关注的焦点放在蛋白质的摄入上，以期望通过改善蛋白质的摄入来满足运动对磷酸肌酸、糖原和肌肉的需求。

无氧代谢途经

运动员能够在无氧条件下快速获得有限的能量。通常来讲，无氧运动为主的运动（即在较短的时间内需要最大爆发力和能量的运动）持续时间很少超过 90 秒，若持续时间更长，无氧代谢的能量供应将被耗竭。在某些无氧运动（例如拳击）中，每局比赛后都有一段休息时间，使身体能够得到恢复，从而为下一次的剧烈运动做好准备。下文是关于无氧代谢途径的描述。

磷酸肌酸（磷酸原）系统

在无氧条件下，机体通过磷酸肌酸（PCr）和糖酵解的无氧代谢过程为机体提供腺苷三磷酸（ATP）。在肌肉中，ATP 的储备量是磷酸肌酸储备量的 25%~33%。磷酸肌酸在肌酸激酶的作用下分解为无机磷酸盐和肌酸，并释放自由能。游离的无机磷酸盐与腺苷二磷酸（ADP）结合生成 ATP。在无氧条件下，磷酸肌酸的分解是不可逆的，除非机体能通过其他来源（主要是有氧代谢途径）获得能量。磷酸肌酸的分解可在瞬间产生大量的能量，但是由于组织中磷酸肌酸的储备量有限，其分解供能的持续时间不超过 10 秒。磷酸肌酸分解所能提供的能量与运动强度直接相关：运动强度越高，机体越依赖于磷酸肌酸分解供能。进行持续时间为 8～10 秒的项目（短跑、撑竿跳、跳远）的运动员，必须在运动后休息 2～4 分钟，以便在下一次运动前完成磷酸肌酸的再合成。

由于运动员希望能够增加磷酸肌酸的储备量，从而提高供能水平和爆发力，因此一水肌酸补剂在运动员中非常受欢迎。

糖酵解（糖酵解系统）

糖酵解是指葡萄糖或糖原无氧分解产生能量的过程。如表 13.1 所示，在运动开始后，在糖酵解系统可以向工作组织供应能量之前，存在 5～10 秒的延迟。六碳葡萄糖分子被磷酸化，并被分解为 2 个三碳分子（3-磷酸甘油醛，Glyceraldehyde-3-Phosphate，简称 G3P）。每个 3-磷酸甘油醛分子将被转化为丙酮酸，同时形成 ATP。糖酵解反应为每个葡萄糖产生 2 个 ATP 分子；如果以糖原作为初始底物，糖酵解反应中每个葡萄糖分子将产生 3 个 ATP 分子。丙酮酸可以转化为乙酰辅酶 A，然后进一步转化为脂肪储存在体内；丙酮酸也可转化为乳酸。不论是哪种途径，经由丙酮酸生成的脂肪或乳酸都可以作为氧化途径的底物。如表 13.1 所示，与磷酸肌酸系统相比，糖酵解系统的输出功率只有前者的 1/2，但是其产生 ATP 的能力是前者的 3 倍。磷酸肌酸系统和糖酵解系统的共同作用可以支持约 90 秒的最大无氧运动，这通常被称为最大无氧代谢能力。

表 13.1　无氧代谢系统产生 ATP 的能力和输出功率

系统	产生 ATP 的能力 /mmol · kg^{-1}（干肌）	ATP 的输出功率/mmol·kg^{-1}（干肌）· s^{-1}	延迟时间
磷酸肌酸系统	55～95	9.0	立即
糖酵解系统	190～300	4.5	5～10 秒
组合	250～370	11.0	—

注：经授权引自 Gleeson M. Biochemistry of exercise//Maughan RJ. Nutrition in sport. Oxford: Blackwell Science, 2000: 22-23。

依赖无氧代谢的运动项目实例

无氧运动需要在相对较短的时间内产生最大的力量。例如，一名棒球运动员挥起球棒击球或跑向第一垒，或者一名体操运动员助跑并完成一次跳跃，在这两种情况下，运动员主要消耗的是现有的能量，但是现有的能量是有限的，容易被耗竭。无法想象一名棒球运动员跑向第一垒，随后返回本垒，然后再返回到第一垒这样持续进行 30 分钟的往返运动，且力量和速度与第一次跑向第一垒时相比能够保持不变。从人体生理学的角度来说，这是不可能实现的。同样你也不能要求体操运动员反复不间断地从地面跳起并完成技术动作。当进行这一类强度极高的运动时，运动员在每次短暂而剧烈的发力之后都要休息。以下为具有以上特点的运动项目实例。

棒球和垒球

棒球和垒球都是非常精彩的运动，需要团队的通力合作及个人的努力。它们还是高度需要脑力的游戏，要求运动员时刻保持警惕，瞬间做出正确的动作判断。可以这么说，当棒球和垒球运动员在身体上开始感到疲惫时，他们很可能在精神上也会感到疲惫（葡萄糖是大脑和肌肉的能量来源），因而容易做出错误的判断，导致运动表现欠佳。

大卫·哈伯斯塔姆（David Halberstam）在其著作《1949年夏季》（Summer of '49）中介绍了1949年红袜队（Red Sox）和洋基队（Yankee）之间的棒球锦标赛[6]。该书的中心主题是漫长的棒球赛季使运动员变得疲劳，在一定程度上，锦标赛结果的好坏取决于在赛季末仍能保持良好状态的运动员人数的多寡。很显然，在漫长的赛季中很多因素可使运动员感到疲劳，其中包括频繁的旅行、激烈的比赛和频繁的时区变化[7]。

营养因素也会对运动员的疲劳产生一定的影响：那些能量充足且水合状态良好的运动员不仅会发挥得更好，还能更长时间地维持良好的运动状态[8]。在漫长的夏季和秋季中，不同的饮食会带来不同的结果。过去，很多棒球运动员的食谱中常有牛排和啤酒，而且这种情况十分普遍，但这种饮食习惯会导致身体和精神的疲劳，最终对身体造成损害：酒精会影响维生素B的代谢（从而干扰能量代谢），还会增加脱水的风险。红肉可提供优质蛋白质、铁和锌，但是不应作为棒球运动员饮食的重点。棒球运动员真正需要的是大量的面包、谷物、水果和蔬菜，通过不断地摄入大量的碳水化合物来补充比赛中因快速、激烈的运动而消耗的糖原，并由此摄入足够的热量以维持肌肉量（使其不发生分解供能）。

垒球运动员也应该认真考虑他们的食物和饮料的摄入量是否能够动态地匹配他们的需求。有证据表明：大学生女子垒球运动员的很多饮食习惯可能会使她们无法发挥出与最佳运动表现匹配的实力。一项研究发现：大学生女子垒球运动员经常出现漏掉一餐、延迟进餐及最后一餐暴饮暴食的情况[9]。且这些运动员对高脂食物的摄入量过高，而可以为高强度运动提供能量的碳水化合物的摄入量却不足。

棒球和垒球运动员应该牢记以上所有因素，并考虑以下与棒球和垒球运动相关的营养问题。

棒球和垒球是一项夏季运动，运动员多在炎热、潮湿的环境中进行比赛。肌肉中含水量超过70%时，运动员才能达到最佳的水合状态，运动员的目标应该是保持这种最佳水合状态。如果没有达到最佳水合状态，那么体内的水分会逐渐减少，同时伴有运动表现的下滑。有证据表明，水合状态不良会损害运动员的心理功能，使运动员更容易受伤（水合不良与体核温度较高相关，而体核温度较高会使协调性下降），还会使肌肉的弹性减弱（从而增加肌肉撕裂和拉伤的风险）。

目前人们已经知道，与赛季前相比，棒球运动员（特别是投手）的上肢峰值力矩的测量值在赛季后会降低，其中一部分爆发力的下降是由投球臂的过度使用性损伤导致的[10]。投掷力的下降也可能是由腿部力量的下降导致的，因为腿部力量的下降会对投掷动作产生负面影响，并会加剧受伤的风险[11]。运动员可通过优化肌肉的水合状态和定时摄入能量来避免以上这些问题[12]。

一项针对棒球运动员的研究充分表明，体能训练在运动员保持最佳水合状态方面发挥着非常重要的作用。当运动强度一定时，与那些体能较差的运动员相比，体能较好的运动员能够以较低的出汗速率来维持体温[13]。另一项研究发现：流向投球手投球臂的血流量在第40次投掷后达到峰值，随后会稳定地下降；投掷到第100次时，流向投球臂的血流量低于基础值的30%[14]。流向投掷臂的血流量的减少是与投球手体内水合状态的下降相对应的。已经明确的一点是：血流量是维持运动表现的关键因素之一，投球手维持水合状态的能力在很大程度上会影响其运动表现。

考虑到棒球和垒球运动员经常需要暴露在炎热、潮湿的环境中，因此他们应考虑通过以下策略来维持水合状态。

1. 在季前赛期间，每场比赛前后称量体重，以确认体重下降值。然后确定在典型的比赛中应摄入多少液体，1 pt（16 oz 或 480 ml）液体对应 1 lb（0.45 kg）体重。目标是在比赛过程中，摄入足量的液体以维持体重基本不变（±1 lb）。每个人的出汗速率不同，所以某一名运动员的补液计划很可能不同于其队友的补液计划。

2. 在每次比赛前饮用大量的液体（比赛前 1 小时至少摄入 16 oz（480 ml）的液体，之后以不断啜饮的方式进行补液）。

3. 利用两局之间的每个机会来补液。棒球和垒球都是涉及多回合的高强度运动，因此运动员发生糖原储备被耗竭的可能性很大。鉴于此，补充的液体应含有碳水化合物。为了补充碳水化合物并促进液体被快速吸收，碳水化合物浓度为 6%~7% 的液体是最好的选择。

4. 比赛结束后，立即通过进食和饮水来摄入足量的碳水化合物，从而补充体内的糖原储备和水分。

5. 要避免或限制摄入含酒精的饮料和含咖啡因的饮料。若摄入过多的酒精或咖啡因，其利尿作用将使运动员处于脱水状态。

棒球和垒球运动都需要爆发力和速度，而这两种能力都高度依赖于磷酸肌酸和碳水化合物（主要是糖原）为肌肉供能。磷酸肌酸是由氨基酸（来源于蛋白质）合成的，所以摄入足量的蛋白质对于确保生成足够的磷酸肌酸非常必要。然而，蛋白质摄入充足的前提是总能量（热量）摄入充足。对发育成熟的运动员而言，获得足够的能量较为容易（棒球运动员在 28 岁左右达到巅峰状态）[15]。但是，青少年球员必须摄入足够的能量来支持其运动需求，同时还需摄入足够的能量来支持其生长需求。能量摄入不足会导致摄入的蛋白质作为能量底物被消耗，而无法用于合成肌酸等物质。当能量摄入充足时，蛋白质的摄入量即使只有 1.2～1.7 g/kg，也足以支持肌酸的合成，并为稳定的或不断增长的肌肉量提供支持。当能量摄入充足时，在运动员的膳食中，碳水化合物应该提供 60%～65% 的能量，脂肪提供 20%～25% 的能量，蛋白质提供 15% 的能量。

每个赛季都要进行很多场的比赛，每周会进行多场比赛。这种比赛和训练频率很容易导致过度训练，从而导致与疲劳、虚弱相关的一系列问题，并增加伤病风险。防止过度训练的关键在于充分休息，并通过高碳水化合物饮食来维持肌肉内的糖原水平。研究表明，每日进行训练或比赛会导致肌肉中的糖原储备量持续减少，从而导致耐力的下降和运动表现的下滑。棒球运动员高度依赖于糖原作为能量来源，因此碳水化合物的摄入不足所导致的糖原储备量减少，将使运动员的表现随着比赛的进行而出现明显的下滑。

比赛通常持续 2～3 小时。血糖水平的正常波动一般要经历约 3 小时。也就是说，进餐后血糖水平处于正常范围内的时间大约为 3 小时。在此之后，血糖水平会低于正常范围（4.4～6.7 mmol/L，80～120 mg/dl），这是一种通常与饥饿有关的生理事件。在经常进行运动的人群中，血糖水平很可能以更快的速度下降到正常范围以下。由于血糖对于大脑正常功能的维持是一个重要的因素，而且血糖对于向碳水化合物储备已经耗竭的肌肉输送能量物质也很重要，因此棒球运动员应该采取措施，在整场比赛中抓住每一个机会来摄入含碳水化合物的饮料，从而维持血糖水平。

当投球手投球时，他要比场上其他运动员更辛苦，因此投球手只能在 3～5 场比赛中有效地投球。投球手需要在每场比赛前和比赛期间使糖原储备和肌肉的水合状态达到最佳水平，以便更好地维持肌肉（腿部和手臂肌肉）的爆发力。由于比赛日之间通常会间隔数日，因此首发投球手可遵循碳水化合物负荷原理（逐渐减少运动量，同时摄入大量碳水化合物和液体，更详细的信息请参见第 6 章）。

接球手穿戴装备的重量及隔热作用会增加其能量和液体的需求。随着投球手的投掷，接球手处于不断的运动中，因此接球手的运动往往比首发投球手更加频繁。可以这么说，在棒球运动所有位置的队员中，接球手的能量需要量和液体需要量都是最高的。

健美运动

健美运动员普遍追求极高的肌肉量和极低的体脂水平。健美运动员需要通过高度清晰的肌肉线条来获取高分，因此较低的体脂水平是其必要因素之一。体脂水平过高会影响肌肉的展示，因为皮下脂肪在全身脂肪中所占的比例约为 50%。为获得理想的肌肉量，健美运动员必须对每个肌群进行较高水平的重复刺激（通常是自由重量训练和肌肉阻力训练）。这种类型的训练不是有氧运动（长时间、力量水平较低的运动）。相反，针对单个肌群的高强度重复刺激很少持续 30 秒以上，而且从不超过 1.5 分钟。在备赛期间，健美运动员通过进行上述的训练并结合额外的能量摄入来增加肌肉量或减少体脂重量[16]。通常情况下，健美运动员的膳食富含蛋白质，此外还包括蛋白质相关补剂和肌酸[17]。

　　肌肉量增加后，健美运动员将进入第二阶段的训练，该阶段以减少能量摄入为主，并结合少量的有氧训练[18]。第二阶段的训练旨在降低体脂（尤其是皮下脂肪）水平，从而使肌肉线条变得更加完美。在比赛前一周，健美运动员通常会减少总能量摄入，并通过增加碳水化合物的摄入增加肌肉的糖原储备；另外，健美运动员通常还需限制液体和钠的摄入来协助塑造肌肉线条。有证据表明，限制液体摄入非常危险，特别是对于青少年健美运动员，在他们当中已经发现存在低钾血症和低磷血症的情况[19]。还有证据表明，在比赛前限制能量摄入会导致瘦组织（肌肉）丢失，这种情况说明限制能量摄入会适得其反[17]。与非运动员相比，从事体重相关运动的运动员出现呕吐、滥用泻药、服用利尿药及服用类固醇者的比例要高得多[20]。可能没有比健美运动更容易导致运动员出现营养错误的运动项目了。

　　一项研究对健美杂志广告中的营养产品进行了评估，结果发现：在那些宣称具有营养益处的产品中，42%的产品缺乏科学证据；只有21%的产品有适当的资料来支持它们所宣称的效果；即使32%的产品有一些科学依据，但其销售方式也具有一定的误导性[21]。一项针对男性和女性健美运动员的研究发现，他们普遍存在多种药物滥用的情况（高达40%的研究对象存在这种情况），且其中大多数健美运动员所采用的补充方案会导致他们出现严重的脱水[22]。这项研究还发现，女性健美运动员的钙摄入量极低，其营养摄入方式使得该群体存在很高的健康风险。纽约市消费者事务局指出：在那些广受欢迎的健美杂志上刊登的所有全页营养补剂的广告中，有超过50%的营养补剂产品是毫无价值的，甚至可能是有害的[23]。大学生运动员每个月可能会花费高达400美元来购买这些补剂产品（关于职业运动员的消费数据不足）。如果不受这些广告的影响，大学生运动员可以更加理智地用这笔钱来购买新鲜的食物[24]。

　　健美运动员应该牢记以上所有因素，并考虑以下与健美运动相关的营养问题。

　　健美运动员追求的是高水平的肌肉量，这个目标给他们提出了更高的能量需求。对于需要增加肌肉量的运动员，虽然其蛋白质的需要量略高于肌肉量保持稳定的运动员，但是通常摄入的食物所含的蛋白质可能足以满足前者的需求。比较理想的情况是，健美运动员的每日蛋白质摄入量为1.5～1.7 g/kg，但前提是总能量摄入足够，且总能量中的大部分来源于碳水化合物。

　　多项针对健美运动员的研究充分表明：蛋白质的摄入量通常远远高于身体进行合成代谢的需要量（即用于构建组织的需要量）。因此，多余的蛋白质只是作为能量被消耗，或者在总能量过剩的情况下，作为脂肪储存在体内。这一点已经在另外一项研究中得到了证实。该研究发现，健美运动员的蛋白质摄入量明显高于控重对照组的受试者，而且他们也更加依赖蛋白质作为能量来源满足肌肉的能量需求[25]。健美运动员普遍认为，构建肌肉组织需要大量额外的蛋白质，但事实上这部分额外的蛋白质只是作为所需热量的来源被消耗了，不含氮的能量底物能够更有效地提供热量。构建肌肉组织的关键是摄入足够的能量来支持较大的体重。如果一名体重现为180 lb（82 kg）的健美运动员希望体重达到190 lb（86 kg），那么这名运动员应该摄入足够的能量来支持较大的体重。在此期间，热量的增加不能仅来自于蛋白质，而应均衡地增加蛋白质、碳水化合物和脂肪的摄入（其中碳水化合物仍是热量的主要来源）。对成功的健美运动员进行的研究表明，理想的膳食应以碳水化合物为主（占总热量的55%～60%），脂肪的摄入量相对较低（占总热量的15%～25%），其余为蛋白质（占总热量的25%～30%）[26]。

健美运动员追求的是体脂重量极低的体重。体脂率在很大程度上是由一个人的遗传因素决定的，但是也会受到饮食和运动习惯的影响。从膳食的角度讲，摄入适量（既不过少，也不过多）的能量来满足生理需要十分重要，否则过多的能量将转化为脂肪储存在体内。膳食脂肪是能量密度最高的能量来源，因此摄入过量的脂肪可能最容易导致总能量摄入过多，使多余的能量轻易地转化为脂肪并储存在体内。碳水化合物能够更有效地作为能量底物进行供能，从而支持高强度的肌肉运动，而不是被有效地转化为脂肪储存在体内。由于这些原因，应该使脂肪的摄入量保持在相对较低的水平（总热量的15%～25%）。该摄入量低于普通人群的推荐摄入量（在总热量中，脂肪提供的热量不应超过总热量的30%）。少量多餐这种膳食模式能够通过降低胰岛素对食物的反应来抑制脂肪的堆积，因此少量多餐也是一个有用的策略。如果你在一餐中摄入了1500 kcal热量，在正常情况下，机体一次性处理这么多的能量将不可避免地导致其中很大一部分会被作为脂肪储存起来。如果这1500 kcal的热量是分两餐摄入的（每餐750 kcal），且两餐之间相隔3个小时，那么这些能量就能够被更有效地处理，不至于其中很大一部分能量以脂肪的形式储存在体内。因此，摄入适量的热量以保持能量平衡状态（通过摄入适当低脂的饮食可比较容易地实现），以及少量多餐都是获得低体脂率的重要策略。

健美运动员通常要经历反复的体重增加和体重下降，以强化肌肉并降低体脂水平。根据多项研究报道，健美运动员在赛季期间平均减重15 lb（6.8 kg），平均增重14 lb（6.3 kg）。这种循环节食模式会使运动员产生对食物的偏激行为，从而导致运动员在赛后暴饮暴食并出现心理应激[27]。一种更合理且安全的构建肌肉的方法是，通过摄入复杂碳水化合物来获得适量的额外热量（较当前需要量增加300～500 kcal），从而支持增加的肌肉量，同时通过充分的肌肉训练来促进肌肉增大。

健美运动员似乎过度依赖于营养产品和准营养产品及强化剂来获得期望的身体成分。虽然亲自试用强化剂和营养产品以确定其效果的做法在许多运动中都很常见，但健美运动员仍然是营销人员的重点关注人群。安慰剂效应在营养产品中非常明显，这就使问题变得更为复杂。也就是说，即使没有生理学或生物学基础证实某种产品确实有效，但是如果一名运动员认为该产品会帮助他达到特定的目标，那么这种产品很可能会带来一些益处。比较理想的情况是，运动员应摄入经生理学和生物学研究证实有助于运动员实现其目标的产品和食品。如果运动员同时相信这些产品和食品对他们有帮助，那么他们可能会获得更大的益处（即安慰剂效应）。

健美运动员也经常通过增加体内水分的丢失来获得期望的、线条清晰的体型。脱水是一种危险的情况（在运动员和非运动员中，每年因脱水而死亡的案例很多），而且脱水会导致运动表现下滑。健美运动员拥有线条分明的体型固然重要，但不应为此而采取脱水的方法，因为这可能导致器官功能衰竭和死亡。健美运动员应该通过刻苦的努力，采用合适的方法来降低体脂率，从而获得理想的体型。

大多数健美运动员都存在营养摄入不足的情况。过度依赖于营养产品（蛋白粉和奶昔、氨基酸补剂和一水肌酸补剂等），并将其取代营养丰富的食物，这样会使健美运动员面临营养风险。摄入能提供足够能量（热量）的低脂、高碳水化合物和适量蛋白质的食物，可以保证良好的营养供应。过度依赖营养补剂会导致蛋白质摄入过多，这既是不必要的，而且无法弥补运动员膳食中最缺乏的营养素的不足。盲目地摄入某一种维生素或矿物质补剂也不是一种有用的策略，因为运动员很少知道他们最需要哪些特定的营养素。摄入各种各样的食物才是最佳的办法，可确保运动员获得所需的各种营养素，而营养补剂仅在无法摄入足够的能量底物或营养素的情况下才能发挥作用。

橄榄球（美式）

橄榄球是典型的无氧运动，持续运动的时间很少超过 15 秒，并且每节比赛之间都有休息时间。但是，当运动员带球时，他必须运用最大的肌肉力量奔跑并将球送到对方的达阵区或者阻止球向己方达阵区传送。厚重的装备还给橄榄球运动员带来了额外的负担，增加了他们的能量需求。进行这种类型的运动时，机体最常用的能量来源是磷酸肌酸和肌糖原，因此传统的赛前餐（牛排和土豆）不是保障肌糖原最佳储备的理想食物，因为赛前餐过度强调蛋白质（牛排）的摄入，而对碳水化合物（土豆）的重视程度相对不足。所以，橄榄球运动员需要接受营养指导，尤其需要接受营养补剂的应用指导[28]。鉴于橄榄球运动员中普遍存在使用强化剂的现象，而且强化剂的不当使用可能会增加健康风险，因此为其提供一些营养补剂应用方面的指导尤为重要[29]。重要的是，有证据表明，与那些营养知识较缺乏的运动员相比，那些营养知识较丰富的橄榄球运动员的热量摄入情况与机体的需求更匹配[30]。

一项针对大学生橄榄球运动员的研究表明，补充一水肌酸可增加运动员所能完成的举重训练的训练量，并可增强其反复冲刺的能力，因而可提升运动表现[31]。另外一项针对橄榄球运动员的研究发现，肌酸补剂对于提高峰值爆发力和最大力量非常有用[32]。但是，在开始补充强化剂之前，运动员应仔细审查这些研究及其他研究的结果，因为这些研究并没有评估研究对象的总能量摄入是否足够。如果橄榄球运动员的总能量摄入足够，那么补充一水肌酸是否还会产生之前的显著效果，目前尚不明确。

在为数不多的评估长期补充肌酸的安全性的研究中，有一项研究表明：在未摄入其他补剂的情况下，长期补充一水肌酸未对肾功能或肝功能造成不良影响[33]。另外一项研究评估了营养补剂对运动表现的影响，与未服用补剂组的运动员相比，连续 9 周服用吡啶甲酸铬补剂的橄榄球运动员未在身体成分和力量方面有所改善[34]。橄榄球运动的特点是跑跑停停，即比赛是以极限强度的对抗和短暂休息这种间歇性的方式开展的，因此会导致运动员流失大量的水分。

体液流失会对机体降温能力、运动表现和注意力等方面产生负面影响[35]。针对橄榄球运动员对碳水化合物饮料的摄入情况进行的研究表明，与单纯的水相比，这些含有碳水化合物的饮料可以更好地维持血浆容量[36]。血浆容量的维持与运动表现之间存在很强的相关性，因此橄榄球运动员应摄入足量且恰当的运动饮料以维持耐力和运动表现。在比赛和训练之前、之中和之后，足量的液体摄入应作为训练计划的重要组成部分。

近年来，不同水平的橄榄球运动员都在逐年变得更加强壮，与其他项目的运动员相比，橄榄球运动员拥有更加强壮的体格[37]。一项针对 1963—1971 年及 1972—1989 年全美高中橄榄球队的调查发现，在 20 世纪 70 年代和 80 年代，橄榄球运动员的体重–身高比（体重指数）出现了显著的提高，而在此之前则不存在这种情况[38]；换言之，橄榄球运动员的体重增加（相对于他们的身高而言）速度高于 1963 年之前的运动员。

增重对橄榄球运动员而言可能并不是一个有利因素。一项研究发现，体脂率和体重指数较高的橄榄球线卫球员，其下肢受伤的发生率相对较高[39]。另外一项研究发现，与体脂水平较低的运动员相比，体脂水平较高的橄榄球运动员的受伤风险要高出 2.5 倍[40]。另外，研究人员发现，青少年橄榄球运动员的肥胖率超乎意料地高。由于男性运动员的体型与体脂率成反比（即体脂率越高，体型越差），因此对于需要增加体重的运动员，帮助其了解如何适当地增加体重显得至关重要[41]。总而言之，这些研究结果充分表明，橄榄球运动员应注意增加瘦组织（肌肉），而非简单地增加体重。

许多人都提出质疑：近年来运动员的体形增大，是因为挑选运动员时优先选择体形较大者，还是营养状况改善导致的体形增大，或者是对合成代谢类固醇的依赖性增加所致。当然，有可能是这些因素的全部或某种组合导致近年来体重指数的增加。橄榄球运动员似乎比非橄榄球运动员吃得更好一些。一项针对美国初中和高中橄榄球运动员的研究发现：一般来说，他们对营养素和能量的摄入情况要优于同龄的美国男孩[42]；在其他运动中，运动员的能量摄入量通常低于推荐摄入量；但对橄榄球运动员的评估结果显示，其能量摄入量可以满足能量需要量的 94%。该研究还发现，橄榄球运动员体内锌的水平偏低。另外一项针对橄榄球运动员的研究表明，缺锌可能对最大输出功率产生负面影响。由于最简单的补锌方法是摄入红肉，因此橄榄球运动员应该考虑常规性地摄入肉类。但是，肉类的摄入不应干扰或者替代碳水化合物类食物的摄入，碳水化合物类食物对于高强度、间歇性运动中运动表现的维持至关重要。素食主义者出现锌摄入不足的风险较高，因此他们应请有资质的专业医疗人员对其进行评估，来确定是否有必要摄入锌补剂。

体重下降通常是体重较轻的橄榄球运动员所面临的问题。那些必须将体重维持在比赛规定的体重范围内的运动员通常会采用不健康的膳食模式。一项研究显示，20% 的运动员认为他们控制体重的做法通常会影响他们的思考和其他活动，42% 的运动员存在饮食模式失调。在受访者中，有大约 10% 的人存在"暴食–清除"（贪食症）的饮食行为[43]。

　　和其他职业运动员一样，跨越时区会对橄榄球运动员的运动表现造成影响。例如，人们已经发现，当在晚上进行比赛时，西部球队比东部球队和中部球队具有明显的优势[44]。与东部和中部的球队相比，西部球队的队员感觉他们好像是在清晨比赛，因此他们在一天结束时所感受到的疲劳，不像其他团队的队员那样强烈。当他们在主场与中部及东部球队进行比赛时，西部球队的获胜率分别是 75% 和 68%；即使是在客场比赛，他们的获胜率依然很高（约为 68%）。这些数据充分表明：那些跨越时区进行比赛的橄榄球运动员，应该竭尽所能恢复正常的昼夜节律。运动员还可以采取的积极措施包括少量多餐，以及在旅途中摄入大量液体。

　　橄榄球运动员应该牢记以上所有因素，并考虑以下与橄榄球运动相关的营养问题。

　　橄榄球运动员需要具备较高水平的力量、短时间内进行多次冲刺的能力。橄榄球运动员在比赛过程中，需要反复进行高强度的运动，中间穿插有休息时间。这种类型的运动需要大量的碳水化合物来为肌肉提供适当的能量补给。因此，橄榄球运动员应该在参赛时具备充足的肌糖原储备量。但是，即使肌糖原储备量处于最高水平，运动员在完成整场比赛后也会出现特定肌群内肌糖原的耗竭。因此，在比赛中的休息间歇，橄榄球运动员应该抓住每一个机会来补充含碳水化合物的饮料。

　　线卫球员需要具备较高水平的体重，这虽然使线卫球员具备了一个明显的优势，但是快速移动的能力也同样重要。因此，线卫球员应该追求更高的瘦体重，而不仅仅是更高的体重。为此，饮食摄入量应在满足能量需求的基础上增加 300～500 kcal 的热量，且保持较低的脂肪摄入量（低于总热量的 25%）及适量的蛋白质摄入量（总热量的 12%～15%，或者约 1.5 g/kg）。这种饮食配合增肌训练有助于增加肌肉量。摄入大量的高脂食物能够增加总能量的摄入量，但这种做法会极大地增加脂肪储备量（从而导致脂肪重量增加），而脂肪不会促进力量的提高。因此，高脂食物会对力量-体重比产生负面影响，使得线卫球员更难快速、猛力地过线。一项评估橄榄球运动员热量摄入的研究发现，运动员所摄入的能量底物的分配比例不合理。这项研究结果显示，24 名接受评估的橄榄球运动员所摄入的碳水化合物占总热量摄入的 45%，蛋白质占总热量摄入的 17%，脂肪占总热量摄入的 38%[45]。

　　后场防守位置及接球队员都需要非常敏捷、迅速和反应速度快。高速和灵活性都需要相对较低的体脂水平。因此，橄榄球运动员的饮食模式应该注重限制脂肪储备（即少量多餐，以碳水化合物为主，同时限制脂肪摄入量）。比赛中需要反复进行 40 yd（36.576 m，1 yd＝0.9144 m）的短跑来接住长传球或进行防守，这会快速消耗肌糖原储备。因此，球员需要在比赛的休息间歇摄入含碳水化合物的饮料。在湿热的天气中，摄入这些饮料同样可以帮助运动员保持理想的水合状态。

　　穿戴护具（例如衬垫、头盔）进行重复性高强度运动将会导致大量的汗液丢失。运动员必须补充经汗液流失的液体，从而保持最佳的运动表现。要做到这一点，摄入碳水化合物浓度为 6%～7% 的运动饮料对于保持身体内水分及补充碳水化合物非常有用。运动员通常会陷入一种自发性脱水状态中，因此我们必须要为运动员制订一个补液计划，使橄榄球运动员在比赛过程中每一个可能的休息间隙有意识地补充液体饮料。

体操

　　青少年体操运动员的人数一直在不断增加，因此应严密监测其生长、体重、骨骼健康、饮食行为及其他生长发育相关的重要因素。在体操运动中，选择身材较小的运动员已成为业内的标准，而且体操运动员自己也认为较小的身材较为理想。不管体操的规则如何，体重永远是体操运动的核心问题。有资料表明：即使对于男子体操运动员，若想要获得成功，也需要限制能量摄入来控制体重[46]。但是，儿童的体重必定会随着年龄的增长而增加。由于没有认识到这个事实，许多青少年体操运动员试图通过不健康的手段来减轻体重。有证据表明：女子体操运动员出现的青春期延迟和发育迟缓很可能与热量摄入不足有关[47-48]。当然，热量摄入不足还会影响营养素的摄入，女子体操运动员出现不伴有贫血的铁缺乏的风险特别高，这种铁缺乏可能会损害健康和运动表现[49]。虽然削减过多的体脂的确会使体重下降，并且也可能降低关节发生创伤性损伤的风险，但是通过不适当的方法来实现这一点，依然会使体操运动员面临健康风险[50]。

　　体操精英赛分为 4 项单独的比赛，包括男子竞技体操、女子竞技体操、女子艺术体操和女子团体艺术体操。虽然对体操精英运动员而言，花费在体操训练上的时间非常多（每周训练时间多达 30 小时），但实际进行体能训练和技能训练的时间却相当少。体操训练以一系列的拉伸练习开始，接着在地毯上进行一系列的基础技能运动作为热身活动。热身后，每名体操运动员开始轮流进行单项练习。进行技能训练的时间绝对不会超过比赛中的最长技能用时，并且通常要远远短于这个时间。因为体操训练包括反复多次的高强度、短时间的运动，体操运动员需要在每个训练间歇充分休息，以恢复力量（即再次产生磷酸肌酸）。

　　除艺术体操的团体比赛外，上述这些项目中没有超过 90 秒的单项运动。这种最大力量和短时间的运动特点使体操运动被归类为高强度的无氧运动。作为一种无氧运动，体操运动主要依赖于Ⅱb 型（绝对快速收缩型）和Ⅱa 型（中间快速收缩型）肌纤维[51]。虽然这些肌纤维能够产生很强的爆发力，但是它们通常无法在最高强度下连续做功超过 90 秒。Ⅱ型肌纤维的有氧代谢能力较差，这种情况限制了脂肪在体操运动中作为能量底物的使用；此外，毛细血管的血供不良也削弱了这些肌纤维在剧烈运动中获得营养物质、氧气并排出二氧化碳的能力。由于这些因素，体操运动在很大程度上依赖于磷酸肌酸和碳水化合物（葡萄糖和糖原）的供能。

　　若干评估营养素摄入情况的研究发现，体操精英运动员存在能量、铁和钙的摄入不足问题[52-54]。艰苦的体操训练及营养摄入不足是很多青少年女子体操运动员出现原发性闭经的原因，这些因素还可能导致成年女子体操运动员出现继发性闭经。钙摄入不足与骨质发育不良及应力性骨折风险升高相关；铁摄入不足与贫血有关，而贫血是出现闭经（请参见表 12.1）的一个危险诱发因素[55]。

　　体操运动员应该牢记上述所有因素，并考虑以下与体操运动相关的营养问题。

　　体操运动员需要完成难度非常大的翻滚和特技表演，这些动作对身材较小的人来说更容

易做到。艺术体操运动员通常身材较小（身高–年龄比的第 30 百分位数），但是肌肉非常发达（手臂肌肉周长的第 90 百分位数）[52]。体操运动员身材较小的倾向可能是体操运动自身选择的结果（即只有那些身材较小的人才能够在这项运动中保持竞争优势，因为他们取得成功的可能性更大），或者是因为他们存在营养摄入不足的情况。这两个因素都是有可能的，可能是两个因素共同或某一个因素导致了这种结果。体操运动员和体操教练员都知道，顶级体操运动员的身材往往较小，因此许多运动员会尝试通过减少食物摄入来拥有较小的身材。这个策略有很多问题，特别是有可能导致生长迟缓，结果导致骨骼发育不良。由于教练员安排的训练异常艰苦，或者体操运动员过度减少食物的摄入量，体操运动员中确实发生过一些这样的情况，但是为数不多。这种情况的最终结果会非常糟糕，可能会导致出现危及生命的饮食紊乱。然而，幸运的是，绝大多数体操运动员在这项运动中都表现得很好。他们因为参与这项运动实现了自我价值，并茁壮成长为成年人，拥有幸福的家庭。

不健康的运动员没有竞争力，因此每名体操运动员都应该吃足够的食物来维持健康并满足生长的需要。为了做到这一点，体操运动员应该多思考如何优化身体成分，而不是随意地降低体重。低热量节食方式会带来一个难题，即肌肉的减少超过了脂肪的减少。从某种角度讲，肌肉的流失将会抑制体操运动员的运动能力，使其不能完成相应的技能，而且肌肉–脂肪比的持续下降可能会导致体操运动员进一步减少食物的摄入。逐渐减少食物的摄入最终可能导致饮食紊乱，进而使与饮食紊乱相关的所有危险的影响都可能出现。

从外观形象及运动表现两个角度来讲，体操运动员对力量–体重比很敏感。 某项技能得分高低的一个决定性因素是外观形象，这个事实是无法避免的。如果力量较大，体操运动员能够更容易地完成必需的技能。看上去游刃有余是取得高分的一个因素（即竞技体操运动员看起来更具有艺术素养）。教练员经常提醒体操运动员在竞赛过程中要保持微笑，这样做的目的是强调运动员可以轻松完成这些技能。关键在于要具备良好的体能状态并且足够强壮，这就要求运动员拥有足够的肌肉量，这样运动员就可以轻松完成所需的技能了。

在一些国家中，有些人担心体操运动员开始学习技能的时间过早，他们认为体操运动员应该专注于体能训练。一名体能良好的运动员可以更快速地学习一门技能，而且受伤的风险较低。但是，教练员承受着巨大的压力，他们需要证明体操运动员正在不断地进步，而证明这一点的最好方法就是让他们参加初级比赛。一种更平衡的做法是在体操运动员职业生涯的早期侧重体能训练，同时推迟具体体操技能的学习时间，这种做法可能会改善此后的技能学习曲线。为了改善体能状态，体操运动员必须摄入足够的能量和营养素来满足生长、组织维护和改善肌肉组织的综合需求。体操训练的重点应该是使运动员变得越来越强壮，同时保持较低的体脂率，而不是保持（或获得）较小的身材。这一点只能通过可以满足营养需求的训练计划来实现。

女性体操运动员和其他许多女性运动员都有月经初潮年龄推迟的现象，这种情况可能会对骨骼的健康产生不良影响。 直到 16 岁还没有来月经的体操运动员应该去看医生以确定原因，如果有必要，应寻求补救措施。导致月经推迟或闭经的原因有很多。

- 体脂含量低。

- 铁储备状态差。

- 身体压力大。

- 心理压力大。

- 皮质醇水平高（皮质醇是机体产生的一种激素，可以缓解运动导致的酸痛；当血糖水平降至正常水平以下时，机体也会产生皮质醇。运动员体内的皮质醇水平通常很高，而且皮质醇会干扰雌激素的产生）。

- 能量摄入不足。

　　体操运动员可能面临上述所有因素的困扰。无论哪种原因，月经推迟都可能会对骨骼健康产生负面影响，并增加早期骨质疏松症发展的后期风险。为了降低月经推迟带来的风险，体操运动员应该定期评估铁储备状况及身体成分，以确保肌肉量随着年龄的增长而保持不变或增加。

　　女子体操运动员通常在 16 ~ 18 岁达到其竞技状态的巅峰。除了花样滑冰和跳水，很难想象还有哪种项目的运动员能像体操运动员这样，可以如此年轻就获得如此巨大的成就。为了实现这一目标，运动员必须在青春期的快速生长发育阶段投入大量的时间进行体能训练和技能学习。这期间的训练和生长发育会给运动员带来巨大的营养负担，如果不仔细规划，其营养需求很难得到满足。因此，要满足其生长发育、运动及组织维护的综合需要，必须制订合理的营养计划。如果体操运动员遵循合理的营养计划，他们会拥有看起来更好的身材，运动表现也会更好，他们还能够从运动中得到更多的快乐，并延长运动寿命。

冰球

　　不论是男子冰球还是女子冰球，冰球都是一项没有任何限制、需要全力以赴的高强度运动。如果近距离观看冰球比赛，你就会注意到运动员是轮流上场的，他们很少在冰上停留超过 1.5 分钟，然后就会被一组队员换下，而且他们连续滑冰的时间几乎从未超过 1 分钟。这个特点使得冰球运动员在冰上的全部时间都在全速进攻；而在被替换下场的这段时间，运动员体内能够再度生成磷酸肌酸，这样当运动员重新回到冰上时，他们能够进行更快、更具有爆发力的活动。这种激烈的运动是高度无氧的，因此高度依赖于磷酸肌酸和糖原的储备。为此，冰球运动员的饮食应做出一些积极的改变，从而帮助运动员在休赛期维持体重，以及在赛季期间提高其无氧代谢耐力[56]。

　　一项对瑞典冰球精英运动员进行的研究发现，滑冰的距离、替换上场的次数、每次替换上场的滑行时间及滑行速度都因为采用碳水化合物负荷法而得以改善[57]。另外一项研究也得出了类似的结论，即摄入碳水化合物能够提升冰球运动员的运动表现[58]。由此推断：冰球运动员的运动表现与肌糖原的代谢直接相关。这一推断被一项针对 7 名职业冰球运动员的研究所证实：比赛消耗了股四头肌中 60% 的肌糖原[59]。冰球运动员经常连续数日在冰上进行训练或比赛，因此有可能因碳水化合物摄入不足而出现肌糖原被耗竭的情况。这项研究的数据显示，大多数运动员会摄入蛋白质含量高、碳水化合物含量低的膳食，这种膳食势必会给进行无氧工作的肌肉带来能量供应的问题。从高脂、高蛋白食物转变为碳水化合物含量较高的食物并不容易实现，而且因为碳水化合物的热量密度比脂肪低，这种转变还有可能导致能量摄入不足。

另一项研究证实，许多冰球运动员的膳食存在热量不足、能量底物分配比例不合理的问题，并且缺乏一些维生素（包括维生素 A、维生素 D 和维生素 E）和矿物质（钙、镁和锌）[60]。在一项研究中，冰球运动员摄入一种特殊的膳食，这种膳食的脂肪含量和蛋白质含量减少，而碳水化合物的含量增加，结果导致冰球运动员出现了总能量摄入不足的问题[61]。因此，如果从脂肪含量高的膳食转变为脂肪含量较低、碳水化合物含量较高的食物，那么一定要小心，应保证总能量摄入量足以满足运动员的需求。

冰球运动员应该牢记上述所有因素，并考虑以下与冰球运动相关的营养问题。

频繁的比赛使冰球运动员对肌糖原的需要量较高，因此冰球运动员需要摄入碳水化合物含量高（占总能量的 60%～65%）的食物来补充糖原。运动员必须考虑优化糖原储备的策略。赛前餐应该几乎完全由基于淀粉的碳水化合物类食物组成，例如意大利面、土豆、大米、面包和谷物。水果、蔬菜和高麸皮食物（即粗纤维含量高的食物）可能会增加胃肠道内的产气量，因此在比赛前的一餐应该避免或少量食用这类食物。在比赛休息期间及两局之间，应该抓住一切机会摄入含碳水化合物的饮料。在比赛结束后的 1 个小时内摄入碳水化合物，对于不断激活糖原合成酶至关重要[62]。当不进行比赛或者训练时，典型的食物摄入的重点是基于淀粉的复杂碳水化合物；但是在比赛期间及比赛结束后即刻，摄入的食物应该是以食糖为主的简单碳水化合物。

改变饮食模式以期获得更多的碳水化合物，可能导致总能量摄入不足。对冰球运动员进行的调查充分表明，通常的能量摄入模式多是脂肪含量高、蛋白质含量高、碳水化合物含量低的状况，这种分配比例的能量摄入模式不能充分支持与冰球运动相关的能量消耗。但是，由于脂肪的能量密度较高，冰球运动员很容易获得他们所需的总能量。在食物重量相等的情况下，脂肪所能提供的热量是碳水化合物的 2 倍还多（每克脂肪提供 9 kcal 热量，每克碳水化合物提供 4 kcal 热量）。因此，膳食转变为脂肪含量较低、碳水化合物含量较高的食物后，同时保持相同的进餐频率，可能会导致能量负平衡，这种情况同样会对运动表现带来不利的影响[63]。对经常运动的人而言，如果能量摄入不足，肌肉会发生分解以保证运动所需的能量，这会影响运动员在爆发力运动中的表现。为了避免出现这种不良结果，一个可行的解决方案是确保冰球运动员将饮食频率增加至每天 6 次（早餐、上午的零食、午餐、下午的零食、晚餐、夜宵），通过这种方式来创造更多的进食机会，同时减少脂肪的摄入量，增加碳水化合物的摄入量。

高强度的运动会引起体温快速上升，同时伴随着出汗速率的加快。在此基础上，再加上冰球运动员所穿戴的装备，冰球运动员会面临极高的脱水风险。因此，遵循良好的水合计划进行补液，对于取得成功至关重要。冰球运动员应该在比赛前摄入大量的液体，并抓住一切机会在比赛期间和之后补充液体。考虑到运动员同时需要碳水化合物和液体，因此最佳的方法是使运动员利用任何可能的机会饮用含碳水化合物的饮料。（更多关于水合方案的信息请参见第 3 章。）

田径（短跑、跳高和投掷）

田径比赛包括一些持续时间较短的比赛项目，这些项目都依赖于通过无氧代谢获得的爆发力。短跑和跨栏比赛包括 400 米及 400 米以内的赛跑，而田赛包括用时短、需要使出最大力量的跳高和投掷项目。有证据表明，男子和女子短跑运动员、跳高运动员和投掷运动员的营养习惯都不尽如人意，他们中的大多数人至少有一种维生素或矿物质的摄入量低于标准摄入量[64]。还有证据表明，田径运动员发生应力性骨折的风险非常高，而应力性骨折通常被认为是能量和钙摄入不足导致的[65]。

短跑运动员很少发生体重超标的情况，因此他们无须进行有氧运动来减少体脂含量。一项研究发现，高强度运动与低强度运动在减少体脂含量方面的效果是相似的[66]。在许多运动中，短跑都被推荐作为间歇性训练的正常组成部分。不论是为了进行训练，还是运动项目本身包括短跑（例如 100 米短跑），短跑这项运动具有特定的能量需求，这一点必须被考虑在内，并使这种能量需求得以满足，这样才能使运动员获得最佳运动表现。由于短跑运动的自身特点是持续时间很少超过 10 秒，因此短跑运动员主要利用磷酸肌酸和糖原作为肌肉的能量来源。磷酸肌酸储备量足够的肌肉可以支持 8~10 秒的高强度运动，因此在短跑运动的整个持续时间内，大多数运动员很可能主要消耗的是磷酸肌酸。一项评估一水肌酸补充效果的研究发现，一水肌酸增加了肌肉内磷酸肌酸的储备量，促进了瘦组织（即肌肉）的增长，并且提高了短跑成绩[67]。这个结果与针对其他运动的研究所得出的结果是一致的[68]。碳水化合物的摄入也会影响短跑成绩。一项研究评估了摄入大量、中等量及少量碳水化合物后的运动表现，结果发现，摄入大量碳水化合物比摄入少量碳水化合物能够使运动员获得更快的短跑启动速度[69]。

对于某些体育项目，虽然大部分时间内运动员都在进行较低强度的运动，但是最后的冲刺速度是决定比赛胜负的关键。举例来讲，在 10000 米跑和马拉松比赛中，运动员几乎以他们能长期保持的最高速度匀速跑完全程，在这个速度下他们能够维持有氧代谢过程。然而，在比赛的最后阶段，运动员将进入最后的冲刺，此阶段的跑步速度超过了运动员的有氧代谢能力。一项研究模拟了这种高速的有氧跑步运动，然后进行无氧冲刺，结果发现摄入碳水化合物含量高的食物有助于提升运动表现。让运动员连续 4 天摄入碳水化合物含量高的食物，并与摄入碳水化合物含量中等的食物做比较，在完成 1 分钟的冲刺后，前一种情况能够使运动员在高强度的有氧代谢（约 75% 最大摄氧量）状态下更好地维持肌糖原的水平[70]。

田径运动员应该牢记上述所有因素，并考虑以下与田径运动相关的营养问题。

短跑需要大量的磷酸肌酸和碳水化合物作为能量来源。 根据短跑的定义，短跑运动员需要以最快的速度跑过规定的一段较短的距离。代谢方面的局限性限制着人类进行短跑的最大距离，且短跑时间永远不会超过 1.5 分钟。在短跑时，肌肉主要依赖于磷酸肌酸作为能量来源。为此，人们提出了这样的假设：额外摄入肌酸（主要以一水肌酸补剂的形式）可以改善磷酸肌酸的储备情况（更详细的信息请参见第 4 章）。磷酸肌酸储备量的增加可以增加运动员完成短距离全力冲刺的次数，并且可能提高肌肉主要依赖于磷酸肌酸作为能量来源进行工作的最长持续时间。有证据表明，补充一水肌酸确实能够提高短跑的频率和短跑距离。但是，其中一些研究存在固有的设计缺陷，因此运动员应该避免盲目从众地补充肌酸。举例来讲，这些研究没有评估运动员的总能量摄入是否充足，如果运动员存在总能量摄入不足的情况，肌酸的合成会受到限制，从而可能对运动表现产生不良影响。这个问题可以通过摄入更多能量（最好是摄入碳水化合物）这种简单且实惠的方法来解决。此外，频繁且长期摄入一水肌酸的安全性问题尚未得到充分的评估。

肌酸是膳食的正常组成部分，且在肉类（牛肉、猪肉、家禽）和鱼类中含量较高。因此，当摄入碳水化合物含量高的膳食时，让短跑运动员定期摄入少量的瘦肉似乎很有用。不吃肉的人应该注意摄入足量的蛋白质和热量，从而保证体内可以合成肌酸。但是，满足总能量的需求比摄入蛋白质更重要，这样运动员就能够合成肌酸来保持最佳表现。纯粹的短跑运动员可能会因为过量补充碳水化合物而使运动表现受到影响，但耐力型运动员可能需要超量补充碳水化合物来支持比赛最后阶段的冲刺需求。

爆发力的产生需要磷酸肌酸，而能够满足能量和蛋白质需求的膳食是获得磷酸肌酸的最佳途径

纯粹的短跑运动员必须快速跑过相对较短的一段距离，其自身体重是影响其短跑速度的**一个重要因素**。在短跑项目中，力量-体重比较高的运动员比力量-体重比较低的运动员更具有优势。应用碳水化合物负荷法（或超量补充碳水化合物）的效果之一就是迫使更多的碳水化合物（糖原）进入到肌肉中，这样碳水化合物（糖原）就能够被工作肌肉所利用。糖原与水的储存比例是 1∶3。也就是说，机体每储存 1 g 糖原，需要同时储存 3 g 的水。应用碳水化合物负荷法的运动员有时会表示他们感到身体僵硬、沉重。很显然，这种感觉不是短跑运动员在比赛开始时应有的感觉；但是对长跑运动员来讲，这种感觉是完全可以接受的。因此，纯粹的短跑运动员应该定期摄入碳水化合物含量高且总热量足够的食物，但是不应采用可能导致更多糖原和水分进入到肌肉中的碳水化合物负荷法。

游泳（100 ~ 400 m）

游泳运动员每取得一点点的进步都需要花费比其他任何运动项目的运动员多得多的训练时间。游泳运动员需要在水中进行长时间的训练来完善技能，从而更好地克服阻力，并提高有氧代谢和无氧代谢能力。在较短距离的游泳比赛中，比赛的持续时间通常不超过 2 分钟，大部分能量都来自于磷酸肌酸和糖原的无氧代谢（表 13.2）。虽然这类比赛的距离都很短，但是为维持高水平的爆发力输出，机体的能量需要量却是巨大的，其中大部分（超过 55%）的能量必须来自于糖原和磷酸肌酸。训练期间游泳运动员需要大量的能量和营养素，因此在制订训练计划时，必须将能量需求考虑进去。

表 13.2　不同持续时间的训练中，有氧代谢和无氧代谢的供能比例

持续时间 /s	无氧代谢的供能比例 /%	有氧代谢的供能比例 /%
0~30	80	20
30~60	60	40
60~90	42	58
90~120	36	64
120~180	30	70
累计表示		
0~60	70	30
0~90	61	39
0~120	55	45
0~180	45	55

注：随着训练时间的延长，运动员的爆发力会下降，而且更多的能量供应依赖于有氧代谢。有氧代谢可以通过脂肪代谢来供能，而较少依赖于糖原和磷酸肌酸。

经授权改编自 Lamp DR. Basic principles for improving sport performance [2011-06-27]. http://www.gssiweb.com/Article_Detail.aspx?articleid=28。

　　一项针对国家游泳训练营的游泳运动员的研究发现，他们的平均能量摄入量（男性为 5221 kcal，女性为 3573 kcal）和营养摄入量充足，但游泳运动员之间的摄入量却存在巨大差异[71]。除了这种差异外，游泳运动员还倾向于摄入过多的脂肪，而碳水化合物摄入量过少，这提示大多数游泳运动员的饮食习惯可能并不能为其训练和比赛的能量需求提供最佳支持。此外，有证据表明，大学生女子游泳运动员存在铁储备不足的情况，这可能会对训练和运动表现产生不良影响[72]。相关研究评估了男子游泳运动员从肉类和乳制品中获得高脂食物的愿望，结果发现富含脂肪的动物性食物对于男子游泳运动员具有感官吸引力，即使在运动员进行高强度训练期间也是如此[73]。

　　高水平的游泳运动员通常是高中生和大学年龄的成年人，他们必须花费大量的时间在游泳池中进行训练来提高速度，因此在日常训练中他们需要每天安排多次训练。游泳运动员通常在清晨和下午晚些时候（上学前和放学后）进行训练，而且他们一般都会认同一点，即他们在训练课程开始前（通常是清晨 5 点）必须先游一两圈，以提高游泳成绩。因此，现在的问题是必须确保游泳运动员在正确的时间、以正确的形式摄入足够的能量，这样才能使摄入的能量为训练计划提供支持。理想的情况是，游泳运动员应该在两次训练之间以及训练过程中，花些时间来大量摄入富含碳水化合物的食物。但前提是必须确保游泳运动员在进入泳池之前胃内是空的。这就意味着，在游泳训练和比赛期间，运动员应该补充含碳水化合物的运动饮料。如果在入水之前不久摄入大量的固体食物，更多的液体会从肌肉流向胃肠道，并且可能导致痉挛。

　　游泳运动员应该牢记上述所有因素，并考虑以下与游泳运动相关的营养问题。

　　游泳运动员的训练时间很长，并且训练强度较高。有竞争力的游泳运动员会为了提高技能而努力训练，并会花费大量的时间进行训练，所有这一切都意味着游泳运动员有着巨大的热量需求。由于游泳运动员经常在清晨进行训练，因此他们在早上醒来后应立即摄入一些碳水化合物，从而留出充足的时间使食物或饮料在训练前从胃内排空，这一点非常重要。如果运动员在训练前未能摄入 100～200 kcal 或更多（取决于体重）的碳水化合物，则训练的效果会因此受到影响。在去往游泳池的路上啜饮一些液体（苹果汁、葡萄汁或运动饮料）是很容易做到的事情。清晨的训练结束后，游泳运动员应该补充一些碳水化合物含量高的早餐食物（如谷物、吐司面包和百吉饼），这些食物应该随手可得。这样做将有助于游泳运动员补充在训练过程中消耗的能量，并开始为下午的训练储备更多的能量。此外，高中生游泳运动员因为其能量需求高，应向学校的管理者申请在上午加一餐零食，来补充 200～400 kcal 的能量。

　　在游泳池里练习冲刺的游泳运动员应该知道，肌肉细胞中的磷酸肌酸（冲刺时的主要能量来源）很可能被耗尽，而且机体需要经过一段时间才能重新合成磷酸肌酸，使细胞为下一次的冲刺做好准备。当总的冲刺时间达到或超过 2 分钟时，机体需要 4 分钟的恢复时间，从而使细胞补充所消耗的磷酸肌酸。如果缺乏这一段时间的恢复，游泳运动员将不得不以较低的强度进行训练，而且随后的冲刺时间也会较短。如果发生这种情况，游泳运动员学习的冲刺方式可能会对其参赛表现产生负面影响^[74]。

一些游泳运动员坚信，减轻体重对于改善体型及减小阻力是必要的。比赛服所采用的材料极薄，不可能掩盖游泳运动员的体型。由于每个人都希望有良好的体型，因此这可能会促使游泳运动员减重。但是，如果因为减重而造成肌肉流失，进而导致爆发力的下降，那么游泳运动员很容易出现运动表现的下滑。但是，如果是以减小阻力的方式来减重，那么运动员可能会在运动表现方面获益。遗憾的是，大多数的减重策略都适得其反，对运动表现产生了不良影响。因此，无论是为了使体型看起来更好看，还是为了使游泳速度更快，或者同时出于这两种目的，希望减重的游泳运动员均应在专业医疗人员的直接监督下进行减重。此外，减重的重点应放在减少脂肪和维持肌肉量上，而非笼统地减重。

游泳运动员高度依赖糖原和磷酸肌酸，而冲刺表现则高度依赖碳水化合物（用于糖原储备）和磷酸肌酸。当能量总摄入量足够，且其中以碳水化合物为主（碳水化合物的摄入量至少应达到 30 kcal/kg），同时蛋白质的摄入量足够（1.2~1.7 g/kg）时，我们有充分的理由相信，运动员可以储存足够的糖原，且且其体内能够合成足够的磷酸肌酸来适当地为肌肉供能。但是，对于摄入一水肌酸（磷酸肌酸的前体）补剂，运动员都有强烈的动机，他们希望通过这种方式来获得竞争优势。虽然一水肌酸可能会提高游泳运动员高强度冲刺的次数，但是游泳运动员应该明确，定期补充肌酸会导致他们的体重增加。这种情况所导致的体重增加很可能是由于体内水分的增加，因此体重增加会减小浮力并增大阻力。要想获益更多，可能需要创造少量多次的进食机会，从而确保最佳的能量总摄入量。

游泳运动员需要补充液体。很难想象，虽然游泳运动员的身体周围有那么多的水，但是他们仍有发生脱水的风险。事实上，由于游泳运动员在低温环境（水温通常低于空气温度）中训练，这种低温环境使得肌肉运动所产生的多余热量很容易散失。但是，在考虑游泳运动员的水合状态是否充足时，还应考虑到其他合理的因素。水合状态不良的运动员可能会出现血容量较低的问题。为了将氧气和营养素通过血液运送至细胞，心脏会更加努力地工作，其结果是用于运送代谢副产物的血容量减少。此外，很多游泳比赛是在户外进行的，在比赛前游泳运动员需要在户外等待很长时间，很容易导致其过热。体内储存过多的水分会增加运动员的体重并使阻力增大，从而给游泳运动员带来麻烦；而身体内水分不足则会影响运动表现和注意力。因此，一个很好的经验法则就是不断啜饮少量的水或运动饮料，同时避免采用可能迫使机体储存多余水分的策略（例如糖原负荷法、补充肌酸等）。

摔跤

摔跤运动已经有数千年的历史。法国、埃及和古巴比伦的早期雕刻作品和油画中所描绘的摔跤运动员的姿势与现代基本相同。在古希腊举办的奥林匹克运动会中，摔跤是最重要的比赛项目^[75]。长期以来，摔跤比赛的基本规则没有改变：摔跤运动员试图将对手的肩膀压在垫子上，从而赢得比赛。如果两名摔跤运动员都不能摔倒对方而胜出，则由裁判员采用计分规则（点数系统）来确定获胜者，计分规则包含详细的点数规则，其中包括接近摔倒对手、压住对手并使其后背靠近垫子及控制对手达到一定的时间所获得的点数。

　　一直以来，摔跤运动员为了减重（即摔跤运动员通过减重，使自己可以按所能达到的最低的体重级别来参赛）所采取的方法都是有问题的。1996 年，关于摔跤运动员减重的问题，美国运动医学会发表了一份声明[76]。

> 　　尽管越来越多的证据警告摔跤运动员不要进行减重，但是在摔跤运动员中，减重（快速减重）这种做法仍然非常普遍。减重会带来明显的不良后果，并可能影响运动员的成绩、身体健康及正常的生长发育。为了加强教育并降低健康风险，美国运动医学会为教练员和摔跤运动员推荐了一些指导措施，引导他们采用健康的营养和体重控制行为，阻止其快速减重，并施行相关措施来限制减重。

　　尽管美国运动医学会针对减重方式带来的问题提出了警示，但在 1997 年，摔跤界仍然发生了悲剧性的死亡事件，3 名大学生摔跤运动员因采用常见的减重策略而意外离世。密歇根大学三年级学生杰夫·里斯为了参加较低体重级别的比赛，在 33℃（92℉）的房间中身着橡胶服进行训练，结果死于肾衰竭和心力衰竭。来自坎贝尔大学年仅 19 岁的摔跤运动员比利·塞勒（曾三度获得佛罗里达州的冠军）和来自威斯康星大学年仅 22 岁的约瑟夫·拉罗萨也是为了争取参加较低体重级别的比赛，因试图减掉大量体重而死亡。

　　这些死亡事件引起了轩然大波，人们呼吁严格审查运动员为获取较低体重级别的参赛资格而采取的减重方法（摄入补剂、脱水和节食）及鼓励这种做法的规则。关于这些事件的讨论取得了重要的成果，提高了摔跤教练员对减重、运动营养学、训练期膳食、脱水和身体成分的认知水平。

　　全美大学体育协会负责管理大学生摔跤运动，该协会制订了相关规则，这些规则已被全美大学校际体育协会（NAIA）、全美初级大学体育协会（NJCAA）以及美国大学生摔跤协会（NCWA）所采纳，用于对体重进行分类。这些规则极大地减少了运动员减重的动机，因此对降低健康风险有一定的促进作用。对体重进行分类的规则有以下要求[77]。

　　•在第一次正式的团队训练之前，摔跤运动员必须让运动医学相关的专业人员（医生、运动教练员或注册营养师）对其体重进行评估。

　　•评估所得的体重将被视为摔跤运动员的最低体重级别；这名运动员不能参与低于此体重级别的比赛，而且有可能只能参与比测得的体重高一个级别的比赛。

　　•如果在赛季中摔跤运动员的体重增加了，且增加后的体重所对应的体重级别比之前测得的最低体重高出 2 个级别，那么这名运动员将不能参加先前确定的最低体重级别的比赛。

　　•为了确保运动员不会通过脱水来获得最低体重级别，在确定体重级别时运动员必须处于正常的水合状态。为了进一步减少脱水的发生，全美大学体育协会已经禁止蒸桑拿和使用橡胶服。此外，每个级别的体重余量已经从 1 lb（0.5 kg）增加到 2 lb（1 kg）。

　　•赛前称量体重的时间也从比赛前 24 小时改为比赛前 2 小时，这样会使运动员的恢复时间更短，即当运动员通过脱水来降低体重时，在比赛前恢复体重的难度更大了。

一项对大学生摔跤运动员的减重方法的研究发现，40%的运动员都在遵循全美大学体育协会制订的新规则，并避免那些危险的减重方法[78]。虽然这是一个积极的结果，但是很多摔跤运动员仍在采用那些危险的减重方法。研究发现，在摔跤赛季期间，美国密歇根州的大多数高中生摔跤运动员每周都会采用至少1种有害的方法来减重。这些有害的减重方法包括禁食及各种导致脱水的手段[79]。从各个层面上讲，摔跤运动员仍普遍采用的这些减重方法都令人担忧。一些证据表明，营养不良可能导致摔跤运动员体内生长激素的合成出现变化，如果这种情况持续多个赛季，可能会导致永久性生长障碍[80]。另外一项研究发现，限制饮食会减少蛋白质营养，并对肌肉功能产生不良影响[81]。其他研究中的发现也进一步证实了

美国运动医学会关于摔跤运动员进行减重的警示

在这份警示文件中，美国运动医学会提出了以下建议。

1. 教练员和摔跤运动员应该清楚地知道长时间禁食和脱水对运动表现和身体健康所造成的不良后果。

2. 劝阻摔跤运动员不要通过使用橡胶衣、蒸汽房、热箱、桑拿、泻药和利尿药等方式进行减重。

3. 采用所在州或国家管理机构制定的新法规，即在比赛开始前称量体重。

4. 制订计划表，每天在训练前后称量体重，监测体重下降和身体脱水情况。如果在训练过程中出现体重下降，那么摔跤运动员应通过摄入充足的食物和液体来重新恢复到原来的体重。

5. 在赛季之前，使用针对摔跤运动员这个群体合理、有效的方法来评估每名摔跤运动员的身体成分。年龄在16岁及以下且体脂率低于7%的男子摔跤运动员，或者年龄在16岁以上且体脂率低于5%的男子摔跤运动员，应在参赛前进行医学检查并确保可以参赛。女子摔跤运动员的体脂率应为12%~14%。

6. 摔跤运动员每天都需要从高碳水化合物（占总热量的55%以上）、低脂肪（低于总热量的30%）的平衡膳食中获得热量，同时需要摄入足量的蛋白质（占总热量的15%~20%，或1.2~1.7 g/kg），这是根据推荐膳食供应量指南和身体活动水平确定的。对于高中生和大学生摔跤运动员，其每日热量摄入量应该为1700~2500 kcal或更高，具体取决于运动员的体重；严格的训练可能使每日的热量需求额外增加至多1000 kcal。教练员、家长、学校的工作人员和医生应该告知摔跤运动员，每日的能量摄入量不能低于日常的最低需要量。在这个最低热量摄入量的基础上进行训练，就可以实现逐渐减重的目的。在达到最低水平的体重后，年轻的摔跤运动员应该充分增加热量的摄入来支持其正常发育的需求。

[经授权引自 Oppliger RA, Case HS, Landry GL, et al. ACSM position stand: weight loss in wrestlers. Medicine & Science in Sports & Exercise, 1996, 28(10): 135-138.]

这些观点。这些研究表明，通过限制能量摄入来减重会使摔跤运动员的无氧运动表现出现明显的下滑。给予富含碳水化合物的膳食后，运动员的运动表现往往可以恢复到之前的水平；而碳水化合物类食物摄入量较低的运动员，他们的运动表现则没有恢复[82]。

　　除了快速减重会导致明显的生理变化外，还有充分的证据表明，大学生摔跤运动员快速减重会对短期记忆力造成损害，这种情况可能会影响这些学生运动员的学习成绩[83]。有证据表明，如果参加摔跤比赛时的体重低于之前预测的最低体重，运动员取得成功的可能性更大[84]。但是也有证据表明，参加摔跤比赛时的体重较之前预测的最低体重有所增加，对于取得成功至关重要。一项评估摔跤运动员相对体重增长的研究发现，在57%的比赛中取得成功的都是体重出现增长的摔跤运动员[85]。还有证据表明，即使脱水程度只有3%，也会损害无氧耐力和无氧爆发力；而且相对较小的体重下降幅度（体重减轻4%）也会妨碍运动员取得较好的摔跤成绩。因此有人推荐，如果摔跤运动员在参赛前能够逐渐减小训练强度（以优化糖原储备），并摄入高碳水化合物膳食，同时达到良好的水合状态，那么他们会在比赛中发挥出与最佳表现匹配的实力[86]。

　　摔跤运动员应该牢记上述所有因素，并考虑以下与摔跤运动相关的营养问题。

　　控重对于运动表现和健康都是有害的。已有充分的证据表明，与控重有关的体重循环（即先进行减重，然后为了比赛成绩而恢复体重）是非常危险的做法，并且可能会导致糖原耗竭、肌肉量下降、静息状态下的能量消耗量减少和体脂含量增加[87]。这种情况的频繁发生可能会导致以下结果：静息状态下的能量消耗量减少可能会使运动员更难以通过饮食限制来达到减轻体重的目的，进而导致摔跤运动员采取更加极端（也更加危险）的措施来获得理想的体重。摔跤运动员和教练员应该遵循合理的模式（如威斯康星校际体育协会提供的模式）来获得所需的体重，从而避免出现健康和运动表现方面的问题[88]。这类模式要求制订合理的体重目标并为运动员提供营养方面的信息，目的是帮助摔跤运动员以合理的方式获得理想的体重，并使其了解不正确的减重方法所带来的影响。这些获得理想体重的指南均对在整个赛季期间可能出现的最大体重变化设置了一个上限，还添加了一个监控系统，目的是确保摔跤运动员不会在本赛季的任何时刻突然出现急剧性的体重变化。

　　摔跤运动属于无氧运动，这意味着运动员极其需要良好的水合状态来储备碳水化合物。虽然奥运摔跤项目有一部分的有氧运动（比赛可能会持续5分钟，中间不间断），但是高中生摔跤项目主要是一种无氧运动（分为3个回合，每个回合持续2分钟）。在这种类型的活动中，运动员对碳水化合物的需求非常高。而且有证据表明，当摔跤运动员摄入高碳水化合物的食物时，他们能够取得更好的成绩。摔跤运动员通常会将脱水作为一种获得目标体重的手段，这一点非常值得关注。脱水会抑制机体对碳水化合物的储备（储备1g糖原，需要同时储备3g水），因此在脱水状态下参加比赛极其危险，且会对运动表现产生极其严重的不良影响。通过脱水来减重会导致一系列明确的、危险的后果（包括器官衰竭、中暑和死亡），因此摔跤运动员应该避免发生脱水。运动员还应该明白一点：水合状态良好的运动员会比脱水状态的运动员发挥得更好。

摔跤运动员和教练员应该更深刻地了解营养不良的潜在危害。如果那些正处于生长发育阶段的运动员随意地进行减重，这种做法会诱发疾病，而不会起到促进健康（运动的最终目标）的作用。让一名年轻的摔跤运动员以有害的方式去实现一个错误的低体重目标，特别是通过这种方式所获得的低体重与其实际要参加的比赛的体重级别无关时，这种做法是不可取的。所有与这项运动相关的人都应该对制订一份广泛适用于摔跤运动员的体重-身高标准给予支持。而且，摔跤运动员应该在比赛即将开始之前称量体重，而不是过早地称量体重，以免诱导运动员采取不当的进食行为造成体重急剧且危险的变化。摔跤运动员和教练员都应该清楚当前这种控重方式的危害性。

速滑

男子速滑和女子速滑分别于 1924 年和 1960 年成为奥运会比赛项目。短道速滑在 1992 年奥运会上首次成为正式的奥运项目。在速滑比赛前，运动员通常每周要训练 30~35 小时[89]。不论比赛的距离如何，这个训练量均会导致运动员的能量需求较高。在某些距离较长的马拉松速滑比赛中，运动员因处于寒冷的比赛环境中，对能量的需求可能会更高（此时的能量需求会额外增加 10%~40%）[90]。正如我们所预期的那样，有证据表明，能量摄入量更高的速滑运动员，对微量营养素的摄入量也较高[91]。

由于难以安排充足的机会来进食，从而满足如此高的能量需求，很多速滑运动员会将营养补剂作为正常饮食的一个简单的替代品。一项研究对 27 项运动的精英运动员摄入营养补剂的情况进行了评估，研究发现：短道速滑运动员和长距离速滑运动员摄入营养补剂的人数比例最高[92]。在这项研究中，营养补剂摄入量最高的运动员主要通过体能训练师、队友、家人或朋友来获取营养补剂方面的信息。但是，通过这些渠道所获得的大多数建议与速滑运动员的营养需求并不相关。此外，许多营养补剂被发现含有违禁物质，可能会增加速滑运动员兴奋剂药检呈阳性的风险[93]。

在速滑比赛前的备赛阶段，速滑运动员的训练模式常与长跑运动员的训练模式类似，即他们都会努力提高有氧运动能力[94]。在速滑训练中，长跑和骑行占 40%，高强度间歇性训练占 20%，耐力或阻力训练占 15%，针对速滑运动特点的专项训练则占 25%。

短距离（即 500~1500 m）速滑需要较高比例的无氧代谢的支持，而长距离（即 5000 m 和 10000 m）速滑则需要更高比例的有氧代谢来支持[95]。特别是对于那些氧气需要量更高的长距离速滑运动员，铁的储备状态至关重要。某些运动员会到高海拔环境中居住一段时间，其目的是刺激新的红细胞的生成，从而优化铁的储备状态，但是这个策略仅在体内铁储备充足的情况下才会有效[96]。

关于速滑运动员的历史数据表明：精英运动员的营养摄入情况出现了显著的改善。1983 年，速滑运动员采用的是能量密集型膳食，其中 50% 的热量来自于脂肪，只有 30% 的能量来自于碳水化合物。最近的膳食分析表明：碳水化合物的供能比例已增加到总热量的 60%，这更符合膳食推荐水平[97-98]。

速滑运动员应该牢记上述所有因素，并考虑以下与速滑运动相关的营养问题。

满足机体对能量的需求。速滑运动员对能量的需要量很大。如果没有足够的能量，机体很难维持足量的肌肉，并且会使糖原储备量减少。比较理想的情况是，针对特定的训练方案制订出相应的膳食计划，通过增加饮食次数来满足这种较高的能量需求。为了达到速滑运动所需的爆发力和耐力水平，速滑运动员需要摄入较高水平的碳水化合物来保证能量的供给，应该按照每日 8~10 g/kg 的标准来摄入碳水化合物，或者按照总热量的 65% 左右来摄入碳水化合物。

确保满足水合需求。在任何环境温度下，机体都会出汗。寒冷的环境还可能产生利尿作用，这会进一步导致水合状态受损。任何程度的脱水都可能对运动表现产生负面影响，因此速滑运动员应该确保在训练之前、期间和之后摄入足量的液体。尿色深、排尿次数少或者尿量少均提示运动员的水合状态不佳。比较理想的情况是，速滑运动员应该在训练前的最后一餐进食固体食物之后，开始啜饮运动饮料（碳水化合物的浓度约为 6%，且每杯运动饮料应含有 150~200 mg 的钠）。速滑运动员应该在训练前每 10~15 分钟喝一两口运动饮料，然后在训练过程中的恰当时机频繁、间歇性地啜饮同一种液体。

以优化糖原储备的方式进食和饮水。为了优化糖原储备，运动员需要在最佳时机摄入碳水化合物和液体（为储备 1 g 糖原，需要同时储备 3 g 的水）。而脱水则会影响糖原的储备。速滑运动员应该同时关注肝糖原和肌糖原。肝糖原主要负责维持血糖水平，在白天不进行训练时，肝糖原的耗竭需要大约 3 小时。但是，运动会极大地增加机体对血糖的需要量，仅30 分钟的运动即可导致肝糖原耗竭和血糖水平下降。低血糖会导致神经疲劳，进而导致肌肉疲劳。为了维持肝糖原的储备量，在运动前和运动过程中，速滑运动员应尽可能频繁地摄入碳水化合物（啜饮运动饮料是一个很好的方法）。

最佳的肌糖原储备需要具备如下条件。①通过较低的训练强度和较短的训练时间，降低肌糖原的利用率。②在合适的时间摄入充足的碳水化合物和液体来支持肌糖原的储备。运动之后立即摄入碳水化合物非常有用，因为这时糖原合成酶的活性最高。在运动过程中摄入碳水化合物也有助于减少运动过程中肌糖原储备的消耗，这样当需要连续多日进行训练时，运动员就更容易在之后的训练日中维持更高的糖原储备量。

确保铁储备状态正常。速滑运动员的有氧代谢需求很高，当速滑距离超过 1000 m 时更是如此。不论速滑比赛的距离如何，大多数速滑运动员所遵循的都是长期的训练计划，因此氧气转运能力对于他们至关重要。考虑到铁元素对速滑运动的重要性，以及铁缺乏是最普遍的营养缺乏症，因此让速滑运动员每年进行一次铁状态评估很有意义。在铁储备状态受损的情况下，速滑运动员几乎不可能以最佳的状态进行训练或比赛。

提供充足的进食和休息时间。速滑运动员需要花费大量的时间进行训练。但另一方面，有证据表明，进食和休息并没有作为训练方案的一部分。食物摄入不足、进食机会不够多（运动员不得不在一餐内摄入过量的食物）及休息不足都会阻碍运动能力的提高。在制订训练日程时，速滑运动员应将食物和饮料的摄入与训练动态地结合起来。

奥林匹克举重

国际举重联合会（IWF）已经为男子比赛设立了 8 个体重级别，为女子比赛设立了 7 个体重级别；前者包括男子 56 公斤（123 磅）级～105 公斤（131 磅）级以上的比赛，后者包括女子 48 公斤（106 磅）级～75 公斤（165 磅）级以上的比赛。举重比赛分为抓举（通过单个动作，手臂伸直将杠铃举过头顶）和挺举（通过两个单独的动作将杠铃举过头顶）。最终获胜者是在抓举和挺举两项中举起最大重量的运动员。与其他爆发力型运动员相比，奥林匹克举重运动员要比短跑运动员强壮得多；而且与力量举运动员相比，奥林匹克举重运动员产生的峰值力量和爆发力要高得多[99]。

举重运动员倾向于摄入大量（2.5 g/kg 或更多）的蛋白质，并且可能会利用大量的蛋白质来供能。研究人员建议：对处于能量平衡状态的举重运动员来说，每天 1.0 g/kg 的蛋白质摄入量可能就足够了；那些摄入量明显高于这个水平的运动员，他们的情绪状态会因此而受到负面影响[100]。摄入大量蛋白质很可能还会导致体内产生大量的含氮代谢废物，这类含氮废物可能会导致脱水，长期存在此情况可能会损伤肾小管[101]。

在一项研究中，人们对肌酸、蛋白质和碳水化合物的混合物进行了评估。研究发现：该混合物在增加肌肉及提高力量（40% 的力量提高得益于肌肉的增加）方面，要优于蛋白质和碳水化合物补剂[102]。另一项研究发现，在帮助肌肉增大和力量提高方面，乳清蛋白的效果与一水肌酸等同。这表明，肌酸本身以外的某些物质可能与力量的增长有关[103]。一项关于蛋白质补剂（其来源未知）的研究发现，摄入蛋白质补剂与肌肉运动表现的提升不存在明显的相关性[104]。此外，这项研究还发现，摄入蛋白质补剂组的静息皮质醇（分解代谢类激素）水平要明显高于安慰剂组。

研究发现，当运动员运动至接近疲劳点时，摄入咖啡因能够提升短期阻力运动的表现；而且与摄入安慰剂相比，摄入咖啡因也可能导致运动员出现更积极的情绪状态[105]。也有研究评估了举重运动员摄入甜菜碱（甘氨酸衍生物）补剂的效果，结果显示持续 2 周补充甜菜碱能够改善肌肉耐力并减轻肌肉疲劳程度[106]。但是，全谷物、贝类和新鲜蔬菜本身就含有大量的甘氨酸和甜菜碱，因此摄入这些食物的运动员在摄入甜菜碱补剂后，可能不会显现出这两方面的获益。

我们都知道，爆发力型运动员可能会服用存在确切风险的补剂，其中包括含麻黄碱的营养补剂[107]。麻黄碱可引起严重的心脏问题和神经系统问题。这又是一个运动员为提升运动表现而采取错误方式的例子。如果运动员能够从食物中补充足够的能量，多数补剂将无法显现其潜在的有益效果；如果运动员采取少量多餐的方式来摄入这些食物，情况更是如此。一项研究回顾了奥林匹克举重运动员的饮食习惯，并从中发现了一些令人不安的趋势[108]。这些运动员将动物来源的蛋白质视为最关键的食物，并且肉类和鸡蛋的摄入量是铁人三项运动员摄入量的 2 倍以上。举重运动员经常会摄入那些未经证实具有确切功能强化作用的补剂。为了参与较低体重级别的比赛，举重运动员还经常为了减重而在比赛前减少能量的摄入。

身体成分是影响举重成绩的一个重要的因素，其中瘦体重与抓举和挺举成绩密切相关。而体脂率则与抓举和挺举成绩成负相关[109]。这些结果显然会对举重运动员摄入食物的方式及种类产生影响，而且解释了为何许多举重运动员会通过摄入补剂来获得期望的身材。

奥林匹克举重运动员应该牢记上述所有因素，并考虑以下与举重运动相关的营养问题。

在保证身体成分具有竞争力的基础上维持体重，要比在比赛前先减重，然后恢复体重的做法好得多。运动员应该寻找能够使其保持充满竞争力的体重和身体成分的方法，而不是通过减重来达到所需的体重等级。对于那些高度依赖于较高的肌肉含量和较低的体脂含量来获得最佳运动表现的运动员，循环减重的做法很可能带来负面影响。在满足总能量需求的前提下，采取少量多餐的膳食模式，同时使能量摄入与能量消耗动态匹配，会为提高肌肉量、降低体脂率带来积极的效果。

进食总是优于摄入营养补剂。食物可以提供机体所需的各种各样的营养素和能量，而且价格便宜，并且不包含违禁物质（许多补剂经常不会在标签上注明所含的违禁物质）。对于那些由于某些原因而无法获得足量食物和营养素的运动员，补剂确实能够发挥一定的作用。然而，没有任何补剂能够替代合理的膳食。

蛋白质很重要，但并不是万能的。对举重运动员进行的膳食调查充分表明，他们过度依赖于蛋白质，并且蛋白质的摄入量过多。对于举重运动员，蛋白质的摄入量不超过 2.0 g/kg，碳水化合物的摄入量不低于 6.0 g/kg，这样的饮食更合理且更安全。这样的能量底物分配比例将有助于满足机体对糖原的需求，并能够提供足量的蛋白质来维持或增加肌肉量。

比赛时，运动员可能会高度依赖磷酸肌酸获得能量；但是平日的训练都耗时较长，运动员会高度依赖于肌糖原。运动员经常错误地认为，比赛时的代谢需求与训练时的代谢需求是一样的。为了在举重比赛中获得良好的运动表现，运动员需要大量的磷酸肌酸。运动员可以通过摄入足量的能量和蛋白质来避免在白天出现严重的能量缺乏，从而优化肌肉中的磷酸肌酸储备。在训练期间，运动员需要在健身房中进行很多次的重复动作，并且训练时间较长，这使得磷酸肌酸远远不能满足训练的能量需求。因此，对于重复性的高强度运动，糖原储备变得更加重要。为了优化糖原储备，运动员需要相对较高的碳水化合物摄入量，并且应在训练前、训练期间和训练后有计划地摄入。

为了完成需要最大爆发力和速度的体育项目，运动员应注意摄入足够的能量，并且摄入的膳食应以碳水化合物为主，从而为肌肉运动合成并储存足够的糖原。由于磷酸肌酸和糖原是高强度运动的主要能量来源，因此运动员也应摄入足量（1.5～2.0 g/kg）的蛋白质，从而保证肌酸的合成。越来越多的证据表明，补充肌酸可以显著提升短时间、高强度运动的运动表现[110]。但是，许多研究存在设计方面的缺陷，没有明确运动员在运动之前是否摄入了足够的总能量，也没有明确足够的能量摄入是否会促进更多的内源性肌酸的合成。

在很多运动项目中，许多运动员的营养习惯都不尽人意。这些运动员在开始营养补充计划之前，应该首先纠正这些不良的营养习惯[111]。液体的摄入能够帮助运动员维持血容量（这是影响运动表现的一个至关重要的因素），而液体摄入量不足会限制糖原的储备，还会使体温更难以维持稳定，因此液体的摄入也很重要。教练员倾向于过度夸大蛋白质的作用，并且经常推荐低脂饮食，还经常夸大某些食物的效果，而不是为运动员提供科学的膳食建议[112]。运动员应该根据他们的运动项目来调整碳水化合物和液体的摄入，高强度、持续时间短的运动往往会使相应的需要量很高[113]。

本章要点

· 训练强度越高，肌肉越依赖于碳水化合物来供能。但是，碳水化合物对于持续时间长的低强度耐力运动也同样重要。

· 相比脂肪的储备能力，机体对碳水化合物（糖原）和磷酸肌酸的储备能力相对较差。因此，为了能够完成需要爆发力的高强度运动项目，运动员应该制订出优化碳水化合物储备的策略，还应该为了优化磷酸肌酸储备而调整训练和饮食习惯。

· 虽然爆发力型运动员经常认为摄入大量的蛋白质是成功的关键，但是他们可能会错误地将较高的蛋白质摄入量与支持较高的肌肉量所需的热量混为一谈。

· 虽然很多运动项目中每个回合的比赛时间不足 90 秒，但是这些项目的训练时间经常会持续数小时。在训练过程中摄入含碳水化合物的运动饮料很有用，能够确保糖原储备不会被耗竭。

· 如果比赛的特点是多回合、高强度的运动（如链球的不同回合），那么运动员应该利用比赛中的休息时间补充含碳水化合物和电解质的饮料。

耐力型运动的
有氧代谢

对耐力型运动员而言，在比赛前优化碳水化合物的储备状态，在比赛期间持续摄入碳水化合物，以及在比赛前和比赛过程中维持最佳的水合状态，这些都是他们实现最佳运动表现的关键因素。对耐力型运动员进行的调查表明：大多数耐力型运动员存在热量摄入不足、过度依赖蛋白质和脂肪，而对实现最佳运动表现所需的碳水化合物的依赖性不足等问题。此外，耐力型运动员习惯于在日常训练之后才开始考虑增强肌肉恢复能力的营养因素。耐力型运动员的训练方式一般不同于比赛方式。例如，尽管在长距离的耐力比赛中每 3 mi（约 5 km）摄入饮料是标准的做法，但运动员在训练过程中却很少这样做，这就使得他们很难完全适应比赛环境。本章将介绍在训练和比赛过程中优化碳水化合物储备的营养方案，以及能够维持血容量和出汗速率的补液方案。另外，本章还对常用的补液产品和能量产品进行了综述，以帮助耐力型运动员针对各种不同的训练和比赛环境选择最合适的产品。

营养策略

耐力型项目（诸如公路自行车赛、长距离游泳比赛、马拉松赛、铁人三项和 10000 米跑等项目）都需要运动员具备高水平的耐力，而对无氧爆发力的要求相对较低。这些项目要求参赛选手以其最大的有氧代谢能力来完成长距离的运动。随着耐力训练水平、营养水平及选手水平的提高，比赛纪录接连被刷新。这表明，采用正确的方法可以（而且一定会）不断提高耐力型运动的成绩。

2011 年波士顿马拉松赛冠军、来自肯尼亚的杰弗里·穆太（Geoffrey Mutai），他以 2 小时 3 分 2 秒的成绩夺冠并打破了该项目的世界纪录（比赛距离共 26.2 mi，相当于每英里跑步用时不超过 4 分 42 秒）。尽管其速度如此之快，但是运动员仍然能够在这个速度下维持足够的氧气摄入来维持肌肉的有氧代谢。也就是说，大部分肌肉是在有氧状态下进行代谢来获得运动所需的能量的。有氧代谢是机体获得能量的一种有效途径，可使运动员在很长的时间内维持肌肉的工作状态。

有氧训练有利于提升运动员的氧气利用能力。中间型（Ⅱa 型）肌纤维趋向于表现为快肌（爆发力型）纤维而非慢肌（耐力型）纤维，有氧训练可显著增加该类肌纤维细胞中线粒体和氧化代谢所需酶的含量。训练对氧气利用的影响众所周知。在关于血乳酸的研究中，在完成同等强度的运动时，训练有素的运动员对血乳酸的耐受水平远远高于未经训练的研究对象。中间型肌纤维的转化会改善运动员的有氧耐力。氧气利用能力的提高会改善机体将脂肪作为主要能源进行代谢供能的能力，从而降低运动员对碳水化合物的依赖性。

与举重和速滑等爆发力型运动项目（最大摄氧量 <60 ml/kg·min^{-1}）的运动员相比，那些参加越野滑雪和长跑等有氧运动的运动员的最大摄氧量更高（最大摄氧量 >80 ml/kg·min^{-1}）[1]。即使是最瘦的运动员，其体内也会以脂肪的形式储备大量的能量。机体内脂肪代谢供能水平的提高可极大地提高耐力水平。但是，因为脂肪的完全氧化需要碳水化合物，而运动员对碳水化合物的储备量相对较低，因此碳水化合物仍然是耐力型运动中限制性的能量因素。研究结果也明确地证实了这一点：在摄入高脂膳食时，运动员的最长耐力时间是 57 分钟；在摄入正常的混合膳食时，他们的最长耐力时间提高至 114 分钟；而在摄入高碳水化合物的膳食时，他们的最长耐力时间提高至 167 分钟 [2]。

当我们更加深入地了解运动与营养之间的相互关系时，有些我们以往很少关注的营养素受到了更多的关注。其中，胆碱（及其前体甜菜碱）被认为会对长期进行体育锻炼的人造成潜在的影响。胆碱对于乙酰胆碱这种神经递质的合成非常重要，还参与跨细胞膜的信号转导、脂质转运及同型半胱氨酸的还原过程。目前的研究表明，耐力型运动可能导致血液中游离胆碱的水平出现短暂的下降 [3]。如表 14.1 所示，马拉松赛确实会导致血液中游离胆碱的水平出现显著的下降。

表 14.1　耐力型运动对血液中胆碱水平的影响

研究	性别	运动类型	运动持续时间 /min	运动强度 / 最大摄氧量百分比	基线 ¹/ 运动之前 ¹¹ 与运动之后 /nmol·ml^{-1}	P（统计学意义）
布克曼（Buchman）等，1999 年	23 例，男性和女性	马拉松赛	未提供	极限强度	19.2^t vs. 7.0	0.005
布克曼（Buchman）等，2000 年	6 例，男性和女性	马拉松赛	156~348	极限强度	9.6^t vs. 7.0	0.09

续表

研究	性别	运动类型	运动持续时间 /min	运动强度 / 最大摄氧量百分比	基线[t] / 运动之前[tt] 与运动之后 /nmol·ml^{-1}	P（统计学意义）
伯恩斯（Burns）等，1988 年	10 例，男性	自行车赛	120	70% 最大摄氧量（105 min）与极限强度（15 min）的组合	未提供	＞0.05
康莱（Conlay）等，1986 年	17 例[*]	马拉松赛	未提供	极限强度	10.1[tt] vs. 6.2	＜0.001
多伊斯特（Deuster）等，2002 年	13 例，男性	负重	约 110	70% 最大摄氧量	8.5[tt] vs. 6.5	＞0.05
皮拉德（Pierard）等，2004 年	21 例，男性	搏击课	72	约 35% 最大摄氧量	下降 2.95%[t]	＜0.01
斯佩克特（Spector）等，1995 年	10 例，男性	自行车赛	72	70% 最大摄氧量	8.5[t] vs. 10.0	＞0.05
冯·阿尔瓦登（Von Allwörden）等，1993 年	4 例男性，6 例女性	自行车赛	120	35 km/h	12.08[tt] vs. 10.04	＜0.01
冯·阿尔瓦登（Von Allwörden）等，1993 年	10 例男性，4 例女性	越野长跑	30~60	极限努力	14.51[tt] vs. 14.95	＞0.05
沃伯（Warber）等，2000 年	14 例男性	负重	240	38% 最大摄氧量	8.14[tt] vs. 7.98	＞0.05

注：[*]有些受试者未完成。

经授权引自 Penry JT, Manore MM. Choline: an important micronutrient for maximal endurance-exercise performance? International Journal of Sport Nutrition and Exercise Metabolism, 2008, 8(2): 191-203。

许多在过去被运动员经常性大量摄入的食物（例如动物肝脏、鸡蛋等），正在被越来越多的运动员所摒弃。但是，由于这些食物是胆碱的最佳来源，因此不摄入这些食物的耐力型运动员，由于对胆碱的需要量较高而摄入量偏低，发生胆碱缺乏症的风险会升高。

表 14.2 总结了富含胆碱的食物来源，并列出了一些可以提供胆碱的补剂。如表中所示，素食主义的耐力型运动员的胆碱摄入量很难达到膳食参考摄入量（成年女性为 425 mg/d，成年男性为 550 mg/d）的要求。

营养补剂可以提升耐力型运动员的耐力表现[1]。对于非素食主义的耐力型运动员，推荐每天吃一两个鸡蛋（鸡蛋是胆碱的良好来源）；而素食主义的耐力型运动员则需要认真考虑摄入含胆碱的营养补剂。

表 14.2　某些食物和补剂中胆碱和甜菜碱的含量

食物或补剂	胆碱含量 /mg	甜菜碱含量 /mg
煎鸡肝（2 oz，60 g）	176	13
一个水煮蛋（较大）	158	0.4
烧猪排（4 oz，120 g）	112	3
烤鸡胸肉（4 oz，120 g）	75	9
啤酒（16 oz，480 ml）	47	38
脱脂牛奶（8 oz，240 ml）	37	4
烤白土豆（中等大小）	22	0.3
盐卤北豆腐（2 oz，60 g）	16	0.2
未加工的菠菜（2 oz，60 g）	13	385
全麦面包片（1 oz，30 g）	7	98
天来牌胆碱鸡尾酒（重酒石酸胆碱），制备量 8 oz（240 ml）	1500	0
天来牌重酒石酸胆碱，1 片	300	0
杰诺牌三倍强化卵磷脂胶囊（Jarrow Lecithin Mega-PC 35），1 个胶囊	114	0
终结者牌电解质粉末（Ultima Replenisher），制备量 20 oz（600 ml）	1	0
天来牌甜菜碱盐酸盐，1 片	0	648
善存，多种维生素制剂，1 片	0	0

注：经授权改编自美国农业部（USDA）常见食物的胆碱含量数据库（Howe JC, Williams JR, Holden JM. USDA database for the choline content of common foods, 2004 [2007-06-23]. http://www.nal.usda.gov/fnic/foodcomp/ Data / Choline / Choline.pdf）及数据库所收录的补剂的产品标签。

经授权引自 Penry JT, Manore MM. Choline: an important micronutrient for maximal endurance-exercise performance? International Journal of Sport Nutrition and Exercise Metabolism, 2008, 8(2): 191-203。

最近，膳食蛋白质也受到了越来越多的关注。越来越多的证据表明，骨骼肌的分解会随着耐力训练或者单次的耐力型运动而增加。那些在耐力型运动后立即补充食物的运动员，体内会出现骨骼肌蛋白的合成 [4]。耐力型运动结束之后的这段时间对运动员至关重要，因此运动员需针对这段时间做出认真的计划。运动员应在耐力型运动结束之后的数个小时内，按照 1.2 g/（kg·h）的量摄入碳水化合物。从运动恢复的角度来说，与此同时摄入一些优质蛋白质似乎很有用 [5]。此外，早期的大量研究证据表明：从组织利用的角度来说，蛋白质的摄入量和摄入时机都很重要。目前已经确定并且被普遍接受的推荐摄入量是每天每千克体重摄入 1.2~1.7 g 蛋白质，这个推荐摄入量几乎是非运动员摄入量（每天每千克体重摄入 0.8 g 蛋白质）的 2 倍 [6-7]。但是，即使蛋白质的总摄入量达到了推荐摄入量，如果出现过多的蛋白质摄入高峰或低谷也会影响摄入效果。某些人一次性的蛋白质摄入量很容易超过机体可以充分吸收的量，因此建议遵循定时摄入蛋白质且每次最多摄入 30 g 的指导原则（图 14.1）。

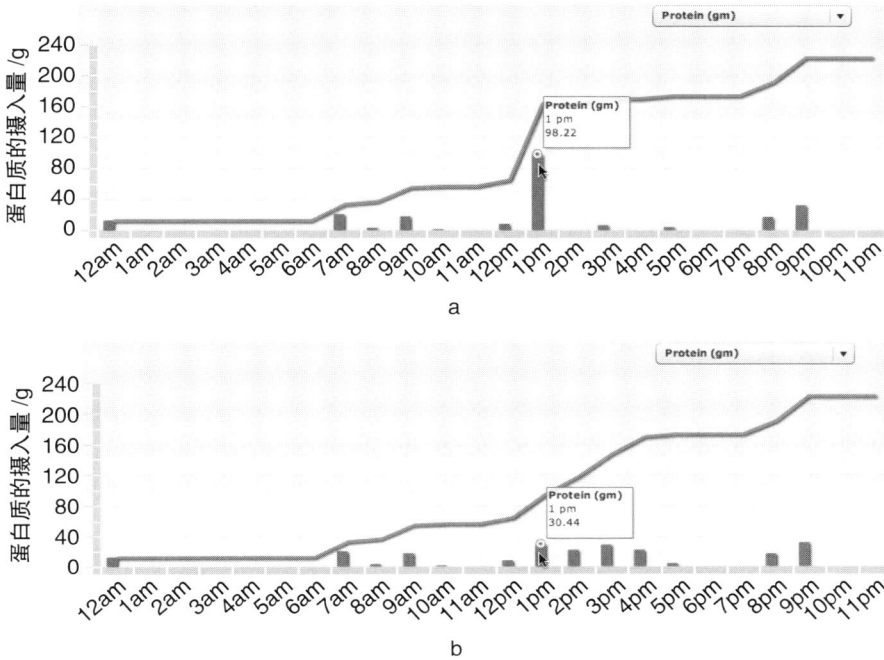

图 14.1　一次性摄入蛋白质的时机和摄入量与满足蛋白质的每日总需要量同样重要

a. 一名运动员的每日蛋白质摄入量为 2.4 g/kg，他在完成耐力跑之后，于下午 1：00 摄入 98.22 g 的蛋白质。他的蛋白质总摄入量是绰绰有余的，但是一次性摄入的大量蛋白质并不能被有效地利用，因此不能达到促进肌肉恢复的最佳效果

b. 该运动员的蛋白质总摄入量与 a 中运动员的蛋白质摄入量是相同的，但是这 98.22 g 的蛋白质被分散在几个小时内摄入，单次最大摄入量不超过 30 g。这个策略提高了摄入的蛋白质被有效利用的可能，从而有助于肌肉恢复

　　摄入的蛋白质或氨基酸的类型也可能对耐力表现产生一定的影响。最近的一项研究表明：在饮食中添加少量的 β-丙氨酸（总共 6 g，每次 1.5 g，分 4 次添加在葡萄糖溶液中）能够显著改善男性大学生运动员的耐力表现和有氧代谢水平[8]。虽然仅靠这样一个研究尚不能得出确切的结论，但是其他关于乳清蛋白（乳清蛋白具有极佳的氨基酸构成比例）的研究同样发现：摄入乳清蛋白为肌肉恢复和运动表现带来了相似的有益效果。即便是牛奶（含优质蛋白质和其他有益的营养因子），似乎也能提高训练效果（其效果与普通的含碳水化合物和电解质的运动饮料相似）[9]。（虽然在耐力型运动过程中，胃肠道不能像对标准的运动饮料那样耐受牛奶。）尽管如此，蛋白质与耐力表现之间的关系仍然存在争议，因为一些权威科学家针对超出目前推荐摄入量的蛋白质如何提升耐力表现的机制提出了质疑[10]。

　　与摄入碳水化合物的种类相比，训练前的一餐中碳水化合物的摄入量与改善耐力跑过程中机体的免疫反应的相关性更高（通常多摄入一些碳水化合物的效果更好）[11]。然而，混合来源的碳水化合物（例如葡萄糖加果糖，而不是单独的葡萄糖）在运动过程中所产生的效果要好得多。在葡萄糖的氧化进入平台期时，混合碳水化合物的氧化供能仍可以随着摄入量的增加持续进行[9]。

运动员对训练的适应程度也是营养方面的一个重要的考虑因素。越来越多的证据支持以下假设：在一个为期 3~10 周的耐力训练计划中，在其间的某些时间段内使肌糖原的储备量相对较低，或者使训练期间的碳水化合物摄入受限，这种情况可能会更快地提高细胞对氧气的利用能力（从而有助于机体将脂肪作为底物进行代谢供能）。由于脂肪的可用性远远高于碳水化合物（即储存的糖原）的可用性，因此这种脂肪代谢适应能力的提升有助于运动员细胞水平的适应表现先于其耐力表现得到改善[12]。

液体作为耐力型运动中的主要功能强化剂不应被忽视。对肯尼亚耐力长跑精英运动员进行的研究发现，当他们以自由采食的方式（一种根据自身需要自我调节摄入的方式，与限制性采食相对）摄入液体时，他们能够从早到晚且连续多日维持良好的水合状态（通过测量体重、尿比重、全身水分含量和每日液体摄入量来观察）[13]。因此，在该研究期间，没有任何长跑运动员出现任何热应激的征象。

然而必须注意，一方面，即使是有益的事情也应有一定的限度。如果一名男性每天口服 1 g 维生素 C，其耐力水平会明显下降，这也许是由于过量的维生素 C 阻碍了可以提高训练效果的关键的细胞适应过程[14]。

另一方面，得到足量的各种营养素和能量对于运动表现和健康同样至关重要。女子耐力长跑精英运动员的限制饮食模式是造成其低骨密度的最大的单一影响因素，而且热量限制的时间越长，与恢复肌肉量和葡萄糖耐受性相关的问题就越严重[15-16]。许多耐力型运动员不能获得足量的营养素或能量，从而无法获得最佳训练效果，也无法最大限度地减少受伤的风险。一项研究对超级铁人三项运动进行了评估，结果发现：参加模拟越野挑战赛和其他超级耐力自行车赛事的运动员都存在着显著的营养缺陷[17-19]。

有氧代谢途径

有氧代谢途径是指在氧气存在的情况下，机体从能量底物（碳水化合物、蛋白质和脂肪）中获取能量的方法。

表 14.3 显示了各种能量底物的平均储备量。在有氧代谢过程中，对能量释放的控制使葡萄糖中的大量能量能够以腺苷三磷酸（ATP）的形式储存起来。葡萄糖的完全氧化分解可产生能量、二氧化碳和水。

$$葡萄糖 + 6O_2 + 38ADP + 39\ 磷酸盐 \rightarrow 6CO_2 + 6H_2O + 38ATP$$
$$（葡萄糖的分子式为 C_6H_{12}O_6）$$

表 14.3 能量底物储备量的理论平均值

储备的能量底物	质量 /kg	能量 /kcal	能够支持的运动时间 /min
肝糖原	0.08	306	16
肌糖原	0.40	1529	80
血糖	0.01	38	2
脂肪	10.5	92787	4856
蛋白质	12.0	48722	2550

注：越来越多的证据表明，肌肉内的甘油三酯是耐力型运动过程中一种重要的能量来源。但是，当肌肉内的甘油三酯与糖原储备竞争性存在时，肌肉内的甘油三酯会增多。如果能找到一种能够同时增加肌肉内甘油三酯和糖原的有效方法，那么这种方法将会对耐力表现产生积极的影响。

经授权改编自 Gleeson M. Biochemistry of exercise//Maughan RJ. Nutrition in sport. Oxford: Blackwell Science: 29。

在无氧代谢过程中，丙酮酸会转化为乳酸。但是，在氧气充足的情况下，丙酮酸可以在线粒体（通常被称为细胞的能量工厂）中被氧化，从而提供能量。葡萄糖是一种六碳分子，可以被转换为两分子的丙酮酸，后者是一种三碳分子。当丙酮酸进入线粒体时，它会进一步转化为一个两碳分子，从而形成乙酰辅酶A[20]。线粒体内脂肪酸的 β 氧化过程也可以生成乙酰辅酶A。在 β 氧化过程中，脂肪酸的长碳链每次可以裂解形成一个包含两个碳原子的单元，这些两碳单元可进一步形成乙酰辅酶A。从丙酮酸或脂肪酸 β 氧化所产生的乙酰辅酶A 可以在三羧酸循环（TCA）中氧化形成二氧化碳（CO_2）[21]。三羧酸循环的关键是产生了质子，后者可进入电子传递链。正是在电子传递链中所发生的氧化磷酸化反应，使得ADP转变为ATP。因为有充足的质子可以进入电子传递链，且有足够的氧气进行氧化磷酸化，因此电子传递链可以持续不断地以 ATP 的形式产生能量。

如果产生的乙酰辅酶A 过多（即用于处理乙酰辅酶A 从而产生能量的氧化酶不足，或者氧气供应量不足），过量的乙酰辅酶A 可以转化为脂肪储存起来，或者转化为丙氨酸。丙氨酸可以在肝脏内转化为葡萄糖，或参与构成大分子的蛋白质（图 14.2）。

无氧代谢过程能迅速提供能量（以 ATP 的形式），但只能持续很短的时间；而有氧代谢过程的供能（以 ATP 的形式）速度要慢很多，但可以持续很长时间，前提条件是细胞内有足够的能量底物和氧气。我们体内有大量的能量储备，可以利用这些储备来生成能量（ATP），从而满足肌肉的运动需求（表 14.3）。

在人体可用的能量储备中，脂肪是最有效的能量储备形式，并且其储备量也是最大的。我们可以利用脂肪来获得ATP。储备 1 g 糖原需要同时储备大约 3 g 的水，而储存脂肪基本上不需要水，因此脂肪是一种更有效的储能形式。肌糖原和肝糖原所储存的能量只相当于脂肪储存能量的一小部分，但是肌糖原和肝糖原既能够以无氧方式进行代谢，又能够以有氧方式进行代谢，而脂肪只能以有氧方式进行代谢。蛋白质储存在功能性组织内，在理想的条件下，它们不会作为能量来源参与分解代谢。然而，在大多数运动中，少量蛋白质（约占总能

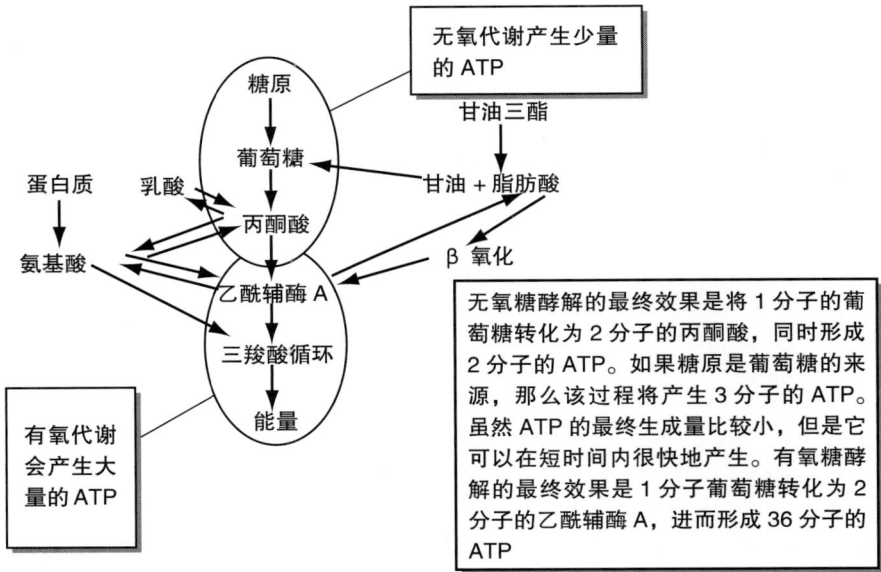

图 14.2 能量底物在能量代谢途径中的利用

量需求的 5%）会被分解以满足能量的需求。在没有碳水化合物可供利用的情况下，储备的蛋白质能够以更快的速度进行分解代谢，从而成为葡萄糖（丙氨酸可以被肝脏转化为葡萄糖）、乙酰辅酶 A 和氧化代谢的物质来源。但是，这种蛋白质的分解代谢并不是我们所期望的，我们可以通过及时获得碳水化合物和摄入足量的能量来避免这一情况发生。

在运动的初始阶段，ATP 主要来源于无氧代谢过程。对于高强度、最大力量的运动，其所需要的大量能量依赖于无氧代谢的持续供给。而对于低强度的运动，其所需的大多数 ATP 最初来源于无氧代谢过程，然后转变为主要来源于有氧代谢过程。无氧代谢和有氧代谢应视为同时进行的过程，运动的强度决定了用于提供 ATP 的主要代谢途径。高强度、最大力量的运动主要依赖于无氧代谢，而低强度运动则更多地依赖于有氧代谢。对耐力型运动员而言，由于其所需的大部分能量是由有氧代谢提供的（脂肪只能通过有氧方式进行代谢），这种较高水平的能量需求迫使他们通过训练来增强肌肉的有氧代谢能力。对于训练有素的有氧项目运动员，其体内的细胞具有更多的线粒体，且线粒体中有更多的有氧代谢酶，因而具备更高的有氧代谢能力。

对耐力型运动的思考

耐力型运动是指能量代谢的主要方式为氧化反应（在有氧情况下）的运动。进行有氧运动的运动员必须能够获取足量的氧气并将氧气转运至工作肌肉，从而为正在进行的体育运动提供支持。每个人的耐力型运动的强度低于其最高运动强度。当进行较高强度或者最高强度的运动时，运动员的能量需求会超过其有氧代谢供能的能力。短跑运动员进行的是最高强度的运动，他们可以跑得很快，但只能跑相对较短的距离。耐力型运动员不能像短跑运动员那样跑得很快，但是可以跑较长的距离，因为他们通过一种氧化更完全、更有效的氧化代谢系统来供能。为了维持该系统的工作效率，耐力型运动员应注意有氧代谢能力的影响因素，包括过度训练、过度使用性损伤及合理膳食。

过度训练

一位世界级的长跑运动员曾在一封电子邮件中这样写道：

> 我刚刚结束为期 3 周的高强度训练。我每周都要进行 4 天"异常艰苦的"训练。现在我已经停止训练，正在休息，这样做的目的是让我的身体接受这段时间的训练成果，但是我仍然觉得有点昏昏欲睡。我睡得很好，但仍感到疲惫。我的教练担心我可能已经出现贫血症状了。相信你也知道，我的营养状况一直以来都非常好。我是不是应该做个血液学检查，或者服用铁剂或其他什么产品？我非常担心。

这些都是因过度训练而遭受痛苦的运动员的典型症状。现已明确，过度训练会导致运动员出现一些特定的症状，包括肌肉酸痛情况增多、肌肉恢复延迟、无法完成以前的训练负荷、睡眠质量差、精力衰退、淋巴结肿大、频繁生病和食欲减退。这些症状都是因为运动强度过高，超出了身体可以充分恢复的能力。过度训练很少会提升运动表现；相反地，过度训练通常会使运动表现出现下滑，还会增加运动员生病或受伤的风险。

一名 26 岁的运动员转到了更具竞争力的球队后，他的训练量增加到之前的 200%。2 个月后他出现了持续疲劳、耳鸣、心悸、失眠等症状。但是他仍继续进行了 3 个月的训练，之后感到严重的不适，伴有彻夜的失眠和严重的精神抑郁[22]。这恰恰是不应该发生的。

过度训练是许多运动员都存在的问题（在进行高强度训练的运动员中，10%~20% 的运动员都存在这个问题），而且似乎在耐力型运动员中更为普遍。有很多其他的因素可能会增加出现这种症状的风险，其中碳水化合物和液体摄入不足就是一个问题[23]。过度训练综合征是过度训练后没有采取治疗措施导致的。这时如果还存在休息不足的问题，运动员就会出现运动表现和训练能力的长期下滑。此外，过度训练还可能导致其他问题，可能需要给予医学治疗。与过度训练综合征的发生和发展有关的因素包括以下几个方面。

- 频繁的比赛，尤其是高水平的比赛。
- 单调的训练，加上休息不足。
- 原来的健康状况欠佳（例如感冒或过敏）。
- 膳食不合理，特别是碳水化合物摄入不足。
- 脱水。
- 环境压力（例如高海拔、高温、高湿）。

• 心理-社会压力（例如工作中或学校中的冲突）。

美国运动医学会的研究表明，遵循合理的训练计划（应确保充足的休息和恢复时间，并保证合理的营养和良好的水合状态）可以有效地避免过度训练综合征的发生[23]。对马拉松运动员进行的研究表明：即使采取高碳水化合物的膳食模式，运动员在马拉松比赛后仍需要7天才能使肌糖原恢复到比赛之前的水平[24]。在肌糖原完全恢复之前继续以常规的模式进行训练，必将导致运动员的运动表现下滑。因此，运动员必须明白，休息是训练计划中一个重要且必不可少的环节，尤其是在一个艰苦的强化训练阶段结束之后。某些运动员担心减少训练可能会降低竞技能力，因而他们会拒绝进行充分的休息。因此，训练周期内所涉及的每个人（运动员的家人、教练员、运动训练师等）都应明确，过度训练会导致运动表现下滑。简而言之，充足的休息和恢复时间应当成为完整训练计划中的一部分。

过度使用性损伤

当运动员长期重复同一种身体训练时，他们可能会出现过度使用性损伤。在处于快速生长发育阶段的青少年运动员中，这一问题尤为严重[25]。因鞋子不合脚而摩擦产生的足跟水疱是一种最简单、最温和的过度使用性损伤形式。更严重的过度使用性损伤，例如下肢对坚硬路面的持续撞击，在此过程中骨骼所受的足够大的振动应力可能导致应力性骨折。其发生机制类似于将金属衣架重复在一个部位进行反复弯折。在反复弯折一段时间后，金属衣架会出现裂缝并最终断裂。由于耐力型运动员要投入大量时间进行训练，因此过度使用性损伤是一个很现实的问题。

一项关于铁人三项运动员的研究发现，一些在比赛早期出现的骨骼损伤会随着比赛的进行变得更加严重。另外，随着铁人三项赛程的进展及比赛后机体自身的愈合，肌肉的损伤会改变机体对能量底物的利用[26]。尽管在比赛过程中运动员可能会出现蛋白质的分解和肌肉的损伤，但只要其营养状况保持不变，训练有素的运动员一般不会发生健康状况的改变[27]。对于在训练和比赛过程中出现的轻微组织损伤，营养充足的运动员有较好的恢复能力。此外，在训练过程中，能够维持碳水化合物和水合状态的运动员可能具备更良好的大脑功能，表现为跑姿平稳且不易受伤。碳水化合物或液体储备量不足容易引起大脑功能的下降，进而导致机体的协调性下降，这会增加结构性应力，从而导致损伤。

合理膳食

糖原储备量过低会缩短运动员可以进行训练的时间，因此要求运动员定时摄入一些碳水化合物，以维持或补充有限的糖原储备[28]。理论上，要求运动员每天的碳水化合物摄入量为7~10 g/kg。如表14.4所示，即使是对于体重只有100 lb（45 kg）的运动员，这也是碳水化合物的最低摄入量。

表 **14.4**　耐力型运动员的能量摄入情况

	每天每千克体重的摄入量 /g	每天每磅体重的摄入量 /g	体重 100 lb(45 kg)的运动员的每日热量需要量 /kcal	体重 200 lb(90 kg)的运动员的每日热量需要量 /kcal
碳水化合物	7.0~10.0	3.18~4.55	1260~1800	2520~3600
蛋白质	1.2~1.7	0.55~0.77	216~306	432~612
脂肪	0.8~1.3	0.36~0.59	324~527	648~1053
每日摄入的总热量			1800~2633	3600~5265

注：不论总体重是多少，当饮食中每种能量底物的摄入量都接近表中区间范围的低限时，碳水化合物的供能比例约为 70%，蛋白质的供能比例约为 12%，脂肪的供能比例约为 18%。当饮食中每种能量底物的摄入量都接近表中区间范围的高限时，碳水化合物的供能比例约为 68%，蛋白质的供能比例约为 12%，脂肪的供能比例约为 20%。

碳水化合物的摄入时机也很重要，并且可能会影响糖原的储备和再合成。一项针对训练有素的男性越野赛跑运动员的研究发现，他们的食物摄入量通常是足够的，而且摄入的时机也很合理，但是比赛后的这段时间除外。虽然我们建议耐力型运动员在比赛结束后立即补充碳水化合物，以促进糖原储备的恢复，但实际上运动员往往会在比赛结束后平均延后 2.5 小时才会进食碳水化合物类食物 [29]。如此长时间的延迟会导致糖原恢复不良，进而导致运动员在随后几天的训练中耐力出现下降。

一项对马拉松运动员进行的研究发现：运动员大部分的能量摄入集中在下午 4 点以后，而并非在下午 4 点之前（即机体最需要能量的那段时间）[30]。延迟进食使耐力型运动员失去了训练结束后使肌糖原储备量最大化的机会 [31-32]。对于耐力型运动项目，摄入充足的能量和碳水化合物是不可替代的。仅有补剂和强化剂是不够的。唯一可以有效发挥作用的策略是摄入足够的食物，并且要在最佳的时机进食，从而有利于将能量输送到有需要的肌肉或使糖原储备量最大化。还有证据表明：耐力型运动员必须在重大比赛之前大约 1 周内，将重点放在糖原储备上 [33]。否则，运动员的耐力水平将受到不良影响。

耐力型运动员在训练和比赛上所花费的时间较长，因此他们可能需要根据其自身情况制订出运动期间的能量和液体补充策略。这一点并不容易做到，因为摄入任何不合适的食物或液体，或者摄入的时机不合适，都会对运动表现产生不良影响。许多运动员会在比赛即将开始时感到胃部不适，这会使运动员更难摄入合适的能量或液体。运动员应该尝试摄入运动饮料、碳水化合物凝胶以及其他能够提供能量和营养素的产品，从中找到最适合自己的，从而优化训练效果，并在比赛时实现最佳表现。为运动员提供的一般性建议可能是一个很好的基础，但要想在激烈的比赛中获胜，仅做到这一点是远远不够的。

各类比赛对于作为能量来源的碳水化合物和脂肪的比例会有不同的要求（较高强度的比赛要求碳水化合物的供能比例更高，而较低强度的比赛则要求脂肪的供能比例更高），但最终决定运动员是否会"突然短路"的因素还是碳水化合物的水平。也就是说，当糖原储备被耗竭时，运动员将无法维持强有力的步伐。耐力型运动历时较长，因此运动员必须利用每个可能的机会来摄入足够的食物，从而为继续进行比赛提供能量，并储存足够的能量（糖原）以便在次日的比赛中依然发挥出色。

运动员应该为了摄入足量的能量和营养素做所有必要的事情，例如带着小包装的食物去比赛，在去上课的路上吃东西，或者在去车库的路上吃零食；否则，训练所带来的益处将会被抵消。那些不能有效进食的运动员更容易疲劳和受伤，并且更有可能去尝试那些宣称能提高运动能力却未经证实的营养补剂。毫无疑问，不论是自行车运动员、跑步运动员还是游泳运动员，他们之所以会选择摄入强化剂和营养补剂，一个主要原因是想解决不能按计划摄入足量食物及不能按时进食的问题。维持水合状态对于在最佳生理状态下开展运动也很重要。即使没有出现口渴的感觉，耐力型运动员也应频繁地补充液体，从而减少发生脱水的可能性。补充含有少量钠的碳水化合物饮料有助于液体的吸收及维持饮水的动机。

营养补剂

碳水化合物或总能量摄入不足的运动员出现维生素 C、维生素 B_1、维生素 B_2、烟酸、钙、镁和铁摄入量不足的风险会增加 [34]。对马拉松运动员进行的研究发现：服用补剂（特别是维生素 C、维生素 E、钙和锌的补剂）的情况在运动员中很常见。对赛跑运动员的调查发现，48% 的赛跑运动员表示，他们在洛杉矶马拉松比赛前后 3 天的时段内，至少使用了一种补剂 [35]。其他研究证实：未服用补剂的马拉松运动员、足球运动员、摔跤运动员和篮球运动员，其体内血清维生素 C 和维生素 B_6 的浓度均处于正常水平，因此补充这些维生素似乎并没有必要 [36-37]。一项研究对马拉松运动员摄入镁补剂的有效性进行了评估，结果发现：补充镁并没有提高肌肉在比赛过程中的抗损伤能力，也没有增强肌肉在比赛后的恢复能力，且未能提高跑步成绩 [38]。

一项研究对男子马拉松运动员进行了评估，目的是确定摄入含多种维生素、矿物质、氨基酸和不饱和脂肪酸的商品化强化剂是否能够提升运动表现。结果表明：强化剂对摄氧量或其他任何对耐力型运动员有利的重要代谢性因素或生理性因素均没有任何作用 [39]。

女性耐力型运动员的营养问题

女性耐力型运动员必须摄入足量的能量和营养素，以避免出现闭经（月经周期停止）。发生闭经的原因有很多，包括强烈的生理应激或心理应激、能量摄入不足、铁储备状态不佳、皮质醇水平较高及体脂率过低。女性耐力型运动员可能存在上述所有不利因素。虽然其中某些因素明显不在她们的控制范围之内，但是食物的摄入却是可以控制的。为了维持健康，女性运动员应该尽其所能来保证总能量摄入充足且营养素摄入均衡。

闭经与骨密度降低及应力性骨折存在明显的相关性。此外，在运动职业生涯中出现的骨质减少，将使运动员在之后的生活中面临更高的骨质疏松症的风险。

超级耐力项目的营养问题

超级耐力项目有若干定义，包括超过相应奥运会赛事持续时间或距离的所有运动，以及历时超过 4 小时或 6 小时的项目[40-41]。超级耐力项目包括自行车赛，例如环法自行车赛（Tour de France）；游泳、自行车和跑步比赛，例如夏威夷超级铁人三项赛（Hawaiian Ironman）；超长距离长跑比赛，例如南非战友马拉松赛（South African Comrades Marathon）；以及长距离的游泳项目，例如横渡英吉利海峡（Swimming the English Channel）。不管使用的是哪种定义，参与超级耐力项目的运动员必须具备良好的体能状态，并且制订了长期的营养和水合计划，以保证他们能够成功完成整个赛事。

一些超级耐力项目的热量消耗量会高达 8500~11500 kcal，这就需要按照周密的膳食计划摄入大量的食物来满足如此高的热量需求[42]。

很多适用于常规耐力项目的营养原则对于成功参与超级耐力项目同样至关重要，这些原则包括以下方面。

- 摄入足够的能量。
- 在运动前和运动过程中摄入足量的碳水化合物，从而维持血糖水平和肌肉中碳水化合物的储备量。
- 能够充分补充经汗液丢失的液体和电解质的策略。
- 能够实现多日超级耐力赛事赛后快速恢复的计划。

运动员的出汗速率差异很大（0.3~2.4 L/h），具体取决于运动员的身材大小及环境的温度和湿度，因此很难为超级耐力项目的运动员提供液体摄入方面的建议，但是可以建议他们尽可能摄入足量的液体来维持（而不增加）体重。具体目标是防止体液的丢失使体重下降 2% 甚至更多。若体液的丢失导致体重下降 2% 或更多，运动员的运动表现将受到显著影响，并存在热应激的发生风险[43]。碳水化合物浓度为 6%~8% 的饮料，以及每 240 ml 液体中 150~200 mg 的钠有助于维持水合状态和预防低钠血症（血清钠浓度低于 130 mmol/L）。在运动结束后，超级耐力项目的运动员应该将重点放在补充能量和液体上，液体的补充量应为运动期间每丢失 1 lb（0.45 kg）体重补充 16~24 oz（510~720 ml）的液体。

超级耐力项目运动员通常无法获得足量的碳水化合物来满足他们的需求。对女性超级耐力铁人三项运动员进行的研究发现：其碳水化合物的平均摄入量（3.15 g/kg）仅相当于最低推荐摄入量（6 g/kg）的一半[44]。还有证据表明：这些运动员的水合状态欠佳。对超级耐力自行车运动员进行的研究发现：他们在比赛前后的体重变化约为 4%（推荐最大变化量的 2 倍左右）[45]。根据这些研究，我们可以得出一个明确的结论：许多超级耐力项目运动员在日常训练中没有针对如何在比赛中获得足量的能量和液体进行适应性训练，在比赛过程中也没有采取能够获得足量能量和液体的策略。

依赖有氧代谢的运动项目实例

有氧运动是长时间在次极限强度下进行的运动。只要有足够的能量并且没有出现过热现象（水合状态很重要），工作肌肉便能通过有氧代谢稳定地产生 ATP，从而维持运动员的运动。那些能够更有效地利用膳食脂肪，而对碳水化合物（糖原）的依赖性较低的运动员一般具有更高的耐力水平，因为机体内的脂肪储存量高于糖原储备量。由于脂肪需要大量的氧气来进行有效的代谢，因此具备完善的供氧系统（例如大量的氧化酶、极佳的氧气转运能力）的耐力型运动员，其耐力水平最佳。接下来我们将介绍一些耐力型运动实例，以及这些耐力型运动对营养的特殊要求。

长跑

长跑通常被认为是 10000 m 或更长距离的跑步。要跑完这么长的距离，长跑运动员在其中大部分的时间里主要依赖于有氧代谢提供能量。能够做到这一点的运动员，其大部分的能量供应来自于脂肪，因而体内碳水化合物的利用有所减少。碳水化合物的储备量是有限的，从实际角度来看，脂肪的储备量则是无限的。对脂肪的依赖性越高，运动员就可以跑得越远，并能使运动员在比赛期间可以短暂地维持体内碳水化合物的储备量，以供运动员在需要加速时（例如，在比赛接近终点或要超越其他运动员时）使用。一项研究发现，有氧运动消耗的总能量中只有 2%～7% 来源于无氧代谢[46]。在持续进行有氧运动时，机体会消耗少量的碳水化合物。因此，长跑运动员必须制订相应的计划，在跑步过程中摄入碳水化合物，否则将导致运动员出现低血糖或肌糖原含量过低的症状，这些都会导致肌肉过早地出现疲劳而影响运动员的耐力。

长跑运动员应该牢记以上所有因素，并考虑以下与长跑运动相关的营养问题。

长跑运动员面临闭经、骨密度低和应力性骨折的风险。尽管跑步对骨骼生长具有潜在的刺激作用，但运动员每周训练过长距离的跑步却会使他们容易发生应力性骨折[47]。与男性长跑运动员相比，女性长跑运动员发生应力性骨折的风险更高，为了降低骨折的发生风险，所有长跑运动员都应确保他们的钙摄入量是足够的。因为耐力训练经常与月经周期停止（即闭经）相关，所以女性长跑运动员发生应力性骨折的风险较高。闭经所导致的雌激素水平下降常会导致骨密度下降。因此，那些出现原发性或继发性闭经的长跑运动员应该进行适当的医疗咨询，以确定她们是否需要采取合理的措施使月经恢复正常[48]。女性长跑运动员应该采取以下措施来降低骨质疏松症的发生风险。

- 通过进食或者通过进食和摄入补剂来摄入足量的钙（1500 mg/d）。
- 避免摄入过量的蛋白质，因为过量的蛋白质与更高的尿钙丢失量相关。
- 在运动过程中，通过维持机体的水合状态和血糖水平来控制应激激素（特别是皮质醇）的产生。

· 避免过度训练，过度训练可能导致闭经。

能量摄入不足是一个危险的信号，提示维生素和矿物质的摄入量可能也很低。一项研究比较了经过良好训练而月经情况不同（分别为闭经、月经过少、月经正常）的女性长跑运动员的营养摄入情况，结果发现，在身高、体重、训练距离和体脂率这几项指标相匹配的情况下，不同组的运动员之间存在明显的营养差异[49]。闭经的长跑运动员的锌摄入量远远低于推荐摄入量，也低于月经正常的长跑运动员的锌摄入量。此外，那些月经正常的长跑运动员的脂肪摄入量更高，其总能量摄入也更加充足。这表明：虽然高碳水化合物饮食是获得最佳运动表现的最佳选择，但是因为碳水化合物类食物的热量密度比高脂食物的热量密度低，摄入高碳水化合物类饮食更难满足机体的能量需求。因此，当碳水化合物是主要的能量来源时，运动员应该注意摄入更多的食物。月经失调是一个极大的危险因素，会导致骨质变得脆弱和应力性骨折的发生。因此，女性长跑运动员更应注重能量和营养素的充分摄入，因为经常发生应力性骨折比受伤更令人沮丧，甚至有可能意味着职业生涯的结束。长跑会消耗大量的能量（一场马拉松赛的热量消耗量约为 2900 kcal）；如果不能摄入充足的能量，那么运动员将无法充分地进行训练或比赛。在两餐之间吃零食，以及在运动前、运动过程中和运动后吃零食或摄入运动饮料，这些进食策略对于确保能量需求的满足非常重要。

对长跑运动员进行的调查证实，他们的能量总摄入量和碳水化合物的摄入量均低于推荐水平。这种情况表明，长跑运动员必须在训练前、训练过程中和训练后摄入推荐量的总能量和碳水化合物[50-51]。一项个案研究评估了一名超级耐力长跑运动员的营养素摄入情况，结果发现：如果超级耐力长跑运动员能够在跑步前和跑步过程中遵循食物和饮料的摄入指导原则，那么运动员体内的能量和液体将足以支持其顺利完成长跑[52]。

在比赛前减少活动量能够提升运动表现[53]。减少活动量会增加糖原储备量，因此能够提升运动表现。这种做法还可以使运动员更平静，从而提高运动员在跑步时动作的经济性，进而提高耐力水平。再没有比在重要赛事之前逐渐减少训练量并补充碳水化合物更重要的事情了。

液体至关重要。液体的摄入应该按照固定的时间表（每 10～15 分钟）进行，以避免发生脱水或感到口渴。对长跑运动员而言，维持最佳的水合状态或许是确保其取得比赛成功最重要的因素。运动员应该每隔 10～15 分钟摄入一次液体，当他认为自己刚才已经喝得足够多的时候，他还需要继续保持这样的补液频率。当然，摄入饮料的类型也很重要。关于液体和电解质的更多信息请参见第 3 章。

在耐力长跑过程中身体会产生大量的热，这些热量通过汗液的蒸发而散失。多项研究已充分表明：含有电解质且碳水化合物浓度为 6%～7% 的液体对于维持运动耐力最有效[53]。已有研究得出明确的结论：急性热暴露对于肌肉耐力存在不良影响[54]。因此，长跑运动员应该养成不论是否感到口渴，都要经常摄入液体来维持水合状态的习惯。在温和的环境条件下，每小时 0.5～1 L 的液体摄入量足以预防严重脱水现象的发生；但在更恶劣的环境条件下，为了防止出现热应激现象，运动员需要摄入更多液体[55]。

长跑运动员通常具有相对较低的体脂水平。取得较好成绩的长跑运动员通常比较瘦,这种体型可能有利于他们在长跑过程中散热[56]。但是,一些运动员可能会通过苛刻的节食来寻求获得较低的体脂水平。能量摄入不足与闭经相关,闭经会导致很多问题,包括骨密度较低。使能量的摄入量和消耗量动态匹配,能够避免实时能量平衡出现较大的峰谷,这是获得较低体脂水平的最佳方式。

对所有耐力型运动员而言,铁的营养状态是其运动表现的一个关键影响因素。有证据表明:与经过综合训练的力量型运动员相比,长跑运动员体内的血红蛋白浓度、血细胞比容、红细胞总数较低[57]。铁的营养状态非常重要,因此耐力型运动员常使用的非法强化剂之一就是红细胞生成素(EPO),它会刺激红细胞的生成,从而提高携氧能力。但是,红细胞生成素与多起死亡事件有关,因为它可能会使血液黏稠度快速升高,结果将非常危险。

铁是血红蛋白(红细胞内铁的存在形式)、肌红蛋白(肌细胞内铁的存在形式)及线粒体中铬铁螯合物(ATP 生成过程中的一种关键携氧酶)中一种必需的携氧组分。血红蛋白对铁享有最高优先权,当铁的储备量(铁蛋白含量)和摄入量不足时,其他细胞内的铁将被释放,以支持正常的造血功能。因此,即使当其他含铁细胞内的铁被耗竭时,血常规检查中血红蛋白的相关指标也可能是正常的。因此,耐力型运动员的血液学检查应该总是包括铁蛋白的检测,这一点很重要,铁蛋白的浓度应该至少为 20 ng/ml。除了膳食摄入不足(常见于不吃瘦肉或素食主义的长跑运动员),还有其他几种常见的原因会导致长跑运动员出现铁储备状态较差的情况[58-60]。

- 经汗液丢失过多的铁。
- 胃肠道失血过多。
- 经尿液失血过多(血尿)。
- 女性长跑运动员经月经失血过多。
- 铁吸收不良。
- 血管内溶血。

铁对于取得良好的跑步成绩至关重要,因此我们也应该考虑献血的相关问题。希望献血的运动员应首先评估他们的铁储备状态。经过 5 天的艰苦训练后,血红蛋白水平正常且铁蛋白浓度高于 60 ng/ml 是安全献血的前提[61]。此外,长跑运动员在献血后的 3~6 周内,不应进行正常强度的训练,目的是让血容量和铁储备水平有足够的时间恢复正常。

铁人三项

上半身和下半身肌肉的平衡对于铁人三项运动员取得成功很重要,因为这三项运动侧重使用的肌肉各不相同。在铁人三项运动中,所有主要的肌群都要经受考验,因此运动员必须摄入足够的能量来确保每块肌肉的能量需求在开始运动前都已得到满足。例如,游泳运动员相比自行车运动员需要更强壮的上肢,而铁人三项运动员则需要保持所有肌肉力量的相对平衡[62]。由于全身的肌肉都会参与其中，因此铁人三项运动对运动员的体型并没有过多的要求，任何在这三项运动中都能够进行艰苦训练的人，都可以参加铁人三项比赛[63]。

铁人三项比赛有不同的比赛长度，具体取决于比赛地点和赞助商。奥运铁人三项包括 1.5 公里游泳、40 公里自行车和 10 公里跑。最著名的夏威夷超级铁人三项赛包括 2.4 英里游泳、112 英里自行车及 26 英里 385 码（标准马拉松距离）长跑。对铁人三项非精英运动员进行的调查表明：即使进行一定程度的训练，大多数人也无法完成全部项目的比赛。这项调查显示，这些铁人三项运动员每周的平均游泳距离是 8.8 km，自行车的骑行距离为 270 km，跑步的距离是 58.2 km[64]。而且对铁人三项运动员而言，在比赛前逐渐减少训练量也很重要。一项研究表明，当铁人三项运动员在比赛前逐渐减少训练的总时长时，他们的运动表现可出现具有统计学意义的改善[65]。因此，在比赛前休息被证实是训练的一种有效的辅助手段。

不同的运动会促使运动员摄入不同的食物，并因此导致营养素的摄入水平不同。研究发现，与参加团体项目（例如排球和篮球）的运动员相比，铁人三项运动员的钙摄入量较低。法国的一项大规模的调查（共 10373 名调查对象）显示，铁人三项运动员的钙摄入量低于推荐量，且女性的钙摄入量比男性的钙摄入量要低[66]。对那些反复给骨骼施加应力的运动员而言，这是一个坏消息，因为这意味着他们发生应力性骨折的风险升高了。

铁人三项运动员应该牢记以上所有因素，并考虑以下与铁人三项运动相关的营养问题。

维持正常的水合状态。对铁人三项运动员而言，要获得良好的运动表现，最重要的因素或许就是在比赛中维持良好的水合状态。铁人三项运动员应找到一种能够良好耐受的运动饮料，并制订一个补液计划，从而将其在比赛结束时的体重丢失量控制在最低限度。制订一个切实可行的补液计划来摄入含碳水化合物和电解质的饮料，或许是铁人三项运动员应该做的最重要的事情。

有人担心如果水温较高，在铁人三项的游泳环节穿着湿衣服的运动员，可能会在自行车比赛环节和长跑环节出现热应激。一项研究针对这个问题进行评估后发现，如果运动员能够维持良好的水合状态，那么一件湿衣服不会在自行车和长跑环节对体温带来负面影响[67]。良好的水合状态与铁人三项的运动表现如此密切相关，因此很多研究将良好的水合状态的重要性作为主题。所有这些研究都指出：良好的水合状态是取得比赛成功的两个关键因素之一（另一个是维持碳水化合物的储备量）。然而，尽管水合状态很重要，但铁人三项运动员在比赛中似乎很少能够维持良好的水合状态，铁人三项运动员常因水分的丢失导致体重下降 4% 以上[68]。

铁人三项运动员也易出现低钠血症（血钠水平过低），这是摄入不含电解质的液体（通常是白开水）导致的结果[69-70]。对完成铁人三项的运动员进行的评估表明：铁人三项运动员的体重平均下降了 5.5 lb（2.5 kg）；尽管他们的液体摄入量适中，但出现低钠血症的运动员存在液体补充相对超量（即液体的摄入量相对钠的摄入量是过量的）的情况[71]。这些发现表明：即使是适量摄入不含钠的液体，也可能增加低钠血症的发生风险。身体水分的流失和低钠血症都是影响运动表现的因素，这些因素也会使运动员面临健康风险。因此，合适的补液量和正确的液体种类对于运动员的生命安全和运动表现至关重要[72]。

需要摄入足够的能量。铁人三项运动员对碳水化合物的能量需求超过了其身体的储备能力。因此,铁人三项运动员应该制订一个在比赛期间摄入足量碳水化合物的策略,其中碳水化合物的摄入量通常为 $1.0 \sim 1.5$ g/ (kg·h)[73]。为了做到这一点,运动员应该找到在形式和浓度方面都能够很好耐受的含碳水化合物的运动饮料。一些铁人三项运动员可以在自行车比赛环节补充碳水化合物凝胶、香蕉或饼干(同时喝些白开水)。如果运动员能够耐受这些食物,那么这将是长跑环节开始前提高体内碳水化合物储备的一个绝佳的方法。能够为铁人三项运动员提供更多液体和碳水化合物的营养干预措施确实是有效的,并且可以提升运动员的耐力表现[74]。

铁人三项运动员存在过度训练的风险。现已证实,在比赛前进行充分的休息并逐渐减少训练量,是铁人三项运动员可以采纳的两个最好的训练建议。相反,那些在重要比赛之前增加训练频率的铁人三项运动员,不太可能在比赛中发挥出最佳水平。充分的休息与平日里充分的训练对于获得良好的运动表现同等重要。

为长距离比赛制订膳食计划相对而言不是很重要。铁人三项涵盖不同距离的项目,包括短距离、奥运距离、长距离,以及超级铁人三项等形式。短距离的铁人三项比赛可以仅持续45 分钟,而超级铁人三项则经常历时超过 10 小时。不论比赛距离如何,铁人三项运动员均要接受非常艰苦的训练,而且需要在工作或者学业之余挤出时间来进行训练。与生活中的其他需求相比,进食和饮水虽然处于次要地位,但对于运动员成功完成比赛却是至关重要的。对铁人三项运动员而言,唯一的解决方法是坐下来,制订一个时间表,妥善安排工作、训练、进食、休息和补液等各个方面。所有方面都应该被视为同等重要,不应有偏颇。

许多(即使不是大多数)铁人三项运动员每天进行不止一次的训练,而且一些运动员每周或每隔一周就会参加一次比赛。这种情况给通常处于能量摄入不足状态的运动员提出了巨大的挑战。运动员用于训练的时间越多,那么他可以用来进食的时间就会越少,因此能量需求的增加与摄入所需能量的时间减少之间存在天然的矛盾。这个问题明确地说明,制订进食计划与制订训练计划是同等重要的。如果一名运动员有固定的训练时间表,而没有固定的进食时间表(事实通常如此),那么他将面临能量摄入不足的问题。

长距离游泳

长距离游泳运动员必须在水中花费大量的时间进行训练,才能在耗时方面实现微小的进步。影响长距离游泳成绩的一个关键因素似乎是游泳运动员能否在血液中的乳酸水平不升高的同时游得更快,或者是游泳运动员能否利用较低比例的最大有氧代谢能力来获得更快的游泳速度[75]。耐力型游泳运动员似乎可以在保持有氧(氧化)代谢途径占主导地位的同时更有力地游泳。这就要求运动员具备高水平的有氧代谢能力,同时能够维持体内足够的糖原和氧气水平,从而确保能量底物被有效地代谢。维持足够的血容量是使血液中乳酸浓度相对较低的关键（血容量越大，乳酸的浓度越低）。当然，这在很大程度上取决于充分的水合作用和良好的电解质状态（钠能帮助维持血容量）。

长距离游泳运动员应该牢记以上所有因素，并认真考虑以下与长距离游泳运动相关的营养问题。

游泳运动员的骨密度通常较低。 与其他运动员相比，游泳运动员的骨密度往往较低[76]。其原因很容易理解：与跑步相比，游泳产生的冲击应力较小。但是，其原因也可能是游泳运动员需要在室内游泳池里花费大量的时间进行训练，而其他项目的运动员则在室外跑步，运动员在室外接受阳光照射的机会更多，因此体内可以生成更多的维生素 D，这个差异可能足以影响骨骼的发育。但这对于那些生活在温暖地区，可以使用户外游泳池的长距离游泳运动员可能不是一个问题。一项对女性游泳运动员进行的研究发现，她们的钙摄入量不足，这无疑会导致骨矿物质密度较低[77]。很显然，摄入足量的钙（每天 1500 mg）对于保持强健的骨骼至关重要，但是游泳运动员也应该努力满足机体对维生素 D 的需求，特别是在他们几乎没有机会接受阳光照射时。

需要在全天的比赛中更频繁地补充液体。 参与典型的全天比赛的游泳运动员应重点关注如何摄入足量的液体，以维持血容量，并为机体持续提供碳水化合物。对游泳运动员而言，在水中游泳可能不会导致脱水，脱水经常发生在运动员在泳池外（经常是在阳光下）等待比赛时。不论液体的来源如何，液体摄入量不足均可严重影响运动表现。

在长时间的比赛过程中，补充碳水化合物对于维持运动表现至关重要。 制订一份加餐计划对于防止饥饿很重要。游泳比赛会耗时数小时，因此饥饿是一个必须解决的问题。在饥饿状态下开始耐力比赛不是一个好的策略。在等待比赛的过程中，运动员应该啜饮运动饮料，并摄入饼干和其他形式简单的碳水化合物类（主要是淀粉）食物，以便为机体持续提供碳水化合物。

长距离游泳运动员必须摄入足够的能量来支持运动。 长距离游泳会消耗大量的能量，运动员必须通过摄入食物为机体补充相应的能量。游泳运动员经常表示，他们在较长的赛季内无法增重，这是由于为了满足能量的需求，机体内的肌肉被用于分解供能了。

自行车比赛

很多自行车耐力赛会持续数日。环法自行车赛因为对参赛运动员的极限耐力要求而闻名世界，该项赛事的各个阶段对自行车运动员提出了不同的生理要求。参赛运动员需要在超过 3 周的时间内骑行约 2500 mi（4000 km），其中只有 1 天的休息时间。该项赛事中运动员的能量消耗量是已知的持续 7 天以上的比赛中运动员的能量消耗量最高的[78]。在自行车运动员所摄入的总能量中，碳水化合物的供能比例约为 62%，蛋白质的供能比例约为 15%，脂肪的供能比例约为 23%。其中，有超过 49% 的能量是在两餐之间摄入的。在比赛过程中，运动员有时需要在漫长而艰苦的山路上骑行，有时则会在比较平坦的公路上骑行。对参加环法自行车赛的运动员的研究表明，在每日摄入的总能量中，以富含碳水化合物的饮料的形式摄入的能量约占 30%[79]。由于自行车运动员一天中的大部分时间都是在自行车上度过的，因此他们可能没有其他方法来摄入足够的能量。

自行车运动与哮喘之间可能存在着一定的关联。对参加 1996 年美国佐治亚州亚特兰大奥运会的运动员进行的研究表明，在参加自行车和山地自行车比赛的运动员中，哮喘的患病率最高（45%）[80]。与此相对的是，美国奥运代表队中有 20% 的运动员表示他们患有哮喘。这说明哮喘可能是影响运动员选择自行车运动的因素。对某些运动员来讲，过敏反应可能会诱发哮喘，哮喘可能是一种对食物的过敏反应。患有哮喘的自行车运动员应该格外小心，避免摄入可能激发哮喘反应的食物或其他物质。

自行车运动员应该牢记以上所有因素，并考虑以下与自行车运动相关的营养问题。

在持续数日的比赛过程中，在每天的比赛结束后好好休息对于维持运动表现非常重要。持续数日的自行车比赛的能量消耗量巨大，运动员的膳食计划可能会影响到比赛的胜负。运动员对碳水化合物有明确的需求，但碳水化合物的能量密度相对较低，因此这与巨大的能量需求存在着矛盾。虽然脂肪的能量密度较高，但自行车运动员对脂肪的需要量远远低于对碳水化合物的需要量。因此，自行车运动员应该频繁地摄入大量的碳水化合物，并且主要摄入含淀粉的碳水化合物类食物（如意大利面、面包、米饭、土豆等）。

在漫长的骑行过程中应摄入食物和液体。相比其他耐力型运动员，自行车运动员有一个优势，即他们更容易在自行车车架上或运动衫的口袋里携带液体和食物。与跑步相比，由于运动员在自行车骑行过程中的弹跳较少，因此自行车运动员可以在运动过程中摄入固体食物，且不会出现胃肠道不适。自行车运动员应该利用这一优势，在较长距离的骑行过程中携带一些液体饮料，同时携带一些饼干、香蕉、碳水化合物凝胶或面包。这些高碳水化合物的食物应易于耐受，并能有效促进工作肌肉获得所需的碳水化合物。

训练会耗费大量的时间和能量。运动员骑行训练的距离越长，他们需要的能量就越多，可用于摄入能量的时间就会越少。因此，自行车运动员应该考虑在训练过程中摄入一定比例的热量。自行车运动员应该明确自身容易耐受的食物（例如香蕉和饼干），并在骑行训练的过程中随身携带。运动饮料也是一个重要的能量来源，因此他们应当通过摄入运动饮料（而不是白开水）来补液。自行车运动员如果在训练过程中没有进食，那么将不可避免地出现能量摄入不足的问题，导致运动表现下滑。

越野滑雪

越野滑雪（Cross-Country Skiing，简称 XC 滑雪）是北欧的滑雪项目之一，是一项独立的赛事，但也可以与跳台滑雪、步枪射击构成不同的组合项目。越野滑雪与跳台滑雪的组合被称为北欧两项，越野滑雪和步枪射击的组合被称为冬季两项。越野滑雪运动员具备极强的有氧代谢能力，这表明在所有耐力型运动中，越野滑雪是最艰苦的项目之一，它要求运动员具备高水平的最大摄氧量及很高的无氧阈[81]。典型的比赛距离为 0.6～19 mi（1～30 km）。越野滑雪运动中还有越野滑雪马拉松比赛，比赛距离为 34～99 mi（54～160 km）。

在所有运动项目中，越野滑雪运动员在单位时间内的能量消耗量处于最高水平（为 9～13 kcal/min）[82]。在典型的 30 km 争先赛中，男性运动员的能量需要量平均为 8500 kcal，这个水平仅次于超级铁人三项比赛和超级耐力长跑比赛（例如 600 英里长跑比赛）的能量需要量[83]。如果一名越野滑雪运动员没有长期刻意地保持每日的能量摄入以完全满足能量需求，那么很难想象他如何能够维持高水平的竞争力。在越野滑雪比赛期间，越野滑雪运动员的能量消耗量非常高，以至于滑雪运动员试图寻找能够降低运动强度的方法。一项研究发现，"追随"（在另一名滑雪者身后滑雪）能够显著降低比赛期间的心率和能量消耗量[84]。鉴于这项运动对能量的需要量非常高，这种策略对于储备足够的糖原，以便在比赛即将结束时能够有不俗的表现（滑雪运动员经常会冲刺到达终点线）至关重要。

一项评估越野滑雪者的身体成分和运动表现的研究发现：瘦体重较高的运动员速度会更快，而体脂水平较高的运动员速度则较慢[85]。那些没有摄入足够能量的运动员很难维持瘦体重，而且他们通常具有较高的体脂水平。

比赛结束后，滑雪运动员体内的皮质醇（一种应激激素）的水平会显著升高，这种表现与总能量的摄入量成负相关（能量摄入量越高，应激激素的生成量越低）[86]。正如我们所预期的那样，皮质醇水平与 B 族维生素和维生素 C 的水平成负相关。在比赛期间营养素摄入量最低的滑雪运动员，他们的细胞损伤最严重，且皮质醇水平最高，这两个方面均可能对运动表现产生负面影响，并且会增加受伤的风险。另一项研究证实，鉴于越野滑雪者的氧化代谢值非常高，因此铁的营养状态至关重要。然而，运动员不能期待铁补剂能够成功逆转铁缺乏或缺铁性贫血的症状[87]。铁的营养状态必须通过长期、合理的膳食来维持，而且一旦铁的营养状态发生改变，使其恢复正常也需要很长的时间。

在训练前摄入碳水化合物能够显著提升越野滑雪表现[88]。一项研究比较了大学生精英滑雪运动员在越野滑雪训练期间，摄入含碳水化合物和电解质的运动饮料与摄入白开水的效果[89]。白开水不能控制体液平衡，还会导致血浆被稀释，并增加尿量。而含碳水化合物和电解质的饮料能够更好地维持血浆容量，生成的尿液量也较少。这些发现强调了在越野滑雪过程中最大限度地提高碳水化合物的可用性的重要意义，还显示出在体育运动过程中补充电解质（特别是钠）对于维持出汗速率、肌肉的能量供应以及将代谢副产物从肌肉中排出的重要性。

越野滑雪运动员应该牢记以上所有因素，并考虑以下与越野滑雪运动相关的营养问题。

在所有运动员中，越野滑雪运动员的能量需要量处于最高水平。 如果越野滑雪运动员没有一个营养计划来保证足够的进餐机会和时间，从而满足这项运动的能量需求，那么他将无法继续进行训练和比赛。使一天中总能量的分配与能量需求动态匹配（即实现日内能量平衡），这一点也很重要，因为这个策略能够帮助运动员维持或增加瘦体重并降低体脂重量。

维持体液平衡。 补充白开水不能很好地维持体液平衡和血容量，而补充含碳水化合物和电解质的运动饮料却可以做到这一点。考虑到越野滑雪比赛和训练的强度及持续时间，理想的饮料可能是由多种碳水化合物（即葡萄糖加蔗糖）组成的浓度为 6%~7% 的碳水化合物溶液，并且每 240 ml（1 杯）溶液中含有 150~200 mg 钠。运动员在开始比赛和训练时应具备良好的水合状态，如果有可能，应该在训练和比赛过程中继续摄入液体。越野滑雪运动员还应该做好准备，在训练结束后补充大量的运动饮料和其他液体。恢复至训练前的体重以及清澈的尿液是水合状态正常的标志。

保证正常的铁储备状态。铁储备不足将抑制红细胞将氧气向工作细胞转运的能力，并将影响脂肪作为能量底物的代谢情况。脂肪代谢不良会增加运动员将碳水化合物作为能量来源的依赖性，但是由于碳水化合物的储备量有限，因此这种代谢变化将会导致早期疲劳。由铁缺乏状态恢复至正常状态需要很长的时间，在这段时间内运动员的表现会低于预期。因此，越野滑雪运动员应定期（即每年）接受铁储备状态（血红蛋白浓度、血细胞比容和铁蛋白浓度）的评估，从而在真正出现铁缺乏之前确定他们是否存在发生铁缺乏的风险。这一点对于女性越野滑雪运动员尤为重要，因为她们发生铁缺乏的风险更高。

在训练前和训练过程中补充碳水化合物会提高越野滑雪运动员的运动成绩。为优化糖原储备，越野滑雪运动员应该遵循每天至少六餐的进食模式，同时每一餐都应有足够的时间来充分满足能量需求。在进行越野滑雪之前摄入碳水化合物能够提升运动表现，在越野滑雪过程中补充含碳水化合物和电解质的饮料也能够提升运动表现。

赛艇

多年来，赛艇一直是一项非常受欢迎的比赛项目，而且被人们视为一项成长型运动。世界锦标赛上的赛艇比赛距离为 2000 m，通常需要 6~8 分钟来划完这段距离。美国高中赛艇比赛的距离通常为 1500 m，老师傅赛艇比赛（参赛运动员的年龄为 27 岁及以上）的距离通常为 1000 m。男子组轻量级和女子组轻量级比赛都有体重的限制。根据比赛的不同，男子组轻量级比赛的体重要求是不得超过 160 lb（72.7 kg）或 165 lb（75 kg），女子组轻量级比赛的体重要求是不得超过 130 lb（59.1 kg）[90]。

在所有接受测评的运动员中，赛艇运动员的耐力水平是最高的。成功的赛艇运动员和赛艇团队能够产生巨大的爆发力。在赛艇运动中，运动员几乎一直在做平稳的重复性动作，所以基本上不会出现骨骼、肌腱和肌肉的损伤。但重复性动作会增加炎症的发生，并会造成延迟性肌肉酸痛，而且 2000 m 的长距离赛艇运动会造成显著的血液氧化应激[91]。即使是经验丰富且体能状态良好的运动员，也会出现很高的氧化应激水平。

针对摄入补剂缓冲液能否使氧化应激水平及乳酸浓度降至最低的问题，有学者进行了研究，但研究结果并未显示出摄入补剂缓冲液能够带来任何益处[92]。也有研究人员对摄入碳水化合物能否减少应激因素进行了评估。该研究纳入了 15 名女子精英赛艇运动员作为受试者，她们在连续 2 天、每天 2 小时的赛艇比赛之前、过程中和之后分别摄入碳水化合物或安慰剂。在赛艇比赛之前、比赛结束后即刻及比赛后的 1.5 小时，研究人员采集赛艇运动员的血样进行检测，结果发现摄入碳水化合物可降低某些应激因素（中性粒细胞、单核细胞、吞噬细胞、淋巴细胞和血浆白细胞介素-1）的水平[93-94]。为了确定在训练期间 2 次摄入碳水化合物补剂是否有用，人们对一名准备参加 1995 年世界赛艇锦标赛的精英赛艇运动员进行了评估。研究发现，补剂有助于维持血糖水平，还有助于心率的恢复。后来这名运动员在锦标赛上摘得了金牌[95]。还有学者对赛艇运动员的膳食结构进行了评估。赛艇运动员按照每天 10 g/kg 的标准常规性地摄入高碳水化合物膳食，其中蛋白质的每日摄入量为 2 g/kg。研究得出以下结论：与碳水化合物的每日摄入量为 5 g/kg 的膳食相比，这种膳食能够提高肌糖原的含量，并能提高在训练过程中的爆发力输出[96]。

许多运动员仍然会选择白开水，而不是含碳水化合物和电解质的饮料作为维持水合状态的液体。在一项针对轻量级赛艇运动员的研究中，研究人员评估了在最大功率划船测试期间将白开水作为补液饮料的效果。研究发现：摄入白开水会使血浆容量下降，使肌糖原的利用率下降，从而对赛艇成绩带来负面影响[97]。

两项研究分别评估了咖啡因对训练有素的男性和女性赛艇运动员的影响。在艰苦的赛艇训练（赛艇测功计上 2000 m）开始前 60 分钟，男性赛艇运动员按照 6 mg/kg 或 9 mg/kg 的量摄入咖啡因。与安慰剂相比，两个剂量的咖啡因均可提升运动表现[98-99]。另一项研究则显示，咖啡因对运动表现的影响不是很明确。当摄入较低剂量（2 mg/kg、4 mg/kg 或 6 mg/kg）的咖啡因时，由于运动员对咖啡因的敏感性存在个体差异，研究无法显示咖啡因可以提升运动表现[100]。这表明，应该确定运动员对咖啡因的耐受水平，从而更好地确定这种强化剂的适宜摄入剂量。

身体成分对普通赛艇运动员来说是一个重要因素，对轻量级赛艇运动员来说更是如此。比较理想的情况是，赛艇运动员应该努力追求相对较低的体脂重量和相对较高的瘦体重，因为这种身材显然有助于取得比赛的成功。爆发力与肌肉量密切相关，也与赛艇运动员的表现密切相关[101-103]。然而研究发现，为满足比赛对体重的要求，轻量级赛艇运动员会限制他们的饮食摄入，而这种做法会限制所需肌肉的发育[104]。

赛艇运动员应该牢记以上所有因素，并考虑以下与赛艇运动相关的营养问题。

满足较高的能量需求，从而维持运动表现。训练过程会导致大量的能量被消耗，因此赛艇运动员对能量的需要量非常高。他们很可能会通过在每餐中摄入更多的食物来满足这种能量需求，但是更好的策略是增加进食机会。为此，运动员需要制订膳食计划，但赛艇运动员可能没有制订膳食计划这种习惯。增加进食机会有很多益处，包括增加糖原储备量、降低体脂水平及增加肌肉量（将蛋白质的摄入量分配到所有正餐和零食中，这种益处将会更明显）。

与赛艇运动员进行探讨后发现：传统的清晨 6 点以前的训练经常是在没有进食的情况下进行的；而且在比赛期间，运动员很少能够获得可以补充的食物；即使能够在运动期间补充食物，这种情况也仅仅是在训练期间。这就意味着，赛艇运动员是在低血糖的状态（刚醒来时是无法避免这种状态的）下进行训练的，而训练会进一步加重运动员的低血糖状态，这会导致运动员体内出现较高水平的皮质醇反应，从而显著降低训练效果。一个简单的方法是，当赛艇运动员早上醒来后，鼓励他们补充 250~400 kcal 或更多易消化的碳水化合物类食物，从而确保他们在血糖水平正常的状态下前往训练场地。一杯苹果汁加 2 片烤白面包足以使他们在正常的血糖状态下进行训练。如果运动员在醒来后立即吃下这些食物，那么当他们开始训练时，这些单糖和淀粉类食物可能已经从胃内排空。赛艇运动员还应该在训练地点准备好零食和饮料（例如巧克力牛奶、什锦杂果、能量棒等），以便在训练结束后立即摄入。

维持正常的体液平衡。对赛艇运动员和其他运动员进行的研究已经表明，补充含碳水化合物和电解质的饮料要比补充白开水的效果更好。白开水会导致血浆容量下降，这种负面影响会使向汗腺输送的液体量减少，从而削弱身体的降温能力。血浆容量的下降会减少所需营养素向工作肌肉的输送，并减少这些肌肉中代谢废物的排出。白开水也无法维持血糖水平，而血糖是大脑的主要能量来源，也是工作肌肉的重要能量来源。如果血糖水平下降，运动员将出现神经疲劳；不论工作肌肉是否有可用的能量底物，神经疲劳均会导致肌肉疲劳。对赛艇运动员来讲，在训练前和训练过程中经常性地啜饮运动饮料很重要，并且不要等感到口渴时才开始补液。

摄入大量碳水化合物。摄入碳水化合物对于赛艇运动员至关重要。碳水化合物的推荐摄入量是 10 g/kg，该摄入量是所有运动员中最高的。而赛艇运动员的蛋白质需要量（2 g/kg）则与其他项目的运动员相似。赛艇运动员必须进食大量的食物，才能满足 10 g/kg 的需要量。为此，最好的方法是频繁地摄入有营养的食物，而不是在每一餐中摄入更多的食物。少量多餐的饮食模式有助于优化糖原储备，并且不会对身体成分带来不良影响。

确保正常的铁储备状态。在赛艇训练和比赛期间，运动员体内氧气的利用率很高，这种情况要求赛艇运动员具备非常好的铁储备状态。因为铁储备量不足需要很长的时间才能恢复，因此敬业的赛艇运动员应该每年接受一次铁储备状态（血红蛋白、血细胞比容、铁蛋白浓度）的评估，从而了解其膳食铁的摄入量是否能够满足机体对铁的需求。当铁蛋白浓度低于 20 ng/ml 时，运动员应被视为已经处于铁储备不足的临界状态。铁储备量较低的运动员应该和他们的医生共同讨论提高铁储备量的最佳策略。

耐力型运动员需要花费大量的时间进行训练，因而对能量的需求很高。但由于训练时间较长，运动员很难摄入他们所需的食物。为确保能量总摄入量充足，运动员应该在一天内规划出多次进餐机会（每 3 小时摄入一次高碳水化合物类食物）。液体的摄入也至关重要，因此耐力型运动员应该养成不论是否感到口渴，都频繁摄入液体（每 10~15 分钟补液一次）的习惯。大量的证据表明，体内较低的碳水化合物含量或液体量均会削弱运动员的耐力水平。但由于碳水化合物的能量密度相对较低，高碳水化合物的饮食会使运动员更难摄入充足的能量，因此应该考虑补充高脂食物来满足能量需求[105]。除非是为了满足总能量需求，否则对耐力型运动员来讲，脂肪不是最理想的能量底物。

与等量的脂肪相比，在训练后补充碳水化合物会对肌肉蛋白质的合成产生非常有利的刺激作用，因此运动员需要注意不要以脂肪来替代碳水化合物的摄入[106]。在某些情况下（见

第 4 章），摄入咖啡因并保证充分的水合及正常的碳水化合物摄入可能有助于提升耐力表现 [107]。但是，由于某些研究对咖啡因的有效性提出了质疑 [108]，运动员应该自己来判断在长时间的运动过程中摄入少量咖啡因是否有助于提升运动表现。

本章要点

• 为实现最佳的糖原储备，膳食结构应满足以下条件：含有足够的热量，碳水化合物含量较高，蛋白质含量适中，脂肪含量较低；同时，运动员还应频繁地摄入液体。

• 如果在耐力比赛前没有逐渐减少训练量，那么运动员的糖原储备和水合状态将会受损。在这种情况下，运动员很难在比赛中发挥出最佳水平。

• 运动员应该在训练中模拟比赛的模式，来为自己补充水分和能量底物。如果没有做到这一点，那么运动员将很难对比赛过程中的进食和补液达到最佳的适应状态。

• 过度训练会影响运动表现，因为过度训练通常会导致运动员睡眠不足、患病频率增加、能量摄入量减少，以及无法达到最佳水合状态。

• 耐力型运动员应该将每个液体补给站均视为补充丢失的液体、钠和碳水化合物的一个重要的机会。如果在赛事过程中没有补充足够的液体，那么运动员注定无法获得令人满意的表现。

• 在耐力训练之前、过程中和之后所遵循的营养策略对于维持高水平的运动表现至关重要。例如，在耐力型运动结束后立即补充碳水化合物和蛋白质的混合物，有助于补充糖原并减少肌肉酸痛。

15

爆发力－耐力型运动的代谢需求

对于篮球、足球、网球、高尔夫和花样滑冰等运动，爆发力和耐力缺一不可。在这些运动项目中，运动的强度呈不规则变化，从而形成其独特的能量底物利用模式。关于团体项目参赛运动员的营养研究显示，高水平的碳水化合物摄入量（占总热量的65%）可提升运动表现。然而，对足球和篮球运动员进行的调查结果显示，这些运动员的碳水化合物摄入量普遍较低，有待大幅提高。在这类运动中，间歇性的爆发力运动在很大程度上依赖于磷酸肌酸（PCr），这意味着运动员还必须摄入足量的蛋白质（与足够的总热量）用于合成所需的肌酸。但调查结果显示，大部分该类项目的运动员未摄入足够的热量，从而影响了其体内肌酸的合成。研究还显示，较好的水合策略能够提升团体项目的运动表现。例如，足球运动员在踢完比赛后，其体核温度都很高，因为在高强度的比赛中，他们的出汗量可高达 $3\sim4$ L[1]。很难想象，如果没有非常完善的水合策略，如何来填补如此大量的水分流失。但是，根据研究结果估计，团体项目的运动员每日的补液量大约只达到了需要量的50%[2]。

过度依赖营养补剂这种常见的做法并不是解决饮食问题的办法。在 2002—2009 年期间，奥运会级别的运动员的补剂使用率似乎有所下降（从 2002 年的 81% 降至 2009 年的 73%），其原因可能是他们担心摄入含有违禁物质的补剂而不能通过兴奋剂检测。但是，大多数运动员仍然过度依赖补剂满足他们的营养需求[3-4]。在一些运动（例如足球）中，运动员使用补剂的热度似乎仍在增加[5]。人们不禁好奇，如果这些运动员有更健康的营养补充方案，他们是不是会表现得更出色。本章将阐述团体项目运动员的营养需求，以及帮助运动员优化糖原储备并维持良好的水合状态的相关技术。另外，文中还附有相应的策略，以帮助运动员在比赛前、比赛过程中及比赛后实现理想的营养摄入。

爆发力-耐力型运动的营养方案

在篮球、排球、橄榄球、手球及足球等团体项目的整个比赛过程中，高强度运动和低强度运动交替进行。某些个人项目（例如花样滑冰和网球）由于包含不同强度的运动，因而也可归入此类。这类运动不同于单独注重卓越的耐力、爆发力或速度的运动项目。例如，竞技体操运动员在训练或比赛中不需要具备高水平的有氧耐力，马拉松运动员也几乎不需要体操运动员所展现的瞬间爆发力。团体项目的运动员必须同时注重速度、爆发力和耐力。足球运动员必须以较慢的速度在场内奔跑，只有在特定的瞬间才需要快速地爆发。篮球运动员在赛场上以平稳的有氧步伐在场内来回跑动，但每名运动员都必须具备极强的弹跳力以抓住篮板球，或者能够瞬间加速以防守对方的进攻。

团体项目这种高强度运动与低强度运动相交替的特点，要求运动员通过有氧代谢和无氧代谢这两种途径来共同产生能量。无氧代谢过程完全依赖于体内储备的腺苷三磷酸（ATP）、磷酸肌酸和肌糖原，而有氧代谢过程则通过肌糖原、血糖、脂肪及一小部分的蛋白质来获取能量。如图 15.1 所示，在团体项目中，肌肉的能量主要来自于肌糖原，其余的能量则来自于脂肪和血糖，二者所占的比重不相上下。脂肪的供应几乎从不会出现缺乏，但血液中葡萄糖的含量却很少，因此运动员需要随时注意，在比赛过程中确保葡萄糖的持续供给。

工作肌群所需要的能量主要依赖于肌糖原和血糖，因此运动员需要在运动前摄入大量的碳水化合物，并在运动过程中摄入含碳水化合物的运动饮料。一项研究比较了中等水平的碳水化合物摄入量（占总热量的 39%）和高水平的碳水化合物摄入量（占总热量的 65%）对运动表现的影响，结果表明，高碳水化合物的膳食模式可以明显改善间歇性运动的表现[6]。

在冰球运动中，频繁的换人能够帮助运动员不断补充磷酸肌酸的消耗量。这样当他们重新上场时，他们可以进行最高强度的对抗

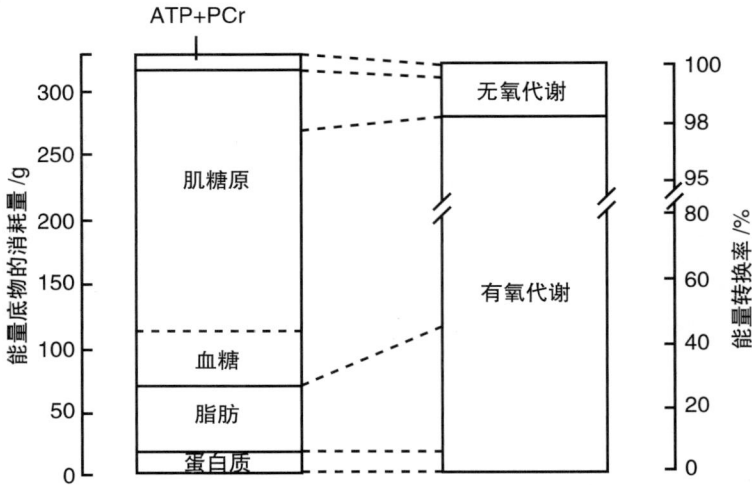

图 15.1 在团体项目（例如足球）中，能量底物在无氧代谢和有氧代谢过程中的利用

引自 Bangsbo J. The physiology of soccer: with special reference to intense intermittent exercise. Acta Physiologica Scandinavica, 1994, 151(Suppl 619): 1-155。版权归斯堪的纳维亚生理学会所有，经布莱克威尔出版公司授权转载

摄入含碳水化合物和电解质的饮料能够提高反复冲刺训练的效果[7]。尽管早已有研究表明，摄入含碳水化合物和电解质的饮料能够提升次极限强度的耐力表现，但近期的研究才明确显示这类饮料对于高强度、短时间爆发力（见于橄榄球、篮球等运动）的益处。研究对象在摄入碳水化合物浓度为 6% 的电解质饮料后，与摄入白开水的对照组相比，可以以最大摄氧量的 120%~130% 的强度额外进行 7 次 1 分钟的自行车冲刺训练。这些结果提示，在篮球比赛的最后 5~10 分钟内，如果运动员通过正确的方法摄入运动饮料，其冲刺能力可大幅提升。一项类似的研究发现，运动饮料（即含碳水化合物和电解质的饮料）可以帮助运动员在由间歇性冲刺、快跑和慢跑构成的高强度的赛事中维持高水平的运动表现[8]。这些研究结果再次为如何在典型的篮球或足球比赛中保持高强度的运动提供了有用的参考信息。

已有研究对运动饮料中各种成分（电解质、水和碳水化合物）单独摄入的效果和所有成分同时摄入的效果进行了评估。与单独补充电解质相比，单独补充水或单独补充碳水化合物后的速度大约提高了 6%。同时补充碳水化合物和水之后，速度表现要比单独补充电解质时快 12%，比单独补充水或碳水化合物时快 5%~6%[9]。这些研究结果证实，碳水化合物能够促进水的吸收，而且由于碳水化合物的储备量有限，运动员需要在训练过程中及时补充碳水化合物。在高强度的运动过程中，机体对血液中的碳水化合物及碳水化合物储备的需求很高，因此运动员需要随时注意并及时补充合适的碳水化合物。这项研究是基于一项早期的研究课题而开展的；早期的研究课题显示，摄入更高水平的碳水化合物可明显提升训练表现[10]。研究还发现，训练过程中补充的碳水化合物溶液的最佳浓度为 6%~7%。这一浓度最有利于液体的吸收，并且有助于碳水化合物被有效地输送至相应的组织。碳水化合物浓度为 8% 的溶液反而会使水分的吸收速率减慢[11]。

篮球运动员跳跃接球的动作或足球运动员抢球并跳起踢球的动作与力量训练的某种形式相类似。一项有关阻力训练的研究发现，在使用相同的重量进行训练时，补充碳水化合物的运动员相比补充水的运动员可以完成更多的重复次数。补充碳水化合物的运动员的血糖水平和血液乳酸浓度较高，这意味着这些运动员体内有更多的碳水化合物可以用于维持高强度的训练[12]。对佳得乐、动乐和全运动这三种运动饮料进行的一项头对头的直接比较研究发现，与动乐和全运动相比，佳得乐能够促进液体更快地吸收[13]。这一差异归因于不同运动饮料中碳水化合物的类型和浓度不同。佳得乐的碳水化合物浓度符合当前所有研究结果所提示的最佳浓度（6%），且其中含有等量的蔗糖和葡萄糖。动乐和全运动的碳水化合物浓度较高，并且其中的碳水化合物主要为果糖。研究结果显示，游离果糖可引起胃肠道不适；且由于果糖被吸收后还需要在肝脏中进行二次转化，因此其维持血糖的效率也较低。

当进行篮球比赛时，在比赛的自然休息之前和休息过程中适当地补充能量会对下半场的比赛产生重要影响

反复或持续进行高强度运动的运动员在发生脱水后，会出现运动表现的下滑[14]。碳水化合物浓度为 6% 的溶液有助于体内液体的转运，因此当团体项目的运动员选择补液饮料时，应当考虑到这一点。美国运动医学会制订的补液指南见表 15.1[15]。

表 15.1　美国运动医学会的补液指南

补液时机	补液量	详细解读
训练前 2 小时	17 oz（约 500 ml）	无
训练过程中	每小时摄入 20~40 oz（600~1200 ml）	每 15~20 分钟摄入 5~10 oz（150~300 ml）
训练后	根据训练前后的体重变化，补充足量的液体以使体重恢复至训练前的水平（体重每下降 1 lb，补充约 16 oz 的液体；或者体重每下降 1 kg，补充约 1 L 的液体）	补充恢复体重所需液体量的 150%，该摄入量的液体可以补充经尿液丢失的液体。若补液量为体重下降对应补液量的 100%，运动员可能会发生脱水

目前，针对在训练和比赛前后及其过程中如何补充能量和液体，多个通用营养指南给出了指导性的建议（表 15.2），这对于目前所有参加间歇性高强度运动的运动员十分重要。这些营养指南的两个关键点是在一般的多样化饮食中液体和碳水化合物的摄入。运动员应利用每一个时机来补充液体和碳水化合物，为此，运动员需要寻找各种可行的方案。传统的观点

和人们普遍认可的观点是，含碳水化合物的饮料只对持续时间超过 60 分钟的耐力型（有氧）运动有积极的作用。而近期的研究结果与这一观点不同。运动表现的最佳指标是血容量、糖原和葡萄糖的维持水平。以下方案可帮助不同项目的运动员提高水合状态并维持体内碳水化合物的水平。

表 15.2　适用于进行间歇性高强度体育运动的运动员的一般指南

一般原则	• 糖原的储备量在很大程度上决定了运动员进行间歇性高强度运动的能力。因此，运动员一般应按照 7~8 g/kg（3.2~3.7 g/lb）的标准摄入碳水化合物 • 蛋白质的营养状态对于肌肉的恢复和肌酸的合成也很重要。因此，运动员每天应按照 1.5 g/kg（0.7 g/lb）的标准补充蛋白质 • 应该补充足量的液体，因为不论是肌肉正常功能的发挥，还是糖原的储备，都依赖于良好的水合状态 • 摄入足量热量对于优化糖原储备及实现最佳的肌肉功能和恢复均至关重要
训练之前或比赛之前的最后一餐	• 在训练前 2.5~3.0 小时，运动员应摄入碳水化合物含量相对较高的食物，且膳食中应含有优质蛋白质及相对较少的脂肪。比较理想的情况是，碳水化合物应来自于富含淀粉的食物（例如面包、意大利面、土豆等），并且纤维含量低，以避免导致胃肠道不适 • 运动员应该在进餐过程中充分补充液体。在用餐结束后至训练开始前的这段时间内，运动员应该啜饮运动饮料（每 10~15 分钟啜饮一两口），以便维持水合状态和血糖水平
训练过程中的营养素和液体摄入原则	运动员应该摄入碳水化合物浓度为 6%~7% 且每 240 ml 中含有 100~150 mg 钠的运动饮料，通过每小时摄入约 50 g 碳水化合物来维持血糖水平。运动员应该抓住每一个机会饮用运动饮料，这需要运动员通过练习来充分了解自身对饮料的耐受量
训练之后或比赛之后的营养素和液体摄入原则	运动员应该在训练结束后立即补充 200~400 kcal 的热量（在训练结束后的 30 分钟内，碳水化合物的摄入量约为 1.5 g/kg 或 0.7 g/lb）。在训练后的数个小时内，应该每 2 小时重复这个摄入量。有充分的证据表明，添加到碳水化合物类食物中的优质蛋白质（如乳清蛋白）可以减轻肌肉酸痛并改善肌肉的恢复情况。因此，运动员应在训练后的前几个小时内摄入 100~200 kcal 当量（25~50 g）的蛋白质。运动员还应该摄入足量的液体，以便在下一次训练开始前使体重恢复到每次训练前的水平。推荐运动员在训练后饮用巧克力牛奶，因为它能够以一种容易摄入且味道上佳的形式，为运动员提供机体所需的液体、碳水化合物和蛋白质

同时需要无氧代谢和有氧代谢的运动项目实例

某些运动既需要有氧代谢，又需要无氧代谢。这些运动员有时会进行最高强度的运动（无氧运动），而其他时间内则进行中等强度的运动（有氧运动）。例如，足球前锋在场上慢跑并设法获取突破位置，而当球传向他时，他将以最大力量冲向足球。这种无氧运动和有氧运动相结合的运动项目需要特殊的营养方案，接下来我们将在以下几项运动中举例说明。

篮球

篮球是团队协作和个人努力的最佳结合，团队包括两名后卫、两名前锋和一名中锋，所有球员在整场比赛的 32 分钟（高校篮球赛）或 48 分钟（职业篮球赛）内同时扮演着防守者和进攻者的双重角色。不论是男篮还是女篮，篮球运动均风靡全球。自 1936 年柏林奥运会之后，篮球比赛更是成为奥运赛事中众人瞩目的焦点。而在众多连胜纪录中，最令人难忘的是约翰·伍登（John Wooden）执教的加州大学洛杉矶分校男子篮球队所创造的 10 次国家联赛冠军（7 连胜）纪录。多年后的一次访谈中，约翰·伍登执教的一名球员透露，伍登在保持其球员在场上的最佳体能状态方面做得十分出色，其中一个秘诀就是确保球员在训练时的运动强度高于比赛时对抗任何对手时的运动强度。但同时，他还十分注重所有球员的饮食和休息质量，使球员能够完全发挥出应有的水平。

有关间歇性高强度运动的研究显示，在比赛前后和比赛过程中补充合适的食物和液体能够增强篮球运动员的运动能力。一项有关大学篮球教练员及其他运动教练员的营养学知识的调查研究发现，只有 33% 的教练员有信心正确应对有关营养学的问题[16]。另外，这项调查还发现，教练员认为大学生运动员存在进食垃圾食品的问题，还普遍存在饮食习惯不良及膳食不平衡等问题。这种不良的饮食状况会影响维生素和矿物质的摄入。男性和女性篮球运动员均普遍存在铁缺乏、贫血及缺铁性贫血等情况[17]。铁的营养状态不良将对有氧运动能力产生负面影响，进而会影响运动表现。一项针对男性和女性篮球运动员的调查结果显示，女性运动员的饮食中缺乏多种营养素，且女性运动员过度依赖于营养补剂[18]。这些调查结果显示，大多数篮球运动员未能采取正确的方案使自己以最佳的体能状态进行比赛。

激烈的体育运动会导致体内产生更多的自由基（例如细胞间脂质氧化所产生的过氧化物）。很多研究评估了摄入 α-生育酚（维生素 E）、β-胡萝卜素（维生素 A 前体）、维生素 C 等抗氧化补剂能否帮助篮球运动员在赛季中减少典型脂质过氧化物的产生[19-20]。尽管这些抗氧化补剂似乎能够带来某些益处，但大量服用抗氧化补剂也会引起其他问题。其中非常值得关注的是，某些营养补剂可能含有违禁物质，从而使运动员面临在不知情的情况下误服违禁物质的风险[21]。减少自由基产生的最佳方法是多食用新鲜的水果和蔬菜。这些食物中含有大量的碳水化合物和抗氧化剂。

篮球运动员应该牢记以上所有因素，并考虑以下与篮球运动相关的营养问题。

可利用篮球比赛的中场休息来补充液体和碳水化合物。 篮球运动员的优势在于，比赛中有 10~20 分钟的中场休息，这对运动员来说是一个绝佳的时机，运动员可通过饮用运动饮料来补充消耗的液体和碳水化合物。某些运动员可能认为食用一些原味苏打饼干并喝些水会使其状态更佳。尽管如此，运动员对食用糖果和其他食品仍应持慎重态度。这些食品虽然含有食糖，但脂肪含量过高。运动员最需要的是碳水化合物和液体，食用其他任何食品都会降低机体对必需物质的吸收能力（表 15.3）。

表 15.3 满足篮球运动员的液体和碳水化合物需要量的策略

适用情况	适用对象或目的	碳水化合物摄入量	液体摄入量
高强度训练	每日进行高强度训练，并且需要提高日常肌糖原恢复水平的篮球运动员	每日 7~10 g/kg 或 3.2~4.5 g/lb（对一名体重为 70 kg 或者 155 lb 的篮球运动员而言，每日摄入量为 500~700 g）	每日摄入 10~12 cup（2.5~3.0 L）或更多液体，外加训练前后及训练过程中的补液
中等强度的训练	每日进行中等强度的训练，且训练时间不足 1 小时的篮球运动员	每日 5~7 g/kg 或 2.3~3.2 g/lb	每日摄入 10~12 cup（2.5~3.0 L）或更多液体，外加训练前后及训练过程中的补液
训练前	为了训练或比赛而需要提高能量利用率和提前补充液体的篮球运动员	在训练前 1 小时补充 1 g/kg，或者在训练前 2 小时补充 2 g/kg，或在训练前 3 小时补充 3 g/kg，或在训练前 4 小时补充 4 g/kg	在训练前 2 小时补充 16 oz 或 2 cup（约 0.5 L）液体（不含咖啡因或酒精）
训练过程中	在中高强度的篮球训练和比赛过程中额外摄入碳水化合物	30~60 g/h	每 15 分钟补充 5~10 oz（150~300 ml）或更多的液体，以补充经汗液丢失的水分
恢复阶段	在高强度的训练或比赛后（尤其是在背靠背比赛和日常训练后）加速恢复并补充液体	训练结束后即刻及训练后 24 小时内每 2 小时补充 1~1.5 g/kg 含高血糖指数碳水化合物的饮料和食物；在接下来的 24 小时内，按 7~9 g/kg 的标准摄入碳水化合物，或总共摄入 500~600 g 碳水化合物	训练过程中体重每下降 1 lb，需要补充约 20 oz（约 3 cup）的液体

注：经授权改编自 Burns J, Davis JM, Craig DH, et al. Conditioning and nutrition tips for basketball[2011-06-27]. http://www.gssiweb.com/Article_Detail.aspx?articleid=2。

　　运动员应利用替补时间来维持水合状态。比赛中，无论运动员认为是否有必要，他都应当利用裁判员暂停或换人时的休息时间啜饮运动饮料。啜饮含碳水化合物的饮料应作为比赛计划的一部分，这与组织正确的团队防守或进攻同样重要。

　　频繁的训练和比赛会使运动员的体力透支。篮球运动员通常每周训练 6 天，并且每天训练 2 次。在此基础上，赛程安排通常需要他们每周至少进行 1 场比赛。很显然，这会导致运动员在典型的篮球赛季体力透支。通常来讲，为确保能量总摄入量充足，运动员应进食足量的碳水化合物，从而保证最佳的糖原储备。优化糖原储备对于篮球运动员的运动表现至关重要，满足总能量的需求则可以帮助维持肌肉量。教练员常常抱怨，很多运动员难以将体重保持在期望的较高水平，这提示运动员没有进食足量的食物来支持训练和比赛中的剧烈运动。在整个赛季中能够维持肌肉量的球队，其运动员的力量和耐力水平会高于其他球队。

　　下半场的表现应与上半场同样出色。能够在比赛下半场保持力量和耐力的球队将比其他球队取得更好的成绩。为此，运动员应养成不论是否感到口渴，都要频繁啜饮碳水化合物饮料的习惯。研究表明，与仅饮用白开水或根本不进行补液的球员相比，频繁啜饮运动饮料的运动员能够更长时间地维持力量和耐力水平。

花样滑冰

　　花样滑冰的命名来自于"花样"，即参赛者需要在冰面上完成所要求的图案。最初的冰面图案是 2~3 组"8"字形，运动员必须按照冰上的图案进行表演，其运动轨迹与图案的匹配度越高，得分就越高。1991 年，这种按照图案进行表演的规则在国际滑冰赛事中被取消，并最终被所有比赛淘汰，但该运动依然保留了"花样滑冰"这一名称。花样滑冰运动员力求流畅、优雅、华美、轻松的表演。他们所使用的短的弧形冰刀和刀尖使其能够进行复杂的旋转，并完成爆发式的跳跃动作。花样滑冰包括 3 项独立的赛事，分别为单人花样滑冰、双人花样滑冰和冰上舞蹈。运动员会针对各项赛事进行专项训练。单人花样滑冰为单一性别的比赛（即男性运动员和女性运动员分别进行比赛），而双人花样滑冰和冰上舞蹈则为男女混合项目。

　　单人花样滑冰要求运动员展现优雅和轻松的动作技能，能否完成高难度的旋转和跳跃是提高竞争力的关键点，这对于较强壮和身材矮小的运动员更容易实现。由于空气密度和冰面阻力对所有运动员而言都是相同的，因此身材高大的运动员要比身材矮小的运动员承受更大的空气阻力，并需要以更大的力量来完成相同的技能。国际赛事中顶级花样滑冰运动员的身材日趋矮小。

　　在双人花样滑冰中，男性运动员通常要比女性运动员更高大且更强壮。所有观看过双人花样滑冰比赛的人都能够理解其中的原因：在比赛中，男性运动员要频繁地抛举女性运动员，如果对方较为矮小的话，完成这些动作的难度也就相对较低。选择正确的身材搭配并非易事，而对于搭配不当的运动组合，即使双方都是优秀的单人花样滑冰运动员，在进行双人花样滑冰时他们也难以达到最高水平。

　　冰上舞蹈对于男女身材搭配的要求较低，因为比赛中不存在抛跳或托举动作。冰上舞蹈中多变的脚部动作和优美的舞姿是对其名称的完美诠释。持续的动作和较低的爆发力要求使冰上舞蹈成为三项滑冰赛事中最典型的有氧运动项目。

　　研究发现，花样滑冰运动员的有氧代谢能力处于中等水平，但他们能够产生高峰值的爆发力[22]。也就是说，在必要时，他们可以使肌肉瞬间产生极强的爆发力。研究结果还显示，年轻的女性滑冰运动员的膳食特点为高脂、高蛋白，而碳水化合物、钙和铁的摄入量较低[23]。花样滑冰运动员对营养补剂的摄入量较高，65% 的男性滑冰运动员和 76% 的女性滑冰运动员会定期摄入营养补剂（主要是多种维生素和多种矿物质的补剂）[24]。他们摄入营养补剂的 3 个最主要的目的是预防疾病、摄入更多的能量及补充膳食的不足。

　　虽然有竞争力的花样滑冰运动员的能量摄入不足问题长期以来备受关注，但近期的研究结果显示，对大多数滑冰运动员来说这个问题是毫无根据的[25]。然而，的确有一部分滑冰运动员可能存在饮食紊乱的风险，而且发生这种情况的运动员的营养素摄入量可能会很低。花样滑冰运动员每日热量摄入的分配的确存在一些问题，运动员应纠正这些问题，从而优化运动表现，提高大脑的注意力[26]。

与其他项目的精英运动员一样，花样滑冰运动员也会受伤。双人花样滑冰运动员的受伤概率之高尤其令人担忧。一项研究显示，成年女子双人花样滑冰运动员平均每9个月就会发生1.4次严重的运动损伤，而在相同的时间段内，其他滑冰运动员发生严重运动损伤的次数平均为0.5次[27]。运动损伤中最常见的是下肢损伤，这主要与冰鞋的设计有关；而另外一些研究人员则表示，这类损伤可能还与不良的体能状态有关[28]。

因此，花样滑冰运动员应该牢记以上所有因素，并考虑以下与花样滑冰运动相关的营养问题。

冰上运动对外表的要求较高，因此许多滑冰运动员会限制热量的摄入。滑冰运动员可通过摄入低脂、适量蛋白质、复杂碳水化合物含量高的饮食，并结合良好的专项训练和体能训练计划来达到最佳的体重水平。尽管节食并不能帮助运动员达到最佳的体重水平，但大量事实表明，大多数滑冰运动员仍将这种体重控制策略作为首选方案。从碳水化合物中获得足够的能量对于运动表现和实现期望的身体成分都是极为重要的。能量摄入不足可导致滑冰运动员出现营养素缺乏、能量消耗水平偏低和体脂水平偏高，这些因素会增加运动员受伤的风险，导致疾病，并对运动表现产生不良影响。

花样滑冰中的跳跃依赖于充足的磷酸肌酸和肌糖原储备。通过摄入碳水化合物来摄入充足的能量，并辅以规律的肉类摄入（从而摄入肌酸，或摄入足量的蛋白质以合成肌酸），这对于滑冰运动员十分重要。对吃素食的滑冰运动员来说，维持肌肉量和肌酸合成量的关键在于保证足量的蛋白质和能量的摄入。如果没有充足的磷酸肌酸和肌糖原储备，花样滑冰运动员就无法在紧张的比赛中完成需要肌肉产生快速爆发力的跳跃动作。冰上舞蹈比赛对肌糖原的需求要高于对磷酸肌酸的需求，因此该项目的运动员若少量减少蛋白质（或肉类）的摄入量，其表现可能会更好，但前提是总能量摄入充足。

训练时间明显超过表演时间。尽管花样滑冰表演仅持续几分钟，但运动员的训练时间可能持续1小时或更长，而且运动员每日可能会进行多次的训练，训练时间多在清晨和深夜（由于场地有限，其他时段能上场训练的机会很少）。训练时间的安排使滑冰运动员不得不改变饮食模式以适应训练的需要。晨练时，为保证肌肉的供能，滑冰运动员应在开始训练前进食并摄入液体（即使是一片吐司面包和一小杯果汁也比空腹要好）。在深夜进行训练时，运动员应在训练前2小时和训练后即刻摄入少量的食物，从而保证肌肉的能量供应。空腹训练无法使肌肉得到良好的锻炼，从而无法达到预期的训练效果。滑冰运动员至少应在训练前一餐至开始训练前的这段时间内啜饮运动饮料，如果有可能，还应该在训练过程中啜饮运动饮料。确保正常的水合状态有着明显的益处。一项针对花样滑冰精英运动员的研究发现，其血浆电解质浓度过高，表明这些运动员的水合状态不佳[29]。

足球、网棒球和曲棍球

足球运动风靡全球。在美国，热衷足球的人数不断攀升。从健康角度讲，足球是一项非常好的运动，因为在比赛中，每名球员的平均奔跑距离约为 6 mi（10 km）[30]。另外，场上的奔跑使足球运动员的骨密度明显高于同年龄、同体重的其他人[31-32]。尽管在这项运动中的大部分时间内运动员都在进行有氧运动，但也有一部分时间是在进行无氧运动，例如球员在冲刺抢球时。在足球比赛中，运动员在下半场的活跃程度往往无法与上半场相提并论，主要是由于运动员体内的肌糖原储备量不足。事实早已表明，在比赛前后和比赛过程中食用碳水化合物类食物对降低球员的疲劳感有很大的帮助[30]。遵循这一方案可以使工作肌肉维持足量的葡萄糖和糖原。

针对职业足球运动员的营养摄入情况的研究发现，尽管足球运动员的能量和营养需求极高，但其摄入量却几乎与普通人相同[33-34]。虽然指南推荐足球运动员的训练期膳食结构应为碳水化合物占总热量的 55%~65%，蛋白质占 12%~15%，脂肪占总热量的 30% 以下[35]，但该研究和其他调查结果均显示，在足球运动员的膳食中，碳水化合物所占比例很低，而脂肪所占比例很高[36]。对全美大学体育协会（NCAA）甲级女子足球运动员的调查结果显示，她们的碳水化合物（用于补充糖原）摄入量甚至达不到推荐量的最低要求（7~10 g/kg），而蛋白质和脂肪的摄入量则高于推荐水平[37]。人们普遍认为，足球运动对糖原储备有极高的要求，糖原耗竭可导致运动员过早出现疲劳，并会在比赛中出现运动表现的下滑[38]。

一项研究针对间歇性高强度运动中碳水化合物和铬的摄入对于抗疲劳的综合效果及单独的效果进行了评估，研究结果进一步肯定了碳水化合物对某些运动项目（例如足球）的运动员具有体能提升作用。这项研究的结果肯定了碳水化合物的益处，但没有得出铬对运动表现有益的结论[39]。当然，充足的能量摄入（男性约为 4000 kcal，女性约为 3200 kcal）同样重要。如果没有摄入充足的能量，无论如何进行膳食补充，也无法恢复糖原储备。

此外，热量摄入不足将对磷酸肌酸（瞬间爆发力所需的能量物质）的最佳合成产生负面影响。一项研究显示，肌酸补剂可以提升年轻足球运动员的运动表现。但肌酸补剂之所以会有这样的效果，真正的原因在于，该研究中的足球运动员没有摄入充足的能量[40]。虽然关于网棒球和曲棍球的营养学研究还不够充分，但由于网棒球和曲棍球的运动本质与足球非常相似，因此可以假设这三种运动的能量需求也相似。但是，不同项目的运动员的营养学知识水平和训练方式往往存在很大的差异，因此目前很难评估网棒球和曲棍球运动员所面临的营养风险。

足球运动员应该牢记以上所有因素，并考虑以下与足球运动相关的营养问题。

在足球比赛中，运动员要持续进行运动，因此他们很难补充水分。 足球运动员在比赛过程中可能没有机会进行规律的补液，因此比赛前的水合状态尤为重要。一旦有机会（在中场休息和裁判员暂停时），运动员应当饮用运动饮料来补充液体和碳水化合物。一项针对足球运动员的研究发现，自发式摄入液体的模式具有极大的可变性，多数球员因此无法充足地

补充液体 [41]。调查表明，足球运动员的碳水化合物摄入量不太理想。为了确保高水平的运动表现，足球运动员要保证每日摄入总能量的 55%~65% 来自于碳水化合物，这一点很重要。运动员应该有意识地提高碳水化合物的摄入量。

一项对曲棍球运动员进行的研究发现，他们经汗液丢失水分的情况与足球运动员类似，维持良好的水合状态能够更充分地满足他们对液体的需求。通过有规律地补液及对最佳水合状态的良好理解，运动员能够维持体内水和电解质的平衡 [42]。

比赛前的糖原储备很关键。足球运动员大多数时间都在场上来回奔跑，因此需要消耗大量的肌糖原。比赛前体内的糖原储备量越充足，比赛时运动员的耐力就越持久。为实现更高的糖原储备量，运动员应坚持摄入足量的碳水化合物和液体，比赛前的一餐也应以碳水化合物类食物为主（表 15.4）。

表 15.4　足球运动员所需的能量和液体

时间	建议
日常训练过程中	• 碳水化合物的每日摄入量为 8~10 g/kg，或占总热量摄入的 55%~65% • 补充足量的液体以维持体重。尿液颜色深是发生脱水的标志
比赛前	• 比赛前 3~4 小时进食碳水化合物含量高、经常食用且易于消化的食物 • 避免进食高脂食物（尤其是油炸食物） • 由于高纤维食物会引起胃肠道不适和胀气，因此应避免进食高纤维食物 • 固体食物的消化速率很慢，因此在即将进行比赛时应避免进食固体食物 • 精神紧张的运动员可考虑啜饮流质食物
比赛过程中	• 利用所有可能的机会补充含碳水化合物和电解质的运动饮料 • 在中场休息时饮用足量的运动饮料以维持赛前体重
比赛结束后	• 比赛结束后，立即补充一些含碳水化合物的饮料和食物（果汁、面包、意大利面等），以帮助补充糖原。此时还应该补充一些蛋白质，研究证实，在果汁中添加一些乳清蛋白可有效减轻肌肉酸痛并促进肌肉恢复 • 赛后 2~3 小时内进行补液（首选运动饮料），具体标准为体重每下降 1 lb 补充 24 oz（720 ml）液体 • 比赛结束后 24 小时内补充足量的液体和食物，使体重恢复至赛前水平

注：经授权改编自 Lea J, Richardson D, O'Malley H, et al. Conditioning and nutrition tips for basketball [2011-06-27]. http://www.gssiweb.com/Article_Detail.aspx?articleid=77。

英式橄榄球

英式橄榄球（Rugby）也被称为拉格比足球、澳大利亚足球、联合会橄榄球，也有很多人直接称其为"橄榄球（Football）"（虽然这种称呼很容易与"Soccer"混淆，但就像很多人用"Football"指代足球一样，这种情况很难避免）。英式橄榄球的出现时间要早于美式橄榄球或加拿大式橄榄球，美式橄榄球或加拿大式橄榄球是在传统橄榄球运动的基础上演变形成的。在不同的联赛中，英式橄榄球的运动员人数也不同（通常每队有 7~15 名运动员）。运动员只有在带球奔跑或踢球时才能前进，这一点很像美式橄榄球。与美式橄榄球相比，英式橙榄球更多的是连续性的运动而很少停下，因此运动员的耐力至关重要。这项运动的本质是肌肉的对抗，特别是在擒抱之后的"密集争球"或"围挤争球"环节更是如此，所以运动员也需要具备很大的力量。因此，中长距离的奔跑及反复的高强度运动要求英式橙榄球运动员既需要具备较高水平的耐力，又需要具备较大的力量。英式橙榄球运动员必须具备很强的有氧代谢能力，还必须具备良好的糖酵解能力及快速合成磷酸肌酸的能力。

像许多其他项目的运动员一样，为了提高肌肉量和力量水平，同时获得较低的体脂水平，英式橙榄球运动员比较重视蛋白质的摄入。尽管这是正确的，但是 20~25 g（80~100 kcal）的优质蛋白质已经足以满足训练后肌肉合成的需要[43]。而且没有证据表明，蛋白质的摄入量越高，越有利于改善英式橙榄球运动员的身体成分。实际上，英式橙榄球运动员的膳食重点并不是补充蛋白质，因为英式橙榄球是爆发力与耐力相结合的项目，运动员需要摄入大量的碳水化合物。另外一些研究表明，英式橙榄球比赛后，运动员的肌糖原几乎被耗竭；由于糖原储备量不足，很多运动员在比赛的下半场表现欠佳[44-45]。另外一些研究证明，每天摄入更多的碳水化合物（约 8 g/kg）会改善高强度间歇性奔跑后的疲劳现象[46]。

英式橙榄球运动员在比赛后补充能量是至关重要的。如果遵循合理的补充策略，运动员在随后的比赛或训练中的表现将会有所改善。当比赛之间的时间间隔很短时，这一点会更加重要。一项研究表明，在比赛之后摄入高碳水化合物膳食能够有效地补充糖原储备[47]。尽管在比赛结束后补充营养非常重要，但在训练和比赛后，促进橙榄球精英运动员恢复的最常用的手段是拉伸和冰浴（或冷水浴）[48]。在理想的情况下，拉伸和冰浴（或冷水浴）应该与液体、碳水化合物和蛋白质的摄入相结合。摄入含酒精的饮料可能不利于机体实现最佳的糖原储备。

一些证据表明，在肌糖原含量相对较低的情况下进行训练，会提高能量底物代谢的适应性[49]。这说明，在糖原储备量不足的状态下进行训练，可能会提高肌肉对训练的适应程度。按照这样的方法进行日常训练，而在比赛时保证肌糖原储备量充足，运动员在赛场上的运动表现可能会更好，这个策略被称为训练低糖原储备-参赛高糖原储备策略。但这种策略有可能增加肌肉酸痛并加重脱水（糖原需要水才能储存），因此这种不良的影响可能会抵消该策略所带来的益处。

显然，维持水合状态对于英式橙榄球运动员很重要。如果不能维持水合状态，橙榄球运动员会更早地出现疲劳，相关的技术动作也会受到影响[50]。橙榄球运动员可以利用比赛中的短暂休息期间、半场休息时及替换运动员时的机会进行补液。实际上，在比赛停顿期间，助理教练员可以将饮料送给场上的运动员。尽管人们都知道维持水合状态的重要性，以及应当使运动员获得足够的机会来补液，但有证据表明，橙榄球运动员的补液量可能未能满足需求[51-52]。数据表明，在橙榄球比赛期间，运动员的液体损失量为每小时 600~1400 ml，但是他们的液体摄入量却很少能够达到这个水平[53]。

许多项目的运动员都对强化剂感兴趣，英式橙榄球运动员也不例外。对团体项目运动员所使用的强化剂进行的评估显示，其中有两类强化剂可能会给运动员带来一些益处，这两种强化剂是一水肌酸和咖啡因[54-55]。但是，正如我们在第 4 章"强化剂"中所阐述的那样，当运动员摄入足量的碳水化合物且总热量摄入充足时，肌酸补剂带来的益处可能就没有那么明显了。还有研究对橄榄球运动员服用碳酸氢钠（$NaHCO_3$）的效果进行了评估，以确定碳酸氢钠是否能通过提高机体对乳酸的缓冲能力而提高运动员的无氧代谢能力。虽然补充碳酸氢钠组的橄榄球运动员体内的血液乳酸浓度有了可观的改善，但是他们的运动表现未出现明显的提升[56]。而且，其中很多运动员表示，他们在摄入碳酸氢钠后出现了严重的胃肠道症状，这些症状可能会对碳酸氢钠潜在的益处产生不良影响。

关于摄入强化剂的问题，最令人担心的是，许多运动员因为教练员的推荐而选择摄入强化剂，但这些教练员的营养学知识却很有限。一项对新西兰首席橄榄球教练员进行的研究发现，大部分（83.8%）的教练员会向他们的球员提供营养学建议，但这些教练员在营养学知识问卷中，只答对了 55.6% 的题目[57]。很显然，为了帮助运动员提升运动表现、降低受伤风险并维持健康，我们必须为运动员找到一个更好的途径来获得正确的营养学建议。

英式橄榄球运动员应该牢记以上所有因素，并认真考虑以下与英式橄榄球运动相关的营养问题。

运动员和教练员应学习营养学建议的相关基础知识，从而更好地遵循合理的营养方案。由于运动员和教练员的营养学知识水平较低，他们不能合理地选择食物。运动员和相关人员应该获得一些机会来学习运动营养学的基本要素，同时运动营养学的专业人士应为每名运动员提供个性化的膳食计划建议[58]。运动员应该明白，补剂和强化剂都不能替代营养丰富的食物。

含碳水化合物和电解质的运动饮料对于运动表现很重要。运动员应该摄入碳水化合物含量相对较高的食物，这样他们就能够在肝糖原与肌糖原储备量充足的情况下进行训练和比赛。这种做法可以帮助运动员减轻疲劳，并在比赛开始前维持血糖水平。维持血糖水平对于维持技能水平和精神敏锐度非常重要，还有助于预防中枢神经系统介导的肌肉疲劳。在训练和比赛期间，运动员应利用每个机会来补充含碳水化合物和电解质的饮料。频繁地补充运动饮料有助于维持血糖水平和血容量，从而避免运动员过早地出现疲劳。

比赛后的恢复对于次日保持最佳运动表现很重要。运动员应认真制订训练和比赛后的营养摄入计划，尽量缩短训练结束至营养补给的间隔时间。重点是摄入以淀粉为主的碳水化合物、优质蛋白质（例如乳清蛋白质）和足量的液体。

应避免摄入酒精类饮品，因为酒精会影响次日的运动表现。文献资料证实，某些橄榄球运动员的酒精摄入量过高，导致他们的运动表现受到了影响。运动员应该尽量避免摄入酒精，特别是在赛季内。

网球

人们通常认为网球运动既包含有氧运动，也包含无氧运动，但其主要的能量来自于无氧代谢系统[59-60]。由于其主要依赖于无氧代谢，因此补充碳水化合物可在网球比赛的最后阶段提高球员的击球质量[61]。由于长时间、高强度的训练高度依赖于碳水化合物的供能，网球运动员应确保体内有足够的碳水化合物来为肌肉供能。

虽然碳水化合物的摄入情况令人担忧，但在液体摄入方面，大学生网球运动员（甲级）已受到良好的训练，能够在炎热的环境中补充足量的液体。针对在炎热环境中连续数日进行比赛的运动员，一项研究对其体液和电解质的平衡状态进行了评估。结果显示，运动员成功地维持了体液和电解质的平衡，未发生任何热病[62]。

有关青少年网球运动员的研究数据还显示，他们的能量摄入状态明显优于其他项目（体操和游泳）的运动员。现已明确，月经来潮在很大程度上依赖于充足的能量摄入。女性的月经初潮年龄通常为 13 岁左右，能量摄入不足的女性的月经初潮年龄可能会推迟 2 年。但网球运动员的月经初潮年龄（13.2 岁）只有轻微的推迟，这说明其能量摄入状况良好[63]。网球运动员通常很少需要控重。事实上，网球运动员主要关注的是体能状态，而非体重。有证据表明，大学生女子网球运动员比其他年轻女性出现饮食紊乱的风险更低[64]。

网球运动员应牢记以上所有因素，并考虑以下与网球运动相关的营养问题。

网球比赛通常在室外场地进行，场地的反射温度高于环境温度。场地的高温及网球运动过程中间歇性高强度的冲刺会使网球运动员的体核温度快速升高。运动员应警惕热平衡紊乱的征象（口渴、乏力、视物模糊、无法正常讲话）。如果自己、搭档或对手出现了热平衡紊乱的症状（表 15.5），运动员应立即采取救治措施。

表 15.5　热平衡紊乱的症状

热痉挛	运动过程中或运动后出现无意识的肌肉痉挛，通常发生在运动过程中运动强度最高的肌群
热衰竭	虚弱、心率快，伴有低血压、头痛、眩晕及严重的无力。体温未上升至危险水平，但出汗率下降，使体温升高的风险增加。血容量明显下降。在这种情况下，运动员应停止训练，到阴凉处或凉爽的房间内休息，并补充液体恢复水合状态
中暑	体温调节功能丧失，其特征为无法排汗。循环系统衰竭可导致死亡。应立即采取急救措施，通过使用冰块、将中暑患者置于冷水中或酒精擦拭来降温。此为紧急情况，应立即寻求医疗救助

网球运动员应该利用每个单数局比赛后交换场地时的自然休息时间来补充液体和碳水化合物。可能正是因为比赛中有这些自然的休息时间，网球运动员能够在比赛过程中及比赛结束后仍保持相对良好的水合状态。由于补充碳水化合物能够提高比赛最后阶段的击球能力，运动员应确保所饮用的饮料中含有适量的碳水化合物。在比赛中不断啜饮这类饮料能够帮助运动员进行更长时间的高强度运动。

排球

　　典型的排球比赛的时间平均为 1 小时 15 分钟至 2 小时。在比赛中，排球运动员需要完成大量的运动技术和技巧，例如频繁的高度垂直跳跃、突然的变向、传球、灵活的防守，以及用于阻止排球落地的超人式救球。每局比赛的持续时间较长，且比赛中有大量需要爆发力的动作，因此运动员需要动员体内所有的能量代谢系统：高强度的快速爆发力动作依赖于磷酸肌酸（PCr）系统来供能，每个回合中 10~15 秒的高强度运动需要糖酵解系统来供能，有氧代谢系统则用于保证回合之间的基础能量需求。排球运动员需要产生快速的爆发力，因此应在满足总能量需求的基础上摄入富含碳水化合物的食物，从而优化糖原和肌酸的储备。

　　一项对排球运动员进行的研究发现，数年的训练会导致运动员出现更多的氧化应激[65]。另外一些针对青少年的研究发现，排球训练对机体合成代谢的促进作用大于对分解代谢的促进作用，但是确实会导致机体内产生更多与氧化应激相关联的炎症标志物（尤其是白细胞介素-6）[66]。为了确定特定的饮食疗法能否降低氧化损伤，研究人员为排球运动员分别提供地中海饮食（富含蔬菜、鱼类和橄榄油的饮食）或者高蛋白、低热量饮食及每天 3 g 的鱼油（一些研究发现鱼油能够发挥抗炎作用）[67]。2 个月后，摄入高蛋白、低热量饮食并补充鱼油组的运动员的细胞损伤程度较高，这说明地中海饮食是更好的选择。从本质上讲，不论食物的质量如何，低热量摄入都会对运动表现产生不良影响。

　　为了改善排球运动员的营养摄入情况，人们进行了很多尝试，但效果并不理想[68-69]。与其告诉排球运动员某种饮食方式是否正确，不如直接告诉他们应该如何在一天内的特定时间调整营养素的摄入，从而帮助他们达到最佳的日内能量平衡状态及最佳营养摄入量。这些研究指出了，在全球运动员所处的大环境未改变的情况下，提供个性化膳食建议的困难所在。大多数运动员可以在短时间内调整他们的饮食，但必须同步改变外部环境对饮食的影响（例如训练时间表、进食计划等），以保证运动员能够长期坚持调整后的饮食计划。最终的目标是，外部环境的系统调整能够确保每一名运动员获得良好的膳食摄入。每个团队中都会有个别运动员具有独特的饮食习惯，这是不可避免的。对青少年女子排球精英运动员进行的膳食评估充分表明，她们的膳食结构仍有待于进一步完善，其中许多运动员存在较高的月经失调的风险，而且其能量和营养素的摄入水平可能会对运动表现产生不良影响[70]。不论是哪个国家的运动员，似乎都存在这样的问题。能量不足越严重，女性运动员就越容易出现月经失调的问题[71-72]。另外一项研究发现，在接受营养评估的运动员中，1/3 的运动员的血清铁蛋白水平较低，提示他们发生贫血的风险较高[73]。

　　教练员对排球运动员的膳食摄入问题负有重要责任，排球教练员通常没有接受过正规的运动营养学培训。更糟糕的是，很多教练员会为运动员称量体重或测定身体成分，并利用这些信息去督促运动员减重[74]。为此，运动员经常会限制饮食摄入，导致营养素摄入减少，能量摄入减少，发生闭经和应力性骨折的风险升高，且体脂率增加。一项研究表明，排球运动员的体脂率较高，可能正是限制食物摄入导致的[75]。由于仅考虑体重问题，某些运动员可能会应用一些非处方的减重产品。一项对大学生运动员的研究发现，排球运动员中利尿药的使用率（23.6%）要高于垒球运动员（3.6%）和篮球运动员（1.0%）[76]。这项研究还发现，在这三种项目的运动员中，排球运动员中轻泻药的使用率最高（为18.8%，而垒球运动员中这类药物的使用比例是1.8%，篮球运动员中这类药物的使用比例是1.0%）。

液体的摄入对于所有运动员都很重要，对于那些在炎热、潮湿的户外环境中进行运动的运动员更是如此。因此，沙滩排球运动员应该认识到摄入足量的液体对于维持水合状态并预防心血管动力学变化的重要性。一项研究发现，沙滩排球运动员在比赛期间通过自发摄入液体的方式进行补液，其液体摄入量存在巨大差异，他们的平均摄入量是不足的[77]。

排球运动员应该牢记以上所有因素，并考虑以下与排球运动相关的营养问题。

排球训练和比赛增加了氧化应激。 抗氧化补剂越来越受欢迎，这是因为它们可以减少氧化应激。但在不同情况下，对不同受试者进行的抗氧化剂试验所得到的结果却不尽相同。食物所提供的（非补剂来源）抗氧化营养素确实可以减少氧化应激。最好的策略可能是多摄入含维生素 C、维生素 E 和 β-胡萝卜素的食物（即新鲜的水果和蔬菜）。因为这些食物都富含水、纤维素和碳水化合物，它们能够使膳食具备补剂所不能提供的额外益处。

排球运动员的体脂水平较高，这是一个值得关注的问题。 有证据表明，与其他项目的运动员相比，排球运动员的体脂水平较高。这不仅会影响机体的氧化应激水平（较高的体脂水平与较高的氧化应激水平相关），还会对力量-体重比及运动员的跳跃高度和快速移动能力产生负面影响。很多排球运动员经常会在教练员的鼓励下，或者自发地采用限制饮食的策略，这会导致严重的能量和营养素缺乏，并最终导致瘦体重逐渐下降，体脂重量增加，痛经及应力性骨折的发生风险升高。最好的策略是降低体脂重量，同时使瘦组织保持不变或增加。实现这一点的最佳方法是合理地分配全天摄入的能量和营养素，从而避免能量的输送出现较大的波动（这会导致体内储存更多的脂肪或增加肌肉的流失）。与摄入低热量膳食相比，少量多餐是一个更有效的策略。

补液应成为一种习惯并按时进行。 在理想情况下，排球运动员应找到一种他们在训练和比赛过程中觉得可口的运动饮料，并通过反复试验来确定在固定的时间间隔内他们可以摄入的最大的量。对沙滩排球运动员而言最重要的是，要习惯于在训练或比赛过程中通过不断地补液来避免口渴。在训练或比赛之后，排球运动员应特别注意摄入含碳水化合物的饮料，且这些饮料应含有适量的蛋白质，从而使糖原储备最大化并减轻训练后的肌肉酸痛。离开比赛场地后，运动员应该在进餐时喝大量的水，并且保证在两餐之间始终有运动饮料可以饮用。

排球运动员应该关注在训练和比赛之前、过程中和之后吃什么。 没有什么可以替代食物，而且食物摄入不足也不能通过营养补剂来弥补。虽然饮食需要进行规划并且会占用一定的时间，但这样做是值得的。排球运动的特点提示，运动员需要摄入大量的碳水化合物（占总热量的 60%~65%），同时也需要摄入足够的总热量，从而保证肌肉组织可以利用摄入的蛋白质合成肌酸。从本质上讲，能量摄入不足会促进分解代谢，导致组织分解，抑制组织修复，给糖原储备带来困难，并抑制肌肉恢复。

高尔夫

在 1924 年奥运会之后，高尔夫不再被列为奥运比赛项目；但在 2016 年，这项运动再次出现在里约热内卢夏季奥运会上 [78]。标准的 18 洞高尔夫要求运动员步行至少 5.6 mi（9 km），而且这项运动会持续约 4 小时，这可能导致运动员出现低血糖和脱水，这两种情况均会对运动员的协调性和注意力产生负面影响。水合方面的问题也是切实存在的，尤其是在炎热、潮湿的环境中。

关于如何缓解脱水所导致的负面影响，有学者进行了研究。20 名男性高尔夫运动员饮用一种含咖啡因及碳水化合物和电解质的饮料，对照组则饮用不含能量和咖啡因、口味相同的安慰剂。结果发现，含有咖啡因及碳水化合物和电解质的运动饮料明显改善了运动员打球入洞的运动表现，还提高了运动员的警觉性 [79]。另一项研究发现，在一场模拟 18 洞高尔夫的比赛中，运动员在摄入足量的液体后，其心理和生理功能均得到显著提高 [80]。

咖啡因对身体、认知和精神运动功能的有益效果得到了越来越多的认可。通过评估长时间运动期间的身体功能和认知表现，研究人员发现咖啡因可提升运动员在运动期间和运动之后的耐力表现和复杂的认知能力 [81]。对于诸如高尔夫这样的运动，这是一个特别重要的发现。因为在这类运动中，注意力对于取得成功非常重要。

如果运动员发生脱水及血糖水平过低，那么将会出现另外一个问题：他们受伤的风险可能会增加。一项研究表明，如果高尔夫运动员的自我环境意识较差，那么他们的受伤风险可能会增加，其中低血糖和脱水可能是导致他们的自我环境意识下降的一个原因 [82]。减少高尔夫运动过程中的运动损伤非常重要。2007 年，美国消费品安全委员会发布的报告显示：52861 名高尔夫运动员因受伤而被送往急诊。另外一项研究估计：每年都会有约 60% 的专业人士及 40% 的业余爱好者因为高尔夫运动而受伤 [83]。虽然其中许多人是因为高尔夫挥杆动作而受伤的，但不合理的营养摄入加剧了损伤的发生。例如，脱水与灵活性下降相关，而灵活性的下降容易导致运动员出现肌肉损伤。在关于高尔夫运动的文献资料中，肋骨应力性骨折的病例虽然并不常见，但是确实有过报道，其主要发生在高尔夫球手的身体主摆动一侧。而营养问题已被证实对应力性骨折存在一定的影响 [84]。体内钙和维生素 D 吸收都比较好的运动员，他们的骨密度较高，因此他们发生应力性骨折的风险较低。

加拿大皇家高尔夫协会估计，在一个标准的 18 洞的比赛回合中，运动员会消耗 2000~2500 kcal 的热量 [85]。比较理想的情况是，运动员消耗的热量应该通过一个分配合理的进食计划来补充，并且在这个回合中至少应为运动员提供部分热量。

高尔夫运动员应该牢记以上所有因素，并考虑以下与高尔夫运动相关的营养问题。

摄入足够的能量以避免出现明显的能量缺乏状态，这样做很重要。 高尔夫运动员应该找到合适的方法来避免出现能量缺乏的情况，否则会损害运动员的注意力并影响他们的挥杆能力。比较理想的情况是，高尔夫运动员应该在比赛前 2~3 小时摄入 1 份中等份量以下的高碳水化合物类食物。在赛前最后一餐至比赛开始之前的这段时间内，高尔夫运动员应该不断啜饮一些运动饮料或果汁以维持血糖水平。运动员也可以在赛前餐之后大约 90 分钟时吃下能量棒并适当饮水。比赛后的一餐对于补充在比赛期间损失的能量以及恢复糖原储备也很重要。一个较好的策略是在去俱乐部之前准备好一份热量为 200~400 kcal 的零食，然后在比赛结束并更衣后少量多次地食用。我们需要制订一份膳食计划，以保证两餐（零食或正餐）之间的时间间隔不会超过 3 小时，并能在进餐的过程中充分摄入液体。

摄入零食和运动饮料可以帮助运动员维持血糖水平并预防脱水。高尔夫运动持续时间很长，并且经常在阳光直射的环境下进行。运动员需要补充液体来维持血容量、出汗速率和注意力。为了预防脱水，运动员应摄入含有钠（每杯 50~100 mg）和糖（浓度为 6%~7% 的碳水化合物）的饮料，并按照固定的时间表啜饮这些液体。虽然白开水是最常见的液体，但是单独补充白开水的效果并不是最好的，因为它不含钠（这会导致血容量和出汗速率下降），也不含糖（这会导致中枢神经系统功能下降）。现有证据表明，在饮料中加入少量的咖啡因会更好，因为咖啡因是一种中枢神经系统兴奋剂，它可以帮助维持精神敏锐度。

高尔夫运动员应避免在比赛过程中摄入含有酒精的饮料。虽然在高尔夫运动过程中运动员经常会摄入含有酒精的饮料，但是如果运动员认真对待比赛的话，酒精可能是高尔夫运动员最不应摄入的物质。酒精会快速降低血糖水平，并对中枢神经系统功能带来负面影响，还会增加尿量，从而增加脱水的风险。很难想象还有什么事情比这个更糟糕的了。高尔夫运动员应该知道，酒精对中枢神经系统的负面影响甚至可以持续数日。

定时摄入碳水化合物能够优化糖原储备。高尔夫的挥杆动作在很大程度上依赖于糖原的供能。为了最大限度地优化糖原储备，运动员可以有规律地摄入碳水化合物含量较高的食物，同时摄入足量的液体，并避免那些可能造成糖原耗竭的活动（例如，在高尔夫比赛的前一天进行剧烈运动）。运动结束后，运动员应立即摄入富含碳水化合物的食物和液体，这一点非常重要。

多年来，耐力型运动一直备受科学界的关注。但直到最近，爆发力-耐力型的体育项目才得到同等程度的关注。关于这类运动的研究表明，即使运动的持续时间不足 1 小时，摄入碳水化合物也会有助于提升运动表现。这是一个重要的发现，因为传统观点认为，对于那些持续时间不足 1 小时的运动，白开水是一种合适的水合饮料，而含碳水化合物的运动饮料则适用于持续时间超过 1 小时的运动。但现在我们知道，即使是进行持续时间较短的运动，摄入碳水化合物也能够提升运动表现。由于许多这一类的运动（篮球、足球、网球）都会消耗大量的热量，因此运动员应该制订进食策略（即保证摄入足量的食物），从而有助于在漫长而艰苦的赛季中维持肌肉量。

本章要点

- 坚持摄入碳水化合物含量高、蛋白质含量适中且脂肪含量低的膳食有助于改善糖原的储备。为了达到良好的水合状态并储备足够的糖原，运动员还应摄入足量的液体。

• 在比赛前的那段时间及赛前餐之后，运动员应摄入以淀粉为主且容易消化的零食（例如饼干），并同时摄入饮料。如果运动员对这些食物的耐受性较差，那么运动员应该频繁地啜饮运动饮料。

• 在比赛过程中，运动员应摄入碳水化合物浓度为 6%～7% 的运动饮料，并且每杯饮料的钠含量应为 100～200 mg。当在炎热、潮湿的环境中进行比赛时，运动员应该更多地摄入钠含量更高的液体，以维持出汗速率和血容量。

• 运动员应该利用所有的休息时间（例如半场休息时间，以及暂停时的休息时间）来补充液体和碳水化合物。每名运动员都应该为自己准备好便于随时饮用的饮料，并在饮料瓶上做出明显的标记。由于足球运动是连续的，中途几乎没有暂停时间，因此这一点对于足球运动员尤为重要。

• 运动结束后，运动员应该立即（在淋浴前）补充液体、碳水化合物及蛋白质，以恢复糖原储备并促进肌肉恢复。运动后，机体内的糖原合成酶的活性会升高，所以在运动结束后立即补充液体和碳水化合物是一种恢复糖原储备的有效策略。

• 当在炎热、潮湿的环境中进行比赛时，如果出现热平衡紊乱的症状，运动员应该有一个可以使体温快速下降的设备。这个设备不一定多么复杂——在靠近比赛场地处，准备一个充满冰水的小泳池即可。

第五篇

专项运动的
营养计划

16

爆发力-速度型运动项目

    如何最大限度地提高力量-体重比,从而以最低的体重产生最强的爆发力是爆发力型运动员最为关注的问题。为了实现这一目标,运动员需要制订一个膳食计划,以期在维持或增加肌肉量的同时,尽量降低体脂率。在理想情况下,爆发力型运动员对蛋白质的每日摄入量应维持在 $1.2 \sim 1.7$ g/kg,该摄入范围的最低值适用于那些需要维持肌肉量的运动员,而最高值则适用于需要增加肌肉量的运动员。

    考虑到以下两个因素十分重要。①大多数运动员(素食主义者除外)仅通过食物即可摄入足量的蛋白质,其摄入量通常远远高于 2.0 g/kg。②只有在总能量摄入满足机体需求的基础上增加蛋白质的摄入量,才能增加运动员的肌肉量。事实上,许多运动员通过摄入更多的蛋白质来满足总能量的需求,其蛋白质的摄入量(> 1.7 g/kg)通常远远高于合成代谢的需要量。此外,运动员必须同时考虑热量和蛋白质的分配情况,以维持一天内能量和氨基酸池的平衡,避免二者出现剧烈的波动。运动员只有摄入足够的能量才能维持现有的体重和肌肉量,额外摄入能量方可增加体重和肌肉量。通常来讲,为促进肌肉量的增加,运动员每日应额外摄入 $300 \sim 400$ kcal 的能量,并辅以适量且恰当的阻力训练。

    一些项目(例如拳击、摔跤、赛马)需要运动员在比赛之前使体重降低至某一特定的级别;而另外一些项目(例如体操、花样滑冰和跳水)出于形体和技能因素的考虑,则要求运动员以尽可能低的体重产生高水平的爆发力。事实表明,上述这些项目的运动员经常会采用限制能量摄入或脱水的进食策略来获得目标体重。然而,限制能量摄入和脱水的方法并不合理,也不健康。限制饮食很可能导致瘦组织的分解代谢加剧，从而对力量−体重比产生不良影响；而脱水则会对运动表现造成不良影响。

由于限制饮食和脱水均不利于运动员实现最终目标，且具有一定的危险性，甚至可能引起严重的饮食紊乱，因此对爆发力型运动员而言，这两种策略并不合适。运动员应考虑采取有利于优化运动表现和水合状态的进食策略。为此，运动员需采取每日进餐次数不低于 6 次的膳食模式。此模式与每日 3 餐的常规膳食模式不同，因此较难实现（人们习惯于采用与周围大多数人相同的常规膳食模式）。少量多餐的效果显而易见。少量多餐并经常饮水的运动员在身体状态和竞技表现方面均表现出明显的优势，而这会进一步鼓励他们继续坚持这种膳食模式。

本章的膳食计划说明

本章针对 7 种热量摄入水平（2100 kcal、2300 kcal、2700 kcal、3000 kcal、3400 kcal、3700 kcal 和 4100 kcal）分别介绍了相应的膳食计划。为了帮助运动员了解如何将膳食计划与其训练计划完美结合，这些膳食计划所对应的训练时间安排各不相同。运动员应根据训练安排来调整膳食摄入，从而有助于维持全天的能量平衡（±400 kcal），同时有助于一天中蛋白质和其他营养素的合理分配。

膳食计划中应包括分解代谢（即能量负平衡）和合成代谢（即能量正平衡）的时长信息，而不是只显示一天结束时的能量平衡状态。合成代谢的时间与分解代谢的时间之比为 1 时，运动员的体重和身体成分能够维持稳定；该比值＞1 时，运动员的肌肉量会增加；该比值＜1 时，运动员的体脂率会下降。本章旨在为运动员提供膳食指导，使其在此基础上逐步学会制订适合自身的最佳膳食计划。

读者应注意，这些膳食示例的热量水平仅供参考，并不完全适用于所有人。稳定的体重及健康的体脂水平最能反映出运动员在正确的时机摄入了适量的热量。运动员应确定适合自身的热量摄入水平和摄入模式。读者还应注意，在本章所列的膳食计划中，液体的摄入量可能远远低于其实际需要的摄入量。运动员应在进食过程中补充足量的水分，在运动过程中可能还需要摄入更多的运动饮料。为保持最佳的身体水分含量，运动员应饮用足量的液体，以尿液清澈作为最佳指示。

表 16.1　热量摄入量约为 2100 kcal 的膳食计划，适用于一名 17 岁、身高 5 ft（152 cm）、体重 100 lb（45 kg）的爆发力-速度型女性运动员

能量平衡图

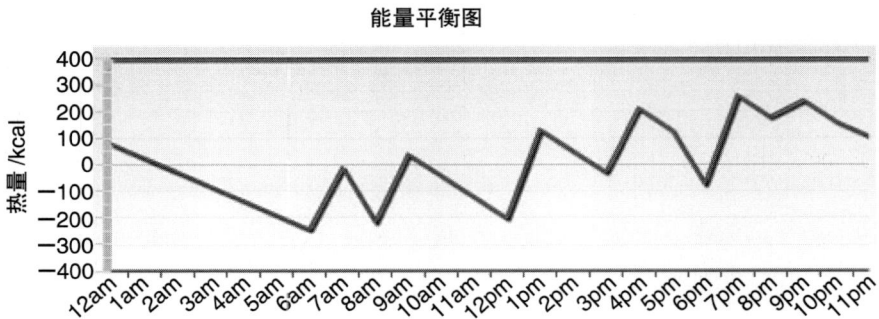

合成代谢（热量＞0 kcal）的时间为 12 小时；分解代谢（热量＜0 kcal）的时间为 12 小时；合成代谢的时间与分解代谢的时间之比为 1.00

能量底物的分配
总热量：2129 kcal　碳水化合物：69%　蛋白质：15%　脂肪：16%

时间	活动	食物	摄入量	热量 /kcal
7：00—8：00	重点是在运动前摄入碳水化合物以维持肝糖原和血糖水平	肉桂葡萄干百吉饼	1 个小的（3 in, 7.5 cm）	156
		果酱	1 tbsp（15 ml）	56
		西柚汁	8 oz（240 ml）	102
8：00—9：00	60 分钟的高强度剧烈运动，重点是在训练过程中摄入运动饮料来维持血容量和血糖水平	运动饮料	8 oz（240 ml）	63
9：00—10：00	在运动结束后的恢复活动之后，应立即食用早餐	泡奶玉米脆片	1 cup	101
		全麦麦片	¼ cup	25
		蓝莓	1 cup	84
		亚麻籽粉	1 tbsp	53
		低脂牛奶（脂肪含量为 1%）	8 oz（240 ml）	102
		水	按需	0
10：00—13：00	放松活动，如散步、静坐、做家务或参与学校活动等	水	按需	0
13：00—14：00	午餐应摄入足量的碳水化合物和液体	无脂炸豆泥	¼ cup	46
		切达奶酪	1 tbsp	61
		萨尔萨辣酱	¼ cup	17
		墨西哥玉米薄饼卷，8 in（20 cm）	1 个	146

续表

时间	活动	食物	摄入量	热量 /kcal
		小胡萝卜，生食	½ cup	42
		梨	1 个（中等大小）	103
		水	按需	0
14：00—16：00	放松活动，如散步、静坐、做家务或参与学校活动等	水	按需	0
16：00—17：00	加餐对于避免过低的能量负平衡非常重要	椒盐卷饼	¾ oz（23 g）	79
		低脂水果酸奶	1 cup	243
17：00—18：00	放松活动，如散步、静坐、做家务或参与学校活动等	水	按需	0
18：00—19：00	摄入含有碳水化合物和钠的运动饮料有助于在次日训练前恢复正常的水合状态	运动饮料	8 oz（240 ml）	63
19：00—21：00	晚餐应含有丰富多样的蔬菜和瘦肉蛋白	烤鸡胸肉（去皮）	3 oz（90 g）	147
		烤土豆（去皮）	1 个（中等大小）	145
		酸奶油	2 tbsp（30 ml）	46
		蒸青豆	1 cup	44
		卷心菜，生食	1 cup	18
		油菜籽油	1 tsp（5 ml）	41
		醋	1 tbsp（15 ml）	3
		水	按需	0
21：00—22：00	睡前加餐有助于确保次日晨起时处于能量平衡的理想范围内	香草布丁	4 oz（120 g）	143
		水	按需	0

营养汇总

总热量 /kcal	2129	铁 /mg	19.4	维生素 C/mg	176.7	维生素 B$_{12}$/μg	7.39
碳水化合物 /g	381	钙 /mg	1243	维生素 B$_1$/mg	1.87	叶酸 /DFE	621.5
蛋白质 /g	82	锌 /mg	9.05	维生素 B$_2$/mg	2.46	维生素 A/RAE	1457
脂肪 /g	39	镁 /mg	365.7	烟酸 /mg	28.4	维生素 D/U	156
钠 /mg	3242	钾 /mg	3831	维生素 B$_6$/mg	3.65	维生素 E/mg	4.91

注：该膳食计划针对的可能是一名中等水平的花样滑冰运动员为提高跳跃时的爆发力而进行高强度训练时的训练方案。能量平衡图显示，同等身高和体重的运动员在进行该强度的训练并执行该膳食计划时，可维持一天内良好的能量平衡状态。这种能量平衡状态有助于在维持肌肉量的同时，维持相对较低的体脂率。

资料来源：能量平衡图的版权归营养时机公司（NutriTiming）所有，并由其授权使用。能量平衡和营养素的摄入值均通过 NutriTiming® 系统获得。

表16.2 热量摄入量约为 2300 kcal 的膳食计划，适用于一名 17 岁、身高 65 in（165 cm）、体重 125 lb（57 kg）的爆发力-速度型女性运动员

能量平衡图

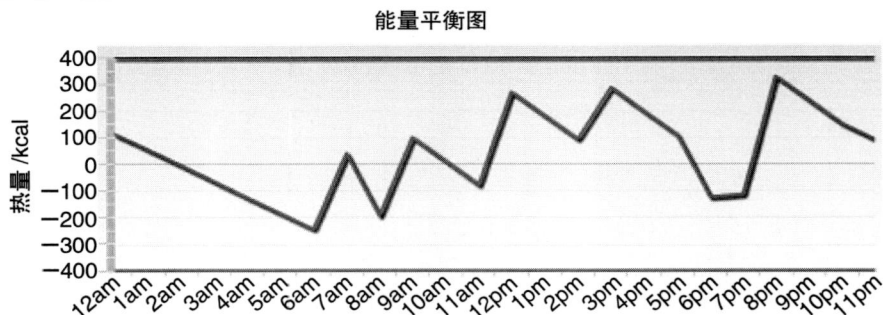

合成代谢（热量＞0 kcal）的时间为 15 小时；分解代谢（热量＜0 kcal）的时间为 9 小时；合成代谢的时间与分解代谢的时间之比约为 1.67

能量底物的分配
总热量：2325 kcal 碳水化合物：65% 蛋白质：17% 脂肪：18%

时间	活动	食物	摄入量	热量/kcal
7：00—8：00	训练前加餐对于保证晨间训练过程中血糖水平的正常非常重要	烤葡萄干面包	2 片	172
		果酱	1 tbsp（15 ml）	56
		富含维生素 C 的葡萄汁	8 oz（240 ml）	152
8：00—9：00	60 分钟的高强度训练；训练过程中至少摄入 8 oz 含碳水化合物和钠的运动饮料，这对于维持血糖水平和血容量非常重要	运动饮料	8 oz（240 ml）	63
9：00—10：00	在运动结束后的恢复活动之后，应立即进食高碳水化合物早餐	燕麦粥	1 cup	159
		低脂牛奶（脂肪含量为 1%）	8 oz（240 ml）	102
		核桃	⅓ oz（10 g）	61
		无籽葡萄干	2 tbsp（30 ml）	90
10：00—12：00	日常活动，如案头工作、散步、学校活动或轻体力的家务劳动等	水	按需	0
12：00—13：00	午餐应均衡地摄入优质蛋白质和新鲜的蔬菜（后者富含碳水化合物），并随餐摄入大量液体	烤火鸡（白肉）	3 oz（90 g）	95
		杂粮面包	2 厚片	189
		黄芥末酱	1 tsp（5 ml）	3
		直立莴苣	1 片内叶	1
		小胡萝卜，生食	1 cup	84
		带皮苹果	1 个（中等大小）	65
		水	按需	0

续表

时间	活动	食物	摄入量	热量 /kcal
13：00—15：00	日常活动，如案头工作、散步、学校活动或轻体力的家务劳动等	水	按需	0
15：00—16：00	重点是在下午训练前维持正常的血糖水平，并确保肝糖原储备量处于正常水平	部分脱脂的马苏里拉奶酪	1 oz（30 g）	71
		黑麦饼干	1 oz（30 g）	108
		无籽葡萄	1 cup	104
16：00—17：00	日常活动，如案头工作、散步、学校活动或轻体力的家务劳动等	水	按需	0
17：00—18：00	训练前宜进行 30 分钟的热身运动	水	按需	0
18：00—19：00	60 分钟的高强度训练；训练过程中至少摄入 8 oz 含碳水化合物和钠的运动饮料，这对于维持血糖水平和血容量非常重要	运动饮料	8 oz（240 ml）	63
19：00—20：00	训练后的水合；有证据表明，巧克力牛奶非常适合在训练后饮用，有利于恢复糖原储备并减少肌肉酸痛	低脂巧克力牛奶	8 oz（240 ml）	158
20：00—21：00	在运动结束后的恢复活动之后，应立即摄入营养均衡的晚餐	水煮菠菜	1 cup	41
		长粒糙米饭	¾ cup	162
		烤鲑鱼	4 oz（120 g）	234
		圣女果	1 cup	27
		橙子	1 个（中等大小）	65
		水	按需	0
21：00—22：00	日常活动，如案头工作、散步、学校活动或轻体力的家务劳动等			

营养汇总

总热量 /kcal	2325	铁 /mg	33.8	维生素 C/mg	232.2	维生素 B$_{12}$/μg	5.52
碳水化合物 /g	393	钙 /mg	1645	维生素 B$_1$/mg	2.5	叶酸 /DFE	819.4
蛋白质 /g	101	锌 /mg	12.8	维生素 B$_2$/mg	3.1	维生素 A/RAE	3483
脂肪 /g	47	镁 /mg	626	烟酸 /mg	31.34	维生素 D/U	126.9
钠 /mg	3040	钾 /mg	5245	维生素 B$_6$/mg	3.78	维生素 E/mg	6.19

注：该膳食计划适用于一名在晨间和下午进行同等强度训练的 200 米或 400 米短跑运动员。运动员按该计划进食，可保证其在一天内合成代谢的时间多于分解代谢的时间，因而能够在一天中保持良好的能量平衡状态（±400 kcal）。如果配合高强度的训练（如表中所述），较长时间的合成代谢有助于增加运动员的肌肉量。

资料来源：能量平衡图的版权归营养时机公司（NutriTiming）所有，并由其授权使用。能量平衡和营养素的摄入值均通过 NutriTiming® 系统获得。

表 16.3 热量摄入量约为 2700 kcal 的膳食计划，适用于一名 19 岁、身高 70 in（178 cm）、体重 150 lb（68 kg）的男子双人花样滑冰运动员

能量平衡图

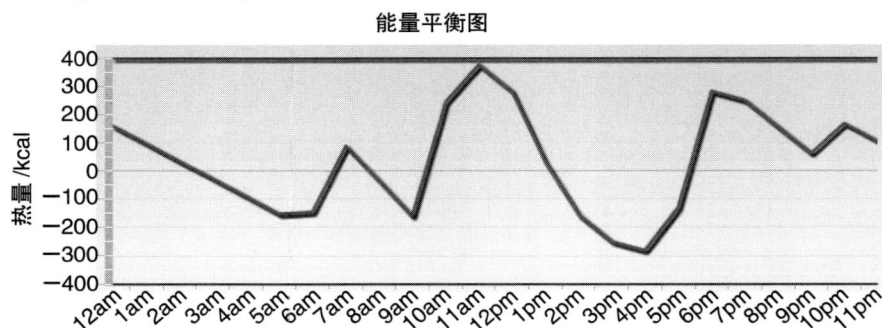

合成代谢（热量>0 kcal）的时间为 14 小时；分解代谢（热量<0 kcal）的时间为 10 小时；合成代谢的时间与分解代谢的时间之比为 1.40

能量底物的分配
总热量：2726 kcal 碳水化合物：62% 蛋白质：13% 脂肪：25%

时间	活动	食物	摄入量	热量 /kcal
6：00—7：00	起床后应立即进食，以预防低血糖	橙汁	12 oz（360 ml）	164
7：00—8：00	进食少量早餐，以开始一天的活动	麦片粥，加糖	1.5 cup	275
		低脂牛奶（脂肪含量为 1%）	8 oz（240 ml）	102
		咖啡	1 cup	2
		低脂牛奶（脂肪含量为 1%），加入咖啡中	1 oz（30 ml）	13
8：00—10：00	常规的校园活动	水	按需	0
10：00—11：00	加餐对于维持能量平衡和血糖水平十分重要	巧克力碎、咸味坚果及种子类	¾ cup	530
11：00—12：00	食用在家准备好并带到学校的午餐	火鸡三明治		
		去皮火鸡胸	3 oz（90 g）	134
		芥末酱	1 tsp（5 ml）	3
		番茄片	2 片	16
		全麦面包	2 片	138
		水	按需	0
12：00—13：00	在校	水	按需	0
13：00—14：00	进行冰上专项训练，包括频繁的抛举同伴及多重跳跃和旋转动作	运动饮料	12 oz（360 ml）	94

续表

时间	活动	食物	摄入量	热量 /kcal
14：00—15：00	与同伴及教练员一起进行非冰上的舞蹈编排训练，包括跳跃、抛举等动作	运动饮料	12 oz（360 ml）	94
15：00—16：00	30 分钟的独自慢跑，帮助运动员专注于目标	运动饮料	8 oz（240 ml）	63
16：00—17：00	恢复活动，慢跑后立即饮用运动饮料	运动饮料	8 oz（240 ml）	63
17：00—18：00	运动后加餐；奶昔所含的蛋白质和碳水化合物有助于肌肉为次日的训练做好准备，并可减少肌肉酸痛，同时维持能量平衡	香草奶昔	8 oz（240 ml）	246
18：00—19：00	晚餐包括运动员所需的食物，以及水	炖牛肉	1 cup	215
		水煮胡萝卜	1 cup	55
		去皮水煮土豆	1 个（中等大小）	118
		蔓越莓汁	8 oz（240 ml）	137
		水	按需	0
19：00—22：00	放松活动，包括完成家庭作业，与家人、朋友聊天，以及家务劳动等	运动饮料	8 oz（240 ml）	63
		水	按需	0
22：00—23：00	加餐，对于维持血糖水平和能量平衡十分重要；就寝	蜜瓜	1 cup	64
		香草冰淇淋	½ cup	137

营养汇总

总热量 /kcal	2726	铁 /mg	14.96	维生素 C/mg	230	维生素 B_{12}/μg	5.23
碳水化合物 /g	436	钙 /mg	980	维生素 B_1/mg	2.48	叶酸 /DFE	539.83
蛋白质 /g	92	锌 /mg	14.4	维生素 B_2/mg	3.41	维生素 A/RAE	1982
脂肪 /g	76	镁 /mg	544.9	烟酸 /mg	32.88	维生素 D/U	142.5
钠 /mg	3113	钾 /mg	5403	维生素 B_6/mg	3.64	维生素 E/mg	6.74

注：这名年轻的双人花样滑冰运动员需保持较低的体重以完成难度较高的技巧性动作（如旋转、跳跃等），同时还需要足够强壮，以完成对体重为 115 lb（52 kg）的女性搭档的多种抛举动作。该膳食计划有助于该运动员维持全天的能量平衡，其分解代谢的时间与合成代谢的时间之比为 1.40，这能够有效维持运动员的肌肉量和体重。对许多年轻的运动员来说，其校内的饮食和活动较难管理，需要进行合理规划。

资料来源：能量平衡图的版权归营养时机公司（NutriTiming）所有，并由其授权使用。能量平衡和营养素的摄入值均通过 NutriTiming® 系统获得。

表 16.4　热量摄入量约为 3000 kcal 的膳食计划，适用于一名 27 岁、身高 71 in（180 cm）、体重 170 lb（77 kg）的爆发力-速度型男性运动员

能量平衡图

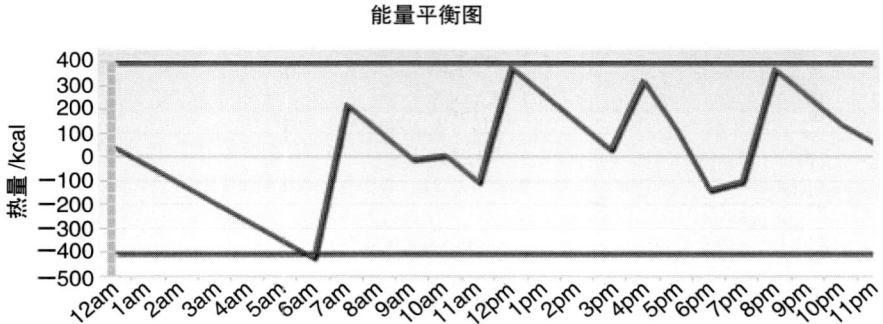

合成代谢（热量＞0 kcal）的时间为 14 小时；分解代谢（热量＜0 kcal）的时间为 10 小时；合成代谢的时间与分解代谢的时间之比为 1.40

能量底物的分配
总热量：3020 kcal　碳水化合物：58.8%　蛋白质：18.6%　脂肪：22.6%

时间	活动	食物	摄入量	热量 /kcal
7：00—8：00	丰盛的早餐以确保充足的糖原储备（包括肌糖原和肝糖原），从而有助于补充前一天的糖原消耗，并为晚上的训练做准备	泡奶麦圈	1.5 cup	154
		草莓	1 cup	49
		低脂牛奶（脂肪含量为 1%）	8 oz（240 ml）	102
		英式烤杂粮松饼	1 块	156
		花生酱	2 tbsp（30 ml）	188
		橙汁	8 oz（240 ml）	110
8：00—10：00	强度不至于使心率加快的日常活动	水	按需	0
10：00—11：00	上午的加餐；加餐有助于维持日内能量平衡	香蕉	1 根（较大）	134
11：00—12：00	强度不至于使心率加快的日常活动	水	按需	0
12：00—13：00	营养丰富的午餐；运动员应随餐饮水	薄切烤牛肉	4 oz（120 g）	133
		杂粮面包	3 片	207
		黄芥末酱	1 tsp（5 ml）	3
		蛋黄酱	½ tbsp（7.5 ml）	52
		长叶莴苣	2 叶	2
		椒盐脆饼	1 oz（30 g）	106
		带皮苹果	1 个（较大）	85

续表

时间	活动	食物	摄入量	热量 /kcal
13：00—16：00	强度不至于使心率加快的日常活动	水	按需	0
16：00—17：00	加餐，然后进行运动前的热身活动；应在这个时间段的早些时候进行加餐，并在这个时间段的晚些时候进行训练前的热身	炭烤杏仁	1 oz（30 g）	163
		低脂水果酸奶	8 oz（240 ml）	243
17：00—18：00	高强度训练；饮用含碳水化合物、钠和钾的饮料对于维持高强度的活动很重要	运动饮料	16 oz（480 ml）	125
		椰汁	16 oz（480 ml）	91
18：00—19：00	高强度训练；饮用含碳水化合物、钠和钾的饮料对于维持高强度的活动很重要	运动饮料	16 oz（480 ml）	125
		椰汁	8 oz（240 ml）	46
19：00—20：00	饮用含优质蛋白质的碳水化合物饮料对于运动后的恢复十分重要	低脂巧克力牛奶	8 oz（240 ml）	158
20：00—21：00	晚餐；运动员应随餐饮水	去皮烤鸡胸肉	5 oz（150 g）	245
		烤甘薯（带皮）	1 个（较大）	162
		人造黄油酱	1 tbsp（15 ml）	85
		小黄瓜	1 cup	20
		全麦小面包	1 个	76
		水	按需	0
21：00—22：00	强度不至于使心率加快的日常活动			

营养汇总

总热量 /kcal	3020	铁 /mg	32.16	维生素 C/mg	310	维生素 B$_{12}$/μg	8.23
碳水化合物 /g	462	钙 /mg	1799	维生素 B$_1$/mg	2.99	叶酸 /DFE	1234
蛋白质 /g	146	锌 /mg	22.6	维生素 B$_2$/mg	4.32	维生素 A/RAE	2529
脂肪 /g	79	镁 /mg	790	烟酸 /mg	53.57	维生素 D/U	226.9
钠 /mg	4692	钾 /mg	7577	维生素 B$_6$/mg	4.81	维生素 E/mg	15.82

注：该膳食计划适用于一名在傍晚进行 2 小时高强度训练的攀岩运动员。由于食物（能量）摄入与能量消耗相匹配，运动员可在全天内保持良好的能量平衡状态，且合成代谢的时间长于分解代谢的时间。这样的能量摄入和消耗模式有助于运动员在保持相对较低的体脂率的同时增加瘦体重。

资料来源：能量平衡图的版权归营养时机公司（NutriTiming）所有，并由其授权使用。能量平衡和营养素的摄入值均通过 NutriTiming® 系统获得。

表 16.5 热量摄入量约为 3400 kcal 的膳食计划，适用于一名 21 岁、身高 74 in（188 cm）、体重 200 lb（91 kg）的爆发力-速度型男性运动员

能量平衡图

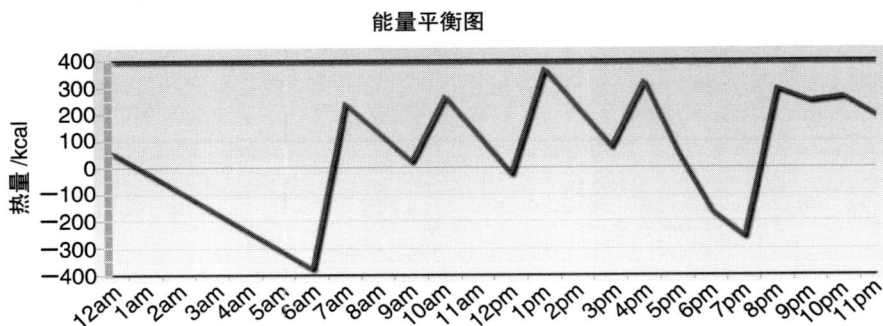

合成代谢（热量＞0 kcal）的时间为 15 小时；分解代谢（热量＜0 kcal）的时间为 9 小时；合成代谢的时间与分解代谢的时间之比约为 1.67

能量底物的分配
总热量：3397 kcal 碳水化合物：62% 蛋白质：19% 脂肪：19%

时间	活动	食物	摄入量	热量 /kcal
7：00—8：00	早餐所提供的能量、蛋白质和碳水化合物有助于肌糖原和肌肉的恢复	炒鸡蛋	2 个（较大）	199
		鸡蛋百吉饼	3 oz（90 g）	240
		加拿大培根	2 oz（60 g）	69
		橙汁	16 oz（480 ml）	219
8：00—10：00	放松活动，如散步、静坐、做家务或参与学校活动等	水	按需	0
10：00—11：00	上午的加餐；加餐对于维持血糖水平和为机体持续提供碳水化合物很重要	哈密瓜，生食	1 cup	60
		草莓，生食	1 cup	49
		低脂水果酸奶	8 oz（240 ml）	243
11：00—13：00	放松活动，如散步、静坐、做家务或参与学校活动等	水	按需	0
13：00—14：00	营养丰富的低脂午餐有助于提高胃排空速率	烤牛腿肉	2 oz（60 g）	120
		长粒白米饭	¼ cup	49
		传统炸豆泥	½ cup	108
		切达奶酪	1 oz（30 g）	114
		墨西哥玉米薄饼卷，8 in（20 cm）	1 个	146
14：00—16：00	放松活动，如散步、静坐、做家务或参与学校活动等	水	按需	0

续表

时间	活动	食物	摄入量	热量 /kcal
16：00—17：00	应在这个时间段的早些时候加餐，然后在16：45—17：00开始热身活动	部分脱脂的马苏里拉奶酪	2 oz（60 g）	142
		咸味椒盐卷饼	1 oz（30 g）	106
		葡萄	1 cup	104
17：00—18：00	在高强度的训练过程中，大量的体液通过汗液流失；摄入饮料有助于维持肌糖原和体液平衡，而椰汁中钠和碳水化合物的含量与一般的运动饮料类似，钾的含量略高于一般的运动饮料，因此椰汁是商品化运动饮料的良好替代品	运动饮料	16 oz（480 ml）	125
		椰汁	8 oz（240 ml）	46
18：00—19：00		运动饮料	16 oz（480 ml）	125
		椰汁	16 oz（480 ml）	91
19：00—20：00	运动后加餐；巧克力牛奶适宜在运动后饮用	低脂巧克力牛奶	8 oz（240 ml）	158
20：00—21：00	营养丰富而均衡的晚餐	蒸虾	6 oz	168
		长粒糙米饭	1 cup	216
		盐水煮甘蓝	1 cup	49
		全麦圆面包	1.5 个	114
		人造黄油酱（脂肪含量约为48%）	2 tsp（10 ml）	42
		杧果	1 cup	107
21：00—22：00	放松活动，如散步、静坐、做家务或参与学校活动等	运动饮料	8 oz（240 ml）	63
22：00—23：00	加餐；有助于确保肝糖原维持睡眠过程中的血糖水平	低脂香草冰淇淋	½ cup	125

营养汇总

总热量 /kcal	3397	铁 /mg	28.7	维生素 C/mg	457	维生素 B₁₂/μg	7.55
碳水化合物 /g	530	钙 /mg	2315	维生素 B₁/mg	2.70	叶酸 /DFE	759.4
蛋白质 /g	167	锌 /mg	19.78	维生素 B₂/mg	3.39	维生素 A/RAE	1884
脂肪 /g	73	镁 /mg	725.71	烟酸 /mg	27.49	维生素 D/U	67.3
钠 /mg	5709	钾 /mg	7031	维生素 B₆/mg	3.07	维生素 E/mg	9.17

注：该膳食计划适用于一名在傍晚进行2小时训练的美式橄榄球运动员。由于摄入的食物与能量的消耗相匹配，运动员可维持良好的日内能量平衡（±400 kcal），且合成代谢的时间长于分解代谢的时间。这种膳食摄入模式有助于运动员维持肌肉量和较低的体脂率。

资料来源：能量平衡图的版权归营养时机公司（NutriTiming）所有，并由其授权使用。能量平衡和营养素的摄入值均通过 NutriTiming® 系统获得。

表 16.6　热量摄入量约为 3700 kcal 的膳食计划，适用于一名 22 岁、身高 72 in（183 cm）、体重 190 lb（86 kg）的爆发力-速度型男性运动员

能量平衡图

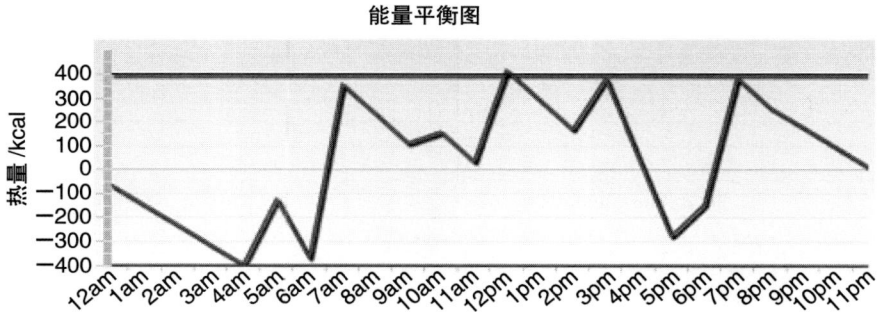

合成代谢（热量＞0 kcal）的时间为 15 小时；分解代谢（热量＜0 kcal）的时间为 9 小时；合成代谢的时间与分解代谢的时间之比约为 1.67

能量底物的分配
总热量：3675 kcal　碳水化合物：61%　蛋白质：15%　脂肪：24%

时间	活动	食物	摄入量	热量 /kcal
5：00—6：00	运动员在起床后应立即进食（在更衣去泳池之前）	苹果汁	12 oz（360 ml）	171
		烤全麦面包	2 厚片	171
		果酱	1 tbsp（15 ml）	56
6：00—7：00	中等强度的游泳训练	运动饮料	16 oz（480 ml）	125
7：00—8：00	恢复活动结束之后尽快食用早餐	格兰诺拉麦片	1 cup	443
		低脂牛奶（脂肪含量为 1%）	8 oz（240 ml）	102
		全麦英式松饼	1 块	156
		蓝莓	1 cup	84
		橙汁	8 oz（240 ml）	110
		咸味花生酱	1 tbsp（15 ml）	94
		全麦面包	1 片	69
8：00—12：00	放松活动，如散步、静坐、家庭活动等	水	按需	0
12：00—13：00	健康的午餐有助于运动员维持日内能量平衡	烤瘦火腿	3 oz（90 g）	140
		瑞士奶酪	1 oz（30 g）	108
		黄芥末酱	1 tsp（5 ml）	3
		切碎的直立莴苣叶	½ cup	4
		凯撒式硬面包圈	1 个	167
		带皮苹果	1 个（较大）	85

续表

时间	活动	食物	摄入量	热量 /kcal
13：00—15：00	放松活动，如散步、静坐、家庭活动等	水	按需	0
15：00—16：00	运动前加餐；在 2 小时的游泳训练前加餐很重要；应在此时间段的早些时候进食	葡萄	⅔ cup	62
		普通小麦饼干	1 oz（30 g）	134
		部分脱脂的马苏里拉奶酪	2 oz（60 g）	142
16：00—17：00	游泳训练的能量消耗量较大，而且即使运动员是在水中训练，也会丢失大量的液体；在长时间的训练过程中饮用运动饮料对于维持血容量和血糖水平很重要	运动饮料	16 oz（480 ml）	125
17：00—18：00		运动饮料	16 oz（480 ml）	125
18：00—19：00	运动后进食；对于帮助补充训练中消耗的肌糖原十分重要	巧克力牛奶	8 oz（240 ml）	195
		香草薄饼	8 块	149
19：00—20：00	这顿丰盛的晚餐可帮助运动员补充训练中消耗的能量，并为次日的训练做好准备	烤上等瘦牛排	4 oz（120 g）	321
		烤土豆	1 个（中等大小）	145
		酸奶油	1 tbsp（15 ml）	23
		水煮西蓝花	1 颗（较大）	84
		新鲜的菠萝	1 cup（切块）	82
20：00—21：00	放松活动，如散步、静坐、家庭活动等	水	按需	0

营养汇总

总热量 /kcal	3675	铁 /mg	21.4	维生素 C/mg	543	维生素 B$_{12}$/μg	6.40
碳水化合物 /g	572	钙 /mg	1848	维生素 B$_1$/mg	3.07	叶酸 /DFE	716.2
蛋白质 /g	142	锌 /mg	18.6	维生素 B$_2$/mg	3.10	维生素 A/RAE	777
脂肪 /g	101	镁 /mg	479.2	烟酸 /mg	32.45	维生素 D/U	227
钠 /mg	4431	钾 /mg	5507	维生素 B$_6$/mg	3.2	维生素 E/mg	7.7

注：这名爆发力型游泳运动员每天进行 2 次训练，即清晨 6：00—7：00 训练 1 小时，傍晚再训练 2 小时。在此训练强度下，运动员若未能在适宜的时机摄入适量的营养素来为运动提供支持，必然会出现过度训练的症状和身体功能的衰退。该膳食计划所包含的食物和液体的摄入可为训练和维持良好的日内能量平衡提供支持。重要的是，该膳食计划使得运动员体内合成代谢的时间长于分解代谢的时间，从而可以使运动员在保持相对较低的体脂率的同时，为肌肉提供良好的支持。运动员在全天内（尤其是在进食期间）均应大量地饮水。

资料来源：能量平衡图的版权归营养时机公司（NutriTiming）所有，并由其授权使用。能量平衡和营养素的摄入值均通过 NutriTiming® 系统获得。

表 16.7 热量摄入量约为 4100 kcal 的膳食计划，适用于一名 20 岁、身高 76 in（193 cm）、体重 230 lb（104 kg）的爆发力-速度型美式橄榄球男性前锋球员

能量平衡图

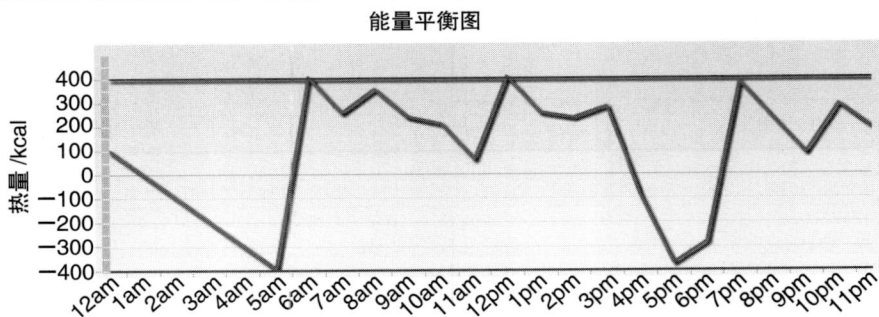

合成代谢（热量＞0 kcal）的时间为 17 小时；分解代谢（热量＜0 kcal）的时间为 7 小时；合成代谢的时间与分解代谢的时间之比约为 2.43

能量底物的分配
总热量：4058 kcal 碳水化合物：64% 蛋白质：15% 脂肪：21%

时间	活动	食物	摄入量	热量 /kcal
6：00—7：00	运动员在起床后（在更衣、开车去训练之前）立即进食早餐，这一点十分重要	低脂水果酸奶	8 oz（240 ml）	243
		杂粮吐司	4 片	276
		草莓酱	2 tbsp（30 ml）	111
		水煮蛋	2 个（较大）	156
		橙汁	12 oz（360 ml）	164
7：00—8：00	为上午的橄榄球训练做准备	水	按需	0
8：00—9：00	热身；应在此时间段的早些时候进食	蛋白棒或能量棒	1 条	322
		水	按需	0
9：00—11：00	1 小时 45 分钟的高强度训练；最后 15 分钟为恢复活动；在整个训练过程中频繁地啜饮运动饮料	运动饮料	48 oz（约 1.5 L）	378
11：00—12：00	这顿丰盛的午餐有助于运动员维持良好的日内能量平衡；应鼓励运动员在午餐时饮用大量的水	烤瘦火腿	3 oz（90 g）	140
		瑞士奶酪	1 oz（30 g）	108
		黄芥末酱	1 tsp（5 ml）	3
		切碎的直立莴苣叶	½ cup	4
		凯撒式硬面包圈	1 个	167
		带皮苹果	1 个（较大）	85
		水	按需	0
12：00—13：00	放松活动	水	按需	0

续表

时间	活动	食物	摄入量	热量 /kcal
13：00—15：00	放松活动，如散步、静坐、家庭活动等	葡萄	⅔ cup	62
		小麦饼干	1 oz（30 g）	134
15：00—17：00	训练强度略低于上午的训练；在整个训练过程中定时啜饮运动饮料	运动饮料	32 oz（960 ml）	250
17：00—18：00	训练后补充营养素；在训练结束后立即摄入营养素十分重要	巧克力牛奶	8 oz（240 ml）	195
18：00—19：00	加餐是维持能量平衡和补充糖原储备的重要策略	香草薄饼	5 块	93
		水	按需	0
19：00—20：00	这顿丰盛的晚餐有助于运动员补充训练中消耗的能量，并为次日的训练做好准备	烤上等瘦牛排	6 oz（170 g）	481
		烤土豆	1 个（中等大小）	145
		酸奶油	1 tsp（5 ml）	23
		水煮西蓝花	1 颗（较大）	84
		新鲜的菠萝	1 cup（切块）	82
20：00—21：00	放松活动，如散步、静坐、家庭活动等	水	按需	0
21：00—22：00	晚上加餐，并于22：00就寝；由于次日清晨要进行训练，所以应早睡	爆米花	4 cup	124
		苹果汁	16 oz（480 ml）	228

营养汇总

总热量 /kcal	4058	铁 /mg	30.6	维生素 C/mg	661	维生素 B₁₂/μg	15.9
碳水化合物 /g	740	钙 /mg	2410	维生素 B₁/mg	4.9	叶酸 /DFE	1345
蛋白质 /g	174	锌 /mg	28.4	维生素 B₂/mg	5.8	维生素 A/RAE	1085
脂肪 /g	110	镁 /mg	707	烟酸 /mg	54.8	维生素 D/U	306
钠 /mg	4720	钾 /mg	6901	维生素 B₆/mg	5.9	维生素 E/mg	107

注：这名大学生美式橄榄球前锋球员每天进行2次训练。这两次训练的能量消耗量很大，且可能使运动员处于脱水状态，因为在第2次训练前用于恢复水合状态的时间非常有限。该膳食计划通过频繁的进食和近乎持续不断的饮水来保证足够的能量供应。因其合成代谢的时间长于分解代谢的时间，遵循这一计划的运动员可维持理想的能量平衡，并有可能增加肌肉量。

资料来源：能量平衡图的版权归营养时机公司（NutriTiming）所有，并由其授权使用。能量平衡和营养素的摄入值均通过 NutriTiming® 系统获得。

17

耐力型运动项目

　　耐力型运动员包括长跑运动员、铁人三项运动员、长距离游泳运动员、自行车运动员、越野滑雪运动员和赛艇运动员等，其训练和比赛的持续时间都很长。鉴于他们的训练量非常大，因此对他们而言，摄入足够的热量来为运动供能，以及摄入足量的液体来维持体温尤为重要。尽管耐力型运动员依赖脂肪代谢供能的能力极强，并且可以在比赛中将脂肪作为主要的能量来源，但他们也需要维持良好的水合状态和碳水化合物（例如糖原）储备，这是耐力型比赛中的关键因素。一方面，所有运动员都能够储存大量脂肪（并具有脂肪分解代谢所必需的氧化酶）；另一方面，人体的糖原储备量（碳水化合物的储备量）却有其内在的局限性。机体储备的碳水化合物可促使脂肪在供能时得到更充分的氧化，同时也是进行更高强度运动（例如成功的长跑运动员在比赛即将结束时的快速冲刺）时的主要能量来源，因此耐力型运动员不应让体内的糖原耗竭。这正是众多耐力型运动员在赛前进食大量通心粉及其他碳水化合物类食物的原因。

　　此外，碳水化合物的摄入方式也会影响糖原的储备状态。耐力型运动员需要足够的时间和充足的水分才能将碳水化合物有效地转化为糖原储备。每储备 1 g 糖原需要消耗 3 g 水，因此水是糖原储备过程中不可缺少的要素。由于细胞将过剩的葡萄糖转化为糖原储备需要一定的时间，因此耐力型运动员应在比赛前数日即开始频繁地摄入碳水化合物，而不是在比赛前一天集中进食大量的碳水化合物类食物。

本章的膳食计划说明

　　本章针对 5 种热量摄入水平，即 1900 kcal（乳蛋素食者）、

2000 kcal（不含谷蛋白）、2200 kcal、2800 kcal 和 4500 kcal，分别介绍了相应的膳食计划。为了帮助运动员了解如何将膳食计划与其训练计划完美结合起来，这些膳食计划所对应的训练时间安排各不相同。运动员应根据训练安排来调整膳食摄入，从而有助于持续维持全天的能量平衡（±400 kcal），同时有助于一天中蛋白质和其他营养素的合理分配。膳食计划中应包括分解代谢（即能量负平衡）或合成代谢（即能量正平衡）的时长信息，而不是只显示一天结束时的能量平衡状态。合成代谢的时间与分解代谢的时间之比为 1 时，运动员的体重和身体成分能够维持稳定；该比值＞1 时，运动员的肌肉量会增加；该比值＜1 时，运动员的体脂率会下降。本章旨在为运动员提供膳食指导，使其在此基础上逐步学会制订适合自身的最佳膳食计划。

　　读者应注意，这些膳食示例的热量水平仅作参考，并不完全适用于所有人。稳定的体重及健康的体脂水平最能反映出运动员在正确的时机摄入了适量的热量。运动员应确定适合自身的热量摄入水平和摄入模式。读者还应注意，在本章所列的膳食计划中，液体的摄入量可能远远低于实际需要的摄入量。运动员应在进食过程中补充足的水分，而在运动过程中可能还需要摄入更多的运动饮料。为保持最佳的身体水分含量，运动员应饮用足量的液体，并以尿液清澈作为最佳指示。

表 17.1 热量摄入量约为 1900 kcal 的膳食计划，适用于一名 18 岁、身高 62 in（157 cm）、体重 120 lb（54 kg）的耐力型女性运动员（乳蛋素食者）

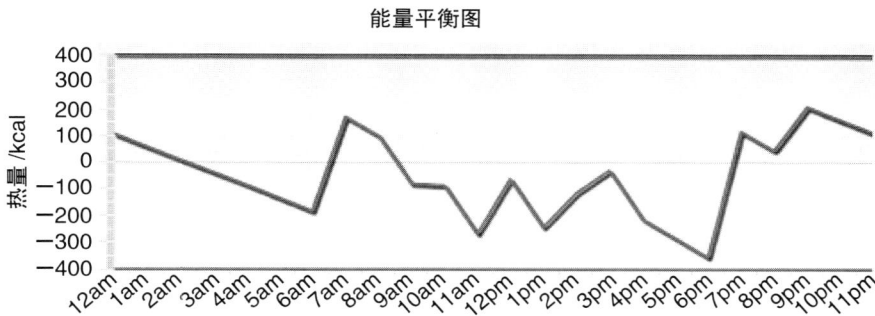

能量平衡图

合成代谢（热量＞0 kcal）的时间为 10 小时；分解代谢（热量＜0 kcal）的时间为 14 小时；合成代谢的时间与分解代谢的时间之比约为 0.71

能量底物的分配
总热量：1906 kcal 碳水化合物：62% 蛋白质：15% 脂肪：23%

时间	活动	食物	摄入量	热量 /kcal
7：00—8：00	在洗澡和更衣之前吃早餐很重要	蔓越莓汁	8 oz（240 ml）	116
		炒鸡蛋	1 个（较大）	100
		低脂牛奶（脂肪含量为 1%）	8 oz（240 ml）	102
		杂粮谷物麦片粥	1 cup	114
8：00—9：00	热身活动	水	按需	0

时间	活动	食物	摄入量	热量 /kcal
9：00—11：00	训练期间饮用运动饮料有助于维持血糖水平和中枢神经系统功能，为工作肌肉提供能量来源，并有助于维持血容量和出汗速率	运动饮料	8 oz（240 ml）	63
		水	按需	0
11：00—12：00	恢复活动	水	按需	0
12：00—13：00	运动结束后应尽快进食加餐，随餐摄入充足的液体	谷维滋水果谷物棒	1 条	139
		脱脂原味酸奶	1 cup	137
13：00—14：00	放松活动	水	按需	0
14：00—15：00	为了维持能量平衡并继续补充糖原储备，午后应加餐	田园沙拉酱	2 oz（60 g）	172
		小胡萝卜，生食	5 根（较大）	26
		脱脂磅蛋糕	2 oz（60 g）	158
15：00—16：00	热身活动	水	按需	0
16：00—17：00	低强度的技术训练有助于运动员专注于技术的提高，且不至于发生体力的耗竭；应按需饮水	水	按需	0
17：00—19：00	放松活动，如散步、轻体力的家务劳动及案头工作等	水	按需	0
19：00—21：00	丰盛的晚餐对于满足能量需求十分重要，并且应富含碳水化合物	低脂牛奶（脂肪含量为 1%）	8 oz（240 ml）	102
		沙拉酱	1 tbsp（15 ml）	72
		蔬菜沙拉	1.5 cup	33
		意大利面	6 oz（170 g）	224
		意式番茄罗勒酱	½ cup	111
21：00—22：00	此时加餐对于确保肝糖原储备充足，从而维持夜间血糖水平具有重要意义	低脂巧克力牛奶	12 oz（360 ml）	237

营养汇总

总热量 /kcal	1906	铁 /mg	29.35	维生素 C/mg	106	维生素 B$_{12}$/μg	11.84
碳水化合物 /g	295	钙 /mg	2005	维生素 B$_1$/mg	2.92	叶酸 /DFE	1185
蛋白质 /g	72	锌 /mg	26.29	维生素 B$_2$/mg	5.31	维生素 A/RAE	1683
脂肪 /g	49	镁 /mg	296.6	烟酸 /mg	35.8	维生素 D/U	285.7
钠 /mg	2428	钾 /mg	3494	维生素 B$_6$/mg	3.76	维生素 E/mg	18.8

注：该运动员在上午进行了 90 分钟中等强度的跑步训练，在下午进行了短时间、低强度的训练。该膳食计划使运动员体内分解代谢的时间长于合成代谢的时间，有助于其实现减脂目标。重要的是，其日常饮食能够确保其处于良好的日内能量平衡状态，并有助于维持瘦体重。该运动员的蛋白质摄入量（1.33 g/kg）适中，足以满足需求。

资料来源：能量平衡图的版权归营养时机公司（NutriTiming）所有，并由其授权使用。能量平衡和营养素的摄入值均通过 NutriTiming® 系统获得。

表 17.2 热量摄入量约为 2000 kcal 的膳食计划（膳食不含谷蛋白），适用于一名 25 岁、身高 61 in（155 cm）、体重 110 lb（50 kg）的女性自行车运动员

能量平衡图

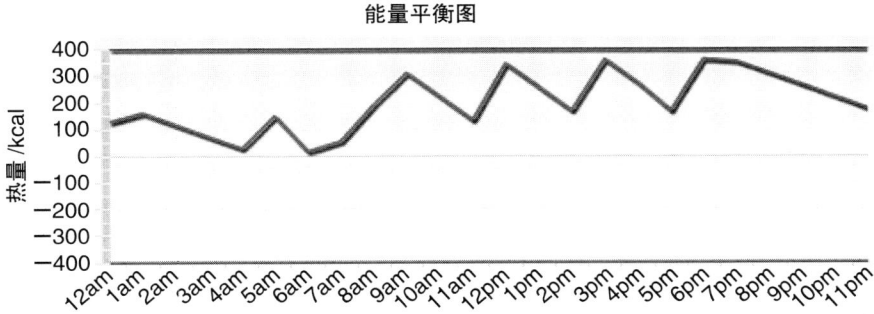

合成代谢（热量 > 0 kcal）的时间为 24 小时；分解代谢（热量 < 0 kcal）的时间为 0 小时；合成代谢的时间与分解代谢的时间之比 > 1（无分解代谢）

能量底物的分配

总热量：2027 kcal　碳水化合物：61%　蛋白质：18%　脂肪：21%

时间	活动	食物	摄入量	热量 /kcal
6：00—7：00	在此时间段的早些时候吃早餐，然后进行 30 分钟的拉伸，之后骑行 30 分钟；在开始新的一天的训练前摄入足够的能量以满足活动的需求十分重要	生命之粮牌（Food For Life）不含谷蛋白的糙米面包	2 片	219
		细胞力牌运动饮料	2.25 scoop（56 g）	226
7：00—8：00	再进行 30 分钟的自行车骑行训练，然后进行拉伸；阻力训练和少量优质蛋白质可促进肌肉的增长	乳清蛋白分离物（不含谷蛋白）	1 scoop（25 g）	78
8：00—9：00	一顿丰盛的早餐；摄入不含谷蛋白的非传统食物	水煮蛋	1 个（较大）	70
		带皮烤土豆	1 个（较小）	116
		红色甜椒，生食	1 cup（切片）	46
		菠菜，生食	½ oz（15 g）	3
		脱脂原味酸奶	6 oz（170 g）	95
9：00—10：00	上午 9：50 加餐；工作场所活动	新鲜的草莓，生食	⅓ cup	16
		新鲜的蓝莓，生食	¼ cup	21
		新鲜的杞果，生食	¼ cup	27
		碎椰肉	1 tbsp（15 ml）	47
10：00—11：00	工作场所活动	水	按需	0
11：00—12：00	工作场所活动	水	按需	0

时间	活动	食物	摄入量	热量 /kcal
12：00—13：00	午餐；工作场所不太可能提供不含谷蛋白的午餐，所以必须提前准备好；并且为避免变质，需要将食物冷藏	荸荠	4 个	44
		西蓝花，生食	¾ cup	24
		小胡萝卜，生食	⅙ cup	14
		烤鸡肉（白肉部分）	1 oz（30 g）	49
		杏仁	2 tsp（10 g）	58
		生命之粮牌不含谷蛋白的糙米面包	1 片	110
		水	按需	0
13：00—15：00	工作场所活动	水	按需	0
15：00—16：00	下午的加餐；这次加餐有助于在工作中维持能量平衡和血糖水平	艾米牌（Amy's）黑豆蔬菜汤	1 罐	279
16：00—17：00	开车回家，进行拉伸活动和力量训练	水	按需	0
17：00—18：00	晚餐前加餐对于补充必需营养素、维持合成代谢状态，进而促进肌肉量的增加具有重要意义	菠菜，生食	1.7 oz（50 g）	10
		小胡萝卜，生食	8 根（较大，共计约 100 g）	41
18：00—20：00	晚餐也不例外——完全由不含谷蛋白的食物组成的传统晚餐	红色圣女果	½ cup	14
		罐装粉红鲑鱼	2 oz（60 g）	79
		不含谷蛋白的凯撒沙拉酱	1 tbsp（15 ml）	75
		生命之粮牌不含谷蛋白的糙米面包	¾ 片	82
		红色甜椒，生食	½ cup	23
		艾米牌扁豆汤	¼ 罐	89
20：00—21：00	放松活动	水	按需	0
21：00—22：00	夜间加餐对于维持整晚的血糖水平具有重要意义	红色甜椒，生食	⅓ cup	15
		咸味烤腰果	⅓ oz（10 g）	57

营养汇总

总热量 /kcal	2027	铁 /mg	15.78	维生素 C/mg	659	维生素 B_{12}/µg	4.11
碳水化合物 /g	313	钙 /mg	935	维生素 B_1/mg	0.70	叶酸 /DFE	461

续表

蛋白质 /g	92	锌 /mg	6.15	维生素 B₂/mg	1.54	维生素 A/RAE	2777
脂肪 /g	47	镁 /mg	324	烟酸 /mg	16.08	维生素 D/U	355
钠 /mg	1019	钾 /mg	3662	维生素 B₆/mg	2.32	维生素 E/mg	14.9

注：该运动员在被确诊患有乳糜泻之前，受疾病的影响出现了大量的肌肉流失。在确诊患有乳糜泻之后，该运动员一直进食不含谷蛋白的饮食，并调整训练和膳食计划以增加肌肉量。对于期望增加瘦体重者，理想的能量平衡状态是合成代谢时长的最大化（即分解代谢的时间为 0 小时）。该运动员在清晨就完成了 1 小时的训练，然后进行一天内的其他日常活动，并在此期间多次进食以保证全天处于合成代谢状态。

资料来源：能量平衡图的版权归营养时机公司（NutriTiming）所有，并由其授权使用。能量平衡和营养素的摄入值均通过 NutriTiming® 系统获得。

表 17.3 热量摄入量约为 2200 kcal 的膳食计划，适用于一名 20 岁、身高 60 in（152 cm）、体重 100 lb（45 kg）的女子花样滑冰运动员

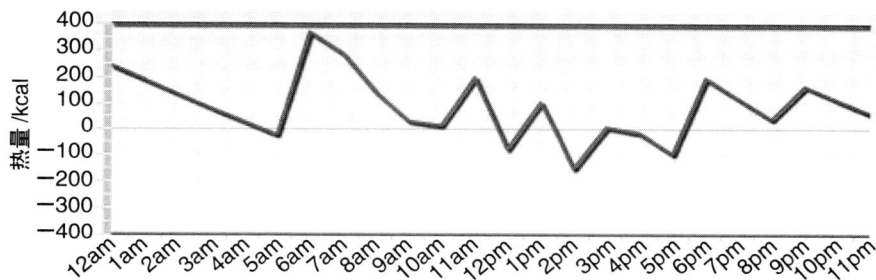

能量平衡图

合成代谢（热量＞0 kcal）的时间为 19 小时；分解代谢（热量＜0 kcal）的时间为 5 小时；合成代谢的时间与分解代谢的时间之比为 3.80

能量底物的分配
总热量：2182 kcal 碳水化合物：68% 蛋白质：10% 脂肪：22%

时间	活动	食物	摄入量	热量 /kcal
6：00—8：00	早餐；在上午训练前摄入一些食物对于在随后的训练中维持血糖水平和能量平衡至关重要	烤全麦面包	1 厚片（较大）	90
		煎蛋	1 个（大的）	97
		1 片低脂的美国干酪	1 oz（30 g）	51
		加糖的柠檬冰茶	12 oz（360 ml）	126
8：00—9：00	30 分钟的热身活动			
9：00—10：00	加餐，之后进行 50 分钟的训练	红葡萄	1 cup	104
		运动饮料	8 oz（240 ml）	63
10：00—11：00	恢复活动；运动后摄入饮料对于恢复水合状态和糖原储备尤为重要	运动饮料	8 oz（240 ml）	63

时间	活动	食物	摄入量	热量 /kcal
11：00—12：00	在此段时间内的早些时候进食午餐，以便有充足的时间排空胃内容物，然后在12：10开始技术训练	冻干豆腐	1 片（²/₃ oz）	82
		盐煮青豆	¹/₂ cup	22
		低脂水果酸奶	4.4 oz（125 g）	135
		红葡萄	1 cup	104
		李子	1 个（中等大小）	30
		水	按需	0
12：00—13：00	50 分钟的技术训练	水	按需	0
13：00—14：00	密集的训练计划要求运动员抓住每一次机会进行加餐和补液	水果燕麦棒	2.5 oz（70 g）	264
		水	按需	0
14：00—15：00	60 分钟的举重训练	运动饮料	8 oz（240 ml）	63
15：00—16：00	训练后加餐，尤其应摄入碳水化合物（面包和苹果）及优质的蛋白质（奶酪），这对于补充糖原和减少肌肉酸痛具有重要意义	全麦面包	2 片	138
		加工过的美国干酪	1 片	105
		带皮苹果	1 个（中等大小）	65
		水	按需	0
16：00—18：00	准备晚餐	水	按需	0
18：00—19：00	对运动员而言，高碳水化合物的晚餐非常有利于恢复糖原储备，从而为次日的训练做准备	意大利面	1.25 cup	275
		肉丸	2 oz	60
		意式番茄罗勒酱	¹/₆ cup（40 ml）	37
19：00—21：00	放松活动	水	按需	0
21：00—22：00	夜间加餐，放松	红葡萄	2 cup	208

营养汇总

总热量 /kcal	2182	铁 /mg	15.9	维生素 C/mg	93	维生素 B₁₂/μg	1.91
碳水化合物 /g	398	钙 /mg	837	维生素 B₁/mg	1.82	叶酸 /DFE	369
蛋白质 /g	59	锌 /mg	7.59	维生素 B₂/mg	2.36	维生素 A/RAE	757
脂肪 /g	58	镁 /mg	2.71	烟酸 /mg	17.85	维生素 D/U	0.00
钠 /mg	3508	钾 /mg	3165	维生素 B₆/mg	2.03	维生素 E/mg	2.50

　　注：该膳食计划对应的是一名花样滑冰运动员的典型训练日，其中安排了多次训练，包括热身、冰上训练、跳跃、托举及举重训练。间隔时间较短的进食方案能够帮助运动员维持日内能量平衡，从而维持肌肉量及较低的体脂率。该膳食计划中，合成代谢的时间与分解代谢的时间之比较高，有助于该运动员在保持或增加肌肉量的同时，尽可能避免体脂率升高。

　　资料来源：能量平衡图的版权归营养时机公司（NutriTiming）所有，并由其授权使用。能量平衡和营养素的摄入值均通过 NutriTiming® 系统获得。

表 17.4 热量摄入量约为 2800 kcal 的膳食计划，适用于一名 27 岁、身高 69 in（175 cm）、体重 140 lb（64 kg）的耐力型男性运动员

能量平衡图

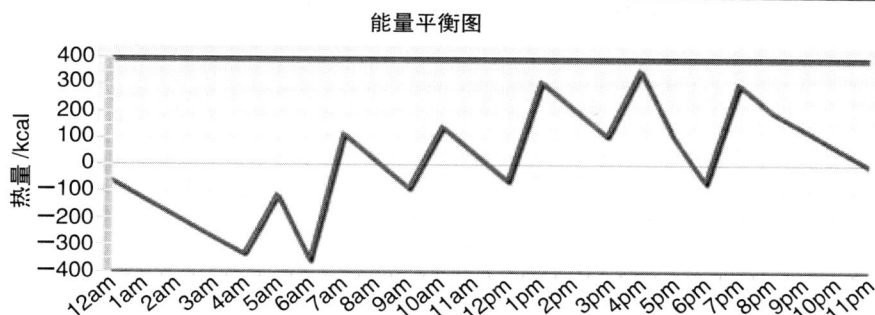

合成代谢（热量＞0 kcal）的时间为 14 小时；分解代谢（热量＜0 kcal）的时间为 10 小时；合成代谢的时间与分解代谢的时间之比为 1.40

能量底物的分配
总热量：2802 kcal　碳水化合物：66%　蛋白质：19%　脂肪：15%

时间	活动	食物	摄入量	热量/kcal
5：00—6：00	运动前进食（起床后立即进食）；若在晨练前未摄入能量，运动员会出现低血糖和较低水平的能量平衡，从而难以维持肌肉量	烤全麦面包	2 厚片	171
		果酱	⅔ tbsp（10 ml）	39
		含维生素 C、未加糖的苹果汁	8 oz（240 ml）	114
6：00—7：00	60 分钟的晨跑	运动饮料	12 oz（360 ml）	94
7：00—8：00	为促进糖原储备及肌肉的恢复，运动员应尽早补充液体（橙汁和牛奶），甚至可以在运动后的恢复和拉伸过程中补充	橙汁	8 oz（240 ml）	110
		煮熟的燕麦粥	1 cup	159
		低脂牛奶（脂肪含量为 1%）	8 oz（240 ml）	102
		草莓	1 cup	49
		水煮荷包蛋（整个）	1 个（较大）	71
		烤全麦面包	1 厚片	88
		人造奶油（脂肪含量为 80%）	1 tsp（5 ml）	34
		水	按需	0
8：00—9：00	准备去工作	水	按需	0
9：00—10：00	日常工作	水	按需	0
10：00—11：00	上午加餐；少量多餐更易维持良好的能量平衡，并可能降低体脂率	鸡蛋百吉饼	1 个（较小）	192
		低脂奶油奶酪	1 tbsp（15 ml）	30
		酸果蔓鸡尾酒	8 oz（240 ml）	111

时间	活动	食物	摄入量	热量 /kcal
11：00—12：00	日常工作	水	按需	0
12：00—13：00	日常工作	水	按需	0
13：00—14：00	在工作地点吃午餐；工作场所不会提供此类午餐，所以运动员必须提前准备好；为避免变质，应将食物冷藏	水浸金枪鱼罐头	3 oz（90 g）	97
		油醋沙拉汁	1 tbsp（15 ml）	72
		西芹	¼ cup	4
		直立莴苣	2 cup	16
		新鲜的番茄	½ cup	13
		罐装玉米粒	½ cup	83
		罐装芸豆	¼ cup	54
		小麦圆面包	1 个	76
		哈密瓜块	1 cup	60
		水	按需	0
14：00—15：00	日常工作	水	按需	0
15：00—16：00	日常工作	水	按需	0
16：00—17：00	下午的加餐对于维持能量水平在极小的范围内波动至关重要	低脂水果酸奶	1 cup	243
		咸味椒盐卷饼	1 oz（30 g）	106
17：00—18：00	持续 60 分钟的长跑训练	运动饮料	12 oz（360 ml）	94
18：00—19：00	继续进行 30 分钟的长跑训练	运动饮料	6 oz（180 ml）	47
19：00—20：00	进食脂肪含量相对较低的丰盛的晚餐，通过这一餐就可以轻松获取所需的能量	去皮烤鸡肉（白肉）	4 oz（120 g）	196
		水煮西蓝花	1 颗（较大）	84
		水煮胡萝卜	¼ cup	14
		西芹	½ cup	8
		红色甜椒，生食	½ cup	23
		甜洋葱，生食	½ cup	39
		中粒糙米饭	½ cup	109
		水	按需	0
20：00—21：00	放松活动	水	按需	0

营养汇总

总热量 /kcal	2802	铁 /mg	33.3	维生素 C/mg	689	维生素 B$_{12}$/μg	5.91
碳水化合物 /g	473	钙 /mg	1424	维生素 B$_1$/mg	2.97	叶酸 /DFE	1173
蛋白质 /g	136	锌 /mg	13.74	维生素 B$_2$/mg	3.23	维生素 A/RAE	2151
脂肪 /g	46	镁 /mg	561	烟酸 /mg	53.7	维生素 D/U	143.88
钠 /mg	3101	钾 /mg	5613	维生素 B$_6$/mg	4.11	维生素 E/mg	10.38

注：该膳食计划能够满足一名早晨和下午均进行长跑训练的耐力型运动员的需求。对这名长跑运动员而言，在晨跑之前进食少量易消化的早餐至关重要，可确保正常的能量供应。此膳食计划中，合成代谢与分解代谢的相对比例能够让运动员较为轻松地保持甚至增加肌肉量。运动员在全天内可根据自身的需求饮水，特别是在进食的时候。

资料来源：能量平衡图的版权归营养时机公司（NutriTiming）所有，并由其授权使用。能量平衡和营养素的摄入值均通过 NutriTiming® 系统获得。

表 17.5 热量摄入量约为 4500 kcal 的膳食计划，适用于一名 24 岁、身高 71 in（180 cm）、体重 160 lb（73 kg）的男性长跑运动员

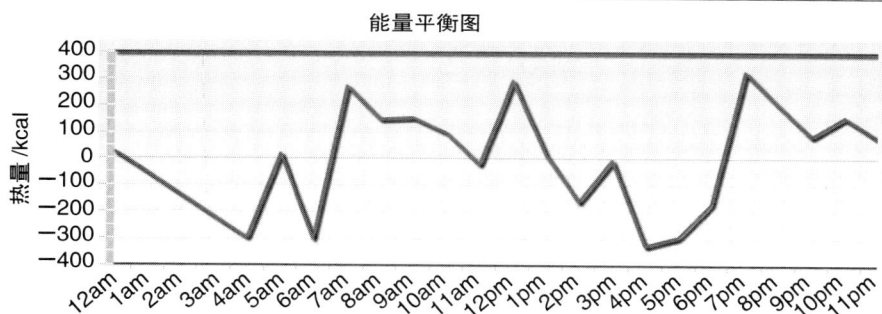

能量平衡图

合成代谢（热量＞0 kcal）的时间为 13 小时；分解代谢（热量＜0 kcal）的时间为 11 小时；合成代谢的时间与分解代谢的时间之比约为 1.18

能量底物的分配
总热量：4478 kcal 碳水化合物：64% 蛋白质：17% 脂肪：19%

时间	活动	食物	摄入量	热量 /kcal
5：00—6：00	起床晨跑前进食，应在起床后立即进食，以便在训练前有充足的时间排空胃内容物	烤全麦面包	2 大片	153
		果酱	1 tbsp（15 ml）	56
		苹果汁	12 oz（360 ml）	171
6：00—7：00	持续 60 分钟且强度相对较高的长跑训练	运动饮料	16 oz（480 ml）	125
7：00—9：00	恢复活动后吃早餐，早餐应包括大量的液体和高碳水化合物类食物	全麦即食麦片	1 cup	443
		低脂牛奶（脂肪含量为 1%）	8 oz（240 ml）	102
		英式烤松饼	半块	78

时间	活动	食物	摄入量	热量 /kcal
		蓝莓	1 cup	84
		橙汁	8 oz（240 ml）	110
9：00—12：00	日常活动；运动员应定时啜饮运动饮料以维持水合状态、恢复糖原储备并维持血糖水平	运动饮料	24 oz（720 ml）	189
12：00—13：00	在前半个小时内进食午餐；随餐饮用足量的水	烤牛肉三明治	1 个	477
		烤牛肉	5 oz（150 g）	316
		美国干酪	1 oz（30 g）	105
		生菜	1 叶	4
		蛋黄酱	½ tbsp（7.5 ml）	52
		水	按需	0
13：00—14：00	后半个小时进行 30 分钟中等重量、重复性的举重训练	运动饮料	16 oz（480 ml）	125
14：00—16：00	恢复活动和拉伸训练，然后进行日常活动；下午加餐对于维持能量平衡和血糖水平很重要	带皮苹果	1 个（中等大小）	65
		小麦饼干	1 oz（30 g）	134
		部分脱脂的马苏里拉奶酪	2 oz（60 g）	142
		水	按需	0
16：00—17：00	1 小时的高强度长跑训练，模拟实际比赛中的饮水频率来啜饮运动饮料	运动饮料	16 oz（480 ml）	125
17：00—18：00	长跑后的恢复活动和能量补充；运动后饮用含有蛋白质和碳水化合物的饮料可以减少肌肉酸痛并补充糖原储备	巧克力牛奶	16 oz（480 ml）	315
18：00—19：00	家庭活动和加餐；频繁加餐对于补充能量和维持能量平衡十分必要	苏打饼干	9 片	177
		低脂牛奶（脂肪含量为 1%）	12 oz（360 ml）	154

续表

时间	活动	食物	摄入量	热量 /kcal
19：00—22：00	丰盛的晚餐可满足机体对营养素和能量的需求，应在19：00—20：00 进食	烤鸡肉（白肉）	7.5 oz（225 g）	368
		烤土豆	1 个（中等大小）	145
		酸奶油	1 tbsp（15 ml）	23
		水煮西蓝花	1 cup	84
22：00—23：00	加餐，就寝；睡前加餐对于防止夜间低血糖和维持能量平衡十分重要	新鲜的葡萄	1.5 cup	156

营养汇总

总热量 /kcal	4478	铁 /mg	24.64	维生素 C/mg	491	维生素 B$_{12}$/μg	7.65
碳水化合物 /g	655	钙 /mg	2403	维生素 B$_1$/mg	2.72	叶酸 /DFE	747.8
蛋白质 /g	194	锌 /mg	19.0	维生素 B$_2$/mg	4.25	维生素 A/RAE	1130
脂肪 /g	77	镁 /mg	513.3	烟酸 /mg	52.01	维生素 D/U	317
钠 /mg	4948	钾 /mg	6581	维生素 B$_6$/mg	4.3	维生素 E/mg	6.6

注：这名有竞争力的长跑运动员需要在一天内进行 2 次长时间、高强度的长跑训练，并在两次长跑训练之间进行举重训练。该水平的训练量需要消耗大量的能量（约 4500 kcal），运动员只能通过频繁地进食、加餐和近乎持续地啜饮运动饮料来获得能量。这名运动员希望增加肌肉量，从而提高在比赛即将结束时的冲刺能力。而这名运动员的合成代谢时间与分解代谢时间之比大于 1，说明这样的训练和膳食模式可以帮助他实现这一目标。

资料来源：能量平衡图的版权归营养时机公司（NutriTiming）所有，并由其授权使用。能量平衡和营养素的摄入值均通过 NutriTiming® 系统获得。

爆发力-耐力型运动项目

　　对爆发力和耐力均有一定要求的项目包括足球、高尔夫、花样滑冰、网球、排球及篮球。这些运动项目不仅要求运动员具备良好的体能状态，而且对专项技术动作也有着非常高的要求。团体项目运动员的营养需求较高，需要摄入足够的能量以承受长时间、高强度的训练；同时还要补充大量的液体以维持正常的水合状态。与其他运动项目不同，团体项目在训练和比赛中通常有中场休息时间，这一间歇时间应视为运动员补充碳水化合物和水分的绝佳时机。理想的训练方案应使运动员在平时的训练中练习摄入液体，并使其了解在各种间歇时段内可摄入的液体量，从而确定如何在比赛过程中通过补充水分来提升运动表现，而不会对运动表现产生不良的影响。人体对摄入的食物和营养素有极强的适应性，因此循序渐进地进行补液适应练习，最终可使运动员在摄入更多液体的同时，不会出现任何胃肠道不适。

　　相关研究结果表明，运动员如果在训练和比赛中的休息时段饮用白开水，会错失维持血容量、出汗速率及向工作肌肉输送碳水化合物的宝贵时机。只有含碳水化合物和电解质的饮料才能满足运动员在比赛和训练过程中的营养需求，饮用白开水则可能产生相反的效果。而摄入其他食物（如蛋白棒）则只会对工作肌肉产生负面影响——这些肌肉真正需要的是碳水化合物和水分。含维生素、矿物质和蛋白质的能量棒有其优势，但在篮球比赛的中场休息时段运动员不宜进食此类食品。有时，运动员习惯于在中场休息时进食香蕉、饼干或面包，但应在比赛前进行良好的训练，以确保运动员能够耐受这些食物，并确保在比赛重新开始之前食物已从胃内排空。

本章的膳食计划说明

　　本章针对 5 种热量摄入水平，即 2300 kcal、2500 kcal、2400 kcal（用于伤后恢复）、2800 kcal 和 3800 kcal，分别介绍了相应的膳食计划。为了帮助运动员了解如何将膳食计划与其训练计划完美结合，这些膳食计划所对应的训练时间安排各不相同。运动员应根据训练安排来调整膳食摄入，从而有助于持续维持全天的能量平衡（±400 kcal），同时有助于一天中蛋白质和其他营养素的合理分配。膳食计划中应包括分解代谢（即能量负平衡）或合成代谢（即能量正平衡）的时长信息，而不是只显示一天结束时的能量平衡状态。合成代谢的时间与分解代谢的时间之比为 1 时，运动员的体重和身体成分能够维持稳定；该比值＞1 时，运动员的肌肉量会增加；该比值＜1 时，运动员的体脂率会下降。本章旨在为运动员提供膳食指导，使其在此基础上逐步学会制订适合自身的最佳膳食计划。

　　读者应注意，这些膳食示例的热量水平仅作参考，并不完全适用于所有人。稳定的体重及健康的体脂水平最能反映出运动员在正确的时机摄入了适量的热量。运动员应确定适合自身的热量摄入水平和摄入模式。读者还应注意，在本章所列的膳食计划中，液体的摄入量可能远远低于实际需要的摄入量。运动员应在进食过程中补充足量的水分，而在运动过程中可能还需要摄入更多的运动饮料。为保持最佳的身体水分含量，运动员应饮用足量的液体，以尿液清澈作为最佳指示。

表 18.1　热量摄入量约为 2300 kcal 的膳食计划，适用于一名 19 岁、身高 67 in（170 cm）、体重 132 lb（60 kg）的爆发力-耐力型女性运动员

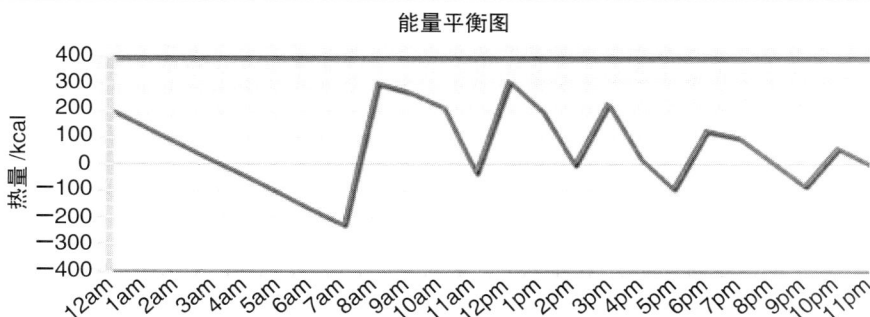

能量平衡图

合成代谢（热量＞0 kcal）的时间为 16 小时；分解代谢（热量＜0 kcal）的时间为 8 小时；合成代谢的时间与分解代谢的时间之比为 2.00

能量底物的分配
总热量：2303 kcal　碳水化合物：48.5%　蛋白质：21.7%　脂肪：29.8%

时间	活动	食物	摄入量	热量 /kcal
8：00—9：00	起床后的一般活动（洗漱、更衣）；尽管许多运动员在晨练前不吃早餐，但吃早餐对于维持血糖水平和能量平衡非常重要	炒鸡蛋	2 个	199
		烤全麦面包	2 大片	153
		咸味花生酱	2 tbsp（30 ml）	188
		脱脂牛奶	8 oz（240 ml）	83

续表

时间	活动	食物	摄入量	热量 /kcal
9：00—10：00	训练前的准备	水	按需	0
10：00—12：00	热身后进行 45 分钟的训练；在高强度的训练过程中很少有机会进行补液，但运动员应利用每次机会来啜饮运动饮料	运动饮料	8 oz（240 ml）	63
12：00—14：00	在这段时间内的早些时候进食午餐，以确保在开始训练时胃内容物已经排空	金枪鱼沙拉（罐装水浸金枪鱼拌蛋黄酱）	1 cup	383
		低盐全麦饼干	1 oz（30 g）	134
		蔬菜沙拉	1.5 cup	33
		水	按需	0
14：00—15：00	热身 15 分钟，14：15 开始进行 45 分钟的训练	运动饮料	8 oz（240 ml）	63
15：00—16：00	放松活动；能量棒和水对于补充液体，以及糖原和肌肉的恢复均非常重要	能量棒	1 条	322
		水	按需	0
16：00—17：00	45 分钟中等强度的训练	运动饮料	8 oz（240 ml）	63
17：00—18：00	拉伸 15 分钟，然后在 18：00 开始举重训练			
18：00—19：00	15 分钟的举重训练，然后进食晚餐	脱脂牛奶	8 oz（240 ml）	83
		烤鸡胸肉	1.5 oz（45 g）	74
		黄油烤玉米棒	1 根	155
		蔬菜沙拉	2.5 cup	55
		凯撒沙拉酱	1 tbsp（15 ml）	48
		水	按需	0
19：00—22：00	放松的家庭活动	水	按需	0
22：00—23：00	放松的家庭活动；夜间加餐对于维持夜间的能量平衡及避免低血糖尤为重要	爆米花	3 cup	93
		酸果蔓鸡尾酒	8 oz（240 ml）	111
23：00	就寝			

营养汇总								
总热量 /kcal	2303	铁 /mg	22.23	维生素 C/mg	198	维生素 B_{12}/μg	12.02
碳水化合物 /g	282	钙 /mg	1408	维生素 B_1/mg	2.76	叶酸 /DFE	982
蛋白质 /g	126	锌 /mg	15.4	维生素 B_2/mg	3.89	维生素 A/RAE	796

续表

| 脂肪 /g | 77 | 镁 /mg | 489 | 烟酸 /mg | 49.71 | 维生素 D/U | 271.22 |
| 钠 /mg | 3272 | 钾 /mg | 3369 | 维生素 B₆/mg | 3.85 | 维生素 E/mg | 108.1 |

注：这是一名年轻女子篮球运动员在参加篮球夏令营期间典型的训练计划和膳食计划。运动员应随时摄入足量的液体以维持良好的水合状态。合成代谢的时间与分解代谢的时间之比为 2.00，这有助于该运动员增加肌肉量和力量，并避免体脂率升高。

资料来源：能量平衡图的版权归营养时机公司（NutriTiming）所有，并由其授权使用。能量平衡和营养素的摄入值均通过 NutriTiming® 系统获得。

表 18.2 热量摄入量约为 2500 kcal 的膳食计划，适用于一名 20 岁、身高 62 in（157 cm）、体重 110 lb（50 kg）的爆发力-耐力型女性运动员

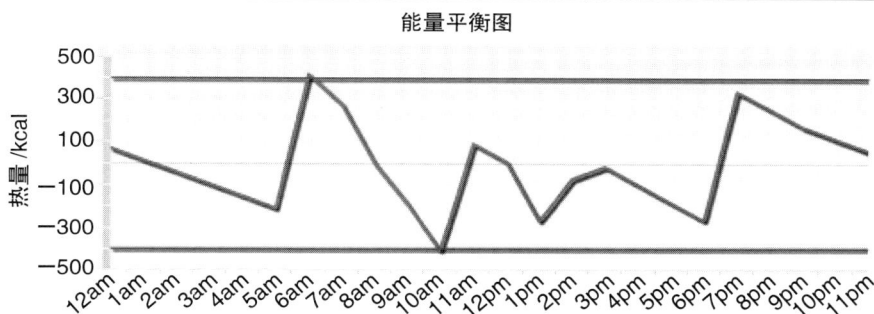

能量平衡图

热量 /kcal

合成代谢（热量＞0 kcal）的时间为 12 小时；分解代谢（热量＜0 kcal）的时间为 12 小时；合成代谢的时间与分解代谢的时间之比为 1.00

能量底物的分配
总热量：2515 kcal　碳水化合物：42%　蛋白质：33%　脂肪：25%

时间	活动	食物	摄入量	热量 /kcal
6：00—7：00	晨练前吃早餐非常重要；应调整起床时间以保证有充足的时间来摄入足量的食物，从而维持能量平衡	蓝莓	1 cup	84
		香肠肉饼	3 oz（90 g）	348
		煮熟的蛋白	1 cup	117
		低脂巧克力牛奶	8 oz（240 ml）	158
		水	按需	0
7：00—8：00	起床后的一般活动（洗漱、更衣），之后进行 25 分钟的热身运动	冲泡的茶水（无糖）	9 oz（270 ml）	3
8：00—9：00	60 分钟中高强度的训练（团队训练）；在室内环境（即温度可控的环境）中进行训练时，椰汁（含钠、钾及碳水化合物）是运动饮料的良好替代品	椰汁（作为运动饮料）	8 oz（240 ml）	46
9：00—10：00	45 分钟中高强度的训练（团队训练）	椰汁（作为运动饮料）	8 oz（240 ml）	46

续表

时间	活动	食物	摄入量	热量 /kcal
10：00—11：00	30 分钟中等强度的训练（技术训练）	水	按需	0
11：00—12：00	这顿午餐所含的碳水化合物和蛋白质的比例适宜，且脂肪含量相对较低	松软干酪（脂肪含量为 1%）	1 cup	163
		未添加糖的果酱	1 tbsp（15 ml）	18
		大豆蛋白粉末，加入饮料中冲调	1 oz（30 g）	106
		香蕉	1 根（较大）	134
		草莓	1 cup	49
		豆奶	8 oz（240 ml）	70
		烤鸡胸肉	1 oz（30 g）	49
		水	按需	0
12：00—13：00	放松活动	水	按需	0
13：00—14：00	热身 15 分钟，然后进行 45 分钟的阻力训练	椰汁（作为运动饮料）	8 oz（240 ml）	46
14：00—16：00	14：30 进行加餐；为满足运动员的需求，加餐应含大量的碳水化合物和蛋白质，而脂肪含量相对较低	咸味花生酱	1 tbsp（15 ml）	94
		全麦面包	1 片	69
		番茄酱	2 tbsp（30 ml）	10
		烤火腿肉饼	1 oz（30 g）	98
		盐水煮甜玉米棒	1 根	96
		新鲜的红番茄	1 cup	27
		水	按需	0
16：00—19：00	典型的学校活动，包括家庭作业、开会等	水	按需	0
19：00—20：00	晚餐；这一餐提供所需的碳水化合物和相对低脂的蛋白质类食物	去皮烤鸡胸肉丁	1 cup	242
		全麦饼干	10 块	178
		低脂水果酸奶	4.4 oz（125 g）	135
		果汁	10 oz（300 ml）	129
20：00—21：00	放松活动，包括完成家庭作业及为次日的活动做准备	水	按需	0

营养汇总

总热量 /kcal	2515	铁 /mg	16.1	维生素 C/mg	1519	维生素 B_{12}/μg	10.21
碳水化合物 /g	272	钙 /mg	1572	维生素 B_1/mg	1.82	叶酸 /DFE	329

续表

蛋白质 /g	216	锌 /mg	27.7	维生素 B_2/mg	8.30	维生素 A/RAE	3861
脂肪 /g	72	镁 /mg	557	烟酸 /mg	87.27	维生素 D/U	119
钠 /mg	5071	钾 /mg	6586	维生素 B_6/mg	7.77	维生素 E/mg	5.28

注：这是一名大学生曲棍球运动员在赛季前训练期间典型的训练和膳食摄入计划。虽然蛋白质摄入量相对较高，但其在一天内的摄入时间分布很合理，提高了组织对蛋白质的利用率。通过在合适的时机进食适宜的食物，运动员可在全天内保持良好的能量平衡状态。合成代谢的时间与分解代谢的时间相等，表明运动员能够保持目前的体重和身体成分。

资料来源：能量平衡图的版权归营养时机公司（NutriTiming）所有，并由其授权使用。能量平衡和营养素的摄入值均通过 NutriTiming® 系统获得。

表 18.3 热量摄入量约为 2400 kcal 的膳食计划，适用于一名 29 岁、身高 74 in（188 cm）、体重 188 lb（85 kg）、处于伤后恢复阶段的男子网球运动员

能量平衡图

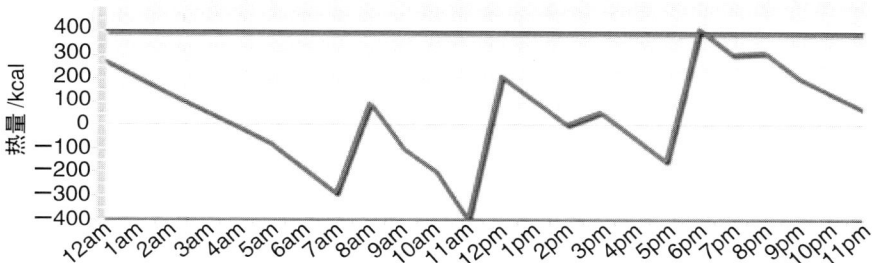

合成代谢（热量>0 kcal）的时间为 15 小时；分解代谢（热量<0 kcal）的时间为 9 小时；合成代谢的时间与分解代谢的时间之比约为 1.67

能量底物的分配
总热量：2456 kcal　碳水化合物：30%　蛋白质：33%　脂肪：37%

时间	活动	食物	摄入量	热量 /kcal
8：00—9：00	起床，吃早餐；晨练前吃早餐对于维持能量平衡和血糖水平十分重要	燕麦麸百吉饼	1 个（较小）	145
		有盐黄油	1 tsp（5 ml）	36
		炸土豆丝饼	1 份	63
		煎蛋	3 个（较大）	270
		水	按需	0
9：00—10：00	起床后的一般活动（洗漱、更衣），9：30 开始进行 30 分钟的热身运动	水	按需	0
10：00—11：00	45 分钟低强度的网球训练，然后吃零食	克里夫能量棒	1 条	220
		水	按需	0
11：00—12：00	30 分钟低强度的网球击球训练	运动饮料，按需饮用	8 oz（240 ml）	63
12：00—13：00	午餐的蛋白质含量相对较高，脂肪含量较低；进餐过程中补充足量的液体以辅助消化并帮助水合	半脱脂的马苏里拉奶酪	1 oz（30 g）	72

续表

时间	活动	食物	摄入量	热量 /kcal
		脱脂的美国干酪	3.25 片	101
		烤牛里脊肉	4 oz（120 g）	234
		仙人掌墨西哥卷饼	4 个	200
		鳄梨	半个	114
		水	按需	0
13：00—15：00	房间周围的放松活动，按需饮水	水	按需	0
15：00—16：00	下午的加餐对于维持能量平衡很重要；在全天内按合理的分配比例摄入优质蛋白质有助于肌肉的恢复	巧克力口味乳清蛋白牛奶饮料	12 oz（360 ml）	160
16：00—18：00	放松活动，准备晚餐	水	按需	0
18：00—19：00	一顿丰盛的晚餐；尽管为控制脂肪含量，晚餐的热量较低，但仍可起到饱腹作用	切碎的西葫芦	1 cup	20
		糙米饭	1/3 cup	32
		去皮烤鸡肉	2 oz（60 g）	98
		全熟煮蛋（较大）	半个	35
		毛豆	1/2 cup	95
		烤牛里脊肉	6 oz（170 g）	351
		浓鸡汤	8 oz（240 ml）	36
		水	按需	0
19：00—21：00	放松的活动	水	按需	0
21：00—22：00	加餐；此时段的加餐可以帮助维持夜间的血糖水平	奇异果	2 个	111

营养汇总

总热量 /kcal	2456	铁 /mg	18.1	维生素 C/mg	225.1	维生素 B$_{12}$/μg	8.44
碳水化合物 /g	178	钙 /mg	1540	维生素 B$_1$/mg	1.28	叶酸 /DFE	679
蛋白质 /g	200	锌 /mg	26.1	维生素 B$_2$/mg	2.60	维生素 A/RAE	612
脂肪 /g	98	镁 /mg	407.6	烟酸 /mg	41.41	维生素 D/U	62.8
钠 /mg	3711	钾 /mg	3557	维生素 B$_6$/mg	3.41	维生素 E/mg	13.5

注：这是一名处于伤后恢复阶段的网球运动员的训练和膳食摄入计划。此时运动员的体力活动水平与巡回赛时相比明显下降，因此能量摄入也相应减少。虽然蛋白质的摄入量可能比一般情况下的需要量略高，但这些额外摄入的蛋白有助于伤口愈合和肌肉恢复。合成代谢的时间与分解代谢的时间之比约为 1.67，这样的膳食摄入模式有助于肌肉的恢复。

资料来源：能量平衡图的版权归营养时机公司（NutriTiming）所有，并由其授权使用。能量平衡和营养素的摄入值均通过 NutriTiming® 系统获得。

表 18.4 热量摄入量约为 2800 kcal 的膳食计划，适用于一名 21 岁、身高 68 in（173 cm）、体重 145 lb（66 kg）的男子花样滑冰精英运动员

能量平衡图

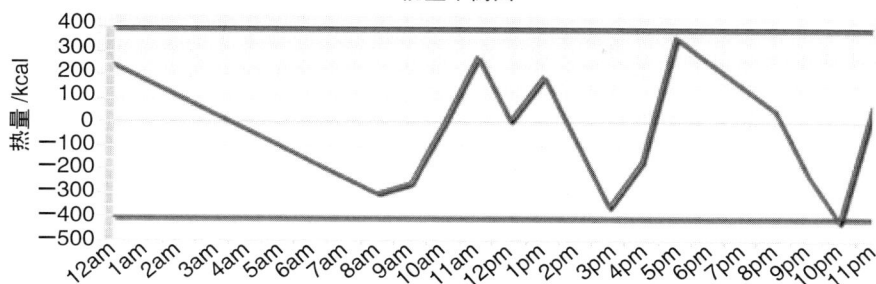

合成代谢（热量＞0 kcal）的时间为 12 小时；分解代谢（热量＜0 kcal）的时间为 12 小时；合成代谢的时间与分解代谢的时间之比为 1.00

能量底物的分配
总热量：2782 kcal 碳水化合物：64% 蛋白质：16% 脂肪：20%

时间	活动	食物	摄入量	热量 /kcal
9：00—10：00	起床后的一般活动（洗漱、更衣）；起床后应立即饮用橙汁，以避免过低的能量负平衡	橙汁	8 oz（240 ml）	110
10：00—11：00	洗漱更衣后立即吃早餐	麦片粥	1.75 cup	271
		脱脂牛奶	8 oz（240 ml）	83
11：00—12：00	应在这一小时内的早些时候进行训练前的加餐，这有助于为后续的训练提供所需的能量	马拉松牌(Marathon)能量棒	1 条	322
		运动饮料，按需	8 oz（240 ml）	63
12：00—13：00	热身和低强度训练	水	按需	0
13：00—14：00	30 分钟中等强度的训练，然后吃午餐	烤全麦面包	2 大片	153
		咸味花生酱	2 tbsp（30 ml）	188
		水	按需	0
14：00—15：00	60 分钟完整的高强度训练；尽管在相对较冷的环境（冰场）下进行训练，运动员仍会出汗，并且以血糖作为能量来源；运动饮料有助于预防低血糖的发生，低血糖可影响运动员的精神敏锐度，也会导致肌肉过早地疲劳	运动饮料	8 oz（240 ml）	63
15：00—16：00	30 分钟完整的高强度训练（共计 90 分钟），然后进行恢复活动	运动饮料	8 oz（240 ml）	63

续表

时间	活动	食物	摄入量	热量 /kcal
16：00—17：00	放松的家庭活动	水	按需	0
17：00—18：00	晚餐的营养配比较均衡，含有相对较高的碳水化合物及少量优质蛋白质	意大利面	1 cup	220
		意式鲜番茄罗勒酱	½ cup	111
		帕玛森干酪粉	⅓ cup	81
		烤肋眼牛排	3 oz（90 g）	299
		现煮咖啡	1 cup	2
		咖啡奶油	2 tbsp（30 ml）	50
		糖	1 tsp（5 ml）	15
		苹果	1 个（较大）	130
		水	按需	0
18：00—21：00	放松的家庭活动，为次日做准备	水	按需	0
21：00—22：00	热身，低强度的冰上训练	水	按需	0
22：00—23：00	20 分钟中等强度的技术训练，之后加餐	果冻	2 cup	299
		梨	1 个（较大）	155
		红葡萄	1 cup	104
		水	按需	0

营养汇总

总热量 /kcal	2782	铁 /mg	32.7	维生素 C/mg	220	维生素 B_{12}/μg	9.84
碳水化合物 /g	438	钙 /mg	1147	维生素 B_1/mg	3.79	叶酸 /DFE	261.8
蛋白质 /g	111	锌 /mg	29.3	维生素 B_2/mg	4.83	维生素 A/RAE	2822
脂肪 /g	62	镁 /mg	447	烟酸 /mg	57.82	维生素 D/U	106.9
钠 /mg	2930	钾 /mg	4167	维生素 B_6/mg	5.3	维生素 /mg	105.5

　　注：这是一名进行备赛训练的男子花样滑冰精英运动员的膳食计划。尽管其体形不大，但高强度的训练却使他的能量需求大大增加。对一名接受该水平训练的运动员而言，碳水化合物和蛋白质的摄入量和分配比例较为合理，有利于其维持肌肉量和体脂率。进行夜间训练是由于受到冰场可用时段的限制，滑冰运动员因此不得不经常在清晨或深夜进行训练。

　　资料来源：能量平衡图的版权归营养时机公司（NutriTiming）所有，并由其授权使用。能量平衡和营养素的摄入值均通过 NutriTiming® 系统获得。

表 18.5 热量摄入量约为 3800 kcal 的膳食计划，适用于一名 21 岁、身高 75 in（191 cm）、体重 190 lb（86 kg）的大学生女子排球运动员

能量平衡图

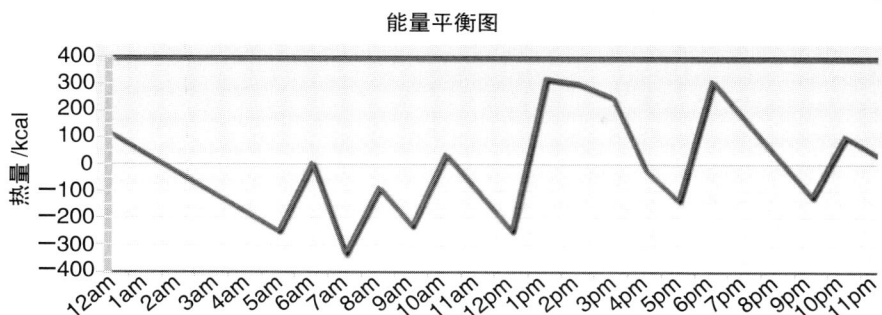

合成代谢（热量＞0 kcal）的时间为 12 小时；分解代谢（热量＜0 kcal）的时间为 12 小时；合成代谢的时间与分解代谢的时间之比为 1.00

能量底物的分配
总热量：3790 kcal　碳水化合物：65.8%　蛋白质：13.7%　脂肪：20.5%

时间	活动	食物	摄入量	热量 /kcal
6：00—7：00	运动员应在起床后立即进食，以便为 7：00 的训练做准备	葡萄干面包	2 片	172
		蜜瓜	2 cup	127
		运动饮料	8 oz（240 ml）	63
7：00—8：00	举重室训练；训练过程中啜饮运动饮料对于维持血糖水平和水合状态很重要	运动饮料	12 oz（360 ml）	94
8：00—9：00	恢复活动，吃早餐；训练结束之后应立即饮用巧克力牛奶	低脂巧克力牛奶	8 oz（240 ml）	158
		咖啡	2 cup	5
		烤杂粮面包	2 片	138
		人造黄油	1 tsp（5 ml）	36
		果酱	⅔ tbsp（10 ml）	39
		全熟煮蛋	1.5 个	105
9：00—10：00	一般性的日常活动	水	按需	0
10：00—11：00	上午的加餐对于维持血糖水平和能量平衡很重要	运动饮料	16 oz（480 ml）	125
		鸡蛋百吉饼	1 个（中等大小）	288
11：00—13：00	一般性的日常活动	水	按需	0
13：00—14：00	午餐含有丰富的碳水化合物、适量的蛋白质及少量的脂肪；运动员应在进餐时摄入充足的液体	脱脂牛奶	8 oz（240 ml）	83
		全麦麦片	1.75 cup	175
		鸡蛋百吉饼	1 个（较小）	192

时间	活动	食物	摄入量	热量 /kcal
		去皮鸡肉	3.25 oz（92 g）	156
		橙汁	8 oz（240 ml）	110
		水	按需	0
14：00—16：00	运动员应随时啜饮运动饮料，以确保在随后 2 小时的排球训练过程中能够维持良好的水合状态	运动饮料	28 oz（840 ml）	221
16：00—18：00	2 小时的高强度训练；训练期间一有机会就应补充运动饮料，训练结束后应立即饮用巧克力牛奶	运动饮料	32 oz（960 ml）	250
		低脂巧克力牛奶	8 oz（240 ml）	158
18：00—19：00	晚餐；总热量较高，但能量平衡图显示这有助于达到良好的能量平衡状态	烤牛排	4 oz（120 g）	381
		烤土豆	1 个（中等大小）	145
		酸奶油	1 tbsp（15 ml）	23
		青豆	1 cup	25
		黄油	1 tbsp（15 ml）	100
		水	按需	0
19：00—22：00	日常校园活动	运动饮料	6 oz（180 ml）	47
22：00—23：00	夜间加餐对于确保能量平衡及维持夜间的血糖水平非常有必要	爆米花	5 cup	155
		橙汁	16 oz（480 ml）	219

营养汇总

总热量 /kcal	3790	铁 /mg	25.8	维生素 C/mg	375	维生素 B$_{12}$/μg	8.01
碳水化合物 /g	635	钙 /mg	1375	维生素 B$_1$/mg	3.3	叶酸 /DFE	804.3
蛋白质 /g	132	锌 /mg	17.9	维生素 B$_2$/mg	4.0	维生素 A/RAE	1078
脂肪 /g	88	镁 /mg	555.6	烟酸 /mg	31.1	维生素 D/U	108.3
钠 /mg	4257	钾 /mg	6621	维生素 B$_6$/mg	3.25	维生素 E/mg	3.35

注：该运动员每日训练 2 次，上午在举重室进行训练，下午进行 2 小时的集体排球训练。这名运动员身材高大，且具有高水平的爆发力，她希望保持肌肉量，而该膳食计划可帮助她实现这一目标（合成代谢的时间与分解代谢的时间之比为 1.00，说明她可以保持稳定的体重和身体成分）。此膳食计划的重点是碳水化合物（约占总摄入量的 66%），同时该运动员还应摄入足量的液体，以确保排球运动中完成特定爆发力动作的肌肉内肌糖原的恢复。

资料来源：能量平衡图的版权归营养时机公司（NutriTiming）所有，并由其授权使用。能量平衡和营养素的摄入值均通过 NutriTiming® 系统获得。

参考文献

1

[1] Hultman E, Nilsson LH. Liver glycogen in man: Effects of different diets and muscular exercise. In: Pernow B, Saltin B, eds. *Muscle Metabolism During Intense Exercise*. London: Plenum Press, 1971:143-151.

[2] Hultman E, Greenhaff PL. Carbohydrate metabolism in exercise. In: Maughan RJ, ed. *Nutrition in Sport*. London: Blackwell Science, 2000:90-91.

[3] Glucogenic amino acids have carbon chains that can be converted to glucose. In humans, the glucogenic amino acids are glycine, serine, valine, histidine, arginine, cysteine, proline, alanine, glutamate, glutamine, aspartate, asparagines, and methionine. Amino acids that are both glucogenic and ketogenic included isoleucine, threonine, phenylalanine, tyrosine, and tryptophan. (The ketogenic amino acids produce ketones rather than glucose.)

[4] Pate TD, Brunn JC. Fundamentals of carbohydrate metabolism. In: HIckson JF, Wolinsky I, eds. *Nutrition in Exercise and Sport*. Boca Raton, FL: CRC Press, 1989:37-49.

[5] Karlsson J, Saltin B. Diet, muscle glycogen, and endurance. *Journal of Applied Physiology*, 1971, 31(2):203-206.

[6] Felig P, Wahren J. Amino acid metabolism in exercising man. *Journal of Clinical Investigation*, 1971, 50:2703-2714.

[7] Sahlin K, Katz A, Broberg S. Tricarboxylic cycle intermediates in human muscle during submaximal exercise. *Amercian Journal of Physiology*, 1990, 259:834C-841C.

[8] Fitts RH. Cellular mechanisms of muscle fatigue. *Physiological Reviews*, 1994, 74:49-94.

[9] The branched-chain amino acids are leucine, isoleucine, and valine.

[10] Newsholme EA, Catell LM. Amino acids, fatigue and immunodepression in exercise. In: Maughan RJ, ed. *Nutrition in Sport*. London: Blackwell Science, 2000:156-158.

[11] Davis JM, Alderson NL, Welsh RS. Serotonin and central nervous system fatigue: Nutritional considerations. *American Journal of Clinical Nutrition*, 2000, 72(2)(suppl):573S-578S.

[12] Davis JM, et al. Central nervous system effects of caffeine and adenosine on fatigue. *American Journal of Physiology: Regulatory, Integrative and Comparative Physiology*, 2003, 284(2):399R-404R.

[13] Institute of Medicine. Dietary Reference Intakes for energy, carbohydrate, fiber, fat, fatty acids, cholesterol, protein and amino acids. *Food and Nutrition Board*. Washington, DC: National Academies Press, 2002.

[14] Position of the American Dietetic Association, Dietitians of Canada, and the American College of Sports Medicine. Nutrition and athletic performance. *Journal of the American Dietetic Association*, 2000, 100:1543-1556.

[15] USDA/HHS. Nutrition and your health: Dietary Guidelines for Americans. *Home and Garden Bulletin*, no. 232.Washington DC: Government Printing Office, 2000.

[16] Costill DL, et al. The role of dietary carbohydrate in muscle glycogen synthesis after strenuous running. *American Journal of Clinical Nutrition*,1981, 34:1831-1836.

[17] Sherman WM. Metabolism of sugars and physical performance. *American Journal of Clinical Nutrition*,1995, 62(suppl):228S-241S.

[18] Burke LM, Kiens B, Ivy JL. Carbohydrates and fat for training and recovery. *Journal of Sports Sciences*, 2004, 22:15-30.

[19] Liu S, Willett WC. Dietary glycemic load and atherothrombotic risk. *Current Atherosclerosis Reports*, 2002, 4(6):454-461.

[20] Coutts A, et al. The effect of glycerol hyperhydration on Olympic distance triathlon performance in high ambient temperatures. *International Journal of Sport Nutrition and Exercise Metabolism*, 2002, 12(1):105-119.

[21] Magal M, et al. Comparison of glycerol and water hydration regimens on tennis-related performance. *Medicine and Science in Sports and Exercise*, 2003, 35(1):150-156.

[22] Bucci L. *Nutrients as Ergogenic Aids for Sports and Exercise*. Boca Raton, FL: CRC Press, 1993:20.

[23] Mickleborough TD, et al. Fish oil supplementation reduces severity of exercise induced bronchoconstriction in elite athletes. *American Journal of Respiratory and Critical Care Medicine*, 2003, 168:1181-1189.

[24] Huffman DM, et al. Effect of n-3 fatty acids on free tryptophan and exercise fatigue. *European Journal of Applied Physiology*, 2004, 92(4/5):584-591.

[25] Lenn J, et al. The effects of fish oil and isoflavones on delayed onset muscle soreness. *Medicine and Science in Sports and Exercise*, 2002, 34(10):1605-1613.

[26] Simopoulos AP. Omega-3 fatty acids and athletics. *Current Sports Medicine Reports*, 2007, 6:230-236.

[27] Brilla LF, Landerholm TE. Effect of fish oil supplementation and exercise on serum lipids and aerobic fitness. *Journal of Sports Medicine*, 1990, 30(2):173.

[28] Coyle EF. Fat metabolism during exercise. *Sports Science Exchange*, 1995, 8(6):59-65.

[29] Kiens B, Helge JW. Adaptations to a high fat diet. In: Maughan RJ, ed. *Nutrition in Sport*. London: Blackwell Science, 2000:192-202.

[30] Bach AS, Babayan VK. Medium-chain triglycerides: An update. *American Journal of Clinical Nutrition*, 1982, 36(5):950-962.

[31] Seaton TB, et al. Thermic effect of medium-chain and long-chain triglycerides in man. *American Journal of Clinical Nutrition*, 1986, 44(5):630-634.

[32] Geliebter A, et al. Overfeeding with medium-chain triglyceride diet results in diminished deposition of fat. *American Journal of Clinical Nutrition*, 1983, 37(1):1-4.

[33] Scalfi L, Coltorti A, Contaldo F. Postprandial thermogenesis in lean and obese subjects after meals supplemented with medium-chain and long-chain triglycerides. *American Journal of Clinical Nutrition*, 1991, 53(5):1130-1133.

[34] Angus DJ, et al. Effect of carbohydrate or carbohydrate plus medium-chain triglyceride ingestion on cycling time trial performance. *Journal of Applied Physiology*, 2000, 88(1):113-119.

[35] Lambert EV, et al. High-fat diet versus habitual diet prior to carbohydrate loading: Effects of exercise metabolism and cycling performance. *International Journal of Sport Nutrition and Exercise Metabolism*, 2001, 11(2):209-225.

[36] Misell LM, et al. Chronic medium-chain triacylglycerol consumption and endurance performance in trained runners. *Journal of Sports Medicine and Physical Fitness*, 2001, 41(2):210-215.

[37] Jukendrup AE, et al. Metabolic availability of medium-chain triglycerides coingested with carbohydrate during prolonged exercise. *Journal of Applied Physiology*, 1995, 79:756-762.

[38] Kern M, et al. The effect of medium-chain triacylglycerols on the blood lipid profile of male endurance runners. *Journal of Nutritional Biochemistry*, 2000, 11(5):288-292.

[39] Kasai M, et al. Comparison of Diet-Induced Thermogenesis of Foods Containing Medium- versus Long-Chain Triacylglycerols. *Journal of Nutritional Science and Vitaminology*, 2002, 48(6):536-540.

[40] St-Onge MP, et al. Mediumchain triglycerides increase energy expenditure and decrease adiposity in overweight men. *Obesity Research*, 2003, 11(3):395-402.

[41] Cwik V. Disorders of lipid metabolism in skelet al muscle. *Neurologic Clinics*, 2000, 18:167-184.

[42] Meredith CN, et al. Dietary protein requirements and body protein metabolism in endurance-trained men. *Journal of Applied Physiology*, 1989, 66(6):2850-2856.

[43] Butterfield GE, Calloway DH. Physical activity improves protein utilization in young men. *British Journal of Nutrition*, 1984, 51:171-184.

[44] Butterfield G, Cady C, Moynihan S. Effect of increasing protein intake on nitrogen balance in recreational weightlifters. *Medicine and Science in Sports and Exercise*, 1992, 24:71S.

[45] Hoffman JR, Falvo MJ. Protein: Which is best? *Journal of Sports Science and Medicine*, 2004, 3(3):118-130.

[46] Schaafsma G. The protein digestibility-corrected amino acid score. *Journal of Nutrition*, 2000, 130:1865S-1867S.

[47] Position of the American Dietetic Association, Dietitians of Canada, and the American College of Sports Medicine. Nutrition and Athletic Performance. *Journal of the American Dietetic Association*, 2009, 109:509-527.

[48] Tarnopolsky MA, MacDougall JD, Atkinson SA. Influence of protein intake and training status on nitrogen balance and lean body mass. *Journal of Applied Physiology*, 1988, 64(1):187-193.

[49] USDA/HHS. *Dietary Guidelines for Americans, 2010*.Washington, DC: Government Printing Office, 2010.

[50] Steen SN. Precontest strategies of a male bodybuilder. *International Journal of Sport Nutrition*, 1991, 1:69-78.

[51] Kleiner SM, Bazzarre TL, Ainsworth BE. Nutritional status of nationally ranked elite body-builders. *International Journal of Sport Nutrition*, 1994, 4:43-69.

[52] Gibala M. Regulation of skeletal muscle amino acid metabolism during exercise. *International Journal of Sport Nutrition and Exercise Metabolism*, 2001, 11:87-108.

[53] Gibala MJ. Dietary protein, amino acid supplements, and recovery from exercise. *GSSI Sports Science Exchange*, 2002, 15(4):1-4.

[54] Kumar V, et al. Human muscle protein synthesis and breakdown during and after exercise. *Journal of Applied Physiology*, 2009, 106:2026-2039.

[55] Paddon-Jones D, Rasmussen BB. Dietary protein recommendations and the prevention of sarcopenia: Protein amino acid metabolism and therapy. *Current Opinions in Clinical Nutrition and Metabolic Care*, 2009, 12(1):86-90.

[56] Tipton KD, et al. Stimulation of net muscle protein synthesis by whey protein ingestion before and after exercise. *American Journal of Physiology and Endocrinological Metabolism*, 2007, 292:71E-76E.

[57] Cermak NM, et al. Muscle metabolism during exercise with carbohydrate ingestion. *Medicine and Science in Sport and Exercise*, 2009, 41(12):2158-2164.

[58] Howarth KR,et al. Coingestion of protein with carbohydrate during recovery from endurance exercise stimulates skeletal muscle protein synthesis in humans. *Journal of Applied Physiology*, 2009, 106:1394-1402.

[59] Howarth KR, et al. Effect of glycogen availability on human skeletal muscle protein turnover during exercise and recovery. *Journal of Applied Physiology*, 2010, 109(2):431-438.

[60] Burd NA, et al. Low-load high volume resistance exercise stimulates muscle protein synthesis more than high-load low volume resistance exercise in young men. *PloS ONE*, 2010, 5(8):12033E.

[61] Key TJ, Appleby PN, Rosell MS. Health effects of vegetarian and vegan diets. *Proceedings of the Nutrition Society*, 2006, 65:35-41.

[62] Craig WJ, Mangels AR. Position of the American Dietetic Association: Vegetarian diets. *Journal of the American Dietetic Association*, 2009, 109(7):1266-1282.

[63] Venderley AM, Campbell WW. Vegetarian diets: Nutritional considerations for athletes. *Sports Medicine*, 2006, 36(4):293-305.

[64] Borrione P, et al. Vegetarian diet and athletes. *Sport-und Präentivmedizin*, 2009, 20-24.

[65] Nichols DL, Sanborn CF, Essery EV. Bone density and young athletic women: An update. *Sports Medicine*, 2007, 37(11):1001-1014.

[66] Renda M, Fischer P. Vegetarian diets in children and adolescents. *Pediatrics in Review*, 2009, 30:1E-8E.

[67] Lemon PW. Effects of exercise on dietary protein requirements. *International Journal of Sport Nutrition*, 1998, 8(4):426-447.

[68] Maughan R. The athlete's diet: Nutritional goals and dietary strategies. *Proceedings of the Nutrition Society*, 2002, 6(1):87-96.

[69] Zawadzki KM, Yaspelkis BB, Ivy JL. Carbohydrate-protein complex increases the rate of muscle glycogen storage after exercise. *Journal of Applied Physiology*, 1992, 72(5):1854-1859.

[70] Roy BD. Milk, the new sports drink? A review. *Journal of the International Society of Sports Nutrition*, 2008, 5:15.

[71] Shirreffs SM, Watson P, Maughan RJ. Milk as an effective post-exercise rehydration drink. *British Journal of Nutrition*, 2007, 98:173-180.

[72] Thomas K, Morris P, Stevenson E. Improved endurance capacity following chocolate milk consumption compared with 2 commercially available sports drinks. *Applied Physiology and Nutrition Metabolism*, 2009, 34:78-82.

[73] Cockburn E, et al. Acute milk-based protein-CHO supplementation attenuates exercise-induced muscle damage. *Applied Physiology and Nutrition Metabolism*, 2008, 33(4):775-783.

[74] Hartman JW, et al. Consumption off at-free fluid milk after resistance exercise promotes greaterlean mass accretion than does consumption of soy or carbohydrate in young, novice, male weightlifters. *American Journal of Clinical Nutrition*, 2007, 86:37.

2

[1] Osmolality is the number of particles per unit of water. The greater the number of particles, the greater the osmolality. High-osmolar solutions slow gastric emptying and may also cause an infusion of fluids into the intestines to lower the osmolar concentration before absorption. Both of these effects impede efficient delivery of fluid and fluid contents to working muscles. Some sports beverages control osmolality by including carbohydrate at a concentration that does not exceed 7 percent and by keeping sodium chloride concentration at 200 milligrams per cup or less.

[2] Maughan RJ, Depiesse F, Geyer H. The use of dietary supplements by athletes. *Journal of Sports Sciences*, 2007, 103S-113S.

[3] Gleeson M, Nieman DC, Pedersen BK. Exercise, nutrition and immune function. *Journal of Sports Sciences*, 2004, 22:115-125.

[4] Nieman DC. Marathon training and immune function.*Sports Medicine*, 2007, 37(4/5):412-415.

[5] Nieman DC, et al. Vitamin E and immunity after the Kona Triathlon World Championship. *Medicine and Science in Sports and Exercise*, 2004, 36(8):1328-1335.

[6] Maughan RJ. Contamination of dietary supplements and positive drug tests in sport. *Journal of Sports Sciences*, 2005, 23(9):883-889.

[7] Miller ER,et al. Meta-analysis: High-dosage vitamin E supplementation may increase all-cause mortality. *Annals of Internal Medicine*, 2005, 142:37-46.

[8] Bernstein AL. Vitamin B6 in clinical neurology. *Annals of the New York Academy of Sciences*, 1990, 585:250-260.

[9] Institute of Medicine. Dietary Reference Intakes: The Essential Guide to Nutrient Requirements. *Food and Nutrition Board*. Washington, DC: National Academies Press, 2006.

[10] Loosli Ar, et al. Nutritional habits and knowledge in competitive adolescent female gymnasts. *The Physician and Sports Medicine*,1986, 14:18.

[11] Short SH, Short WR. Four-year study of university athletes' dietary intake. *Journal of the American Dietetic Association*, 1983, 82:632.

[12] Steen SN, McKinney S. Nutritional assessment of college wrestlers. *The Physician and Sports Medicine*, 1986, 14:101.

[13] Keys A, et al. The performance of normal young men on controlled thiamin intakes. *Journal of Nutrition*, 1943, 26:399.

[14] Chen JD, et al. Nutritional problems and measures in elite and amateur athletes. *American Journal of Clinical Nutrition*, 1989, 49:1084-1089.

[15] Zaleman I, et al. Nutritional status of adventure racers. *Nutrition*, 2007, (23):404-411.

[16] Diaz E, et al. Cell damage, antioxidant status, and cortisol levels related to nutrition in ski mountaineering during a two-day race. *Journal of Sports Science and Medicine*, 2010, (9):338-346.

[17] Belko AZ, et al. Effects of exercise on riboflavin requirements of young women. *American Journal of Clinical Nutrition*, 1983, 37:509-517.

[18] Belko AZ, et al. Effects of aerobic exercise and weight loss on riboflavin requirements of moderately obese, marginally deficient young women. *American Journal of Clinical Nutrition*, 1984, 40:553.

[19] Belko AZ, et al. Effects of exercise on riboflavin requirements: Biological validation in weight-reducing young women. *American Journal of Clinical Nutrition*, 1985, 41:270.

[20] Tremblay A, et al. The effects of a riboflavin supplementation on the nutritional status and performance of elite swimmers. *Nutrition Research*, 1984, 4:201.

[21] Manore M, Thompson J. *Sports Nutrition for Health and Performance.* Champaign, IL: Human Kinetics.

[22] Borrione P, et al. FIMS position statement: Vegetarian diet and athletes. *Sport-und Präentivmedizin*, 2009, 20-24.

[23] Lukaski HC. Vitamin and mineral status: Effects on physical performance. *Nutrition*, 2004, 20:632-644.

[24] Carlson LA, et al. Effect of nicotinic acid on the turnover rate and oxidation of the free fatty acids of plasma in man during exercise. *Metabolism: Clinical and Experimental*, 1963, 12:837.

[25] Bergstrom J, et al. Effect of nicotinic acid on physical working capacity and on metabolism of muscle. *Journal of Applied Physiology*, 1969, 26:170.

[26] Hilsendager D, Karpovich PV. Ergogenic effect of glycine and niacin separately and in combination. *Research Quarterly*, 1964, 35:389.

[27] Huskisson E, Maggini S, Ruf M. The role of vitamins and minerals in energy metabolism and well-being. *Journal of International Medical Research*, 2007, 35:277-289.

[28] Dalton K, Dalton MJT. Characteristics of pyridoxine over dose neuropathy syndrome. *Acta Neurologica Scandinavica*, 1987, 76:8-11.

[29] Schaumberg H, et al. Sensory neuropathy from pyridoxine abuse. *New England Journal of Medicine*, 1983, 309:445-448.

[30] Manore MM. Vitamin B-6 and exercise. *International Journal of Sport Nutrition*, 1994, 4:89-103.

[31] Fogelholm M, et al. Lack of association between indices of vitamin B-1,B-2, and B-6 status and exercise-induced blood lactate in young adults. *International Journal of Sport Nutrition*, 1993, 3:165-176.

[32] Guilland JC, et al. Vitamin status of young athletes including the effects of supplementation. *Medicine and Science in Sports and Exercise*, 1989, 21:441-449.

[33] Telford RD, et al. The effect of 7 to 8 months of vitamin/mineral supplementation on the vitamin and mineral status of athletes. *International Journal of Sport Nutrition*, 1992, 2:123-134.

[34] Suboticanec K, et al. Effects of pyridoxine and riboflavin supplementation on physical fitness in young adolescents. *International Journal for Vitamin and Nutrition Research*, 1990, 60:81-88.

[35] Delitala G, et al. Effect of pyridoxine on human hypophyseal trophic hormone release: Apossible stimulation of hypothalamic dopaminergic pathway. *Journal of Clinical Endocrinology and Metabolsm*, 1976, 42:603-606.

[36] Dunton N, et al. Effect of vitaminB-6 supplementation and exhaustive exercise on vitaminB-6 metabolism and growth hormone. Abstract. *FASEB Journal*, 1992, 6:1374A.

[37] Moretti C, et al. Pyridoxine (B6) suppresses the rise in prolactin and increases the rise in growth hormone induced by exercise. *New England Journal of Medicine*, 1982, 307(7):444-445.

[38] Dreon DM, Butterfield GE. Vitamin B-6 utilization inactive and inactive young men. *American Journal of Clinical Nutrition*, 1986, 43:816-824.

[39] Albert MJ, Mathan VI, Baker SJ. Vitamin B-12 synthesis by human small intestinal bacteria. *Nature*, 1980, 283:781-782.

[40] Ryan A. Nutritional practices in athletics abroad. *The Physician and Sports Medicine*, 1977, 5:33.

[41] U.S. Senate. *Proper and Improper Use of Drugs by Athletes.* June 18 and July 12-13 hearings. Washington, DC: U.S.Government Printing Office, 1973.

[42] Montoye HJ, et al. Effects of vitaminB-12 supplementation on physical fitness and growth of young boys. *Journal of Applied Physiology*, 1955, 7:589.

[43] Tin-May Than, et al. The effect of vitamin B-12 on physical performance capacity. *British Journal of Nutrition*, 1978, 40:269.

[44] Read M, McGuffin S. The effect of B-complex supplementation on endurance performance. *Journal of Sports Medicine and Physical Fitness*, 1983, 23:178.

[45] Sharabi A, et al. Replacement therapy for vitamin B12 deficiency: Comparison between the sublingual and oral route. *British Journal of Clinical Pharmacology*, 2003, 56(6):635-638.

[46] McNulty H. Folate requirements for health in different population groups.

[47] *British Journal of Biomedical Science*, 1995, 52:110-112.

[47] Baily LB. Folate requirements and dietary recommendations. In: Baily LB, ed. *Folate in Health and Disease.* New York: Dekker, 1995:123.

[48] Wycoff KF, Ganji V. Proportion of individuals with low serum vitamin B-12 concentrations without macrocytosis higher in the post folic acid fortification period than in the pre folic acid fortification period. *American Journal of Clinical Nutrition*, 2007, 86(4):1187-1192.

[49] Figueriredo JC, et al. Folic acid and risk of prostate cancer: Results from a randomized clinical trial. *Journal of the National Cancer Institute*, 2009, 101(6):432-435.

[50] Mason JB, et al. A temporal association between folic acid fortification and an increase in colorectal cancer rates may be illuminating important biological principles: A hypothesis. *Cancer Epidemiology, Biomarkers and Prevention*, 2007, 16(7):1325-1329.

[51] Matter M, et al. The effect of iron and folate therapy on maximal exercise performance in female marathon runners with iron and folate deficiency. *Clinical Science*, 1987, 72Z:415-420.

[52] Weight LM, et al. Vitamin and mineral status of trained athletes including the effects of supplementation. *American Journal of Clinical Nutrition*, 1988, 47:186-192.

[53] Davies MB, Austin J, Pantridge DA. Vitamin C: Its Chemistry and Biochemistry. Cambridge: Royal Society of Chemistry, 1991.

[54] Institute of Medicine. Dietary Reference Intakes for Vitamin C, Vitamin E, Selenium, and Carotenoids. *Food and Nutrition Board*. Washington DC: National Academies Press, 2000.

[55] Hickson JF, Wolinsky I, eds. *Nutrition in Exercise and Sport.* Boca Raton, FL: CRC Press, 1989:121.

[56] Bramich K, McNaughton L. The effects of two levels of ascorbic acid on muscular endurance, muscular strength, and V\od\O2max. *International Clinical Nutrition Revue*, 1987, 7:5.

[57] Schwartz PL. Ascorbic acid in wound healing: A review. *Journal of the American Dietetic Association*, 1970, 56:497.

[58] Kanter MM. Free radicals, exercise, and antioxidant supplementation. *International Journal of Sport Nutrition*, 1994, 4:205-220.

[59] Herbert V. Does mega-C do more good than harm, or more harm than good? *Nutrition Today*, 1993, Jan/Feb:28-32.

[60] Peake JM. Vitamin C: Effects of exercise and requirement swith training. *International Journal of Sport Nutrition and Exercise Metabolism*, 2003, 13:125-151.

[61] Institute of Medicine. Dietary Reference Intakes for Vitamin A, Vitamin K, Arsenic, Boron, Chromium, Copper, Iodine, Iron, Manganese, Molybdenum, Nickel, Silicon, Vanadium, and Zinc. *Food and Nutrition Board*. Washington, DC: National Academies Press, 2002.

[62] Institute of Medicine. Dietary Reference Intakes for Calcium, Phosphorus, Magnesium, Vitamin D, and Fluoride. *Food and Nutrition Board*. Washington DC: National Academies Press, 2000.

[63] Benson J, et al. Inadequate nutrition and chronic calorie restriction in adolescent ballerinas. *The Physician and Sports Medicine*, 1985, 13-79.

[64] Cohen JL, et al. A nutritional and hematological assessment of elite ballet dancers. *The Physician and Sports Medicine*, 1985, 13:43.

[65] Welsh PK, et al. Nutrition education, body composition and dietary intake of female college athletes. *The Physician and Sports Medicine*, 1987, 15:63.

[66] Nelson-Steen S, et al. Dietary intake of female collegiate heavy weight rowers. *International Journal of Sports Nutrition*, 1995, 5:225.

[67] Neuman I, Nahum H, Ben-Amotz A. Prevention of exercise-induced asthma by a natural isomer mixture of beta-carotene. *Annals of Allergy and Asthma Immunology*, 1999, 82:549-553.

[68] Khanna S, et al. Alpha-lipoic acid supplementation: Tissue glutathione homeostasis at rest and after exercise. *Journal of Applied Physiology*, 1999, 86:1191-1196.

[69] Murray R, Horsun CA II. Nutrient requirements for competitive sports. In: Ira Wolinsky, ed. *Nutrition in Exercise and Sport.*3rd ed. Boca Raton, FL: CRC Press, 1998:550.

[70] Schubert L, DeLuca HF. Hypophosphatemia is responsible for skelet al muscle weakness of vitamin D deficiency. *Archives of Biochemistry and Biophysics*, 2010, 500(2):157-161.

[71] Cannell JJ, et al. Athletic performance and vitamin D. *Medicine and Science in Sports and Exercise*, 2009, 41(5):1102-1110.

[72] Hamilton B. Vitamin D and human skelet al muscle. *Scandinavian Journal of Medicine and Science in Sports*, 2010, 20(2):182-190.

[73] Williams MH. Dietary supplements and sports performance: Minerals. *Journal of the International Society of Sports Nutrition*, 2005, 2:43-49.

[74] Williams MH. Dietary supplements and sports performance: Introduction and vitamins. *Journal of the International Society of Sports Nutrition*, 2004, 1:1-6.

[75] Barr SI, Prior JC, Vigna YM. Restrained eating and ovulatory disturbances: Possible implications for bone health. *American Journal of Clinical Nutrition*, 1994, 59:92-97.

[76] Chesnut CH. Theoretical overview: Bone development, peak bone mass, bone loss, and fracture risk. *American Journal of Medicine*, 1991, 91(suppl 5B):2-4.

[77] Heaney RP. Effect of calcium on skelet al development, bone loss, and risk of fractures. *American Journal of Medicine*,1991, (suppl 5B):23-28.

[78] Benardot D. Unpublished data from USOC research project on national-team gymnasts. Georgia State University. Laboratory for Elite Athlete Performance, 1997.

[79] Neville HE, et al. Ultra-structural and histochemical abnormalities of skeletal muscle in patients with chronic vitamin E deficiency. *Neurology*, 1983, 33:483.

[80] Miller ER III, et al. Meta-analysis: High-dosage vitamin E supplementation may increase all-cause mortality. *Annals of Internal Medicine*, 2005, 142(1):37-46.

[81] Talbot D, Jamieson J. An examination of the effect of vitamin E on the performance of highly trained swimmers. *Canadian Journal of Applied Sport Sciences*, 1977, 2:67.

[82] Bunnell RH, DeRitter E, Rubin SH. Effect of feeding polyunsaturated fatty acids with a low vitamin E diet on blood levels of tocopherol in men performing hard physical labor. *American Journal of Clinical Nutrition*, 1975, 28:706.

[83] Sharman IM, Down MG, Sen RN. The effect of vitamin E and training on physiological function and athletic performance in adolescent swimmers. *British Journal of Nutrition*, 1971, 26:265.

[84] Sharman IM, Down MB, Norgan NG. The effects of vitamin E on physiological function and athletic performance of trained swimmers. *Journal of Sports Medicine*, 1976, 16:215.

[85] Brady PS, Brady LJ, Ullrey DE. Selenium, vitamin E, and the response to swimming stress in the rat. *Journal of Nutrition*, 1979, 109:1103.

[86] Dillard CJ, et al. Effects of exercise, vitamin E, and ozone on pulmonary function and lipid peroxidation. *Journal of Applied Physiology*, 1978, 45:927.

[87] Shephard RJ, et al. Vitamin E, exercise, and the recovery from physical activity. *Journal of Applied Physiology*, 1974, 33:119-126.

[88] Bügel S. Vitamin K and bone health. *Proceedings of the Nutrition Society*, 2003, 62:839-843.

[89] Weber P. Vitamin K and bone health. *Nutrition*, 2001, 17:880-887.

[90] Feskanich D, et al. Vitamin K intake and hip fractures in women: A prospective study. *American Journal of Clinical Nutrition*, 1999, 69:74-79.

[91] Booth SL, et al. Dietary vitamin K intakes are associated with hip fracture but not with bone mineral density in elderly men and women. *American Journal of Clinical Nutrition*, 2000, 71:1201-1208.

[92] Booth SL, Pennington JA, Sadowski JA. Food sources and dietary intakes of vitamin K-1 (phylloquinone) in the American diet: Data from the FDA Total Diet Study. *Journal of the American Dietetic Association*, 1996, 96:149-154.

[93] Lukaski HC. Micronutrients (magnesium, zinc, and copper):Are mineral supplements needed for athletes? *International Journal of Sport Nutrition*, 1995, 5:74S-83S.

[94] Benardot D. Nutrition for gymnasts. In: Marshall NT, ed. *The Athlete Wellness Book*. Indianapolis, IN: USA Gymnastics, 1999:12-13.

[95] Lotz M, Zisman E, Bartter FC. Evidence for a phosphorus depletion syndrome in man. *New England Journal of Medicine*, 1968, 278:409-415.

[96] National Research Council. *Recommended Dietary Allowances*.10th ed.

[97] Washington, DC: National Academy of Sciences, 1989.

[97] Bucci L. Nutrients as Ergogenic Aids for Sports and Exercise. Boca Raton, FL: CRC Press, 1993.

[98] Keller WD, Kraut HA. Work and nutrition. *World Review of Nutrition and Dietetics*, 1959, 3:65.

[99] Cade R, et al. Effects of phosphate loading on 2,3-diphosphoglycerate and maximal oxygen uptake. *Medicine and Science in Sports and Exercise*, 1984, 12:263.

[100] Duffy DJ, Conlee RK. Effects of phosphate loading on leg power and high intensity treadmill exercise. *Medicine and Science in Sports and Exercise*, 1986, 18:674.

[101] Shils ME, et al. eds. *Modern Nutrition in Health and Disease*.8th ed. Philadelphia: Lea & Febiger, 1993:164-184.

[102] Steinacker JM, et al. Effects of long-time administration of magnesium on physical capacity. *International Journal of Sports Medicine*, 1987, 8:151.

[103] Golf SW, Bohmer D, Nowacki PE. Is magnesiuma limiting factor in competitive exercise? A summary of relevant scientific data. In: Golf S, Dralle D, Vecchiet L, eds. *Magnesium*. London: Libbey, 1993:209-220.

[104] Brilla LR, Haley TF. Effect of magnesium supplementation on strength training in humans. *Journal of the American College of Nutrition*,1992, 11:326-329.

[105] Terblanche S, et al. Failure of magnesium supplementation to influence marathon running performance or recovery. *International Journal of Sport Nutrition*, 1992, 2(2):154-164.

[106] Hickson JF, Schrader J, Trischler LC. Dietary intake of female basketball and gymnastics athletes. *Journal of the American Dietetic Association*, 1986, 251-254.

[107] Lukaski HC. Prevention and treatment of magnesium deficiency in athletes. In: Vecchiet L, ed. Carnforth. *Magnesium and Physical Activity*. UK: Parthenon, 1995:211-226.

[108] Volpe SL. Magnesium and athletic performance. *ACSM's Health & Fitness Journal*, 2008, 12(1):33-35.

[109] Table salt is 40 percent sodium and 60 percent chloride. To obtain 1.5 grams of sodium, a person would require an intake of approximately 3.8 grams of table salt.

[110] Institute of Medicine. *Dietary Reference Intakes: Electrolytes and Water.* Washington, DC: National Academies Press, 2010.

[111] Pivarnik JM. Water and electrolytes during exercise. In: Hickson JF, Wolinsky I, (Eds). *Nutrition in Exercise and Sport*. Boca Raton, FL: CRC Press, 1989:185-200.

[112] Maughan RJ (Ed). IOC Encyclopaedia of Sports Medicine: Nutrition in Sports. England, Oxford: Blackwell Science Ltd, 2000.

[113] Clarkson P. Vitamins, iron, and trace minerals. In: Lamb D, Williams M, eds. *Ergonics: Enhancement of Performance in Exercise and Sport*. Indianapolis: Benchmark Press, 1991.

[114] Shaskey DJ, Green GA. Sports haematology. *Sports Medicine*, 2000, 29(1):27-38.

[115] Selby GB, Eichner ER. Endurance swimming, intravascular hemolysis, anemia, and iron depletion. *American Journal of Medicine*, 1986, 81:791-794.

[116] Waller M, Haymes E. The effects of heat and exercise on sweat iron loss. *Medicine and Science in Sports and Exercise*, 1996, 28:197-203.

[117] Brune M, et al. Iron losses in sweat. *American Journal of Clinical Nutrition*, 1986, 43:438-443.

[118] Baska RS, et al. Gastrointestinal bleeding during an ultramarathon. *Digestive Diseases and Sciences*, 1990, 35:276-279.

[119] Balaban EP. Sports anemia. *Clinical Sports Medicine*, 1992, 11(2):313-325.

[120] Gleeson M, Nieman DC, Pedersen BK. Exercise, nutrition and immune function. *Journal of Sports Sciences*, 2004, 22(1):115-125.

[121] Cook JD, Finch CA, Smith NJ. Evaluation of the iron status of a population. *Blood*, 1976, 48:449-455.

[122] Wolinsky I, Driskell JA. *Sports Nutrition: Vitamins and Trace Elements*. Boca Raton, FL: CRC Press, 1997:148.

[123] Lampe JW, Slavin JL, Apple FS. Iron status of active women and the effect of running a marathon on bowel function and gastrointestinal blood

loss. *International Journal of Sports Medicine*, 1991, 12:173-179.

[124] Haymes EM, Spilman DM. Iron status of women distance runners, sprinters, and control women. *International Journal of Sports Medicine*, 1989, 10:430-433.

[125] Stephenson LS. Possible new developments in community control of iron-deficiency anemia. *Nutrition Reviews*, 1995, 53(2):23-30.

[126] Zoller H, Vogel W. Iron supplementation in athletes: First do no harm. *Nutrition*, 2004, 20(7/8):615-619.

[127] Zotter H, et al. Abnormally high serum ferritin levels among professional road cyclists. *British Journal of Sports Medicine*, 2004, 38(6):704-708.

[128] Gleeson M, Lancaster GI, Bishop NC. Nutritional strategies to minimize exercise-induced immunosuppression in athletes. *Canadian Journal of Applied Physiology*, 2001, 26(suppl):23S-35S.

[129] Dressendorfer RH, Sockolov R. Hypozincemia in runners. *The Physician and Sports Medicine*, 1980, 8:97-100.

[130] Haralambie G. Serum zinc in athletes during training. *International. Journal of Sports Medicine*, 1981, 2:135-138.

[131] Singh A, Deuster PA, Moser PB. Zinc and copper status of women by physical activity and menstrual status. *Journal of Sports Medicine and Physical Fitness*, 1990, 30:29-35.

[132] Krotkiewski M, et al. Zinc and muscle strength and endurance. *Acta Physiologica Scandinavica*, 1982, 116:309-311.

[133] Koury JC, et al. Zinc and copper biochemical indices of antioxidant status in elite athletes of different modalities. *International Journal of Sport Nutrition and Exercise Metabolism*, 2004, 14(3):358-372.

[134] Brun JF, et al. Serum zinc in highly trained adolescent gymnasts. *Biological Trace Element Research*, 1995, 47(1-3):273-278.

[135] Fischer PWF, Giroux A, L'Abbe MR. Effect of zinc supplementation on copper status in adult man. *American Journal of Clinical Nutrition*, 1984, 40:743-746.

[136] Hooper PL, et al. Zinc lowers high-density lipoprotein cholesterol levels. *Journal of the American Medical Association*, 1980, 244:1960-1961.

[137] Spencer H. Minerals and mineral interactions inhuman beings. *Journal of the American Dietetic Association*, 1986. 864-867.

[138] Wilborn CD, et al. Effects of zinc magnesium aspartate (ZaMA) supplementation on training adaptations and markers of anabolism and catabolism. *Journal of the International Society of Sports Nutrition*, 2004, 1(2):12-20.

[139] Zamora AJ, et al. Mitochondria changes in human muscle after prolonged exercise, endurance training, and selenium supplementation. *European Journal of Applied Physiology*, 1995, 71(6):505-511.

[140] Tessier F, et al. Selenium and training effects on the glutathione system and aerobic performance. *Medicine and Science in Sports and Exercise*, 1995, 27(3):390-396.

[141] Lukaski HC, et al. Physical training and copper, iron, and zinc status of swimmers. *American Journal of Clinical Nutrition*, 1990, 53:1093-1099.

[142] Evans GW. The effect of chromium picolinate on insulin controlled parameters in humans. *International Journal of Biosocial Research*, 1989, 11:163.

[143] Clancy SP, et al. Effects of chromium picolinate supplementation on body composition, strength, and urinary chromium loss in football players. *International Journal of Sport Nutrition*, 1994, 4:142.

[144] Hasten DL, et al. Effects of chromium picolinate on beginning weight training students. *International Journal of Sport Nutrition*, 1992, 2:343.

[145] Stearns D, et al. Chromium(III) picolinate produces chromosome damage in Chinese hamster ovary cells. *FASEB Journal*, 1995, 9:1643-1648.

3

[1] Poortmans J. Exercise and renal function. *Sports Medicine*, 1984, 1:125-153.

[2] Zambraski EJ. Renal regulation of fluid homeostasis during exercise. In: Gisolfe CV, Lamb CV, eds. *Perspectives in Exercise Science and Sports Medicine, Volume 3: Fluid Homeostasis During Exercise*. Carmel, IN: Benchmark Press, 1990:247-280.

[3] It is necessary to excrete metabolic by-products. This excretion can take place via the production of dilute or concentrated urine, depending on hydration state.

[4] Sawka MN, Latzka WA, Montain SJ. Effects of dehydration and rehydration on performance. In: Maughan RJ, ed. *Nutrition in Sport*. London: Blackwell Science, 2000:216-217.

[5] Maughan RJ. Water and electrolyte loss and replacement in exercise. In: Maughan RJ, ed. *Nutrition in Sport*. London: Blackwell Science, 2000:226.

[6] Leithead CS, Lind AR. *Heat Stress and Heat Disorders*. London: Casell, 1964.

[7] Maughan RJ. Thermoregulation and fluid balance in marathon competition at low ambient temperature. *International Journal of Sports Medicine*, 1985, 6:15-19.

[8] Costill DL. Sweating: Its composition and effects on body fluids. *Annals of the New York Academy of Sciences*, 1977, 301:160-174.

[9] Kenney WL. Body fluid and temperature regulation as a function of age. In: Lamb DR, Gisolfi CV, Nadel ER, eds. *Perspectives in Exercise Science and Sports Medicine, Volume 8: Exercise in Older Adults*. Indianapolis: Benchmark Press, 1995:305-352.

[10] Hubbard RW, Szlyk PC, Armstrong LE. Influence of thirst and fluid palatability on fluid ingestion during exercise. In: Gisolfi CV, Lamb DR, eds. *Perspectives in Exercise Science and Sports Medicine, Volume 3: Fluid Homeostasis During Exercise*. Indianapolis: Benchmark Press, 1990:39-95.

[11] Fitzsimons JT. Evolution of physiological and behavioural mechanism in vertebrate body and homeostasis. In: Ramsay DJ, Booth DA, eds. *Thirst: Physiological and Psychological Aspects*. ILSI Human Nutrition Reviews. London: Springer-Verlag, 1990:3-22.

[12] Rehrer NJ. Factors influencing fluid bioavailability. *Australian Journal of Nutrition and Dietetics*, 1996, 53(suppl4):8S-12S.

[13] Davis JM, et al. Effects of ingesting 6% and 12% glucose-electrolyte beverages during prolonged intermittent cycling in the heat. *European Journal of Applied Physiology*, 1988, 57:563-569.

[14] Rehrer JN, et al. Exercise and training effects on gastric emptying of carbohydrate beverages. *Medicine and Science in Sports and Exercise*, 1989, 21:540-549.

[15] American College of Sports Medicine. Position paper: Nutrition and athletic performance. *Medicine and Science in Sports and Exercise*, 2009, 41(3):709-731.

[16] Rehrer JN, et al. The influence of beverage composition and gastrointestinal function on fluid and nutrient availability during exercise. *Scandinavian Journal of Medicine and Science in Sports*, 1994, 4:159-172.

[17] Noakes TD, Rehrer NJ, Maughan RJ. The importance of volume in regulating gastric emptying. *Medicine and Science in Sports and Exercise*, 1991, 23:307-313.

[18] Sun WM, et al. Effect of meal temperature on gastric emptying of liquids in man. *Gut*, 1988, 29:302-305.

[19] Costill DL, Saltin B. Factors limiting gastric emptying. *Journal of Applied Physiology*, 1974, 37:679-683.

[20] Ryan AJ, Navarne AE, Gisolfi CV. Consumption of carbonated and non-carbonated sports drinks during prolonged treadmill exercise in the heat. *International Journal of Sport Nutrition*, 1991, 1:225-239.

[21] Lambert GP, et al. Effects of carbonated and noncarbonated beverages at specific intervals during treadmill running in the heat. *International Journal of Sport Nutrition*, 1993, 3:177-193.

[22] Wolf S. The psyche and the stomach. *Gastroenterology*, 1981, 80:605-614.

[23] Bar-Or O. Children's responses to exercise in hot climates: Implications for performance and health. *GSSI Sports Science Exchange*, 1994, 7(2):1-4.

[24] Gisolfi CV, Summers R, Schedl H. Intestinal absorption of fluids during rest and exercise. In: Gisolfi CV and Lamb DR, eds. *Perspectives in Exercise Science and Sports Medicine, Volume 3: Fluid Homeostasis During Exercise*. Carmel, IN: Benchmark Press, 1990:39-95.

[25] Maughan RJ, Noakes TD. Fluid replacement and exercise stress: A brief review of studies on fluid replacement and some guidelines for the athlete. *Sports Medicine*, 1991, 12:16-31.

[26] Kenney WL. Heat flux and storage in hot environments. *International Journal of Sports Medicine*, 1998, 19:92S-95S.

[27] Kenefick R, et al. Hypohydration adversely affects lactate threshold in endurance athletes. *Journal of Strength and Conditioning Research*, 2002, 16:38-43.

[28] Naghii M. The significance of water in sport and weight control. *Nutrition and Health*, 2000, 14:127-132.

[29] Bergeron M. Averting muscle cramps. *The Physician and Sportsmedicine*, 2002, 30(11):14.

[30] Bergeron M. Sodium: The forgotten nutrient. *GSSI Sports Science Exchange*, 2000, 13(3):1-4.

[31] Wharam PC, et al. NSAID use increases the risk of developing hyponatremia during an Ironman triathlon. *Medicine and Science in Sports and Exercise*, 2006, 38(4):618-622.

[32] Craig S. Hyponatremia in emergency medicine. eMedicine Journal, 2005[2005-01-20]. http://www.emedicine.com/EMERG/topic275.htm.

[33] Bergeron MF. Exertional heat cramps: Recovery and return to play. *Journal of Sport Rehabilitation*, 2007, 16:190-196.

[34] USA Track & Field is the national governing body (NGB) for the following events: track and field, long-distance running, and race walking.

[35] Noakes T. The hyponatremia of exercise. *International Journal of Sport Nutrition*, 1992, 2:205-228.

[36] Gisolfi C. Fluid balance for optimal performance. *Nutrition Revue*, 1996, 54:159S-168S.

[37] Rehrer N. Fluid and electrolyte balance in ultra-endurance sport. *Sports Medicine*, 2001, 31:701-715.

[38] Speedy D, Noakes TD, Schneider C. Exercise-associated hyponatremia: A review. *Emergency Medicine*, 2001, 13:17-27.

[39] Mayo Clinic staff. Low blood sodium in endurance athletes. MayoClinic.com, 2003[2003-01-28]. http://www.mayoclinic.com.

[40] Hargreaves M. Physiological benefits of fluid and energy replacement during exercise. *Australian Journal of Nutrition and Dietetics*, 1996, 53(suppl 4):3S-7S.

[41] Burke LM. Rehydration strategies before and after exercise. *Australian Journal of Nutrition and Dietetics*, 1996, 53(suppl 4):22S-26S.

[42] Nadel ER, Mack GW, Nose H. Influence of fluid replacement beverages on body fluid homeostasis during exercise and recovery. In: Gisolfi CV, Lamb DR, eds. *Perspectives in Exercise Science and Sports Medicine, Volume 3: Fluid Homeostasis During Exercise*. Carmel, IN: Benchmark Press, 1990:181-205.

[43] Kristal-Boneh E, et al. Physical performance and heat tolerance after chronic water loading and heat acclimation. *Aviation, Space and Environmental Medicine*, 1995, 66:733-738.

[44] Sawka MN, Montain SJ, Lazka WA. Body fluid balance during exercise: Heat exposure. In: Buskirk ER, Puhl SM, eds. *Body Fluid Balance: Exercise and Sport*. Boca Raton, FL: CRC Press, 1996 143-161.

[45] Lyons TP, et al. Effects of glycerol-induced hyperhydration prior to exercise in the heat on sweating and core temperatures. *Medicine and Science in Sports and Exercise*, 1990, 22:477-483.

[46] Montner F, et al. Pre-exercise glycerol hydration improves cycling endurance time. *International Journal of Sports Medicine*, 1996, 17:27-33.

[47] Shirreffs SM, Armstrong LE, Cheuvront SN. Fluid and electrolyte needs for preparation and recovery from training and competition. *Journal of Sports Sciences*, 2004, 22(1):57-63.

[48] Lyle DM, et al. Heat exhaustion in the *Sun Herald* City to Surf Fun Run. *Medical Journal of Australia*, 1994, 161:361-365.

[49] McConnell G, et al. Ingested fluid volume and physiological responses during prolonged exercise in a mild environment. Abstract. *Medicine and Science in Sports and Exercise*, 1995, 27:19S.

[50] Walsh RM, et al. Impaired high-intensity cycling performance time at low levels of dehydration. *International Journal of Sports Medicine*, 1994, 15:392-398.

[51] Maughan RJ, Fenn CE, Leiper JB. Effects of fluid, electrolyte and substrate ingestion on endurance capacity. *European Journal of Applied Physiology*, 1989, 58:481-486.

[52] Mitchell JB, et al. Influence of carbohydrate dosage on exercise performance and glycogen metabolism. *Journal of Applied Physiology*, 1989, 67:1843-1849.

[53] Tsintzas OK, et al. The effect of carbohydrate ingestion on performance during a 30-km race. *International Journal of Sport Nutrition*, 1993, 3:127-139.

[54] Coggan AR, Coyle EF. Reversal of fatigue during prolonged exercise by carbohydrate infusion or ingestion. *Journal of Applied Physiology*, 1987, 63:2388-2395.

[55] Coyle EF, et al. Carbohydrate feeding during prolonged strenuous exercise can delay fatigue. *Journal of Applied Physiology*, 1983, 55:230-235.

[56] Coyle EF, et al. Muscle glycogen utilization during prolonged, strenuous exercise when fed carbohydrate. *Journal of Applied Physiology*, 1986, 61:165-172.

[57] Tsintzas OK, et al. Carbohydrate ingestion and glycogen utilization in different muscle fibre types in man. *Journal of Physiology*, 1995, 489:243-250.

[58] Hargreaves M, et al. Effect of carbohydrate feedings on muscle glycogen utilization and exercise performance. *Medicine and Science in Sports and Exercise*, 1984, 16:219-222.

[59] Yaspelkis BB, et al. Carbohydrate supplementation spares muscle glycogen during variable-intensity exercise. *Journal of Applied Physiology*, 1993, 75:1477-1485.

[60] Below PR, et al. Fluid and carbohydrate ingestion independently improve performance during 1 h of intense exercise. *Medicine and Science in Sports and Exercise*, 1995, 27:200-210.

[61] Nicholas CW, et al. Influence of ingesting a carbohydrate-electrolyte solution on endurance capacity during intermittent, high intensity shuttle running. *Journal of Sports Sciences*, 1995, 13:283-290.

[62] Simard C, Tremblay A, Jobin M. Effects of carbohydrate intake before and during an ice hockey match on blood and muscle energy substrates. *Research Quarterly for Exercise and Sport*, 1988, 59:144-147.

[63] Coyle EF, et al. Muscle glycogen utilization during prolonged, strenuous exercise when fed carbohydrate. *Journal of Applied Physiology*, 1986, 61:165-172.

[64] Murray R, et al. The effects of glucose, fructose, and sucrose ingestion during exercise. *Medicine and Science in Sports and Exercise*, 1989, 21:275-282.

[65] Owen MD, et al. Effects of ingesting carbohydrate beverages during exercise in the heat. *Medicine and Science in Sports and Exercise*, 1986, 18:568-575.

[66] Murray R, et al. The effects of glucose, fructose, and sucrose ingestion during exercise. *Medicine and Science in Sports and Exercise*, 1989, 21:275-282.

[67] Bjorkman O, et al. Influence of glucose and fructose ingestion on the capacity for long term exercise in well-trained men. *Clinical Physiology*, 1984, 4:483-494.

[68] Mason WL, McConell GK, Hargreaves M. Carbohydrate ingestion during exercise: Liquid vs. solid feedings. *Medicine and Science in Sports and Exercise*, 1993, 25:966-969.

[69] A 1 percent carbohydrate solution is 1 gram of carbohydrate per 100 milliliters of water. One liter of water is 1,000 milliliters, so consumption of 1 liter of a 6 percent carbohydrate solution will provide 240 calories from carbohydrate (6\x\4 kilocalories per gram\x\10).

[70] Coggan AR, Coyle EF. Reversal of fatigue during prolonged exercise by carbohydrate infusion or ingestion. *Journal of Applied Physiology*, 1987, 63:2388-2395.

[71] Coyle EF, Montain SJ. Benefits of fluid replacement with carbohydrate during exercise. *Medicine and Science in Sports and Exercise*, 1992, 24(suppl):324S-330S.

[72] Wagenmakers AJM, et al. Oxidation rates of orally ingested carbohydrates during prolonged exercise in men. *Journal of Applied Physiology*, 1993, 75:2774-2780.

[73] Broad EM, et al. Body weight changes and voluntary fluid intakes during training and competition sessions in team sports. *International Journal of Sport Nutrition*, 1996, 6:307-320.

[74] Noakes TD, et al. The danger of inadequate water intake during prolonged exercise. *European Journal of Applied Physiology*, 1988, 57:210-219.

[75] Rothstein A, Adolph EF, Wills JH. Voluntary dehydration. In: Adolph EF, ed. *Physiology of Man in the Desert*. New York: Interscience, 1947:254-270.

[76] Carter JE, Gisolfi CV. Fluid replacement during and after exercise in the heat. *Medicine and Science in Sports and Exercise*, 1989, 21:532-539.

[77] Gonzalez-Alonso J, Heaps CL, Coyle EF. Rehydration after exercise with common beverages and water. *International Journal of Sports Medicine*, 1992, 13:399-406.

[78] Maughan RJ, Leiper JB. Sodium intake and post-exercise rehydration in man. *European Journal of Applied Physiology*, 1995, 71:311-319.

[79] Maughan RJ, Leiper JB, Shirreffs SM. Restoration of fluid balance after exercise-induced dehydration: Effects of food and fluid intake. *European Journal of Applied Physiology*, 1996, 73:317-325.

[80] Osmolarity is largely determined by the number of molecules contained in a given volume of fluid. The size of the molecules does not have an impact on osmolarity, just the number of molecules. A polymer contains many carbohydrate units in a single molecule, thereby giving it a lower osmolar impact than the same number of carbohydrate units dispersed in the solution individually.

[81] Triplett D, et al. An isocaloric glucose-fructose beverage's effect on simulated 100-kmcycling performance compared with a glucose-only beverage. *International Journal of Sport Nutrition and Exercise Metabolism*, 2010, 20:122-131.

[82] Pfeiffer B, et al. Carbohydrate oxidation from a carbohydrate gel compared to a drink during exercise. *Medicine and Science in Sports and Exercise*, 2011, 43(2): 327-334.

[83] Peake J, et al. Carbohydrate gel ingestion and immunoendocrine responses to cycling in temperate and hot conditions. *International Journal of Sport Nutrition and Exercise Metabolism*, 2008, 18:229-246.

4

[1] Greenhaff PL, et al. Influence of oral creatine supplementation of muscle torque during repeated bouts of maximal voluntary exercise in man. *Clinical Science*, 1993, 84:565-571.

[2] Harris RC, Soderlund K, Hultman E. Elevation of creatine in resting and exercised muscle of normal subjects by creatine supplementation. *Clinical Science*, 1992, 83:367-374.

[3] Maughan RJ. Creatine supplementation and exercise performance. *International Journal of Sport Nutrition*, 1995, 5:94-101.

[4] Campbell WW. Synergistic use of higher-protein diets or nutritional supplements with resistance training to counter sarcopenia. *Nutrition Reviews*, 2007, 65(9):416-422.

[5] Paddon-Jones D, et al. Essential amino acid and carbohydrate supplementation ameliorates muscle protein loss in humans during 28 days bed rest. *Journal of Clinical Endocrinology and Metabolism*, 2004, 89:4351-4358.

[6] Butterfield G, Cady C, Moynihan S. Effect of increasing protein intake on nitrogen balance in recreational weightlifters. *Medicine and Science in Sports and Exercise*, 1992, 24:71S.

[7] Maughan RJ, Depiesse F, Geyer H. The use of dietary supplements by athletes. *Journal of Sports Sciences*, 2007, 25(1):103S-113S.

[8] Ahrendt DM. Ergogenic aids: Counseling the athlete. *American Family Physician*, 2001, 63(5):913-922.

[9] Gurley BJ, et al. Ephedrine pharmacokinetics after the ingestion of nutritional supplements containing ephedra sinica (ma huang). *Therapeutic Drug Monitoring*, 1998, 20:439-445.

[10] Watson S. How to evaluate vitamins and supplements. WebMD Medical Reference, 2011[2005-05-01]. http://WebMD.com.

[11] Maughan RJ. Dietary supplements: Contamination may cause failed drug tests. GSSI Hot Topic, 2001.

[12] Nagle FJ, Bassett DR. Energy metabolism. In: Hickson JF, Wolinsky I, eds. *Nutrition in Exercise and Sport*. Boca Raton, FL: CRC Press, 1989:87-106.

[13] Costill DL, Hargreaves M. Carbohydrate nutrition and fatigue. *Sports Medicine*, 1992, 13(2):86.

[14] Valeriani A. The need for carbohydrate intake during endurance exercise. *Sports Medicine*, 1991, 12(6):349.

[15] Tarnopolsky MA, et al. Carbohydrate loading and metabolism during exercise in men and women. *Journal of Applied Physiology*, 1995, 78:1360-1368.

[16] Coyle EF. Effects of glucose polymer feedings on fatigability and the metabolic response to prolonged strenuous exercise. In: Fox EL, ed. *Ross Symposium on Nutrient Utilization During Exercise*. Columbus, OH: Ross Laboratories, 1983:4-11.

[17] Berning JR, et al. The effects of a high carbohydrate pre-exercise meal on the consumption of confectioneries of different glycemicindices. *Medicine and Science in Sports and Exercise*, 1993, 25(5):125S.

[18] Anantaraman R, et al. The effects of carbohydrate supplementation on maximal effort endurance performance. *Medicine and Science in Sports and Exercise*, 1994, 26(5):34S.

[19] Coyle EF. Timing and method of increased carbohydrate intake to cope with heavy training, competition and recovery. *Journal of Sports Sciences*, 1991, 9:18-37.

[20] Roy BD, et al. The effect of oral glucose supplements on muscle protein synthesis following resistance training. *Medicine and Science in Sports and Exercise*, 1996, 28(5):769S.

[21] Branch JD, Schwarz WD, Van Lunen B. Effect of creatine supplementation on cycle ergometer exercise in a hyperthermic environment. *Journal of Strength and Conditioning Research*, 2007, 21(1):57-61.

[22] Watson G, et al. Creatine use and exercise heat tolerance in dehydrated men. *Journal of Athletic Training*, 2006, 41(1):18-29.

[23] Greenhaff PL. Creatine and its application as an ergogenicaid. *International Journal of Sport Nutrition*, 1995, 5:100S-110S.

[24] Greenhaff PL, et al. Influence of oral creatine supplementation on muscle torque during repeated bouts of maximal voluntary exercise in man. *Clinical Science*, 1993, 84:565-571.

[25] Tarnopolsky MA. Caffeine and creatine use in sport. *Annals of Nutrition and Metabolism*, 2010, 57(suppl 2):1S-8S.

[26] Becque MD, Lochmann JD, Melrose DR. Effects of oral creatine supplementation on muscular strength and body composition. *Medicine and Science in Sports and Exercise*, 2000, 32:654-658.

[27] Volek JS, Rawson ES. Scientific basis and practical aspects of creatine supplementation for athletes. *Nutrition*, 2004, 20:609-614.

[28] Engelhardt M, et al. Creatine supplementation in endurance sports. *Medicine and Science in Sports and Exercise*, 1998, 30(7):1123-1129.

[29] Kozak CJ, et al. The effect of creatine monohydrate supplementation on anaerobic power and anaerobic endurance in elite female gymnasts. Master's thesis, Georgia State University, 1996.

[30] Koenig C, et al. The influence of creatine monohydrate and carbohydrate supplements on repeated jump height. *Medicine and Science in Sports and Exercise*, 2004, 36(5):347S.

[31] Koenig CA, et al. Comparison of creatine monohydrate and carbohydrate supplementation on repeated jump height performance. *Journal of Strength and Conditioning Research*, 2008, 22(4):1081-1086.

[32] Harris RC, Soderlund K, Hultman E. Elevation of creatine in resting and exercised muscle of normal subjects by creatine supplementation. *Clinical Science*, 1992, 83:367-374.

[33] Walker JB. Creatine biosynthesis, regulation, and function. *Advanced Enzymology*, 1979, 50:117-142.

[34] Roberts RA. Glycerol hyperhydration to beat the heat? *Sportscience Training and Technology*, 1988, January.

[35] Montner P, et al. Pre-exercise glycerol hydration improves cycling endurance time. *International Journal of Sports Medicine*, 1996, 17:27-33.

[36] Montgomery DL, Beaudin PA. Blood lactate and heart rate response of young females during gymnastic routines. *Journal of Sports Medicine*, 1982, 22:358-365.

[37] Hyland PJ, MacConnie SE, Meigs RA. The effect of sodium bicarbonate ingestion on work output during a 2,000 meter rowing ergometer time trial. *Medicine and Science in Sports and Exercise*, 1993, 25(5):1085S.

[38] Webster MJ, et al. Effect of sodium bicarbonate ingestion on exhaustive resistance exercise performance. *Medicine and Science in Sports and Exercise*, 1993, 25(5):1086S.

[39] Avedisian L, et al. The effect of selected buffering agents on performance in the competitive1600 meter run. *Medicine and Science in Sports and Exercise*, 1995, 27(5):133S.

[40] Butterfield G, Cady C, Moynihan S. Effect of increasing protein intake on nitrogen balance in recreational weightlifters. *Medicine and Science in Sports and Exercise*, 1992, 24:71S.

[41] Tarnopolsky MA, MacDougall JD, Atkinson SA. Influence of protein intake and training status on nitrogen balance and lean body mass. *Journal of Applied Physiology*, 1988, 64(1):187-193.

[42] Spriet LL. Caffeine and performance. *International Journal of Sport Nutrition*, 1995, 5:84S-99S.

[43] Bucci L. Nutrients as Ergogenic Aids for Sports and Exercise. Boca Raton, FL: CRC Press, 1993.

[44] Ganio MS, et al. Effect of caffeine on sport-specific endurance performance: A systematic review. *Journal of Strength and Conditioning Research*, 2009, 23(1):315-324.

[45] Cox GR, et al. Effect of different protocols of caffeine intake on metabolism and endurance performance. *Journal of Applied Physiology*, 2002, 93:990-999.

[46] Graham TE, Spriet LL. Performance and metabolic responses to a high caffeine dose during prolonged exercise. *Journal of Applied Physiology*, 1991, 71:2292-2298.

[47] Silver MD. Use of ergogenic aids by athletes. *Journal of the American Academy of Orthopaedic Surgeons*, 2001, 9(1):61-70.

[48] Kalmar JM, Cafarelli E. Effects of caffeine on neuromuscular function. *Journal of Applied Physiology*, 1999, 87:801-808.

[49] Graham TE, et al. Does caffeine alter muscle carbohydrate and fat metabolism during exercise? *Applied Physiology and Nutrition Metabolism*, 2008, 33:1311-1318.

[50] Tarnopolsky MA. Caffeine and endurance performance. *Sports medicine*, 1994, 18:109-125.

[51] Jackman M, et al. Metabolic catecholamine, and endurance responses to caffeine during intense exercise. *Journal of Applied Physiology*, 1996, 81:1658-1663.

[52] Armstrong LE, et al. Caffeine, fluid-electrolyte balance, temperature regulation, and exercise-heat tolerance. *Exercise and Sport Sciences Reviews*, 2007, 35(3):135-140.

[53] Paluska SA. Caffeine and exercise. *Current Sports Medicine Reports*, 2003, 2(4):213-219.

[54] Kanter MM, Williams MH. Antioxidants, carnitine, and choline as putative ergogenic aids. *International Journal of Sport Nutrition*, 1995, 5:120S-131S.

[55] Clarkson PM. Nutrition for improved sports performance: Current issues on ergogenic aids. *Sports Medicine*, 1996, 21:393-401.

[56] Juhnson WA, Landry GL. Nutritional supplements: Fact vs. fiction. *Adolescent Medicine*, 1998, 9:501-513.

[57] Oostenbrug GS, et al. Exercise performance, red blood cell deformability, and lipid peroxidation: Effects of fish oil and vitamin E. *Journal of Applied Physiology*, 1997, 83(3):746-752.

[58] Raastad T, Hostmark AT, Stromme SB. Omega-3 fatty acid supplementation does not improve maximal aerobic power, anaerobic threshold and running performance in well trained soccer players. *Scandinavian Journal of Medicine and Science in Sports*, 1997, 7:25-31.

[59] Tartibian B, Maleki BH, Abbasi A. The effects of ingestion of omega-3 fatty acids on perceived pain and external symptoms of delayed onset muscle soreness in untrained men. *Clinical Journal of Sport Medicine*, 2009, 19(2):115-119.

[60] Babayan VK. Medium-chain triglycerides: Their composition, preparation, and application. *Journal of the American Oil Chemists' Society*, 1967, 45:23.

[61] Bach AS, Babayan VK. Medium-chain triglycerides: An update. *American Journal of Clinical Nutrition*, 1982, 36:950.

[62] Misell LM, et al. Chronic medium-chain triacylglycerol consumption and endurance performance in trained runners. *Journal of Sports Medicine and Physical Fitness*, 2001, 41(2):210-215.

[63] Horowitz JF, et al. Preexercise medium-chain triglyceride ingestion does not alter muscle glycogen use during exercise. *Journal of Applied Physiology*, 2000, 88(1):219-225.

[64] Goedecke JH, et al. Effects of medium-chain triacylglycerol ingested with carbohydrate on metabolism and exercise performance. *International Journal of Sport Nutrition*, 1999, 9(1):35-47.

[65] Avakian EV, Sugimoto BR. Effect of Panax ginseng extract on blood energy substrates during exercise. *Federal Proceedings*, 1980, 39:287.

[66] Morris AC, et al. Noergogenic effect of ginseng extract ingestion. *Medicine and Science in Sports and Exercise*, 1994, 26(5):35S.

[67] Egert S, et al. Daily quercetin supplementation dose-dependently increases plasma quercetin concentrations in healthy humans. *Journal of Nutrition*, 2008, 138:1615-1621.

[68] Jin F, et al. The variable plasma quercetin response to 12-weekquercetin supplementation in humans. *European Journal of Clinical Nutrition*, 2010, 64:692-697.

[69] Davis JM, et al. The dietary flavonoid quercetin increases VO₂max and endurance capacity. *International Journal of Sport Nutrition and Exercise Metabolism*, 2010, 20:56-62.

[70] Davis JM, et al. Quercetin increases brain and muscle mitochondrial biogenesis and exercise tolerance. *American Journal of Physiology: Regulatory, Integrative and Comparative Physiology*, 2009, 65:1071R-1077R.

[71] MacRae HSH, Mefferd KM. Dietary antioxidant supplementation combined with quercetin improves cycling time trial performance. *International Journal of Sport Nutrition and Exercise Metabolism*, 2006, 16(4):405-419.

[72] Quindry JC, et al. Oral quercetin supplementation and blood oxidative capacity in response to ultra marathon competition. *International Journal of Sport Nutrition and Exercise Metabolism*, 2008, 18:601-616.

[73] Wade N. Red wine ingredient increases endurance, study shows. New York Times, 2006[2005-11-17]. http://NYTimes.com.

[74] Lagouge M, et al. Resveratrol improves mitochondrial function and protects against metabolic disease by activating SIRT1 and PGC-1a. *Cell*, 2006, 127(6):1109-1122.

[75] Baur JA, Sinclair DA. Therapeutic potential of resveratrol: The in vivo evidence. *Nature Reviews: Journal of Drug Discovery*, 2006, 5(6):493-506.

[76] Wallerath T, et al. Resveratrol, a polyphenolic phytoalexin present in red wine, enhances expression and activity of endothelial nitroc oxide synthase. *Circulation*, 2002, 106(13):1652-1658.

[77] Stervbo U, Vang O, Bonnesen C. A review of the content of the putative chemopreventive phytoalexin resveratrol in red wine. *Food Chemistry*, 2007, 101(2):449-457.

[78] Farina A, Ferranti C, Marra C. An improved synthesis of resveratrol. *Natural Product Research*, 2006, 20(3):247-252.

[79] Trantas E, Panopoulos N, Ververidis F. Metabolic engineering of the complete pathway leading to heterologous biosynthesis of various flavonoids and stilbenoids in Saccharomyces cerevisiae. *Metabolic Engineering*, 2009, 11(6):355-366.

[80] Pervaiz S. Resveratrol: From grapevines to mammalian biology. *FASEB Journal*, 2003, 17:1975-1985.

[81] Elmali N, et al. Effects of resveratrol in inflammatory arthritis. *Inflammation*, 2007, 30(1/2):1-6.

[82] Utter AC, et al. Quercetin does not affect rating of perceived exertion in athletes during the Western States Endurance Run. *Research in Sports Medicine*, 2009, 17:71-83.

[83] Dumke CL, et al. Quercetin's effect on cycling efficiency and substrate utilization. *Applied Physiology, Nutrition and Metabolism*, 2009, 34:993-1000.

[84] WADA. World Anti-Doping Code, 2010[2011-08-06]. http://www.wada-ama.org.

5

[1] Shi X, et al. Gastric emptying of cold beverages in humans: Effect of transportable carbohydrates. *International Journal of Sport Nutrition and Exercise Metabolism*, 2000, 10:394-403.

[2] Maughan RJ, Leiper JB. Limitations to fluid replacement during exercise. *Canadian Journal of Applied Physiology*, 1999, 24(2):173-187.

[3] Gorham ED, et al. Optimal vitamin D status for colorectal cancer prevention: A quantitative meta analysis. *American Journal of Preventive Medicine*, 2007, 2(3):210-216.

[4] Fasano A, et al. Prevalence of celiac disease in at-risk and not-at-risk groups in the United States. *Archives of Internal Medicine*, 2003, 163(3):268-292.

[5] Van der Windt D, et al. Diagnostic testing for celiac disease among patients with abdominal symptoms. *Journal of the American Medical Association*, 2010, 203(17);1738-1746.

[6] Rothstein M. Running over medical obstacles. *The Journal Gazette*, 2008.

[7] Leone JE, et al. Celiac disease symptoms in a female collegiate tennis player: A case report. *Journal of Athletic Training*, 2005, 40(4):365-369.

[8] Eberman LE, Cleary MA. Celiac disease in an elite female collegiate volleyball athlete: A case report. *Journal of AthleticTraining*, 2005, 40(4):360-364.

[9] Lomer MCE, Parkes GC, Sanderson JD. Review article: Lactose intolerance in clinical practice—Myths and realities. *Alimentary Pharmacology and Therapeutics*, 2008, 27:93-103.

[10] Mathews SB, et al. Systemic lactose intolerance: A new perspective on an old problem. *Postgraduate Medicine Journal*, 2005, 81:167-173.

[11] Wells RW, Blennerhassett MG. The increasing prevalence of Crohn's disease in industrialized societies: The price of progress? *Canadian Journal of Gastroenterology*, 2005, 19(2):89-95.

[12] Nayar M, Rhodes JM. Management of inflammatory bowel disease. *Postgraduate Medical Journal*, 2004, 80(942):206-213.

[13] Ikeuchi H, et al. Efficacy of nutritional therapy for perforating and non-perforating Crohn's disease. *Hepato gastroenterology*, 2004, 51(58):1050-1052.

[14] Faloon WW, et al. Effect of neomycin and kanamycin upon intestinal absorption. *Annals of the New York Academy of Sciences*, 1966, 132(2):879-887.

[15] Mahan LK, Escott-Stump S, eds. Krause's Food, Nutrition, and Diet Therapy. Philadelphia: Saunders, 2000:403.

[16] Faucheron JL, Parc R. Non-steroidal anti-inflammatory drug induced colitis. *International Journal of Colorectal Disease*, 1996, 11:99.

[17] Haber P. Magnesium update. *Acta Medica Austriaca*, 2004, 31(2):37-39.

[18] El-Sayed MS, Ali N, El-Sayed Ali Z. Interaction between alcohol and exercise: Physiological and haematological implications. *Sports Medicine*, 2005, 35(3):257-269.

[19] Leo A and Lieber CS. Review article: Alcohol, vitamin A, and beta-carotene: Adverse interactions, including hepatotoxicity and carcinogenicity. *American Journal of Clinical Nutrition*, 1999, 69(6):1071-1085.

[20] Peretti-Watel P, et al. Sporting activity and drug use: Alcohol, cigarette and cannabis use among elite student athletes. *Addiction*, 2003, 98(9):1249-1256.

[21] Miller KE, et al. Jocks, gender, race, and adolescent problem drinking. *Journal of Drug Education*, 2003, 33(4):445-462.

[22] Lorente FO, et al. Participation in sports and alcohol consumption among French adolescents. *Addictive Behaviors*, 2004, 29(5):941-946.

[23] Keefe EB, et al. Gastrointestinal symptoms of marathon runners. *West Journal of Medicine*, 1984, 141:481-484.

[24] Wilhite J, Mellion MB. Occult gastrointestinal bleeding in endurance cyclists. *Physician and Sportsmedicine*, 1990, 18(8):75-78.

[25] Strauss RH, Lanese RR, Leizman DJ. Illness and absence among wrestlers, swimmers, and gymnasts at a large university. *American Journal of Sports Medicine*, 1988, 16:653-655.

[26] McCabe ME 3d, et al. Gastrointestinal blood loss associated with running a marathon. *Digestive Disease Science*, 1986, 31:1229-1232.

[27] Butcher JD. Runner's diarrhea and other intestinal problems of athletes. *American Family Physician*, 1993, Sept:623-627.

[28] Mündel T, Jones DA. The effects of swilling an L(--)-menthol solution during exercise in the heat. *European Journal of Applied Physiology*, 2010, 109:59-65.

[29] Ho GWK. Lower gastrointestinal distress in endurance athletes. *Current Sports Medicine Reports*, 2009, 8(2):85-91

6

[1] Ziegler PJ, et al. Contribution of meals and snacks to nutrient intake of male and female elite figure skaters during peak competitive season. *Journal of the American College of Nutrition*, 2002, 21(2):115-119.

[2] Burke LM. Energy needs of athletes. *Canadian Journal of Applied Physiology*, 2001, 26(suppl):202S-219S.

[3] Hubbard RW, Szlyk PC, Armstrong LE. Influence of thirst and fluid palatability on fluid ingestion during exercise. In: Gisolfi CV, Lamb DR, eds.

Perspectives in Exercise Science and Sports Medicine, Volume 3: Fluid Homeostasis During Exercise. Carmel, IN: Benchmark Press, 1990:39-95.

[4] Hawley JA, Burke LM. Meal frequency and physical performance. *British Journal of Nutrition*, 1997, 77:91S-103S.

[5] Deutz B, et al. Relationship between energy deficits and body composition in elite female gymnasts and runners. *Medicine and Science in Sports and Exercise*, 2000, 32(3):659-668.

[6] Iwao S, Mori K, Sato Y. Effects of meal frequency on body composition during weight control in boxers. *Scandinavian Journal of Medicine and Science in Sports*, 1996, 6(5):265-272.

[7] Dulloo AG, Girardier C. Adaptive changes in energy expenditure during refeeding following low-calorie intake: Evidence for a specific metabolic component favoring fat storage. *American Journal of Clinical Nutrition*, 1990, 52:415-420.

[8] Saltzman E, Roberts SB. The role of energy expenditure in regulation: Findings from a decade of research. *Nutrition Reviews*, 1995, 53(8):209-220.

[9] Benardot D, Thompson WR. Energy: The importance of getting enough and getting it on time. *ACSM's Health and Fitness Journal*, 1999, 3(4):14-18.

[10] Heshka S, et al. Weight loss and change in resting metabolic rate. *American Journal of Clinical Nutrition*, 1990, 52:981-986.

[11] Bishop NC, et al. Nutritional aspects of immunosuppression in athletes. *Sports Medicine*, 1999, 3:151-176.

[12] Nieman DC, Johansen LM, Lee JW. Infectious episodes in runners before and after the Los Angeles Marathon. *Journal of Sports Medicine and Physical Fitness*, 1990, 30:316-328.

[13] Chandra RK. Nutrition and the immune system: An introduction. *American Journal of Clinical Nutrition*, 1997, 66:460S-463S.

[14] Richter EA, et al. Immune parameters in male athletes after a lacto-ovo vegetarian diet and a mixed Western diet. *Medicine and Science in Sports and Exercise*, 1991, 23(5):517-521.

[15] Coggan AR. Plasma glucose metabolism during exercise in humans. *Sports Medicine*, 1991, 11(2):102-124.

[16] Gleeson M, Bishop NC. Elite athlete immunology: Importance of nutrition. *International Journal of Sports Medicine*, 2000, 21(suppl 1):44S-50S.

[17] Cunningham-Rundles S, McNeeley DF, Moon A. Mechanisms of nutrient modulation of the immune response. *Journal of Allergy and Clinical Immunology*, 2005, 115:1119-1128.

[18] Costa RJS, et al. *International Journal of Sport Nutrition and Exercise Metabolism*, 2009, 19(4):366-484.

[19] Burke L. Fasting and recovery from exercise. *British Journal of Sports Medicine*, 2010, 44:502-508.

[20] Walsh NP, et al. Position statement. Part two: Maintaining immune health. *Exercise Immunology Review*, 2011, 17:64-103.

[21] Symons T, et al. A moderate serving of high-quality protein maximally stimulates protein synthesis in young and elderly subjects. *Journal of the American Dietetic Association*, 2009, 109:1582-1586.

[22] Benardot D. Timing of energy and fluid intake: New concepts for weight control and hydration. *American College of Sports Medicine Health and Fitness Journal*, 2007, 11:13-19.

[23] Farshchi HR, Taylor M, MacDonald I. Decreased thermic effect of food after an irregular compared with a regular meal pattern in healthy lean women. *International Journal of Obesity*, 2004, 28:653-660.

[24] LeBlanc J, Diamond P. Effect of meal size and frequency on postprandial thermogenesis in dogs. *American Physiological Society*, 1986, 250:144-147.

[25] Hawley JA, Burke LM. Meal frequency and physical performance. *British Journal of Nutrition*, 1997, 77:91S-103S.

[26] Jenkins DJA, et al. Nibbling versus gorging: Metabolic advantages of increased meal frequency. *New England Journal of Medicine*, 1989, 321(14):929-934.

[27] Metzner HL, et al. The relationship between frequency of eating and adiposity in adult men and women in the Tecumseh Community Health Study. *American Journal of Clinical Nutrition*, 1977, 30:712-715.

[28] Steen SN, Oppliger RA, Brownell KD. Metabolic effects of repeated weight loss and regain in adolescent wrestlers. *Journal of the American Medical Association*, 1988, 260(1):47-50.

[29] Benardot D, et al. Between-meal energy intake effects on body composi-

tion, performance, and total caloric consumption in athletes. *Medicine and Science in Sports and Exercise*, 2005, 37(5):339S.

[30]deCastro JM. Genetic influences on daily intake and meal patterns of humans. *Physiology and Behavior*, 1993, 53(4):777-782.

[31] LeBlanc J, Mercier I, Nadeau A. Components of postprandial thermogenesis in relation to meal frequency in humans. *Canadian Journal of Physiology and Pharmacology*, 1993, 71(12):879-883.

[32] Luke A, Schoeller DA. Basal metabolic rate, fat-free mass, and body cell mass during energy restriction. *Metabolism*, 1992, 41(4):450-456.

[33] Tuschl RJ, et al. Energy expenditure and everyday eating behavior in healthy young women. *American Journal of Clinical Nutrition*, 1990, 52(1):81-86.

[34] Heshka S, et al. Weight loss and change in resting metabolic rate. *American Journal of Clinical Nutrition*, 1990, 52(6):981-986.

[35] Kassab SE, et al. Serum leptin and insulin levels during chronic diurnal fasting. *Asia Pacific Journal of Clinical Nutrition*, 2003, 12(4):483-487.

[36] Friel AJ, Benardot D. The relationship between within-day energy balance and menstrual status in active females. *Medicine and Science in Sports and Exercise*, 2011, 43(5):47S-48S.

[37] Sandor RP. Heat illness: On-site diagnosis and cooling. *The Physician and Sportsmedicine*, 1997, 25(6).

[38] Benardot D. *Nutrition for Serious Athletes: An Advanced Guide to Foods, Fluids, and Supplements for Training and Performance*. Champaign, IL: Human Kinetics, 2000:77-78.

[39] Williams MH. Nutrition for Health, Fitness and Sport.5thed. Boston: WCB McGraw-Hill, 1999: 276-277.

[40] Maughan RJ, Noakes TD. Fluid replacement and exercise stress: A brief review of studies on fluid replacement and some guidelines for the athlete. *Sports Medicine*, 12:16-31.

[41] Levey JM. Runner's diarrhea. *American Medical Association Quarterly*, 2000, 14(1):6-7.

[42] Blom PCS, et al. Effect of different post-exercise sugar diets on the rate of muscle glycogen synthesis. *Medicine and Science in Sports and Exercise*, 1987, 19:491-496.

[43] Welsh RS, Davis JM, Burke JR, Williams HG. Carbohydrates and physical/mental performance during intermittent exercise to fatigue. *Medicine and Science in Sports and Exercise*, 2002, 34:723-731.

[44] Walberg-Rankin J, Ocel JV, Craft LL. Effect of weight loss and refeeding diet composition on anaerobic performance in wrestlers. *Medicine and Science in Sports and Exercise*, 1996, 28:1292-1299.

[45] Conley M, Stone M. Carbohydrate ingestion/supplementation for resistance exercise and training. *Sports Medicine*, 1996, 21:7-17.

[46] Jeukendrup A, et al. Carbohydrate-electrolyte feedings improve 1 h time trialcycling performance. *International Journal of Sports Medicine*, 1997, 18(2):125-129.

[47] Davis JM, et al. Carbohydrate drinks delay fatigue during intermittent, high-intensity cycling in active men and women. *International Journal of Sport Nutrition*, 1997, 7:261-273.

[48] Kimber N, et al. Energy balance during an Ironman triathlon in male and female triathletes. *International Journal of Sport Nutrition and Exercise Metabolism*, 2002, 12:47-62.

[49] Sherman WM, et al. Effect of a 42.2-km footrace and subsequent rest or exercise on muscle glycogen and enzymes. *Journal of Applied Physiology*, 1983, 55:1219-1224.

[50] Bergstrom J, et al. Diet, muscle glycogen and physical performance. *Acta Physiologica Scandinavica*, 1967, 71:140-150.

7

[1] Maughan RJ. Role of micronutrients in sport and physical activity. *British Medical Bulletin*, 1999, 55(3):683-690.

[2] Weiler JM, et al. Prevalence of bronchial hyper responsiveness in highly trained athletes. *Chest*, 1986, 90(1):23-28.

[3] Larsson K, et al. High prevalence of asthma in cross country skiers. *British Medical Journal*, 1993, 307(6915):1326-1329.

[4] Columbini L. Exercise-induced asthma in children. *Canadian Journal of*

Continuing Medical Education.1998, 10(8):67-81.

[5] Carlsen KH, et al. Exercise-induced asthma, respiratory and allergic disorders in elite athletes: Epidemiology, mechanisms and diagnosis: Part I of the report from the Joint Task Force of the European Respiratory Society (ERS) and the European Academy of Allergy and Clinical Immunology (EAACI) in cooperation with GALEN. *Allergy*, 2008, 63:387-403.

[6] Schumacher YO, et al. Hematological indices and iron status in athletes of various sports and performances. *Medicine and Science in Sports and Exercise*, 2002, 34(5):869-875.

[7] Beard J, Tobin B. Iron status and exercise. *American Journal of Clinical Nutrition*, 2000, 72(2):594S-597S.

[8] Portal S, Epstein M, Dubnov G. Iron deficiency and anemia in female athletes: Causes and risks. *Harefuah*, 2003, 142(10):698-703, 717.

[9] Lukaski HC. Vitamin and mineral status: Effects on physical performance. *Nutrition*, 2004, 20(7/8):632-644.

[10] Jones GR, Newhouse I. Sport-related hematuria: A review. *Clinical Journal of Sport Medicine*, 1997, 7(2):119-125.

[11] Fallon KE, Bishop G. Changes in erythropoiesis assessed by reticulocyte parameters during ultralong distance running. *Clinical Journal of Sport Medicine*, 2002, 12(3):172-178.

[12] Shaskey DJ, Green GA. Sports haematology. *Sports Medicine*, 2000, 29(1):27-38.

[13] Opara EC. Oxidative stress, micronutrients, diabetes mellitus and its complications. *Journal of the Royal Society of Health*, 2002, 122(1):28-34.

[14] Shephard RJ, Shek PN. Immunological hazards from nutritional imbalance in athletes. *Exercise Immunology Review*, 1998, 4:22-48.

8

[1] Cleary MA, et al. Dehydration and symptoms of delayed-onset muscle soreness in hyperthermic males. *Journal of Athletic Training*, 2005, 40(4):288-297.

[2] Parr JJ, et al. Symptomatic and functional responses to concentric-eccentric isokinetic versus eccentric-only isotonic exercise. *Journal of Athletic Training*, 2009, 44(5):462-468.

[3] Frey-Law LA, et al. Massage reduces pain perception and hyperalgesia in experimental muscle pain: A randomized, controlled trial. *Journal of Pain*, 2008, 9(8):714-721.

[4] Mayer JM, et al. Continuous low-level heat wrap therapy for the prevention and early phase treatment of delayed-onset muscle soreness of the low back: A randomized controlled trial. *Archives of Physical Medicine and Rehabilitation*, 2006, 87(10):1310-1317.

[5] Cheung K, Hume P, Maxwell L. Delayed onset muscle soreness: Treatment strategies and performance factors. *Sports Medicine*, 2003, 33(2):145-164.

[6] Prasartwuth O, Taylor JL, Gandevia SC. Maximal force, voluntary activation and muscle soreness after eccentric damage to human elbow flexor muscles. *Journal of Physiology*, 2005, 567(1):337-348.

[7] Ayilavarapu S, et al. Diabetes-induced oxidative stress is mediated by Ca^{2+}-independent phospholipase A2 in neutrophils. *Journal of Immunology*, 2010, 184(3):1507-1515.

[8] Allen DG, Whitehead NP, Yeung EW. Mechanisms of stretch-induced muscle damage in normal and dystrophic muscle: Role of ionic changes. *Journal of Physiology*, 2005, 567(3):723-735.

[9] Erikson L. Does dietary supplementation of cod liver oil mitigate musculoskeletal pain? *European Journal of Clinical Nutrition*, 1996, 50:689-693.

[10] Lenn J, et al. The effects of fish oil and isoflavones on delayed onset muscle soreness. *Medicine &Science in Sports & Exercise*, 2002, 34(10): 1605-1613.

[11] Tartibian B, Maleki BH, Abbasi A. The effects of ingestion of omega-3 fatty acids on perceived pain and external symptoms of delayed onset muscle soreness in untrained men. *Clinical Journal of Sport Medicine*, 2009, 19(2):115-119.

[12] Stupka N, et al. Gender differences in muscle inflammation after eccentric exercise. *Journal of Applied Physiology*, 2000, 89: 2325-2332.

[13] Benson J, et al. Muscle pain as an indicator of vitamin D deficiency in an urban Australian Aboriginal population. *Medical Journal of Australia*, 2006,

85(2):76-77.

[14] Houston DK, et al. Association between vitamin D and physical performance: The InCHIANTI study. *Journal of Gerontology, Series A, Biological Sciences and Medical Sciences*, 2007, 62(4):440-446.

[15] Silva LA, et al. Vitamin E supplementation decreases muscular and oxidative damage but not inflammatory response induced by eccentric contraction. *Journal of Physiological Sciences*, 2010, 60(1):51-57.

[16] Bryer SC, Goldfarb AH. Effect of high dose vitamin C supplementation on muscle soreness, damage, function, and oxidative stress to eccentric exercise. *International Journal of Sport Nutrition and Exercise Metabolism*, 2006, 16(3):270-280.

[17] Connolly DA, et al. The effects of vitamin C supplementation on symptoms of delayed onset muscle soreness. *Journal of Sports Medicine and Physical Fitness*, 2006, 46(3):462-467.

[18] Shimomura Y, et al. Exercise promotes BCAA catabolism: Effects of BCAA supplementation on skeletal muscle during exercise. *Journal of Nutrition*, 2004, 134:1583S-1587S.

[19] Shimomura Y, et al. Nutraceutical effects of branched-chain amino acids on skeletal muscle. *Journal of Nutrition*, 2006, 136 (suppl 1):529S-532S.

[20] Evans WJ. Muscle damage: Nutritional considerations. *International Journal of Sport Nutrition*, 1991, 1(3):214-224.

[21] Dugan KM, et al. The effects of pre-and post-exercise whey vs. casein protein consumption on body composition and performance measures in collegiate female athletes. *International Journal of Exercise Science: Conference Abstract Submissions*, 2010, 2(2): Article 24.

[22] Pritchett K, et al. Acute effects of chocolate milk and a commercial recovery beverage on postexercise recovery indices and endurance cycling performance. *Applied Physiology, Nutrition, and Metabolism*, 2009, 34(6):1017-1022.

[23] Ferguson-Stegall L, et al. Effects of chocolate milk supplementation on recovery from cycling exercise and subsequent time trial performance. *International Journal of Exercise Science: Conference Abstract Submissions*, 2010, 2(2): Article 25.

[24] Zamboanga BL, Rodriguez L, Horton NJ. Athletic involvement and its relevance to hazardous alcohol use and drinking game participation in female college athletes: A preliminary investigation. *Journal of American College Health*, 2008, 56(6):651-656.

[25] Yusko DA,et al. Alcohol, tobacco, illicit drugs, and performance enhancers: A comparison of use by college student athletes and nonathletes. *Journal of American College Health*, 2008, 57(3):281-290.

[26] Shirreffs SM, Maughan RJ. The effect of alcohol on athletic performance. *Current Sports Medicine Reports*, 2006, 5:192-196.

[27] Clarkson PM, Reichman F. The effect of ethanol on exercise induced muscle damage. *Journal of Studies on Alcohol*, 1990, 51:19-23.

[28] Burke LM, et al. Effect of alcohol intake on muscle glycogen storage after prolonged exercise. *Journal of Applied Physiology*, 2003, 95:983-990.

[29] Shirreffs SM, Maughan RJ. Restoration of fluid balance after exercise-induced dehydration: Effects of alcohol consumption. *Journal of Applied Physiology*, 1997, 83:1152-1158.

[30] Bloomer RJ. The role of nutritional supplements in the prevention and treatment of resistance exercise-induced skeletal muscle injury. *Sports Medicine*, 2007, 37(6):519-532.

9

[1] Gayton WF, Broida J, Elgee L. An investigation of coaches' perceptions of the causes of home advantage. *Perceptual Motor Skills*, 2001, 92(3):933-936.

[2] Nevill AM, Holder RL. Home advantage in sport: An overview of studies on the advantage of playing at home. *Sports Medicine*, 1999, 28(4):221-236.

[3] Loat E, Rhodes EC. Jet-lag and human performance. *Sports Medicine*, 1989, 8(4):226-238.

[4] Pace A, Carron AV. Travel and the home advantage. *Canadian Journal of Sport Sciences*, 1992, 17(1):60-64.

[5] Bishop D. The effects of travel on team performance in the Australian national netball competition. *Journal of Science and Medicine in Sport*, 2004,

7(1):118-122.

[6] Reilly T, Atkinson G, Waterhouse J. Travel fatigue and jetlag. *Journal of Sports Sciences*, 1997, 15(3):365-369.

[7] Atkinson G, Reilly T. Circadian variation in sports performance. *Sports Medicine*, 1996, 21(4):292-312.

[8] Hill DW, et al. Effects of jet lag on factors related to sport performance. *Canadian Journal of Applied Physiology*, 1993, 18(1):91-103.

[9] Straub WF, et al. The effect of chiropractic care on jet lag of Finnish junior elite athletes. *Journal of Manipulative and Physiological Therapeutics*, 2001, 24(3):191-198.

[10] Nieman DC. Current perspective on exercise immunology.*Current Sports Medicine Reports*, 2003, 5:239-242.

[11] So SC, et al. Severe acute respiratory syndrome and sport: Facts and fallacies. *Sports Medicine*, 2004, 34(15):1023-1033.

[12] Gatorade Sports Nutrition Advisory Board. *Eating on the Road*. Chicago, IL: Gatorade Sports Science Institute, 1996.

[13] Klein K, Wegmann H. The resynchronization of human circadian rhythms after transmeridian flights as a result off light direction and mode of activity. In: Scheving LE, ed. *Chronobiology*. Tokyo: Igaku-Shoin, 1974:564-570.

[14] Mielcarek J, Kleiner S. Time zone changes. In: Benardot D, ed. *Sports Nutrition: A Guide for Professionals Working With Active People*. Chicago: American Dietetic Association, 1993.

[15] Scurr J, et al. Frequency and prevention of symptomless deep vein thrombosis in long-haul flights: A randomised trial. *The Lancet*, 357(9267):1485-1489.

[16] Herxheimer A, Petrie KJ. Melatonin for the prevention and treatment of jet lag. Cochrane Review. The Cochrane Library, 2003, 2. Oxford: Update Software.

[17] Beaumont M, et al. *Journal of Applied Physiology*, 2004, 96:50-58.

[18] Manfredini R, et al. Circadian rhythms, athletic performance, and jet lag. *British Journal of Sports Medicine*, 1998, 32:101-106.

10

[1] Levine BD, Stray-Gundersen J. The effects of altitude training are mediated primarily by acclimatization, rather than by hypoxic exercise. *Advances in Experimental medicine and Biology*, 2001, 502:75-88.

[2] Wilber RL, Stray-Gundersen J, Levine BD. Effect of hypoxic "dose" on physiologic responses and sea-level performance. *Medicine and Science in Sports and Exercise*, 2007, 39(9):1590-1599.

[3] Gallagher SA, Hackett PH. High-altitude illness. *Emergency Medicine Clinics of North America*, 2004, 22:329-55.

[4] Derby R, deWeber K. The athlete and high altitude. *Current Sports Medicine Reports*, 2010, 79-85.

[5] Cooper CE. The biochemistry of drugs and doping methods used to enhance aerobic sport performance. *Essays in Biochemistry*, 2008, 44:63-83.

[6] Marriott BM, Carlson SJ, eds. *Nutritional Needs in Cold and High-Altitude Environments: Applications for Military Personnel in Field Operations*. Washington DC: National Academy Press, 1996:9.

[7] Horvath SM. Exercise in a cold environment. *Exercise Sport Science Review*, 1981, 9:221-263.

[8] Webb P. Temperature of skin, subcutaneous tissue, muscle and core in resting men in cold, comfortable and hot conditions. *European Journal of Applied Physiology*, 1992, 64:471-476.

[9] Vallerand AL, Jacobs I. Rates of energy substrates utilization during human cold exposure. *European Journal of Applied Physiology*, 1989, 58:873-878.

[10] Young AJ, et al. Human thermoregulatory responses to cold air are altered by repeated cold water immersion. *Journal of Applied Physiology*, 1986, 60:1542-1548.

[11] Febbraio MA. Exercise in climatic extremes. In: Maughan RJ, ed. Nutrition in Sport.London: Blackwell Science, 2000:498.

[12] Young AJ. Effects of aging on human cold tolerance. *Experimental Aging Research*, 1991, 17(3):205-213.

[13] Freund BJ, Sawka MN. Influence of cold stress on human fluid balance. In: Marriott BM, Carlson SJ, eds. *Nutritional Needs in Cold and High Altitude Environments*. Washington, DC: National Academy Press, 1996:161.

[14] Jefferson JA, et al. Increased oxidative stress following acute and chronic high altitude exposure. *High Altitude Medicine and Biology*, 2004, 5(1):61-69.

[15] Altitude illness. NOLS Wilderness First Aid, 2005[2005-03-21]. http://www.elbrus.org/eng1/high_altitude1.htm.

[16] Askew EW. Nutrition at high altitude. *Wilderness Medical Society*, 2011[2011-07-12]. http://www.wms.org/news/altituce.asp.

[17] Rodway GW, Hoffman LA, Sanders MH. High-altitude related disorders, part I: Pathophysiology, differential diagnosis, and treatment. *Heart Lung*, 2003, 32(6):353-359.

[18] Leppk JA, et al. Early fluid retention and severe acute mountain sickness. *Journal of Applied Physiology*, 2005, 98(2):591-597.

[19] Talbot TS, Townes DA, Wedmore IS. To air is human: Altitude illness during an expedition length adventure race. *Wilderness and Environmental Medicine*, 2004, 15(2):90-94.

[20] Gallagher SA, Hackett PH. High-altitude illness. *Emergency Medicine Clinics of North America*, 2004, 22(2):329-355.

[21] Hackett PH, Roach RC. High altitude cerebral edema. *High Altitude Medicine and Biology*, 2004, 5(2):136-146.

[22] High altitude medicine guide, 2011[2011-08-08]. http://www.ismmed.org/np_altitude_tutorial.htm.

[23] Shephard RJ. The athlete at high altitude. *Canadian Medical Association Journal*, 1973, 109:207-209.

[24] Ri-Li G, et al. Obesity: Associations with acute mountain sickness. *Annals of Internal Medicine*, 2003, 139(4):253-257.

[25] Beidleman BA, et al. Intermittent altitude exposures reduce acute mountain sickness at 4300 m. *Clinical Science*, 2004, 106(3):321-328.

[26] Dumont L, et al. Magnesium for the prevention and treatment of acute mountain sickness. *Clinical Science*, 2004, 106(3):269-277.

[27] Bartsch P, et al. Acute mountain sickness: Controversies and advances. *High Altitude Medicine and Biology*, 2004, 5(2):110-124.

[28] Rose MS, et al. Operation Everest II: Nutrition and body composition. *Journal of Applied Physiology*, 1988, 65:2545.

[29] Butterfield GE. Maintenance of body weight at altitude: In search of 500 kcal/day. In: Marriott BM, Carlson SJ, eds. *Nutritional Needs in Cold and High Altitude Environments*. Washington, DC: National Academy Press, 1996:357.

[30] Reynolds RD, et al. Energy metabolism increases and regional body fat decreases while regional muscle mass is spared in humans climbing Mt. Everest. *Journal of Nutrition*, 1999, 129(7):1307-1314.

[31] Westerterp-Plantenga MS. Effects of extreme environments on food intake in human subjects. *Proceedings of the Nutrition Society*, 1999, 58(4):791-798.

[32] Nutrition for Health and Performance: Nutritional Guidance for Military Operations in Temperate and Extreme Environments. (pp 24-39), 2011[2011-08-08]. http://www.dtic.mil/dtic/tr/fulltext/u2/a261392.pdf.

[33] Reynolds RD, et al. Intakes of high fat and high carbohydrate foods by humans increased with exposure to increasing altitude during an expedition to Mt. Everest. *Journal of Nutrition*, 1998, 128(1):50-55.

[34] Askew EW. Environmental and physical stress and nutrient requirements. *American Journal of Clinical Nutrition*, 1995, 61(3):632S-637S.

[35] Chao WH, et al. Oxidative stress in humans during work at moderate altitude. *Journal of Nutrition*, 1999, 129(11):2009-2012.

[36] Kupper T, Schoffl V, Milledge JS. Traveller's diarrhea: Prevention and treatment in the mountains. *Medicina Sportiva*, 2010, 14(3):157-160.

[37] Murray R. Fluid needs in hot and cold environments. *International Journal of Sport Nutrition*, 1995, 5:62S-73S.

11

[1] Unnithan VB, Goulopoulou S. Nutrition for the pediatric athlete. *Current Sports Medicine Reports*, 2004, 3(4):206-211.

[2] Casazza K, Thomas O. Do dietary modifications made prior to pubertal maturation have the potential to decrease obesity later in life? A developmental perspective. *Infant, Child, and Adolescent Nutrition*, 2009, 1:271-281.

[3] Petrie HJ, Stover EA, Horswill CA. Nutritional concerns for the child and adolescent competitor. *Nutrition*, 2004, 20(7/8):620-631.

[4] Bass M, Turner L, Hunt S. Counseling female athletes: Application of the stages of change model to avoid disordered eating, amenorrhea, and osteoporosis. *Psychological Reports*, 2001, 88(3), pt.2:1153-1160.

[5] Warren MP, Perlroth NE. The effects of intense exercise on the female reproductive system. *Journal of Endocrinology*, 2001, 170(1):3-11.

[6] Korpelainen R, et al. Risk factors for recurrent stress fractures in athletes. *American Journal of Sports Medicine*, 2001, 29(3):304-310.

[7] Nattiv A. Stress fractures and bone health in track and field athletes. *Journal of Science and Medicine in Sport*, 2000, 3(3):268-279.

[8] Tarnopolsky LJ, et al. Gender differences in substrate for endurance exercise. *Journal of Applied Physiology*, 1990, 68:302-308.

[9] Gabel KA. The female athlete. In: Maughan RJ, ed. *Nutrition in Sport*. London: Blackwell Science, 2000:417-428.

[10] Burke LM, et al. Guidelines for daily carbohydrate intake: Do athletes achieve them? *Sports Medicine*, 2001, 31(4):267-299.

[11] Lemon PWR. Do athletes need more dietary protein and amino acids? *International Journal of Sport Nutrition*, 1995, 5:39S-61S.

[12] Perry AC, et al. Nutrient intake and psychological and physiological assessment in eumenorrheic and amenorrheic female athletes: A preliminary study. *International Journal of Sport Nutrition*, 1996, 6:3-13.

[13] Manore MM. Vitamin B6 and exercise. *International Journal of Sport Nutrition*, 1994, 4:89-103.

[14] Huang YC, et al. Vitamin B-6 requirement and status assessment of young women fed a high-protein diet with various levels of vitaminB-6. *American Journal of Clinical Nutrition*, 1998, 67:208-220.

[15] Pate RR, et al. Iron status of female runners. *International Journal of Sport Nutrition*, 1993, 6:3-13.

[16] Fogelholm M. Indicators of vitamin and mineral status in athletes' blood: A review. *International Journal of Sport Nutrition*, 1995, 5:267-284.

[17] Dueck CA, Manore MM, Matt KS. Role of energy balance in athletic menstrual dysfunction. *International Journal of Sport Nutrition*, 1996, 6(2):165-190.

[18] Van de Loo DA, Johnson MD. The young female athlete. *Clinical Sports Medicine*, 1995, 14(3):687-707.

[19] Nelson Steen S. Nutrition for the school-aged child athlete. In: Bar-Or O, ed. The Child and Adolescent Athlete. Oxford: Blackwell Science, 1996:260-273.

[20] Chumlea WC, et al. Age at menarche and racial comparisons in US girls. *Pediatrics*, 2003, 111(1):110-113.

[21] American Academy of Pediatrics, Committee on Sports Medicine and Fitness. Intensive training and sports specialization in young athletes. *Pediatrics*, 2000, 106(1):154-157.

[22] Kurz KM. Adolescent nutritional status in developing countries. *Proceedings of the Nutrition Society*, 1996, 55:321-331.

[23] Beard J, Tobin B. Iron status and exercise. *American Journal of Clinical Nutrition*, 2000, 72(2):594S-597S.

[24] Hebestreit H, et al. Plasma metabolites, volume and electrolytes following 30-s high-intensity exercise in boys and men. *European Journal of Applied Physiology*, 1996, 72:563-569.

[25] Martinez LR, Haymes EM. Substrate utilization during treadmill running in prepubertal girls and women. *Medicine and Science in Sports and Exercise*, 1992, 24:975-983.

[26] Eliakim A, Beyth Y. Exercise training, menstrual irregularities, and bone development in children and adolescents. *Journal of Pediatric and Adolescent Gynecology*, 2003, 16(4):201-206.

[27] Bompa T. *From Childhood to Champion Athlete*. Toronto: Veritas, 1995.

[28] Bar-Or O, et al. Voluntary hypohydration in 10- to 12-year-old boys. *Journal of Applied Physiology*, 1980, 48:104-108.

[29] Bar-Or O. Nutrition for child and adolescent athletes. *Sports Science Exchange*, 2000, 13(2): #77.

[30] Campbell WW, Geik RA. Nutritional considerations for the older athlete. *Nutrition*, 2004, 20(7/8):603-608.

[31] Miller KK. Mechanisms by which nutritional disorders cause reduced bone mass in adults. *Journal of Women's Health*, 2003, 12(2):145-150.

[32] Kenney WL. The older athlete: Exercise in hot environments. *Sports Sci-*

ence Exchange, 1993, 6(3): #44.

[33] Kenney WL, Hodgson JL. Heat tolerance, thermoregulation and aging. *Sports Medicine*, 1987, 4:446-456.

[34] Kenney WL, et al. Age and hypohydration independently influence the peripheral vascular response to heat stress. *Journal of Applied Physiology*, 1990, 68:1902-1908.

[35] Kenney WL, Fowler SR. Methylcholine-activated eccrine sweat gland density and output as a function of age. *Journal of Applied Physiology*, 1988, 65:1082-1086.

[36] Thompson J, Manore M. *Nutrition: An Applied Approach*. New York: Pearson-Benjamin Cummings, 2005:600.

[37] Nieman DC. Exercise immunology: Future directions for research related to athletes, nutrition, and the elderly. *International Journal of Sports Medicine*, 2000, 21(suppl1):61S-68S.

12

[1] Williams MH. *Nutrition for Health, Fitness, and Sport*. New York: WCB McGraw-Hill, 1999:317-318.

[2] Okely AD, Booth ML, Chey T. Relationships between body composition and fundamental movement skills among children and adolescents. *Research Quarterly for Exercise and Sport*, 2004, 75(3):238-247.

[3] Augestad LB, Saether B, Gotestam KG. The relationship between eating disorders and personality in physically active women. *Scandinavian Journal of Medicine and Science in Sports*, 1999, 9:304-312.

[4] Rivier C, Rivest S. Effect of stress on the activity of the hypothalamic-pituitary-gonadal axis: Peripheral and central mechanisms. *Biology of Reproduction*, 1991, 45:523-532.

[5] Loucks AB. Energy availability, not body fatness, regulates reproductive function in women. *Exercise and Sport Sciences Reviews*, 2003, 31(3):144-148.

[6] Hilton LK, Loucks AB. Low energy availability, not exercise stress, suppresses the diurnal rhythm of leptin in healthy young women. *American Journal of Physiology-Endocrinology and Metabolism*, 2000, 278:43E-49E.

[7] Moriguti JC, et al. Effects of a 6-weekhypocaloric diet on changes in body composition, hunger, and subsequent weight regain in healthy young and older adults. *The Journals of Gerontology: Series A: Cognition, Health, and Aging*, 2000, 55(12): B580-B587.

[8] Saltzman E & Roberts SB. The role of energy expenditure in energy regulation: findings from a decade of research. *Nutrition Reviews*, 1995, 53 209-220.

[9] Das SK, et al. An underfeeding study in healthy men and women provides further evidence of impaired regulation of energy expenditure in old age. *The Journal of Nutrition*, 2000, 131:1833-1838.

[10] Forbes GF, et al. Deliberate overfeeding in women and men: Energy cost and composition of the weight gain. *British Journal of Nutrition*, 1986, 56:1-9.

[11] Roberts SB, et al. Effects of age on energy expenditure and substrate oxidation during experimental overfeeding in healthy men. *Journal of Gerontology*, 1996, 51A:B148-B157.

[12] Roberts SB, et al. Body weight regulation in young men: effects of overfeeding on energy expenditure and subsequent nutrient intakes. *American Journal of Physiology*, 1990, 259:R461-R469.

[13] Diaz EO, et al. Metabolic response to experimental overfeeding in lean and overweight healthy volunteers. *American Journal of Clinical Nutrition*, 1992, 56:641-655.

[14] Leibel RL, Rosenbaum M, Hirsch J. Changes in energy expenditure resulting from altered body weight. *New England Journal of Medicine*, 1995, 332:621-628.

[15] McCrory MA, et al. Dietary determinants of energy intake and weight regulation in healthy adults. *The Journal of Nutrition*, 2000, 130: 276S-279S.

[16] Irving BA, et al. Effect of exercise training intensity on abdominal visceral fat and body composition. *Medicine and Science in Sports and Exercise*, 2008, 40(11):1863-1872.

[17] Meyer NL, et al. Bone mineral density of Olympic level female winter sport athletes. *Medicine and Science in Sports and Exercise*, 2004,

36(9):1594-1601.

[18] Misra M, et al. Role of cortisol in menstrual recovery in adolescent girls with anorexia nervosa. *Pediatric Research*, 2006, 59:598-603.

[19] Archimedes was a Greek mathematician, engineer, and physicist. He developed formulas for determining the density off different shapes and determined that buoyancy equals the weight of the displayed fluid. This is the principle used to determine body density via both hydrodensitometry and air displacement plethysmography.

[20] Yu O-K, et al. Comparisons of obesity assessments in over-weight elementary students using anthropometry, BIA, CT, and DEXA. *Nutrition Research and Practice*, 2010, 4(2):128-135.

[21] Neovius M, et al. Bioelectrical impedance underestimates total and truncal fatness in abdominally obese women. *Obesity*, 2006, 14(10):1731-1738.

[22] Position of the American Dietetic Association, Dietitians of Canada, and the American College of Sports Medicine: Nutrition and Athletic Performance. *Journal of the American Dietetic Association*, 2009, 109:509-527.

[23] Collins MA, et al. Evaluation of the Bod Pod for assessing body fat in collegiate football players. *Medicine and Science in Sports and Exercise*, 1999, 31(9):1350-1356.

[24] Fields DA, et al. Comparison of the Bod Pod with the fourcompartment model in adult females. *Medicine and Science in Sports and Exercise*, 2001, 33(9):1605-1610.

[25] Dixon CB, et al. Evaluation of the Bod Pod and leg-to-leg bioelectrical impedance analysis for estimating percent body fat in National Collegiate Athletic Association Division III collegiate wrestlers. *Journal of Strength and Conditioning Research*, 2005, 19(1):92-97.

[26] Maddalozzo GF, Cardinal BJ, Snow CM. Concurrent validity of the Bod Pod and dual energy X-ray absorptiometry techniques for assessing body composition in young women. *Journal of the American Dietetic Association*, 2002, 102:1677-1679.

[27] Ziomkiewicz A, et al. Body fat, energy balance and estradiol levels: A study based on hormonal profiles from complete menstrual cycles. *Human Reproduction*, 2008, 23(11):2555-2563.

[28] Lovejoy JC, et al.Increased visceral fat and decreased energy expenditure during the menopausal transition. *International Journal of Obesity*, 2008, 32:949-958.

[29] Rhea DJ. Eating disorder behaviors of ethnically diverse urban female adolescent athletes and non-athletes. *Journal of Adolescence*, 1999, 22(3): 379-388.

[30] Sundgot-Borgen J, Torstveit MK. Prevalence of eating disorders in elite athletes is higher than in the general population. *Clinical Journal of Sport Medicine*, 2004, 14(1):25-32.

[31] Stafford DEJ. Altered hypothalamic-pituitary-ovarian axis function in young female athletes: Implications and recommendations for management. *Treatments in Endocrinology*, 2005, 4(3):147-154.

[32] Laughlin GA, Yen SSC. Nutritional and endocrine metabolic aberrations in amenorrheic athletes. *Journal of Clinical Endocrinology and Metabolism*, 1996, 81(12):4301-4309.

[33] Loucks AB, Verdun M, Heath EM. Low energy availability, not stress of exercise alters LH pulsatility in exercising women. *Journal of Applied Physiology*, 1998, 84(1):37-46.

[34] Loucks AB, Callister R. Induction and prevention of low-T_3 syndrome in exercising women. *Journal of Applied Physiology*, 1993, 264:924R-930R.

[35] Loucks AB, Heath EM. Dietary restriction reduces luteinizing hormone (LH) pulse frequency during waking hours and increases LH pulse amplitude during sleep in young menstruating women. *Journal of Clinical Endocrinology and Metabolism*, 1994, 78:910-915.

[36] Weimann E. Gender-related differences in elite gymnasts: The female athlete triad. *Journal of Applied Physiology*, 2002, 92(5):2146-2152.

[37] Ramsay R, Wolman R. Are synchronized swimmers at risk of amenorrhoea? *British Journal of Sports Medicine*, 2001, 35(4):242-244.

[38] Hinton PS, et al. Nutrient intakes and dietary behaviors of male and female collegiate athletes. *International Journal of Sport Nutrition and Exercise Metabolism*, 2004, 14(4):389-405.

[39] Sundgot-Borgen J. Eating disorders in athletes. In: Maughan RJ, ed. *Nutrition in Sport*. London: Blackwell Science, 2000:510-522.

[40] Warren MP, Goodman LR. Exercise-induced endocrine pathologies. *Journal of Endocrinology Investigation*, 2003, 26(9):873-878.

[41] Thompson RA, Trattner-Sherman R. *Helping Athletes With Eating Disorders*. Champaign, IL: Human Kinetics, 1993.

[42] Brownell KD, Rodin J. Prevalence of eating disorders in athletes. In: Brownell KD, Rodin J, Wilmore JH, eds. *Eating, Body Weight and Performance in Athletes: Disorders of Modern Society*. Philadelphia: Lea & Febiger, 1992:128-143.

[43] Manore MM. Dietary recommendations and athletic menstrual dysfunction. *Sports Medicine*, 2002, 32(14):887-901.

[44] Fogelholm GM, Koskinen R, Lasko J. Gradual and rapid weight loss: Effects on nutrition and performance in male athletes. *Medicine and Science in Sports and Exercise*, 1993, 25(3):371-377.

[45] Fogelholm M. Effects of bodyweight reduction on sports performance. *Sports Medicine*, 1994, 18(4):249-267.

[46] Reading KJ, McCarger LI, Harber VJ. Energy balance and luteal phase progesterone levels in elite adolescent aesthetic athletes. *International Journal of Sport Nutrition and Exercise Metabolism*, 2002, 12(1):93-104.

13

[1] Robinson-O'Brien R, et al. Adolescent and young adult vegetarianism: Better dietary intake and weight outcomes but increased risk of disordered eating behaviors. *Journal of the American Dietetic Association*, 2009, 109:648-655.

[2] Burns RD, et al. Intercollegiate student athlete use of nutritional supplements and the role of athletic trainers and dietitians in nutrition counseling. *Journal of the American Dietetic Association*, 2004, 104:246-249.

[3] Croll JK, et al. Adolescents involved in weight-related and power team sports have better eating patterns and nutrient intakes than non-sport-involved adolescents. *Journal of the American Dietetic Association*, 2006, 106:707-717.

[4] Jelzberg JH, et al. Comparison of cardiovascular and metabolic risk factors in professional baseball players versus professional football players. *American Journal of Cardiology*, 2010, 106(5):664-667.

[5] Grivetti LE, Applegate EA. From Olympia to Atlanta: A cultural-historical perspective on diet and athletic training. *Journal of Nutrition*, 1997, 127(5):860S-868S.

[6] Halberstam, David. *Summer of '49*. New York: W. Morrow,1989.

[7] Recht LD, Lew RA, Schwartz WJ. Baseball teams beaten by jet lag. *Nature*, 1995, 377(6550):583.

[8] Bonci L. Performance eating for baseball. *Strength and Conditioning Journal*, 2009, 31(2):59-63.

[9] YenHsuan C, YuLin S, LingYu T. Nutrition knowledge and dietary practices of female softball players. *Nutritional Sciences Journal*, 2009, 34(4):133-141.

[10] Whitley JD, Terrio T. Changes in peak torque arm-shoulder strength of high school baseball pitchers during the season. *Perceptual Motor Skills*, 1998, 86:1361-1362.

[11] MacWilliams BA, et al. Characteristic ground-reaction forces in baseball pitching. *American Journal of Sports Medicine*, 1998, 26:66-71.

[12] Palumbo CM, Clark N. Case problem: Nutrition concerns related to the performance of a baseball team. *Journal of the American Dietetic Association*, 2000, 100(6):704-707.

[13] Yoshida T, et al. Effect of aerobic capacity on sweat rate and fluid intake during outdoor exercise in the heat. *European Journal of Applied Physiology*, 1995, 71:235-239.

[14] Bast SC, et al. Upper extremity blood flow in collegiate and high school baseball pitchers: A preliminary report. *American Journal of Sports Medicine*, 1996, 24(6):847-851.

[15] Schulz R, Curnow C. Peak performance and age among super athletes: Track and field, swimming, baseball, tennis, and golf. *Journal of Gerontology*, 1988, 43(5):113-120.

[16] van der Ploeg GE, et al. Body composition changes in female bodybuilders during preparation for competition. *European Journal of Clinical Nutrition*, 2001, 55(4):268-277.

[17] Morrison LJ, Gizis F, Shorter B. Prevalent use of dietary supplements among people who exercise at a commercial gym. *International Journal of Sport Nutrition and Exercise Metabolism*, 2004, 14(4):481-492.

[18] Hickson JF, et al. Nutrition and the precontent preparations of a male bodybuilder. *Journal of the American Dietetic Association*, 1990, 90(2):264-267.

[19] Britschgi F, Zund G. Bodybuilding: Hypokalemia and hypophosphatemia. *Schweiz Med. Wochenschr*, 1991, 121(33):1163-1165.

[20] Vertalino M, et al. Participation in weight-related sports is associated with higher use of unhealthful weight-control behaviors and steroid use. *Journal of the American Dietetic Association*, 2007, 107:434-440.

[21] Barron RL, Vanscoy GJ. Natural products and the athlete: Facts and folklore. *Annals of Pharmacotherapy*, 1993, 27(5):607-615.

[22] Kleiner SM, Bazzarre TL, Litchford MD. Metabolic profiles, diet, and health practices of championship male and female bodybuilders. *Journal of the American Dietetic Association*, 1990, 90(7):962-967.

[23] New York City Department of Consumer Affairs. Magic muscle pills! Health and fitness quackery in nutrition supplements. New York: New York City Department of Consumer Affairs, 1992.

[24] Short SH. Health quackery: Our role as professionals. *Journal of the American Dietetic Association*, 1994, 94(6):607-611.

[25] Bosselaers I, et al. Twenty-four hour energy expenditure and substrate utilization in body builders. *American Journal of Clincial Nutrition*, 1994, 59:10-12.

[26] Lambert CP, Frank LL, Evans WJ. Macronutrient considerations for the sport of bodybuilding. *Sports Medicine*, 2004, 34(5):317-327.

[27] Andersen RE, et al. Weight loss, psychological, and nutritional patterns in competitive male body builders. *International Journal of Eating Disorders*, 1995, 181(1):49-57.

[28] Jonnalagadda SS, Rosenbloom CA, Skinner R. Dietary practices, attitudes, and physiological status of collegiate freshman football players. *Journal of Strength and Conditioning Research*, 2001, 15(4):507-513.

[29] Akers JA, et al. Health risks associated with nutritional ergogenic aid use in high school football players. *Journal of the American Dietetic Association*, 2003, 103(suppl 9):107-108.

[30] Vanata DF, Sanders GJ, Peacock SC. Nutritional knowledge relating to actual caloric intake of NCAA Division II collegiate football players. *Journal of the American Dietetic Association*, 2009, 109(suppl 9):95A.

[31] Kreider RB, et al. Effects of creatine supplementation on body composition, strength, and sprint performance. *Medicine and Science in Sports and Exercise*, 1998, 30(1):73-82.

[32] Stone MH, et al. Effects of in-season (5 weeks) creatine and pyruvate supplementation on anaerobic performance and body composition in American football players. *International Journal of Sport Nutrition*, 1999, 9(2):146-165.

[33] Mayhew DL, Mayhew JL, Ware JS. Effects of long-term creatine supplementation on liver and kidney functions in American college football players. *International Journal of Sport Nutrition and Exercise Metabolism*, 2002, 12(4):453-460.

[34] Clancy SP, et al. Effects of chromium picolinate supplementation on body composition, strength, and urinary chromium loss in football players. *International Journal of Sport Nutrition*, 1994, 4(2):142-153.

[35] Burke LM, Hawley JA. Fluid balance in team sports: Guidelines for optimal practices. *Sports Medicine*, 1997, 24(1):38-54.

[36] Criswell D, et al. Influence of a carbohydrate electrolyte beverage on performance and blood homeostasis during recovery from football. *International Journal of Sport Nutrition*, 1991, 1(2):178-191.

[37] Parks PS, Read MH. Adolescent male athletes: Body image, diet, and exercise. *Adolescence*, 1997, 32(127):593-602.

[38] Wang MQ, et al. Changes in body size of elite high school football players: 1963-1989. *Perceptual Motor Skills*, 1993, 76(2):379-383.

[39] Gomez JE, et al. Body fatness and increased injury rates in high school football linemen. *Clinical Journal of Sport Medicine*, 1998, 8(2):115-120.

[40] Kaplan TA, et al. Effect of obesity on injury risk in high school football players. *ClinicalJournal of Sport Medicine*, 1995, 5(1):43-47.

[41] Huddy DC, Nieman DC, Johnson RL. Relationship between body image and percent body fat among college male varsity athletes and nonathletes.

Perceptual Motor Skills, 1993, 77(3):851-857.

[42] DePalma MT, et al. Weight control practices of lightweight football players. *Medicine and Science in Sports and Exercise*, 1993, 25(6):694-701.

[43] Hickson JF Jr., et al. Nutritional intake from food sources of high school football athletes. *Journal of the American Dietetic Association*, 1987, 87(12):1656-1659.

[44] Jehue R, Street D, Huizenga R. Effect of time zone and game time changes on team performance: National Football League. *Medicine and Science in Sports and Exercise*, 1993, 25(1):127-131.

[45] Springer RL, et al. Food compostion and nutrient analysis of diets of pre-selected football players. *Journal of the American Dietetic Association*, 2003, 103(suppl 9):14A.

[46] Maddux GT. Men's Gymnastics. Pacific Palisades, CA: Goodyear, 1970:9.

[47] Weimann E, et al. Hypoleptinemia in female and male elite gymnasts. *European Journal of Clinical Investigation*, 1999, 29(10):853-860.

[48] Weimann E, et al. Peripubertal perturbations in elite gymnasts caused by sports pecific training regimes and inadequate nutritional intake. *International Journal of Sports Medicine*, 2000, 21(3):210-215.

[49] Constantini NW, et al. Ironstatus of highly active adolescents: Evidence of depleted ironstores in gymnasts. *International Journal of Sport Nutrition and Exercise Metabolism*, 2000, 10(1):62-70.

[50] Houtkooper LB, Going SB. Body composition: How should it be measured? Does it affect sport performance? *Sports Science Exchange*, 1994, 52:7(5S).

[51] Bortz S, et al. Physiology of anaerobic and aerobic exercise. In: Benardot D, ed. *Sports Nutrition: A Guide for the Professional Working With Active People*. Chicago: American Dietetic Association, 1993.

[52] Benardot D, Czerwinski C. Selected body composition and growth measures of junior elite gymnasts. *Journal of the American Dietetic Association*, 1991, 91(1):29-33.

[53] Benardot D, Schwarz M, Heller DW. Nutrient intake in young, highly competitive gymnasts. *Journal of the American Dietetic Association*, 1989, 89:401-403.

[54] Benardot D. Working with young athletes: Views of a nutritionist on the sports medicine team. *International Journal of Sport Nutrition*, 1986, 6(2):110-120.

[55] Loosli AR. Reversing sports-related iron and zinc deficiencies. *The Physician and Sportsmedicine*, 1993, 21(6):70-78.

[56] Burns J, Dugan L. Working with professional athletes in the rink: The evolution of a nutrition program for an NHL team. *International Journal of Sport Nutrition*, 1994, 4(2):132-134.

[57] Akermark C, et al. Diet and muscle glycogen concentration in relation to physical performance in Swedish elite ice hockey players. *International Journal of Sport Nutrition*, 1996, 6(3):272-284.

[58] Davis JM, Welsh RS, Alerson NA. Effects of carbohydrate and chromium ingestion during intermittent high-intensity exercise to fatigue. *International Journal of Sport Nutrition and Exercise Metabolism*, 2000, 10(4):476-485.

[59] Houston ME. Nutrition and ice hockey performance. *Canadian Journal of Applied Sport Science*, 1979, 4(1):98-99.

[60] Ferguson NL. An assessment of the dietary habits of college hockey players. *Journal of the American Dietetic Association*, 1999, 99(suppl 9):39A.

[61] Tegelman R, et al. Effects of a diet regimen on pituitary and steroid hormones in male ice hockey players. *International Journal of Sports Medicine*, 1992, 13(5):424-430.

[62] Glycogen synthetase is a hormone that is elevated as glycogen storage becomes depleted. After a game or training session, the higher-circulating glycogen synthetase enables an efficient replacement of glycogen if carbohydrate and fluids are consumed.

[63] Horswill CA, et al. Weight loss, dietary carbohydrate modifications, and high intensity, physical performance. *Medicine and Science in Sports and Exercise*, 1990, 22(4):470-476.

[64] Sugiura K, Suzuki I, Kobayashi K. Nutritional intake of elite Japanese track-and-field athletes. *International Journal of Sport Nutrition*, 1999, 9(2):202-212.

[65] Nattiv A. Stress fractures and bone health in track and field athletes. *Journal of Science and Medicine in Sport*, 2000, 3(3):268-279.

[66] Grediagin MA, et al. Exercise intensity does not effect body composition change in untrained, moderately over fat women. *Journal of the American Dietetic Association*, 1995, (95)6:661-665.

[67] Kreider RB, et al. Effects of creatine supplementation on body composition, strength, and sprint performance. *Medicine and Science in Sports and Exercise*, 1998, 30(1):73-82.

[68] Chwalbinska-Moneta J. Effect of creatine supplementation on aerobic performance and anaerobic capacity in elite rowers in the course of endurance training. *International Journal of Sport Nutrition and Exercise Metabolism*, 2003, 13(2):173-183.

[69] Nevill ME, et al. Effect of diet on performance during recovery from intermittent sprint exercise. *Journal of Sports Science*, 1993, 11(2):119-126.

[70] Sherman WM, et al. Dietary carbohydrate, muscle glycogen, and exercise performance during seven days of training. *American Journal of Clincial Nutrition*, 1993, 57(1):27-31.

[71] Berning JR, et al. The nutritional habits of young adolescent swimmers. *International Journal of Sport Nutrition*, 1991, 1(3):240-248.

[72] Braun WA, et al. Iron status and resting immune function in female collegiate swimmers. *International Journal of Sport Nutrition and Exercise Metabolism*, 2000, 10(4):425-433.

[73] Guinard JX, et al. Sensory acceptability of meat and dairy products and dietary fat in male collegiate swimmers. *International Journal of Sport Nutrition*, 1995, 5(4):315-328.

[74] Lamb DR. Basic principles for improving sport performance. *Sports Science Exchange*, 1995,8(2): #55.

[75] Microsoft. Wrestling. Encarta 97 Encyclopedia. CD-ROM: Microsoft Corporation, 1993-1996.

[76] Oppliger RA, et al. American College of Sports Medicine position stand: Weight loss in wrestlers. *Medicine and Science in Sports and Exercise*, 1996, 28(6):ix-xii.

[77] National Collegiate Athletic Association. 2010 and 2011 NCAA Wrestling Rules Book, 2011[2011-08-09]. http://www.ncaapublications.com.

[78] Oppliger RA, Steen SA, Scott JR. Weight loss practices of college wrestlers. *International Journal of Sport Nutrition and Exercise Metabolism*, 2003, 13(1):29-46.

[79] Kiningham RB, Gorenflo DW. Weight loss methods of high school wrestlers. *Medicine and Science in Sports and Exercise*, 2001, 33(5):810-813.

[80] Roemmich JN, Sinning WE. Weight loss and wrestling training: Effects on growth-related hormones. *Journal of Applied Physiology*, 1997, 82(6):1760-1764.

[81] Roemmich JN, Sinning WE. Weight loss and wrestling training: Effects on nutrition, growth, maturation, body composition, and strength. *Journal of Applied Physiology*, 1997, 82(6):1751-1759.

[82] Rankin JW, Ocel JV, Craft LL. Effect of weight loss and refeeding diet composition on anaerobic performance in wrestlers. *Medicine and Science in Sports and Exercise*, 1996, 28(10):1292-1299.

[83] Choma CW, Sforzo GA, Keller BA. Impact of rapid weight loss on cognitive function in collegiate wrestlers. *Medicine and Science in Sports and Exercise*, 1998, 30(5):746-749.

[84] Wroble RR, Moxley DP. Weight loss patterns and success rates in high school wrestlers. *Medicine and Science in Sports and Exercise*, 1998, 30(4):625-628.

[85] Wroble RR, Moxley DP. Acute weight gain and its relationship to success in high school wrestlers. *Medicine and Science in Sports and Exercise*, 1998, 30(6):949-951.

[86] Lambert C, Jones B. Alternatives to rapid weight loss in U.S. wrestling. *International Journal of Sports Medicine*, 2010, 31(8):523-528.

[87] Horswill CA. Weight loss and weight cycling in amateur wrestlers: Implications for performance and resting metabolic rate. *International Journal of Sport Nutrition*, 1993, 3:245-260.

[88] Oppliger RA, et al. The Wisconsin wrestling minimum weight project: A model for weight control among high school wrestlers. *Medicine and Science in Sports and Exercise*, 1995, 27(8):1220-1224.

[89] Pollock ML, et al. Body composition of Olympic speed skating candidates. *Research Quarterly*, 1982, 53:150-155.

[90] Castellani JW, et al. ACSM position stand: Prevention of cold injuries

during exercise. *Medicine and Science in Sports and Exercise*, 2006, 38(11):2012-2029.

[91] Webster BL, Barr SI. Calcium intakes of adolescent female gymnasts and speed skaters: Lack of association with dieting behavior. *International Journal of Sport Nutrition*, 1995, 5(1):2-12.

[92] Erdman KA, Fung TK, Reimer RA. Influence of performance level on dietary supplementation in elite Canadian athletes. *Medicine and Science in Sports and Exercise*, 2006, 38(2):349-356.

[93] de Hon O, Coumans B. The continuing story of nutritional supplements and doping infractions. *British Journal of Sports Medicine*, 2007, 41:800-805.

[94] Snyder AC, Foster C. Skating. In: Maughan RJ, ed. *Nutrition in Sport: Volume VII of the Encyclopedia of Sports Medicine*. Blackwell Science: London, 2000:647.

[95] van Ingen Schenau GJ, et al. Supramaximal cycle tests do not detect seasonal progression in performance in groups of elite speed skaters. *European Journal of Applied Physiology*, 1992, 64:292-297.

[96] Pauls DW, van Duijnhoven H, Stray-Gundersen J. Iron insufficient erythropoiesis at altitude-speed skating. *Medicine and Science in Sports and Exercise*, 2002, 34(5):252S.

[97] Snyder AC, Foster C. Physiology and nutrition for skating. In: Lamb DR, Knuttgen HG, Murray R, eds. *Perspectives in Exercise Science and Sports Medicine, Volume 7.Physiology and Nutrition for Competitive Sport*. Cooper Publishing: Carmel Indiana, 1994:181-219.

[98] Snyder AC, Schulz LO, Foster C. Voluntary consumption of a carbohydrate supplement by elite speed skaters. *Journal of the American Dietetic Association*, 1989, 89:1125-1127.

[99] McBride JM, et al. A comparison of strength and power characteristics between power lifters, Olympic lifters, and sprinters. *Journal of Strength and Conditioning Research*, 1999, 13(1):58-66.

[100] Mettler S, Mitchell N, Tipton KD. Increased protein intake reduces lean body mass loss during weight loss in athletes. *Medicine and Science in Sports and Exercise*, 2010, 42(2):326-337.

[101] Abbate M, Zoja C, Remuzzi G. How does proteinuria cause progressive renal damage? *Journal of the American Society of Nephrology*, 2006, 17:2974-2984.

[102] Cribb PJ, Williams AD, Hayes A. A creatine-protein carbohydrate supplement enhances responses to resistance training. *Medicine and Science in Sports and Exercise*, 2007, 39(11):1960-1968.

[103] Cribb PJ, et al. Effects of whey isolate, creatine, and resistance training on muscle hypertrophy. *Medicine and Science in Sports and Exercise*, 2007, 39(2):298-307.

[104] Hoffman JR, et al. Effects of protein supplementation on muscular performance and resting hormonal changes in college football players. *Journal of Sports Sciences and Medicine*, 1007, 6:85-92.

[105] Duncan MJ, Oxford SW. The effect of caffeine ingestion on mood state and bench press performance to failure. *Journal of Strength and Conditioning Research*, 2011, 25(1):178-185.

[106] Hoffman JR, et al. Examination of a pre-exercise, high energy supplement on exercise performance. *Journal of the International Society of Sports Nutrition*, 2009, 6:7.

[107] Schaefer MP, et al. Ephedra use in a select group of adolescent athletes. *Journal of Sports Science and Medicine*, 2006, 5:407-414.

[108]Burke LM, Read RSD. Food use and nutritional practices of elite Olympic weightlifters. In: Truswell AS, Wahlqvist ML, eds. Food Habits in Australia. Melbourne: Rene Gordon, 1988:112-121.

[109] Siahkouhian M, Hedaatneja M. Correlations of anthropometric and body composition variables with the performance of young elite weightlifters. *Journal of Human Kinetics*, 2010, 25:125-131.

[110] Burke DG, et al. The effect of continuous low dose creatine supplementation on force, power, and total work. *International Journal of Sport Nutrition and Exercise Metabolism*, 2000, 10(3):235-244.

[111] Ronsen O, Sundgot-Borgen J, Maehlum S. Supplement use and nutritional habits in Norwegian elite athletes. *Scandinavian Journal of Medicine and Science in Sports*, 1999, 9(1):28-35.

[112] Juzwiak CR, Ancona-Lopez F. Evaluation of nutrition knowledge and dietary recommendations by coaches of adolescent Brazilian athletes.

International Journal of Sport Nutrition and Exercise Metabolism, 2004, 14(2):222-235.

[113] Coyle EF. Fluid and fuel intake during exercise. *Journal of Sports Sciences*, 2004, 22(1):39-55.

14

[1] Katch FI, Katch VL, McArdle WD. Introduction to Nutrition, Exercise, and Health. 4th ed. Philadelphia: Lea & Febiger, 1993:179.

[2] Sizer F, Whitney E. *Nutrition: Concepts and Controversies*. 7th ed. Albany, NY: West/Wadsworth, 1997:383.

[3] Penry JT, Manore MM. Choline: An important micronutrient for maximal endurance-exercise performance? *International Journal of Sport Nutrition and Exercise Metabolism*, 2008, 18(2):191-203.

[4] Rodriguez NR, Vislocky LM, Courtney GP. Dietaryprotein, endurance exercise, and human skelet al-muscleprotein turnover. *Current Opinion in Clinical Nutrition and Metabolic Care*, 2007, 10(1):40-45.

[5] Millard-Stafford M, et al. Recovery nutrition: Timing and composition after endurance exercise. *Current Sports Medicine Reports*, 2008, 7(4):193-201.

[6] Campbell B, et al. International Society of Sports Nutrition position stand: Protein and exercise. *Journal of the International Society of Sports Nutrition*, 2007, 4(8):1-7.

[7] Position of the American Dietetic Association, Dietitians of Canada, and the American College of Sports Medicine: Nutrition and athletic performance. *Journal of the American Dietetic Association*, 2009, 109:509-527.

[8] Smith AE, et al. Effects of β-alanine supplementation and high-intensity interval training on endurance performance and body composition in men: A double-blind trial. *Journal of the International Society of Sports Nutrition*, 2009, 6(5):1-9.

[9] Lee JKW, et al. Effects of milk ingestion on prolonged exercise capacity in young, healthy men. *Nutrition*, 2008, 24:340-347.

[10] Jeukendrup A, Tipton KD. Legal nutritional boosting for cycling. *Current Sports Medicine Reports*, 2009, 8(4):186-191.

[11] Chen YJ, et al. The effect of a pre-exercise carbohydrate meal on immune responses to an endurance performance run. *British Journal of Nutrition*, 2008, 100:1260-1268.

[12] Hawley JA, Burke LM. Carbohydrate availability and training adaptation: Effects on cell metabolism. *Exercise and Sport Science Reviews*, 2010, 38(4):152-160.

[13] Fudge BW, et al. Elite Kenyan endurance runners are hydrated day-to-day with ad libitum fluid intake. *Medicine and Science in Sports and Exercise*, 2008, 40(6):1171-1179.

[14] Gomez-Cabrera M-C, et al. Oral administration of vitamin C decreases muscle mitochondrial biogenesis and dampers training-induced adaptations in endurance performance. *American Journal of Clinical Nutrition*, 2008, 87:142-149.

[15] Barrack MT, et al. Dietary restraint and low bone mass in female adolescent endurance runners. *American Journal of Clinical Nutrition*, 2008, 87:36-43.

[16] Fontana L, Klein S, Holloszy JO. Effects of long-term caloric restriction and endurance exercise on glucose tolerance, insulin action, and adipokine production. *Age*, 2010, 32:97-108.

[17] Zimberg IZ, et al. Nutritional intake during a simulated adventure race. *International Journal of Sport Nutrition and Exercise Metabolism*, 2008, 18:152-168.

[18] Robins A. Nutritional recommendations for competing in the Ironman triathlon. *Current Sports Medicine Reports*, 2007, 6:241-248.

[19] Havemann L, Goedecke JH. Nutritional practices of male cyclists before and during an ultra endurance event. *International Journal of Sport Nutrition and Exercise Metabolism*, 2008, 18:551-566.

[20]Juhn MS. Ergogenic aids in aerobic activity. *Current Sports Medicine Reports*, 2002, 1(4):233-238.

[21] The tricarboxylic acid cycle is commonly referred to as the Krebs cycle, named for Hans Krebs, who first described the oxidative metabolic reactions. It is also referred to as the citric acid cycle because citric acid is required for one of the first reactions. Therefore, the tricarboxylic acid cycle, Krebs cycle, and citric acid cycle are all referring to the same energy-yield-

ing reactions.

[22] Uusitalo AL, et al. Abnormal serotonin reuptake in an overtrained, insomniac and depressed team athlete. *International Journal of Sports Medicine*, 2004, 25(2):150-153.

[23] American College of Sports Medicine. Overtraining: Consensus statement. *Sports Medicine Bulletin*, 1999, 31(1):29.

[24] Asp S, Rohde T, Richter EA. Impaired muscle glycogenre synthesis after a marathon is not caused by decreasedmuscle GLUT-4 content. *Journal of Applied Physiology*, 1997, 83(5):1482-1485.

[25] Naughton G, et al. Physiological issues surrounding the performance of adolescent athletes. *Sports Medicine*, 2000, 30(5):309-325.

[26] Farber HW, et al. The endurance triathlon: Metabolic changes after each event and during recovery. *Medicine and Science in Sports and Exercise*, 1991, 23(8):959-965.

[27] Dressendorfer RH, Wade CE. Effects of a 15-d race on plasma steroid levels and leg muscle fitness in runners. *Medicine and Science in Sports and Exercise*, 1991, 23(8):954-958.

[28] Sherman WM, Maglischo EW. Minimizing chronic athletic fatigue among swimmers: Special emphasis on nutrition.*Sports Science Exchange*, 1991, 4(35): 1-5.

[29] Niekamp RA, Baer JT. In-season dietary adequacy of trained male cross-country runners. *International Journal of Sport Nutrition*, 1995, 5:45-55.

[30] Butterworth DE, et al. Food intake patterns of marathon runners. *International Journal of Sport Nutrition*, 1994, 4(1):1-7.

[31] Houtkooper L. Food selection for endurance sports. *Medicine and Science in Sports and Exercise*, 1992, 24(9):349S-359S.

[32] Hickner RC, et al. Muscle glycogen accumulation after endurance exercise in trained and untrained individuals. *Journal of Applied Physiology*, 1997, 83(3):897-903.

[33] Helmich P, et al. Non-elite marathon runners: Health, training, and injuries. *British Journal of Sports Medicine*, 1989, 23(3):177-178.

[34] Fogelholm M, et al. High-carbohydrate diet for long distance runners: A practical view-point. *British Journal of Sports Medicine*, 1989, 23(2):94-96.

[35] Nieman DC, et al. Supplementation patterns in marathon runners. *Journal of the American Dietetic Association*, 1989, 89(11):1615-1619.

[36] Rokitzki L, et al. Dietary, serum, and urine ascorbic acid status in male athletes. *International Journal of Sports Medicine*, 1994, 15(7):435-440.

[37] Rokitzki L, et al. Acute changes in vitamin B_6 status in endurance athletes before and after a marathon. *International Journal of Sport Nutrition*, 1994, 4(2):154-165.

[38] Terblanche S, et al. Failure of magnesium supplementation to influence marathon running performance or recovery in magnesium replete subjects. *International Journal of Sport Nutrition*, 1992, 2(2):154-164.

[39] Barnett DW, Conlee RK. The effects of a commercial dietary supplement on human performance. *American Journal of Clinical Nutrition*, 1984, 40(3):586-590.

[40] Zaryski C, Kin M, Smith DJ. Training principles and issues for ultra-endurance athletes. *Current Sports Medicine Reports*, 2005;4:165-170.

[41] Wein D. Nutrition for ultra endurance events: Energy and macronutrient guidelines. *NSCA's Performance Training Journal*, 2011, 6(4):17-18.

[42] Francescato MP, Di Prampero PE. Energy expenditure during an ultra-endurance cycling race. *Journal of Sports Medicine and Physical Fitness*, 2002, 42:1-7.

[43] American College of Sports Medicine Position Statement. Nutrition and athletic performance. *Medicine and Science in Sports and Exercise*, 2009, 709-731.

[44] McCowan KA, Edelstein S. Are female ultra-endurance triathletes getting a sufficient daily carbohydrate intake? *Topics in Clinical Nutrition*, 2006, 21(2):139-144.

[45] Linderman J, et al. Ultra endurance cycling: A field study of human performance during a 12-hour mountain bike race. *Journal of Exercise Physiology*, 2003, 6(3):10-19.

[46] Sloniger MA, Cureton KJ, O'Bannon PJ. One-mile run walk performance in young men and women: Role of anaerobic metabolism. Can. *Journal of Applied Physiology*, 1997, 22(4):337-350.

[47] Penn IW, et al. Body composition and two-compartment model assumptions in male long-distance runners. *Medicine and Science in Sports and Exercise*, 1994, 26:392-397.

[48] Reeder MT, et al. Stress fractures: Current concepts of diagnosis and treatment. *Sports Medicine*, 1996, 22(3):198-212.

[49] Deuster PA, et al. Nutritional intakes and status of highly trained amenorrheic and eumenorrheic women runners. *Fertility and Sterility*, 1986, 46(4):636-643.

[50] Beidleman BA, Puhl JL, DeSouza MJ. Energy balance in female distance runners. *American Journal of Clinical Nutrition*, 1995, 61:303-311.

[51] Rontoyannis GP, Skoulis T, Pavlou KN. Energy balance in ultra marathon running. *American Journal of Clinical Nutrition*, 1989, 49:976-979.

[52] Eden BD, Abernethy PJ. Nutritional intake during an ultra endurance running race. *International Journal of Sport Nutrition*, 1994, 4:166-174.

[53] Millard-Stafford ML, et al. Carbohydrate-electrolyte replacement improves distance running performance in the heat. *Medicine and Science in Sports and Exercise*, 1992, 24(8):934-940.

[54] Hedley AM, Climstein M, Hansen R. The effects of acute heat exposure on muscular strength, muscular endurance, and muscular power in the euhydrated athlete. *Journal of Strength and Conditioning Research*, 2002, 16(3):353-358.

[55] Noakes TD, et al. The danger of an inadequate water intake during prolonged exercise: A novel concept re-visited. *European Journal of Applied Physiology*, 1988, 57(2):210-219.

[56] Dennis SC, Noakes TD. Advantages of a smaller body mass in humans when distance-running in warm, humid conditions. *European Journal of Applied Physiology*, 1999, 79(3):280-284.

[57] Schumacher YO, et al. Hematological indices and iron status in athletes of various sports and performances. *Medicine and Science in Sports and Exercise*, 2002, 34(5):869-875.

[58] Lamanca JJ, et al. Sweat iron loss of male and female runners during exercise. *International Journal of Sports Medicine*, 1988, 9(1):52-55.

[59] Selby GB, Eichner ER. Endurance swimming, intravascular hemolysis, anemia, and iron depletion: New perspective on athlete's anemia. *American Journal of Medicine*, 1986, 81(5):791-794.

[60] Ehn L, Carlmark B, Hoglund S. Iron status in athletes involved in intense physical activity. *Medicine and Sciencein Sports and Exercise*, 1980, 12(1):61-64.

[61] Noakes T. *Lore of Running*. Champaign, IL: Human Kinetics,1991:695.

[62] Bentley DJ, et al. Correlations between peak power output, muscular strength, and cycle time trial performance in triathletes. *Journal of Sports Medicine and Physical Fitness*, 1998, 38(3):201-207.

[63] Laurenson NM, Fulcher KY, Korkia P. Physiological characteristics of elite and club level female triathletes during running. *International Journal of Sports Medicine*, 1993, 14(8):455-459.

[64] Gulbin JP, Gaffney PT. Ultraendurance triathlon participation: Typical race preparation of lower-level triathletes. *Journal of Sports Medicine and Physical Fitness*, 1999, 39(1):12-15.

[65] Banister EW, Carter JB, Zarkadas PC. Training theory and taper: Validation in triathlon athletes. *European Journal of Applied Physiology*, 1999, 79(2):182-191.

[66] Guezennec CY, et al. Is there a relationship between physical activity and dietary calcium intake? A survey in 10,373 young French subjects. *Medicine and Science in Sports and Exercise*, 1998, 30(5):732-739.

[67] Kerr CG, et al. Hyperthermia during Olympic triathlon: Influence of body heat storage during the swimming stage. *Medicine and Science in Sports and Exercise*, 1998, 30(1):99-104.

[68] Rogers G, Goodman C, Rosen C. Water budget during ultra-endurance exercise. *Medicine and Science in Sports and Exercise*, 1997, 29(11):1477-1481.

[69] O'Toole ML, et al. Fluid and electrolyte status in athletes receiving medical care at an ultradistance triathlon. *Clinical Journal of Sport Medicine*, 1995, 5(2):116-122.

[70] Speedy DB, et al. Hyponatremia and weight changes in an ultradistance triathlon. *Clinical Journal of Sport Medicine*, 1997, 7(3):180-184.

[71] Speedy DB, et al. Fluid balance during and after an Ironman triathlon.

Clinical Journal of Sport Medicine, 2001, 11(1):44-50.

[72] Rehrer NJ, et al. Gastrointestinal complaints in relation to dietary intake in triathletes. *International Journal of Sport Nutrition*, 1992, 2(1):48-59.

[73] Clark N, Tobin J Jr., Ellis C. Feeding the ultra endurance athlete: Practical tips and a case study. *Journal of the American Dietetic Association*, 1992, 92(10):1258-1262.

[74] Frentsos JA, Baer JT. Increased energy and nutrient intake during training and competition improves elite triathletes' endurance performance. *International Journal of Sport Nutrition*, 1997, 7(1):61-71.

[75] Ribeiro JP, et al. Metabolic predictors of middle-distance swimming performance. *British Journal of Sports Medicine*, 1990, 24(3):196-200.

[76] Lee EJ, et al. Variations in bone status of contralateral and regional sites in young athletic women. *Medicine and Science in Sports and Exercise*, 1995, 27(10):1354-1361.

[77] Berning JR, et al. The nutritional habits of young adolescent swimmers. *International Journal of Sport Nutrition*, 1991, 1(3):240-248.

[78] Saris WH, et al. Adequacy of vitamin supply under maximal sustained workloads: The Tour de France. *International Journal for Vitamin and Nutrition Research*, 1989, 30:205-212.

[79] Brouns F, et al. Eating, drinking, and cycling: A controlled Tour de France simulation study, Part II. Effect of diet manipulation. *International Journal of Sports Medicine*, 1989, 10(supp 1):41S-48S.

[80] Weiler JM, Layton T, Hunt M. Asthma in United States Olympic athletes who participated in the 1996 Summer Games. *Journal of Allergy and Clinical Immunology*, 1998, 102(5):722-726.

[81] Hoffman MD, Clifford PS. Physiological aspects of competitive cross-country skiing. *Journal of Sports Sciences*, 1992, 10(1):3-27.

[82] McArdle WD, Katch FI, Katch VL. *Exercise Physiology: Energy, Nutrition and Human Performance*. 5th ed. Philadelphia: Lippincott, Williams & Wilkins, 2006.

[83] Coulston AM, Boushey CJ, eds. *Nutrition in the Prevention and Treatment of Disease*. 2nd ed. London: Elsevier; 2008.

[84] Bilodeau B, Roy B, Boulay MR. Effect of drafting on work intensity in classical cross-country skiing. *International Journal of Sports Medicine*, 1995, 16(3):190-195.

[85] Larsson P, Henriksson-Larsen K. Body composition and performance in cross-country skiing. *International Journal of Sports Medicine*, 2008, 29(12):971-975.

[86] Diaz E, et al. Cell damage, antioxidant status, and cortisol levels related to nutrition in ski mountaineering during a two-day race. *Journal of Sports Science and Medicine*, 2010, 9:338-346.

[87] Haymes EM, Puhl JL, Temples TE. Training for crosscountry skiing and iron status. *Medicine and Science in Sports and Exercise*, 1986, 18(2):162-167.

[88] Francescato MP, Puntil I. Does a pre-exercise carbohydrate feeding improve a 20-km cross-country ski performance? *Journal of Sports Medicine and Physical Fitness*, 2006, 46(2):248-256.

[89] Seifert JG, et al. The physiological effects of beverage ingestion during crosscountry ski training in elite collegiate skiers. *Canadian Journal of Applied Physiology*, 1998, 23(1):66-73.

[90] Rowing Classifications, 2011[2011-08-08]. http://www.usrowing.org/About/Rowing101/RowingClassifications.

[91] Kyparos A, et al. Increased oxidative stress blood markers in well-trained rowers following two-thousand-meter rowing ergometer race. *Journal of Strength and Conditioning Research*, 2009, 23(5):1418-1426.

[92] Martins AN, Artioli GG, Franchini E. Sodium citrate ingestion increases glycolytic activity but does not enhance 2000 m rowing performance. *Journal of Human Sport and Exercise*, 2010, 5(3):411-417.

[93] Henson DA, et al. Influence of carbohydrate on cytokine and phagocytic responses to 2 hour rowing. *Medicine and Science in Sports and Exercise*, 2000, 32(8):1384-1389.

[94] Sellar CM, et al. The effect of dietary control and carbohydrate supplementation on the immune and hormonal responses to rowing exercise. *Applied Physiology and Nutrition Metabolism*, 2006, 31:588-596.

[95] Xia G, et al. The effects of diet and supplements on a male world champion light weight rower. *Journal of Sports Medicine and Physical Fitness*, 2001,

41(2):223-228.

[96] Simonsen JC, et al. Dietary carbohydrate, muscle glycogen,and power output during rowing training. *Journal of Applied Physiology*, 1991, 70(4):1500-1505.

[97] Burge CM, Carey MF, Payne WR. Rowing performance, fluid balance, and metabolic function following dehydration and rehydration. *Medicine and Science in Sports and Exercise*, 1993, 25(12):1358-1364.

[98] Bruce CR, et al. Enhancement of 2000-m rowing performance after caffeine ingestion. *Medicine and Science in Sports and Exercise*, 2000, 32:1958-1963.

[99] Anderson ME, et al. Improved 2000-meter rowing performance in competitive oars women after caffeine ingestion. *International Journal of Sport Nutrition and Exercise Metabolism*, 2000, 10:464-475.

[100] Skinner TL, et al. Dose response of caffeine on 200 m rowing performance. *Medicine and Science in Sports and Exercise*, 2003, 3:571-576.

[101] Mikulic P. Anthropometric and metabolic determinants of 6,000-m rowing ergometer performance in internation ally competitive rowers. *Journal of Strength and Conditioning Research*, 2009, 23(6):1851-1857.

[102] Cosgrove MJ, et al. The relationship between selected physiological variables of rowers and rowing performance as determined by a 2000 m ergometer test. *Journal of Sports Sciences*, 1999, 17(11):845-852.

[103] Izquierdo-Gabarren M, et al. Physiological factors to predict on traditional rowing performance. *European Journal of Applied Physiology*, 2010, 108:83-92.

[104] Morris FL, Payne WR. Seasonal variations in the body composition of light weight rowers. *British Journal of Sports Medicine*, 1996, 30(4):301-304.

[105] Brown RC. Nutrition for optimal performance during exercise: Carbohydrate and fat. *Current Sports Medicine Reports*, 2002, 1(4):222-229.

[106] Miller SL, Wolfe RR. Physical exercise as a modulator of adaptation to low and high carbohydrate and low and high fat intakes. *European Journal of Clinical Nutrition*, 1999, 53(suppl 1):112S-119S.

[107] Graham TE. Caffeine and exercise: Metabolism, endurance and performance. *Sports Medicine*, 2001, 31(11):785-807.

[108] Hunter AM, et al. Caffeine ingestion does not alter performance during a 100-km cycling time-trial performance. *International Journal of Sport Nutrition and Exercise Metabolism*, 2002, 12(4):438-452.

15

[1] Maughan RJ, Sherriffs SM. Nutrition for soccer players. *Current Sports Medicine Reports*, 2007, 6:279-280.

[2] Montain SJ. Hydration recommendations for sport 2008.*Current Sports Medicine Reports*, 2008, 7(4):187-192.

[3] Heikkinen A, et al. Use of dietary supplements in Olympic athletes is decreasing: A follow-up study between 2002 and 2009. *Journal of the International Society of Sports Nutrition*, 2011, 8:1. www.jissn.com/content/8/1/1.

[4] Van der Merwe PJ, Grobbelaar E. Unintentional doping through the use of contaminated nutritional supplements. *South African Medical Journal*, 2005, 95:510-511.

[5] Tscholl P, Junge A, Dvorak J. The use of medication and nutritional supplements during FIFA World Cups 2002 and 2006. *British Journal of Sports Medicine*, 2008, 42:725-730.

[6] Bangsbo J. Team sports. In: Maughan R, ed. *Nutrition in Sport*. London: Blackwell Science, 2000:574-587.

[7] Davis M. Repeated sprint work is enhanced with consumption of a carbohydrate-electrolyte beverage. *Medicine and Science in Sports and Exercise*, 1995, 27:223S.

[8] Nicholas CW, et al. Influence of ingesting a carbohydrate-electrolyte solution on endurance capacity during intermittent, high intensity shuttle running. *Journal of Applied Sports Science Research*, 1996, 13:282-290.

[9] Below PR, et al. Fluid and carbohydrate ingestion independently improve performance during one hour of intense exercise. *Medicine and Science in Sports and Exercise*, 1995, 27(2):200-210.

[10] Murray R, et al. Responses to varying rates of carbohydrate ingestion during exercise. *Medicine and Science in Sports and Exercise*, 1991,

23(6):713-718.

[11] Gisolfi CV, et al. Intestinal water absorption from select carbohydrate solutions in humans. *Journal of Applied Physiology*, 1992, 73:2142-2150.

[12] Lambert CP. Effects of carbohydrate feeding on multiple bout resistance exercise. *Journal of Applied Sports Science Research*, 1991, 5:192-197.

[13] Ryan AJ, et al. Effect of hypohydration on gastric emptying and intestinal absorption during exercise. *Journal of Applied Physiology*, 1998, 84(5):1581-1588.

[14] Horswill CA. Effective fluid replacement. *International Journal of Sport Nutrition*, 1998, 8:175-195.

[15] American College of Sports Medicine. Position stand on exercise and fluid replacement. *Medicine and Science in Sports and Exercise*, 1996, 28:i-vii.

[16] Corley G, Demarest-Litchford M, Bazzarre TL. Nutrition knowledge and dietary practices of college coaches. *Journal of the American Dietetic Association*, 1990, 90(5):705-709.

[17] Dubnov G, Constantini NW. Prevalence of iron depletion and anemia in top-level basketball players. *International Journal of Sport Nutrition and Exercise Metabolism*, 2004, 14(1):30-37.

[18] Nowak RK, Knudsen KS, Schulz LO. Body composition and nutrient intakes of college men and women basketball players. *Journal of the American Dietetic Association*, 1988, 88(5):575-578.

[19] Schroder H, et al. Effects of alpha-tocopherol, beta-carotene and ascorbic acid on oxidative, hormonal and enzymatic exercise stress markers in habitual training activity of professional basketball players. *European Journal of Nutrition*, 2001, 40(4):178-184.

[20] Schroder H, et al. Nutrition antioxidant status and oxidative stress in professional basketball players: Effects of a three compound antioxidative supplement. *International Journal of Sports Medicine*, 2000, 21(2):146-150.

[21] Maughan R. Contamination of supplements: An interview with professor Ron Maughan by Louise M. Burke. *International Journal of Sport Nutrition and Exercise Metabolism*, 2004, 14(4):493.

[22] Mannix ET, Healy A, Farber MO. Aerobic power and supramaximal endurance of competitive figure skaters. *Journal of Sports Medicine and Physical Fitness*, 1996, 36(3):161-168.

[23] Delistraty DA, Reisman EJ, Snipes M. A physiological and nutritional profile of young female figure skaters. *Journal of Sports Medicine and Physical Fitness*, 1992, 32(2):149-155.

[24] Ziegler PJ, Nelson JA, Jonnalagadda SS. Use of dietary supplements by elite figure skaters. *International Journal of Sport Nutrition and Exercise Metabolism*, 2003, 13(3):266-276.

[25] Ziegler P, et al. Eating attitudes and energy intakes of female skaters. *Medicine and Science in Sports and Exercise*, 1998, 30(4):583-586.

[26] Ziegler PJ, et al. Contribution of meals and snacks to nutrient intake of male and female elite figure skaters during peak competitive season. *Journal of American Collegiate Nutrition*, 2002, 21(2):114-119.

[27] Smith AD, Ludington R. Injuries in elite pair skaters and ice dancers. *American Journal of Sports Medicine*, 1989, 17(4):482-488.

[28] Kjaer M, Larsson B. Physiological profile and incidence of injuries among elite figure skaters. *Journal of Sports Science*, 1992, 10(1):29-36.

[29] Ziegler PJ, Nelson JA, Jonnalagadda SS. Nutritional and physiological status of U.S. national figure skaters. *International Journal of Sport Nutrition*, 1999, 9(4):345-360.

[30] Tumilty D. Physiological characteristics of elite soccer players. *Journal of Sports Medicine*, 1993, 16(2):80-96.

[31] Wittich A, et al. Professional football (soccer) players have a markedly greater skeletal mineral content, density, and size than age- and BMI-matched controls. *Calcified Tissue International*, 1998, 63(2):112-117.

[32] Duppe H, et al. Bone mineral density in female junior, senior, and former football players. *Osteoporosis International*, 1996, 6(6):437-441.

[33] Rico-Sanz J. Body composition and nutritional assessments in soccer. *International Journal of Sport Nutrition*, 1998, 8(2):113-123.

[34] Maughan RJ. Energy and macronutrient intakes of professional football (soccer) players. *British Journal of Sports Medicine*, 1997, 31(1):45-47.

[35] Clark K. Nutritional guidance to soccer players for training and competition. *Journal of Sports Science*, 1994, 12:43S-50S.

[36] Kirkendall DT. Effects of nutrition on performance in soccer. *Medicine and Science in Sports and Exercise*, 1993, 25(12):1370-1374.

[37] Clark M, et al. Pre- and post-season dietary intake, body composition, and performance indices of NCAA Division I female soccer players. *International Journal of Sport Nutrition and Exercise Metabolism*, 2003, 13(3):303-319.

[38] Hargreaves M. Carbohydrate and lipid requirements of soccer. *Journal of Sports Science*, 1994, 12:13S-16S.

[39] Davis JM, Welsh RS, Alerson NA. Effects of carbohydrate and chromium ingestion during intermittent high-intensity exercise to fatigue. *International Journal of Sport Nutrition and Exercise Metabolism*, 2000, 10(4):476-485.

[40] Ostojic SM. Creatine supplementation in young soccer players. *International Journal of Sport Nutrition and Exercise Metabolism*, 2004, 14(1):95-103.

[41] Maughan RJ, et al. Fluid and electrolyte intake and loss in elite soccer players during training. *International Journal of Sport Nutrition and Exercise Metabolism*, 2004, 14(3):333-346.

[42] MacLeod H, Sunderland C. Fluid balance and hydration habits of elite female field hockey players during consecutive international matches. *Journal of Strength and Conditioning Research*, 2009, 23(4):1245-1251.

[43] Moore DR, et al. Ingested protein dose response of muscle and albumin protein synthesis after resistance exercise in young men. *American Journal of Clinical Nutrition*, 2009, 89:161-168.

[44] Saltin B. Metabolic fundamentals in exercise. *Medicine and Science in Sports*, 1973, 5:137-146.

[45] Krustrup P, et al. Muscle and blood metabolites during a soccer game: Implications for sprint performance. *Medicine and Science in Sports and Exercise*, 2006, 38:1165-1174.

[46] Bangsbo J, Norregaard L, Thorsoe F. The effect of carbohydrate diet on intermittent exercise performance. *International Journal of Sports Medicine*, 1992, 13:152-157.

[47] Zehnder M, et al. Resynthesis of muscle glycogen after soccer specific performance examined by 13C-magnetic resonance spectroscopy in elite players. *European Journal of Applied Physiology*, 2001, 84:443-447.

[48] Van Wyk DV, Lambert MI. *Recovery strategies implemented by sport support staff of elite rugby players in South Africa*. Unpublished thesis. Department of Human Biology, University of Cape Town, South Africa, 2008.

[49] Baar K, McGee SL. Optimizing training adaptations by manipulating glycogen. *European Journal of Sport Science*, 2008, 8:97-106.

[50] Burke LM, Hawley JA. Fluid balance in team sports. Guidelines for optimal practices. *Sports Medicine*, 1997, 24:38-54.

[51] Maughan RJ, et al. Fluid and electrolyte intake and loss in elite soccer players during training. *International Journal of Sport Nutrition and Exercise Metabolism*, 2004, 14:333-346.

[52] Maughan RJ, et al. Water balance and salt losses in competitive football. *International Journal of Sport Nutrition and Exercise Metabolism*, 2007, 17:583-594.

[53] Broad EM, et al. Bodyweight changes and voluntary fluid intakes during training and competition sessions in team sports. *International Journal of Sports Nutrition*, 1996, 6:307-320.

[54] Cox G, et al. Acute creatine supplementation and performance during a field test simulating match play in elite female soccer players. *International Journal of Sport Nutrition and Exercise Metabolism*, 2002, 12:33-46.

[55] Ostojic SM. Creatine supplementation in young soccer players. *International Journal of Sport Nutrition and Exercise Metabolism*, 2004, 14:95-103.

[56] Cameron SL, et al. Increased blood pH but not performance with sodium bicarbonate supplementation in elite rugby union players. *International Journal of Sport Nutrition and Exercise Metabolism*, 2010, 20(4):307-321.

[57] Zinn C, Schofield G, Wall C. Evaluation of sports nutrition knowledge of New Zealand premier club rugby coaches. *International Journal of Sport Nutrition and Exercise Metabolism*, 2006, 16(2):214-225.

[58] Mujika I, Burke LM. Nutrition in team sports. *Annals of Nutrition and Metabolism*, 2010, 57(suppl 2):26-35.

[59] Groppel JL, Roetert EP. Applied physiology of tennis. *Journal of Sports Medicine*, 1992, 14(4):260-268.

[60] Bergeron MF, et al. Tennis: A physiological profile during match play. *Inter-

national Journal of Sports Medicine, 1991, 12(5):474-479.

[61] Vergauwen L, Brouns F, Hespel P. Carbohydrate supplementation improves stroke performance in tennis. Medicine and Science in Sports and Exercise, 1998, 30(8):1289-1295.

[62] Bergeron MF, et al. Fluid electrolyte balance associated with tennis match play in a hot environment. International Journal of Sport Nutrition, 1995, 5(3):180-193.

[63] Baxter-Jones AD, et al. Menarche in intensively trained gymnasts, swimmers, and tennis players. Annals of Human Biology, 1994, 21(5):407-415.

[64] Harris MB. Weight concern, body image, and abnormal eating in college women tennis players and their coaches. International Journal of Sport Nutrition and Exercise Metabolism, 2000, 10(1):1-15.

[65] Martinovic J, et al. Long-term effects of oxidative stress in volleyball players. International Journal of Sports Medicine, 2009, 30(12):851-856.

[66] Eliakim A, et al. The effect of a volleyball practice on anabolic hormones and inflammatory markers inelite male and female adolescent players. Journal of Strength and Conditioning Research, 2009, 23(5):1553-1559.

[67] Malaguti M, et al. High-protein-PUFA supplementation, red blood cell membranes, and plasma antioxidant activity in volleyball athletes. International Journal of Sport Nutrition and Exercise Metabolism, 2008, 18(3):301-312.

[68] Peerkhan N, Srinivasan V. Nutrition knowledge, attitude, and practice of college sportsmen. Sport, Exercise, Medicine, 2010, 1(2):93-100.

[69] Anderson DE. The impact of feedback on dietary intake and body composition of college women volleyball players over a competitive season. Journal of Strength and Conditioning Research, 2010, 24(8):2220-2226.

[70] Beals KA. Eating behaviors, nutritional status, and menstrual function in elite female adolescent volleyball players. Journal of the American Dietetic Association, 2002, 102(9):1293-1296.

[71] Hassapidou MN, Manstrantoni A. Dietary intakes of elite female athletes in Greece. Journal of Human Nutrition and Dietetics, 2001, 14:391-396.

[72] Papadopoulou SK, Papadopoulou SD, Gallos GK. Macro and micro-nutrient intake of adolescent Greek female volleyball players. International Journal of Sport Nutrition and Exercise Metabolism, 2002, 12(1):73-80.

[73] Ahmadi A, et al. Iron status in female athletes participating in team ball-sports. Pakistan Journal of Biological Sciences, 2010, 13(2):93-96.

[74] Heffner JL, et al. Nutrition and eating in female college athletes: A survey of coaches. Eating Disorders, 2003, 11:209-220.

[75] de Hoyo M. Sanudo B, Carrasco L. Body composition and prevalence of overweight in young volleyball players. International Journal of Medicine and Science of Physical Activity and Sport, 2008, 8:32:256-269.

[76] Martin M, Schlabach G, Shibinski K. The use of nonprescription weight loss products among female basketball, softball, and volleyball athletes from NCAA Division I institutions: Issues and concerns. Journal of Athletic Training, 1998, 33(1):41-44.

[77] Zetou E, et al. Bodyweight changes and voluntary fluid intakes of beach volleyball players during an official tournament. Journal of Science and Medicine in Sport, 2008, 11(2):139-145.

[78] Golf, rugby make Olympic roster for 2016, 2020. Associated Press release, 2009.

[79] Stevenson EJ, Hayes PR, Allison SJ. The effect of a carbohydrate-caffeine sports drink on simulated golf performance. Applied Physiology, Nutrition, and Metabolism, 2009, 34(4):681-688.

[80] Chen SC, et al. Medicine and Science in Sports and Exercise, 2005, 37(5):445S-446S.

[81] Hogervorst E, et al. Caffeine improves physical and cognitive performance during exhaustive exercise. Medicine and Science in Sports and Exercise, 2008, 40(10):1841-1851.

[82] Ng CP, Chung CH. Golf-related injuries: Case series and reports. Hong Kong Journal of Emergency Medicine, 2004, 11:220-225.

[83] Brandon B, Pearch PZ. Training to prevent golf injury. Current Sports Medicine Reports, 2009, 8(3):142-146.

[84] Lee AD. Golf-related stress fractures: A structured review of the literature. Journal of the Canadian Chiropractic Association, 2009, 53(4):290-299.

[85] Wells GD, Collier D. Golf nutrition: What to eat before and after you practice and play. Royal Canadian Golf Association National Player Development Program. 2011[2011-08-09]. http://www.rcga.org/_uploads/documents/Greg%20Wells%20-%20Golf%20Nutrition.pdf.

附　录

美国医学研究所宏量营养素的膳食参考摄入量

宏量营养素的膳食参考摄入量

营养素	功能	生命阶段分组	推荐膳食供应量或适宜摄入量*/g·d⁻¹	宏量营养素可接受范围ᵃ/%	食物来源	过量摄入引起的不良反应
可消化的碳水化合物总量	推荐膳食供应量的制订主要考虑碳水化合物是大脑的主要能量来源；宏量营养素可接受范围的制订主要考虑碳水化合物是维持体重的能量来源	婴儿			淀粉和食糖是碳水化合物的主要类型。淀粉的食物来源包括谷物和蔬菜（如玉米、面食、大米、土豆、面包等）。天然的食糖存在于水果和果汁中。添加糖类来源于软饮料、糖果、水果饮料和甜点等	尚不明确可引起潜在不良反应的摄入水平，宏量营养素可接受范围的上限是基于降低慢性病风险并保证其他营养素的摄入量足够而制订的。建议添加糖类的供能比例不超过25%
		0~6个月	60*	NDᵇ		
		7~12个月	95*	ND		
		儿童				
		1~3岁	130	45~65		
		4~8岁	130	45~65		
		男性				
		9~13岁	130	45~65		
		14~18岁	130	45~65		
		19~30岁	130	45~65		
		31~50岁	130	45~65		
		51~70岁	130	45~65		
		>70岁	130	45~65		
		女性				
		9~13岁	130	45~65		
		14~18岁	130	45~65		
		19~30岁	130	45~65		
		31~50岁	130	45~65		
		51~70岁	130	45~65		
		>70岁	130	45~65		
		孕妇				
		≤18岁	175	45~65		
		19~30岁	175	45~65		
		31~50岁	175	45~65		

营养素	功能	生命阶段分组	推荐膳食供应量或适宜摄入量*/g·d⁻¹	宏量营养素可接受范围 ª/%	食物来源	过量摄入引起的不良反应
		哺乳期女性				
		≤18 岁	210	45~65		
		19~30 岁	210	45~65		
		31~50 岁	210	45~65		

营养素	功能	生命阶段分组	推荐膳食供应量或适宜摄入量*/g·d⁻¹	宏量营养素可接受范围 ª/%	食物来源	过量摄入引起的不良反应
纤维素总量	改善松弛，降低冠状动脉性心脏病的风险，帮助维持正常的血糖水平	婴儿			包括谷物（如燕麦、小麦或未碾磨的大米）中天然存在的膳食纤维和从植物或动物中分离或合成的功能性纤维，这两类纤维素均有益于健康	膳食纤维包含不同的成分，因此很难将特定的纤维来源与特定的不良反应联系起来，尤其是植酸也可能存在于天然食物来源的纤维中。研究表明，作为完整的健康膳食的一部分，较高摄入量的膳食纤维不会对健康个体产生有害影响。当食用某些分离或合成的纤维时，偶尔会有某些个体出现胃肠道不适的症状，但尚未观察到严重的慢性不良反应。由于纤维素具有体积较大的特点，人体对摄入过多的纤维素存在自限性。因此，未设定个体功能性纤维的摄入上限
		0~6 个月	ND			
		7~12 个月	ND			
		儿童				
		1~3 岁	19*			
		4~8 岁	25*			
		男性				
		9~13 岁	31*			
		14~18 岁	38*			
		19~30 岁	38*			
		31~50 岁	38*			
		51~70 岁	30*			
		>70 岁	30*			
		女性				
		9~13 岁	26*			
		14~18 岁	26*			
		19~30 岁	25*			
		31~50 岁	25*			
		51~70 岁	21*			
		>70 岁	21*			
		孕妇				
		≤18 岁	28*			
		19~30 岁	28*			
		31~50 岁	28*			

续表

营养素	功能	生命阶段分组	推荐膳食供应量或适宜摄入量*/g·d⁻¹	宏量营养素可接受范围ᵃ/%	食物来源	过量摄入引起的不良反应
		哺乳期女性				
		≤18 岁	29*			
		19~30 岁	29*			
		31~50 岁	29*			

注：该表改编自美国医学研究所的《膳食参考摄入量报告》（详见 www.nap.edu）。黑体数字表示推荐膳食供应量，而适宜摄入量则以普通字体及星号（*）来表示。二者均为个体摄入量的参考值。其中前者可满足人群中大部分（97%~98%）个体的营养需求；后者对于母乳喂养的健康婴儿为营养素的平均摄入量，对于其他生命阶段和性别的群体则可满足所有个体的营养需求；但由于缺乏数据，无法确定该摄入水平下能满足需求的个体所占的百分比。

ᵃ 宏量营养素可接受范围是一个针对特定能量来源的参考。在此范围内摄入某种特定的能量来源既能满足必需营养素的需求，还能降低慢性病的发病风险。如果摄入量超出宏量营养素的可接受范围，个体可能出现慢性病的发病风险增加和（或）必需营养素摄入不足的情况。ᵇ ND—不确定，这是由于缺乏该年龄组不良反应的相关数据，且担心该年龄段的婴儿缺乏处理过量营养素的能力而无法开展测试。应从食物中摄入该营养素，以避免较高的摄入量。

数据来源：Food and Nutrition Board, Institute of Medicine of the National Academies. Dietary reference intakes for energy, carbohydrate, fiber, fat, fatty acids, cholesterol, protein, and amino acids, 2005。2005 年版的版权归美国国家科学院所有，并经美国国家学术出版社授权改编。

营养素	功能	生命阶段分组	推荐膳食供应量或适宜摄入量*/g·d⁻¹	宏量营养素可接受范围ᵃ/%	食物来源	过量摄入引起的不良反应
脂肪总量	能量的来源，食物来源的脂肪可提供 ω-6 和 ω-3 多不饱和脂肪酸。食物中的脂肪有利于提高脂溶性维生素及其前体的吸收，如维生素 A 和维生素 A 的前体类胡萝卜素	婴儿			黄油、人造黄油、植物油、全脂牛奶，肉类和禽类制品中的可见脂肪，鱼类中的不可见脂肪，贝类，某些植物性食物（如种子和坚果），以及烘焙食品	目前尚不明确可引起潜在不良反应的脂肪总摄入量。宏量营养素可接受范围的上限是基于降低慢性病风险并保证其他营养素的摄入量足够而制订的，其下限是基于摄入脂肪含量极低且高碳水化合物的膳食时，血浆甘油三酯浓度升高同时高密度脂蛋白胆固醇浓度下降的相关问题而制订的
		0~6 个月	31*			
		7~12 个月	30*			
		儿童				
		1~3 岁		30~40		
		4~8 岁		25~35		
		男性				
		9~13 岁		25~35		
		14~18 岁		25~35		
		19~30 岁		20~35		
		31~50 岁		20~35		
		51~70 岁		20~35		
		>70 岁		20~35		
		女性				
		9~13 岁		25~35		
		14~18 岁		25~35		
		19~30 岁		20~35		
		31~50 岁		20~35		
		51~70 岁		20~35		
		>70 岁		20~35		

营养素	功能	生命阶段分组	推荐膳食供应量或适宜摄入量*/g·d⁻¹	宏量营养素可接受范围ᵃ/%	食物来源	过量摄入引起的不良反应
		孕妇				
		≤18 岁		20～35		
		19～30 岁		20～35		
		31～50 岁		20～35		
		哺乳期女性				
		≤18 岁		20～35		
		19～30 岁		20～35		
		31～50 岁		20～35		

营养素	功能	生命阶段分组	推荐膳食供应量或适宜摄入量*/g·d⁻¹	宏量营养素可接受范围ᵃ/%	食物来源	过量摄入引起的不良反应
ω-6 多不饱和脂肪酸（亚油酸）	膜脂质结构的主要成分，参与细胞信号转导，是类花生酸的前体，维持皮肤的正常功能	婴儿			坚果、种子、植物油（如大豆油、红花籽油和玉米油）	目前尚不明确可引起不良反应的 ω-6 多不饱和脂肪酸的摄入范围。宏量营养素可接受范围的上限是基于体外实验的研究结果（摄入较多 ω-6 多不饱和脂肪酸可促进自由基的形成和脂质过氧化反应），以及尚无证据表明 ω-6 多不饱和脂肪酸会导致长期安全性问题。脂质过氧化被视为导致动脉粥样硬化斑块形成的因素之一
		0～6 个月	4.4*	NDᵇ		
		7～12 个月	4.6*	ND		
		儿童				
		1～3 岁	7*	5～10		
		4～8 岁	10*	5～10		
		男性				
		9～13 岁	12*	5～10		
		14～18 岁	16*	5～10		
		19～30 岁	17*	5～10		
		31～50 岁	17*	5～10		
		51～70 岁	14*	5～10		
		>70 岁	14*	5～10		
		女性				
		9～13 岁	10*	5～10		
		14～18 岁	11*	5～10		
		19～30 岁	12*	5～10		
		31～50 岁	12*	5～10		
		51～70 岁	11*	5～10		
		>70 岁	11*	5～10		

续表

营养素	功能	生命阶段分组	推荐膳食供应量或适宜摄入量*/g·d⁻¹	宏量营养素可接受范围ª/%	食物来源	过量摄入引起的不良反应
		孕妇				
		≤18 岁	13*	5~10		
		19~30 岁	13*	5~10		
		31~50 岁	13*	5~10		
		哺乳期女性				
		≤18 岁	13*	5~10		
		19~30 岁	13*	5~10		
		31~50 岁	13*	5~10		

注：该表改编自美国医学研究所的《膳食参考摄入量报告》（详见 www.nap.edu）。适宜摄入量是以普通字体及星号（*）来表示。推荐膳食供应量和适宜摄入量均为个体摄入量的参考值。推荐膳食供应量可满足人群中大部分（97%~98%）个体的营养需求。对于母乳喂养的健康婴儿，适宜摄入量为营养素的平均摄入量。对于其他不同生命阶段和性别的群体，适宜摄入量被认为可满足群体中所有个体的营养需求；但由于缺乏数据，无法确定该摄入水平下能满足需求的个体所占的百分比。

ª 宏量营养素可接受范围是一个针对特定能量来源的摄入范围。在此范围内摄入某种特定的能量来源既能满足必需营养素的需求，还能降低慢性病的发病风险。如果摄入范围超出宏量营养素的可接受范围，个体可能出现慢性病的发病风险增加和（或）必需营养素摄入不足的情况。

ᵇ ND—不确定，这是由于缺乏该年龄组不良反应的相关数据，且担心该年龄段的婴儿缺乏处理过量营养素的能力而无法开展测试。应从食物中摄入该营养素，以避免较高的摄入量。

数据来源：Food and Nutrition Board, Institute of Medicine of the National Academies. Dietary reference intakes for energy, carbohydrate, fiber, fat, fatty acids, cholesterol, protein, and amino acids, 2005。2005 年版的版权归美国国家科学院所有，并经美国国家学术出版社授权改编。

营养素	功能	生命阶段分组	推荐膳食供应量或适宜摄入量[*]/g·d⁻¹	宏量营养素可接受范围[a]/%	食物来源	过量摄入引起的不良反应
ω-3 多不饱和脂肪酸（α-亚麻酸）	与神经系统的发育和生长有关，是类花生酸类物质的前体	婴儿			植物油（如大豆油、油菜籽油和亚麻籽油等）、鱼油及深海多脂鱼类，肉类和蛋类中含有少量 ω-3 多不饱和脂肪酸	目前尚不明确可引起潜在不良反应的 ω-3 多不饱和脂肪酸的摄入范围。宏量营养素可接受范围的上限是基于与 ω-6 多不饱和脂肪酸保持适宜的相对平衡，以及尚无证据表明 ω-3 多不饱和脂肪酸会导致远期安全性问题，且人体体外实验的结果表明多不饱和脂肪酸摄入量过高可促进自由基的形成和脂质过氧化反应。脂质过氧化被视为导致动脉粥样硬化斑块形成的因素之一
		0~6 个月	0.5*	ND[b]		
		7~12 个月	0.5*	ND		
		儿童				
		1~3 岁	0.7*	0.6~1.2		
		4~8 岁	0.9*	0.6~1.2		
		男性				
		9~13 岁	1.2*	0.6~1.2		
		14~18 岁	1.6*	0.6~1.2		
		19~30 岁	1.6*	0.6~1.2		
		31~50 岁	1.6*	0.6~1.2		
		51~70 岁	1.6*	0.6~1.2		
		>70 岁	1.6*	0.6~1.2		
		女性				
		9~13 岁	1.0*	0.6~1.2		
		14~18 岁	1.1*	0.6~1.2		
		19~30 岁	1.1*	0.6~1.2		
		31~50 岁	1.1*	0.6~1.2		
		51~70 岁	1.1*	0.6~1.2		
		>70 岁	1.1*	0.6~1.2		
		孕妇				
		≤18 岁	1.4*	0.6~1.2		
		19~30 岁	1.4*	0.6~1.2		
		31~50 岁	1.4*	0.6~1.2		
		哺乳期女性				
		≤18 岁	1.3*	0.6~1.2		
		19~30 岁	1.3*	0.6~1.2		
		31~50 岁	1.3*	0.6~1.2		

注：该表改编自美国医学研究所的《膳食参考摄入量报告》（详见 www.nap.edu）。适宜摄入量以普通字体及星号（*）来表示。推荐膳食供应量和适宜摄入量均为个体摄入量的参考值。推荐膳食供应量可满足人群中大部分（97%~98%）个体的营养需求。对于母乳喂养的健康婴儿，适宜摄入量为营养素的平均摄入量。对于其他不同生命阶段和性别的群体，适宜摄入量被认为可满足群体中所有个体的营养需求；但由于缺乏数据，无法确定该摄入水平下能满足需求的个体所占的百分比。

[a] 宏量营养素可接受范围是一个针对特定能量来源的摄入范围。在此范围内摄入某种特定的能量来源既能满足必需营养素的需求，还能降低慢性病的发病风险。如果摄入范围超出宏量营养素的可接受范围，个体可能出现慢性病的发病风险增加和（或）必需营养素摄入不足的情况。

营养素	功能	生命阶段分组	推荐膳食供应量或适宜摄入量[*]/g·d⁻¹	宏量营养素可接受范围[a]/%	食物来源	过量摄入引起的不良反应
饱和脂肪酸、反式脂肪酸和胆固醇	这些营养素除供能外无其他必要的作用，人体可通过其他来源合成饱和脂肪酸和胆固醇，从而满足自身的需求	婴儿			饱和脂肪酸存在于动物脂肪（肉类脂肪和乳脂）、椰子油和棕榈仁油中。胆固醇的来源包括动物肝脏、蛋类及含有鸡蛋的食物（如芝士蛋糕及蛋奶馅饼）中。反式脂肪酸的来源包括人造奶油，以及含有氢化或部分氢化植物起酥油的食物	膳食中饱和脂肪酸或反式脂肪酸摄入量的增加，或者膳食中极少量的胆固醇，均可导致血浆总胆固醇和低密度脂蛋白胆固醇浓度升高。因此，在摄入营养充足的膳食的同时，应尽量减少该类物质的摄入量
		0~6个月	ND			
		7~12个月	ND			
		儿童				
		1~3岁				
		4~8岁				
		男性				
		9~13岁				
		14~18岁				
		19~30岁				
		31~50岁				
		51~70岁				
		>70岁				
		女性				
		9~13岁				
		14~18岁				
		19~30岁				
		31~50岁				
		51~70岁				
		>70岁				
		孕妇				
		≤18岁				
		19~30岁				
		31~50岁				
		哺乳期女性				
		≤18岁				
		19~30岁				
		31~50岁				

[b] ND—不确定，这是由于缺乏该年龄组不良反应的相关数据，且担心该年龄段的婴儿缺乏处理过量营养素的能力而无法开展测试。应从食物中摄入该营养素，以避免较高的摄入量。

数据来源：Food and Nutrition Board, Institute of Medicine of the National Academies. Dietary reference intakes for energy, carbohydrate, fiber, fat, fatty acids, cholesterol, protein, and amino acids, 2005。2005年版的版权归美国国家科学院所有，并经美国国家学术出版社授权改编。

营养素	功能	生命阶段分组	推荐膳食供应量或适宜摄入量 *,a/g·d⁻¹	宏量营养素可接受范围 b/%	食物来源	过量摄入引起的不良反应
蛋白质和氨基酸	蛋白质是人体细胞的主要结构组分，也可构成酶，参与细胞膜的功能，可作为物质转运的载体，并可构成某些激素。在吸收和消化过程中，蛋白质会降解为氨基酸，以此作为上述结构蛋白和功能蛋白的原料库。下表中的9种氨基酸必须从食物中摄入，这些氨基酸被称为必需氨基酸。而其他种类的氨基酸可由身体自身合成	**婴儿**			动物性来源的蛋白质，例如肉类、禽类、鱼类、蛋类、牛奶、奶酪和酸奶，这类蛋白质可以大量提供9种必需氨基酸，因此被称为完全蛋白质。而豆类、谷物、坚果、种子和蔬菜中的蛋白质往往缺少某一种或多种必需氨基酸，因此也被称为不完全蛋白质。素食主义者要想通过饮食来获取充足的蛋白质，可以同时摄入多种来源的不完全蛋白质，这些不完全蛋白质缺乏不同的必需氨基酸	目前尚不明确可引起潜在不良反应的蛋白质摄入范围。宏量营养素可接受范围的上限是基于补足各年龄组碳水化合物和脂肪的宏量营养素可接受范围而制订的。而宏量营养素可接受范围的下限是依据推荐膳食供应量的近似值而设定的
		0~6个月	9.1*	ND c		
		7~12个月	11.0	ND		
		儿童				
		1~3岁	13	5~20		
		4~8岁	19	10~30		
		男性				
		9~13岁	34	10~30		
		14~18岁	52	10~30		
		19~30岁	56	10~35		
		31~50岁	56	10~35		
		51~70岁	56	10~35		
		>70岁	56	10~35		
		女性				
		9~13岁	34	10~30		
		14~18岁	46	10~30		
		19~30岁	46	10~35		
		31~50岁	46	10~35		
		51~70岁	46	10~35		
		>70岁	46	10~35		
		孕妇				
		≤18岁	71	10~35		
		19~30岁	71	10~35		
		31~50岁	71	10~35		
		哺乳期女性				
		≤18岁	71	10~35		
		19~30岁	71	10~35		
		31~50岁	71	10~35		

注：该表改编自美国医学研究所的《膳食参考摄入量报告》（详见 www.nap.edu）。表中的黑体数字表示推荐膳食供应量，而适宜摄入量则以普通字体及星号（*）来表示。推荐膳食供应量和适宜摄入量均为个体摄入量的参考值。推荐膳食供应量可满足人群中大部分（97%~98%）个体的营养需求。对于母乳喂养的健康婴儿，适宜摄入量为营养素的平均摄入量。对于其他不同生命阶段和性别的群体，适宜摄入量被认为可满足群体中所有个体的营养需求；但由于缺乏数据，无法确定该摄入水平下能满足需求的个体所占的百分比。

a 制订标准：婴儿为 1.5 g/（kg·d），1~3岁儿童为 1.1 g/（kg·d），4~13岁的儿童和青少年为 0.95 g/（kg·d），14~18岁的青少年为 0.85 g/（kg·d），成年人为 0.8 g/（kg·d），孕妇（要依据孕前体重）以及哺乳期女性为 1.1 g/（kg·d）。

^b 宏量营养素可接受范围是一个针对特定能量来源的摄入范围。在此范围内摄入某种特定的能量来源既能满足必需营养素的需求，还能降低慢性病的发病风险。如果摄入范围超出宏量营养素的可接受范围，个体可能出现慢性病的发病风险增加和必需营养素摄入不足的情况。

^c ND—不确定，这是由于缺乏该年龄组不良反应的相关数据，且担心该年龄段的婴儿缺乏处理过量营养素的能力而无法开展测试。应从食物中摄入该营养素，以避免较高的摄入量。

数据来源：Food and Nutrition Board, Institute of Medicine of the National Academies. Dietary reference intakes for energy, carbohydrate, fiber, fat, fatty acids, cholesterol, protein, and amino acids, 2005。2005 年版的版权归美国国家科学院所有，并经美国国家学术出版社授权改编。

必需氨基酸	功能	美国医学研究所/美国食品与营养委员会制订的氨基酸评分模式（2002版）^a	每克蛋白质中每种必需氨基酸的含量/mg·g⁻¹	过量摄入引起的不良反应
组氨酸	构成人体内所有的蛋白质及某些激素，这9种氨基酸必须通过饮食来摄入，因此被称为必需氨基酸。机体可利用现有的氨基酸和碳水化合物前体合成特定结构所需的其他氨基酸	组氨酸	18	尚无证据显示通过食物摄入常规量或较高量的蛋白质会带来何种氨基酸相关的风险，因此关注点主要集中在 L 型必需氨基酸和膳食蛋白质及氨基酸补剂中所含的其他氨基酸。即使是对于研究较为充分的氨基酸，目前的人体或动物研究也尚未得出有关可耐受最高摄入量的剂量-反应数据。虽然目前尚不明确任何可导致潜在不良反应的氨基酸摄入范围，但这并不意味着通过营养补剂摄入过量的氨基酸不会导致潜在的不良反应。正因为通过营养补剂摄入过量氨基酸所导致的不良反应的相关数据有限，更应该提高警惕
异亮氨酸		异亮氨酸	25	
亮氨酸		亮氨酸	55	
赖氨酸		赖氨酸	51	
甲硫氨酸、半胱氨酸^b		甲硫氨酸和半胱氨酸	25	
苯丙氨酸、酪氨酸^b		苯丙氨酸和酪氨酸	47	
苏氨酸		苏氨酸	27	
色氨酸		色氨酸	7	
缬氨酸		缬氨酸	32	

注：该表改编自美国医学研究所的《膳食参考摄入量报告》（详见 www.nap.edu）。

^a 基于学龄前儿童（1~3 岁）的氨基酸需要量来计算，即氨基酸的平均需要量÷蛋白质的平均需要量，其中蛋白质的平均需要量为 0.88 g/（kg·d）。

^b 为条件必需氨基酸。

数据来源：Food and Nutrition Board, Institute of Medicine of the National Academies. Dietary reference intakes for energy, carbohydrate, fiber, fat, fatty acids, cholesterol, protein, and amino acids, 2005。2005 年版的版权归美国国家科学院所有，并经美国国家学术出版社授权改编。

计量单位换算表及中英对照表

物理量	计量单位		换算关系
	原单位名称 （符号）	法定单位名称 （符号）	
长度	英寸（in）	厘米（cm）	1 in=2.54 cm
	英尺（ft）	厘米（cm）	1 ft=30.48 cm
	码（yd）	米（m）	1 yd=0.9144 m
	英里（mi）	米（m）	1 mi=1609.344 m
面积	平方英寸（in²）	平方厘米（cm²）	1 in²=6.45 cm²
容积	分升（dl）	毫升（ml）	1 dl=100 ml
	品脱（pt）	升（L）	l pt=0.473 L
	夸脱（qt）	升（L）	l qt=0.946 L
	加仑（gal）	升（L）	l gal=3.785 L
	盎司（oz）¹	毫升（ml）	l oz=29.57 ml
	汤匙（tbsp）²	毫升（ml）	1 tbsp=15 ml
	茶匙（tsp）²	毫升（ml）	1 tsp=5 ml
	杯（cup）²	毫升（ml）	1 cup=240 ml
质量	磅（lb）	千克（kg）	1 lb=0.4536 kg
	盎司（oz）¹	克（g）	l oz=28.35 g
	勺（scoop）³	克（g）	1 scoop=25 g
温度	华氏度（℉）	摄氏度（℃）	1℉ =32+1℃×1.8
压强	磅／平方英寸（psi）	千帕（kPa）	1 psi=6.895 kPa
热量	千卡（kcal）	焦耳（J）	1 kcal=4184 J

注：书中很多参考值基于上述数值进行了取整以方便读者记忆和计算，比如1品脱取整为0.5升，1夸脱取整为1升等。

¹ 盎司既可以作为质量单位，也可以作为容积单位，但两种单位对应的数值是不同的，使用时应注意。

² 诸如茶匙、汤匙、杯这样的容积单位，如果需要计算固态物质对应的质量，需要知道其密度。不过，通常书中给出的数值已经够用，不需要这样复杂的计算。

³ 勺是一种特殊的计量单位，通常是针对固体饮料或蛋白粉这样的产品设计的，因为产品的密度不同，每种产品的勺可能大小不等。

其他单位：mg—毫克；μg—微克；ng—纳克；d—日；h—小时；min—分钟。